Regulação das Ferrovias

Armando Castelar Pinheiro e Leonardo Coelho Ribeiro

INSTITUTO BRASILEIRO DE ECONOMIA

Copyright © 2017 Instituto Brasileiro de Economia

Direitos desta edição reservados à
EDITORA FGV
Rua Jornalista Orlando Dantas, 37
22231-010 | Rio de Janeiro, RJ | Brazil
Phone: 55 0800-021-7777 | 55 21 21-3799-4427
Fax: 55 21-3799-4430
editora@fgv.br | pedidoseditora@fgv.br
www.fgv.br/editora

Impresso no Brasil | *Printed in Brazil*

Todos os direitos reservados. A reprodução não autorizada desta publicação, no todo ou em parte, constitui violação do copyright (Lei nº 9.610/98).

Os conceitos emitidos neste livro são de inteira responsabilidade dos autores.

1ª edição — 2017

Coordenação geral: Claudio Roberto Gomes Conceição
Diagramação: Marcelo Nascimento Utrine
Capa: Teresinha Fátima Freitas
Imagem da capa: istockphoto.com

FICHA CATALOGRÁFICA ELABORADA PELA
BIBLIOTECA MARIO HENRIQUE SIMONSEN/FGV

Pinheiro, Armando Castelar
    Regulação das ferrovias / Armando Castelar Pinheiro e Leonardo Coelho Ribeiro. – Rio de Janeiro : Editora FGV : FGV, IBRE, 2017.
    452 p. – (Publicações IBRE)

    Inclui bibliografia.
    ISBN:

    1. Ferrovias – Brasil. 2. Ferrovias – Brasil – História. 3. Transporte ferroviário – Aspectos econômicos – Brasil. 4. Transporte ferroviário – Legislação – Brasil. 5. Concessões administrativas – Brasil. I. Ribeiro, Leonardo Coelho. II. Instituto Brasileiro de Economia. III. Fundação Getulio Vargas. IV. Título. V. Série.

CDD – 385.0981

Dedicatória

A Berta, Ines e Pedro, por todas as alegrias.
Armando

*A Talita, e nossa família, com todo amor que houver nesta vida.
Ao professor Diogo de Figueiredo Moreira Neto (in memoriam), pelo
privilégio do sorriso, entusiasmo e vontade de viver e realizar.
A Alfredo Carlos Guimarães Pinheiro (in memoriam) por todo o
incentivo e pelo exemplo de família.
A Lessa, Rodrigo e Rafael, por partilharem do que
acredito e caminharem o caminho.*
Leonardo

Autores

Armando Castelar Pinheiro
Armando Castelar Pinheiro é coordenador de Economia Aplicada da FGV IBRE e professor do IE/UFRJ e da FGV Direito Rio. Trabalhou como analista da Gávea Investimentos, pesquisador do Ipea e chefe do Departamento Econômico do BNDES. Castelar é PhD em Economia pela University of California, Berkeley, mestre em Estatística (Impa) e Administração de Empresas (Coppead), e engenheiro eletrônico pelo ITA. É membro do Conselho de Desenvolvimento Econômico e Social da Presidência da República e do Conselho Empresarial de Economia da Firjan e colunista do *Valor Econômico* e do *Correio Braziliense*.

Leonardo Coelho Ribeiro
Professor convidado de Direito Regulatório da FGV Direito Rio e advogado. Mestre em Direito Público pela Uerj e especialista em litígios e soluções alternativas de conflitos pela FGV Direito Rio. Foi coordenador técnico do LL.M. em Direito da Infraestrutura do Ibmec. Membro da Comissão de Direito Administrativo e de Direito da Infraestrutura da OAB/RJ, IAB e Idaerj. Seus livros mais recentes são: *O direito administrativo como caixa de ferramentas* (Malheiros, 2017), *Regulação e novas tecnologias* (Org., Ed. Fórum, 2017), e *A nova regulação da infraestrutura e da mineração: portos, aeroportos, ferrovias e rodovias* (Org., Ed. Fórum, 2015).

Apresentação

Com muita honra recebi o convite para apresentar o livro *Regulação das ferrovias*, de autoria dos competentes professores e pesquisadores Armando Castelar Pinheiro e Leonardo Coelho Ribeiro, obra esta que impacta a doutrina sobre a regulação de um dos setores mais relevantes para o desenvolvimento do país.

A obra traz uma ampla pesquisa desde a implantação do setor ferroviário no país, passando pela governança institucional, justificativa regulatória e práticas concorrenciais. Enfrenta os principais temas afetos à delegação do serviço público, num ambiente de regime jurídico especial, examinando o papel do poder concedente, o objeto, a natureza dos bens utilizados, a repartição de riscos, o equilíbrio econômico e financeiro e a nova normativa sobre usuários. Apresenta, ainda, as complexidades advindas das reformas de 2011, 2012 e 2013, arranjos de *unbundling* e desverticalização.

A pesquisa avança sobre os programas governamentais aplicados ao setor no regime temporal de projetos associados, apontando os aspectos mais relevantes – e ainda pouco enfrentados doutrinariamente – tais como a prorrogação antecipada e a subconcessão.

Os autores apresentam detalhada pesquisa comparada, permitindo que o leitor tenha acesso a modelagens diversas e reformas regulatórias em diversos países e no ambiente europeu. Como apontado, o sistema ferroviário estadunidense moldou a função administrativa (regulatória) sob uma visão progressista. A regulação do serviço ferroviário começou pelos estados, então a mais importante atividade econômica naquele momento da história.

Segundo os autores, "no decorrer do processo de implantação das ferrovias nos EUA, alguns estados criaram comissões para regular o setor e passaram leis delimitando a forma de atuação das empresas ferroviárias (em especial, a fixação de um teto para o preço dos serviços prestados). Em nível federal, porém, o governo só passou a regular o setor em 1887, com a aprovação do Interstate Commerce Act e a decorrente criação da Interstate Commerce Commission (ICC), a primeira agência reguladora federal independente dos EUA".

Sabe-se que a Inglaterra chegou a estruturar entre 1840 e 1842 o British Board of Trade, que possuía limitada competência sobre as ferrovias inglesas e que, em 1846, o Parlamento inglês chegou a criar uma agência composta de cinco membros para regular o setor ferroviário, extinta em 1851. Mesmo com a aprovação de nova lei, em 1873, criando uma agência para regular esses serviços, seus poderes eram muito limitados.

Mas as primeiras agências, como bem apontado, no formato que levou à estruturação da ICC, foram criadas nos estados da Nova Inglaterra, com a chegada da primeira agência no estado de Massachusetts em 1869 e, depois, Colorado, Connecticut, Iowa, Kentucky, Maine, Michigan, Nebraska, New York, Ohio, Rhode Island, Vermont, Virginia e Wisconsin.

Em 1871, o estado de Illinois criou uma agência dotada de vastos poderes, de modo que a agência poderia exercer intenso controle sobre as atividades ferroviárias. Esse modelo, seguido por outros estados (Alabama, California, Georgia, Kansas, Minnesota, Mississippi, New Hampshire e South Caroline), é considerado pela doutrina – e explorado corretamente pelos autores – como sendo o ponto inicial para o avanço na técnica de regulação do sistema ferroviário, formando a base da governança regulatória no âmbito nacional.

Um dos livros mais importantes sobre esse aspecto central da história estadunidense para o desenvolvimento do sistema ferroviário foi escrito por Gabriel Kolko (*Railroads and regulations: 1877-1916*. New York: The Norton Library, 1965). O autor evidencia o fato de que a visão progressista se apresentou como sendo o encaminhamento político pelo qual interesses econômicos utilizavam o poder do governo federal para resolver problemas econômicos internos, que não poderiam ser resolvidos por meios voluntários ou não políticos.

Kolko sustenta que a criação da ICC visou à proteção do setor ferroviário e dos proprietários das empresas pelo Poder Legislativo, pois as regulações estaduais seriam mais restritivas do que a nacional; só a partir de nova fase a ICC teria adotado um papel mais ativo, de modo a garantir que as empresas ferroviárias prestassem um serviço com tarifas justas e razoáveis.

A regulação federal do sistema ferroviário estadunidense, destacada pelos professores Armando Castelar e Leonardo Coelho nesta obra, foi, portanto, o primeiro de muitos esforços para criar racionalização e estabilidade na economia por meios políticos e jurídicos.

O movimento progressista ergueu a bandeira da agencificação contra o cenário caótico por que passava o governo no final do século XIX e início do século XX, propagado pela classe média localizada em áreas urbanas chocada com a corrupção e com as fraudes. A solução para esses problemas, seja sob um olhar econômico, seja sob a ótica político-jurídica, seria justamente a criação de entidades de Estado, de modo que as decisões sobre o controle de determinadas atividades industriais fossem decididas com base em *standards* legais e por escolhas reflexivas geradas por *experts*, de forma racional, sistêmica, prospectiva e livres das pressões partidárias típicos do formato repudiado e conhecido como *spoil system*.

Daí a relevância de compreender as origens e os fundamentos da regulação do setor ferroviário de forma integrada e interdisciplinar, como apresentado nesta obra sob uma ótica jurídica e econômica não trivial, de onde pode-se colher subsídios para a pré-compreensão, planejamento, formulação de políticas públicas e implantação da regulação.

Estão, portanto, de parabéns os professores Armando Castelar e Leonardo Coelho pela presente obra, que, sem dúvida, é leitura obrigatória a todos aqueles que atuem ou pretendam atuar no planejamento e regulação do setor ferroviário, pois inova no tratamento e organização das informações bem como na análise crítica sob a ótica multidisciplinar. A obra colabora com o fortalecimento da doutrina nacional da regulação estatal ao disponibilizar um texto claro e objetivo, que materializa pesquisa densa propícia à análise e interpretação sob a ótica jurídica e econômica dos temas aqui tratados.

Rio de Janeiro, agosto de 2017.

Sérgio Guerra
Professor titular de Direito Administrativo da FGV Direito Rio.

Prefácio

Um livro indispensável à compreensão da economia brasileira: o que o *Regulação das ferrovias* revela

A história das ferrovias brasileiras muitas vezes se confunde com a narrativa do nosso desenvolvimento econômico. Mas não só isso, pois também revela bastante das relações entre o Estado e a economia. Ao se estudar o setor ferroviário, pode-se detectar as peculiaridades do vínculo dos nossos poderes públicos com os empreendedores privados: como cada um se posiciona; qual o motivo dos respectivos investimentos; quem decide o quê, onde e como fazer; como se estabelecem os preços tarifários; qual a segurança de tais situações e contratos etc. Enfim, desnuda-se o papel que o Estado efetivamente desempenha em setores importantes da economia nacional.

Compreender o estado da arte das atividades ferroviárias é, portanto, chave fundamental para se tentar entender o relacionamento da economia brasileira com o direito. Como ambos conversam e convivem entre si. Aliás, não será demais dizer que a relação entre ferrovias, economia e direito é um dos pontos mais significativos da trajetória do direito público brasileiro: aquele que define as competências públicas e o modo de seu exercício (*i.e.*, como a Administração deve se relacionar com as pessoas privadas). Aqui, os poderes públicos valem-se do direito para implementar decisões político-econômicas que afetam os particulares. A hipótese é facilmente confirmada se refletirmos a propósito da intrincada evolução dos fatos, investimentos e normas jurídicas que regulam o setor ferroviário.

Como se sabe, o início dessa história deu-se ainda no Império, com a inauguração, em 1854, da Estrada de Ferro Petrópolis por D. Pedro II (a conhecida Estrada de Ferro Mauá). Eram, hoje acanhados, 14 quilômetros de extensão, oriundos do empreendedorismo privado: foi Irineu Evangelista de

Souza, que, em decorrência, se tornou o Barão de Mauá, quem construiu e operou a primeira estrada de ferro brasileira.

Apesar da intensa legislação ordinária, note-se que a Carta Imperial de 1824 foi a única a nada trazer a propósito das ferrovias – como era de se esperar para diploma constitucional que pretendia consagrar o liberalismo. Porém, já o art. 13 da Constituição de 1891 atribui à lei federal competência para regular "O direito da União e dos estados de legislarem sobre a viação férrea (...)", ao passo que o art. 64 tratava da titularidade da União das estradas de ferro federais. Isto é, o assunto tornou-se importante demais para ser relegado à legislação ordinária (muito embora o seu início fosse pautado por preocupações federativas e de segurança internacional). Assim, desde a primeira Constituição Republicana, o assunto ferrovias era de tamanha relevância que houve de ser alçado à condição de norma fundamental do sistema. Note-se bem sua enorme importância política.

A posterior tentativa de expansão do setor ferroviário deu-se entre o final do século XIX e o início do XX, especialmente com recursos advindos de investidores britânicos. O modelo era o concessionário, por meio de contratos de longo prazo. Isso implicou significativos investimentos estrangeiros em território nacional, conjugados com a construção de malha ferroviária apta a levar (e trazer) desenvolvimento ao interior do Brasil (unido a preocupações quanto à segurança nacional, defesa das fronteiras e criação de linhas estratégicas). Foi nessa época em que o Estado brasileiro confirmou o óbvio: a imensa importância das vias férreas, em todos os sentidos (político, econômico e de segurança nacional). O que gerou progressiva atuação dos poderes públicos no setor, nada obstante a dependência de investimentos e conhecimento tecnológico privados. Fato que repercutiu com especial intensidade no foro constitucional.

Assim, a Lei Fundamental de 1934, ecoando as pautas constitucionais-econômicas internacionais (México, 1917; Alemanha, 1919; Portugal, 1933), intensificou o tratamento do tema, imputando privativamente à União a exploração, direta ou concessionária, das vias férreas (art. 5º, inc. VIII), ao lado – e isso é muito significativo – do dever de "estabelecer o plano nacional de viação férrea" (art. 5º, inc. IX). Igualmente, estabeleceu preferência aos estados nas concessões, em seus territórios, de vias férreas (art. 5º, §2º), além de preceituar sobre as "linhas telegráficas das estradas de ferro, destinadas ao serviço de seu tráfego" (art. 5º, §4º). Destaque-se, por conseguinte, a expansão constitucional do tema, com fortes tons de preocupações federalistas (e divisão vertical de poderes), que veio a ser reafirmada nos diplomas seguintes.

A Carta de 1937 confirmou a competência privativa da União tanto para "explorar ou dar em concessão (...) as vias férreas que liguem diretamente portos marítimos a fronteiras nacionais ou transponham os limites de um estado" (art. 15, inc. VII) quanto para legislar sobre "as comunicações e os transportes por via férrea, via d'água, via aérea ou estradas de rodagem, desde que tenham caráter internacional ou interestadual" (art. 16, inc. XI).

As competências privativas da União foram reiteradas na Constituição de 1946, mas somente quanto à exploração de ferrovias (art. 5º, inc. XII). Além da supressão à competência legislativa, o que há de novo é a atribuição à União das terras devolutas indispensáveis às "estradas de ferro" (art. 34, inc. II). Mas se destaque que havia também dispositivo a exigir lei especial sobre o regime das empresas concessionárias de serviços públicos (art. 151) – o que permite a detecção do alargamento dessa ordem de projetos privados de interesse público.

Como se constata, o passar do tempo – e das Constituições – só fez consolidar o significado político-econômico das vias férreas no cenário jurídico brasileiro. O assunto tornou-se valioso demais para ser regulado em nível ordinário, infraconstitucional. Mas essa peculiaridade não impediu a firme configuração do setor em termos de empresas estatais (o Estado a abocanhar os setores econômicos mais relevantes).

Com efeito, a imbricação público-privada no setor ferroviário fez nascer, em meados da década de 1950, a Rede Ferroviária Federal S/A – RFFSA. A Lei nº 3.115/1957 transformou várias empresas numa só sociedade de economia mista, a RFFSA, sob controle da União. Posteriormente e em decorrência da expansão das estatais no regime civil-militar (sobremodo na década de 1970), esta sociedade empresarial chegou a operar, na década de 1990, algo em torno de 73% da malha ferroviária nacional (aproximadamente 22 mil quilômetros). Consolidava-se não só a titularidade jurídica dos bens e fatores de produção ferroviários, mas, também, o respectivo monopólio econômico federal (*rectius*: um privilégio, pois estabelecido em lei e não decorrente da capacidade de *performance* do agente econômico). Neste momento, subverte-se a lógica inaugural do setor e o Estado – leia-se a União – torna-se o grande empresário das ferrovias brasileiras.

Em seguida e curiosamente, a Constituição de 1967 não traz as expressões "vias férreas" nem "estradas de ferro". Porém, preceitua que à União cabe "explorar, diretamente ou mediante autorização ou concessão" [...] "as vias de transporte entre portos marítimos e fronteiras nacionais ou que transponham os limites de um estado, ou território" (art. 8º, inc. XV, al. d). Mas note-se que a Constituição tratava de lei a dispor sobre o regime das empresas concessionárias de serviços públicos (art. 160), ao lado de prever expressamente o denominado princípio da subsidiariedade para a atuação pública na economia, também ao legislar sobre as estatais ("Art. 163 – Às empresas privadas compete preferencialmente, com o estímulo e apoio do Estado, organizar e explorar as atividades econômicas. §1º – Somente para suplementar a iniciativa privada, o Estado organizará e explorará diretamente atividade econômica. §2º – Na exploração, pelo Estado, da atividade econômica, as empresas públicas, as autarquias e sociedades de economia mista reger-se-ão pelas normas aplicáveis às empresas privadas, inclusive quanto ao direito do trabalho e das obrigações."). Tais dispositivos foram singelamente reiterados na EC 1/1969 (respectivamente: art. 8º, inc. XV, al. d); art. 167 e art. 170) – e a eles nada foi acrescentado.

Por outro lado, a Constituição promulgada em 1988 confirma tal perspectiva expansionista, ao trazer quatro dispositivos que tratam do transporte ferroviário: art. 21, inc. XII, al. d) (que compete à União "os serviços de transporte ferroviário e aquaviário entre portos brasileiros e fronteiras nacionais, ou que transponham os limites de estado ou território"); art. 22, inc. XXII, e art. 144, inc. III e §3º (instituíram o até hoje inexistente órgão de segurança pública denominado de "polícia ferroviária federal", com competência legislativa privativa da União). O tema das concessões de serviços públicos veio positivado no art. 175, enquanto a previsão relativa ao princípio da subsidiariedade foi suprimida do texto constitucional. Demais disso, é de se sublinhar que a atual Constituição qualificou, desde a sua origem, o Estado brasileiro como "agente normativo e regulador da atividade econômica" (art. 174), em previsão inédita até então. Tornou-se claro o realinhamento jurídico da posição do poder público na economia, inclusive quanto a empresas estatais e à participação privada em empreendimentos nos setores atribuídos ao Estado.

Desta forma, em 1992, estabeleceu-se novo norte ao setor: a RFFSA foi incluída no Programa Nacional de Desestatização; os bens e serviços ferroviários cometidos à União foram contratualmente concedidos à iniciativa privada, por prazo inicial de 30 anos. Voltou-se ao modelo concessionário – seja em decorrência de a legibilidade da economia revelar a ineficiência da enorme sociedade de economia mista estatal, seja em razão dos volumosos investimentos que o setor demandava (e escassez de recursos públicos). A RFFSA foi posta em liquidação e, depois, extinta por meio da Medida Provisória 353/2007 (convertida na Lei nº 11.483/2001). Colocou-se fim (provisório?) a uma era.

Atualmente, o setor é de competência do Ministério dos Transportes, regulado pela Agência Nacional de Transportes Terrestres – ANTT (Lei nº 10.233/2013), mas convive com a VALEC – Engenharia, Construções e Ferrovias S/A (Lei nº 11.772/2008) e com a EPL – Empresa de Planejamento e Logística S/A (Lei nº 12.743/2012), entre outras estatais. A malha ferroviária brasileira tem extensão que se aproxima dos 30 mil quilômetros – e a sua exploração se dá por meio de vários modelos e técnicas (titularidade pública; gestão privada; compartilhamento de infraestrutura etc.). São vários os atores e muitíssimas as normas e contratos. O estudo e a escrita a respeito das ferrovias brasileiras exigem muito comprometimento e bastante fôlego.

Afinal de contas e como se constata nesta breve – e incompleta – descrição histórica, o setor ferroviário é representativo do que há de mais peculiar nas relações entre o Estado, a economia e o direito brasileiros. Por meio de seu exame se descobre qual o interesse dos poderes públicos em absorver, por meio de normas jurídicas, atividade de tamanho vulto socioeconômico – e quais as técnicas de que ele se vale para tal desiderato. Também se desvenda a inconstância dos modelos de relações jurídicas no setor – justamente ele, que exige investimentos de longa maturação (os quais dependem de muitas décadas para gerar os rendimentos adequados). Mas só por meio desse estudo é que se pode cogitar do que o futuro reserva às ferrovias brasileiras (e, por que não dizer, ao desenvolvimento do país).

Por todos estes motivos (e muitos outros, que escapam à sensibilidade do signatário), é de se ressaltar a significativa importância deste *Regulação das ferrovias*, escrito pelos ilustres professores Armando Castelar Pinheiro e Leonardo Coelho Ribeiro. O livro é magnífico não só devido ao tema que se propõe a tratar, mas especialmente em razão do modo de seu enfrentamento: um economista e um jurista a unir esforços, a fim de trazer aos leitores o passado, o presente e as perspectivas daquele que é um dos setores mais relevantes para o desenvolvimento socioeconômico brasileiro.

A união harmônica de perspectivas econômicas e jurídicas é fato que merece aplausos. Até pouco tempo, vigia no direito brasileiro a visão normativista – a excluir outras ciências do diálogo construtivo. O direito administrativo era pautado pela jurisprudência de conceitos construídos na França, ao início do século XX: um tempo que já passou. Ocorre que, hoje, o jurista precisa conhecer a fundo todas as minúcias da atividade que pretende compreender. A dedicação ao caso das ferrovias – e sua regulação – não pode prescindir de estudos econômicos, que expliquem o efetivo significado da regulação setorial (seus fundamentos e objetivos). São tais informações que justificam e explicam o objeto de estudo também do jurista. E o mesmo se diga, com a devida licença, dos economistas, que precisam conhecer a lógica inerente às normas jurídicas do direito econômico, sobretudo em vista da estatura constitucional do setor ferroviário brasileiro.

Sem tal ângulo integrado de pesquisa, juristas e economistas ficarão nos respectivos desertos – e não conhecerão as ferrovias brasileiras. Não compreenderão a estruturação e as revisões tarifárias e nem mesmo o que significam os contratos de concessão, as PPPs, os monopólios naturais, as empresas estatais, o *unbundling*, as *essential facilities*, a desverticalização setorial e o *open access* (conceitos tratados com excelência neste livro). Ao tratar de temas tão fascinantes e complexos, os autores revelam o seu notável conhecimento da doutrina mais atual – econômica e jurídica – e os problemas mais controversos da regulação econômica contemporânea, sobremodo em vista das especialidades do setor ferroviário. Esta síntese harmônica de perspectivas é rara, sobretudo com tão elevado nível de conhecimento.

Do mesmo modo, este é um livro que interessa a gestores públicos – de empresas estatais e de órgãos reguladores – e a investidores privados. Por meio de sua leitura, sempre agradável, sabe-se para onde ir e o que fazer. Compreende-se como são reguladas as ferrovias brasileiras – o que não é pouco.

Em suma, não será demais dizer que este *Regulação das ferrovias* demonstra não só a importância do setor ferroviário para o desenvolvimento econômico brasileiro, em termos jurídicos e econômicos. Afinal, os autores demonstram quais serão os futuros desafios do setor ferroviário e como se preparar para enfrentá-los. Foi um privilégio fazer a sua leitura em primeira mão – e uma honra poder escrever estas palavras iniciais. Bastam estas sumárias referências para demonstrar que estamos diante do livro ideal para quem se interessa pelo desenvolvimento econômico brasileiro.

Curitiba, junho de 2017.

Egon Bockmann Moreira
Doutor e mestre em Direito (UFPR). Pós-graduado em Regulação Econômica pela Faculdade de Direito de Coimbra. Professor de Direito Econômico da Faculdade de Direito e do Programa de Pós-Graduação em Direito da UFPR. Professor visitante da Faculdade de Direito de Lisboa (2011). Professor palestrante nos cursos de Pós-graduação da Escola de Direito da FGV RJ. Advogado. Árbitro.

Introdução

Há um relativo consenso de que os governos que comandaram o Brasil entre 2003 e o início de 2016 adotaram na área setorial e microeconômica políticas de perfil nacional-desenvolvimentista. Essas políticas operavam reduzindo a competição, por meio de barreiras às importações, regras de conteúdo local, apoio à consolidação empresarial etc., inclusive por meio de elevados subsídios creditícios, de forma a beneficiar grupos selecionados, seja com o objetivo de desenvolver a produção local em setores específicos, como no caso do complexo naval-petroleiro, seja para criar os chamados campeões nacionais, que supostamente iriam competir no mercado internacional.

Em um setor, porém, se tomou uma direção diametralmente oposta: o setor ferroviário. Particularmente em 2010-2014, o governo federal procurou de diversas maneiras reformar a regulação do setor de forma a aumentar a competição intramodal – isto é, entre operadores de transporte ferroviário. Essa postura refletia uma insatisfação do governo com dois fatos que considerava consequência do modelo regulatório herdado da época da privatização.

O primeiro era a visão de que as tarifas ferroviárias eram muito altas. Como em outros países, as tarifas ferroviárias de carga tendem a ser balizadas pelo custo do frete rodoviário, dada a concorrência intensa entre os dois modais, mas a visão do governo é que essas tarifas deveriam ser mais baixas.

O segundo era que o transporte ferroviário no país operava muito aquém do seu potencial. Em parte isso se devia à concentração do transporte ferroviário em apenas uma parte da malha existente, com o virtual abandono de inúmeros trechos. A visão do governo é que isso se devia à estrutura de propriedade resultante da privatização, que levava as empresas a focarem apenas nos produtos e trajetos mais rentáveis ou de interesse de seus acionistas controladores.

Haveria, nessa interpretação, espaço para ampliar o uso do transporte sobre trilhos oferecendo serviços por meio de linhas já existentes, mas não utilizadas. Para viabilizar essas linhas, porém, seria necessário não apenas retomar parte da malha concedida, mas principalmente garantir o acesso dos operadores nas novas linhas às malhas das concessionárias existentes. Isso também seria fundamental para viabilizar o objetivo de atrair investidores interessados em expandir a malha total, com a construção de novas ferrovias.

A postura do governo encontrava eco na onda de reformas regulatórias no setor de ferrovias em curso pelo mundo, com destaque para Europa e Austrália. Desde o final dos anos 1980 e, com mais força, após a virada do século, a nova moda no debate sobre a regulação de ferrovias era a separação vertical entre a gestão da infraestrutura e a operação do transporte. A visão era de que apenas a infraestrutura era caracterizada como um monopólio natural, e portanto precisava ser regulada, enquanto a livre competição poderia prosperar no segmento de transporte. Isso permitiria elevar a eficiência do setor, aumentando sua competitividade.

Essa visão, por sua vez, refletia dois fatores principais. O primeiro é que em muitos países, inclusive nos mais animados com essa reforma, mas ao contrário do Brasil, o setor ferroviário estava em retração, sofrendo prejuízos financeiros elevados e penalizando as contas públicas. Havia compreensível pressão para alterar esse quadro. O segundo é que a separação vertical vinha sendo adotada, com o mesmo espírito, em outros setores de infraestrutura, como eletricidade e telecomunicações, com algum sucesso. De fato, em transportes, os modais aéreo, de cabotagem e rodoviário funcionaram historicamente, e bem, de forma verticalmente separada.

Esse é o pano de fundo deste livro. Nesse sentido, nosso principal objetivo aqui é apresentar os fundamentos da regulação no setor ferroviário, apontando onde esses coincidem e onde eles se diferenciam dos de outros setores de infraestrutura. Sem a compreensão desses fundamentos a avaliação dos pontos positivos e negativos das reformas em andamento no setor será necessariamente capenga. Também nos motivou a escrever este livro a visão de que, em que pesem os bons trabalhos existentes no Brasil sobre a regulação de ferrovias, há espaço para um volume que desça mais a fundo em alguns aspectos da teoria e da experiência regulatória recente, em particular nas relações entre as intepretações jurídica e econômica dos temas aqui tratados. Adicionalmente, o livro busca utilizar o ferramental aqui apresentado para explicar e analisar como a teoria e a experiência externa dão, ou não, razão às reformas empreendidas pelo governo brasileiro em 2011-2013.

A interdisciplinaridade da nossa análise ficará mais clara, esperamos, ao longo dos seus vários capítulos. Ao todo, são dez capítulos, estruturados da seguinte forma. Começamos com temas de caráter mais geral, por meio dos quais buscamos introduzir os instrumentos e a linguagem utilizados na análise das reformas "de última geração" do setor ferroviário. Depois apresentamos a experiência internacional de reforma ferroviária. Por fim, analisamos individualmente as três rodadas de reforma regulatória de 2011-2013 no Brasil.

O capítulo 1 faz uma descrição histórica da implantação e evolução das ferrovias no Brasil. Buscamos dois objetivos com ele. O primeiro foi, claro, contextualizar o tema dentro da realidade brasileira, que em vários sentidos ilustra também a de vários outros países. O segundo foi mostrar como o papel do setor público se deu ao longo do tempo e como é improvável que no futuro o setor venha a se expandir sem algum tipo de apoio público.

O capítulo 2 foca no presente e busca contextualizar o setor ferroviário em termos dos principais atores institucionais que com ele interagem e as regulações do setor. O capítulo também objetiva mostrar o setor ferroviário como saído do processo de privatização e separação horizontal nos anos 1990 e sua evolução posterior.

No capítulo 3 apresentamos alguns instrumentos básicos de regulação econômica relevantes para compreender porque e para que o setor ferroviário é regulado. Começamos por discutir motivos tecnológicos, de mercado e transacionais que fazem com que seja possível ter ganhos de bem-estar para toda a sociedade quando o governo interfere no funcionamento do mercado. Tratamos em seguida com mais detalhe dos monopólios naturais, problema mais atinente às ferrovias, discutimos a questão da verticalização de atividades, passamos pelo tema do risco regulatório, e concluímos lembrando que nem sempre a regulação existe por motivos meritórios: muitas vezes ela reflete interesses privados, que prejudicam a coletividade. Em especial, em um setor que passou por tantas transformações como o ferroviário, é sempre importante avaliar se regulações que podem ter feito sentido no passado já não perderam a sua razão de ser, demandando uma revisão retrospectiva do estoque regulatório.

O capítulo 4 introduz com mais detalhe o tema da concorrência nas ferrovias, por meio de uma análise dos tipos de reforma ferroviária implantados internacionalmente desde o final dos anos 1970. Quatro alternativas de reforma são discutidas: a privatização, a separação horizontal, a separação vertical e a desregulamentação. Discutimos os prós e os contras de cada alternativa, e suas limitações, com algum foco na separação vertical, que tem despertado mais interesse no último par de décadas. O capítulo também discute o tema da precificação, tanto dos serviços de transporte como, em mercados verticalmente separados, do acesso à infraestrutura.

O capítulo 5 é em certo sentido a contrapartida jurídica nacional dos dois anteriores. Ele apresenta o substrato legal das concessões ferroviárias no Brasil. A partir da legislação pertinente e dos contratos de concessão, ele mostra as regras que regem as concessões ferroviárias no Brasil, em termos de tarifas, investimentos, prazo e várias outras dimensões das concessões. O capítulo também analisa itens da legislação posteriores às reformas de 2011-2013, em especial a renovação antecipada de concessões e as contrapartidas de investimentos, trazidas com o Programa de Parcerias de Investimentos (PPI – Lei nº 13.334/2016) e a Lei nº 13.448/2017.

Os capítulos 6 e 7 cobrem as experiências internacionais de reforma do setor ferroviário do final do século XX e início deste, que foram várias e variadas. No primeiro examinamos as experiências fora da Europa e no segundo focamos exclusivamente nos países europeus.

Começamos o capítulo 6 pelo caso americano, em vários sentidos pioneiro no processo de reforma, nesse caso focada na desregulamentação do setor. Em seguida analisamos a experiência australiana, que é o caso mais interessante de separação vertical de infraestrutura e operação de transporte fora da Europa. Outros casos examinados nesse capítulo incluem os do Japão, México, Argentina, Rússia, China e Nova Zelândia.

Na análise do caso europeu, no capítulo 7, abrimos com um exame das normativas da Comissão Europeia a respeito do setor ferroviário, mostrando que a decisão de separar verticalmente as atividades de gestão da infraestrutura e operação de transportes tinha objetivos mais amplos do que só gerar competição. Estavam aí incluídos também o desejo de promover uma maior integração entre os sistemas de transporte dos países do bloco, o aumento da competitividade do transporte ferroviário de longa distância e o fomento a métodos de transporte mais amigáveis do ponto de vista ambiental.

A análise das experiências nacionais inclui os casos da Suécia, que foi pioneira na separação vertical; do Reino Unido, experiência mais extrema de separação vertical com privatização, e também de fracasso mais conhecido; da Alemanha, em que há vários indicadores de sucesso, mas a separação foi mais focada na separação de contas e gestão, e entre empresas estatais, do que societária; e os de França, Espanha e Itália, onde as reformas lideradas pela Comunidade Europeia têm transcorrido de forma mais lenta. O capítulo também analisa o que dizem os números sobre os impactos das reformas na Europa sobre o desempenho das ferrovias.

O capítulo 8 abre nossa análise das reformas regulatórias de 2011-2013 no Brasil analisando as Resoluções 3.694, 3.695 e 3.696, todas editadas pela ANTT. O objetivo dessas resoluções era facilitar a entrada no setor de novos transportadores ferroviários de carga, intrinsecamente sujeitos a regulações mais brandas que os concessionários; estabelecer um novo regime de metas e controles para o setor, com um grau bem maior de minúcia, que acarreta novas obrigações para as concessionárias; e sinalizar com mudanças para as regras tarifárias e de uso da malha.

Para alcançar esses objetivos as resoluções basicamente propõem implantar o *unbundling* nas malhas concedidas, visando introduzir competição intramodal, crendo que isso iria reduzir as tarifas. A empresa incumbente permanece operando tanto a infraestrutura de redes como o serviço ao consumidor final, mas é obrigada a abrir sua rede a outras empresas que queiram apenas oferecer serviços no segmento competitivo. Fazem isso por meio do fortalecimento de mecanismos de compartilhamento da infraestrutura e da tutela regulatória de categorias especiais de usuários, como os cativos – usuários dependentes – e os investidores, buscando também garantir o atendimento a usuários proprietários de material rodante, induzindo as concessionárias verticais a disponibilizarem capacidade ociosa de trechos a outras concessionárias, para a realização do direito de passagem ou tráfego mútuo, ou a usuários ou a Operadores de Transporte Multimodal (OTM).

O capítulo 9 versa sobre a ampla revisão tarifária promovida pela ANTT em 2012. Foi a primeira vez desde a privatização que os tetos tarifários com que operam as empresas ferroviárias foram revistos que não para corrigir a inflação. Além de rebaixar significativamente os tetos tarifários, e decidir que as revisões tarifarias passariam a ser quinquenais e incluir um elemento de compartilhamento de ganhos de produtividade com os usuários, a ANTT instituiu na ocasião uma metodologia própria para orientar essas revisões. Em essência, essa metodologia aloca custos, inclusive os de capital, por trechos ferroviários, para diferentes produtos, de acordo com critérios definidos pela agência.

A reforma tarifária recebeu duras críticas das empresas do setor e foi objeto de ações na Justiça. As críticas eram de três tipos. A primeira, de natureza jurídica, cingia-se ao fato de que os contratos de concessão preveem revisões tarifárias apenas em caráter extraordinário, e não ordinário, como decidiu fazer a ANTT. Além disso, não ficou demonstrado em nenhum momento o que teria justificado a revisão das tarifas ou que essa estaria mantendo o equilíbrio econômico-financeiro original do contrato. A segunda, de natureza financeira, dizia respeito aos valores utilizados, que subestimariam os reais custos das concessionárias, em especial seu custo de capital. Por fim, havia críticas quanto a alguns passos da metodologia.

O capítulo 10 lida com a tentativa frustrada de implantar um sistema de ferrovias verticalmente separadas, nas linhas do modelo europeu, nos novos projetos do setor no Brasil. O pulo do gato estaria na transformação da Valec em um mercado administrado de capacidade de tráfego ferroviário, por meio do qual o governo subsidiaria o investimento em infraestrutura.

Acontece que, mesmo quando fixados pontos em tese defensíveis como vantajosos, o arranjo acabava criando um esquema de incentivos frágil à consecução das finalidades pretendidas, devido a uma gama de motivos, econômicos e jurídicos, já que a própria aderência de um modelo desverticalizado ao setor ferroviário, diferentemente do que se passa com os setores elétrico e de telecomunicações, é economicamente questionável, como se veio a constatar a partir de diversas experiências internacionais, e de considerações relativas a economias de escopo, risco de abandono de trechos da malha, custos de transação e difícil viabilização de um microgerenciamento regulatório desses problemas contratuais.

Do ponto de vista jurídico, tantos outros argumentos tembém se colocam contrários ao modelo projetado, como baixa densidade normativa, ausência de regime adequado de coexistência entre os modelos vertical e desverticalizado, criação de um controle artificial da demanda e da oferta pela Valec, alocação de riscos, instrumento contratual escolhido e a falta de garantias institucionalizadas.

Como demonstramos ao longo do livro, a tecnologia das ferrovias faz com que o arranjo institucional baseado na integração vertical traga benefícios importantes, por permitir economizar em custos de transação e melhor explorar as elevadas economias de escopo nas atividades de prover e utilizar a infraestrutura ferroviária. Mais especificamente, se argumentou que há um conflito entre possibilitar a utilização da infraestrutura ferroviária por mais de um transportador de carga e garantir a operação eficiente dessa infraestrutura. Na mesma linha, há também um conflito entre, de um lado, estabelecer metas por trecho e, de outro, contribuir para a modicidade tarifária, já que a microrregulação tirará graus de liberdade na busca de eficiência e implicará aumento do custo administrativo das concessionárias.

O resultado desse arranjo de coisas foi uma reforma regulatória malsucedida, que legou ao setor ferroviário um mero esboço de modelo concessionário desverticalizado, inoperante até que diversas providências jurídicas e econômicas sejam tomadas para que assuma contornos práticos, o que, pelas razões expostas, dificilmente ocorrerá.

Essa, em síntese, a estrutura do livro. No geral, acreditamos que o livro fundamenta algumas conclusões importantes, inclusive a de que o regime de separação vertical é pouco apropriado para países com as características do Brasil, especialmente quando a competição intermodal já impõe forte pressão sobre as empresas para serem eficientes, atenderem adequadamente seus clientes e manterem suas tarifas em patamares competitivos com outros modais. Essa avaliação se baseia em quatro pontos centrais.

Primeiro, a experiência internacional mostra que as interações entre a gestão da infraestrutura e a operação dos trens é bem mais complexa do que processos semelhantes em outros setores de infraestrutura. Da importância da coordenação nos investimentos em trilhos e material rodante à importância de horários bem planejados para as viagens de trens, não presentes no setor rodoviário, por exemplo, toda a operação ferroviária é altamente dependente de uma interação intensa e próxima entre o gestor da malha e a operação de transporte sem si. Essa interação é mais difícil entre empresas independentes do que dentro da mesma empresa e os resultados parecem mostrar que os custos daí resultantes não compensam eventuais ganhos de eficiência resultantes da competição intramodal, a não ser quando há muita ociosidade na malha, o que não é o caso do Brasil.

Segundo, a separação vertical transforma a relação hierárquica, dentro da empresa, entre a gestão da infraestrutura e a operação de transporte em uma relação de mercado, entre empresas independentes. A relação deixa de ser calcada em uma lógica de comando e controle e passa a funcionar por meio de contratos. Adaptações na forma de operar passam a exigir revisões contratuais. Conflitos passam a ser resolvidos na Justiça, em vez de internamente em uma mesma empresa. Os custos de transação aumentam em países com boa institucionalidade. Em países com instituições de mercado ruins, como é o caso do Brasil, o risco de paralisia aumenta muito.

Terceiro, a separação vertical dificulta a recuperação de custos fixos e, portanto, o financiamento de novos investimentos. Não por outra razão, em países que adotaram esse regime muitas vezes o setor funciona com elevados subsídios públicos. A situação fiscal brasileira, infelizmente, não permite ao setor público conceder esse tipo de subsídio, nem dar garantia de que ele continuará ao longo do período de concessão, o que torna essa alternativa praticamente inviável.

Quarto, a separação vertical aumenta muito a necessidade de regulação pública, não apenas na fixação das tarifas de acesso, mas na garantia de condições isonômicas de acesso, na solução de conflitos entre as partes, no esclarecimento e atribuição de responsabilidades em acidentes, e na gestão das relações entre as partes em geral. O aparato regulatório no Brasil tem-se mostrado politicamente vulnerável e torná-lo mais central no funcionamento do setor vai elevar o risco político-regulatório, justamente o oposto do que o setor precisa.

Em suma, a análise e os dados aqui apresentados parecem apontar que é melhor adotar medidas de aprimoramento do modelo vertical vigente, experimentado e conhecido entre nós, avançando de forma minimalista e incremental, com medidas que não desnaturem sua essência e respeitem a lógica dos projetos concessionários em pleno vigor, do que se lançar em arranjos de *unbundling* e desverticalização, não testados entre nós e tão controversos mundo afora, com o risco provável de não se superar o custo-benefício das mudanças que acarretam. Mas os elementos estão aqui apresentados para você, leitor, fazer a sua própria avaliação sobre isso.

Não poderíamos concluir esta introdução, porém, sem expressar nossos sinceros agradecimentos àqueles que nos ajudaram a transformar em realidade o sonho de escrever este livro. Em especial, nosso sincero obrigado a Luísa Azevedo, Paulo Lins e Rita de Souza, que muito nos apoiaram na pesquisa das experiências de reforma em outros países, e na conferência de versões anteriores deste trabalho, para as quais também contribuíram Rafael Véras e Daniel Pereira. Nossos agradecimentos também a Claudio Conceição e Marcelo Utrine, cuja ajuda foi essencial na transformação de nosso manuscrito neste livro. E nosso obrigado ao IBRE e ao seu diretor, Luiz Schymura, que nos apoiaram na produção deste volume.

Boa leitura!

Sumário

1 A implantação e a evolução das ferrovias no Brasil: de D. Pedro ao século XXI   **1**
1.1. Introdução   1
1.2. Regência, Segundo Reinado e implantação das ferrovias (1835-1873)   3
1.3. Segundo Reinado e expansão da malha ferroviária por empreendedores privados (1873-1889)   11
1.4. República Velha e expansão da malha ferroviária sob controle estatal (1889-1930)   16
1.5. Era Vargas, pós-guerra e República Nova: redução da expansão e estatização de empresas ferroviárias (1930-1960)   21
1.6. Regime militar, consolidação da malha em empresas estatais, desistência de ramais antieconômicos e implantação de projetos estratégicos (1960-1990)   28
1.7. Nova República, privatização do sistema ferroviário nacional e quadro atual (1990/atual)   32
1.8. Conclusão   43

2 O Sistema Nacional de Viação e o arranjo institucional das ferrovias   **45**
2.1. Introdução   45
2.2. O Sistema Nacional de Viação   45
   2.2.1. A composição do SNV a partir da jurisdição dos entes federativos   46
   2.2.2. A composição do SNV a partir dos modais de transporte   47
      2.2.2.1. Rodoviário   47
      2.2.2.2. Aquaviário/hidroviário   49
      2.2.2.3. Aeroviário   51
      2.2.2.4. O modal ferroviário   52
2.3. O arranjo institucional do setor ferroviário a partir da Constituição de 1988   59
   2.3.1. A distribuição constitucional de competências e o federalismo cooperativo brasileiro   59
   2.3.2. As polêmicas envolvendo o uso e a remuneração das faixas de domínio das ferrovias sob o viés federativo   61
   2.3.3. A intromissão legislativa e administrativa de entes federados não titulares do serviço público ferroviário sobre malhas que cruzam seus territórios   63
2.4. Os principais atores institucionais do setor ferroviário   65
   2.4.1. Ministério dos Transportes   66
   2.4.2. Conselho Nacional de Integração de Políticas de Transporte (Conit)   67
   2.4.3. Agência Nacional de Transportes Terrestres (ANTT)   67
   2.4.4. Departamento Nacional de Infraestrutura de Transportes (DNIT)   69
   2.4.5. Empresa de Planejamento e Logística S.A. (EPL)   70

2.4.6. Valec – Engenharia, Construções e Ferrovias S.A. 70
2.5. Conclusão 72

3 A regulação das concessões verticais: monopólio natural, *unbundling* e desverticalização 73
3.1. Justificativas econômicas para a regulação 73
3.2. Regulação de monopólios naturais: fixação de tarifas 82
3.3. Concessões verticais 91
3.4. Risco regulatório 98
3.5. Por que existem regulações? 104

4 A concorrência e a regulação das ferrovias 107
4.1. Introdução 107
4.2. Concorrência nas ferrovias 108
    4.2.1. A concorrência no modelo de privatização: *pelo* serviço 111
    4.2.2. A concorrência no modelo de separação horizontal: competição *entre* serviços 113
    4.2.3. A concorrência no modelo de desverticalização: *no* serviço e *entre* serviços 115
    4.2.4. A concorrência no modelo de desregulação: *no* serviço e *entre* serviços 118
    4.2.5. Conclusão sobre concorrência e modelos de exploração das ferrovias 119
4.3. Precificação no setor ferroviário 121
4.4. Observações finais 127

5 As concessões verticais de transporte ferroviário no Brasil 131
5.1. Introdução 131
5.2. A lógica especial das concessões de serviços públicos 131
5.3. As concessões verticais de transporte ferroviário de cargas 136
    5.3.1. Os papéis de concedente e regulador 136
    5.3.2. Objeto concedido 139
    5.3.3. Bens arrendados e parâmetros de sua utilização 140
    5.3.4. Regime temporal 143
        5.3.4.1. A hipótese superveniente de prorrogação antecipada mediante contrapartida 145
    5.3.5. Investimentos e qualidade do serviço: metas de produção e de segurança 151
    5.3.6. A repartição de riscos 152
    5.3.7. Sistema remuneratório e equilíbrio econômico-financeiro 154
    5.3.8. Regime jurídico da extinção 159
5.4. O Programa de Parcerias de Investimento (PPI) e os impactos das Leis nº 13.334/2016 e 13.448/2017 nas concessões ferroviárias 161
    5.4.1. A disciplina dos bens relacionados arrendados a partir da Lei nº 13.448/2017 165
    5.4.2. A prorrogação antecipada de concessões ferroviárias segundo o Programa de Parcerias de Investimento (PPI) 167
    5.4.3. Medidas complementares previstas na Lei nº 13.448/2017: acordos substitutivos para conversão de haveres em investimentos, subconcessão, regime temporal de projetos associados ou acessórios e arbitragem 172
5.5. Conclusão 176

6 A reforma regulatória nas ferrovias: a experiência internacional 179
6.1. Introdução 179

6.2. As reformas nos EUA	182
6.2.1. Antecedentes	182
6.2.2. *Staggers Act*	*189*
6.2.3. Características atuais do sistema	195
6.3. Austrália	200
6.4. Japão	207
6.5. México	210
6.6. Argentina	213
6.7. Rússia	216
6.8. China	220
6.9. Nova Zelândia	221
7 A reforma regulatória na Europa	**223**
7.1. Introdução	223
7.2. A reforma nas normativas europeias	225
7.3. As experiências nacionais de reforma	236
7.3.1. A reforma ferroviária na Suécia	237
7.3.2. Reforma no sistema ferroviário no Reino Unido	240
7.3.3. Sistema ferroviário na Alemanha	249
7.3.4. Sistema ferroviário na França	251
7.3.5. Sistema ferroviário na Itália	254
7.3.6. Reforma ferroviária na Espanha	256
7.4. Impactos da reforma regulatória europeia	261
8 A reforma regulatória brasileira de 2011	**277**
8.1. Introdução	277
8.2. Monopólio natural e compartilhamento de infraestrutura	279
8.3. O *unbundling* das concessões verticais e a reforma regulatória de 2011	281
8.4. O Regulamento dos Usuários dos Serviços de Transporte Ferroviário de Cargas (Reduf, Resolução ANTT nº 3.694/2011)	282
8.4.1. Usuário dependente: a tutela regulatória do cliente cativo	285
8.4.2. Usuário investidor: a construção antecipada da infraestrutura por empreendedores privados	288
8.4.3. Participação dos usuários no processo regulatório, infrações e penalidades	292
8.5. O Regulamento das Operações de Direito de Passagem e Tráfego Mútuo (Resolução ANTT nº 3.695/2011)	294
8.6. O Regulamento para Pactuar as Metas de Produção por Trecho e as Metas de Segurança (Resolução ANTT nº 3.696/2011)	299
8.7. Conclusão	301
9 A revisão tarifária de 2012	**303**
9.1. Introdução	303
9.2. Metodologia e tetos tarifários propostos pela ANTT	304
9.3. As críticas das concessionárias: aspectos jurídicos	318
9.4. As críticas das concessionárias: aspectos econômicos	322
9.4.1. Método de regulação	323
9.4.2. Custo do capital	326
9.4.3. Base de remuneração do capital	330

9.4.4. Fator de ajuste 332
9.4.5. Sobre a metodologia de rateio 333
9.4.6. Outras questões 333
Anexo 9.1 335

10 A reforma regulatória de 2012 e 2013: a proposta de desverticalização das ferrovias brasileiras (open access) e a regulação do operador ferroviário independente 339
10.1. Introdução 339
10.2. A Empresa de Planejamento e Logística (EPL) e o Programa de Investimentos em Logística (PIL) 341
10.3. A proposta de novo modelo concessório de livre acesso (*open access*) das ferrovias 343
10.4. A regulação do operador ferroviário independente (OFI) 346
   10.4.1. O fundamento legal do OFI 346
   10.4.2. A minuta de resolução do OFI submetida à audiência pública 347
   10.4.3. A regulação do OFI pela Resolução ANTT nº 4.348/2014 349
      10.4.3.1. O título habilitante de autorização 350
      10.4.3.2. A natureza jurídica do transporte ferroviário de cargas pelo OFI 355
      10.4.3.3. As relações contratuais do OFI e a possibilidade de investimento na infraestrutura 356
10.5. As fragilidades econômicas do modelo de acesso livre (*open access*) 358
   10.5.1. Questão preliminar: a racionalidade da escolha pelo modelo vertical na década de 1990 359
   10.5.2. Os impactos das políticas de separação vertical, *unbundling* e *open access* no setor ferroviário 361
      10.5.2.1. Economias de escopo 362
      10.5.2.2. O risco de cream skimming 364
      10.5.2.3. Internalidades, tragédia dos comuns e os resultados de algumas experiências internacionais 366
      10.5.2.4. Microgerenciamento e custo administrativo 370
10.6. As fragilidades jurídicas do modelo de acesso livre (*open access*) brasileiro 373
   10.6.1. Ausência de marco legal prevendo o modelo de separação vertical e seu regime de coexistência com o modelo atual 376
   10.6.2. A desverticalização das ferrovias e suas limitações 379
   10.6.3. Repartição de riscos: a assunção do risco da demanda pela Valec 382
      10.6.3.1. A disciplina dos riscos nos contratos de concessão 382
      10.6.3.2. A repartição de riscos no arranjo proposto para o setor de ferrovias 384
      10.6.3.3. A escolha da concessão de serviços públicos para repartir riscos e a interposição da Valec no ciclo econômico setorial como instrumento de subsídio sem autorização legal 385
   10.6.4. A falta de garantias institucionalizadas da delegação e o risco Valec 387
   10.6.5. A antecipação de receitas sem previsão legal 390
10.7. Conclusão 391

Glossário 395

Referências bibliográficas 405

1

A implantação e a evolução das ferrovias no Brasil: de D. Pedro ao século XXI

1.1. Introdução

É difícil precisar a origem das ferrovias, havendo quem as veja como descendentes das estradas trilhadas criadas por gregos e romanos na França, ainda antes de Cristo, para fazer correr rodas de carroça puxadas por tração animal e carregadas de minério de ferro e carvão provenientes de minas subterrâneas (Castro, 2005, p. 11).

Das primeiras trilhas, cavadas no próprio solo, e sobre as quais corriam as carroças, passou-se a utilizar trilhos de madeira. E assim se manteve por séculos a fio, até que tivesse início, no século XVIII, a prática de revestir os trilhos de madeira com tiras metálicas, para torná-los mais duráveis. Além de elevar a durabilidade, o revestimento metálico favoreceu ainda mais o transporte, levando a que uma única carroça desse lugar a muitos vagões (Santos, 2011, p. 1). Daí vieram os trilhos de ferro fundido, substituídos mais à frente pelos trilhos forjados e, depois, pelos trilhos de aço.

Aumentada a capacidade de transporte por meio das melhorias nos trilhos, era então preciso se voltar para a outra variável da equação: a força motriz. A história já alcançava os séculos XVII e XVIII, palco da efervescente Revolução Industrial. Esta, por meio de avanços tecnológicos inegavelmente disruptivos, substituía os trabalhos manuais e a tração animal pela mecanização dos sistemas de produção e a máquina a vapor, em busca de maior produtividade e lucro. Daí seria um pequeno salto até se utilizar essa mesma tecnologia para incrementar a força motriz empregada no transporte sobre trilhos.

A ferrovia, como hoje a conhecemos, surgiu no século XIX, revolucionando tanto o transporte de cargas quanto o de passageiros. A máquina a vapor foi aperfeiçoada por James Watt em 1769, mas foi em 1804 que Richard Trevithick construiu e testou um veículo, assemelhado às locomotivas atuais, capaz de se movimentar sobre trilhos a partir da alta pressão do vapor (Castro, 2005, p. 12; Santos, 2011, p. 2).

Pouco antes, em 1801, o governo inglês já autorizara a exploração da primeira ferrovia de carga do mundo, a Surrey Iron Railway, ainda por tração animal (Castro, 2005, p. 12; Santos, 2011, p. 2). Foi só em 1825, no entanto, que, ainda na Inglaterra, uma empresa ferroviária, a Stockton & Darlington, utilizou a tração mecânica para mover seus trens, após a locomotiva a vapor ter sido aperfeiçoada por George Stephenson, lhe conferindo maior aderência aos trilhos.

Não muito tempo depois, as ferrovias partiram da Inglaterra para ganhar o resto da Europa e o mundo. Já em 1827 foi criada a primeira companhia ferroviária norte-americana, a Baltimore & Ohio Railroad, e em 1829 – apenas quatro anos depois do marco original inglês, portanto – entrou em operação a primeira ferrovia comercial daquele país, por meio da companhia de navegação Delaware & Hudson Canal Company's (Wolmar, 2013, p. 18 e seguintes).

Foi com esse pano de fundo que as ferrovias aqui aportaram. O processo de implantação das ferrovias no Brasil viria a ser, como no resto do mundo, cheio de altos e baixos. Ele pode ser quebrado em grandes fases históricas, que se diferenciam por seus contextos econômicos, sociais, jurídicos, e em especial em relação à participação dos setores público e o privado. Partindo de arranjos didáticos utilizados na literatura (Pinto, 1977; Coimbra, 1974; Barat, 1978; Dourado, 1981; Firmino, 2001; Acioli, 2005), e considerando dimensões como ritmo de expansão da malha, empreendedorismo, e como e por quem elas eram financiadas, Castello Branco (2008, p. 36-59) divide a história ferroviária brasileira nas seguintes seis grandes fases:

Fase I (1835 – 1873): início da implantação das ferrovias durante a Regência e o Segundo Reinado;

Fase II (1873 – 1889): expansão acelerada da malha ferroviária, no curso do Segundo Reinado, por empreendedores privados, incentivados pela garantia estatal de retorno;

Fase III (1889 – 1930): nova expansão da malha, durante a República Velha, com assunção do controle de empresas ferroviárias pelo Estado;

Fase IV (1930 – 1960): queda no ritmo de expansão, no curso da Era Vargas e do pós-guerra, e estatização geral do setor;

Fase V (1960 – 1990): consolidação da malha em empresas estatais, desistência de ramais antieconômicos e implantação de projetos estratégicos específicos durante o regime militar; e

Fase VI (1990 – atual): privatização de todo o sistema ferroviário nacional.

Tomando os anos limites dessas fases, não como referências estanques, mas como balizas fluidas que ajudam a contar a história das ferrovias no país, é possível referir-se ainda, em continuidade à Fase VI, à recente tentativa de, por meio de alterações normativas pontuais, e ambiciosos programas de governo – Programa de Investimento em Logística (PIL 1 e 2) –, instituir-se no Brasil o modelo horizontal, ou *open access*, com a segregação entre a gestão da infraestrutura e a operação do transporte sobre trilhos.

Isto posto, descrevemos nas próximas seções a história das ferrovias no Brasil, considerando separadamente as seis fases apontadas acima, enfatizando dois fatores fundamentais dessa história: (i) os instrumentos normativos que disciplinavam o tema; e (ii) as mudanças na forma e na intensidade de atuação do poder público e da iniciativa privada no setor.

1.2. Regência, Segundo Reinado e implantação das ferrovias (1835-1873)

A Corte portuguesa se transferiu para o Brasil em 1808, fugindo das tropas de Napoleão Bonaparte e dando início a um período de avanços e maior liberalismo no país. O exemplo mais notável de liberalismo foi a abertura dos portos às nações amigas, ainda em 1808. Em 1815, o país assumiu a condição de Reino do Brasil, passando a integrar, junto com Algarves, o Reino Unido de Portugal. Dom João VI foi coroado rei em 1818, porém retornou a Portugal em 1821. Ainda nesse último ano, Dom João elevou seu filho mais velho, Dom Pedro, à condição de regente do Brasil. Em 1822, Dom Pedro declarou a Independência do Brasil.

Ainda que o período entre a Independência e meados do século XIX tenha sido marcado por grandes mudanças políticas e sociais para a sociedade brasileira, no campo econômico pouco mudou. Os possíveis ganhos provenientes de uma maior inserção no comércio mundial não se concretizaram em uma taxa mais elevada de crescimento econômico. Dados sobre o tamanho da economia nesse período são escassos, principalmente para países, como o Brasil, que detinham um papel periférico na economia mundial. Porém, nos dados para a economia nacional compilados pelo Maddison Project (2013) para os anos de 1800, 1820 e 1850, o Brasil nada cresceu em termos de PIB *per capita*. O aumento do nível do PIB foi, principalmente, por conta do crescimento populacional, que decorreu da reprodução natural e da importação de mão de obra escrava da África.

A busca pelas razões do baixo crescimento brasileiro no período posterior à Independência revela diversas restrições que atuaram para impedir o crescimento da economia nacional, como a falta de um sistema bancário livre e desenvolvido; a manutenção da escravidão; a influência de grupos políticos rurais que mantinham privilégios econômicos e sociais etc. Porém, para Summerhill (2003), o alto custo de transporte está entre os fatores que mais explicam o atraso econômico nos anos posteriores à Independência. No Brasil, a extensão territorial, os rios pouco navegáveis – exceto pelos da bacia do rio Amazonas – e, principalmente, a topografia das regiões próximas à costa dificultavam a adoção de qualquer forma mais eficiente de transporte, que era feito majoritariamente por tração animal. Nas palavras de Summerhill, o transporte no Brasil era feito de maneira semelhante ao feito no Antigo Testamento.

Uma consequência desses altos custos de transporte foi a fragmentação do mercado consumidor brasileiro em diversos mercados regionais isolados. Nas áreas interioranas no país, eram poucos os que conseguiam importar alimentos em momentos de necessidade. Consequentemente, em diversas regiões se plantaram lavouras de subsistência ao invés de lavouras com potencial comercial. Os custos de transporte também tornavam inviáveis a exploração comercial de áreas distantes dos principais portos.

Frente ao desafio dos altos custos, ainda em 1828, apenas três anos depois da primeira empresa ferroviária utilizar tração mecânica para mover seus tens na Inglaterra, surgiram os primeiros sinais de avanço na implantação da infraestrutura de transportes brasileira. Uma lei editada em 29 de agosto daquele ano, Lei José Clemente, estabeleceu regras para a construção das obras públicas relativas à navegação de rios, abertura de canais, edificação de estradas, pontes, calçadas ou aquedutos.

A lei abria a possibilidade de essas obras serem realizadas por empresários nacionais ou estrangeiros (art. 1º); delimitava as competências entre capital, províncias e cidades ou vilas (art. 2º); previa uma interessante espécie de "consulta pública", determinando a afixação de planta, orçamento e despesa da obra em lugares públicos, para os interessados se manifestarem sobre elas (art. 4º); condicionava a oferta da construção à divulgação via editais públicos e, para o caso de haver concorrentes, fixava que o empresário que oferecesse as maiores vantagens teria preferência (art. 5º).

A lei também esboçava, nos artigos 6º a 14, os termos do contrato, como prazo, remuneração para a amortização do capital empregado na obra – inclusive por meio do direito exclusivo de taxar o uso da infraestrutura, algo semelhante a um pedágio –, data em que tinha início a possibilidade de cobrança, e penalidades em caso de mora, a manutenção da infraestrutura, o término do contrato e isenções. Por fim, a lei antevia a possibilidade de realização das obras pela Fazenda Pública, no caso de não aparecerem interessados (artigos 15 e 16), e previa a indenização dos proprietários dos terrenos (art. 17).

Foi com esse pano de fundo que duas firmas, a brasileira Aguiar, Viúva, Filhos & Cia. (Santos) e a inglesa Samuel Phillips & Cia. (Rio de Janeiro), solicitaram ao governo provincial de São Paulo autorização para construírem, e depois operarem, uma estrada de ferro ligando o Porto de Santos à Vila de Porto Feliz (Castro, 2005, p. 16). Os pleitos não tiveram sucesso, mas a história não ficaria perdida e teria seu segundo ato em 1835, quando deputados de Minas Gerais, Rio Grande do Sul e Bahia apresentaram ao parlamento planos de construção de ferrovias ligando essas províncias ao Rio de Janeiro.

Com a abdicação de Dom Pedro I e seu retorno à Europa, em 1831, Pedro II tornou-se imperador com apenas cinco anos. Teve início então o período regencial, que durou de 1831 a 1840 e foi marcado por grande agitação e instabilidade política. Foi nesse período, quando o imperador Dom Pedro II contava 9 anos de idade, que o projeto dos deputados provinciais foi aprovado e sancionado pelo regente Diogo Feijó, culminando na publicação do Decreto nº 100, de 31 de outubro de 1835, que estabeleceu o primeiro marco legal das ferrovias no Brasil.

O Decreto nº 100/1835, afamado como Lei Feijó, autorizava o governo a conceder, a uma ou mais companhias, o direito de construir uma estrada de ferro ligando a capital do Império às províncias de Minas Gerais, Rio Grande do Sul e Bahia e o privilégio exclusivo para o uso de carros para transporte de gêneros e passageiros nessas vias por 40 anos (art. 1º). Para tanto, condicionava que as estradas cortadas pela ferrovia deveriam ser reconstruídas, sem exigência de taxa (art. 2º); sinalizava a possibilidade de conceder às companhias os mesmos privilégios dados à companhia do Rio Doce;[1] e, por fim, impunha obrigações ao concessionário, como o limite à remuneração pelo transporte de carga e de passageiro, a passagem da estrada de ferro por certas vilas e cidades designadas pelo governo, e o início da construção no prazo de dois anos, observando ritmo mínimo. Tudo sob pena da cominação de multas pelo governo (art. 4º e §§).

Desenhou-se, então, um arranjo no qual se buscava que a iniciativa privada desenvolvesse as ligações ferroviárias, mediante incentivos de importação e implantação da infraestrutura (cessão de terras devolutas, "desapropriação" etc.). O Império, desse modo, não remunerava a atividade, e ainda impunha a ela restrições/obrigações, como a limitação de valor passível de cobrança pelo concessionário, definição de traçado da estrada de ferro, considerando locais de passagem obrigatória, indicados pelo poder público, e início e ritmo da construção.

---

[1] Eram esses, liberação de empregados do recrutamento militar; isenção na importação de maquinário; cessão gratuita de terrenos devolutos necessários às construções e possibilidade de indenizar previamente proprietários privados; cobrança de taxas pelo trânsito nas estradas de ferro no período inicial de 40 anos; e liberdade para fixar frete, pedágio ou direito de passagem que julgar conveniente, podendo fazer um regulamento para o transporte ferroviário.

Sob as regras da Lei Feijó foram solicitadas, e conferidas, ao menos duas autorizações para a concessão de estradas de ferro. A primeira delas à firma Aguiar, Viúva, Filhos & Cia. e à Platt & Reid, destinada à construção de uma estrada de ferro para ligar Santos ao planalto de São Paulo, além de ligar os rios Paraíba e Tietê, com vistas ao escoamento da produção de cana-de-açúcar e de café, que se expandia pelo oeste paulista.[2] A segunda autorização, obtida em 1839 pelo inglês Thomaz Cochrane,[3] tinha por objeto construir e operar uma estrada de ferro entre o Rio de Janeiro e o Vale do Paraíba, e culminou na organização da Imperial Companhia de Estradas de Ferro (Matos, 1990, p. 62).

Os projetos não foram adiante na época, essencialmente pelos mesmos motivos: os incentivos trazidos pela Lei Feijó, basicamente replicados na lei provincial paulista, eram insuficientes para justificar o investimento, diante dos riscos presentes, do vultoso capital necessário, e da carência de garantias públicas. De fato, Thomaz Cochrane constatou, em suas tentativas de obter financiamento na Europa, que os incentivos brasileiros concedidos por lei eram inferiores até mesmo àqueles concedidos pela própria Inglaterra. Essa constatação fez com que Cochrane pleiteasse à Câmara uma garantia de retorno, ou de juros, como se dizia à época, pedido que seguiu sem resposta.

Também contribuíram para o fracasso dessas primeiras iniciativas outros macrofatores de então, em especial uma certa desconfiança mundial que ainda pairava sobre as ferrovias, diante de sua incipiência e caráter inovador,[4] e a conturbada vida política do país no período da Regência (Matos, 1990, p. 59-60).

Diante do fracasso da legislação em prover os incentivos para o investimento em infraestrutura e, consequentemente, reduzir os altos custos de transporte que impediam o crescimento brasileiro, observou-se que seria preciso remodelar o arranjo regulatório. Era hora de o Brasil se alinhar às práticas mundiais, na tentativa de viabilizar a implantação das suas ferrovias. Contando com um cenário político mais estável, com o início do Segundo Reinado, e graças ao desenvolvimento efetivo das ferrovias no mundo, o tema ganhou campo mais fértil para prosperar no país.

---

[2]Em verdade, dita autorização, que pode ser considerada a primeira concessão de estrada de ferro do Brasil, se pautava na lei de 18 de março de 1836 da província paulista, alterada em 1838, que seguia a mesma toada da Lei Feijó, acrescendo ao escopo o impedimento de que se contratasse mão de obra escrava para as obras (Matos, 1990, p. 60).
[3]Essa sim, recorrendo diretamente aos termos da Lei Feijó.
[4]Como anotam Cristiane Secchi Luceno e Luís Fernando da Silva Laroque (2011, p. 84): "O mundo parece ter ficado perplexo desde a inauguração dos primeiros caminhos de ferro, no início do século XIX. Para a inauguração da linha Liverpool-Manchester, em 15 de setembro de 1830, compareceram cerca de 400 mil pessoas, as quais assistiram ao espetáculo da viagem inaugural. Segundo Hardman (1988, p. 24), "as impressões que teve [...] sugerem a força do impacto cultural desencadeado por aqueles novos artefatos de ferro".

A economia de exportação do café, e os altos preços que o produto comandava à época, dava parcialmente conta de viabilizar a implantação das ferrovias, disponibilizando capital e mão de obra. A isso viriam a somar-se: (i) o início do declínio do comércio atlântico de escravos pelo Brasil (tráfico negreiro), liberando capital e fomentando a lógica da utilização de mão de obra livre, como prática capitalista;[5] (ii) o fomento estatal ao financiamento a empreendimentos privados; e (iii) a possibilidade de importação da tecnologia necessária (Lima, 2009, p. 20; Lamounier, 2012, p. 41-42).

O aumento da demanda por transporte também ajudava. À medida que a atividade econômica se afastava da capital e dos portos, em direção a regiões mais distantes, como no Vale do Paraíba, agravava-se o déficit dos transportes. Esse era realizado por tropas de mulas em meio a caminhos de má qualidade e de difícil superação, como a Serra do Mar, e consumia parte do lucro dos fazendeiros (Sala São Paulo, 2001, p. 37; Castello Branco e Ferreira, 2000, p. 6).

Diante da crescente restrição que os custos de transporte representavam para o crescimento do país, foi então editado o Decreto Legislativo nº 641/1852. Esse autorizava o governo a conceder, a uma ou mais companhias, a construção total ou parcial de um caminho de ferro que, partindo do Município da Corte, terminasse nos pontos das Províncias de Minas Gerais e São Paulo que fossem convenientes.

Inovando em relação aos incentivos dados para os investidores privados empreenderem na construção de ferrovias, o Decreto nº 641/1852 possibilitava a concessão de privilégio do caminho de ferro por até 90 anos (art. 1º); facultava à concessionária desapropriar áreas para construção da via, armazéns e estações, bem como receber gratuitamente terras devolutas do governo (§1º), podendo envolver a concessão de materiais existentes nos terrenos devolutos úteis à construção (§2º); bem como isentava a concessionária de direitos de importação sobre insumos e máquinas pertinentes à construção (§3º); e assegurava a exclusividade da concessão, ao impedir que novas concessões pudessem ser feitas dentro da distância de cinco léguas para cada lado da ferrovia (§4º).

Além disso, o decreto previa a remuneração da concessionária mediante preços de transporte definidos em tabela pelo governo, com o acordo da concessionária (§5º), o que era ainda complementado pela garantia de retorno (ou "juros", na terminologia da época) de até cinco por cento do capital empregado na construção do caminho de ferro, restando ao governo a faculdade de contratar o modo e o tempo

---

[5] O Slave Trade Suppression Act, de 1845, conhecido no Brasil como Bill Aberdeen Act, autorizou ingleses a prenderem navios suspeitos de tráfico negreiro no oceano Atlântico, o que deveras aconteceu às centenas, estimulando o Brasil a editar a Lei Eusébio de Queirós, em 1850. Ainda assim, o tráfico negreiro só viria mesmo a parar em 1860.

do pagamento desses juros, de acordo com escala de porcentagem com início assim que alcançados dividendos de 8% pela concessionária, e limite máximo a partir do qual seriam reduzidos os preços na tabela de transportes (§6º, 7º e 8º).

Adicionalmente, o decreto impedia o emprego de escravos na construção (§9º); proibindo o bloqueio do trânsito, ou tampouco sua cobrança, em pontos de interseção com outras vias (§11); fixando prazo final para construção, sob pena de multa, ou perda de efeito do próprio contrato, em caso de reincidência (§12); possibilitando o resgate da concessão pelo governo, se considerado conveniente, mediante convenção com a concessionária (§13); bem como prevendo a elaboração de regulamentos, em acordo com a concessionária, para que o governo providenciasse os meios de fiscalização, segurança e polícia do caminho de ferro (§14).[6]

No mais, previa o decreto que interessados na construção de caminhos de ferro em outros pontos do Império receberiam o mesmo tratamento acima descrito, mas seus contratos seriam submetidos à aprovação do Corpo Legislativo quanto à sua conveniência (art. 2º). E encerrava prevendo uma restituição a Thomaz Cochrane, na quantia de quatro contos de réis e os respectivos juros de seis por cento ao ano que pagou de multa pela falta de cumprimento do contrato para a construção da estrada de ferro, que foi reconhecido sem vigor (art. 3º).

A ampliação do prazo máximo da concessão para 90 anos, e outras medidas de fomento público aos potenciais empreendedores privados, como isenções de imposto de importação e, principalmente, a garantia de "juros" sobre o capital empregado na construção da ferrovia, criaram incentivos mais atraentes para os investidores privados do que os da Lei Feijó.[7] Foi como aconteceu. A construção de ferrovias no Brasil começou a virar realidade, colaborando imediatamente para desenvolver a economia cafeeira e expandir a fronteira agrícola (Lamounier, 2012, p. 39).

Porém, foi pelo pioneirismo de Irineu Evangelista de Souza, idealizador da Estrada de Ferro Mauá – oficialmente, Imperial Companhia de Navegação a Vapor e

---

[6]Referido regulamento veio a ser editado em 1857, por meio do Decreto nº 1.930.

[7]É interessante contextualizar esse conjunto de medidas com outras experiências internacionais, como faz Douglas Apprato Tenório (1996, p. 43): "As importâncias vultosas dos capitais requeridos para a implantação das ferrovias levaram o governo imperial à concessão de juros e outros auxílios financeiros às empresas que se candidatassem. Somente em alguns países como os Estados Unidos, Inglaterra e França essa norma não era observada em toda sua plenitude. Nos primeiros, as empresas ferroviárias eram favorecidas por outros fatores, com a cessão de terrenos públicos para a colonização das terras alcançadas pelos trilhos. Na segunda, as empresas não recebiam subvenções nem favores, e conquistavam, por concorrência pública, o monopólio da linha que exploravam, assim, perdiam o caráter de concessão que se transformava num direito. Na França, o privilégio ferroviário era considerado um serviço público, possuindo as empresas apenas o privilégio da administração, semelhante à chamada administração contratada, cujo pagamento era efetuado através de uma porcentagem estipulada sobre a despesa; no caso das ferrovias, especificamente, tal tributo constaria dos fretes".

Estrada de Ferro de Petrópolis –, que a construção de ferrovias no Brasil se tornou realidade. O feito foi tão marcante na época que, como que em retribuição, Irineu foi consagrado como Barão de Mauá. Com exímia habilidade para ler o cenário econômico e social, e aproveitando a entrada em vigor do Código Comercial de 1850, que permitia a constituição de sociedades anônimas, o empresário criou o Banco do Brasil, em 1851. Único banco comercial de então, fundado mediante lançamento público de ações, o Banco do Brasil passou a atrair os depósitos de capitais liberados pelo fim do tráfico negreiro e daqueles provenientes da cafeicultura, aos quais remunerava a juros baixos, conforme prática da época.

Com a garantia legalmente prevista de pagamento estatal de juros de 5% ao ano para a construção de ferrovias, superior à remuneração que o banco pagava pelo capital depositado por seus clientes, Mauá partia de uma situação extremamente favorável para empreender, e enriquecer, por meio de lançamentos públicos de sociedades empresariais e manutenção de significativas participações acionárias. Algo absolutamente inovador para as práticas de então, quando a riqueza era associada à propriedade de terras e de grande quantidade de escravos (ver Caldeira, 1995).

Disciplinada por concessão datada de 1852, a ferrovia foi inaugurada em 1854, na presença de Dom Pedro II, para fazer a ligação entre o atual município de Magé e o município de Fragoso (Raiz da Serra), ganhando, em 1856, uma extensão para seguir até Petrópolis. Tomando a visão do todo, em verdade, o Barão de Mauá levou a efeito um empreendimento de logística integrada, tendo em vista também ter recebido do governo o privilégio exclusivo para, por 10 anos, fazer a navegação a vapor entre a cidade do Rio de Janeiro e o Porto de Estrella (Magé), onde chegaria o caminho de ferro (Decreto nº 987/1852).

Na sequência vieram outros empreendimentos ferroviários privados, com base em concessões estatais igualmente regidas pelo Decreto nº 641/1852, como, por exemplo, e não necessariamente em ordem cronológica: Recife and São Paulo Railway Company (primeira empresa inglesa no país); Estrada de Ferro Dom Pedro II – ligava o Rio de Janeiro ao São Francisco;[8] São Paulo Railway Ltd;

---

[8]Posteriormente passou a se chamar Estrada de Ferro Central do Brasil, uma vez estatizada após a revogação da concessão, por força de desentendimentos entre o governo e os empreendedores privados. A seu respeito, cf.: o Decreto nº 1.599/1855, que aprovou seus estatutos; o Decreto nº 3.503/1865, que na forma da autorização conferida pela Lei nº 1.083/1860, transferiu ao Estado as ações da Companhia da Estrada de Ferro de D. Pedro II; bem como a obra de El-Kareh (1980). Ainda sobre a Estrada de Ferro Dom Pedro II, e o futuro das ferrovias no Brasil, com um viés crítico ao modelo de então, que julgava conferir muitas vantagens aos empreendedores privados, chegando inclusive a esboçar um plano integrado de viação para o país, confira-se a obra de Cristiano Ottoni (1859), um dos notáveis no campo das ferrovias àquele tempo, que veio, inclusive, a ser presidente dessa estrada de ferro.

Companhia Paulista de Estradas de Ferro; Bahia and San Francisco Railway; e a Recife and São Francisco Railway Company.[9] Quanto às duas últimas, vale notar que, à garantia de juros de 5%, conferida pelo governo imperial, foram ainda acrescidos outros 2 pontos percentuais, às custas das próprias províncias nas quais essas estradas de ferro se situavam.

Ora bem, o que se vem de notar, tomando por gancho o retrato do modelo concessionário adotado na época, é que, desde as quadras iniciais, as concessões foram utilizadas como instrumento para estabelecer vínculo jurídico estável entre o poder público e pessoas privadas interessadas em investir na fundação de ferrovias no Brasil. Mesmo que ainda distantes da noção moderna de serviços públicos,[10] essas concessões da época imperial – que gradativamente migraram de um mecanismo para atribuir privilégios realengos a alguns "súditos", em detrimento de outros, à prestação de serviços públicos por particulares – cunharam os contornos mais básicos, e que até hoje são percebidos nas concessões contemporâneas (Marques Neto, 2015, p. 50, 80, 81 e 87).

Com efeito, foi a partir do final do século XIX que a concessão passou a importar na substituição do Estado por particulares, de modo a proverem serviços públicos, tanto administrando infraestruturas, a exemplo dos caminhos de ferro, quanto se encarregando de abastecimento de água e da iluminação. Tinha início a chamada "época dourada das grandes concessões" (Gonçalves, 1999, p. 47-48), na qual, por certo, se inseriam as concessões de ferrovias.

Situada nesse contexto evolutivo do direito administrativo, portanto, essa primeira fase de implantação das ferrovias se estendeu até 1873/1874, período ao qual podem ser creditados 1.500 km de trilhos construídos, dos quais 1.300 em tráfego (gráfico 1.1), e a destinação às ferrovias de 34% dos investimentos externos no período de 1860 a 1875 (predominantemente de origem inglesa). (Castello Branco, 2008, p. 43).

---

[9] Como notado por Ademar Benévolo (1953, p. 104-105) a propósito da disciplina jurídica de 1852: "Esta lei foi muito fecunda, dando nascimento a várias ferrovias, inclusive aos quatro grandes eixos de penetração do Brasil Império: Recife ao São Francisco, Bahia ao São Francisco, Rio de Janeiro ao São Francisco (E. E. Pedro II, hoje Central do Brasil), e por fim Santos ao Rio Claro (Bacia do Paraná) (...). Era fatal: a política ferroviária tinha de se firmar nos quatro baricentros de nosso passado, verdadeiros núcleos fixadores da nacionalidade nascente, e também tinha de seguir as pegadas das bandeiras e das entradas. Mudara a técnica, mas a história se repetia, esboçando-se o primeiro plano de viação nacional: o meridiano da cabotagem ligando umas às outras as estradas dos paralelos, traços de união entre o litoral e os rios navegáveis".

[10] Este só nasceria em 1873, na França, com o julgamento do célebre caso Blanco. A respeito, confira-se: Tribunal des Conflits, du 8 février 1873, 00012, publié au recueil Lebon. Disponível em: https://www.legifrance.gouv.fr.

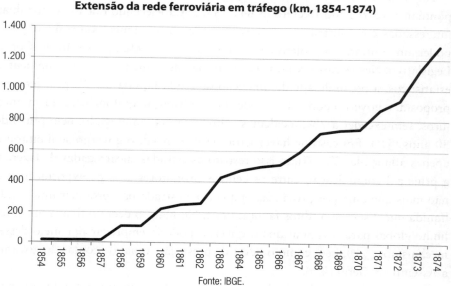

1.3. Segundo Reinado e expansão da malha ferroviária por empreendedores privados (1873-1889)

A 2ª fase de implantação das ferrovias no Brasil teve início ainda no curso do Segundo Reinado, quando já se começava a colher os frutos da bem-sucedida implantação das primeiras ferrovias do país, mesmo que se pudesse considerá-las limitadas em sua extensão. Essa fase se estende de 1873 a 1889, período caracterizado por uma alta de quase 9% do PIB *per capita* brasileiro, em termos reais, equivalente a um crescimento de 0,54% ao ano (Maddison Project, 2013).

O marco legal inicial dessa segunda fase foi o Decreto Legislativo nº 2.450/1873. Seguindo a tônica da delegação de concessões a empreendedores privados, este conferiu novo impulso às estradas de ferro, estimulando significativamente a ampliação da malha nacional. Essa expansão foi fundamental para reduzir os custos do transporte no Brasil e teve grandes impactos na estrutura econômica. Os avanços em infraestrutura e outras mudanças institucionais que ocorreram nesse período, como o fim da escravidão e a chegada maciça de imigrantes europeus, explicam grande parte do dinamismo que a economia brasileira apresentou no final do século XIX e no começo do XX.

Particularmente sobre o Decreto Legislativo nº 2.450/1873, ele fez alterações pontuais no art. 1º do Decreto nº 641/1852, estabelecendo que as companhias interessadas em construir caminhos de ferro em qualquer ponto do Império poderiam contratar o projeto com o governo, mediante aprovação do Corpo Legislativo. Nesses casos, sendo demonstrada, mediante planos e levantamentos estatísticos, a possibilidade de obtenção de renda líquida de 4% pela ferrovia proposta, o governo poderia conceder uma subvenção quilométrica ou garantir juros, sem exceder a 7%, incidentes sobre o capital empregado, pelo prazo de 30 anos (§1º). Em caso de haver garantia provincial, o governo se limitaria a apenas afiançá-la (§2º). Tudo isso restrito às estradas encarregadas de fazerem a principal comunicação entre os centros produtores e os de exportação, e a não mais que uma por província, enquanto a estrada não produzir uma renda líquida que dispense os ditos favores (§3º). No mais, o decreto fixava um valor limite global para o capital que o governo poderia empregar por meio desses mecanismos (§4º), bem como o dever de prestação anual de contas do governo à Assembleia Geral (§5º).

As principais inovações do decreto, portanto, ficavam por conta do aumento da garantia de "juros", de 5% para 7%, dentro do prazo limitado de 30 anos, e do novo mecanismo de incentivo à implantação e expansão de novas ferrovias: a subvenção quilométrica. Desse modo, era possível contar com a remuneração mínima de juros de 7%, garantidos em ouro pelo Tesouro Nacional, ou com a subvenção quilométrica, que veio a ser calculada em 30 contos de réis por quilômetro construído.

Os Decretos Legislativos nº 641/1852 e 2.450/1873 foram ainda regulamentados pelo Decreto nº 5.561/1874.[11] Dentre as bases gerais dessa regulamentação, destacam-se:

- A repartição de competências entre o governo geral e as províncias, para fins de concessão de estradas de ferro (art. 1º a 4º).

---

[11]Futuramente, ainda, veio a ser novamente complementado pelo Decreto nº 6.995/1878, que, entre suas principais disposições, detalhava as obrigações do concedente e do concessionário; reduzia a zona de privilégio para 20 km de largura (anteriormente fixada em 30 km); ampliava a participação do governo nos lucros das concessionárias de ferrovias; e, interessantemente, elegia a arbitragem como método para dirimir conflitos, dúvidas, direitos e deveres contratuais, dispondo sobre a composição do painel arbitral, a depender da questão litigiosa. E, ainda, pelo Decreto nº 7.959/1880, aprovando as cláusulas que deveriam regular as concessões de estradas de ferro gerais no Império, de modo a uniformizar os termos das concessões a partir de então.

- A instituição de concorrência pública prévia à concessão, pautada no prazo do privilégio, na extensão da zona privilegiada[12] e no valor da garantia de juros ou de subvenção quilométrica a que o Estado ficaria obrigado (art. 5º e art. 7º).
- A preferência em favor de concessões ferroviárias que apresentassem conexão com hidrovias, fossem prolongamentos de outras estradas de ferro em construção, ou propostas por concessionária com experiência prévia (art. 6º).

Outros itens dessa regulamentação incluem a participação percentual do Tesouro Nacional na receita líquida da concessionária, quando os dividendos superarem 8% (art. 21, §8º); a limitação da subvenção quilométrica a até 20% do orçamento para a construção, liberados quilômetro a quilômetro construído (art. 15); a preferência, em igualdade de condições, para lavra de minas na zona de privilégio (art. 9º, §6º), e para a aquisição de terrenos devolutos existentes à margem da estrada (art. 9º, §7º); a reversibilidade dos bens da concessão ao término do prazo contratual (art. 22, §6º); as tarifas menores, ou gratuidades, para deslocamentos de tropas militares, funcionários públicos, colonos etc. (art. 22 e §§); e a redução das tarifas quando os dividendos excederem a 12% em dois anos consecutivos (art. 21, §12).

Esse conjunto de incentivos públicos a empreendimentos privados estimulou o forte avanço da malha ferroviária nacional, que aumentou mais de seis vezes entre 1873 e 1889, passando de 1.500 km para mais de 9.000 km (gráfico 1.2). Daí falar-se na ocorrência de um verdadeiro surto ferroviário no período (Baptista, 1942). Igualmente notável, as empresas conseguiram manter-se, no agregado pelo menos, rentáveis, sendo que em certos anos a receita superava o dobro das despesas (tabela 1.1).

---

[12] As expressões prazo do privilégio e zona privilegiada denotam a exclusividade temporal e geográfica que a concessão do direito de construir e explorar uma ferrovia tinha por objetivo conferir ao concessionário. Desse modo, na zona – e pelo prazo – de privilégio definidos, não poderiam ser concedidas outras estradas de ferro, salvo se existente acordo com a empresa privilegiada. Esta proibição não compreendia, no entanto, sob a disciplina do Decreto nº 5.561/1874, a construção de outras vias férreas que, embora partindo do mesmo ponto, mas seguindo direções diversas, pudessem aproximar-se e até cruzar a linha da estrada a cuja empresa foi concedido privilégio, contanto que, dentro da zona privilegiada, não recebessem gêneros ou passageiros, mediante frete ou passagem (art. 9º, §1º).

Regulação das ferrovias

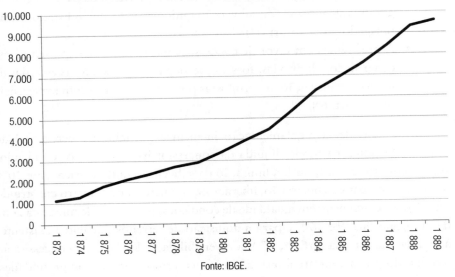

Gráfico 1.2:
Extensão da rede ferroviária em tráfego (km, 1873-1889)

Fonte: IBGE.

Tabela 1.1:
Receitas e despesas das empresas de estrada de ferro (mil-réis (1$000))

Anos	Receita	Despesa
1855	164.151	115.296
1856	191.209	189.660
1857	287.224	258 180
1858	731.840	577.625
1859	1.264.697	957.372
1860	1.773.840	1.224.220
1861	2.171.635	1.512.676
1862	2.104.318	1.815.282
1863	2.247.079	2.107.038
1864	2.505.387	2.162.912
1865	3.356.051	2.293.041
1866	3.603.856	2.146.854
1867	6.615.954	2.857.791
1868	6.318.546	3.248.300
1869	8.231.653	3.985.318
1870	8.143.728	3.837.049
1871	9.722.125	4.380.337
1872	9.873.135	5.644.978
1873	11.946.417	6.237.956

Anos	Receita	Despesa
1874	14.453.299	6.737.567
1875	15.986.078	8.085.741
1876	16.504.031	9.078.726
1877	19.861.920	11.075.170
1878	23.632.341	12.229.643
1879	26.041.525	12.665.628
1880	26.467.049	13.707.214
1881	31.911.364	16.463.088
1882	32.122.884	17.959.917
1883	22.882.859	18.704.015

Fonte: IBGE.

No entanto, alguns fatores fizeram com que as medidas de fomento produzissem efeitos colaterais típicos de uma fuga regulatória, por meio da qual os agentes econômicos se adaptam aos incentivos providos pelo arranjo jurídico, em busca da ampliação de seu patrimônio jurídico e econômico (Ribeiro, 2017). Assim, dentre os aprimoramentos que poderiam melhor alinhar interesses privados e públicos em prol de resultados mais eficientes destacavam-se:

- A falta de um plano nacional que conferisse racionalidade sistêmica ao traçado das estradas de ferro.[13]
- O incentivo perverso que a subvenção quilométrica mal direcionada poderia gerar na fase de construção, remunerando a extensão cons-

---

[13] Daí Cristiano Benedito Ottoni, já em 1859: "Seria um grande meio de regularizar as concessões de estradas de ferro e tornar mais proveitosos os auxílios do Estado, definir desde já as grandes linhas que um dia devem compor a nossa rede, e recusar com firmeza os auxílios do Tesouro a todas aquelas que não reunirem estas duas recomendações: 1ª ter em si mesmas elementos de prosperidades, 2ª entroncar-se facilmente em alguma das grandes linhas, fazendo parte do plano geral. Será isso difícil; mas certamente não será impossível. (...). Empreendei uma linha que não tenha em si própria recursos de prosperidade, que sofra concorrência ruinosa de vias fluidas, que enfim tenha de viver da garantia do Estado: e a consequência será que, concluída ela, se achará o Tesouro com um ônus demais, que dificultará por muito tempo o auxílio a outras empresas. Imaginai a hipótese contrária, isto é, estudai as linhas a que concedeis a garantia. Esta, em 1º lugar se atenua logo, e talvez se extingue, e os recursos que o Estado destinou para estradas de ferro, aumentados pela crescente prosperidade que rodeia a obra concluída, aí ficam disponíveis para outras. Demais, refletí nas vantagens de amortização que podeis colher da diferença entre a garantia de juros, e o preço porque atrai os capitais europeus o crédito do Brasil; tirai deste notável fato econômico os corolários naturais em relação ao resgate; e será o Estado depois de alguns anos proprietário das linhas acabadas, cujo serviço poderá arrendar a companhias, alimentando o espírito de associação e criando uma nova fonte de renda, que pode subvencionar outras estradas de ferro. Voltarei oportunamente a estas ideias; mas concluo a tese do presente capítulo com esta proposição. É indispensável organizar um sistema, ao qual sejam filiadas todas as concessões garantidas" (Ottoni, 1859, p. 36, 40 e 41).

truída pura e simplesmente, sem critérios adicionais submetidos a um controle mais apurado, acabando por premiar a ineficiência na construção e a escolha de traçados desnecessariamente sinuosos, de modo a estender os caminhos e avolumar as subvenções.

- A garantia de juros, que poderia se tornar um estímulo para que as companhias de estradas de ferro não se preocupassem em operar de forma eficiente, esforçando-se para alcançar remuneração suficiente para dispensar os favores estatais.

Assim, a malha ferroviária se expandiu, mas com a expansão vieram também: (i) a construção de trechos pouco otimizados, devido à sinuosidade excessiva; (ii) o emprego não padronizado de bitolas, creditado à falta de um plano nacional de viação, e à falta de uma diretriz nacional uniformizadora; e (iii) a atração de empresários maliciosos e aventureiros, interessados apenas em receber recursos públicos de maneira vantajosa (Acioli, 2005, p. 17; Oliveira, 2005, p. 19; Tenório, 1996, p. 50 e 54).

Desse modo, se, por um lado, as medidas de fomento à iniciativa privada, em especial a ampliação das garantias de juros e a subvenção quilométrica, produziram grande expansão na malha ferroviária, por outro elas geraram inúmeros questionamentos, por serem excessivamente benéficas aos particulares e muito custosas aos cofres públicos, questionamentos que culminaram na mudança de rumos na fase seguinte, durante a República Velha.

No mais, é interessante notar que, antes mesmo do início da República Velha, os governos imperial e regionais já detinham participações societárias em concessionárias de ferrovias, bem como haviam aplicado recursos na "constituição de algumas linhas e na compra de ações e de debêntures de outras empresas privadas", de modo que "quando a monarquia acabou, em 1889, o governo imperial era proprietário e operador de 3.200 quilômetros em linhas – 34% do total do país – e detinha interesses substanciais em grandes empresas ferroviárias privadas, entre elas a Leopoldina e a Oeste de Minas" (Topik, 1987, p. 112).

1.4. República Velha e expansão da malha ferroviária sob controle estatal (1889-1930)

A primeira experiência democrática brasileira, conhecida como República Velha, começou em 1889, com a proclamação da República por um grupo de militares liderados pelo marechal Manuel Deodoro da Fonseca, e foi até 1930, quando um movimento armado liderado pelos estados de Minas Gerais, Paraíba e Rio Grande do Sul depôs o presidente da república Washington Luís e impediu a posse do presidente eleito Júlio Prestes. Esse período foi conturbado econômica e politicamente por diversos motivos. Domesticamente, a República Velha foi marcada por eventos econômicos, como a crise inflacionária do Encilhamento, e por eventos políticos, como as diversas revoltas enfrentadas. Internacionalmente, o período foi marcado, principalmente, pela Primeira Guerra Mundial e pela Crise de 1929. Mesmo com tantos ocorridos, a economia brasileira deslanchou no período. Haddad (1978) calculou que o Brasil teve um crescimento real de 211% no período de 1901 a 1930, uma taxa anual de crescimento real de quase 4%.

Na área das ferrovias, já em 1890 foi editado o Decreto nº 862/1890. Motivado pelo objetivo de promover a integração nacional e a expansão do progresso, esse decreto visava à constituição de um sistema de viação geral ligando diversos estados à capital, por meio da concessão de privilégios, garantia de juros e outros favores, além da estipulação de cláusulas que deveriam constar dos futuros contratos de concessão. Por meio dele foram estabelecidas diversas linhas férreas e fluviais, assegurando-se às primeiras: prazo de 60 anos, garantia de juros de 6% ao ano sobre o capital empregado, por 30 anos, até um limite de 30:000$ por quilômetro (art. 2º, §1º); cessão gratuita de terrenos devolutos dentro da margem de 20 km para cada lado da via (§3º); e isenção tributária sobre a importação dos materiais indispensáveis à construção da linha (§4º).

A Constituição de 1891 permaneceu válida durante toda a República Velha e só veio a ser substituída em 1934, já no Estado Novo. Sobre o tema das estradas de ferro, ela previa apenas que o direito da União e dos estados legislarem sobre a viação férrea e a navegação interior seria regulada por lei federal (art. 13).

Em 1907 foi editado o Decreto nº 6.455, dedicado a regulamentar o serviço de povoamento do solo nacional. Este dispunha, em seu art. 58, que uma vez verificada a utilidade da construção de via férrea econômica para ligar com estações de estradas de ferro terras devolutas colonizáveis, núcleos coloniais, portos marítimos ou fluviais, ou centros consumidores, a União poderia auxiliar a construção, mediante subvenção paga de uma só vez à razão de 6:000$ por quilômetro aberto ao tráfego. A concretização dessa subvenção às concessões ferroviárias foi confirmada, em artigo único, pelo Decreto nº 8.532/1911. Dessa forma, foram mantidos, já no período da República Velha, os incentivos econômicos para a implantação de novas ferrovias.

Seguindo na história, o ano de 1912 foi marcante do ponto de vista normativo. Inovando no ordenamento jurídico, e impulsionado por riscos inerentes às atividades ferroviárias, como o furto de carga e a ocorrência de acidentes, foi editado o Decreto nº 2.681, para disciplinar a responsabilidade civil das estradas de ferro. É de se acentuar que nesse aspecto o decreto segue em vigor até os dias atuais, servindo de fundamento à responsabilidade objetiva das estradas de ferro em relação aos usuários do serviço e confrontantes da linha, na forma de seus arts. 1º e 17 (Oliveira, 2005, p. 19; Barbosa, 1955).

O arcabouço jurídico temático do período foi, por fim, completado pelo extenso Decreto nº 15.673/1922, que em seus quase 200 artigos fixava o regulamento para a segurança, polícia e tráfego das estradas de ferro.[14]

Summerhill (2003) analisa o impacto das ferrovias na economia brasileira de meados do século XIX até 1913. O custo de transportar bens por terra era extremamente elevado e sempre foi uma restrição ao crescimento do país. Com a construção das ferrovias, houve uma redução desses custos. O montante de recursos economizados e que eram previamente gastos com transporte foi direcionado para outras áreas da economia, o que impactou e modificou a estrutura econômica por diversos canais. Ainda mais importante, essas mudanças estruturais possibilitaram um crescimento mais robusto.

As ferrovias, ao oferecerem o serviço de transporte por um custo unitário menor que todos os outros disponíveis naquele tempo, permitiram a conexão de mercados locais antes economicamente isolados. A possibilidade de um maior intercâmbio de mercadorias levou as regiões a se especializarem na produção de certos bens e serviços dado a sua vantagem comparativa. Essa especialização foi uma das principais fontes de aumento de renda e de produto. Summerhill (2003) tenta quantificar a magnitude da contribuição das ferrovias para a economia brasileira, porém as estimativas são altamente dependentes das hipóteses assumidas. Nos resultados mais conservadores, as ferrovias foram responsáveis por 19% do aumento da produtividade do trabalho observado de 1869 a 1913 e por 7% do aumento do nível do PIB. Já nos resultados mais favoráveis, as ferrovias foram responsáveis por 66% do aumento da produtividade do trabalho observado e por 25% do aumento do nível do PIB.

Uma crítica comum ao papel das ferrovias na economia brasileira é que elas reforçaram o papel agroexportador brasileiro e impediram o surgimento de um setor manufatureiro. Nos Estados Unidos e na Alemanha, os primeiros insumos para a construção das ferrovias foram importados. Porém, logo as economias nacionais foram capazes de prover os insumos que eram necessários para futuras expansões. No Brasil, os insumos sempre foram importados e nunca foram providos domesticamente. Summerhill (2003) estima que, usando hipóteses historicamente plausíveis, as "perdas" causadas pelas ferrovias são consideravelmente menores que os "ganhos". Mesmo que as ferrovias tenham possibilitado

---

[14] Nesse mesmo ano de 1922 se deu a primeira eletrificação de um trecho ferroviário brasileiro, no segmento Campinas-Jundiaí, da Ferrovia Paulista.

a produção para exportação de café no oeste paulista, seu principal efeito foi conectar domesticamente os mercados internos anteriormente isolados. Essa nova conexão levou ao surgimento de um mercado consumidor que possibilitou manufaturas e indústrias a atingirem a escala necessária para operarem.

Dois eventos de magnitude global que ocorreram durante a República Velha produziram impactos nas ferrovias brasileiras: a 1ª Guerra Mundial, entre 1914 e 1918, e a quebra da bolsa de Nova York, em 1929. Esses choques impactaram fortemente o preço do café, situação ainda potencializada pelas supersafras ocorridas no período e que acabaram por gerar produção nacional inclusive acima da demanda mundial. Além disso, a 1ª Guerra Mundial dificultou a venda do produto para grandes consumidores, como a Inglaterra, ocasionando significativas oscilações no volume e nos preços de suas vendas.

Diante dessas ocorrências, o governo foi chamado a interceder comprando enormes quantidades de sacas de café para retirar o produto do mercado e, assim, elevar seu preço. Como a produção e exportação do café mantinham uma íntima relação com a implantação e expansão das ferrovias no país – um verdadeiro motor – sua crise constituiu motivo adicional para a intensificação da atuação direta do governo nas ferrovias. Em muitas ocasiões, com menos carga a transportar, elas se tornaram deficitárias.

O governo passou então a ter de resgatar ferrovias em dificuldades financeiras. Esse processo de resgate, que já tinha ocorrido antes, principalmente durante a moratória da dívida no governo Campos Sales, intensificou-se após a 1ª Guerra. As garantias do pagamento de juros de concessões ferroviárias anteriormente realizadas assumiram grande monta, chegando a custar ao Erário um terço de todo o orçamento federal. Diante disso, e sem recursos para manter tais custos, o governo encampou várias estradas de ferro concedidas à custa de novos empréstimos contraídos. Esse movimento lhe proporcionou significativa economia, tendo em vista que as taxas das garantias de juros incidentes sobre as concessões eram superiores às cobradas sobre os novos empréstimos (Castro, 2005, p. 49). Por outro lado, nesse mesmo período da República Velha, empreendimentos ferroviários bem-sucedidos se solidificaram, como foi o caso de algumas ferrovias paulistas, o que os levou a desistir da garantia de juros, a fim de não repartirem os lucros excedentes com o governo (Castello Branco, 2008, p. 45; Benévolo, 1953, p. 480, 481 e 559).

O movimento de encampação fez com que, em 1914, o governo federal e os governos estaduais fossem proprietários de 53% e 8% das ferrovias do país, respectivamente (Castro, 2005, p. 50). Via de regra, no entanto, as ferrovias encampadas tiveram suas malhas subsequentemente arrendadas a particulares, de modo que o governo não tivesse de arcar com o custo da operação. Em alguns casos, inclusive, os arrendatários eram os próprios concessionários originais.

Esse movimento também concentrou a operação de estradas de ferro em grandes grupos estrangeiros. Por exemplo, a Brazil Railroad, do norte-americano Percival Farquhar, respondia por cerca de 40% de toda a operação ferroviária nacional em 1915. Tal processo de consolidação provocou uma campanha antitruste, que também foi motivada pelo sentimento nacionalista, por movimentos sindicais – as ferrovias respondiam por cerca de 15% de todos os empregos públicos civis daquele tempo – e, por fim, pelo interesse de políticos ligados à cafeicultura, temerosos do aumento dos custos de transporte por meio de práticas oligopolistas (Stefani, 2007, p. 68-69; Castro, 2005, p. 50; Castello Branco, 2008, p. 49).

Apesar do cenário de dificuldades, as exportações de café, açúcar, borracha, cacau e fumo faziam a economia brasileira seguir crescendo e geravam os capitais que deram origem à criação da indústria nacional. Junto com este movimento, as ferrovias seguiram se expandindo, com a República Velha se encerrando com mais de 32.000 km de estradas de ferro em operação no país (gráfico 1.3).

A República Velha foi marcada pelo início do rodoviarismo, que desembarcava com força no país, debaixo do lema do presidente Washington Luís, para quem governar era abrir estradas. Só que agora, não mais de ferro. Era o marco inicial de uma nova cultura de transportes e, acima de tudo, do declínio das ferrovias no Brasil (Matos, 1990, p. 141-142; Castello Branco, 2008, p. 50).

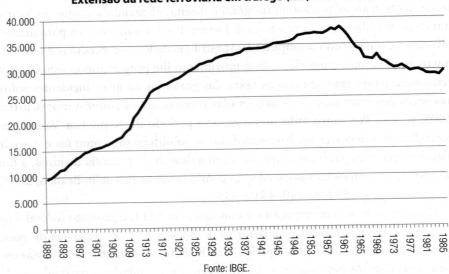

Gráfico 1.3:
Extensão da rede ferroviária em tráfego (km, 1889-1985)

Fonte: IBGE.

1.5. Era Vargas, pós-guerra e República Nova: redução da expansão e estatização de empresas ferroviárias (1930-1960)

De 1930 a 1960, no plano nacional, tiveram lugar a Era Vargas e a República Nova. Esse período foi marcado por um elevado crescimento econômico. Segundo dados do Ipea, a economia nacional cresceu a uma taxa real média anual de 5,7%. Porém, foi um período de elevada instabilidade política e institucional. Por exemplo, o Brasil teve três Constituições no período, promulgadas em 1934, 1937 e 1946. No plano internacional, ocorreram eventos marcantes como a 2ª Guerra Mundial e a subsequente reconstrução da Europa. No período, o setor ferroviário brasileiro se expandiu em ritmo significativamente mais lento: a malha ferroviária do país aumentou de 32.500 km, em 1930, para pouco mais de 38.000 km em 1960 (gráfico 1.3).

Além da baixa expansão da malha, marcaram essas três décadas o renovado movimento de estatização de empresas ferroviárias e a crescente concorrência oferecida pelas rodovias, não só por recursos públicos, mas também pela carga e pelos passageiros: os caminhões passaram a transportar cargas em maior volume, com maior valor agregado, e a fretes mais lucrativos do que as estradas de ferro; no transporte de passageiros, automóveis e ônibus ofereciam serviços mais frequentes e com maior comodidade.[15]

A partir da década de 1930, o Brasil experimentou, além da maior centralização política, um redirecionamento de recursos públicos, financeiros e políticos para a promoção da industrialização. O aumento da intervenção estatal, particularmente notável no controle de empresas exploradoras de recursos minerais e prestadoras de serviços públicos, foi outro traço desse período, em parte explicado pela intenção de usar esses recursos no apoio à industrialização (Acioli, 2005, p. 31). Reforça essa afirmativa o fato de que, em 1933, o Decreto nº 23.501, com força de lei, alterou o Código Civil e todos os contratos em vigor, proibindo a cláusula ouro (correção por moeda estrangeira e juros livremente estipulados pelos contratantes). Como o mil-réis havia se desvalorizado em mais de 40% e

---

[15] Tratava-se de um erro de falta de planejamento, que viria a se agravar ao longo de toda a história logística e de mobilidade urbana brasileira, já que modais de transporte sobre trilhos, como ferrovias, trens urbanos e metrovias, cumprem a função de corredores ou entroncamentos estruturantes das cidades e da ocupação do solo urbano. Menos flexíveis do que outros modais, dependem que rodovias e hidrovias, por exemplo, os alimentem com carga e passageiros, e não que compitam em traçado e distância. Só assim seria possível avançar rumo à integração modal, tornando o transporte de cargas e passageiros mais eficiente.

boa parte dos contratos de concessão tinha cláusula de correção em libras, os investidores foram embora (Moreira, 2004, p. 74-75; Simonsen, 1995).

Não deve surpreender, portanto, que nesse período as estradas de ferro que haviam permanecido sob direção privada, na forma de concessão, ou mesmo arrendamento operacional, tenham sido retomadas pelo governo. São ilustrativos desse movimento, entre outros:

- O Decreto nº 19.602/1931, que autorizou a União a arrendar, ao estado de Minas Gerais, a Rede de Viação Férrea Estrada de Ferro Oeste de Minas.
- O Decreto nº 570/1935, que encampou a Compagnie des Chemins de Fer Fédéraux de l'Est Brésilien a partir do desmembramento da Viação Férrea Federal Leste Brasileiro, dela destacando a Estrada de Ferro Bahia e Minas, que passou a ser administrada pela Inspetoria Federal das Estradas.
- O Decreto nº 2.074/1940, que determinou a encampação do arrendamento da Estrada de Ferro Dona Teresa Cristina.
- O Decreto-lei nº 2.436/1940, que incorporou ao patrimônio da União todo o ativo existente em território nacional da Brasil Railway Company e empresas a ela filiadas.
- O próprio Decreto-lei nº 3.365/1941, marco principal das desapropriações públicas no Brasil, até os dias de hoje, que facilitou os processos de encampação.
- O Decreto nº 9.869/1946, que autorizou a encampação da The São Paulo Railway Company Limited.
- A Lei nº 1.154/1950, que autorizou o Poder Executivo a promover a encampação dos contratos da Great Western of Brasil Railway Limited.

Esse período também foi marcado por grande inquietação no plano constitucional, por força da sucessão de três Constituições, em 1934, 1937 e 1946. Vale conferir suas molduras gerais acerca da temática ferroviária.

A Constituição de 1934 tratava das estradas de ferro em mais detalhes do que se havia visto até então. Definia ser de competência privativa da União explorar ou dar em concessão as vias férreas que ligassem diretamente portos marítimos a fronteiras nacionais, ou transpusessem os limites de um estado, bem como estabelecer o plano nacional de viação férrea e o de estradas de rodagem (art. 5º, VIII e IX). Ela também ressalvava a preferência dos estados para receberem concessão federal de vias férreas em seus territórios (§2º) e indicava que as linhas telegráficas das estradas de ferro, destinadas ao seu tráfego, continuariam a ser utilizadas no serviço público em geral, como subsidiárias da rede telegráfica da União, sujeitas, nessa utilização, às condições estabelecidas em lei ordinária (§4º).

Na linha do nacionalismo, a Constituição de 1934 previa a edição de lei para determinar a porcentagem de empregados brasileiros que deveriam ser mantidos obrigatoriamente nos serviços públicos dados em concessão (art. 135), bem como que as empresas concessionárias, sob qualquer título, de serviços públicos federais, estaduais ou municipais deveriam constituir as suas administrações com maioria de diretores brasileiros, residentes no Brasil, ou delegar poderes de gerência exclusivamente a brasileiros, e, ainda, conferir, quando estrangeiros, poderes de representação a brasileiros em maioria, com faculdade de substabelecimento exclusivamente a nacionais (art. 136). Por fim, interessantemente, impedia que os entes federados conferissem garantias de juros em favor de concessionárias de serviços públicos (art. 142). Era uma grande virada em relação ao que se vinha praticando desde a edição do Decreto Legislativo nº 641/1852, confirmando que o arranjo de incentivos no setor ferroviário nacional estava mudando, como já sinalizado pelo Decreto nº 23.501/1933.

A Constituição de 1937 manteve a fórmula de competência de sua antecessora, fixando competir privativamente à União explorar ou dar em concessão as vias férreas que ligassem diretamente portos marítimos a fronteiras nacionais ou transpusessem os limites de um estado (art. 15, VII). Ela explicitou ainda a competência privativa da União para legislar sobre os transportes por via férrea, desde que de caráter internacional ou interestadual (art. 16, XI), e manteve a toada nacionalista que restringia a nacionalidade de dirigentes e empregados de concessionárias de serviços públicos (arts. 146 e 153).

Em diferença à estratégia adotada pela Constituição de 1934, a Constituição de 1937 não tratou expressamente sobre a temática da concessão de garantias de juros, pelos entes federados, a concessionários de serviços públicos. No entanto, como seu art. 44, "c", vedava os membros do Parlamento nacional de exercerem "qualquer lugar de administração ou consulta ou ser proprietário ou sócio de empresa concessionária de serviços públicos, ou de sociedade, empresa ou companhia que goze de favores, privilégios, isenções, garantias de rendimento ou subsídios do poder público", uma leitura *a contrario sensu* permitiria deduzir que a Constituição tornava a admitir a possibilidade de garantias de rendimento ou subsídios, pelos entes federados, a concessionários de serviços públicos.

Em inovação comparativa às duas Constituições anteriores, a Constituição de 1946 incluiu as estradas de ferro entre os bens da União (art. 34, II) e previu a edição de lei para dispor sobre o regime das empresas concessionárias de serviços públicos federais, estaduais e municipais (art. 151).

Foi também nesse período que se encamparam as reservas de ferro pertencentes a Percival Farquhar, que deram origem à Companhia Vale do Rio Doce (CVRD), hoje apenas Vale. Esta foi criada em 1942, como empresa estatal com natureza jurídica de sociedade de economia mista. Partindo de uma produção relativamente tímida, concentrada no fornecimento de matéria-prima para siderúrgicas nacionais, a estatal se internacionalizaria algumas décadas depois, pelas mãos de Eliezer Batista, justamente um engenheiro ferroviário, para quem uma empresa mineradora era, em grande medida, uma empresa de logística.[16] Nesse processo, a CVRD se tornaria proprietária de algumas das principais ferrovias do país.

O fato de a produção legislativa nesse período ser marcada pela cessação dos arranjos jurídicos de incentivos aos concessionários privados ajudou a aprofundar a participação estatal no setor. Isso ocorreu especialmente na sequência da 2ª Guerra Mundial, quando as empresas estatais eram vistas como um meio de fomentar investimentos em setores específicos (Pinheiro, 2000, p. 7). Um panorama cronológico pelos instrumentos normativos ajuda a realçar o ponto e a compreender o rumo que as estradas de ferro tomavam à época.

No ano de 1934 foi elaborado o 1º Plano Geral de Viação Nacional, por meio do Decreto nº 24.497, em que transparecia a percepção corrente da época sobre o papel estratégico da infraestrutura para o país. Assim, o plano se pautava pela necessidade de a rede de viação nacional atender às conveniências nacionais de ordem política, econômica e militar de forma coordenada e eficiente. Para isso previa que a construção ou concessão de vias de transporte compreendidas no plano, por estados e municípios, dependeria de prévia audiência e aprovação da União (art. 2º), bem como deveria observância às condições gerais de ordem técnica referidas pelo decreto (arts. 3º e 1º).

Em 1943, o Decreto-lei nº 6.144 instituiu um Plano de Obras e Equipamentos que, até ser revogado pelo Decreto-lei nº 9.782/1946, endereçou grande volume de recursos ao Ministério de Viação e Obras Públicas (Acioli, 2005, p. 34).

---

[16] A frase é comumente atribuída a Eliezer Batista, ainda que não tenha sido possível identificar uma fonte formal de citação direta para constar como referência. No mais, seu sentido de ser vai na linha do que já se pôde anotar sobre a relação entre a atividade minerária e a logística: "a extração de minérios se submete à denominada *rigidez locacional*, impedindo-a de ser desempenhada em lugar de livre escolha, na medida em que depende de formações geológicas espontâneas propícias, ganha especial relevo para a sua viabilização a atividade de escoamento/transporte do minério extraído. O que se vê na prática, muitas vezes, são minas situadas em regiões interioranas do país e que dependem, por isso, de um meio de transporte do minério extraído até um porto, principal canal de exportação dos produtos minerais atualmente. Esse trânsito da mina ao porto pode ser feito por diversos modais, valendo-se de rodovias, ferrovias, dutovias etc." (Silva, Ribeiro e Freitas, 2013, p. 83).

Já em 1945, frente à necessidade de melhoria das operações ferroviárias, foi editado o Decreto-lei nº 7.632/1945, que autorizava as estradas de ferro brasileiras a cobrar taxas adicionais, destinadas a melhoramentos e renovação patrimonial (art. 1º), individualizadas em fundos especiais de mesma designação, à monta de 10% sobre as tarifas vigentes. O decreto também determinava que as estradas de ferro apresentassem plano de melhoramentos e aquisições (arts. 2º e 3º).

Entre os muitos planos gerais da época, o Decreto-lei nº 8.894/1946 elaborou o Plano Geral de Reaparelhamento Ferroviário. O decreto-lei reconhecia textualmente em seus considerandos a precariedade da malha ferroviária de então:

> "Considerando que as pesquisas técnico-econômicas efetuadas pelo Ministério da Viação e Obras Públicas demonstraram a precária situação em que se encontram as estradas de ferro brasileiras, para atendimento de suas finalidades, em consequência da incompleta interligação das suas linhas, dos defeitos de traçados, e da deficiência, obsolência e acentuado desgaste do seu aparelhamento;
> Considerando que a situação demonstrada tende, fatalmente, a conduzir, com a reincrementação das demais sistemas de transporte, à cessação dos serviços ferroviárias em várias zonas do país, caso não sejam providenciados os meios para a recuperação e os melhoramentos essenciais das vias férreas;
> Considerando que tal ameaça atinge profundamente, não só a economia, particular dos acionistas e debenturistas das empresas, como também o patrimônio da União e dos estados, em vista dos vultosos capitais por eles invertidos nas ferrovias existentes;
> Considerando que os interesses do público usuário das estradas de ferro se acham igualmente ameaçados, por isso que os demais sistemas de transporte nem sempre satisfazem plenamente às necessidades dos transportes requeridos, ou pela natureza de carga e distância do carreio, ou pelo vulto do frete, ou ainda pela falta de capacidade dos referidos sistemas;"

Diante disso, o decreto-lei aprovava o Plano Ferroviário proposto na Exposição de Motivos nº 59-GM, de 24 de janeiro de 1946, pelo Ministério da Viação e Obras Públicas, contemplando lastramento, dormentação e substituição de trilhos, aquisição de locomotivas, vagões e automotrizes, organização das oficinas de reparação de material rodante, construção de ligações e o respectivo financiamento (art. 1º).

O plano viria a ser complementado pela Lei nº 272/1948. Esta era dedicada à aplicação de cotas no aparelhamento de redes ferroviárias, cada uma delas por meio de medidas específicas, como eletrificação, prolongamento e duplicação de trecho, recursos financeiros, material rodante, cercas etc.

O quadro geral das ferrovias seguiu se agravando; as rodovias consumiam parcela tão significativa dos recursos públicos que a Lei nº 272/1948 destinava à infraestrutura logística, que foi necessário criar um Fundo Ferroviário Nacional, em 1950. Também data de 1950 a Lei nº 1.272-A, que dispunha sobre diversos mecanismos de financiamento ao Plano Geral de Reaparelhamento Ferroviário. Esses recursos se destinavam à construção, renovação e melhoramento das ferrovias compreendidas no Plano Ferroviário Nacional e ao auxílio às ferrovias estaduais, quer de propriedade dos estados, quer de sua concessão (art. 1º) (Acioli, 2005, p. 38).

Ainda no início da década de 1950, visando ao financiamento de um programa de reaparelhamento dos setores de infraestrutura da economia brasileira, formou-se, no âmbito do Ministério da Fazenda, a Comissão Mista Brasil-Estados Unidos para o Desenvolvimento Econômico, composta por técnicos das duas nacionalidades.[17]

A Comissão Mista produziu substancioso relatório no ano de 1953, enfocando os problemas do Brasil, e ensaiando a indicação de soluções, com especial ênfase aos temas dos transportes e da energia. O relatório acabou impulsionando o governo federal a constituir uma *holding* estatal para o setor ferroviário. Estávamos próximos ao centenário das ferrovias brasileiras, ocorrido em 1954, quando foi criada uma comissão especial de organização da Rede Ferroviária Federal S.A. (RFFSA), dentro do Ministério da Viação e Obras Públicas, por meio do Decreto nº 37.131/1955 (Oliveira, 2013, p. 675-717).

Data também dessa época o início das operações de crédito às ferrovias do governo federal, pelo então Banco Nacional de Desenvolvimento Econômico (BNDE), criado em 1952, por recomendação da Comissão, segundo os parâmetros delineados no Decreto nº 36.559/1954. O decreto autorizava o Ministério da Fazenda a contratar, com o BNDE, empréstimos aplicáveis em obras e melhoramentos ferroviários.

Isso, no entanto, também não impediu o descompasso entre receitas e despesas percebidas e incorridas nos serviços ferroviários ao longo desta fase (Castello Branco, 2008, p. 53).

A fim de viabilizar o custeio da constituição da RFFSA, a Lei nº 2.975/1956, alterando a legislação do imposto único sobre combustíveis e lubrificantes líquidos e gasosos, previu que, a partir de 1º de janeiro de 1962, a União, os estados, municípios e Distrito Federal destinariam as suas cotas no referido imposto, na proporção de 10%, à constituição do capital social da Rede Ferroviária Federal

---

[17]Cf.: http://cpdoc.fgv.br. A íntegra do relatório está disponível em: http://www.centrocelsofurtado.org.br. Acesso em: 6/4/2016.

S.A. Os outros 90% deveriam ser destinados aos seus programas rodoviários, através do Fundo Rodoviário Nacional e legislação respectiva (art. 7º, §2º). Ficava clara a profunda desproporção nas prioridades da ação estatal, em favor do rodoviarismo e em detrimento das ferrovias. Diga-se de passagem, um processo que não se observava apenas no Brasil.

Em 1957 a RFFSA veio, enfim, a ser criada, como sociedade de economia mista.[18] Nessa época, as ferrovias respondiam por 90% do déficit público nacional (Castro, 2000, p. 129). Autorizando sua constituição, a Lei nº 3.115 daquele ano dispunha sobre a criação da Rede por meio da incorporação das estradas de ferro de propriedade da União e por ela administradas, assim como as que viessem a ser transferidas ao domínio da União, ou cujos contratos de arrendamento viessem a ser encampados ou rescindidos (art. 1º).

Na prática, isso significou que a RFFSA foi originalmente criada com a incorporação de 22 ferrovias federais, quanto às quais assumiu a responsabilidade por seus compromissos antecedentes, mantidas as garantias do Tesouro Nacional, nos casos em que existissem (art. 25). Em seus primeiros anos, diversas alterações foram feitas, como a erradicação de algumas ferrovias, e a incorporação de outras a ferrovias maiores (Castro, 2005, p. 55; Acioli, 2005, p. 38).

À RFFSA competiria, nesse modelo, administrar, explorar, conservar, reequipar, ampliar, melhorar e manter em tráfego as estradas de ferro a ela incorporadas (art. 7º, "a"). Revisões e modificações de tarifas que a RFFSA julgasse necessárias seriam submetidas ao Departamento Nacional de Estradas de Ferro (art. 7º, "e"). Caberia à Rede a realização de trabalhos de estudo e construção de estradas de ferro cometidos à RFFSA pela União (art. 7º, "h").

Mais tarde, por meio da Lei nº 6.171/1974, ainda seriam acrescentados a tais competências os deveres de fiscalizar, em todo o território nacional, os serviços de transporte ferroviário; promover a coordenação de estudos tarifários e de custos de transportes ferroviários em geral; planejar a unificação e padronização do sistema ferroviário brasileiro; proceder à avaliação qualitativa e quantitativa do sistema ferroviário nacional; realizar pesquisa relacionada com o aperfeiçoamento das atividades ferroviárias no país; e executar a parte ferroviária do Plano Nacional de Viação (art. 7º, "i" a "j").

Tais disposições deixavam clara a concentração das atividades de planejamento, execução e fiscalização dos serviços ferroviários nacionais na RFFSA.

---

[18] A experiência da RFFSA foi replicada no plano estadual de São Paulo, com a criação da Ferrovia Paulista S.A. (Fepasa, Lei nº 10.410/1971), mediante a incorporação de cinco estradas de ferro paulistas.

Exatamente o tipo de concentração que viria a ser combatido na década de 1990, com a privatização da malha ferroviária e a criação das agências reguladoras no Brasil, quando se preconizou que essas três atividades ficassem sob a responsabilidade de atores diferentes.

1.6. Regime militar, consolidação da malha em empresas estatais, desistência de ramais antieconômicos e implantação de projetos estratégicos (1960-1990)

A década de 1960 foi inaugurada, no campo político brasileiro, pelo governo relâmpago de Jânio Quadros, que foi fulminado pela renúncia do presidente e não durou mais de sete meses. Jânio Quadros foi sucedido na presidência por João Goulart, que formou um governo de viés trabalhista, voltado à esquerda, em meio a uma época de fortes ideologias e grandes manifestações populares. A partir de 1º de abril de 1964, no entanto, o quadro político sofreu uma grande guinada, dando início a sucessivos governos militares, que perdurariam até 1985. Estes acentuaram a preocupação com a infraestrutura, vista não apenas como instrumento de desenvolvimento, mas também como um elemento estratégico na defesa nacional. Paralelamente, porém, acentuaram-se as práticas centralizadoras e autoritárias, com um papel forte e direto do Estado nos mais diversos campos da sociedade, realidade que não seria diferente no setor ferroviário.

Dada a brevidade dos governos Jânio Quadros e João Goulart, apenas durante o governo Castelo Branco o Brasil teve uma política econômica estruturada e efetivamente implementada. Sua principal medida foi o Plano de Ação Econômica do Governo (PAEG), cujos objetivos eram acelerar o progresso econômico brasileiro e reduzir a inflação. O PAEG foi marcado principalmente por reformas institucionais que forneceram os alicerces do modelo de crescimento econômico dos governos posteriores. A reforma fiscal gerou uma base tributária eficaz para o financiamento do setor público. A reforma financeira promoveu uma gestão mais eficiente da política monetária com a criação do Banco Central e a reestruturação do mercado de capitais. A reforma trabalhista diminuiu os custos de mão de obra e gerou fundos de poupança compulsória que foram usados para financiar os massivos investimentos públicos do período.

Segundo dados do Ipea, a economia brasileira era 20,4% maior em 1964 do que em 1960, um crescimento real anualizado de 4,8%. Nos três anos seguintes – correspondentes ao governo Castelo Branco –, o Brasil cresceu 13,8%, um crescimento real anualizado de 4,4%. A partir de 1967, as taxas de crescimento aceleraram: em 1974, a economia dobrara de tamanho em relação a 1967; em 1980, ela chegou a três vezes o tamanho de 1967. Esse primeiro período de crescimento acelerado, particularmente de 1969 a 1973, ficou conhecido como Milagre Econômico.

No campo das ferrovias, teve início nesse período a desistência de ramais considerados antieconômicos, fazendo a malha nacional encolher, e concentrar-se na RFFSA. Esse processo começou ainda com Jânio Quadros (gráfico 1.3).

Na área de transporte, as Constituições de 1967 e 1969 (Emenda Constitucional nº 01) não se afastaram por demais da tônica encontrada nos diplomas antecedentes. Assim, continuou expressa a competência da União para explorar, diretamente, ou mediante autorização ou concessão, as vias de transporte entre portos marítimos e fronteiras nacionais ou que transponham os limites de um estado, ou território (art. 8º, XV, "d", da CRFB). Também se manteve o viés nacionalista, ao prever-se a contratação percentual obrigatória de empregados brasileiros nos serviços públicos dados em concessão (art. 158, XII). Em complemento que reflete o militarismo da época, fixou-se a competência do Conselho de Segurança Nacional para, nas áreas indispensáveis à segurança nacional, dar assentimento prévio para concessão de terras, abertura de vias de transporte e instalação de meios de comunicação (art. 91, II, "a").[19]

A atuação direta do Estado na economia, segundo dispunha a Constituição de 1967, deveria ser apenas suplementar à iniciativa privada, hipótese na qual submeter-se-ia às normas aplicáveis às empresas privadas, inclusive quanto ao direito do trabalho, das obrigações, e aos aspectos tributários (art. 163 e parágrafos).

Na prática, todavia, o que a modelagem jurídica adotada denota é que a atuação, de preferencialmente suplementar, se fez primordialmente de forma direta. No período de 1960 a 1990, as concessões perderam o protagonismo no setor ferroviário, cedendo lugar a empresas estatais estruturadas sob a égide de *holdings*. O Estado, de concedente, foi se tornando cada vez mais empresário no setor ferroviário, o que de todo se alinhava ao contexto administrativo, de rápida expansão da quantidade de estatais e de seus planos de atuação, ainda impulsionados pela reforma administrativa de 1967 (Decreto-lei nº 200/1967) e o aumento das tarifas então praticadas (Pinheiro, 2000, p. 10).

Descendo ao plano legal, observa-se que desde antes do regime militar foram feitas diversas tentativas de reestruturar o setor ferroviário, que convivia com

---

[19]O regime jurídico das empresas concessionárias de serviços públicos federais, estaduais e municipais, em que pese já não portador de relevância maior para o caso das ferrovias na época, passou a observar as diretrizes constitucionais que: (i) determinavam que fossem prestados de forma adequada; (ii) mediante tarifas que permitissem a justa remuneração do capital, o melhoramento e a expansão dos serviços, e assegurassem o equilíbrio econômico e financeiro do contrato; e (iii) sob fiscalização permanente e revisão periódica das tarifas, ainda que estipuladas em contrato anterior (art. 160).

problemas diversos: via permanente em má conservação, falta de lastro e dormentes, trilhos obsoletos, material rodante insuficiente, traçados inadequados e deteriorados, curvas e rampas construídas em desajuste às melhores técnicas de engenharia, bitolas diferentes e paradas em demasia (Oliveira, 1978).

A falta de recursos próprios impedia uma rápida reversão desse estado de coisas, pois as ferrovias operavam então com elevados déficits: em 1964, as receitas dessas empresas cobriram apenas 29% das despesas. Diante do insucesso em reduzir os altos custos operacionais, editaram-se as Leis nº 3.891/1961 e 4.102/1962, transformando o Departamento Nacional de Estradas de Ferro (DNEF) em autarquia e criando o Fundo Nacional de Investimento Ferroviário (FNIF), prevendo-se receitas tributárias com o objetivo de fazer frente aos referidos gastos.[20] Antes mesmo de produzir efeitos práticos, no entanto, o FNIF foi substituído pelo Fundo Federal de Desenvolvimento Ferroviário (FFDF), criado pelo Decreto-lei nº 615/1969, sendo este, mais tarde, sucedido pelo Fundo Nacional de Desenvolvimento (FND). (Acioli, 2005, p. 41).

Apesar do cenário geral de dificuldades financeiras, empreendimentos estratégicos foram implantados, relacionados à exportação de minério de ferro ou ao Plano Siderúrgico Nacional. Foi o caso da Estrada de Ferro Carajás, da Ferrovia do Aço, e da capacitação da Estrada de Ferro Vitória a Minas (Coelho e Setti, 2000, *apud* Castello Branco, 2008, p. 54). O minério de ferro passou então a ser a carga largamente predominante a circular sobre os trilhos do país. Com isso, a quantidade de carga transportada por ferrovias saltou de 16,4 bilhões de t.km em 1964 para 99,9 bilhões de t.km em 1985.

Ao longo das décadas de 1960 e 1970, foram criadas soluções para financiar o investimento no transporte ferroviário de cargas, por meio do Banco Nacional de Desenvolvimento Econômico e Social (BNDES) e do Banco Mundial. No caso do BNDES, em especial, foram organizados programas de investimento trienais, em apoio à RFFSA e à Fepasa (Lacerda, 2002). Com as crises do petróleo na década de 1970, porém, os recursos até então destinados às rodovias e ferrovias foram redirecionados a programas energéticos, como o Pró-Álcool, em busca de menor dependência externa (Decreto-lei nº 1.691/1979).

Porém, a partir de 1980, a economia brasileira entrou no período conhecido como Década Perdida. O país mergulhou em uma crise inflacionária, elevada volatilidade de mercados, insolvência externa e baixo crescimento do PIB. Particularmente quanto a esse último ponto, a economia cresceu em termos reais apenas 16,9% de 1980 a 1990. O mais impressionante foi que o PIB *per capita* decresceu

---

[20] O DNEF viria a ser extinto em 1974, por meio da Lei nº 6.171.

3,9% no período. O foco da política econômica foi o controle inflacionário, tentado através de vários planos econômicos. As ferrovias saíram enfraquecidas do episódio, a ponto de as duas *holdings*, RFFSA e Fepasa, desonrarem obrigações financeiras contraídas com o BNDES no final da década de 1980, desencadeando a suspensão de repasses do banco, o que, por sua vez, estrangulou a capacidade de investimentos na malha (Castello Branco, 2008, p. 55).

Os imperativos macroeconômicos – em particular, a crise cambial – teriam dois efeitos adicionais sobre as estatais. Antes da crise da dívida externa (1982), elas foram estimuladas a contrair empréstimos estrangeiros acima de suas necessidades, como um meio de financiar o crescente déficit em conta-corrente do país. Com o aumento considerável de suas obrigações externas, tais empresas foram seriamente oneradas pelo aumento das taxas de juros internacionais a partir de 1979 e pela significativa desvalorização da moeda após 1983. Além disso, desde 1975 os preços dos bens e serviços produzidos pelas estatais haviam sido reduzidos em termos reais, inicialmente para controlar a inflação e após 1982 para subsidiar as exportações de manufaturados.

Assim, a utilização dessas empresas como instrumentos de política macroeconômica – com limites a seus investimentos, aumentos de dívida, redução nos preços reais de seus produtos e, na prática, uma perda de enfoque sobre seus objetivos comerciais – levaria a uma deterioração gradual, porém contínua, de seu desempenho, com a expansão da demanda reprimida e a perda da qualidade de seus serviços (Pinheiro, 2000, p. 14).

Ainda em 1979, o governo decidiu refrear o crescimento das estatais com a criação do Programa Nacional de Desburocratização e da Secretaria Especial de Controle das Estatais (SEST). Os motivos por trás dessa decisão eram diferentes daqueles que, posteriormente, levariam à venda daquelas empresas, o que explica a ênfase na criação das agências de controle e a pouca importância dada às agências responsáveis pela venda dos ativos estatais. O ponto em questão naquele tempo não era a ineficiência das estatais, mas a necessidade de desacelerar a expansão do setor comercial estatal, de maneira a controlar a demanda agregada, uma tarefa difícil em virtude de as autoridades federais terem quase nenhum controle sobre essas empresas (Pinheiro, 2000, p. 13).

Apenas em 1981 a privatização foi efetivamente incluída na agenda da política econômica. Em julho desse ano, um decreto presidencial criou a Comissão Especial de Desestatização e definiu as "normas para transferência, transformação e alienação das empresas controladas pelo governo federal". Os principais objetivos da Comissão eram fortalecer o setor privado, limitar a criação de novas estatais e fechar ou transferir para o setor privado aquelas cujo controle pelo setor público não era mais necessário ou justificável (Pinheiro, 2000, p. 14). Na década seguinte, porém, como se verá na sequência, esse processo se alargaria, abrangendo completamente o setor ferroviário.

No todo, entre 1960 e 1990 a malha ferroviária nacional passou por uma fase de consolidação (gráfico 1.3), por meio da exclusão de ramais antieconômicos e, segundo controverte Castello Branco, contrariando o senso comum da preferência pelo rodoviarismo, também por meio de investimentos que, no período, foram apenas 14% menores do que aqueles dedicados a rodovias.[21] Apesar do decréscimo da malha, e dos altos custos que eram enfrentados para tanto, o volume de carga transportada pelo modal retomou um movimento de ampliação na matriz nacional (Castello Branco, 2008, p. 56). Mais especificamente, a proporção de carga transportada pelo modal ferroviário, que em 1967 chegou a 14,7%, subiu nos anos seguintes até atingir 23,8% em 1985.

1.7. Nova República, privatização do sistema ferroviário nacional e quadro atual (1990/atual)

A transição democrática, em 1985, não levou a uma mudança imediata da forma de atuação do Estado na economia. Em sua formatação inaugural, a Constituição de 1988 mantinha uma firme atuação do Estado na economia, estabelecendo monopólios públicos nos setores de telecomunicações, petróleo e distribuição de gás e impondo barreiras ao controle estrangeiro dos setores de mineração e energia elétrica (Pinheiro, 2000, p. 16).

No entanto, menos de dois anos após a promulgação da nova Constituição, o governo Collor lançou o Programa Nacional de Desestatização (PND), ampliando significativamente o escopo da privatização (Lei nº 8.031/1990). Era o começo da virada para que o instrumento da concessão retomasse o protagonismo que perdera, ao menos 30 anos antes, no setor ferroviário (Oliveira, 2005, p. 27).

A principal característica da mudança dos modelos de desenvolvimento no início dos anos 1990 foi a substituição de uma estratégia focada exclusivamente no processo de acumulação – apresentada como uma preocupação de "ocupar espaços ociosos" – por outra mais voltada para o aumento da eficiência e da produtividade. Consequentemente, a mera existência de uma empresa estatal como instrumento de política econômica não fazia mais sentido, pois, se ela

---

[21]Cabe notar que a diminuição da extensão das malhas ferroviárias, com abandono de ramais antieconômicos, não ocorreu só no Brasil, mas foi um fenômeno global. Nos EUA, por exemplo, que chegou a ter mais de 400 mil quilômetros de vias férreas no início do século passado, a extensão da malha um século depois era de menos de 40% desse total.

serve para acumular capital, ela o faz à custa de um alto ônus sobre a eficiência. Assim, não foi uma simples coincidência que o PND tenha sido lançado simultaneamente à liberalização do comércio exterior e à significativa desregulamentação da economia interna, juntamente com o término dos monopólios públicos em setores como açúcar, álcool, café, trigo etc.

Além disso, ficou claro no início dos anos 1990 que o Estado havia exaurido sua capacidade de liderar o processo de acumulação, já que não era capaz de gerar superávit fiscal nem contrair empréstimos externos. O financiamento das estatais desapareceu por outra razão menos óbvia: porque virtualmente todo o crédito de longo prazo no Brasil era concedido pelos bancos públicos. Como estes não conseguiam executar as garantias dadas pelas estatais, por motivos políticos e legais, elas não se preocupavam em pagar os empréstimos.

Assim, na metade dos anos 1980 os bancos públicos foram proibidos de conceder empréstimos às estatais, secando sua última fonte de recursos. Nessa época, a privatização tornou-se o único meio pelo qual os bancos públicos poderiam financiar os setores em que a presença das estatais era maciça – tornando-se privadas, tais empresas poderiam oferecer confiavelmente seus ativos como garantia. Essa foi a base comum que permitiu uma coalizão tática entre aqueles que acreditavam que o Estado deveria abandonar permanentemente as atividades comerciais e aqueles que viam a privatização como um mal necessário (Pinheiro, 2000, p. 18).

O setor ferroviário passou por outras mudanças regulatórias na década de 1980, mas, nem estas, nem o impulso dado pelos choques do petróleo, melhoraram a saúde financeira das ferrovias (tabela 1.2). Os problemas abundavam. Além de operar com déficit operacional crescente, a dívida era muito grande e a integração entre RFFSA e Fepasa não ocorria de forma eficiente, também dessa forma afastando potenciais clientes (Durço, 2011).

Tabela 1.2
Evolução de indicadores RFFSA – 1989-1994

Discriminação	1985	1989	1990	1991	1992	1993	1994
Receitas operacionais (milhões R$)	1.292,7	936,7	686,4	681,7	748,8	666,9	594,9
Despesas operacionais* (milhões R$)	988,0	961,4	780,2	738,0	792,4	842,7	755,5
Resultados operacionais (milhões R$)	304,7	-24,7	-93,8	-56,3	-43,6	-175,7	-160,6
Número de empregados**	67.718	59.130	56.281	51.158	48.550	46.911	45.355
Despesa pessoal/receita operacional (%)	48,0	72,5	74,3	64,9	63,6	81,5	73,8
Despesa pessoal/despesa operacional (%)	62,8	70,6	65,3	60,0	60,1	64,5	58,1

Fontes: Secretaria de Coordenação e Controle de Empresas Estatais e RFFSA (apud MARQUES, 1996; Durço, 2001).
Notas: *Sem despesas financeiras, depreciação e provisões. **Média do ano.

Entre outras razões, a má situação financeira das ferrovias derivava de as tarifas ferroviárias serem reajustadas abaixo da inflação, e não refletirem as diferenças de custo entre trechos, as empresas estarem com excesso de pessoal, haver muita interferência política nas decisões gerenciais, e as empresas serem obrigadas a prestar serviços universais, atendendo a locais remotos com pouco tráfego.

Como consequência, as ferrovias não conseguiram reter seus melhores quadros e operavam com perdas recorrentes, dificultando uma adequada manutenção da malha. A má qualidade da infraestrutura aumentou o número de acidentes e alongou os tempos de viagem. As seis superintendências regionais da RFFSA começaram a operar como unidades autônomas e a se concentrar em nichos de mercado em que eram mais competitivas. O transporte de passageiros, com exceção dos trens suburbanos, praticamente desapareceu.

A privatização das ferrovias passou a ser vista como a solução para eliminar o ônus fiscal trazido pelas ferrovias e para dar um novo dinamismo ao setor. O primeiro passo nesse processo se deu com o Decreto-lei nº 2.178, de 1984 que transferiu as dívidas da RFFSA para o Tesouro e fixou as bases para a criação da Companhia Brasileira de Trens Urbanos (CBTU), com a correspondente absorção, por esta, das divisões de transporte de passageiros de subúrbio da RFFSA. Pouco tempo depois, a Lei nº 8.693 levou à transferência de transporte ferroviário de passageiros, urbano e suburbano, para os estados e municípios (Pinheiro, 2014, p. 207-208).

Estava formado o contexto que levaria o sistema de transporte ferroviário brasileiro ao caminho da privatização, em um refluxo de atuação da iniciativa privada como concessionária executora da atividade, sob os moldes da Constituição democrática de 1988, adiante delineados. Nas palavras de Castro (2002), a "separação dos serviços de carga e passageiros, a imputação do ônus de serviços antieconômicos à União e a almejada liberdade tarifária são o prenúncio dessa nova fase, que tem importante marco no Decreto nº 473, de 1992, que incluiu a RFFSA no PND (Programa Nacional de Desestatização)".[22]

A privatização das ferrovias começou com o leilão da RFFSA, em 1996, e continuou até 1998, quando a Fepasa foi leiloada, após ter sido federalizada e integrada à RFFSA, no mesmo ano, pelo Decreto federal nº 2.502. A consulta à literatura e entrevistas com técnicos do BNDES encarregados da privatização da RFFSA mostram que originalmente se tencionava usar nessa operação o mesmo

---

[22]Aqui compreendida, segundo o conceito de Souto (2001, p. 30) como "a retirada da presença do Estado de atividades reservadas constitucionalmente à iniciativa privada (princípio da livre iniciativa) ou de setores em que ela possa atuar com maior eficiência (princípio da economicidade); é o gênero, do qual são espécies a privatização, a concessão, a permissão, a terceirização e a gestão associada de funções públicas".

modelo adotado em outras privatizações, inclusive na infraestrutura, qual seja, o de venda das ações de controle, ainda que possivelmente com a prévia divisão horizontal da empresa, como ocorreu nas telecomunicações. A adoção desse modelo no setor ferroviário não foi possível, porém, devido à precária situação das empresas (RFFSA e Fepasa), inclusive no que tange ao acesso a informações sobre a sua situação financeira e o valor dos ativos e passivos. Souza e Prates (s.d.), por exemplo, constatam a esse respeito:

> "Todos sabiam, porém, que se tratava de uma missão difícil. A empresa se encontrava imersa em crise financeira crônica, precisando de grande volume de recursos para sanear suas dívidas, fazer a manutenção adequada de seus ativos operacionais e realizar investimentos indispensáveis ao atendimento da demanda de transporte. (...) Portanto, já se imaginava, desde logo, que o modelo de desestatização para a RFFSA deveria ser diferente daquele usualmente adotado pelo PND, ou seja, a alienação de ações das empresas nele incluídas."

A intenção do poder concedente foi, portanto, que a transferência da propriedade para a iniciativa privada se desse com a manutenção nas operações ferroviárias do mesmo modelo operacional que vigorava sob controle estatal, em especial com integração vertical entre operação da infraestrutura e do transporte de carga, "segundo o modelo de organização por linha de negócio de transporte de cargas monolítico, englobando todas as funções" (Castro, 2002). Conforme Souza e Prates (s.d.),

> "[C]oncluiu-se que a melhor forma seria a União outorgar a concessão do serviço de transporte ferroviário de carga e a RFFSA arrendar os bens vinculados à operação desse serviço e vender os bens de pequeno valor. (...) dessa forma, através dos leilões realizados, o licitante vencedor se tornaria titular do direito de prestar o serviço público, que é a concessão. Para poder exercer esse direito, ele passaria, simultaneamente, a operar os ativos da RFFSA ligados ao serviço."

Esse acabou sendo o modelo de privatização que prevaleceu nas ferrovias, com a "licitação, no mesmo leilão, da concessão do serviço público de transporte ferroviário de carga prestado pela RFFSA, pelo prazo de 30 anos, do arrendamento dos ativos operacionais e da venda de bens de pequeno valor de propriedade da empresa" (Souza e Prates, s.d., p. 5).

Também integrava a equação econômico-financeira da concessão a obrigação que os investidores assumiam de fazer uma oferta de ações, em condições favorecidas, aos empregados e aposentados da RFFSA e suas subsidiárias (Souza e Prates, s.d., p. 11):

> "[A]pós várias discussões com os consultores do processo, optou-se por incluir cláusulas nos editais de licitação obrigando os licitantes vencedores a constituírem uma empresa para assumir a concessão que estava sendo outorgada e que essa empresa deveria ter um capital autorizado cujo valor mínimo inicial foi determinado com base nas necessidades projetadas de recursos próprios para investimentos e capital de giro inicial de cada malha. (...) Esse capital autorizado seria totalmente subscrito e integralizado pelos acionistas, ficando a cargo do grupo controlador da companhia a obrigação de alienar 10% de cada espécie de ações representativas desse capital autorizado aos empregados que tivessem vínculo empregatício com a RFFSA e sua controlada Agef em 31.12.94 e aos aposentados dessas empresas, desde que devidamente habilitados para a compra na forma definida no Prospecto Sintético aos Empregados, documento que integrava os referidos editais de licitação."

Antes de ser privatizada, com base em modelagem concessória formulada por associação de consultores contratados pelo BNDES, a RFFSA foi dividida em seis redes, cada uma consistindo em uma concessão separada, com prazo de 30 anos, que pode ser renovado uma vez. A Fepasa formou uma sétima concessão. Um teto de 20% foi estabelecido para a participação de cada acionista no capital social de cada concessionária. As duas ferrovias controladas pela Vale, as Estradas de Ferro Vitória–Minas e Carajás, por sua vez, foram transferidas para os investidores que compraram a empresa em 1997. As novas concessionárias, incluindo a Vale, concordaram em cumprir as metas para aumentar a produção e reduzir o número de acidentes.

Como não foi a RFFSA, em si, o objeto da desestatização,[23] mas as malhas que ela operava, a desestatização resultou na celebração concomitante de dois contratos. Um, de concessão de serviços públicos de transporte ferroviário, celebrado entre concessionária e concedente. Outro, entre a concessionária e a Rede Ferroviária, concernente ao arrendamento do acervo patrimonial da Rede

---

[23] A RFFSA seguiu existindo até 2007, quando foi extinta pela Lei nº 11.483, pondo termo a seu processo de liquidação. A lei conferiu disposições finais em relação aos seus bens, redirecionados ao Departamento Nacional de Infraestrutura de Transportes (DNIT) e à União, à sucessão trabalhista pela União e pela Valec, aos direitos dos acionistas minoritários, à criação de um Fundo Contingente, de natureza contábil, no âmbito do Ministério da Fazenda, entre outras providências de encerramento.

necessário à prestação dos serviços, conforme estimados para a formulação das propostas no certame (Oliveira, 2005, p. 124).

A eminente privatização do setor ferroviário também ajudou a inspirar as Leis das Concessões de Serviços Públicos. Assim, quando a RFFSA foi incluída no PND, havia uma grande preocupação com o risco para o investidor de entrar em um contrato longo (30 anos) sem o suporte de um marco regulatório definido e em um contexto em que a legislação pertinente à concessão de serviço público era praticamente inexistente. Como notam os técnicos do BNDES envolvidos na privatização da empresa, "ao longo do processo esta preocupação foi afastada. Em 13 de fevereiro de 1995 e 7 de julho de 1995, foram editadas as Leis nº 8.987 e 9.074, respectivamente, ambas dispondo sobre o regime de concessão e permissão do serviço público, fato esse que emprestou maior credibilidade ao processo" (Souza e Prates, s.d.).[24]

Nota-se, portanto, uma importante imbricação entre a privatização das ferrovias, e da infraestrutura em geral, e a produção legislativa do marco regulatório amplo para o setor, em especial com relação à Lei das Concessões. Mais especificamente, a inclusão da RFFSA no PND abriu a oportunidade para se rever a regulação do transporte ferroviário no país, com o novo marco regulatório para o setor sendo estabelecido pelo Regulamento dos Transportes Ferroviários (RTF), conforme detalhado pelo Decreto nº 1.832, de março de 1996, e com a criação da Comissão Federal de Transportes Ferroviários (Cofer), esta pelo Decreto nº 1.945, de junho de 1996, ambos, portanto, anteriormente ao primeiro leilão de privatização das malhas da RFFSA.

O Decreto nº 1.832 estabeleceu, junto com os contratos de concessão, que:

I. As tarifas de transporte podem ser livremente negociadas entre usuários e concessionárias, desde que respeitando os tetos tarifários fixados pelo poder concedente. Esse teto tarifário variava de acordo com a distância e o produto. As tarifas também devem obedecer a um piso, igual ao custo variável de longo prazo, de modo a evitar subsídios cruzados entre a operação ferroviária e as demais atividades exercidas por seus proprietários.

II. As administrações ferroviárias devem permitir o tráfego mútuo ou, se tal não for possível, dar direito de passagem a outros operadores. As tarifas para tráfego mútuo, que devem ser as mesmas para todos

---

[24]Nesse ponto, é interessante notar que o projeto original da Lei de Concessões de Serviços Públicos foi apresentado pelo então senador Fernando Henrique Cardoso, em 21/3/1990. Tramitou por cerca de cinco anos, até ser aprovado em 19/1/1995, poucos dias após o senador se fazer presidente (Marques Neto, 2015, p. 107).

os operadores, deverão ser negociadas entre as concessionárias. Em havendo conflitos, esses devem ser dirimidos pelo regulador.

III. Os tetos tarifários de transporte ferroviário devem ser reajustados anualmente pela inflação e poderão ser revistos, "para mais ou para menos, caso ocorra alteração justificada do mercado e/ou de custos, de caráter permanente, que modifique o equilíbrio econômico-financeiro" do contrato, por iniciativa da concessionária, a qualquer momento, ou por determinação do poder concedente, a cada cinco anos.

Em 2001, a Lei nº 10.233 criou a ANTT, que se tornou responsável pela regulação do transporte ferroviário, rodoviário e dutoviário, e o Departamento Nacional de Infraestrutura de Transportes (DNIT), voltado a implementar a política formulada para a administração da infraestrutura do Sistema Federal de Viação (art. 80 e seguintes).[25]

A principal motivação para a privatização das ferrovias no Brasil foi, como em outros setores de infraestrutura, promover o investimento, de forma a ampliar a participação desse modal no transporte de carga. Assim, referindo-se à privatização da RFFSA, Souza e Prates (s.d., p. 2) observam: "Com essa medida o governo federal estaria estimulando a iniciativa privada a fazer investimentos num setor que, dada a escassez de recursos públicos, deteriorava-se a passos largos".

Em que pese essa motivação, e diferentemente do que se observa nas concessões rodoviárias e aeroportuárias, por exemplo, no setor ferroviário os contratos de concessão não previam um programa de investimento detalhado. O que eles fixaram foi que as concessionárias deveriam atingir determinadas metas de produção e de segurança (número de acidentes). Optou-se por esse caminho pois a experiência de outros países, em especial a Argentina, mostrava que o microgerenciamento das novas concessionárias teria consequências indesejáveis, e que o melhor seria estabelecer objetivos claros, mas dar às empresas liberdade para definir como atingi-los. Como registrado por Souza e Prates (s.d., p. 8):

> "Os editais de licitação das seis malhas introduziram um novo conceito de obrigações a serem cumpridas pelas concessionárias. Em vez de se exigir a realização de investimentos predefinidos, estabeleceu-se como obrigação o atendimento de metas de desempenho, as quais espelham a prioridade do governo federal no caso da privatização em questão. Para que essas

---

[25] Os contornos jurídicos trazidos às concessões ferroviárias por meio do marco regulatório da Lei de Concessão de Serviços Públicos, e da criação da agência reguladora setorial, serão abordados em mais detalhes no próximo capítulo.

metas sejam atendidas, a concessionária terá que fazer investimentos, mas foi delegada a ela a responsabilidade sobre a decisão de quais investimentos devem ser feitos na malha sob sua administração. O pressuposto é que o administrador do negócio é que sabe identificar o melhor caminho para prestar o serviço com qualidade, sem perder a rentabilidade".

As metas estabelecidas na privatização foram amplamente superadas. De 1997 a 2012, a produção das ferrovias, medida em t.km, aumentou em média 5,3% ao ano, bem acima do PIB. Como resultado, a participação do setor ferroviário no transporte de cargas no Brasil passou de 12% em 1996 para 25% em 2012. Carvão e, em particular, minério de ferro são os itens dominantes na cesta de mercadorias transportadas por via férrea, desde antes da privatização. No entanto, com a operação privada sua participação diminuiu, de 80% em 1997 para 77% em 2012, apesar da elevada participação dos mineradores e produtores de aço no bloco de controle de algumas ferrovias.

Apesar de não haver metas específicas de investimento, estes aumentaram consideravelmente desde a privatização. O investimento privado anual no setor ferroviário atingiu um pico em 2004-2008, quando a média foi de 0,12% do PIB, diminuindo depois disso a cerca de 0,08% do PIB. O investimento público no setor ferroviário tem-se mantido relativamente insignificante. No todo, Fleury (2012) conclui sua avaliação da privatização das ferrovias brasileiras da seguinte forma:

> "A privatização das ferrovias brasileiras no final do século XX contribuiu significativamente para a melhoria do setor de transportes no Brasil. O expressivo aumento do volume transportado, a redução dos acidentes e as distâncias médias percorridas permitiram um aumento importante do faturamento das empresas, o que resultou num volume de investimentos elevado."

Em que pese esse sucesso, o setor ferroviário sofre com uma série de problemas, alguns resultantes da forma como se deu seu desenvolvimento histórico, que reduzem a velocidade média dos trens e, por conseguinte, sua capacidade de transporte. De acordo com a associação de concessionárias privadas, ANTF, no Brasil a maioria dos trens viaja a velocidades entre 5 e 20 km/h. Vários fatores contribuem para isso; se eliminados, permitiriam aos trens andar a 80 km/h, segundo estimativa da ANTF. Entre esses fatores, os mais importantes são:

I. Os gargalos no acesso aos principais portos e, dentro destes, as pequenas áreas disponíveis para a descarga dos trens (retroáreas), o que exige longos períodos para entrar e sair dos portos.

II. As inúmeras passagens de nível, em que as vias férreas cruzam ruas e estradas. Ao todo, existem cerca de 12 mil passagens de nível, das quais um quinto consideradas críticas. Há um vazio regulatório sobre quem deveria ser responsável por eliminar essas passagens de nível. O governo parece acreditar que as concessionárias deveriam fazer isso, mas esses investimentos irão alterar o equilíbrio econômico-financeiro dos contratos de concessão e deveriam, portanto, ser compensados de alguma forma. Na prática, tem cabido ao poder local eliminar essas passagens de nível.
III. As áreas em torno das vias férreas e, principalmente, do acesso aos portos foram invadidas por posseiros, de forma que há muitas famílias vivendo ao lado dos trilhos, com risco significativo para suas vidas.
IV. Algumas linhas passam por cidades com trens urbanos, que têm preferência no uso dos trilhos durante o dia, caso da cidade de São Paulo.
V. O desenho curvilíneo das malhas, traçadas há muito tempo, também ajuda a conter a velocidade atingida pelos trens.

Enquanto as concessionárias entendem ser a baixa velocidade dos trens o principal limitante à expansão da capacidade, os usuários do transporte ferroviário situam à frente desse os problemas com "a indisponibilidade de rotas" e a "redução na flexibilidade das operações" (Fleury, 2007, *apud* Campos Neto *et al.*, 2010). Mais especificamente, o diagnóstico que prevaleceu até princípios de 2016, conforme resumo de Pompermayer, Campos Neto e Souza (2012), elenca como problemas resultantes do modelo regulatório adotado com a privatização:

a) Os contratos de concessão não estimulam as concessionárias a realizarem suficientes investimentos na expansão da capacidade de produção do setor ferroviário, em especial via projetos *greenfield*, algo que também ocorre em outros setores de logística. Pompermayer, Campos Neto e Souza (2012) observam que "os principais trechos onde há demanda por acesso de uma ferrovia à malha de outra são os de acesso aos portos, onde a capacidade de tráfego já foi atingida e há indefinição sobre qual entidade deve realizar os investimentos para ampliação desta capacidade, quando viável técnica e economicamente".

b) As regras estabelecidas no Decreto nº 1.832/1996 e a fixação de metas por malha são insuficientes para garantir a adequada interconexão das malhas ferroviárias, que deveria se dar via tráfego mútuo ou direito de passagem. Como notam Pompermayer, Campos Neto e Souza (2012), os "principais questionamentos relativos à efetividade das regras de interconexão recaem sobre o fato de só se permitir a interconexão se existir capacidade ociosa no trecho em questão suficiente para absorver este volume de tráfego adicional", mas isso é difícil de impor, pois "há considerável assimetria de informações quanto à real capacidade de circulação de trens nestes trechos, pois os parâmetros operacionais para cálculo desta capacidade são definidos pela ferrovia 'visitada'."

c) Os autores observam ainda que o foco da regulação sobre direito de passagem instituída na década de 1990, que também orientou a concessão do trecho da Ferrovia Norte Sul ocorrida na década passada, foi a interconexão entre as concessionárias, restando insuficientemente definida a "possibilidade de um usuário do transporte ferroviário, em vez de outra ferrovia, ser o proprietário do material rodante utilizando um determinado trecho", área em que a ANTT pouco atuou, até recentemente.

Em relação ao primeiro ponto, embora o setor privado tenha se envolvido em algumas expansões da rede ferroviária, com um grande investimento em andamento no Nordeste, a maior parte dos recursos investidos pelas concessionárias privadas tem sido direcionada à reabilitação e modernização dos trilhos, trens e outros equipamentos. Há um consenso de que uma grande ampliação da rede ferroviária vai exigir uma maior participação do setor público (Pinheiro, 2014, p. 208-213).

Com esse cenário geral, e estando em curso a execução dos módulos concessórios celebrados por ocasião da privatização, sob a presidência de Luiz Inácio Lula da Silva (2003-2010) e Dilma Roussef (2011-2016), as ferrovias passaram por outra sorte de questões, que serão adiante tratadas com mais detalhe. Foi durante a presidência de Lula que a Valec – Engenharia, Construções e Ferrovias S.A., sociedade por ações controlada pela União, foi transformada em empresa pública, dedicada à construção e exploração de infraestrutura ferroviária, tendo sido a ela outorgadas as estradas de ferro 267, 334 e 354[26] (arts. 8º e 6º, Lei nº 11.772/2008).

Especialmente no último bloco presidencial, os desdobramentos para o setor ferroviário foram ainda mais intensos. A Lei nº 12.204/2011 criou a Empresa de Transporte Ferroviário de Alta Velocidade S.A. (ETAV), a fim de desenvolver

---

[26]Respectivamente: EF 267 – de Panorama, em São Paulo, a Porto Murtinho, no Mato Grosso do Sul, com 750 km; EF 334 – Ferrovia da Integração Oeste-Leste, que, partindo de Ilhéus, na Bahia, chega a Figueirópolis, no Tocantins, onde se liga à Ferrovia Norte-Sul, num total de 1.527 km; e EF 354 – Ferrovia Transcontinental, que partirá do Litoral Norte Fluminense e passará por Muriaé, Ipatinga e Paracatu, em Minas Gerais; por Brasília, no Distrito Federal; por Uruaçu, em Goiás; por Cocalinho, Água Boa e Lucas do Rio Verde, em Mato Grosso; Vilhena e Porto Velho, em Rondônia; e Rio Branco e Cruzeiro do Sul, no Acre, até chegar à localidade de Boqueirão da Esperança, na fronteira Brasil-Peru. A Transcontinental terá, após concluída, um percurso de 4.400 km. Cf. http://www.valec.gov.br. Acesso em: 29/11/2016.

um projeto de trem de alta velocidade que não viria a sair do papel, pelo que foi então revogada na forma da Lei nº 12.743/2012, que modificou a denominação da ETAV para Empresa de Planejamento e Logística S.A. (EPL), criando uma superestatal que congregaria competências amplíssimas, passando por planejar, executar e regular, em todos os segmentos de logística e transportes.[27]

Concomitantemente, em meio a embates entre governo e concessionárias, ganhou luzes a atuação regulatória da ANTT, que, em 2011, editou as Resoluções nº 3.694, 3.695 e 3.696, cuidando do Regulamento dos Usuários dos Serviços de Transporte Ferroviário de Cargas (Reduf), do Regulamento das Operações de Direito de Passagem e Tráfego Mútuo e do Regulamento para Pactuar as Metas de Produção por Trecho e as Metas de Segurança, a fim de fomentar a competição, por meio de medidas de compartilhamento de infraestrutura, e aprimorar a qualidade do serviço oferecido aos usuários. Além disso, em 2012, não imune às críticas e litígios, a agência promoveu uma revisão dos tetos tarifários observáveis pelas concessionárias. Voltaremos a essas medidas nos capítulos 8 e 9, respectivamente.

Ensaiava-se então um aumento da intervenção estatal nas ferrovias, como em outros setores de infraestrutura. De um lado, buscava-se dar um papel maior às empresas estatais (Ribeiro, Feigelson e Freitas, 2015), como fica claro nos Programas de Investimento em Logística 1 e 2, lançados em 2012 e 2015, respectivamente. De outro, por meio de uma ousada proposta de alteração do modelo de regulação das ferrovias. Este passaria a ser calcado na separação (i) da construção/gestão da infraestrutura, a ser feita por um concessionário; (ii) da compra e posterior revenda da capacidade de tráfego pela Valec; e (iii) da prestação dos serviços de transportes por meio de um Operador Ferroviário Independente (OFI), um novo agente econômico a ser criado.

A Lei nº 10.233/2001 foi alterada pela Lei nº 12.743/2012 para permitir a prestação do serviço de transporte desvinculada da titularidade da malha; foram editados os Decretos nº 8.129/2013 e 8.134/2013, a fim de modificar o papel da empresa estatal Valec, considerado o novo fluxo de funcionamento proposto para as ferrovias; e a ANTT editou a Resolução nº 4.348/2014, regulando o OFI. Porém, o modelo horizontal (*open access*) não chegou a se materializar em nenhuma concessão horizontal efetiva. Posteriormente, o Decreto nº 8.875/2016 revogou o Decreto nº 8.129/2013, já sob a presidência de Michel

---

[27] O tema não passou despercebido para Egon Bockmann Moreira (2013), que com esse anabolismo da EPL notou a retomada de um processo de endorregulação, novamente trazendo para dentro de empresas estatais competências que lhe haviam sido extraídas com o processo desestatizante da década de 1990, seguido da agencificação de setores econômicos como os de logística e transportes.

Temer, ainda que parte do arcabouço que lhe sustenta siga em vigor. Retornamos a esse tema no capítulo 10.

1.8. Conclusão

A história das ferrovias no Brasil mostra que esse sempre foi um modal em que tivemos dificuldade de gerar investimentos que levassem a uma expansão da malha condizente com o tamanho do país, em termos de área, e com as necessidades dos setores exportadores de *commodities*, ainda que esses tenham sido sempre os grandes usuários e, até certo ponto, financiadores e operadores do nosso sistema ferroviário. Este capítulo também mostrou que isso não ocorreu por que tenhamos nos atrasado em buscar desenvolver o setor ou porque não tenhamos tentado experimentar com formatos diferentes de organizar as ferrovias.

Ao longo dos mais de 180 anos transcorridos desde que a Lei Feijó (1835) tentou estabelecer regras que atraíssem empresas privadas para o segmento, o setor público sempre teve um papel importante, não apenas no seu planejamento e regulação, mas também aportando recursos, com a honrosa exceção de algumas ferrovias dedicadas a escoar *commodities* de exportação, como o café e o minério de ferro.

Porém, a forma como se deu esse apoio estatal variou bastante ao longo do tempo: começou com garantias de retorno e subsídios ao investimento, passou à total estatização do setor, e mais recentemente pareceu orientado para algum tipo de parceria com o setor privado, observando-se elevados investimentos privados nas malhas concessionadas, mas também a concentração de novas extensões da malha em projetos sendo conduzidos pelo setor público. Como não poderia deixar de ser, a preferência por um modelo ou outro refletiu o aprendizado com a experiência própria e a de outros países, mas também os momentos econômicos e sociais de cada época, com suas naturais repercussões nos arranjos jurídicos correspondentes.

Um dos condicionantes que mais influíram na realidade do setor foi, sem dúvida, a competição imposta por outros modais. Quando as ferrovias foram originalmente implantadas, elas representaram um grande avanço em termos da velocidade, custo e qualidade do transporte de pessoas e mercadorias. Praticamente não enfrentavam competição. A partir de meados do século passado, porém, esse quadro começou a mudar de forma dramática. No caso dos passageiros, o automóvel, o ônibus e o avião oferecem atualmente condições de transporte com que os trens simplesmente não conseguem competir, a não ser em grandes conurbações. Na carga a competição também é feroz, mas mais favorável aos trens do que no caso dos passageiros.

A concorrência intermodal desempenhou um papel mais importante em limitar a expansão das ferrovias no Brasil do que nos EUA e na Europa Ocidental, por exemplo. Isso porque, enquanto nesses países o século XIX registrou uma expansão econômica acelerada, fruto da adoção das novas tecnologias trazidas pela Revolução Industrial, o Brasil cresceu relativamente pouco no século XIX, o que restringiu a rentabilidade das ferrovias e a disponibilidade de financiamento. Por outro lado, no período de ouro do desenvolvimento brasileiro, de 1930 a 1980, a preferência pelo modal rodoviário já era visível e crescente em quase toda parte.

No todo, a história contada neste capítulo permite extrair três lições principais para o caso brasileiro. Primeiro, é difícil imaginar que a rede ferroviária possa ser expandida independente de algum apoio estatal. Não obstante, a forma como esse apoio ocorre faz muita diferença, tanto por conta dos incentivos que cria como em função dos limites do que nossa institucionalidade permite. Em especial, parece claro que o setor privado deve ficar responsável pela operação, manutenção e investimentos em material rodante. A história também ensina que a assunção pelo setor público de riscos fora do seu controle, do risco comercial a choques externos, não é uma boa ideia.

Segundo, parece claro que atualmente o foco do setor ferroviário deve recair sobre o transporte de cargas. Terceiro, a história não aponta para um modelo único ideal de prestação dos serviços de transporte ferroviário, que se mostre resistente a todas as contingências, resultando sempre em avanço, ampliação da malha, lucros e aumento de carga transportada.

Em verdade, a chave para o bom desenvolvimento do setor está na calibragem adequada entre o que o contexto, principalmente econômico, permite que seja modelado para cada período. É esse encaixe que, tanto quanto mais compatível, conduzirá a bons resultados para todos os interesses irradiados em torno de um projeto ferroviário.

Esta conclusão remete à constatação de que o modelo regulatório é um elemento central para o desenvolvimento do setor ferroviário. Que modelo deveria ser esse? Essa pergunta há muito provoca reflexões de economistas e praticantes, mas sem uma resposta conclusiva. Em parte, isso se deve à complexidade do setor, em parte às mudanças por que o contexto em que esse opera mudou muito, e em parte porque a institucionalidade de cada país também influi na atratividade dos diferentes modelos.

2

O Sistema Nacional de Viação e o arranjo institucional das ferrovias

2.1. Introdução

O apanhado histórico realizado no capítulo 1, descrevendo a evolução das ferrovias e de sua regulação desde a época do Império, nos remete à situação presente do setor. Este é o objeto deste capítulo, que tem como propósito mostrar o arranjo institucional que hoje prevalece no setor ferroviário, a partir da nova ordem constitucional instaurada em 1988, e das múltiplas reformas e rearranjos administrativos que a sucederam. O capítulo está estruturado em cinco seções, incluindo esta brevíssima introdução. A seção 2 apresenta o Sistema Nacional de Viação, posicionando o setor ferroviário nesse pano de fundo, que inclui os demais modais de transporte, as concessionárias de serviços públicos de transporte ferroviário e o perfil de suas atividades, contemplando malhas e cargas transportadas. A seção 3 descreve o arranjo institucional do setor, conforme estabelecido pela CRFB de 1988, incluindo as competências federativas pertinentes, o modo como se relacionam e seus potenciais conflitos. Na quarta seção se apresentam os principais atores institucionais que contracenam no segmento. Uma última seção conclui.

2.2. O Sistema Nacional de Viação

O Sistema Nacional de Viação (SNV) é atualmente regido por duas leis básicas editadas pela União, no exercício da competência que lhe foi conferida pelo art. 21, inciso XXI, da CRFB de 1988. A primeira é a Lei nº 10.233/2001, que criou as agências reguladoras dos transportes, ANTT e Antaq, dispôs sobre a ordenação dos transportes aquaviário e terrestre nacional, e reorganizou o gerenciamento do Sistema Federal de Viação, disciplinando a prestação de serviços de transporte. A outra é a Lei nº 12.379/2011, que trata da composição do SNV, incluindo objetivos e critérios de formação, e disciplina o transporte aeroviário federal.

Segundo a definição constante do art. 2º, da Lei nº 10.233/2001, o SNV consiste "no conjunto formado pela infraestrutura viária e pela estrutura operacional dos diferentes meios de transporte de pessoas e bens, sob jurisdição da União, dos estados, do Distrito Federal e dos municípios". Em sentido semelhante, a Lei nº 12.379/2011, também em seu art. 2º, qualifica o SNV como o sistema "formado pela infraestrutura física e operacional dos vários modos de transporte de pessoas e bens, sob jurisdição dos diferentes entes da Federação".

O arranjo legislativo nacional, portanto, optou por descrever a composição do SNV segundo dois critérios distintos, porém complementares: a jurisdição dos entes federativos e os diferentes modais de transporte existentes (Schwind, 2011).

2.2.1. A composição do SNV a partir da jurisdição dos entes federativos

No que se refere ao critério da jurisdição, o SNV é composto pelo Sistema Federal de Viação e pelos sistemas de viação dos estados, do Distrito Federal e dos municípios (artigo 2º, §1º, Lei nº 12.379/2011). A lei trata mais detalhadamente do Sistema Federal de Viação (Capítulos II e III), estabelecendo para os demais apenas quais são os seus objetivos principais. Cumpre aos entes subnacionais definirem, por legislação própria, os elementos físicos de infraestrutura viária que comporão seus sistemas de viação.

Em que pese o legislador federal não ter detalhado o funcionamento dos sistemas de viação dos entes federados subnacionais – já que a competência da União nesta matéria está adstrita à edição de normas gerais –, o art. 11, da Lei nº 10.233/2011, estabelece que, no gerenciamento e operação da infraestrutura dos vários modais de transporte de pessoas e bens postos sob sua jurisdição, deverão os entes federativos observar como princípios gerais: (i) preservar o interesse nacional e promoção do desenvolvimento econômico e social; (ii) preservar a unidade nacional e integração regional; (iii) proteger os interesses dos usuários quanto à qualidade e oferta de serviços de transporte e dos consumidores finais no tocante à incidência dos fretes nos preços dos produtos transportados; (iv) assegurar, sempre que possível, que os usuários paguem pelos custos dos serviços prestados em regime de eficiência; (v) compatibilizar os transportes com a preservação do meio ambiente, reduzindo os níveis de poluição sonora e de contaminação atmosférica, do solo e dos recursos hídricos; (vi) conservar energia, por meio da redução do consumo de combustíveis automotivos; e (vii) reduzir os danos sociais e econômicos decorrentes dos congestionamentos de tráfego.

Observe-se que, por esses princípios, o transporte ferroviário deveria ser talvez o que deveria receber maior prioridade estatal, já que ele se destaca positiva e destacadamente nos três últimos critérios – em especial nas questões energéticas, ambientais e de congestionamento – e tem desempenho comparável ao dos demais modais nos demais aspectos.

2.2.2. A composição do SNV a partir dos modais de transporte

Passando ao critério dos modais de transporte, o SNV compreende, nos termos do art. 3º da Lei nº 12.379/2011, quatro modais diferentes: o rodoviário, o aquaviário, o aeroviário, e o ferroviário, cada qual com características operacionais específicas e, consequentemente, estruturas de custos distintas, diferenciando seu funcionamento e lhes vocacionando a produtos e operações compatíveis.

Ressalte-se que, embora a Lei nº 12.379/2011 não inclua entre os modais que integram o SNV o modal dutoviário, a Lei nº 10.233/2001 alude expressamente a esse modal e elenca, entre as funções da ANTT, a de "promover levantamentos e organizar cadastros relativos ao sistema de dutovias do Brasil e às empresas proprietárias de equipamentos e instalações de transporte dutoviário", bem como "articular-se com entidades operadoras do transporte dutoviário, para resolução de interfaces intermodais e organização de cadastro do sistema de dutovias do Brasil" (art. 22, §3º, e art. 24, XIII).

2.2.2.1. Rodoviário

É considerado transporte rodoviário aquele executado por veículos automotores, tais como carros, ônibus e caminhões, por meio de estradas, rodovias, ruas e outras vias, pavimentadas ou não, com a intenção de movimentar materiais, pessoas ou animais de um ponto a outro.[28] Entre os quatro modais de transporte integrantes do SNV, o rodoviário é o mais utilizado em todo o território nacional, respondendo por cerca de 96,2% do transporte de passageiros e 61,1% do transporte de cargas em 2009.[29] Em contraste, somente 21,0% da carga transportada no Brasil passou por ferrovias, 14% pelas hidrovias e terminais portuários fluviais e marítimos, e apenas 0,4% por via aérea.

Já no ano de 2014, uma nova pesquisa, realizada pela consultoria logística Ilos, apontou que esses números assumiram novos quantitativos, sendo 67% do total da carga transportada em rodovias nacionais, contra apenas 18% das ferrovias, mantendo-se os percentuais anteriores de 11% das hidrovias e terminais

---

[28] Definição disponível em: <www.transportes.gov.br>. Acesso em: 25/1/2017.

[29] A informação é da Pesquisa CNT de rodovias, editada em 2009, e disponível em: <http://pesquisarodovias.cnt.org.br/>. Acesso em: 25/1/2017.

portuários fluviais e marítimos, 3% do transporte dutoviário e apenas 0,4% da via aérea.[30] Nota-se, nos últimos anos, um crescimento relativo do modal rodoviário frente aos demais, portanto.

Segundo Dias (2012, p. 37-38), as principais vantagens do modal rodoviário em relação aos demais seriam: i) o manuseio mais simples (possibilidade de transporte de cargas menores a um custo também menor); ii) a grande competitividade em distâncias curtas/médias; iii) o elevado grau de adaptação; iv) o baixo investimento para o operador; v) a rapidez e eficácia; vi) os custos mais baixos de embalagem; e vii) a grande cobertura geográfica. Por outro lado, seriam desvantagens: i) o aumento do preço com a distância; ii) a existência de limitações com relação ao espaço e peso da carga; iii) a sujeição às condições atmosféricas; iv) a sujeição à circulação do trânsito; e v) a sujeição a restrições de circulação e horário.

No Brasil, sem dúvida, o amplo emprego desse modal deve-se em grande parte à sua capilaridade. Isso porque, devido à opção político-econômica que remonta ao início do rodoviarismo, na década de 1930, até muito recentemente o governo brasileiro optou por priorizar o desenvolvimento da malha rodoviária nacional. Com isso, tem-se que as rodovias alcançam praticamente toda a extensão do território nacional, sendo o modal de transporte que possui maior vascularização e densidade em todas as regiões do país. A exceção cabe à região amazônica, onde, devido à significativa rede hidrográfica natural, predomina o transporte por vias fluviais.[31]

Segundo dados da Confederação Nacional do Transporte (CNT), a malha rodoviária brasileira conta com 1.720.704,8 quilômetros de estradas, sendo o país com a quarta maior rede rodoviária do mundo. Desse total, 1.261.745 quilômetros são referentes a rodovias municipais (78,11%) e 225.347,6 quilômetros são referentes a rodovias estaduais (14,8%), sendo apenas 76.302,9 quilômetros pertencentes a rodovias federais (7%).[32]

Ocorre que, em que pese o modal rodoviário ser o principal meio de transporte de cargas e passageiros do país, segundo dados atuais do *site* do Ministério dos Transportes,[33] apenas 211.378,4 quilômetros da malha rodoviária nacional encontram-se pavimentados (12,9%), comparados a 1.352.017,1 quilômetros de

---

[30]Informação disponível em: <http://www.ilos.com.br/web/custos-logisticos-no-brasil/>. Acesso em: 25/1/2017.
[31]Informação disponível em: <www.brasil.gov.br>. Acesso em: 25/1/2017.
[32]Boletim estatístico CNT de outubro de 2016. Disponível em: <www.cnt.org.br>. Acesso em: 25/01/2017.
[33]Informação disponível em: <http://www.transportes.gov.br/transporte-rodoviario.html>. Acesso em: 25/1/2017.

estradas não pavimentadas (79,5%), além de outros 157.309,3 quilômetros de vias planejadas, mas que ainda não saíram do papel (7,5%). Afora isso, a distribuição da malha rodoviária ao longo do território nacional é desigual, com forte concentração no centro-sul do país, em especial no estado de São Paulo, conforme aponta o *Mapa da logística dos transportes no Brasil*, divulgado pelo IBGE.[34]

2.2.2.2. Aquaviário/hidroviário

O transporte aquaviário/hidroviário se dá por meio de embarcações navegáveis que utilizam os mares, quando esse for marítimo, ou os rios, quando o transporte for fluvial/lacustre.[35] O Brasil possui 29 mil quilômetros de vias naturalmente navegáveis, algumas delas interligando o país com seus vizinhos continentais. Esse número aumenta para 63 mil quilômetros de extensão se incluirmos as águas provenientes de rios internos, lagos e lagunas. Além disso, o Brasil possui 8,5 mil quilômetros de costa navegáveis, razão pela qual mais de 90% das exportações realizadas para o mercado exterior são feitas por meio dos portos do país (Allama, 2011). Daí a relevância desse modal de transporte para a economia, principalmente no que tange ao comércio internacional.

Em que pese isso, de acordo com relatório divulgado pela CNT, em novembro de 2013, somente 50% das vias navegáveis do Brasil são utilizadas para transporte, o que se deve principalmente ao fato de que os investimentos em infraestrutura hidroviária se apresentam muito abaixo das necessidades do setor. Assim sendo, dos 63 mil quilômetros de extensão existentes, apenas 41.635 km são de vias navegáveis e, destas, apenas 20.956 km (50,3%) são economicamente navegadas.[36]

Essa falta de investimentos não é sem razão. De acordo com Pompermayer, Campos Neto e Pepino de Paula (2014, p. 279-280), a sobreposição de documentos e de instituições, a escassez de recursos humanos e o baixo conhecimento do setor por autoridades e pela iniciativa privada fazem com que as políticas públicas hidroviárias não ganhem prioridade e o impulso de que necessitariam para se desenvolverem. Com isso, o segmento segue apresentando um grande potencial inexplorado.

Enfocando no braço portuário do modal aquaviário, vale apontar que, no Brasil, a estrutura do setor portuário baseia-se em um modelo bipartido entre

---

[34]Informação disponível em: <ftp://geoftp.ibge.gov.br/cartas_e_mapas/>. Acesso em: 25/1/2017.
[35]Definição disponível em: <http://www.transportes.gov.br/transporte-aquaviario-relevancia.html>. Acesso em: 25/1/2017.
[36]Pesquisa CNT da Navegação Interior 2013. Disponível em: <http://www.cnt.org.br/Pesquisa/pesquisa-cnt-navegacao-interior>. Acesso em: 26/1/2017.

terminais portuários de uso público (arrendamentos portuários), situados dentro dos portos públicos, e terminais portuários de uso privado. Esse novo modelo para o segmento portuário nacional foi trazido pela Lei nº 12.815/2013, que estabeleceu a abertura para implantação de portos privados como forma de aumentar os investimentos privados no setor, eliminando a distinção de cargas próprias e de terceiros como fator determinante da natureza legal do terminal. Assim, após a edição da Lei nº 12.815/2013, o regime jurídico da atividade portuária nacional passou a adotar uma assimetria regulatória, tracejada pela poligonal de cada porto organizado, fazendo coexistirem arrendamentos portuários e terminais privados, cada qual com um regime jurídico próprio (Ribeiro, 2014).[37]

Diante disso, ao eliminar a distinção entre movimentação de carga própria e carga de terceiros como elemento essencial para a exploração das instalações portuárias de uso privado, a Lei nº 12.815/2013 deu origem à existência de dois regimes — um dentro do porto organizado e outro fora dele — para a exploração da atividade portuária. Em outras palavras, a extinção dos conceitos de "carga própria" e de "carga de terceiros" ratificou um sistema dual de exploração da infraestrutura portuária, fazendo concorrer agentes econômicos em regime de serviços públicos (arrendatários, titulares de subconcessões de serviços públicos) e de atividades econômicas reguladas (terminais de uso privado, titulares de autorizações administrativas).

Nesse arranjo, considera-se terminal público aquele construído e aparelhado para atender a necessidades de navegação, de movimentação de passageiros ou de movimentação e armazenagem de mercadorias, e cujo tráfego e operações portuárias estejam sob jurisdição de autoridade portuária, dentro da poligonal definidora da área do porto organizado, ao passo que os terminais de uso privado seriam aqueles instalados fora da área do porto organizado e explorados mediante autorização da Antaq.

Segundo o anexo da Resolução Antaq nº 2.969/2013, o Brasil possuía então 235 instalações portuárias – levando em consideração infraestruturas públicas e privadas, sendo elas marítimas ou fluviais, já que nenhuma instalação portuária brasileira é classificada como porto lacustre. Dentro dessas 235 instalações portuárias, 37 são consideradas portos públicos – isto é, são administradas pela União, por meio das Companhias Docas, ou delegadas a municípios, estados ou consórcios públicos – e 127 são terminais de uso privado. Além deles, existiriam

---

[37]Vale frisar que as diferenças entre terminais públicos e privados têm gerado controvérsias desde os anos 1990. Para mais informações a respeito do aspecto histórico dessa controvérsia, e sobre o novo marco regulatório portuário, cf. Moreira Neto e Freitas (2015); Schirato (2008); Pereira e Schwind (2015).

161 portos fluviais, divididos entre as competências da Secretaria de Portos (atualmente parte do Ministério dos Transportes, Portos e Aviação Civil), do Ministério dos Transportes e do DNIT.

No Brasil, os portos servem primariamente como via de saída de *commodities*, principalmente de soja, minério de ferro, petróleo e seus derivados, que estão entre os principais produtos da exportação brasileira. Em relação à movimentação, destacam-se os portos de Santos (SP), Porto de Paranaguá (PR), Porto do Rio de Janeiro (RJ), Porto de Itajaí (SC), Porto de Vitória (ES), Porto do Rio Grande (RS), Porto de São Francisco do Sul (SC), Porto de Salvador (BA), Porto de Manaus (AM), Porto de Aratu (BA), que juntos respondem por aproximadamente 60% da carga movimentada no país.[38]

No que diz respeito às vantagens do meio de transporte hidroviário, podemos apontar um baixo custo operacional em relação aos outros modais, a capacidade para transportar grandes quantidades de carga, bem como o fato de ser um meio de transporte pouco poluente quando comparado aos demais. Por outro lado, trata-se de um modal limitado, posto que necessita das hidrovias para a navegação, é comparativamente lento, e geralmente está restrito a um alcance regional (Saraiva e Maehler, 2013). Além disso, é sensível às condições climáticas, em especial ao risco de não ser utilizável em períodos de seca.

2.2.2.3. Aeroviário

O transporte aeroviário consiste no movimento de pessoas e mercadorias através do ar com a utilização de aviões ou helicópteros (Ipea, 2010). A infraestrutura aeroviária nacional é constituída pelos aeródromos públicos, que atendem ao tráfego aéreo civil, regular e alternativo, doméstico e internacional, pelo conjunto de aerovias, áreas terminais de tráfego aéreo e demais divisões do espaço aéreo brasileiro necessárias à operação regular e segura do tráfego aéreo, e pelo conjunto de facilidades, instalações e estruturas terrestres de proteção ao voo e auxílio à navegação aérea, na forma do art. 34, da Lei nº 12.379/2011.

A movimentação de cargas por via aérea, devido ao elevado custo, é mais utilizada para produtos com alto valor agregado ou mais perecíveis, e que por isso exijam rapidez e segurança no traslado.[39] A principal razão para isso é que, embora possa percorrer longas distâncias em pouco tempo, esse modal possui

---

[38] Dados de janeiro de 2016. Disponível em: <https://portogente.com.br/portopedia/87168-10-principais-portos-do-brasil-com-infografico>.
[39] Segundo Dias (2012, p. 39), "o sistema aéreo, dentro de uma primeira avaliação, não se apresenta como o ideal ao transporte de mercadorias de baixo valor, principalmente em virtude de seu baixo patamar da relação valor peso".

um elevado custo, tanto em razão do gasto da construção das aeronaves e das infraestruturas necessárias para a prestação do serviço, quanto pelo elevado consumo de combustíveis. Além disso, o transporte aéreo é extremamente limitado quanto à capacidade de carga, especialmente se comparado com os transportes marítimo e ferroviário (BNDES, 2010; Marinho, 2013).

No Brasil, a participação do modal aeroviário no comércio nacional não tem sido expressiva. Segundo os dados de 2016, apenas 0,4% do total da carga transportada em território nacional é conduzida por via aérea.[40] Assim, esse modal é utilizado em poucos trajetos, com mais da metade do tráfego concentrado em apenas 10 pares de ligações entre cidades, sendo a principal a ligação São Paulo-Manaus, que em 2010 abarcou mais de 20% do total da carga transportada. São Paulo também concentrava a maior parte do transporte aéreo de passageiros, com 26,9 milhões de passageiros em voos domésticos e 10,4 milhões em voos internacionais naquele mesmo ano. O segundo lugar ficou com o Rio de Janeiro, com 14,5 milhões e 3,1 milhões, respectivamente.[41]

2.2.2.4. O modal ferroviário

Esse apanhado panorâmico dos principais meios de transporte integrantes do SNV nos permite agora situar o modal ferroviário em perspectiva. O transporte ferroviário, nosso objeto central de investigação neste livro, consiste na transferência de pessoas ou bens, entre dois locais geograficamente separados, por meio de veículos, normalmente dispostos em comboio – por exemplo, os trens –, os quais circulam em uma via férrea composta por carris dispostos ao longo de um percurso determinado. A via férrea é, normalmente, dotada de um sistema de sinalização próprio e, por vezes, de um sistema de eletrificação. A operação desses veículos é realizada por uma empresa ferroviária com aptidão específica para a prestação desse serviço, a qual se compromete a fazer o transporte entre as estações ferroviárias. A potência para o movimento é fornecida por um motor a vapor, diesel ou elétrico de transmissão.[42]

Embora o modal ferroviário ocupe o segundo lugar em volume de carga transportada no Brasil, e esse volume tenha aumentado significativamente a partir das privatizações dos anos 1990, sua participação na matriz de trans-

---

[40]Boletim estatístico CNT de outubro de 2016. Disponível em: <www.cnt.org.br>. Acesso em: 25/1/2017.
[41]Informação constante de pesquisa realizada pelo IBGE em 2014 e disponível em: <http://www.brasil.gov.br/>. Acesso em: 30/1/2017.
[42]Informação disponível em: <http://www.transportes.gov.br/transporte-ferroviario.html>. Acesso em: 25/1/2017.

portes já foi maior em outros momentos do desenvolvimento nacional. Especialmente até a década de 1930, quando a expansão da produção de café fez saltar a quilometragem da malha ferroviária, e ainda não havia uma predileção rodoviária no país. A sua evolução, no entanto, se viu dificultada por diversos fatores históricos, envolvidos em decisões políticas e contextos econômicos, sociais e jurídicos, como detalhamos no capítulo 1. Assim, ainda que o transporte ferroviário seja o mais seguro dos transportes terrestres, e o mais indicado para o transporte de cargas pesadas – como minérios, produtos agrícolas, siderúrgicos e alimentares –, o modal é ainda subaproveitado no país.

Diferentemente do que ocorre com o transporte rodoviário, que possui uma extensão de, aproximadamente, 1,7 milhão de quilômetros de estradas, a extensão da malha ferroviária nacional é de cerca de 30.576 quilômetros, extensão relativamente reduzida, dadas as dimensões do Brasil. Com efeito, segundo dados de 2016 da CNT, como já visto, as ferrovias transportam apenas 20,7% das cargas e 0,5% dos passageiros no Brasil.[43]

Em que pese o cenário desenhado, é lícito dizer que o transporte ferroviário tem vivenciado um momento de retomada, de renascimento, constando da pauta do dia de planos governamentais e de medidas dedicadas a destravar investimentos, inclusive em malhas já concedidas, como é o caso das renovações antecipadas de um segundo módulo concessório, de que trataremos em item específico adiante.

2.2.2.4.1. As concessionárias de ferrovias e o perfil de suas atividades

Antes das privatizações da década de 1990, o sistema ferroviário nacional era composto por apenas quatro redes ferroviárias, controladas e operadas por três sociedades empresárias: (i) a Rede Ferroviária Federal S.A. (RFFSA), *holding* que operava a maior malha do país (25.896 km, aproximadamente 77% do total) e era controlada pelo governo federal; (ii) a Estrada de Ferro Vitória Minas (EFVM), controlada e operada pela então empresa estatal Vale do Rio Doce, responsável por aproximadamente 38% do total de produção de transporte deste setor em 1995; (iii) a Estrada de Ferro Carajás (EFC), que também era controlada e operada pela Vale do Rio Doce e respondia por, aproximadamente, 30% do total de produção de transporte deste setor em 1995; e (iv) a Ferrovia Paulista S.A. (Fepasa), *holding* controlada pelo governo do estado de São Paulo, com malha de média extensão e pequena produção de transporte (4,5% em 1995), mas situada no estado de maior relevância econômica do país.[44]

---

[43] Boletim estatístico CNT de outubro de 2016.
[44] Câmara Interamericana de Transportes. *Transporte e logística*. v. III. Disponível em: <http://www.citamericas.org/imagens/files/livros/livro_transporte_vol_3.pdf>. Acesso em: 13/1/2017.

Com o processo de privatização, entretanto, a malha da RFFSA foi subdividida em seis malhas, todas outorgadas por meio de leilão público, a saber (Souza e Prates, s.d.):

I. *malha ferroviária oeste*, com extensão de 1.621 quilômetros e outorgada à Concessionária Ferrovia Novoeste S.A. (leilão em 1/7/1996);
II. *malha ferroviária centro-leste*, com 7.080 quilômetros de extensão, foi outorgada à Concessionária Ferrovia Centro-Atlântica S.A. (FCA) (leilão em 1/9/1996);
III. *malha ferroviária sudeste*, com 1.674 quilômetros, foi outorgada à Concessionária MRS Logística S.A. (leilão em 1/12/1996);
IV. *malha ferroviária Tereza Cristina*, com 164 quilômetros e outorgada à Concessionária Ferrovia Tereza Cristina S.A. (leilão em 1/2/1997);
V. *malha ferroviária nordeste*, com 4.534 quilômetros e outorgada à Concessionária Companhia Ferroviária do Nordeste (leilão em 1/1/1998); e
VI. *malha ferroviária sul*, com extensão de 6.586 quilômetros, foi outorgada à Concessionária Ferrovia Sul-Atlântico S.A. (leilão em 13/12/1997).

Por sua vez, a Ferrovia Paulista S.A. (Fepasa), controlada pelo governo do estado de São Paulo, após ter sido federalizada, passou à administração privada por meio de delegação, precedida por leilão, a um consórcio de ferrovias que tinha entre seus componentes a Chase Latin America, a Vale do Rio Doce, a Desaiev Empreendimentos e a Shearer Empreendimentos. A partir de então, a empresa passou a se chamar de Ferrovia Bandeirantes S.A. (ou simplesmente "Ferroban"). A outorga dessa concessão foi efetivada por decreto presidencial de 22/12/1998. A empresa iniciou a operação dos serviços públicos de transporte ferroviário de cargas em 1/1/1999. Em 2002, a Ferroban foi fundida com a Ferrovia Norte Brasil S.A. e a Ferrovia Novoeste S.A., passando a formar o Grupo Brasil Ferrovias (BF).

Em 1998, a Ferrovia Sul-Atlântico S.A, concessionária da malha sul, adquiriu também o direito de exploração das ferrovias localizadas nas regiões Central e Norte da Argentina, passando a adotar o nome de América Latina Logística (ALL). Em 2006, a ALL adquiriu a totalidade das ações de emissão da Ferrovia Novoeste S.A., concessionária da malha oeste, e do Grupo Brasil Ferrovias, concessionária da malha paulistana e da Ferrovia Norte Brasil S.A. Com isso, a ALL passou a controlar 13 mil quilômetros de vias férreas, distribuídas entre as regiões Sul e Centro-Oeste do país e o estado de São Paulo, tornando-se a maior companhia de logística com estrutura ferroviária no Brasil. Em 2015, a ALL se fundiu com a empresa Rumo Logística, dando origem à empresa Rumo Logística, atualmente a principal operadora da malha ferroviária nacional, com quatro malhas ferroviárias no país: a ALLMS, a ALLMP, a ALLMN e a ALLMO.

De outro lado, a Ferrovia Centro-Atlântica (FCA), que recebeu a concessão da malha ferroviária Centro-Leste, passou, no ano de 1999, ao controle da Companhia Vale do Rio Doce (Vale). Privatizada desde 1997, a Vale adquiriu 99,9% do controle acionário da sociedade empresária. Em 2011, porém, a Vale decidiu reunir em uma nova subsidiária integral todos os seus ativos de ferrovia e portos para transporte de carga em geral, originando a empresa Valor da Logística Integrada (VLI).

A VLI passou então a gerir e operar a malha da FCA, além de outros corredores ferroviários que se encontravam sob controle da Vale, como a Ferrovia Norte-Sul; o Porto de Mearim, no Maranhão, em fase de implantação; e o TUF (antigo terminal marítimo da Ultrafértil) expandido, instalado no Porto de Santos, que anteriormente ficaria sob a guarda da Vale Fertilizantes. A malha da FCA percorre 316 municípios, situados em sete estados brasileiros (Minas Gerais, Espírito Santo, Rio de Janeiro, Sergipe, Goiás, Bahia, São Paulo) e no Distrito Federal. É o principal eixo de integração entre as regiões Sudeste, Nordeste e Centro-Oeste. Destaca-se como uma rota importante para o fluxo logístico de carga geral, por meio de suas conexões com outras ferrovias, cujas cargas se destinam ao Porto de Santos (SP), permitindo o acesso aos maiores centros consumidores do país.

A última concessionária da malha ferroviária federal, a Companhia Ferroviária do Nordeste, alterou sua razão social para Transnordestina Logística S.A. (TLSA) no ano de 2008. Em 2013, porém, a Transnordestina Logística S.A. experimentou um processo de reestruturação societária que resultou na cisão de parcela de seus ativos para a criação da Ferrovia Transnordestina Logística (FTL). Com efeito, enquanto a recém-criada FTL permaneceu responsável pela operação da malha proveniente da RFFSA – que atualmente conta com uma extensão de 4.277 km –, a TLSA passou a se dedicar exclusivamente à construção da Ferrovia Nova Transnordestina (FNT),[45] com extensão prevista de 1.753 km, perpassando 81 municípios e ligando Eliseu Martins, no Piauí, aos portos de Pecém, no Ceará, e Suape, em Pernambuco.[46] Em execução desde o ano de 2006, a FNT é feita com

---

[45]Pesquisa CNT de Ferrovias 2015. Brasília: CNT, 2015. Disponível em: <http://www.cnt.org.br/Pesquisa/pesquisa-cnt-ferrovias>. Acesso em: 26/1/2017.
[46]Para mais informações a respeito do processo de cisão da companhia *vide*: <http://www.valor.com.br/empresas/3381456/transnordestina-logistica-aprova-cisao-parcial-da-companhia>. Acesso em: 31/1/2017.

recursos da CSN, Valec, Finor, BNDES, BNB e Sudene. A expectativa é de que a ferrovia tenha capacidade para transportar pelo menos 30 milhões de toneladas por ano, com destaque para granéis sólidos, minérios e grãos.

No que diz respeito à Estrada de Ferro Vitória a Minas (EFVM) e à Estrada de Ferro Carajás (EFC), estas permaneceram sob operação da Companhia Vale do Rio Doce. A EFVM interliga Vitória, no Espírito Santo, a Belo Horizonte, em Minas Gerais. Em sua origem, no final do século XIX, a ferrovia tinha como objetivos o transporte ferroviário de passageiros e o escoamento da produção cafeeira do Vale do Rio Doce e Espírito Santo. Em 1908, porém, o foco da ferrovia foi alterado para escoar o minério de ferro extraído no município de Itabira até os complexos portuários capixabas. Atualmente, a ferrovia está voltada para o escoamento da produção industrial do Vale do Aço, cujo crescimento só foi possível pela existência da EFVM. Além disso, trata-se da única malha ferroviária no Brasil que realiza transporte diário de passageiros a longas distâncias. Por sua vez, a EFC, que possui 892 quilômetros de extensão, tem como função transportar minério da maior mina de minério de ferro a céu aberto do mundo, localizada em Carajás, no sudeste do Pará, ao Porto de Ponta da Madeira, em São Luís (MA).

Completando o quadro de concessões ferroviárias, é de se mencionar ainda a Estrada de Ferro do Amapá (EFA). Originalmente construída pela Indústria e Comércio de Minerais (Icomi) para escoar a produção de manganês, por meio de um sistema de logística integrada que congregava a mina localizada na Serra do Navio, a EFA e o Porto de Santana, sua malha ferroviária de aproximadamente 200 quilômetros foi implantada a partir de 1957, com base no Decreto presidencial nº 32.541/1953, quando o Amapá ainda era território federal. Cessadas as atividades da Icomi, que cederam lugar à exploração de minério de ferro, a EFA viria ainda a ser gerida pela MMX Mineração e Metálicos, e subsequentemente transferida para Anglo American Minério de Ferro e Zamin Amapá Mineração, quando teve sua operação descontinuada pela sociedade empresária (Drummond e Pereira, 2007, p. 153-157).

No que toca ao perfil da carga transportada, assim como em outros países as ferrovias brasileiras movimentam principalmente produtos de baixo e médio valor agregado, cujo custo de frete corresponde a uma significativa parcela do preço final do produto. As mercadorias que se encaixam nessas categorias são basicamente matérias-primas, como produtos agrícolas e de extração mineral, produtos semi-industrializados, líquidos e combustíveis, e também produtos industriais de menor valor, dispostos entre as malhas da forma que segue, em linhas gerais (CNT, 2013).

A Rumo Logística opera quatro malhas ferroviárias no país: a ALLMS, a ALLMP, a ALLMN e a ALLMO, atendendo às regiões Sul, Sudeste e Centro-Oeste e possibilitando o acesso ao Paraguai, à Argentina e à Bolívia, alternativa da qual se vale, aliás, a Companhia Ferroviária Oriental, concessionária de ferrovias bolivianas, que atua em terras brasileiras com base no Acordo sobre Transporte Internacional Terrestre, na forma do apenso ao Decreto nº 99.704/1990, firmado entre o Brasil, a Argentina, a Bolívia, o Chile, o Paraguai, o Peru e o Uruguai.

A ALLMS tem como foco o transporte de *commodities* agrícolas – notadamente soja, açúcar e milho –, produtos industriais e combustíveis. A ALLMP, atuante no estado de São Paulo, transporta principalmente açúcar, óleo diesel, gasolina e contêineres. Por sua vez, a ALLMN, que atravessa os estados de Mato Grosso e Mato Grosso do Sul, interligando o Centro-Oeste à Região Sudeste do país, transporta principalmente milho, soja, farelo de soja e celulose. Por último, a ALLMO, que corta os estados de São Paulo e Mato Grosso do Sul, interligando as cidades de Mairinque (SP) e Corumbá (MS), transporta principalmente celulose, minério de ferro, produtos siderúrgicos e ferro-gusa (CNT, 2015).

De sua parte, a FCA, que, como visto, interliga três regiões do país, funciona como principal rota de escoamento do fluxo logístico geral, apresentando uma grande diversidade de cargas, com destaque para soja, milho, açúcar, farelo de soja e minério de ferro (CNT, 2015).

Noutro giro, a Ferrovia Tereza Cristina S.A. (FTC), concessionária da malha ferroviária Tereza Cristina, que conecta a região carbonífera, a Usina Termelétrica Jorge Lacerda e o Porto de Imbituba, no estado de Santa Catarina, transporta, majoritariamente, carvão mineral e uma pequena quantidade de contêineres.

A MRS, operadora da antiga Malha Sudeste da RFFSA, que interliga São Paulo, Rio de Janeiro e Minas Gerais, tem como principal objetivo conectar os portos de Santos (SP), Itaguaí (RJ) e Rio de Janeiro (RJ) e possibilitar o escoamento da produção proveniente das principais siderúrgicas do país e do minério de ferro da região mineira do Quadrilátero Ferrífero, na porção centro-sul do estado. Os principais produtos transportados na ferrovia são o minério de ferro, o cimento a granel e produtos siderúrgicos diversos (CNT, 2015).

De outra parte, a FTL, responsável pela operação da antiga Malha Nordeste da RFFSA, tem como objetivo central interligar os principais portos da Região Nordeste do país – entre eles os portos de Pecém, Itaqui, Natal e Suape. As principais mercadorias transportadas pela ferrovia são o óleo diesel, o cimento acondicionado, a gasolina, produtos siderúrgicos e minério de ferro. A maior parte desses produtos é destinada exclusivamente ao abastecimento interno da Região Nordeste do país.

Nesta toada, convém ressaltar que, paralelamente à iniciativa de privatização da malha ferroviária federal pertencente à RFFSA, o governo federal destinou, diretamente, recursos para a criação de novos trechos na malha ferroviária nacional por meio da Valec Engenharia, Construções e Ferrovias S.A., uma empresa pública, criada sob a forma de sociedade por ações e controlada pela União, sob a direção do Ministério dos Transportes.

A Valec recebeu do governo federal a outorga para a construção e exploração da Ferrovia Norte-Sul (FNS), cujo traçado, com extensão aproximada de 3.100 km, foi projetado para se iniciar em Belém, no Pará, e seguir até o município de Panorama, em São Paulo.[47] Em que pese a construção da ferrovia ter se iniciado em 1987, atualmente, apenas os ramos norte e central estão concluídos. O ramo norte atende aos estados do Maranhão, Tocantins e Goiás, interligando Açailândia a Anápolis, ao passo que o ramo central diz respeito ao trecho que vai do município de Porto Nacional, no estado do Tocantins, ao município de Anápolis, no estado de Goiás. As principais mercadorias transportadas na ferrovia são soja, milho, celulose, óleo diesel e minério de ferro.[48] Em 27 de junho de 2006, a Valec subconcedeu à Vale a operação do trecho norte da FNS, com extensão de 719 km, que vai do município de Açailândia, no Maranhão, ao município de Palmas, em Tocantins. Atualmente, o trecho é operado pela VLI.

Além da Ferrovia Norte-Sul, a Valec possui a outorga de outras três estradas de ferro de menor repercussão: i) a Estrada de Ferro 246, ligando os municípios de Uruaçu, em Goiás, ao de Vilhena, em Rondônia, com 1.500 km de extensão; ii) a Estrada de Ferro 267, ligando o município de Panorama, em São Paulo, ao município de Porto Murtinho, no Mato Grosso do Sul, com 750 km; e iii) a Estrada de Ferro 334 que, partindo de Ilhéus, na Bahia, chega a Figueirópolis, no Tocantins, totalizando um percurso de 1.500 km.

Completando o cenário geral das concessionárias de ferrovias no Brasil, e o perfil de suas cargas, registra-se ainda que 11 das 12 concessionárias de ferrovias brasileiras se congregam na Associação Nacional dos Transportadores Ferroviários (ANTF), dedicada a promover o desenvolvimento e o aprimoramento do transporte ferroviário do país. A ANTF encontra paralelos em outros segmentos do mercado ferroviário, quais sejam, principalmente, a Associação Nacional dos Usuários do Transporte de Cargas (Anut) e a Associação Brasileira da Indústria Ferroviária (Abifer).

---

[47] <http://www.valec.gov.br/acoes_programas/FNSFerroviaNorteSul.php>.
[48] Pesquisa CNT de Ferrovias 2015. Brasília: CNT, 2015. Disponível em: <http://www.cnt.org.br/Pesquisa/pesquisa-cnt-ferrovias>. Acesso em: 26/1/2017.

2.3. O arranjo institucional do setor ferroviário a partir da Constituição de 1988

2.3.1. A distribuição constitucional de competências e o federalismo cooperativo brasileiro

A Constituição Federal de 1988 conferiu expressamente à União a competência legislativa (art. 22, XI) e político-administrativa (21, XII, "d") para a exploração dos serviços de transporte ferroviário *interestadual* e entre portos e fronteiras direta ou indiretamente – mediante autorização, concessão ou permissão. A competência para a prestação dos serviços ferroviários em âmbito regional e local, por sua vez, pertence, respectivamente, a estados e municípios, tendo em vista que a Constituição reserva aos estados todas as competências que não lhes sejam vedadas (25, §1º) e confere aos municípios a organização e prestação, de forma direta ou indireta, dos serviços públicos de interesse local (30, V). Não nos esqueçamos que o Distrito Federal também dispõe de competências para a prestação do serviço ferroviário, na medida em que a ele são atribuídas, conjuntamente, as mesmas competências legislativas, e político-administrativas, reservadas aos estados e municípios (art. 25, §1º, 30, V, e 32, §1º).

Este desenho de competências se deve ao fato de que a Constituição de 1988 adota o *princípio da preponderância do interesse* como diretriz da repartição de parcelas de poder entre os entes federativos. Assim, compete à União tratar das questões de interesse geral, nacional; aos estados, cumpre cuidar das matérias de interesse regional; e aos municípios são reservadas as questões de interesse local (Tavares, 2002, p. 748). Transpondo essa lógica para os serviços de transporte, temos que, quando o transporte for internacional ou interestadual, a competência será reservada à União; porém, quando o transporte for intermunicipal ou intramunicipal ele será, respectivamente, de competência dos estados e municípios.

Isso atende a dois propósitos específicos. O primeiro é evitar a concentração de poderes em apenas um ente. O segundo, otimizar a eficiência estatal, atribuindo a cada ente as competências que melhor possa desempenhar, de acordo com seu posicionamento no arranjo federativo (Netto, 1999, p. 81). Sob essa ótica, veja-se que não se trata de estabelecer hierarquia entre os entes, mas criar espaços próprios de atuação que acabam por delinear os contornos de sua autonomia, de modo a evitar sobreposições e conflitos de competência (Barroso, 1982, p. 24).

Em que pese esse regime aparentemente restrito de separação espacial de competências entre os entes federativos, a Constituição autoriza a atuação conjunta das unidades federadas com o fito de viabilizar a consecução do interesse público, quando compartilhado por mais de um ente federativo. Isso porque, como diversas outras constituições contemporâneas,[49] a Constituição brasileira de 1988 adotou um modelo de *federalismo de cooperação*,[50] na forma de seu art. 23, parágrafo único, consagrando a possibilidade da prestação associada de serviços públicos. A lógica é robustecida pelo art. 241, também da CRFB, quando autoriza a celebração de convênios e de consórcios para veicular essa prestação associada.

O propósito dos referidos normativos não é outro senão a orientação constitucional de que a prestação de serviços públicos pode predicar a atuação de mais de uma entidade da Federação. Mais que isso, o regime constitucional pertinente a essa espécie de descentralização de um cometimento público tem o propósito de estabelecer um regime jurídico consensual entre entidades federadas (Freitas e Ribeiro, 2016b).

Tal modalidade de descentralização é muito empregada nos setores portuário e rodoviário, com base na Lei nº 9.277/1996, e, de acordo com Abrúcio (2006, p. 86), transparece um processo que precisa equacionar cinco questões fundamentais: a) constituição de um sólido pacto nacional; b) combate às desigualdades regionais; c) montagem de boas estruturas administrativas no plano subnacional; d) democratização dos governos locais; e e) criação de um ambiente intergovernamental positivo.

Diante disso, nada impediria que o convênio de delegação, que conforma modalidade de delegação de competência calcada no *federalismo de cooperação*, viesse a ser empregado no setor ferroviário, de modo a prover infraestrutura ferroviária de forma associada entre mais de um ente federado.

---

[49] De acordo com Bonavides (2003, p. 134), destacam-se como países que, além do Brasil, adotam essa forma federativa: os EUA, a Argentina, a Venezuela, a Suíça e a Alemanha. Comenta o autor ainda que, embora originalmente os EUA adotassem o modelo de federalismo dual, com a depressão econômica resultante da Crise de 1929 a Suprema Corte Americana alterou o federalismo dual que até então vigorava para o federalismo cooperativo, adequando a Constituição americana às demandas de ordem social e econômica.

[50] Modelo de federalismo já placitado pelo STF, como se extrai do seguinte voto do ministro Marco Aurélio Melo: "É sabido que os modelos federativos se dividem em dual e cooperativo. No primeiro, de matriz norte-americana, as competências legislativas e político-administrativas são distribuídas de maneira estanque entre os entes federados. Cada um as exerce em plenitude. No segundo, de origem alemã, estabelece-se um condomínio entre atribuições administrativas e competências legiferantes, indicando-se, no texto constitucional, os critérios de coordenação entre os entes federativos. No caso, embora se possa discutir em que posição se situa a legislação sobre o amianto – tradicionalmente considerado matéria afeta à competência concorrente –, o tema envolve o federalismo dual". (Supremo Tribunal Federal. ADPF 234 MC/DF. Pleno. Relator: ministro Marco Aurélio. Julgado em 28 set. 2011.)

Outro reflexo do modelo federativo brasileiro é que as questões de âmbito nacional – que devem ser tratadas de maneira uniforme, por exigirem uma unidade de planejamento e direção – serão tratadas em legislação federal, e então adaptadas e executadas autonomamente por cada ente federado, consideradas suas peculiaridades e necessidades (Bercovici, 2004, p. 56). Não obstante, o federalismo por cooperação não impede a ocorrência, em determinadas hipóteses, de conflitos de competência entre os entes federativos, tema que é bem refletido nas polêmicas envolvendo: (i) a utilização da faixa de domínio das ferrovias por múltiplas concessionárias de serviços públicos titularizadas por entes federados distintos; e (ii) a atuação legislativa e administrativa, de entes federados não titulares do serviço público ferroviário que cruza seus territórios, normalmente com o intento arrecadatório.

2.3.2. As polêmicas envolvendo o uso e a remuneração das faixas de domínio das ferrovias sob o viés federativo

Como foi possível notar a partir do capítulo 1, o tema das faixas de domínio, e das prerrogativas encerradas em favor dos concessionários dos serviços ferroviários em seu espaço, sempre foi um dos pontos nodais do arranjo jurídico e econômico conferido ao setor. Daí porque, até hoje, não são poucas as normas que, aplicáveis às rodovias e ferrovias, se dedicam a esse assunto.

A faixa de domínio pode ser conceituada como a área sobre a qual se sobrepõe a via férrea, acrescida de terreno de pequena largura marginal em relação à extensão da ferrovia, no qual se localizam as demais instalações das ferrovias, incluindo-se os acréscimos necessários à sua expansão. Para bem dimensionarmos a região espacial de que estamos tratando, vale recorrer à Lei nº 6.766/1979, dedicada ao parcelamento do solo urbano, que dispõe ser obrigatória, ao longo das faixas de domínio público das rodovias e ferrovias, a reserva de uma faixa não edificável de 15 metros de cada lado, salvo maiores exigências da legislação específica (art. 4º, III). Nada impede, no entanto, que o contrato de concessão estabeleça distância diversa para a faixa de domínio de certa malha ferroviária, desde que respeitado o limite mínimo legal.

Acontece que esse espaço, destinado a reservas técnicas e de segurança para a prestação dos serviços ferroviários, muitas vezes assume grande interesse para as concessionárias de ferrovias, assim como para as concessionárias de outros serviços públicos e atividades econômicas envolvendo indústrias de rede, como as de telecomunicações, energia elétrica, gás e dutovias em geral (oleodutos, minerodutos, gasodutos, aquedutos etc.). Razão pela qual entram em cena questões envolvendo o compartilhamento da faixa de domínio.

De parte das concessionárias ferroviárias, para além do interesse em manter seguro e eficiente o serviço objeto central de suas atividades, bem como realizar a ligação de ramais e variantes, e a construção de pátios, estações e oficinas, as faixas de domínio representam a possibilidade de obtenção de receitas acessórias ao projeto concessionário. Como as concessões brasileiras inicialmente adotaram um modelo de regulação por contratos, há nos contratos de concessão de ferrovias celebrados quando das privatizações na década de 1990 metodologias específicas de partilha dessas receitas, de modo a que atendam, a um só tempo, o objetivo lucrativo da concessionária e a modicidade tarifária, como determina o art. 11 da Lei nº 8.987/1995, a ser visto em item específico adiante.

Por outro lado, as concessionárias de outros serviços públicos e agentes econômicos atuantes em indústrias de rede, que dependem de ligações de longa distância para a transmissão de dados, energia e insumos, veem na faixa de domínio, uma vez que livre e desembaraçada, um proveitoso espaço de instalação e expansão de suas infraestruturas.

De um lado, reconhece-se o direito subjetivo dos entes municipais e eventuais particulares concessionários de serviços públicos de usar as instalações alheias que sejam indispensáveis para fornecer o acesso a serviços públicos a todos os cidadãos, em nome do princípio da universalidade.[51] De outro, reconhece-se o direito subjetivo dos concessionários de bens públicos federais, neste caso as ferrovias, de serem remunerados pela utilização forçada de suas instalações. Trata-se de tema que vem sendo objeto de aguda polêmica na doutrina e na jurisprudência.[52]

Em termos simplificados, decorrem daí as disputas entre os distintos agentes, geralmente centradas na forma jurídica de instrumentalizar o uso da faixa de domínio por terceiros (contrato privado de prestação de serviços, locação de área,

---

[51] De acordo com Sundfeld (2003, p. 21-22) "Há uma teoria, da *essential facility*, criada no direito norte-americano, para fins concorrenciais, da qual resulta reconhecimento em favor das pessoas que desenvolvem atividades econômicas, de um direito subjetivo de usar as *facilities*, ou seja, as instalações alheias que sejam indispensáveis para o acesso ao mercado, para evitar que os donos das instalações impeçam o acesso de terceiros ao mercado e com isto inviabilizem a prática de sua atividade".

[52] Em novembro de 2014, após longo debate judicial envolvendo a questão da faixa de domínio nas rodovias, a Primeira Seção do Superior Tribunal de Justiça (STJ) uniformizou a jurisprudência relativa à possibilidade de retribuição pelo uso do solo de uma concessionária por outra, confirmando que o art. 11 da Lei nº 8.987/95 autoriza a cobrança do uso de faixas de domínio, mesmo quando feito por outra concessionária de serviços públicos, desde que haja previsão no contrato de concessão neste sentido. (Embargos de divergência em Resp. nº 985.695 – RJ. Relator: ministro Humberto Martins. 1ª Seção. Julgamento em: 26/11/2014. Publicado em: 12/12/2014.)

servidão, entre outros formatos em disputa), e sobre qual seria seu regime de contrapartida, se sujeito a uma indenização única, ou a uma reiterada remuneração, e em quais valores. A questão tem demandado a intervenção regulatória da ANTT e o controle jurisdicional, por muitas vezes assumindo cores de disputa federativa, ao contrapor interesses de concessionários provedores de infraestruturas e serviços públicos titularizados por entidades federadas distintas.

Nesse contexto, o Decreto nº 1.832/1996, Regulamento dos Transportes Ferroviários, prevê que a Administração Ferroviária não poderá impedir a travessia de suas linhas por tubulações, redes de transmissão elétrica, telefônica e similares, anterior ou posteriormente estabelecidas, observadas as instruções específicas de proteção ao tráfego e às instalações ferroviárias, bem como que os encargos de construção, conservação e vigilância caberão a quem executar o serviço mais recente (art. 11).

O tema, que será retomado adiante quando nos dedicarmos aos contratos das concessionárias em espécie, recebe, ainda, atenção regulatória pelas disposições da Resolução ANTT nº 2.695/2008. Isso justamente em função do interesse e/ou a necessidade de terceiros, entidades públicas e privadas, de realização de obras na faixa de domínio da ferrovia para a prestação de serviços públicos ou privados, e do papel da ANTT em regular os procedimentos de autorização para execução de obras, com vistas à padronização do processo de autorização.

2.3.3. A intromissão legislativa e administrativa de entes federados não titulares do serviço público ferroviário sobre malhas que cruzam seus territórios

Uma segunda questão, correlata ao arranjo institucional de competências federativas, resulta do fato de que ferrovias federais necessariamente cortam estados e municípios, não sendo raro que tais entes – principalmente os municípios –, no exercício de outras competências situados em suas esferas de atuação, como o ordenamento do solo urbano, a fiscalização ambiental, e o provimento de outros serviços públicos, ajam de modo a frustrar decisões tomadas dentro de um projeto concessionário ferroviário de índole nacional.

A definição dos parâmetros que orientam a prestação de um serviço de transporte ferroviário adequado poderia vir a ser frustrada, por exemplo, por força de decisões municipais que impedissem a implantação da malha ferroviária segundo o traçado planejado, que questionassem o local escolhido para a construção de um pátio de manobra de trens, ou mesmo servissem de obstáculo ao funcionamento das linhas, como a limitação do horário de tráfego ou manobras, dentro do espaço geográfico municipal, ou, ainda, impusessem medidas não exigidas pelo regulador técnico, como a instalação de cancelas em passagens de níveis situadas em cruzamentos rodoferroviários na cidade.

Sem o prévio alinhamento dessas medidas com as inúmeras entidades federadas que, ao longo de uma única operação ferroviária, suportarão sua concretização, haverá nesse ponto uma fonte perene de conflitos e desentendimentos. Razão pela qual é preciso retomarmos a distribuição de competências constitucionais pertinentes ao tema, e o modo como interagem, tendo em vista a lógica da *predominância*, anteriormente já referida.

Às competências da União para explorar os serviços de transporte ferroviário entre portos brasileiros e fronteiras nacionais, ou que transponham os limites de estado ou território, deve ainda ser acrescida a competência privativa da União para legislar sobre as diretrizes da política nacional de transportes e trânsito (art. 22, IX e XI). Não sendo tais competências passíveis de apropriação pelos demais entes federados, é a eles vedado o exercício de outras competências suas, de modo a, transversalmente, esvaziar ou comprometer a competência federal no tema.

Como alerta de Souto (2010, p. 125), estamos "diante de um serviço de transporte com uso de malha federal, previamente licitada pela União, para substituir um modelo em que o serviço era personificado numa empresa estatal federal", a referida "malha integra, pois, o sistema viário federal, não podendo qualquer dos estados membros, ainda que começando e terminando dentro do seu território, assumir a competência apenas por esse argumento".

Sendo a União titular do serviço público de transporte ferroviário interestadual, remanesce também com a União o poder de disciplinar a gestão, o modo de execução e os demais aspectos técnicos, econômicos e financeiros envolvidos nesse serviço público. Caberá aos estados e municípios, nos respectivos espaços de suas competências, legislar sobre os modais de transportes cujo serviço esteja sob sua administração, observadas as regras e diretrizes gerais traçadas pela União e as normas de trânsito fixadas no diploma legal específico. Isso não se confunde, todavia, com a hipótese de edição de leis municipais interferindo no serviço público alheio à sua esfera de titularidade, rompendo os limites do que seria de interesse local.

Como bem observa Meirelles (1985, p. 76-77), de longa data a literatura especializada internacional também define o interesse local pela predominância:

> Para o clássico Black, tais interesses se referem aos negócios internos das cidades e vilas (*internal affairs of towns and counties*); para Bonnard, o peculiar interesse é o que se pode isolar, individualizar-se e diferençar-se dos de outras localidades; para Borsi, é o que não transcende os limites territoriais do município; para Mouskheli é o que não afeta os negócios

da administração central e regional; para Jellinek é o interesse próprio da localidade, oriundo de suas relações de vizinhança.

Esses interesses, de caráter local, respondem aos reclames de cada tempo, operando de forma mutável e contemporânea, como, aliás, é de se notar na própria caracterização de certa atividade como serviço público, ou não. Ainda assim, parece-nos que faz pouco sentido que uma atividade de caráter nacional, necessariamente exercida em escala, tenha de se sujeitar a interferências de cada uma das localidades por onde, fisicamente, toma pé sua realização, sob pena de que se comprometa a lógica sistêmica, ao modo como apresentada acima pela configuração do SNV.

Não fosse de tal maneira, a interferência indevida de terceiros modificaria por completo a concepção econômica e técnica do contrato de concessão de serviço público de transporte ferroviário, por exemplo, desnaturando a formatação do conceito de serviço público adequado e inviabilizando o atendimento de um interesse nacionalmente compartilhado, impassível de redução aos anseios meramente regionais ou locais.

Isso não quer dizer, porém, que, respeitadas as condições técnicas, econômicas, financeiras e jurídicas que permitam harmonizar os interesses municipais, e dos munícipes, que suportam o exercício da atividade, não devam os interesses locais ser considerados. Em especial, isso deve ser feito de modo a conciliar a operação ferroviária com o bom funcionamento das cidades, a fim de reduzir externalidades negativas, como o cruzamento de sua parte central em horários de grande trânsito – neste contexto, muitos contornos ferroviários têm sido construídos –, a realização de manobras ruidosas em momentos que respeitem horários de maior silêncio, e seus parâmetros legais, entre outros.

Trata-se, no entanto, de composição consensual, impassível de ser confundida como uma autorização para intromissões municipais nos serviços públicos de transporte ferroviário federal, sejam eles executados diretamente, ou por meio de concessionárias privadas. Uma solução consensual dependeria de um acordo de vontades entre as partes, na medida em que, como desenvolve Souto (2010, p. 126), "só a União, que personifica o poder concedente na ANTT, pode decidir sobre a atribuição da malha, sua expansão ou modificação de traçado, ou, ainda, a admissão de vias alternativas ou complementares".

2.4. Os principais atores institucionais do setor ferroviário

Ainda sobre a discussão da forma como o setor ferroviário está conformado atualmente, é importante mapear quem são, e que feixe de atribuições exercem, os principais atores institucionais nele atuantes.

No que diz respeito especificamente ao arranjo regulatório do setor ferroviário, é interessante apontar que, apenas em 1999 – isto é, um ano após o último leilão de outorga de concessão das malhas ferroviárias da RFFSA –, o governo federal encaminhou à Câmara proposta de projeto de lei de reorganização do setor de transportes nacional: o PL nº 1.615/1999. Seguindo em linha com a reforma gerencial em curso desde 1995, o projeto em questão previa a criação de uma agência reguladora setorial, bem como do Departamento Nacional de Infraestrutura de Transportes (Deinfra), o qual funcionaria como braço operacional do Ministério dos Transportes.[53]

Após sucessivas emendas e vetos presidenciais, o PL resultou na edição da Lei nº 10.233, de 5 de junho de 2001, provocando: (i) a criação da Agência Nacional de Transportes Terrestres (ANTT); (ii) a criação do Conselho Nacional de Integração de Políticas de Transporte (Conit), que, ao lado do Ministério dos Transportes, passou a constituir o vetor central de formulação da política de transportes; e, por fim, (iii) a constituição do Departamento Nacional de Infraestrutura de Transportes (DNIT), em substituição ao Deinfra.

Como será visto adiante, a falta de um sequenciamento adequado, que começasse pela criação da agência e a definição de um marco regulatório consagrando a lógica sistêmica do setor – como aconteceu no setor de telecomunicações –, para só então proceder à desestatização das ferrovias, fez com que a ordenação de seu funcionamento ficasse relegada, precipuamente, aos contratos de concessão celebrados na década de 1990. Os influxos legais e regulatórios viriam depois, trazendo embates e algumas dificuldades de harmonização.

2.4.1. Ministério dos Transportes

O Ministério dos Transportes (MT) é o órgão responsável pelo assessoramento do presidente da República na formulação e execução da política de transporte do país. Entre suas principais responsabilidades, atualmente estabelecidas pelo Decreto nº 7.717/2012, o MT é competente para formular, coordenar e supervisionar as políticas nacionais de transportes ferroviário, rodoviário e aquaviário. Cabe ao ministério, ainda, a participação no planejamento estratégico desses modos de transporte, estabelecendo diretrizes para sua implementação e definindo prioridades para os programas de investimentos.[54]

---

[53] <http://www.camara.gov.br/proposicoesWeb/fichadetramitacao?idProposicao=16976>.
[54] <http://www.transportes.gov.br/>.

2.4.2. Conselho Nacional de Integração de Políticas de Transporte (Conit)

O Conit, criado pela Lei nº 10.233/2001, e regulamentado pelo Decreto nº 6.550/2008, conforma um segundo órgão de assessoramento vinculado à Presidência da República. Sua atribuição está em propor políticas nacionais de integração dos diferentes modos de transporte de pessoas e bens. O Conit tem 14 membros, sendo oito ministros de Estado e seis representantes da sociedade civil. A Presidência do Conit é exercida pelo ministro dos Transportes e a Secretaria Executiva pela Empresa de Planejamento e Logística S.A. (EPL).[55]

2.4.3. Agência Nacional de Transportes Terrestres (ANTT)

A ANTT é a autarquia responsável pela regulação das atividades de exploração da infraestrutura ferroviária e rodoviária federal e de prestação de serviços de transporte terrestre, conforme disposto no art. 20, incisos I e II, da Lei nº 10.233/2001, onde estão elencados seus objetivos. Com vistas a conferir maior solidez à regulação do setor, a Lei nº 10.233/01 conferiu à ANTT a natureza jurídica de autarquia em regime especial, vinculada ao MT. Significa dizer que, ao menos no plano legal, a ANTT é dotada de autonomia administrativa, financeira e funcional, além de mandato fixo e não coincidente para seus dirigentes, conforme se extrai do art. 21, §2º da lei.

De acordo com o artigo 25 da Lei nº 10.233/2001, são atribuições específicas da ANTT, tocantes ao transporte ferroviário:

I. publicar os editais, julgar as licitações e celebrar os contratos de concessão para prestação de serviços de transporte ferroviário, permitindo-se sua vinculação com contratos de arrendamento de ativos operacionais;
II. administrar os contratos de concessão e arrendamento de ferrovias celebrados até a vigência da Lei nº 10.233/2001, em consonância com o inciso VI de seu art. 24;
III. publicar editais, julgar as licitações e celebrar contratos de concessão para construção e exploração de novas ferrovias, com cláusulas de reversão à União dos ativos operacionais edificados e instalados;
IV. fiscalizar diretamente, com o apoio de suas unidades regionais, ou por meio de convênios de cooperação, o cumprimento das cláusulas

---

[55]<http://www.epl.gov.br/conit>.

contratuais de prestação de serviços ferroviários e de manutenção e reposição dos ativos arrendados;

V. regular e coordenar a atuação dos concessionários, assegurando neutralidade com relação aos interesses dos usuários, orientando e disciplinando o tráfego mútuo e o direito de passagem de trens de passageiros e cargas e arbitrando as questões não resolvidas pelas partes;

VI. articular-se com órgãos e instituições dos estados, do Distrito Federal e dos municípios para conciliação do uso da via permanente sob sua jurisdição com as redes locais de metrôs e trens urbanos destinados ao deslocamento de passageiros;

VII. contribuir para a preservação do patrimônio histórico e da memória das ferrovias, em cooperação com as instituições associadas à cultura nacional, orientando e estimulando a participação dos concessionários do setor; e

VIII. regular os procedimentos e as condições para cessão a terceiros de capacidade de tráfego disponível na infraestrutura ferroviária explorada por concessionários.

As competências exercidas pela agência reguladora, portanto, podem ser divididas, no que diz respeito ao transporte ferroviário, em competências normativas – a exemplo da competência para disciplinar o tráfego mútuo e o direito de passagem de trens de passageiros e cargas, prevista no inciso V do art. 25 –, judicativas – na forma do art. 25, VIII – e executivas, como no caso da competência para administrar os contratos de concessão e arrendamento de ferrovias celebrados até a vigência da Lei nº 10.233/2001, na forma de seu art. 25, II.

A atuação regulatória da ANTT, em especial logo após a sua instalação, buscou uma transição em relação ao modelo anterior, quando o subsetor de transporte ferroviário se encontrava sob a competência normativa da Secretaria de Transportes Terrestres e do MT, por meio de suas respectivas portarias.

A criação da ANTT foi essencial para a continuidade do processo de descentralização das atividades do Estado para a iniciativa privada na área de transporte. Isso porque, até o seu surgimento, não havia nenhuma entidade administrativa, com personalidade jurídica própria, encarregada do exercício das competências de fiscalização e orientação das malhas ferroviárias transferidas à iniciativa privada, já que o Conit – órgão colegiado, que deveria servir de fonte para a formulação integrada da política nacional de transportes – não havia sido instalado e, como visto, toda a atuação de então seguia a cargo do ministério e de suas secretarias.

2.4.4. Departamento Nacional de Infraestrutura de Transportes (DNIT)

O DNIT é uma autarquia federal submetida ao regime autárquico comum e vinculada ao MT. Foi criado em substituição ao antigo Departamento Nacional de Estradas de Rodagem (DNER), sendo, atualmente, o responsável por manter, ampliar, construir, fiscalizar, e elaborar estudos técnicos para a resolução de problemas relacionados ao Sistema Federal de Viação, bem como ao tráfego multimodal de pessoas e bens, nos meios rodoviário, ferroviário e hidroviário.[56]

As atividades do DNIT envolvem, portanto, coordenar, controlar, administrar e desenvolver as atividades de execução de projetos e obras de infraestrutura ferroviária, rodoviária e aquaviária, bem como fiscalizar e acompanhar a execução dessas obras, estabelecendo os padrões técnicos para o desenvolvimento e controle das obras de construção da infraestrutura ferroviária (Guerra, 2014).

Segundo o art. 80 da Lei nº 10.233/2001, são atribuições do DNIT: o estabelecimento de padrões, normas e especificações técnicas para os programas de segurança operacional, sinalização, manutenção, conservação, restauração ou reposição de vias, terminais e instalações, para a elaboração de projetos e execução de obras viárias; o fornecimento, ao MT, de informações e dados para subsidiar a formulação de planos gerais de outorga e delegação de segmentos da infraestrutura viária; a administração e gerência, pela via direta ou indireta, das vias sob sua competência; a participação em negociações para empréstimos com entidades públicas, entre outras.

A despeito deste quadro normativo, o Decreto nº 4.129/2002, que regulamentou a Lei nº 10.233/2001, não previu, em princípio, uma especialização funcional que discriminasse departamentos específicos, de modo que coube às agências a implementação de políticas segundo as categorias genéricas de "transportes terrestres" ou "transportes aquaviários". A especialização quanto às ferrovias, por exemplo, só se deu após a segunda reforma da estrutura do DNIT, proporcionada pelo Decreto nº 5.765/2006, que previu a existência de uma Diretoria de Infraestrutura Ferroviária (art. 2º, V, "a"), cujas competências seriam as de: (i) administrar e gerenciar a execução de programas e projetos de construção, manutenção, operação e restauração da infraestrutura ferroviária; (ii) gerenciar a revisão de projetos de engenharia na fase de execução de obras; e (iii) exercer o poder normativo relativo à utilização da infraestrutura do transporte ferroviário.

---

[56]<http://www.dnit.gov.br/acesso-a-informacao/insitucional>.

Além das entidades de direito público acima apontadas, dotadas de atribuições regulatórias e executivas, o Setor Ferroviário Federal conta, ainda, com a atuação de duas empresas estatais: a EPL e a Valec.

2.4.5. Empresa de Planejamento e Logística S.A. (EPL)

A EPL é uma sociedade de economia mista federal, de capital fechado, que tem por finalidade estruturar e qualificar, por meio de estudos e pesquisas, o processo de planejamento integrado de logística no país, interligando rodovias, ferrovias, portos, aeroportos e hidrovias. Sua criação foi autorizada pela Lei nº 12.404/2011, fruto de conversão da Medida Provisória nº 511/2011. Além dos trabalhos relacionados ao transporte ferroviário de alta velocidade, a EPL presta serviços na área de projetos, estudos e pesquisas para subsidiar o planejamento da logística e dos transportes no país.[57]

Tendo em vista o contexto de sua criação, e a atuação conferida à estatal no tocante à prestação desverticalizada dos serviços ferroviários no país, no capítulo 10 cuidaremos do arranjo estrutural da EPL, e de suas possibilidades de ação, em mais detalhes. Faremos o mesmo em relação à Valec, a seguir apresentada de maneira sintética.

2.4.6. Valec – Engenharia, Construções e Ferrovias S.A.

Por fim, a Valec é uma empresa pública vinculada ao MT, nos termos previstos na Lei nº 11.772/2008. A sua função é a construção e exploração de infraestrutura ferroviária. Até 2012, a Valec tinha como principal responsabilidade apenas a construção de ferrovias. Porém, em 2013, a empresa foi reestruturada, por meio do Decreto nº 8.134/2013, que aprovou novo Estatuto Social da empresa e ampliou suas competências.[58]

Com efeito, segundo art. 9º da Lei nº 11.772/2008 as principais atividades exercidas pela Valec são: (i) administrar os programas de operação da infraestrutura ferroviária, nas ferrovias a ela outorgadas; (ii) coordenar, executar, controlar, revisar, fiscalizar e administrar obras de infraestrutura ferroviária que lhe forem outorgadas; (iii) desenvolver estudos e projetos de obras de infraestrutura ferroviária; e (iv) construir, operar e explorar estradas de ferro, sistemas

---

[57] <http://www.epl.gov.br/>.
[58] Vide: <http://www.valec.gov.br/documentos/processos_contas/relatorioGestao2013.pdf>. Acesso em: 24/2/2017.

acessórios de armazenagem, transferência e manuseio de produtos e bens a serem transportados e, ainda, instalações e sistemas de interligação de estradas de ferro com outras modalidades de transportes.

Constam ainda das suas principais atividades (a) promover o desenvolvimento dos sistemas de transporte de cargas sobre trilhos, objetivando seu aprimoramento e a absorção de novas tecnologias; e (b) celebrar contratos e convênios com órgãos nacionais da administração direta ou indireta, com empresas privadas e com órgãos internacionais para prestação de serviços técnicos especializados. A lei permite ainda à Valec exercer outras atividades inerentes às suas finalidades, desde que previstas em seu Estatuto Social.

Também cumpre à Valec um papel central na proposta de modelo de prestação desverticalizada dos serviços de transporte ferroviário, razão pela qual faremos uma análise aprofundada de sua atuação no capítulo 10.

De toda forma, em síntese, a organização e posições dos diversos atores públicos responsáveis pelo setor ferroviário brasileiro pode ser ilustrada na figura 2.1 a seguir que retrata o arranjo institucional do setor ferroviário brasileiro:

Figura 2.1:
Órgãos públicos responsáveis pelo setor ferroviário

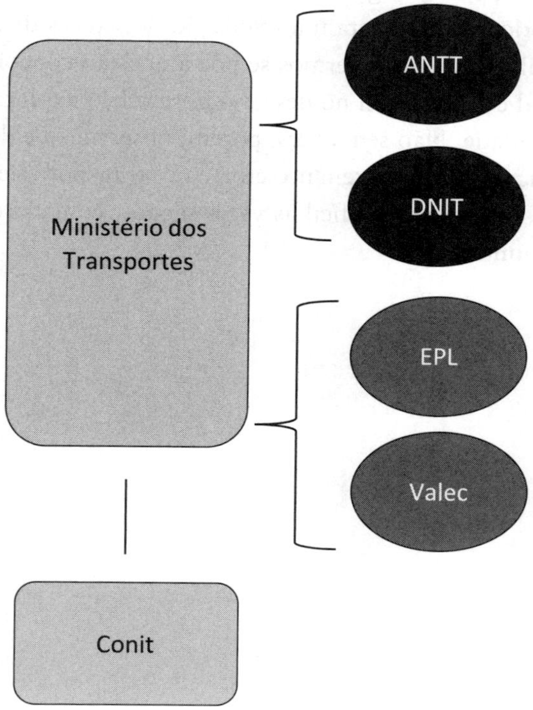

2.5. Conclusão

Este segundo capítulo buscou dar uma visão geral do Sistema Nacional de Viação, nele situando o setor ferroviário, e da sua relação com os demais modais logísticos. Adicionalmente, identificou e descreveu quem são as concessionárias de ferrovias brasileiras, por quais malhas se responsabilizam, e quais as principais cargas sobre elas transportadas, o que ajuda a melhor entender a dinâmica setorial.

A partir daí, ganham importância os contornos constitucionais que orientam o arranjo federativo no tema, e conduzem aos pontos de atrito em decorrência da repartição de competências entre as esferas federativas, e do modo pelo qual sua interação acontece. Questões envolvendo as faixas de domínio das ferrovias, sua utilização e remuneração por concessionárias e por terceiros, além do exercício de competências locais e regionais de formas intromissivas aos serviços ferroviários realizados sobre malhas que cortam territórios estaduais e municipais, servem de bons exemplos a demonstrar as dificuldades em concertar múltiplos interesses, públicos e privados, e potencialmente divergentes.

O cenário é completado com a apresentação resumida dos principais atores institucionais atuantes no setor, seus arranjos estruturais e cesto de competências. Isso nos permite seguir adiante para analisarmos, no capítulo 3, os fundamentos teóricos que orientam a regulação de setores de infraestrutura, e depois, no capítulo 4, em quais termos se põe a questão concorrencial no setor ferroviário, e qual é o seu papel no desenho do modelo exploratório das ferrovias em cada realidade. Não sem antes, porém, observar que de fato o número de agências públicas que interferem no setor, e nos transportes em geral, é talvez exagerado, inclusive porque é difícil às vezes separar com clareza os limites de atuação de cada uma delas.

3

A regulação das concessões verticais: monopólio natural, *unbundling* e desverticalização

Para podermos nos aprofundar na discussão sobre os modelos regulatórios utilizados no setor ferroviário, ajuda revermos alguns conceitos básicos da teoria da regulação, em especial no setor de infraestrutura. Esse é o objetivo deste capítulo.

3.1. Justificativas econômicas para a regulação

Em princípio, a regulação se justifica do ponto de vista econômico quando o agente privado, atuando sem restrições, agirá de uma forma que não é ideal do ponto de vista da coletividade. A regulação deve então alterar os incentivos ou o conjunto de possíveis ações dos agentes privados de forma que estes, ao agirem em busca de seu próprio interesse, acabem fazendo o que é melhor para a coletividade. Dessa forma, a regulação nada mais é que uma escolha de instituições e regras que fazem os agentes econômicos agirem de forma a que se atinjam os objetivos de política econômica quando isso não é possível puramente pela iteração das forças de mercado (Bouf e Leveque, 2006).

Em um mercado competitivo, com informação perfeita e outras condições algo idealizadas, os agentes econômicos, ao procurarem maximizar seu bem-estar individual, acabam também maximizando o bem-estar coletivo. É esse o princípio básico por trás do conceito da "Mão Invisível" de Adam Smith. No mundo real, porém, há diversas situações em que surge uma dissonância entre a ação que é ótima para o indivíduo e aquela que mais beneficia o conjunto da sociedade. Diz-se que nesse caso há uma falha de mercado.

Uma falha de mercado típica é a assimetria de informações entre os agentes econômicos. Quando um agente tem mais informação do que outro sobre uma determinada transação, é possível que isso impeça a sua realização ou que a transação ocorra em condições que não são consideradas adequadas pela coletividade.

Aqui se distinguem dois tipos de situação. Uma é chamada de problema de seleção adversa, que ocorre quando um agente tem mais informação que os demais, por exemplo, sobre as características dos bens ou serviços sendo ofertados a outros agentes.[59] Uma outra situação semelhante, conhecida como de risco moral (*moral hazard*, no inglês), ocorre quando um indivíduo ou firma contrata um agente para executar um serviço, mas não consegue observar o nível de esforço que este realiza para fazer bem o trabalho. O esforço tem um custo para o agente, de forma que a incapacidade de o contratante o observar diminui a pressão para que o agente se esforce para realizar um bom trabalho.

Muito da análise sobre assimetria informacional em economia gira em torno do problema conhecido como de agente principal. Um indivíduo ou empresa, o principal, delega a outro, o agente, a realização de atividades que afetam o ganho ou perda que o principal extrai da relação. Um exemplo clássico é o do gestor que administra a empresa em nome do proprietário. O problema surge porque o proprietário tem menos informação que o gerente sobre as condições em que a empresa opera e sobre o esforço que o gerente faz para gerar um lucro elevado. Assim, se a empresa tem prejuízo, é difícil para o proprietário saber se foram as condições de mercado que foram prejudiciais à empresa ou se foi o gerente que não se esforçou para evitar o prejuízo.[60]

Uma situação semelhante a essa existe entre empresas reguladas e os órgãos que as regulam. A empresa nesse caso é o agente e o regulador o principal. Este quer que a empresa aja de acordo com o que é de interesse da coletividade, mas quando não obtém esse resultado não sabe se foi devido a condições adversas ou à falta de esforço. Em especial, existe um problema de seleção adversa, pois a firma sabe mais do que o regulador sobre a demanda e os verdadeiros custos da empresa; e existe um problema de risco moral, pois o regulador não observa o nível de esforço que a empresa realiza para aumentar a demanda e reduzir os seus custos. Muito da literatura sobre regulação no setor de infraestrutura gira em torno de possíveis formas como o regulador pode tentar alinhar os objetivos sociais e os da empresa regulada.

Problemas de assimetria de informação não existem apenas porque certos agentes têm informação privada, mas também porque mesmo quando a infor-

---

[59]Note que nesses casos a regulação não é o único mecanismo disponível para lidar com essa falha de mercado. Em muitos setores, mecanismos como garantias e seguros podem corrigir incentivos e viabilizar transações. Um bom exemplo é a garantia plurianual que os fabricantes de automóveis dão na compra de um veículo.

[60]Instrumentos como stock options e repartição de lucros visam atenuar esse problema, ajudando a alinhar incentivos do principal e do agente. O mesmo princípio rege a criação das franquias na indústria de seguros, onde o problema da assimetria informacional é particularmente central.

mação é pública ela pode ser cara e/ou demorada para coletar e processar, ou mesmo exigir conhecimento técnico específico. O conceito relevante, nesse caso, é o de racionalidade limitada, uma forma de racionalidade imperfeita que assume que as pessoas buscam maximizar o seu bem-estar, mas sujeitas a restrições cognitivas que limitam a sua capacidade de processamento mental e podem torná-lo o fator mais importante a ser economizado.[61]

A assimetria informacional resultante de problemas de racionalidade limitada motiva muitos tipos de regulação nas áreas farmacêutica, de alimentos, de segurança no trabalho etc. Também é essa a principal justificativa para a exigência de que certos profissionais – médicos, advogados e engenheiros, por exemplo – precisem ser certificados para exercerem sua profissão. É ainda o que justifica regulações diversas na área financeira, como as impostas por órgãos como a CVM e o Banco Central em relação à transparência contábil.

Um segundo tipo de falha de mercado que pode justificar a regulação econômica é a existência de externalidades. Existe uma externalidade quando A e C realizam uma transação que afeta B, mas este efeito não é levado em conta nos termos que regem a transação. Nesse caso há claramente uma dissonância entre a ação das partes quando estas buscam maximizar seu bem-estar individuaul e o comportamento que é coletivamente ideal.

Um exemplo de uma externalidade é quando seu vizinho contrata um DJ para animar sua festa com música *funk* tocada em altos decibéis. Se você gosta de *funk* tocado em alto volume, essa é uma externalidade positiva: você se beneficiou de graça da contratação realizada pelo vizinho. Se, pelo contrário, a festa ocorreu em um dia que você estava doente, cheio de dor de cabeça, e você odeia *funk*, essa é uma externalidade negativa.[62]

A simples existência de uma externalidade não é suficiente para justificar a regulação. Isto porque, se os direitos de propriedade forem bem definidos, o custo de transacionar esses direitos for suficientemente baixo e a segurança jurídica for alta o bastante para que os direitos e as transações sejam respeitados, os agentes podem negociar diretamente os direitos e entre si chegar a uma solução coletivamente

---

[61]Este é um dos fundamentos da teoria econômica neoinstitucionalista, que contrasta com a hipótese de racionalidade perfeita da teoria econômica neoclássica, que assume que os agentes econômicos têm acesso a todas as informações e conseguem processá-las integral e imediatamente, de forma que sempre conseguem saber qual a melhor decisão a tomar para promover o seu interesse individual.

[62]No setor ferroviário, há uma externalidade positiva para os usuários quando uma nova localidade é conectada à malha, pois eles passam a ter novas possibilidades de transporte.

ótima. Esse resultado foi enunciado por Ronald Coase em 1960 e depois batizado como Teorema de Coase.[63] Ele é um dos alicerces da área de Direito e Economia.

No exemplo acima, no caso em que você não gosta de *funk*, há duas soluções possíveis, dependendo de como os direitos estão originalmente distribuídos. Se você tem direito ao silêncio depois de certa hora e seu vizinho deseja fazer barulho depois desse horário, ele pode propor uma compensação que interesse aos dois: por exemplo, pagar sua estadia e despesas em uma pousada na serra, em local tranquilo. Alternativamente, se não houver restrição ao seu vizinho fazer barulho no volume e até a hora que ele quiser, você pode conseguir convencê-lo a fazer a festa em outro dia ou local, oferecendo alguma compensação que torne essa opção mais interessante para ele.

O resultado central é que a solução final refletirá as preferências relativas das partes: se o silêncio for mais valioso para você do que a realização da festa nesse local e horário para o vizinho, haverá silêncio; se, pelo contrário, a festa nesse dia e local for mais valiosa para o vizinho do que o silêncio para você, haverá a festa. Isso independe de como os direitos estão originalmente atribuídos.

É importante observar que essa discussão abstrai de se a distribuição original de direitos é justa ou não. Esse não é o foco da análise econômica. O ponto central é apenas que a regulação não é necessária para produzir o resultado socialmente ótimo. Isso não impede, claro, que muitas regulações sejam definidas com base em outros objetivos, inclusive o de promover a justiça social. O ponto é que nesse caso a justificativa para a regulação não é econômica.

De fato, muito da regulação que lida com externalidades é voltada para definir os direitos de propriedade: se o silêncio é uma obrigação e a partir de que horário e até que volume; quais as restrições ambientais que devem ser respeitadas pelos carros; em que locais é permitido ter *outdoors* etc. Na área ambiental é particularmente comum a existência de externalidades e de regulações que fixam os direitos e deveres dos agentes, inclusive em acordos internacionais, o que acrescenta uma camada adicional de complexidade legal ao problema.

Ainda que definindo os direitos das partes, essas regulações raramente preveem que estes sejam depois negociados. Duas das raras exceções são o mercado de crédito de carbono e os mecanismos de compensação na área de florestas.[64]

---

[63] O Teorema de Coase tem aplicação bem mais ampla: ele afirma que, genericamente, sempre que os direitos de propriedade forem bem definidos, houver segurança jurídica e os custos de transação forem nulos, a simples negociação entre as partes vai produzir a solução coletivamente ótima. O problema, como salienta Coase, é que os custos de transação não são nulos. Nesse caso, o papel do direito é criar regras que produzam a solução que iria vigorar se os custos de transação fossem nulos.

[64] Sobre isso ver, por exemplo, <http://bit.ly/2htE1lb>.

O motivo porque esses mecanismos são raros é o elevado custo de transacionar esses direitos, na ausência de mercados líquidos que ajudem a fixar padrões e determinar preços. Dado esse quadro, as regulações relacionadas a externalidades idealmente, do ponto de vista da eficiência econômica, devem fixar esses direitos de forma a produzir um resultado final semelhante ao que se obteria se a negociação desses direitos fosse livre, segura e sem custos de transação.

Um conceito assemelhado com o de externalidade, mas com consequências distintas, é o de internalidade: em uma transação entre duas partes, uma internalidade é um efeito provocado por uma parte e sentido pela outra que não está contemplado no contrato que sustenta essa transação. Ela se diferencia de uma externalidade, pois no caso desta o efeito é sobre uma parte externa à transação. As internalidades podem resultar da existência de racionalidade limitada ou outros problemas de assimetria informacional, particularmente em relação a uma terceira parte encarregada de garantir o cumprimento do contrato entre as partes. Assim, se determinado efeito provocado por uma das partes na outra não é observável por agentes fora da transação, como um árbitro ou um juiz, ele não é passível de ser contratado. Uma situação semelhante pode resultar da existência de contratos incompletos, em que a transação pode dar margem a situações não previstas no contrato.

Em alguns casos a regulação pode mitigar os problemas causados pela existência de internalidades; por exemplo, definindo que na ocorrência de situações não previstas em contrato, o interesse das partes será arbitrado pelo órgão regulador, de forma a respeitar os termos gerais do contrato. Em outras situações é mais difícil a regulação oferecer uma saída – como quando é muito caro ou impossível para uma terceira parte verificar a ocorrência de uma internalidade –, mas ainda assim a possibilidade de que esta exista precisa ser considerada na regulação adotada, como se discute mais à frente no caso da regulação ferroviária.

Um terceiro fator que pode, em princípio, tornar a regulação atrativa é a existência de ativos específicos. Estes são ativos cujo valor é grande quando utilizados na transação para a qual foram criados e baixo quando usados para outros fins. A infraestrutura ferroviária, e em especial a malha de trilhos, é um bom exemplo de um ativo específico. Ela vale muito quando usada no transporte ferroviário – que de fato não ocorre sem ela –, mas não tem qualquer valor significativo se não puder ser usada para isso: apenas pedaços de aço, madeira e brita.

O conceito de ativo específico às vezes se confunde com o de ativo afundado, que envolve investimentos que já foram feitos e não têm como ser recuperados se não forem usados para a finalidade a que se pretendia originalmente. A infraestrutura ferroviária também é um ativo afundado. Porém, o conceito de ativo específico é mais amplo, pois realça a relação entre o tipo de ativo e a natureza da transação. Por exemplo, o conhecimento acumulado por um trabalhador em uma empresa – regras formais e informais de conduta, nomes e perfis dos demais funcionários etc. – é um ativo específico ao trabalho que ele realiza na empresa, que o torna mais produtivo quando ele ali trabalha, mas que tem pouco ou nenhum valor se ele trocar de emprego.

Quando uma determinada transação depende do uso de um ativo específico por uma das partes (por exemplo, uma empresa ferroviária), há a tendência de a outra parte na transação (o governo, no caso de infraestruturas) agir com oportunismo, renegando o que foi combinado *ex ante*. Isso gera um problema conhecido como inconsistência dinâmica: do ponto de vista coletivo faz sentido que o investimento ocorra, mas do ponto de vista do investidor privado essa é uma operação muito arriscada, pois, uma vez feito o investimento, o risco de que a outra parte aja com oportunismo e ele seja expropriado é muito grande.

Esse problema é especialmente relevante no caso dos setores de infraestrutura, inclusive no das ferrovias: se o investidor privado realizar o investimento para poder operar a infraestrutura, o risco que depois o governo aja oportunisticamente é muito alto, inclusive porque os ciclos políticos são curtos. Esse é um dos motivos porque o setor foi tradicionalmente dominado por órgãos públicos e empresas estatais e porque, para investir nesses setores, investidores privados exigem taxas de retorno mais altas em países com baixa segurança jurídica do que naqueles em que esta é de boa qualidade.

Idealmente, o Judiciário deveria ser a instituição encarregada de garantir a segurança jurídica nos contratos de infraestrutura, mas nos casos em que isto não ocorre a criação de agências reguladoras independentes, que limitem a influência do ciclo político sobre a administração dos contratos, pode mitigar o problema (Levy e Spiller, 1994). Essas nada mais são que uma forma de o governo amarrar suas mãos, como Ulysses ao mastro do barco, impedindo-se assim de agir com oportunismo após a realização do investimento.

Um quarto motivo que pode, em tese, justificar economicamente a introdução de regulações é a existência de um monopólio natural, uma situação em que os custos são minimizados quando os serviços são oferecidos por uma única empresa.[65] A existência de um monopólio natural tende a gerar um conflito entre a eficiência produtiva – minimização do custo de produção – e a eficiência alocativa – a quantidade produzida e consumida do bem ou serviço que maximiza o bem-estar social –, pois

---

[65]Monopolistas não têm o mesmo incentivo para minimizar seus custos (eficiência técnica) ou inovar em termos de processos e produtos como têm as firmas operando em mercados competitivos, razão pela qual o monopólio pode ser estaticamente eficiente (monopólio natural), mas não dinamicamente, no sentido de que ao longo do tempo a eficiência relativa será menor.

a empresa monopolista vai usar seu poder de monopólio para maximizar o lucro, o que ocorre com a exploração dos consumidores e um nível de consumo total do bem ou serviço inferior ao que maximiza o bem-estar da coletividade. O papel da regulação nesse caso é conciliar as eficiências produtiva e alocativa.[66]

Monopólios naturais podem existir quando a tecnologia de produção apresenta economias de escala e de escopo, o que é comum nos setores de infraestrutura, aí incluídas as ferrovias.[67] Se o monopólio natural vai ou não existir nesse caso irá depender de como o nível de demanda se compara àquele que minimiza os custos de produção.

As figuras a seguir, extraídas de Train (1994), ajudam a compreender o conceito de economia de escala e porque a sua presença pode levar à existência de um monopólio natural. Como mostram as figuras 3.1 a 3.5, há economias de escala quando, e enquanto, o custo médio de produção diminui com a quantidade produzida desse bem. Como ilustram as figuras, a presença de economias de escala pode gerar um monopólio natural quando o intervalo de produção em que essas ocorrem é significativo, frente ao volume total de demanda por esse bem ou serviço. Pode também ocorrer um duopólio natural ou mesmo um mercado concentrado em um número maior de produtores (oligopólio).

No limite, se o intervalo de produção em que as economias de escala estão presentes é pequeno em relação ao tamanho do mercado, tem-se uma situação de competição perfeita. Assim, a existência de um monopólio natural é sempre condicionada ao tamanho do mercado: uma determinada atividade pode ser um monopólio natural em determinado mercado, mas não em outro muito maior.

A presença de economias de escopo também pode levar à existência de um monopólio natural. Ocorrem economias de escopo quando o custo total de produzir dois ou mais produtos é mais baixo quando apenas uma firma os produz do que quando eles são produzidos separadamente por firmas independentes. Naturalmente, economias de escopo só ocorrem em empresas multiproduto, como no caso das ferrovias. Nas operações ferroviárias, a presença de econo-

---

[66]Nesse caso, regras de entrada garantem que haja apenas um produtor, e, portanto, eficiência produtiva, enquanto a regulação das tarifas é feita de forma a promover a eficiência alocativa (Viscusi, Vernon e Harrinton Jr, 1995, capítulo 10).

[67]Diz-se nesse caso que a função de produção é subaditiva, ou seja, que o custo de uma única unidade produzir a e b é menor do que o de a e b serem produzidos por duas unidades independentes. Uma condição necessária para que a subaditividade permita a exploração dos consumidores é que os investimentos realizados para produzir os bens ou serviços em questão sejam afundados. De outra forma, esse seria um mercado contestável e o monopolista não poderia auferir lucros excessivos pois isso atrairia a entrada de concorrentes. Sobre isso ver Kessides e WIllig (1995, p. 265).

mias de escopo em geral resulta da existência de custos comuns: "Ativos como via, terminais, pátios e instalações de manutenção estão entre os muitos que servem a vários fluxos de carga e passageiros, gerando custos comuns e conferindo economias de escopo aos serviços" (Castro, 2002, p. 262).

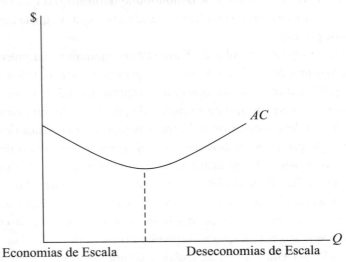

Figura 3.1:
Economias e deseconomias de escala

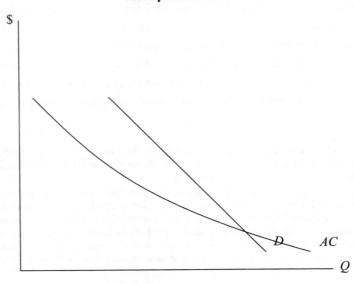

Figura 3.2:
Monopólio natural

Figura 3.3:
Monopólio natural

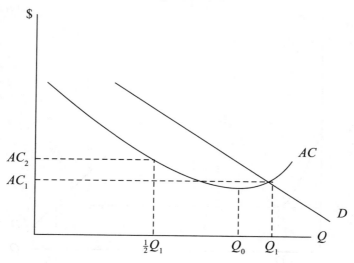

Figura 3.4:
Duopólio natural

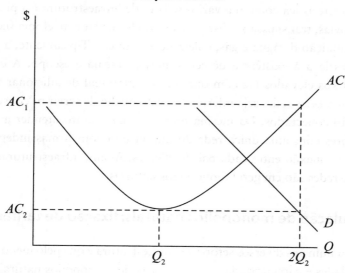

Regulação das ferrovias

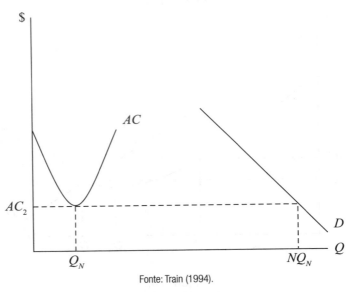

Figura 3.5:
Mercado competitivo

Fonte: Train (1994).

Uma característica comum a vários setores de infraestrutura é a presença de redes: ferrovias, transmissão e distribuição de eletricidade, telefonia fixa e TV a cabo, distribuição de água e gás, coleta de esgoto etc. Tipicamente, a presença dessas redes leva à existência de economias de escala e escopo. A existência de custos fixos elevados faz com que o custo marginal de adicionar um novo consumidor a essas redes seja inferior ao custo médio de servir os consumidores que já estão conectados. Da mesma forma, é mais barato atender a todos os consumidores com uma única rede do que fazê-lo com firmas independentes operando a conexão entre cada par de clientes. Assim, infraestruturas que dependem de redes são em geral monopólios naturais.

3.2. Regulação de monopólios naturais: fixação de tarifas

Um item comum aos diversos setores de infraestrutura é que pelo menos parte de suas atividades é caracterizada pela existência de monopólios naturais. Nesses casos, é papel da regulação definir as tarifas que as empresas podem cobrar de seus clientes. A origem do problema é simples de entender: deixado à vontade, o monopolista vai fixar uma tarifa que maximiza seu lucro e, nesta tarifa, e na quantidade consumida resultante, o bem-estar da sociedade não é maximizado. Em especial, haverá uma série de consumidores que estariam dispostos a pagar menos que a tarifa de monopólio, mas mais que o custo marginal de produzir o bem ou serviço, que ficarão fora do mercado.

Isso significa que, particularmente no caso em que a infraestrutura é operada por uma empresa privada, o setor precisa ser regulado, pois caso contrário o monopolista vai cobrar um preço muito alto por seus serviços, gerando uma ineficiência alocativa.[68]

O papel do regulador é, portanto, limitar a tarifa cobrada pela empresa em um patamar inferior à tarifa de monopólio, de forma a maximizar o bem-estar social, mas ao mesmo tempo remunerando a empresa o suficiente para que ela continue interessada em produzir e investir. Em princípio, esse parece um problema simples: o regulador deveria calcular o custo da empresa, incluindo a remuneração do capital investido, e permitir que ela cobrasse uma tarifa que apenas cobrisse esse custo. Na prática, o problema do regulador é bem mais complicado do que pode parecer à primeira vista por conta de três problemas principais:

- Na presença de economias de escala, o preço que maximiza o bem-estar social gera prejuízos para a empresa.
- Uma empresa ferroviária, como ocorre com a maioria das empresas de infraestrutura, não comercializa apenas um, mas vários produtos. E a presença de economias de escopo em geral reflete a existência de custos comuns na produção desses bens ou serviços e não é óbvio como esses custos comuns devem ser distribuídos na fixação das diversas tarifas cobradas pela empresa.
- Há uma assimetria informacional entre o regulador e a empresa, que faz com que aquele não conheça o custo de produção da empresa, nem quanto esforço esta está fazendo para minimizá-lo.

Obviamente, antes de definir que regras o regulador deve estabelecer para o monopolista natural, é preciso definir que objetivo o regulador está buscando alcançar com isso. Em geral se assume que esse objetivo é a maximização do excedente total, dado pela soma do lucro da empresa com o excedente do consumidor.

Na figura 3.6, o excedente total, para uma quantidade Q_T, é dado pela área ABCE. Isto é, é a área acima da curva de custo marginal (CMg) e abaixo da curva de demanda (D), para uma dada quantidade produzida. Esse excedente é maximizado quando a firma vende o produto por um preço igual ao custo marginal e

---

[68]Em geral o foco da regulação vai além de maximizar a eficiência, para também considerar os valores sociais, em especial as questões distributivas. Porém, aqui estaremos concentrados na questão da eficiência.

otimiza o uso de insumos de forma a minimizar o custo de produção (Train, 1994). Na figura 3.6, isso ocorre quando o preço é P^* e a quantidade consumida é Q^*.[69]

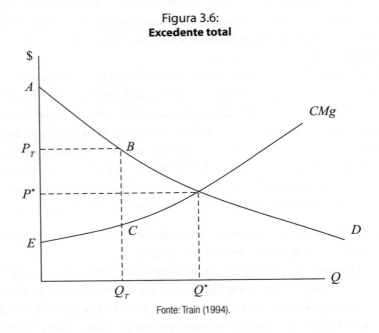

Figura 3.6:
Excedente total

Fonte: Train (1994).

A premissa de que o objetivo do regulador é maximizar o excedente total se abstém de um juízo de valor sobre como esse excedente é dividido entre a firma e os consumidores e também entre estes. O racional por trás disso é a suposição de que, ao se maximizar o excedente total, é sempre possível encontrar uma forma de redistribuir esse excedente de uma forma que é possível dar a todos, firmas e consumidores, um valor mais alto de "excedente" do que em uma situação em que esse excedente fosse menor.

Obviamente, essa é apenas uma hipótese. Na prática é complicado proceder a esse tipo de redistribuição. Por isso, a questão distributiva algumas vezes é introduzida diretamente nos modelos de regulação, seja dando um peso maior ao excedente do consumidor do que ao lucro da empresa, seja garantindo que a maximização do excedente total não ocorra com a exclusão de consumidores de menor renda.

---

[69]Não é difícil perceber porque nesse ponto se maximiza o excedente total. Se escolhermos um ponto aquém (à esquerda) dele, Q_T, por exemplo, estaremos em uma situação em que é possível aumentar o excedente total produzindo mais, pois o custo marginal de produzir essa quantidade extra será menor que o benefício que os consumidores vão auferir de consumi-lo. O reverso ocorre para um ponto além (à direita) dele.

A figura 3.6 foi construída assumindo que não há custos fixos. Isso, porém, não se aplica ao caso das ferrovias ou de empresas de infraestrutura em geral. Quando a tecnologia de produção envolve custos fixos, esses devem ser descontados do lucro e do excedente total.[70] Essa é a situação típica que leva a economias de escala, situação ilustrada na figura 3.7. Neste caso, se a firma vender seu produto a um preço que iguala custo e benefício marginais (na figura, P^*), ela incorrerá em prejuízo, pois o preço será menor que o custo médio de produção (CMe). Isso fará com que a empresa eventualmente tenha de fechar as portas. De fato, se a regra for essa, dificilmente um investidor irá se interessar por esse negócio.

Figura 3.7:
Maximização de excedente gera prejuízo na presença de economias de escala

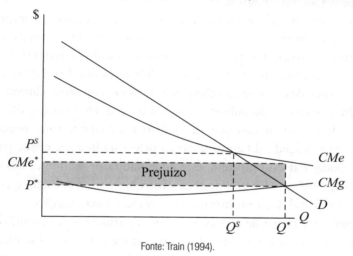

Fonte: Train (1994).

O que fazer quando isso ocorre? Não há uma solução ideal nesse caso, pois as alternativas existentes misturam questões de eficiência e distribuição. As três alternativas mais populares são subsidiar o negócio, cobrar tarifas multipartidas e procurar uma solução segunda melhor, entendida neste caso como sendo a tarifa que maximiza o excedente total, sujeito à condição de que a empresa não incorra em prejuízo.

Como discutido com mais detalhe no capítulo 7, a opção por compensar com um subsídio público o prejuízo incorrido pela empresa ao cobrar um preço igual ao custo marginal é utilizada, por exemplo, no caso da empresa de infraestru-

---

[70]Graficamente, isso envolveria uma função de custos marginal que incluísse esse custo fixo no custo marginal de produzir a primeira unidade do produto.

tura ferroviária da Suécia. Há também outros setores, como o de correios, que são subsidiados com o mesmo espírito.

O argumento a favor é o visto acima: dessa forma se maximiza o excedente total. Mas pesa contra essa opção a opinião pública, que pode não apoiar que os recursos públicos sejam destinados a cobrir perdas de uma empresa. Por isso essa prática é um pouco mais factível quando a transferência é feita para uma empresa estatal, como é o caso na infraestrutura ferroviária sueca. No caso de empresas estatais, nem sempre esse subsídio é transparente; ele pode se dar, por exemplo, por meio de garantias implícitas dadas a credores e fornecedores. Da mesma forma, é mais fácil politicamente transferir esses subsídios via crédito barato dado por bancos públicos do que via recursos orçamentários, que precisam ser aprovados no Congresso.

Há, porém, dois outros problemas que devem ser considerados. Primeiro, ao cobrir o prejuízo da empresa o governo pode reduzir o estímulo para que essa busque minimizar seus custos, o que iria contra a maximização do excedente total. Adicionalmente, se o regulador tiver o privilégio de definir o valor do subsídio a ser dado à empresa, o risco de que esse seja capturado aumenta consideravelmente.

Segundo, o dinheiro do subsídio não cai do céu: ele vem da tributação de outras atividades, tributação que vai reduzir o excedente total nessas outras atividades. Dependendo do custo imposto pelo Estado à sociedade para obter recursos e poder dar esse subsídio, este pode não fazer sentido econômico (Lafont e Tirole, 1993, p. 608-9). Por esses vários motivos, o subsídio que a Suécia dá à empresa estatal de infraestrutura ferroviária é uma exceção.

Mais comum é o uso de tarifas bi ou multipartidas, que são utilizadas em diversos setores, inclusive no caso das ferrovias inglesas. Esses são mecanismos que transferem parte do excedente do consumidor para a empresa, de forma a eliminar o prejuízo, mas ao mesmo tempo se busca cobrar uma tarifa, na margem, igual ou próxima do custo marginal.

O caso mais conhecido de tarifa bipartida é o da telefonia fixa: o usuário paga uma assinatura fixa, que independe do uso, e uma tarifa por uso. O princípio básico é que nesse mecanismo o preço marginal para o usuário de consumir mais uma unidade pode ser igualado ao custo marginal, enquanto a parte fixa serve para cobrir o custo fixo de operação. Empresas de celular às vezes usam menus de tarifas bipartidas, em que a tarifa marginal de uso é tão menor quanto maior a parte fixa da tarifa, que é associada a um volume de consumo mínimo que é pago independente do uso.

A crítica principal a esse tipo de tarifa é que, se a parte fixa da tarifa for muito alta, isso pode excluir do mercado usuários que desejem consumir uma quantidade muito pequena do bem. Esse seria o caso típico de pessoas de baixa renda. Uma forma de atenuar esse problema seria trabalhar com tarifas multipartidas, em que não há parte fixa, mas a tarifa vai caindo por patamares, até que na margem o preço para o usuário iguale o custo marginal. O valor arrecadado a mais para quantidades mais baixas serviria para cobrir os custos fixos de operação, mas essa carga não incidiria integralmente sobre a primeira unidade consumida. Um exemplo desse tipo de tarifa se dá nos estacionamentos, como os de aeroportos: a primeira hora é cara e a tarifa vai caindo depois disso, até um valor, por hora, bem baixo para quem vai ficar muitas horas, como acontece com quem viaja e deixa o carro no aeroporto.

Novamente a crítica é que isso leva quem consome pouco a pagar mais, em média, por unidade. Em serviços públicos, considerando que os usuários têm níveis diferentes de renda, isso pode significar que os pobres, em média, paguem mais por unidade que os ricos. A preocupação com essa questão social às vezes leva a tarifas multipartidas, mas na direção oposta: em lugar de uma escada que desce, faz-se uma escada ascendente, em que a tarifa é mais alta, na margem, para níveis mais elevados de consumo. Isso garante que sejam os grandes consumidores a cobrirem o custo de operação, mas leva a uma situação oposta à que se procura quando o objetivo é maximizar o excedente total.

A terceira forma e, possivelmente, a mais comum de lidar com o problema é fixar a tarifa no patamar mais baixo possível, desde que respeitando a restrição de que a empresa não incorra em prejuízo. Em "economês" isso é conhecido como a solução segunda melhor. Na figura 3.7 pode-se ver que, no caso de uma empresa que fornece apenas um produto, isso equivale a fixar uma tarifa igual ao custo médio.[71] Isto é, se fixa uma tarifa com o menor *markup*, ou adicional sobre o custo marginal que permite à empresa não ter prejuízo. O atrativo dessa alternativa é a simplicidade: nada de canalizar subsídios politicamente controversos, nem fixar tarifas complexas que levam a tratamentos distintos para diferentes consumidores. Como veremos no capítulo 9, esse foi o método que inspirou a revisão tarifária que a ANTT promoveu em 2012.

Ainda que simples no caso de uma empresa que fornece um único produto, esse método produz resultados mais complexos e controversos quando a empresa é multiproduto. O principal problema não é o fato de a empresa fornecer vários produtos, mas de fazê-lo com base em custos que são comuns aos vários produtos. De fato, se não houvesse custos comuns, bastaria fixar as tarifas iguais ao custo médio para cada um dos produtos.

---

[71] É importante lembrar que esse custo médio considera todos os custos incorridos pela empresa, inclusive o seu custo de capital.

A presença de custos comuns significa, porém, que é impossível atribuir determinados custos, ou uma parte determinada deles, exclusivamente a um produto. Neste caso, há dois caminhos principais que se pode seguir. O primeiro é alocar os custos comuns aos diversos produtos de acordo com algum critério arbitrário. As três formas mais comuns de fazer isso são distribuir os custos comuns de acordo com a participação de cada produto nos custos totais que podem ser atribuídos individualmente, na quantidade produzida, ou na receita obtida com cada produto. Isso permite arbitrar um custo médio para cada produto, que pode então ser utilizado para determinar as tarifas correspondentes. A vantagem desse método é a simplicidade. O lado negativo é que não tem qualquer sustentação teórica.[72]

De fato, o procedimento teoricamente correto nesse caso é fixar as tarifas utilizando os chamados preços de Ramsey. Estes funcionam basicamente fixando as tarifas de cada produto a partir do seu custo marginal, adicionado a um *markup*, ou adicional, que depende inversamente de quão inelástica a variações na tarifa é a demanda por cada produto – isto é, quanto menos a demanda pelo produto cair com aumentos na tarifa, maior o *markup* a ele atribuído. Isso permite maximizar o excedente total, sujeito à restrição de que a empresa não tenha prejuízo. Quanto mais inelástica for a demanda, menos esta e, portanto, o excedente total, vai cair por conta de um dado aumento na tarifa. Assim, produtos com demanda mais inelástica devem ter tarifas fixadas com maior *markup* sobre o custo marginal. Essa é uma das razões porque tarifas no horário de pico são mais altas do que em períodos fora do pico de demanda.

Assim, os preços de Ramsey também definem uma forma de alocar custos fixos e comuns.[73] Porém, neste caso a alocação dos custos considera não apenas a contribuição de cada produto para os custos atribuíveis, as quantidades produzidas ou as receitas, mas também a demanda. E a alocação é feita de acordo com um critério que tem uma justificativa clara: a maximização do bem-estar, medido pelo excedente total. Outro benefício, no caso das ferrovias, por exemplo, é que esse método de alocação dos custos comuns produz um maior volume de tráfego que outras formas de distribuir esses custos.

Há, porém, alguns problemas com o uso dessa metodologia na fixação de tarifas. O primeiro é que a solução economicamente eficiente – *markup*s mais altos para produtos com menores elasticidade – nem sempre é vista como justa. Em especial, a elasticidade preço da demanda por transporte ferroviário é baixa

---

[72]Ver Kessides e Willig (1995) para uma discussão mais extensa dos problemas que podem ser gerados pela alocação de custos comuns de acordo com os critérios usuais com que isso é feito.
[73]Mais precisamente, o valor a ser alocado é a diferença entre o custo total e o produto do custo marginal de cada produto pela quantidade vendida de cada produto.

em geral nos casos em que não há alternativas de transporte. Esse é o caso do cliente cativo, tema que mereceu bastante atenção na regulação do setor ferroviário no Brasil, como discutimos no capítulo 10. O outro é que a teoria que permite demonstrar que os preços de Ramsey são a solução segunda melhor depende de hipóteses que nem sempre se observam na prática, em especial que entre os vários bens e serviços produzidos pela empresa não há produtos substitutos nem complementares entre si. Além disso, essa solução só é a melhor no conjunto das tarifas unitárias (Kessides e Willig, 1995, p. 262):

> Os preços de Ramsey minimizam o custo estático de bem-estar, dada a restrição de que é necessária uma receita mínima para cobrir os custos. Ainda assim, os níveis de produção nesse caso serão menores do que seriam se as tarifas fossem fixadas como iguais aos custos marginais. Essa situação resulta em ineficiência econômica porque o benefício que o usuário deixa de auferir é maior do que o valor dos recursos economizados com a redução da produção. Nestas condições, pode ser viável para as partes negociarem um contrato com cláusulas de incentivo, preços sensíveis ao volume ou tarifas bipartidas, o que deixaria ambas as partes melhores do que numa tarifa de Ramsey e, consequentemente, seria ainda mais desejável do ponto de vista do interesse público.

Por fim, um problema com esse método é sua complexidade: é necessário conhecer o custo marginal e as elasticidades de demanda para os níveis ótimos de preço, o que não é fácil de obter com precisão. Como observam Armstrong, Cowan e Vickers (1994, p. 14):[74]

> Em um mundo ideal o regulador de uma empresa seria onisciente, benevolente, e teria amplos poderes para se pré-comprometer. A informação disponível para o regulador – relativa à demanda do consumidor, os custos da firma, e as possibilidades de reduzir custos, por exemplo – não seria então de forma alguma inferior àquela conhecida pela firma, o regulador optaria por agir como o "grande custodiante do interesse público" e teria os meios para se comprometer com qualquer contrato regulatório dinâmico.

No mundo real, dificilmente o regulador terá como estimar esses parâmetros com precisão. Mais genericamente, os problemas de assimetria informacional entre o regulador e a firma vão fazer com que aquele conheça apenas aproximadamente os custos e nesse caso essa pode não ser uma boa base em que se

---

[74] Outro problema é que os usuários que pagam mais vão reclamar e, no longo prazo, estar mais motivados a buscar alternativas.

fixar para determinar as tarifas. Da mesma forma, se o regulador não observa o esforço que a empresa realiza para minimizar custos e promover a demanda, ele não pode simplesmente determinar que ela exerça o nível ótimo de esforço (Armstrong, Cowan e Vickers, 1994).

Na prática, as tarifas são em geral baseadas em algum método derivado de dois procedimentos limite. No primeiro, conhecido por regulação por taxa de retorno, o regulador se esmera por se informar a respeito dos custos da empresa e estabelece a tarifa com base nos custos variáveis mais um adicional destinado a remunerar o capital investido pela empresa. A vantagem desse método é que, em princípio, o usuário paga apenas o mínimo necessário para que a empresa cubra seus custos. O problema é que nesse caso a empresa não tem qualquer incentivo para se esforçar em tentar reduzir custos e elevar a produtividade. Além disso, esse método estimula o conflito entre empresa e regulador, em especial sobre que custos deveriam ou não ser incluídos no cálculo das tarifas.

No outro limite está a regulação por teto de preço (*price cap*), em que em vez de o regulador fixar uma tarifa, ele deixa a empresa livre para ela mesma escolher que tarifa cobrar, desde que essa não supere o teto determinado pelo regulador. Nesse caso a empresa terá fortes incentivos a minimizar custos e elevar sua produtividade ao longo do tempo, mas há o risco de que o teto seja desnecessariamente alto, o que levaria a que uma parte elevada do excedente total fique com a empresa, na forma de lucro, em vez de com o usuário. Por conta disso, em alguns casos os tetos de preço são revistos em intervalos fixos, em geral cinco anos, quando o regulador pode em princípio reduzi-lo, caso perceba que os ganhos de produtividade da empresa deixaram o teto alto demais.[75]

Como determinar esse teto? A recomendação teórica é que esse teto seja determinado pelo "custo autônomo" (*stand-alone cost*) de produzir cada bem ou serviço da empresa (Baumol e Sidak, 1994; Kessides e Willing, 1995). A lógica é que, em um mercado perfeitamente contestável, esse seria o preço máximo que uma empresa poderia cobrar, sem que um concorrente lhe roubasse o mercado. Na medida em que o objetivo do regulador seja reproduzir o resultado que haveria caso prevalecesse a competição, essa deveria ser a solução buscada pelo regulador, já que ela elimina a possibilidade de a empresa abusar de seu poder de mercado.

---

[75] Essa discussão chama a atenção para o trilema com que os reguladores em geral se defrontam na tentativa de buscar simultaneamente três objetivos: obter a eficiência alocativa, com a tarifa próxima ao custo marginal; estimular a eficiência produtiva, com a empresa se esforçando para operar com os menores custos possíveis; e evitar uma má distribuição do excedente total, em que a firma consegue lucros excessivos por conta da sua vantagem informacional (Armstrong, Cowan e Vickers, 1994).

Vale fazer três ponderações adicionais sobre o uso do *stand-alone cost* como padrão para fixação do teto tarifário (Kessides e Willig, 1995, p. 262-265):

- Como o custo autônomo é calculado com base nos custos de uma empresa hipotética, a empresa regulada não tem nenhum incentivo para elevar seus custos, pelo contrário.
- Esse teto só funciona se a empresa estiver livre para abandonar serviços antieconômicos – numa ferrovia, instalações, serviços e ramais que geram prejuízo. Isso pois esse sistema não permite subsídios cruzados.
- A "regulação não precisa assumir a esmagadora tarefa de controlar todas as tarifas de uma ferrovia, simplesmente para garantir uma escolha adequada de preços nessas arenas circunscritas que exigem atenção regulatória. Em outras áreas, as forças da concorrência e o interesse próprio das ferrovias constituem mecanismos poderosos que podem fazer o trabalho de forma eficiente e automática, utilizando as informações cruciais sobre a demanda que as ferrovias têm – que certamente serão mais completas e precisas do que quaisquer dados de demanda que a agência reguladora poderia esperar montar" (Kessides e Willig, 1995, p. 265).

3.3. Concessões verticais

Chamamos de concessões verticais os serviços de infraestrutura que envolvem duas ou mais atividades integradas verticalmente. No setor de eletricidade, por exemplo, a energia é gerada em uma etapa, transmitida em alta tensão em uma segunda etapa, e depois levada em baixa tensão aos consumidores pelas redes de distribuição elétrica em uma terceira etapa. Há, portanto, uma relação dita vertical entre geração, transmissão e distribuição, em que o operador em uma etapa utiliza serviços ou bens gerados na etapa anterior.

Fazer dentro de casa ou comprar fora? Há uma antiga e extensa literatura sobre os prós e contras de se verticalizar as atividades dentro de uma mesma empresa, que vai muito além do setor de infraestrutura (Coase, 1937; Williamson, 1985). Em princípio, em um mundo sem custos de transação, o ideal seria comprar tudo fora (governança de mercado), pois isso permitiria um elevado grau de especialização e escala, além de ganhos dinâmicos de aprendizagem, o que leva a níveis elevados de produtividade. Mas no mundo real há custos de transação e isso pode fazer com que a melhor solução seja realizar as atividades mais sensíveis dentro da firma. O grau em que é ótimo comprar fora ou fazer dentro de casa irá depender da natureza e do tamanho desses custos de transação e isso pode variar entre jurisdições e ao longo do tempo.

Assim, há uma série de fatores perfeitamente razoáveis que podem levar uma empresa a querer operar verticalmente integrada: por exemplo, pagar menos impostos; explorar economias de escopo entre as várias etapas; reduzir o risco de investimentos em ativos específicos etc. Além disso, a verticalização permite que a operação funcione com uma governança hierárquica, de comando e controle, que facilita a adaptação a contingências imprevistas e a solução de conflitos que venham a surgir entre os responsáveis pelas diversas etapas do processo de produção.

No caso dos setores que fornecem serviços de infraestrutura há, porém, um complicador adicional: uma das etapas é em geral um monopólio natural. Nesse caso, como deve o regulador lidar com a estrutura vertical da operação? Deve permitir uma operação integrada monopolista, ou acabar com o monopólio nas atividades em que a competição é possível, ou mesmo proibir a integração vertical? Nos dois últimos casos, como garantir que haja de fato competição?

A figura 3.8 mostra a situação típica de um setor de infraestrutura. Há uma etapa do processo produtivo que é um monopólio natural, em geral em função da existência de redes. Os bens e serviços produzidos nessa etapa são utilizadas na outra etapa, que por sua vez produz algo que é vendido aos consumidores. No caso das ferrovias, por exemplo, a infraestrutura de trilhos, sinalização e estações forma um monopólio natural que fornece serviços para a atividade de transporte ferroviário de carga e pessoas, feita por trens, onde é possível que haja espaço para a competição entre operadores independentes de transporte ferroviário.[76]

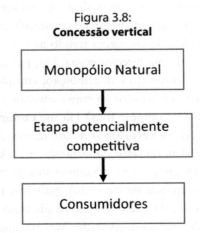

Figura 3.8:
Concessão vertical

---

[76] Também é possível ocorrer o caso oposto, em que a relação com o usuário final se dá na etapa que é um monopólio natural e a etapa competitiva fornece bens ou serviços para essa fase. Isso ocorre na energia elétrica, onde a geração é uma atividade competitiva, mas a distribuição local não.

A regulação das concessões verticais: monopólio natural, unbundling e desverticalização

Principalmente a partir da Grande Depressão, nos anos 1930, e até a onda de privatizações nos anos 1990, infraestruturas com esse perfil foram operadas por empresas estatais ou órgãos públicos e a regulação era implícita: assumia-se que a operação era feita de forma a atender aos interesses coletivos. A operação ocorria então com integração vertical, com a mesma empresa cuidando das várias etapas produtivas e vendendo o produto final aos consumidores.

Quando adveio o processo de privatização e reforma regulatória nas duas últimas décadas do século passado, uma série de questões foram levantadas sobre a situação de setores verticalmente integrados em que uma etapa era um monopólio natural (Armstrong, Cowan e Vickers, 1994, p. 3-4):

I. Deve a empresa que exerce as atividades em que há um monopólio natural ter direito exclusivo para operar no segmento das atividades potencialmente competitivas? Ou devem estas ser abertas a outras empresas? Neste caso, a entrada de outras empresas deve ser limitada, assistida ou nenhum dos dois?

II. Deve a empresa responsável pelas atividades em que há um monopólio natural ser autorizada a também operar no segmento das atividades potencialmente competitivas? Ou não?

III. Se a empresa exerce atividades monopolísticas e também atua no segmento competitivo, deve ela ser dividida em unidades menores, que possam eventualmente competir entre si?

IV. Na atividade em que há um monopólio natural, esse monopólio é um só para todo o país, ou é possível ter monopólios naturais regionais?

V. Quais dos produtos fornecidos por esse setor devem ter suas tarifas reguladas, e qual a forma que essa regulação deve tomar?

VI. Em que base – preço, horários etc. – as empresas que atuam no segmento competitivo devem ser capazes de obter serviços gerados na etapa monopolística?

VII. Como a regulação vai lidar com o comportamento das empresas no setor em relação a outras variáveis que não as tarifas? Por exemplo, em relação à qualidade do serviço e às exigências ambientais?

Na maior parte dos setores, a privatização das empresas de infraestrutura em países emergentes como o Brasil se deu com a divisão horizontal das incumbentes, mas apenas raramente terminando com a integração vertical entre suas atividades. Esse, como se verá nos capítulos 5 e 6, foi o caso das ferrovias em países como Argentina, Brasil e México. Nesse caso, o foco da regulação são os serviços finais oferecidos aos usuários. Como se dá a relação entre as etapas da atividade dentro da empresa é de menos importância.

Em outros setores, porém, se buscou promover uma reforma na estrutura da indústria, junto com a privatização ou não, de forma a criar competição no segmento da indústria que não é um monopólio natural. Foi o caso da energia elétrica, onde as empresas geradoras passaram a competir entre si, e de telecomunicações, onde a separação se deu entre a longa distância e a telefonia fixa local. O objetivo era estimular a competição onde possível e dessa forma reduzir a necessidade de regulação. Nesse sentido, a norma é que o segmento competitivo da indústria seja desregulado, sendo governado pelas forças do mercado, enquanto o segmento em que há monopólio natural continue sujeito à regulação.

Como dito acima, isso não ocorreu no setor ferroviário latino-americano, mas outros países seguiram por esse caminho. Nesse processo, a atividade ferroviária é quebrada em duas; uma, de infraestrutura, que envolve a malha de trilhos, as estações e os sistemas de sinalização, é um monopólio natural; outra, a operação em si dos trens, é potencialmente competitiva.

Há duas formas em que essa competição pode ser estabelecida nesse contexto. Na primeira, que chamaremos de *unbundling*, há uma empresa que continua operando com a integração das atividades em que há um monopólio natural e daquelas em que a competição é possível, mas em que a empresa passa a ser obrigada a também fornecer, de forma condicionada, os serviços de monopólio a grupos restritos de usuários e transportadores deles dependentes. Na segunda, que chamaremos de separação vertical, ocorre a separação total entre as duas etapas, passando a existir dois tipos de empresa: uma empresa que só atua na etapa em que há um monopólio natural, e que fornece serviços para todas as demais empresas, que são independentes da primeira e atuam na etapa competitiva. Com a separação vertical, passa-se a um arranjo de livre acesso à malha concedida, por todo e qualquer operador de transporte interessado e habilitado.

A separação vertical é o mais normal no setor elétrico, ainda que também aí haja empresas verticalmente integradas, como a Cemig, por exemplo. Nos casos em que houve a separação vertical as atividades relativas a cada etapa do processo de produção foram privatizadas separadamente. Nas que há monopólio natural manteve-se a necessidade de regulação, inclusive em relação à interface com as atividades em que há potencialmente competição.

Já um exemplo de *unbundling* ocorreu na telefonia brasileira. Em telecomunicações, a capacidade de competir depende do acesso aos usuários e, portanto, à rede da operadora do local – a chamada última milha, que tem características de monopólio natural. Essa rede constitui um dos insumos indispensáveis para que as companhias telefônicas possam prover seus serviços, sendo por isso chamadas de instalações essenciais ou de gargalos. Na ausência de restrições regulatórias, o monopolista proprietário dessas instalações pode impedir a competição criando desvantagens para os seus concorrentes no mercado de serviços finais. Nessa situação, o domínio do mercado pela incumbente pode resultar não da sua maior eficiência, mas da sua capacidade de tirar a competitividade dos seus rivais.

A regulação de um monopolista natural de infraestrutura que não seja verticalmente integrado é basicamente a que se vem discutindo até aqui: o problema básico é garantir que ele cobre uma tarifa que gere eficiência alocativa e se esforce para ser produtivamente eficiente, obviamente, desde que seja garantido que ele não trabalhe com prejuízo.

O caso em que há *unbundling* é mais complicado, pois além de ser preciso regular a tarifa de acesso aos serviços de monopólio, é necessário garantir que isso ocorra de forma não discriminatória – em termos de qualidade do acesso, por exemplo. Isso porque a empresa que controla a etapa de monopólio também compete com as outras empresas na atividade competitiva e, naturalmente, vai querer levar qualquer vantagem nisso que conseguir. Em suma, a regulação precisa também garantir que haja uma competição efetiva e não distorcida na etapa em que isso é possível.

Para isso o regulador deve garantir um equilíbrio entre o lucro obtido pela operadora local quando provê o acesso para si própria e o lucro que obtém vendendo esse acesso aos seus concorrentes. Em especial, para viabilizar a entrada de novos concorrentes, a tarifa de uso da infraestrutura cobrada pela incumbente às suas concorrentes não pode ser mais alta do que a que cobra implicitamente de si mesma. A qualidade do acesso dado aos competidores também não pode ser pior do que para si própria, nem a facilidade de acesso diferente para a incumbente e suas concorrentes. Vale dizer, para viabilizar a competição, tarifas, qualidade e facilidade de acesso precisam oferecer igualdade de condições entre a incumbente e as outras prestadoras de serviço.

Isso é mais difícil do que pode parecer à primeira vista. Por exemplo, a Diretiva 2001/14 da Comissão Europeia lista 21 dimensões do acesso à infraestrutura ferroviária das empresas verticalmente integradas para as quais as condições de acesso devem ser equitativas. Em outros casos, o acesso é oferecido apenas em pacotes que integram vários serviços e nem sempre o concorrente deseja comprar todos eles, porque não precisa e porque isso encarece o acesso. Finalmente, há de se considerar se todos os tipos de acesso serão permitidos, em especial aqueles que operam com entrada segmentada, em geral focando apenas nos melhores clientes (Baumol e Sidak, 1994):

- O *bypass*, que ocorre quando um grande consumidor cria uma rede própria de acesso às centrais de comutação – bancos e outras grandes empresas dispunham desse tipo de serviço no Brasil.
- A revenda (*resale*), que resulta quando uma empresa compra grandes quantidades de serviços com desconto e depois revende para consumidores menores repassando uma parte desse desconto.
- O *cream skimming*, que consiste em trabalhar apenas com os mercados em que há mais fluxo e/ou tarifas mais atrativas.

Há outras condições que também são importantes. Os competidores precisam ter acesso a informações sobre os usuários em pé de igualdade com a empresa incumbente, ainda que esta não deva ser obrigada a compartilhar suas análises. A indisponibilidade de informações dificulta a briga pelo consumidor e pode, por exemplo, inviabilizar a realização de projetos, ou levar a erros na sua concepção.

Por fim, o regulador precisa considerar se faz sentido facilitar ou ajudar a entrada de novos concorrentes, pelo menos até que consiga criar condições iguais de competição entre a empresa verticalmente integrada proprietária da infraestrutura e os seus concorrentes. Em alguns setores, como telecomunicações, o padrão internacional foi adotar uma regulação assimétrica que beneficiava os novos entrantes. No Brasil isso se deu liberando esses novos entrantes de responsabilidades de serviço público, em especial metas de cobertura, impostas à empresa integrada.

Por outro lado, o regulador não deve fazer exigências de qualidade excessivamente onerosas, que tolham a capacidade da empresa integrada competir, como, por exemplo, impor uma tarifa de acesso baixa demais. É também recomendável que com o tempo se passe a dividir de uma forma neutra as obrigações regulatórias impostas à incumbente, com o ônus financeiro de atender a objetivos sociais sendo distribuído proporcionalmente entre todos os participantes do mercado. O objetivo é prover condições neutras do ponto de vista da competição.

Também é preciso não exagerar na instituição de regras para forçar o acesso à infraestrutura, pois na maioria das situações é do interesse do gestor da infraestrutura prover esse acesso. De fato, é sempre de interesse de uma empresa integrada prestar serviços no segmento monopolista que paguem um preço igual ou superior ao que ela mesma iria ganhar se fosse ela a oferecer o serviço no segmento competitivo do mercado. Voltamos a esse ponto no capítulo 8.

O que essa discussão mostra é que a introdução de competição via *unbundling* ou separação vertical está longe de significar que a regulação é menos necessária. Pelo contrário, em alguns setores, como ferrovias, é mais factível reduzir a regulação quando as empresas funcionam verticalmente integradas do que quando há separação.

A questão da integração vertical ou não também levanta outras questões:

- Ela permite com mais segurança a realização de investimentos em ativos específicos em infraestrutura voltados para elevar a produtividade da operação de transporte. Em teoria, isso poderia ser substituído por contratos de longo prazo entre a gestora da infraestrutura e a operadora de transporte, prazo longo o bastante para rentabilizar o investimento, mas isso depende da capacidade da gestora de infraestrutura garantir o cumprimento do contrato até o fim; em última análise, isso depende do nível de segurança jurídica. De forma geral, os contratos entre as partes permitem arranjos intermediários entre a governança de mercado e a de hierarquia, mas no mundo real isso é sensível ao interesse das partes em manterem a relação como inicialmente contratada e da institucionalidade em que as firmas operam. Além disso, os contratos são sempre incompletos e algumas contingências que surjam depois precisam ser arbitradas entre as partes, inclusive em alguns casos com a participação de um árbitro externo. Nesse sentido, eles não são um substituto da integração vertical.
- Da mesma forma, o fato de algumas das principais ferrovias brasileiras serem de propriedade de seus clientes é uma forma de integração vertical que ajuda a reduzir custos de transação.[77]
- A separação vertical também pode ser parcial, envolvendo não a separação da propriedade, mas a da contabilidade das atividades, ou a separação em subsidiárias diferentes etc.
- No limite, a propriedade estatal nada mais é que uma integração vertical entre empresa e regulador que resolve o problema da inconsistência dinâmica associada a investimentos em ativos específicos e ao risco de comportamento oportunista pelo regulador. Isso ajuda a entender porque historicamente a norma na infraestrutura foi de as empresas serem verticalmente integradas e de propriedade estatal.

---

[77] De fato, como observa Gómez-Ibáñez (2003, p. 253): "A integração vertical pode ser vista como uma solução extrema, na qual o fornecedor e o cliente se fundem de forma que seus interesses coincidam e eles não mais sejam tentados a tirar vantagem um do outro".

Nesse sentido, é preciso ter em mente que a separação vertical e o *unbundling* implicam custos de transação mais elevados, em especial na coordenação entre as empresas que agora funcionam de forma diferente. Esse ponto é assim colocado por Gómez-Ibáñez (2003, p. 248):

> But while unbundling reduces the range of activities that have to be regulated, it comes at the cost of making coordination between the different segments of industry more difficult. A train-operating company cannot offer reliable, high-speed passenger service, for example, unless the rail infrastructure company maintains the tracks to a high standard and makes them available when scheduled. Before restructuring, the coordination of infrastructure and train operations would take place within a single company. Responsibility for track and train operations might have been lodged in separate departments, but the managers were committed to a common enterprise and reported to a common boss. After separation, by contrast, the coordination must be arranged largely through contractual arrangements between separate firms. The firms may have common interests in the success of the passenger service, but they also have conflicting interest regarding who should bear what costs and risks. Although the contracts may be supplemented with informal pressure and understandings, the range and flexibility of the incentives and sanctions are generally more limited. And the failure to carefully coordinate the different levels well may reduce the quality of service and raise prices, thereby offsetting some of the benefits of introducing more competition.

3.4. Risco regulatório

Os desafios da regulação em infraestrutura não envolvem apenas problemas do regulador com as empresas, mas também destas com o regulador. Estes últimos são em geral agrupados sob o rótulo de risco regulatório e referem-se à natureza dinâmica da regulação.

Para ser eficiente e prover serviços de qualidade a empresa precisa investir. No setor de infraestrutura, muito desses investimentos são caros e precisam ser em ativos específicos. O problema é que uma vez feito o investimento, ele não tem uso alternativo. Dessa forma, após o investimento realizado, o setor público é tentado a agir oportunisticamente, oferecendo à empresa uma tarifa que permita cobrir pouco mais que o custo variável de produção, o que a estimularia a continuar produzindo, mas não cobriria o custo do investimento realizado. O investidor percebe que há esse risco de ter um grande prejuízo e não investe. É o problema de inconsistência dinâmica discutido acima.[78]

Assim, quando há o risco de uma das partes em uma transação se conduzir com oportunismo, é possível que uma oportunidade de negócios mutuamente lucrativa se veja inviabilizada, caso esta dependa de que uma das partes invista em um ativo específico à transação. Se este problema não for resolvido, ele pode levar a um severo nível de subinvestimento, pois a parte que tiver de investir vai olhar para frente e reconhecer que o retorno esperado pode ser expropriado pela outra parte. Haverá um prêmio pela liquidez dos investimentos e pela flexibilidade que eles tenham para ser reorientados. Investimentos menos líquidos e mais específicos serão naturalmente penalizados.

Esse problema de inconsistência dinâmica — quando um negócio é atraente antes de feito o investimento, mas deixa de sê-lo depois, tornando a transação inviável — está presente no investimento no setor ferroviário, em particular na infraestrutura ferroviária, que uma vez instalada tem pouco valor se não for utilizada da forma original em que foi planejada. A segurança jurídica ajuda a eliminar esse problema de inconsistência temporal e permite que se façam investimentos específicos sem receio de expropriação.

Há duas condições que podem mitigar esse risco em infraestrutura (Gómez-Ibáñez, 2003, p. 251-253). A primeira é quando uma empresa estatal é o fornecedor da infraestrutura, pois nesse caso o risco de oportunismo em torno de investimentos em ativos específicos não se coloca. O problema nesse caso é que as decisões de investimento são influenciadas por outros fatores que não a economia do setor.

A segunda é quando a infraestrutura pode ser desenhada para atender a muitos clientes de tipos diferentes, em lugar de ser desenhada sob medida para as necessidades de um cliente específico. Assim, cada usuário depende do acesso à infraestrutura, mas as suas necessidades não são muito diferentes ou complexas e é fácil para eles compartilhar uma mesma instalação.

Gómez-Ibáñez (2003, p. 251) ilustra o papel do desenho da infraestrutura para atender ao usuário comparando um terminal de contêineres, que em geral é de propriedade de uma autoridade portuária e usado por muitas empresas diferentes, e um terminal para carga a granel, em geral de propriedade e para uso exclusivo de uma única empresa, como uma mineradora ou petroleira.

---

[78] Um outro risco da mesma natureza é o de que ao longo da concessão o regulador mude as condições de competição, abrindo o mercado para outros concorrentes, possivelmente até com algum tipo de regulação assimétrica que facilite a vida dos novos entrantes, forçando a redução das tarifas cobradas pela empresa incumbente. Se a firma acredita que é possível que isso ocorra, o resultado também pode ser que ela não invista (Armstrong, Cowan e Vickers, 1994).

Enquanto rodovias e aeroportos são infraestruturas mais parecidas com terminais de contêineres, as ferrovias parecem mais com o terminal de carga a granel e são frequentemente desenhadas para o usuário a que se destinam, podendo ser bastante diferentes, por exemplo, se são destinadas ao transporte de carga ou de passageiros (Gómez-Ibáñez, 2003, p. 252).

Nos demais casos, o Judiciário é, em princípio, a instituição melhor posicionada para evitar o comportamento oportunista do setor público, protegendo o investidor e resolvendo o problema de inconsistência dinâmica. Mas para isso, naturalmente, o Judiciário precisa priorizar a segurança jurídica dos contratos e agir com razoável presteza (Levy e Spiller, 1994). Quanto mais distante a realidade estiver desse ideal, maior a taxa de retorno exigida pelo investidor, até o ponto em que essa se tornará proibitiva.

O princípio da segurança jurídica é um dos mais importantes pilares sobre os quais se assenta o Estado de direito. Ele tem como objetivo facilitar a coordenação das interações humanas reduzindo a incerteza que as cerca, tanto em relação às interações já consumadas (p. ex., investimentos já realizados), quanto aos efeitos jurídicos futuros das condutas e relações que são decididas no presente (p. ex., novos investimentos). Esse princípio se inspira, portanto, na confiança que deve ter o indivíduo em que os seus atos, quando alicerçados na norma vigente, produzirão os efeitos jurídicos nela previstos.

A segurança jurídica objetiva permitir aos indivíduos programar, em bases razoáveis de previsibilidade, suas expectativas em relação às implicações futuras de sua atuação jurídica. No que tange às relações jurídicas de cunho econômico, em especial, deve a norma dar ao indivíduo a possibilidade de calcular, com alguma previsibilidade, as consequências de suas ações.

Há, portanto, duas dimensões subjacentes à segurança jurídica, ambas relevantes no caso; como desenvolvido por J.J. Gomes Canotilho (2005), essas são:

- A relativa à estabilidade ou eficácia *ex post* da norma, que rege que esta não deve poder ser arbitrariamente modificada, a não ser que se verifiquem fatos especialmente relevantes.
- A atinente à previsibilidade ou eficácia *ex ante* da norma, que se traduz, fundamentalmente, na exigência de que os indivíduos possam ter certeza e calculabilidade em relação aos efeitos jurídicos dos seus atos, das relações em que se envolvam, e dos atos a que estão submetidos.

Em especial, a falta de segurança jurídica aumenta o risco e os custos das transações econômicas. Como observa Arida (2005) "[d]o ponto de vista da racionalidade econômica, o princípio fundamental do direito é o do *pacta sunt servanda*". Portanto, a diminuição da calculabilidade dos contratos cria:

um elemento adicional de risco e incerteza na avaliação de seus efeitos. Como bem observou Max Weber, a predominância de formas de produção estruturadas através do mercado requer um sistema legal com efeitos calculáveis racionalmente pelas partes; a sobredeterminação dos contratos por considerações que não podem ser racionalmente calculadas pelas partes afeta negativamente a produção e o emprego.

Nem todos os setores da economia são igualmente penalizados pela falta de segurança jurídica e, em particular, pelo risco de expropriação resultante de uma mudança nas "regras do jogo" pelo Estado. Esses riscos prejudicam principalmente as transações que comportam contrapartidas diferidas no tempo — como o investimento em infraestrutura —, envolvem bens não rivais e com baixo custo marginal de produção — como os intensivos em tecnologia — e são muito complexas — por exemplo, por envolverem muitos participantes ou riscos. Transações que requeiram de uma das partes investir em ativos específicos para cumprir sua parte do negócio, como é o caso das ferrovias, são especialmente dependentes para florescer de que o Estado promova e garanta um bom nível de segurança jurídica.

A ideia da calculabilidade associada à previsibilidade e estabilidade das regras também aparece na seguinte avaliação de Rennicke e Kaulbach (*op. cit.*, p. 6) sobre o sucesso da reforma regulatória de 1980 nos EUA (Staggers Act) em promover o investimento nas ferrovias e a consequente elevação da produtividade e eficiência:

> Os ganhos de produtividade não poderiam ter sido alcançados sem um ambiente regulatório estável. Ou seja, os gestores das empresas ferroviárias e o mercado de capitais que os apoiavam entenderam que as "regras do jogo" não seriam alteradas. Sinais políticos claros de parte do governo permitiram decisões empresariais rápidas e eficazes por parte do setor privado.

Notando em seguida:

> Um conjunto estável e limitado das regras regulatórias é essencial para fomentar o tipo de investimento em capital fixo necessário para promover ganhos sustentados de produtividade pelo setor ferroviário.

No Brasil esse também foi o diagnóstico. Assim, como observam Raimunda Souza e Therezinha Moreira (1995), duas técnicas do BNDES que participaram da privatização da infraestrutura no Brasil, a "necessidade de uma **regulamentação clara e estável** se torna mais do que evidente quando os governos pretendem uma preponderante participação privada" (p. 52, grifo adicionado).

A segurança jurídica se traduz, portanto, por uma norma jurídica estável, certa, previsível e calculável, não apenas no que tange às relações jurídicas entre particulares, mas, principalmente, naquelas de que participa o Estado. O que torna o Estado tão especial é o monopólio de coerção legal a ele atribuído pela sociedade, o que aumenta a sua liberdade para unilateralmente mudar, invalidar ou não honrar os termos da relação sem ser punido. Em particular, dado o duplo papel exercido pelo poder público — que ao mesmo tempo é parte em grande número de relações jurídicas e responsável por definir e aplicar a norma —, um objetivo fundamental do princípio da segurança jurídica é proteger o particular nas suas relações com o Estado.

A segurança jurídica não visa, porém, tornar imutáveis as políticas públicas, nem impedir a natural evolução da norma, através da produção legislativa, de atos administrativos ou de alterações na jurisprudência. O direito, como se sabe, precisa ser vivo e antenado nas transformações fáticas resultantes de inovações tecnológicas, mudanças de costumes etc. Portanto, a previsibilidade que orienta o princípio da segurança jurídica não pode ser absoluta. Não é isso que se deve buscar, mas uma combinação ótima entre capacidade de adaptação, de um lado, e estabilidade, certeza, previsibilidade e calculabilidade, de outro.

A própria Lei nº 8.987 foi concebida com base nesse princípio, ao prever que o poder concedente pode alterar as condições iniciais constantes das cláusulas regulamentares do contrato de concessão, desde que respeitado o equilíbrio econômico-financeiro original do contrato, ou seja, desde que haja compensações de forma que essa mudança nas "regras do jogo" não se transforme em uma expropriação do investimento, sob a forma de uma redução do fluxo de caixa recebido pelas concessionárias, seja pela criação de ineficiências, seja pela transferência de parte do excedente gerado para outras partes. Isso permite combinar flexibilidade com segurança jurídica e estímulo ao investimento, restringindo a aplicação das novas "regras do jogo" às novas concessões e deixando claro a sua inaplicabilidade às concessões já existentes.

Nesse sentido, a preservação do *equilíbrio econômico-financeiro do contrato* administrativo é um instrumento que ajuda a proteger o investidor e ao mesmo tempo dá alguma flexibilidade ao poder público.[79] Como observa Justen Filho (2016):[80]

> A expressão "equilíbrio econômico-financeiro" (ou "equação econômico-financeira") indica a dimensão sinalagmática (bilateral) de uma contratação,

---

[79] O tema é tratado em mais detalhes no capítulo 5.
[80] A citação segue o texto de Justen Filho (2016), mas altera sua pontuação para que o texto seja apresentado de forma corrida, deixando de lado os títulos das seções que separam algumas das frases aqui reproduzidas. No nosso entender, isso não altera o sentido do que afirma o autor.

envolvendo a relação entre direitos e obrigações assumidos pelas partes. Ou seja, ambas as partes são investidas de vantagens e também de encargos. Alude-se a "equilíbrio" ou "equação" porque, sob um prisma jurídico, o conjunto das posições ativas e das posições passivas são qualificadas como equivalentes. Não é casual, portanto, a alusão a "econômico-financeiro". Isso indica que a equivalência se afirma não apenas na dimensão financeira (pecuniária), mas também como uma questão econômica.

Wald, Moraes e Wald (2004, p. 333-334) vão na mesma toada, adicionando que, implícita no equilíbrio econômico-financeiro, está uma dada distribuição de riscos. Assim, os autores observam que

> A política legislativa adotada na lei é no sentido de atribuir o risco comercial, técnico e econômico ao empresário e o risco político, social e inflacionário, ou seja, o risco extraordinário, inevitável e imprevisível ao poder público. Ocorrendo a última das situações, está o poder público obrigado a restabelecer o equilíbrio econômico-financeiro do contrato. Conceitualmente, o equilíbrio econômico-financeiro, também denominado equação econômica ou equação financeira do contrato, "é a relação que as partes estabelecem inicialmente no ajuste, entre os encargos do contratante e a retribuição da Administração, para a justa remuneração do seu objetivo" (Meirelles, 1981). Já vimos a razão pela qual o legislador utilizou a dupla adjetivação do equilíbrio. Deve ser econômico para assegurar ao concessionário a rentabilidade inicialmente estabelecida pelo contrato e financeiro para que seja respeitado o fluxo de caixa previsto contratualmente, ou seja, a relação entre entradas (receitas) e saídas (investimentos e despesas) de recursos que foi acertada inicialmente.

A centralidade desse instrumento para a capacidade de o setor público atrair investidores privados para o setor de infraestrutura se reflete no tratamento legislativo e na jurisprudência sobre ele, ainda que, como veremos mais tarde, o respeito a esse princípio nem sempre tenha sido universal na administração pública. Essa questão é especialmente crítica dado o caráter desigual da relação entre o privado e a administração. A esse respeito, Aragão (2016, p. 29) observa que:[81]

---

[81]Aragão (2016, p. 29) observa: "A proteção do equilíbrio econômico-financeiro é determinada em diversos dispositivos das Leis nº 8.666/93, 8.987/95 e 9.074/95, possuindo também esteio constitucional, mais especificamente na parte final do inciso XXI do art. 37 da Constituição ("mantidas as condições efetivas da proposta") e no direito de propriedade inerente à iniciativa privada (arts. 5º, XXII, e 170, CF)". Ver também a discussão de Wald (2004, p. 55-62) sobre a legislação e a jurisprudência que protegem o equilíbrio econômico-financeiro das concessões.

A proteção especial da estabilidade das concessões ocorre não apenas diante da possibilidade de alteração administrativa unilateral de cláusulas do contrato, o que de fato representa um fator extra de instabilização contratual, como diante de fatos imprevisíveis em geral. No primeiro caso, a proteção do equilíbrio econômico-financeiro é um contrapeso às prerrogativas exorbitantes da administração pública na gestão dos contratos de que seja parte. No segundo, a proteção não existe para resguardar imediatamente o concessionário, mas sim a continuidade do serviço público e o interesse público atendido pelo contrato.

3.5. Por que existem regulações?

A regulação ocorre por meio de instrumentos legais, dispositivos administrativos e a atuação do regulador, que são as formas por meio dos quais o Estado interfere nas regras que regem as transações econômicas no mercado. Em tese, a regulação deveria estar presente quando houvesse uma falha de mercado, situação em que essa deveria ser capaz de aumentar o bem-estar social. A própria sociedade, ou seus representantes políticos, poderiam identificar essas falhas e demandar a introdução da regulação pelo Estado, que detém o poder de coerção necessário para isso. Esses são os fundamentos do que Viscusi, Vernon e Harrinton Jr. (1995) chamam de Teoria Normativa da Regulação. Na prática, essas leis e dispositivos podem existir por diversos motivos, sendo a maximização do bem-estar social apenas um deles.

A história mostra que o uso da regulação econômica ganhou grande impulso a partir dos anos 1930, atingindo seu ápice nos anos 1970, a partir de quando teve início um amplo programa de desregulamentação. Isso foi mais pronunciado nos EUA, de lá se espalhando para o resto do mundo. Na Europa houve um ciclo concomitante, mas a "regulação" foi ainda mais radical, com a criação de empresas estatais que passaram a ser monopolistas em vários setores. Também nesse caso o ápice desse processo se deu nos anos 1970, sendo revertido a partir de então.

Vários dos atos legais e dispositivos administrativos que deram substância ao surto regulatório iniciado nos anos 1930 podem ser racionalizados com base na discussão conceitual da seção anterior, ainda que essas formulações teóricas tenham, na sua maioria, se dado em passado mais recente. Não obstante, o que deu ímpeto ao processo de desregulamentação iniciado nos anos 1970 foi a constatação de que muitas das regulações então existentes não podiam ser assim justificadas: ou elas não mais cumpriam o papel a que se propunham, porque o contexto havia mudado, por exemplo, ou simplesmente tinham se originado por motivos outros que não a lógica da eficiência econômica.

De fato, Viscusi, Vernon e Harrinton Jr. (1995) observam que uma resenha da história regulatória americana a partir do século XIX mostra que não há uma correlação forte entre a existência de falhas de mercado e a presença de regulações. Assim, esses autores mostram-se simpáticos à ideia inicialmente defendida por George Stigler (1971), de que muito das regulações então existentes – e, naturalmente, muitas que hoje existem – eram o resultado da pressão de grupos de interesse sobre congressistas e o Executivo, em defesa de regras que melhoravam o bem-estar desse grupo, em geral elevando sua renda ou seu poder de compra (Teoria da Captura). Como concluem os autores, a regulação "é uma avenida por meio da qual um grupo de interesse pode elevar sua renda conseguindo que o Estado redistribua riqueza de outras partes da sociedade para esse grupo de interesse". Essas seriam as bases do que os autores chamam de Teoria Econômica da Regulação.

Pode haver, portanto, situações em que a regulação é, ela própria, fonte de falhas. As falhas da regulação decorreriam de uma espécie de "externalidade negativa" creditada ao exercício imperfeito da função regulatória, produzindo efeitos colaterais significativos, custos maiores do que benefícios, ou incorporando interesses de grupos privados não defensáveis em termos de fins públicos (Sunstein, 1993, p. 85; Freitas, 2016, p. 123-143; Bagatin, 2013, p. 20).

Viscusi, Vernon e Harrinton Jr. (1995) também discutem o modelo de Gary Becker, que leva a uma versão mais leve dos argumentos de Stigler, apontando que a existência de falhas de mercado cria o potencial para um ganho social líquido e que a movimentação dos grupos de interesse em defesa de certas regulações pode estar mais relacionada à tentativa de capturar esse ganho do que de desviar riqueza de outros grupos. Uma importante implicação do modelo de Becker é que ele prevê que é mais provável ter regulações que corrijam falhas de mercado do que regulações que simplesmente redistribuam renda. Mas essa não é a única variável importante; tão ou mais importante é a capacidade dos grupos de interesse influírem sobre as autoridades que fixam a regulação. Obviamente, ideologia e outros fatores também vão influir na decisão de ter regulação e com que conteúdo.

O ponto central aqui é claro: a regulação tem a capacidade de distribuir renda, seja ela criada pela correção de falhas de mercado, seja ela extraída de outros grupos sociais. Por isso, grupos de interesse irão cobiçar determinados tipos de regulação e tentar influenciar autoridades públicas, no Executivo e no Legislativo, para que elas adotem essas regulações, em troca de formas variadas de apoio. Em algumas sociedades a capacidade de impedir que isso aconteça é maior do que em outras. Esse também é um fator que precisa ser levado em conta na hora de decidir o quanto e que tipo de regulação adotar.

Viscusi, Vernon e Harrinton Jr. (1995) notam que os subsídios cruzados são um mecanismo que pode ser potencialmente utilizado para transferir renda para os grupos de interesse. Segundo os autores, é surpreendente quão comum é o uso de subsídios cruzados, considerando que esses parecem ser inconsistentes tanto com a maximização de lucros pelas empresas como com a maximização do bem-estar social.

O fato de nem sempre esses subsídios serem transparentes facilita essa transferência. Além disso, muitos acreditam que a regulação pode e deve ter objetivos redistributivos, focando sobretudo em grupos sociais mais desfavorecidos. É o caso da "tarifa social" praticada em setores como eletricidade e comunicações. Mais raramente, subsídios cruzados também são utilizados como instrumentos de política industrial. Nesse caso, é menos óbvio que não se trate apenas de um mecanismo de transferência de renda para grupos de interesse influentes.

Há também uma extensa literatura que questiona os incentivos do próprio regulador, colocando em xeque a suposição de que ele atua simplesmente com o objetivo de maximizar o bem-estar social e reconhecendo que há um problema de agência entre a sociedade (o principal) e o regulador (o agente).[82] Trata-se da Teoria das Escolhas Públicas (Public Choice Theory), segundo a qual o regulador, como agente político em sentido amplo, seria um ser racional e autointeressado, podendo ser percebido como um "maximizador de suas próprias utilidades" (Buchanan, 1984; Peltzman, 2004, p. 81; Ribeiro, 2017).

Em geral esses são fatores ignorados na discussão teórica, mas que precisam ser levados em conta quando se avalia se faz sentido, ou não, regular uma determinada indústria ou setor.

---

[82]Ver, por exemplo, Shapiro e Willig (1990) e Shleifer, Boycko e Vishny (1996).

4

A concorrência e a regulação das ferrovias

4.1. Introdução

Em vários sentidos, o setor ferroviário não é muito diferente de outros na área de infraestrutura: com base em uma rede ligando nós em que se concentram a atividade econômica, sua função é conectar esses nós e fazer com que eles funcionem como um mercado integrado, permitindo a especialização econômica e a exploração de vantagens comparativas locais. A única diferença entre setores, portanto, seria o que e como as coisas são transportadas entre esses nós, envolvendo pessoas, eletricidade, informação, cargas etc.

Por essa interpretação, que em vários aspectos faz muito sentido, e foi a que orientou nossa análise no capítulo anterior, não haveria muito porque analisar individualmente os desafios regulatórios de cada setor. Na prática, porém, não é esse o caso. O setor ferroviário, em particular, tem características próprias que em vários pontos o diferenciam de outros segmentos de infraestrutura, incluindo aqueles mais próximos, como o transporte rodoviário.

De fato, o ferroviário é – ou pelo menos era, até não muito tempo atrás – um dos setores de infraestrutura mais controlados pelos reguladores, e ao mesmo tempo aquele em que estes possivelmente têm tido mais dificuldade para regular, quando isto é feito com foco no interesse público (Kessides e Willig, 1995a).

Não é nosso objetivo neste capítulo tratar de todas as particularidades da regulação mais específica das ferrovias. O que queremos é aprofundar a análise do capítulo anterior em duas direções: o papel da concorrência no setor, abordando os arranjos possíveis para sua otimização, e a precificação dos serviços ferroviários. Isso é feito nas duas seções seguintes, nessa ordem.

4.2. Concorrência nas ferrovias

No seu primeiro século e meio de existência, o setor ferroviário foi tratado como um monopólio natural, atraindo todas as circunstâncias dessa característica tecnológica. Com efeito, ferrovias são corredores fixos estruturantes, que por isso não podem ser geograficamente remanejados, pelo menos facilmente, e cuja construção depende de altos investimentos iniciais, amortizáveis a longo prazo. Atentando a esses contornos, a regulação dos serviços ferroviários procura equilibrar os diversos interesses que interagem no setor, sem ocasionar a cobrança de valores tarifários proibitivos ao transporte de cargas de terceiros, sob pena de assim se caracterizar uma utilização abusiva do monopólio natural.

A partir do final dos anos 1970, e com mais intensidade nas duas décadas seguintes, essa visão mudou, em alguns casos significativamente, por conta de dois fatores principais:

- A insatisfação com o desempenho das empresas ferroviárias, refletido em perdas significativas, que precisavam ser cobertas pelos contribuintes. A interpretação de então foi de que a ineficiência dessas empresas, com quadros de pessoal inchados, pouca preocupação com conquistar e satisfazer clientes etc. resultava de ser um monopólio, em geral estatal. Assim, para reverter esse quadro seria importante introduzir competição no setor; e
- Em outros setores de infraestrutura, a regulação também se movia para estimular a competição, aproveitando a privatização para separar verticalmente as empresas e liberando a competição nos segmentos que não tinham características de monopólio natural. De fato, isso já acontecia em outros modais de transporte: nas rodovias e aeroportos, por exemplo, as empresas responsáveis por operar a infraestrutura – as vias e os aeroportos – são independentes dos transportadores em si, e nestes segmentos a competição é intensa.

Portanto, se enxergava a competição entre operadores nos segmentos em que esta era possível nas ferrovias como o caminho para elevar a eficiência do setor. De um lado, a concorrência estimularia as empresas a reduzirem suas margens de lucro, aproximando as tarifas dos custos marginais, e dessa forma aumentando a eficiência alocativa. De outro, a competição pressionaria as empresas a diminuírem seus custos, elevando a eficiência técnica. A competição também reduziria o risco de captura do regulador, aumentaria o volume de informação que este tem disponível, e reduziria o incentivo para a realização de *lobby*, assim como a pressão dos sindicatos para a concessão de favores políticos. O foco da política econômica, então, deveria recair sobre a estrutura monolítica do setor e a regulação, para que essa passasse a estimular e facilitar a concorrência.

Naturalmente, é possível questionar esse diagnóstico, dado que a decadência do setor vinha em boa medida justamente da forte e crescente pressão competitiva imposta pelos demais modais às empresas ferroviárias. Assim, se não havia competição intramodal, havia abundante competição intermodal, diferentemente do que ocorria em eletricidade e telecomunicações, pelo menos naquela época. Nesta outra visão, o problema não era a falta de competição, mas o excesso de regulação, que impedia as empresas de reagirem adequadamente aos estímulos dados pela competição (Kessides e Willig, 1995b).

O Brasil é um bom exemplo da intensa competição imposta por outros modais sobre o setor ferroviário. Diante das curtas distâncias de transporte, da capilaridade do modal rodoviário e dos vultosos investimentos recebidos por este nas últimas décadas, o mais comum no caso brasileiro é que ferrovias enfrentem uma renitente concorrência de caminhões. Daí por quê, como já pudemos argumentar, o setor ferroviário foi aquele em que a regulação mais confiou na competição – em especial na competição intermodal, com os transportes rodoviário, aquaviário e dutoviário – para proteger os usuários e facilitar a atuação do regulador. Apenas os clientes cativos, que não dispõem de meios alternativos de transporte com custos razoáveis, mostraram precisar de proteção do regulador. O resultado tem sido predominantemente positivo, dada a prevalência do transporte rodoviário no Brasil, observando-se significativos aumentos de produtividade e a reabilitação de partes críticas da malha ferroviária (Pinheiro e Saddi, 2005, p. 334).

Os clientes não cativos encontram na variedade de modais para o transporte de sua carga o mecanismo que fomenta a competição entre os transportadores, incentivando maior eficiência no mercado. Já os clientes cativos, que poderiam encontrar nos monopólios naturais ferroviários uma barreira à sua entrada em mercados nos quais concorrem com acionistas das próprias concessionárias, podem recorrer à ANTT e, na defesa da concorrência, ao Cade, entidades que dispõem de instrumentos suficientes para lidar com os eventuais impasses e excessos daí decorrentes.

Nesse sentido, é ilustrativo perceber, pela síntese de Sampaio (2013, p. 257-258), que o Cade já enfrentou a questão em concreto:

> No setor ferroviário, observa-se que em diversas situações o titular de uma carga mostra-se cliente cativo da ferrovia, pois não dispõe de alternativas ao escoamento da sua produção. Ilustrando as preocupações concorrenciais que podem advir da exploração de ferrovias nessas situações, merece menção que já houve um processo administrativo no Sistema Brasileiro de

Defesa da Concorrência (SBDC), no qual as autoridades brasileiras investigaram se uma mineradora que também era concessionária do transporte ferroviário que atendia a uma determinada mina discriminava preços e condições do serviço em relação à concorrente, mediante (i) a exigência de exclusividade no uso da ferrovia; e (ii) por cobrar um preço superior para a quantidade de produto movimentado que ultrapassasse 8,5 milhões de toneladas/ano. O caso terminou sendo arquivado, tendo o Cade decidido que a situação não envolvia conduta anticompetitiva, pois (i) quanto à exclusividade, a cláusula contratual apenas refletia uma situação de fato, já que não era economicamente viável que a usuária do transporte buscasse uma via alternativa para escoamento da sua produção de minério; e (ii) o valor superior cobrado para o volume excedente a 8,5 milhões de toneladas/ano era justificado objetivamente, pois refletia investimentos suplementares que a mineradora que operava a ferrovia necessitaria fazer para movimentar esse volume adicional da concorrente, consistente em obras para redução de estrangulamento da malha ferroviária. Além disso, o volume de exportações da concorrente, por meio da ferrovia, havia aumentado significativamente na última década, enquanto a movimentação da concessionária havia diminuído, o que seria incompatível com uma prática de discriminação ou aumento de custos dos rivais.[83]

De uma forma ou de outra, a partir dos anos 1980 o setor ferroviário passou por profundas reformas regulatórias, em que a questão concorrencial se tornou um dos temas mais sensíveis na definição do modelo de exploração do setor. Não havendo uma convergência para um arranjo vencedor, independente do contexto social, econômico, jurídico e institucional (*one size fits all*), os países passaram a adotar quatro instrumentos para isso (Ribeiro, 2017): (i) a privatização; (ii) a separação horizontal; (iii) a desverticalização; e (iv) a desregulação. Na síntese possível:

(I) A privatização, que consiste em uma concorrência *pelo* serviço ou pelo mercado ou ainda pelos trilhos, que ocorre no processo licitatório de disputa pela celebração de um contrato de concessão.

---

[83]Processo Administrativo. Instaurado *ex officio* pela SDE contra a CVRD no curso da instrução do Ato de Concentração 08000.013801/97-52. Práticas anticompetitivas contra a S/A Mineração Trindade - Samitri. Condutas previstas nos incisos V, XII e XXIV do art. 21 da Lei nº 8.884/94. Prática restritiva vertical. Mercado relevante (mercado de origem): mercado regional de transporte ferroviário de carga. Mercado relevante (mercado "alvo"): mercado internacional de minério-de-ferro. CVRD é monopolista no mercado de origem. Não configuração das condutas imputadas à representada. Arquivamento do processo. (PA 08012.007285/99-78, j. em 28/4/2004).

(II) A separação horizontal, que busca criar uma gestão descentralizada e mais focada no mercado local.
(III) A desverticalização, que busca gerar uma concorrência *no* serviço ou nos trilhos (intramodal) entre agentes ofertantes de uma mesma atividade dentro do próprio segmento ferroviário.
(IV) A desregulação, que foca em fortalecer a concorrência intramodal, mas entre operadores verticalizados, e intermodal, que é a forma mais forte de concorrência a que estão sujeitas as empresas ferroviárias. A concorrência *entre* serviços (intermodal) é observada na disputa das ferrovias pelo transporte das cargas e passageiros com os modais rodoviário, hidroviário, e dutoviário.[84]

Esses quatro modelos basilares, que admitem diferenciações internas, e mesmo combinações entre si, apresentam prós e contras que devem ser sopesados tendo em vista cada contexto específico. A seguir, nosso foco estará em avaliar as características desses modelos e sua maior adequação do ponto de vista concorrencial.

4.2.1. A concorrência no modelo de privatização: *pelo* serviço

A reforma do setor ferroviário por meio da privatização prevaleceu principalmente em países em desenvolvimento da América Latina e África, e no Japão. Nesses casos, empresas estatais (ou o direito de explorar suas malhas) foram vendidas a investidores privados, medida acompanhada por uma regulação pouco intrusiva, pelo menos originalmente, especialmente em matéria tarifária e de transporte de passageiros (Gómez-Ibáñez, 2006).

A privatização em si tem em geral o condão de tornar as empresas mais eficientes, não apenas pela maior clareza de objetivos, mas também pela maior flexibilidade que o privado tem para gerir a empresa. De fato, há evidência substancial que a privatização levou a aumentos de eficiência nas empresas. É essa também a avaliação de Kogan (2006, p. 174-175), quanto aos benefícios percebidos pelos países que adotaram a estratégia privatizante, seguida da celebração de pactos concessionários:

> Na virada do século, o medo de um colapso ferroviário diminuiu significativamente, embora não tenha desaparecido completamente. A maioria dos observadores credita às concessões ferroviárias a melhora nas perspectivas do setor. O sistema concessionário parece ter beneficiado governos, ao re-

---
[84] O aquaviário raramente competirá com as ferrovias, como vimos.

duzir o nível de subsídios demandado, e muitos consumidores, ao aumentar a qualidade dos serviços e reduzir preços em alguns casos também. A gestão passou a ser mais orientada ao mercado e à produtividade. Tarifas caíram, como demonstrado na tabela 7.9, o que significou que uma boa porção dos benefícios foi transferida para transportadores e usuários. Talvez o sinal mais representativo de que a situação dos consumidores melhorou foi o de que fretes e tráfego de passageiros urbanos aumentaram em todas as concessões, revertendo décadas de declínio sob a gestão governamental.

O problema está em privatizar um monopólio natural, como é o caso de uma ferrovia verticalmente integrada. Aqui entra em cena o leilão competitivo para comprar a empresa. A lógica por trás dessa alternativa por introduzir competição foi originalmente introduzida por Demsetz (1968): em um processo competitivo por menor tarifa, os investidores vão oferecer lances cada vez mais baixos, até que o valor implícito da concessão reflita apenas o retorno normal do capital econômico, com lucro econômico zero. Além disso, a empresa mais eficiente será capaz de oferecer o preço mais atrativo pela concessão. Assim, ao leiloar-se de forma competitiva o direito de explorar o mercado, reproduz-se o resultado que se teria com um mercado competitivo, em termos de tarifa e eficiência, ainda que em um setor que é um monopólio natural.

Já houve muito debate sobre esse resultado desde que Demsetz o propôs, valendo ver, em especial, as limitações apontadas por Williamson (1976), em especial a de que a competição pelo serviço só ocorre de forma competitiva no momento da privatização e que depois, nas renovações das concessões, os incumbentes têm grande vantagem, o que em geral leva a permanecerem como concessionários.

Desse modo, a concorrência *pelo* serviço é importante, mas pode não ser, por si só, suficiente. É que de monopólios públicos não se pode permitir resultarem monopólios privados passíveis de exercício abusivo por seus detentores. E essa constituição de monopólios privados abusivos se faz coibida justamente (i) por força da concorrência intermodal (*entre* serviços), (ii) pelo exercício da função regulatória por agência independente, estruturada pela administração pública com tal vocação, e ainda, acrescentamos, (iii) pela movimentação do Sistema Brasileiro de Defesa da Concorrência (SBCD), disciplinado pela Lei nº 12.529/2011, garantindo excepcional acesso à malha quando cabível, por meio do compartilhamento da infraestrutura, do tráfego mútuo e do direito de passagem, mecanismos que serão tratados adiante em mais detalhes.

Não obstante essas e outras ponderações, a alternativa da competição pelo serviço continua sendo uma forma recorrente de governos reproduzirem resultados próximos aos competitivos em mercados em que a concorrência no serviço é difícil ou impossível.

Como pudemos antecipar, e discutimos com mais detalhe no capítulo 10, o modelo adotado no caso brasileiro na década de 1990 foi o de ampla privatização do setor, acompanhada da separação horizontal das atividades, instrumentalizada por uma regulação contratual via contratos de concessão que, verticalmente, conferiram aos concessionários privados um plexo de obrigações e direitos para conjuntamente explorarem a infraestrutura e proverem os serviços de transporte nas ferrovias.

A escolha por esse modelo atrai grande importância para a investigação do contrato de concessão adotado, que manteve integradas a construção, gestão, operação e manutenção da infraestrutura, juntamente com a prestação dos serviços de transporte, não só aos acionistas da concessionária, como também a terceiros. Por sua vez, essas linhas gerais, que de partida delineiam os módulos concessórios celebrados no caso das ferrovias brasileiras, informam os quadrantes da evolução do arcabouço jurídico setorial. Diante disso, será valioso tratarmos, no capítulo 5, dos principais contornos que envolvem os contratos de concessão de serviços públicos, para então, tomando-os em consideração, destacarmos os pontos nucleares dos contratos de concessão de ferrovias em vigor no país.

4.2.2. A concorrência no modelo de separação horizontal: competição *entre* serviços

A reforma do setor ferroviário nos países da América Latina e no Japão, por meio da privatização, se deu sem a separação vertical das atividades, mas foi acompanhada da separação horizontal das empresas ferroviárias. Nesses casos, empresas estatais (ou o direito de explorar suas malhas) foram regionalmente segmentadas, mantendo-se, no entanto, sua integridade vertical operacional em cada uma dessas seccionais. A estratégia foi fazer a separação horizontal de forma a possibilitar formas de concorrência direta ou indireta entre as empresas (Gómez-Ibáñez, 2006).

Comparando o desempenho relativo dessas unidades locais, o regulador consegue mais informação sobre as operações do setor. E pode-se criar um esquema de competição por comparação, em cima de indicadores específicos, no que ficou conhecido como *yardstick competition*. A separação horizontal funciona melhor quando há uma clara separação em unidades de negócios com claro foco regional, cada uma delas podendo ter diferentes proprietários, gestores e fontes de financiamento (World Bank, 2011).

113

No caso brasileiro, a concorrência indireta entre concessões ferroviárias distintas, em malhas igualmente diferentes, pode até existir, mas se faz dificultada, no mais das vezes, por conta da dimensão continental do país e da distribuição de sua malha, dispersa no vasto território conectando centros produtores e portos diferentes.[85] Isso, aliás, faz com que concessionárias das malhas geograficamente internas tenham de negociar o acesso – quê, diante desse cenário, se dá em hipóteses mais limitadas – com as concessionárias das malhas que efetivamente se ligam a terminais portuários.

O reduzido campo de incidência de concorrência entre concessionárias ferroviárias, todavia, está longe de permitir concluir pela ausência de concorrência no setor. A concorrência no modelo de separação horizontal, quando resultante de privatização, se faz presente em dois momentos distintos. Primeiro, antes da concessão, ainda no curso do processo licitatório que a precede, e idealmente posiciona, de forma isonômica, competidores interessados na assunção da posição de concessionários dos serviços públicos de transporte ferroviário, buscando obter melhorias dos padrões de *performance* que serão depois acompanhados pelo regulador durante a execução contratual (De Rus, 2006). Segundo, e principalmente, durante a execução do contrato de concessão, na disputa pelo transporte de cargas com prestadores de outros modais, operem eles em regime público ou em regime privado.

---

[85] É possível concluir neste sentido a partir do voto do então conselheiro relator do Cade, Luís Fernando Schuartz. Confira-se: "A questão da existência ou não de concentração horizontal resultante do ato notificado é, não obstante, mais complexa do que as reiteradas referências à suposta característica de monopólio natural da atividade de transporte ferroviário sugerem à primeira vista, dada a possibilidade aparente de utilização das malhas ferroviárias distintas para exportação de determinados produtos que trafegam pela ferrovia, notadamente a soja e seus derivados. Do fato de cada ferrovia possuir um traçado próprio, não se pode inferir necessariamente que inexiste relação de competição entre as malhas, pois as condições – incluindo as comerciais – vigentes para o transporte de um determinado ponto de origem a um determinado ponto de destino podem ser tais que façam duas ou mais ferrovias aparecerem, para um conjunto não desprezível de demandantes, como canais de transporte substituíveis entre si". (...) "A SEAE entendeu que a implementação do ato notificado também geraria preocupações concorrenciais em razão da relação vertical existente entre o transporte rodoviário e ferroviário, entre este último e as atividades dos operadores logísticos, e entre o mesmo e as operações portuárias para exportação e importação de produtos. Essas preocupações ocorreriam tendo em vista a possibilidade de fechamento de mercado e aumento de custos de rivais (i) aos produtores de soja e (ii) aos transportadores independentes" (Voto do conselheiro relator Luis Fernando Schuartz no AC 08012.005747/2006-21, j. em 18/4/2007). A decisão do Cade restou assim ementada: "Ato de concentração. Verificação de possíveis efeitos anticompetitivos em mercados relevantes de logística e transporte ferroviário de cargas. Aprovação do ato notificado condicionada à imposição de restrições de natureza comportamental. Obrigação de dar publicidade a preços e outras condições comerciais em relação a clientes e transportadores rodoviários de carga. Necessidade de definição de Termo de Compromisso de Desempenho de acordo com o disposto no art. 58 da Lei nº 8.884/1994, para obtenção das eficiências alegadas" (decisões concorrenciais extraídas da pesquisa realizada por Sampaio, 2013, p. 253-258).

A concorrência e a regulação das ferrovias

Cabe ainda observar que, num sentido mais amplo, a competição entre duas ferrovias por um mesmo cliente (no serviço) não ocorre apenas quando os trilhos das duas alcançam a mesma empresa ou se elas têm acesso à malha por meio de algum esquema de acesso à rede de outra ferrovia. Este ponto tem sido enfatizado por Clifford Winston (2006, p. 146):

> [U]suários cativos de uma ferrovia também podem se beneficiar de competição locacional oferecida por um operador próximo. Por exemplo, o usuário pode ser servido pela ferrovia A mas ameaçar localizar uma nova planta próximo à ferrovia B, ou construir um ramal para conectar à ferrovia B, como um instrumento de barganha para obter tarifas mais baixas da ferrovia A ou conseguir que a ferrovia B se comprometa com tarifas reduzidas. Usuários também podem estimular a competição em alguns casos por meio de competição de produto ou geografia. Por exemplo, um sítio industrial servido apenas pela ferrovia A em um certo mercado por ser capaz de substituir o produto despachado de uma outra origem pela ferrovia B, ou o local pode obter o mesmo produto de uma origem alternativa servida pela ferrovia B.

Winston (2006) observa que essa não é apenas uma possibilidade teórica, mas uma consideração com implicações práticas relevantes. Assim, o autor aponta que Grimm e Wiston (2000) estimaram que, por exemplo, as tarifas pagas por um usuário localizado a 50 milhas de uma outra ferrovia que não a que lhe serve diretamente são cerca de 16% menores que as pagas por um usuário localizado ao dobro dessa distância. De forma similar, usuários servidos por duas ou mais ferrovias originadas de diferentes regiões pagam tarifas 25% menores do que as tarifas médias.

4.2.3. A concorrência no modelo de desverticalização: *no* serviço e *entre* serviços

Adotada a partir da década 1980, principalmente em países da Europa e na Austrália, a desverticalização, que será tratada com mais detalhe nos capítulos 6 e 7, consiste em separar verticalmente o serviço ferroviário, alocando a responsabilidade pela construção e gestão da infraestrutura a uma pessoa jurídica A, e alocando a operação do transporte a outra pessoa jurídica B. Em geral, simultaneamente à desverticalização se franqueia a prestação de transporte a tantos transportadores interessados quantos haja, respeitadas condições básicas de segurança e qualidade do serviço. A desverticalização pode acontecer com ou sem a privatização. Com efeito, tanto pode haver a separação da gestão da infraestrutura e da prestação dos serviços entre empresas estatais, como entre empresa estatal e empresa(s) privada(s), ou entre empresas privadas.

Em diversos dos casos referidos na experiência internacional a desverticalização não se deu em um cenário de privatização total. Tanto ao contrário. Em vários dos casos, as empresas responsáveis pela infraestrutura e atuantes no transporte de cargas seguiram sendo estatais, ainda que, no transporte, operassem em concorrência com empresas privadas. Seria como ter mantido a RFFSA e a Fepasa estatais, permitindo que agentes privados habilitados pudessem prestar o serviço de transporte ferroviário sobre as malhas dessas *holdings*, ainda que ambas também pudessem fazê-lo. O único caso de desverticalização com privatização completa foi o da Grã-Bretanha, que experimentou vários problemas (ver capítulo 7).

Como já observado, o movimento em favor da desverticalização refletiu iniciativas semelhantes em setores como eletricidade e telecomunicações, o fato de modais como o rodoviário e o aéreo funcionarem dessa forma, e a expectativa de que o aumento da competição intramodal melhorasse o fraco desempenho das empresas ferroviárias. Ou seja, o argumento em favor da desverticalização é que com ela floresceria também a concorrência intramodal, entre os distintos operadores de transporte, gerando maior eficiência econômica. Thompson (1997) cita ainda como objetivos da separação vertical reduzir custos unitários pelo aumento do volume de tráfego, aumentar o foco no serviço prestado, e tornar a atuação da política pública mais clara, em especial no que concerne à concessão de subsídios.

A experiência mostra, contudo, que a prática se distancia dessa idealização abstrata e que os impactos da desverticalização acabam ficando aquém dessa idealização. Isso porque desverticalizar, no caso das ferrovias, implica aumento dos custos de transação e perda de coordenação, tornando o funcionamento setorial mais complexo e arriscado, do ponto de vista da segurança propriamente dita, e custoso, na medida em que a hierarquia, societária ou funcional, dá lugar à celebração de relações contratuais mais complexas e mais difíceis de remediar. Daí porque Gómez-Ibáñez (2006, p. 19-20) argumenta:

> Há razões para acreditar que os problemas de coordenação são mais severos em ferrovias do que em outras indústrias (...) Os problemas de coordenação parecem ser ao menos tão difíceis, se não mais difíceis, nas ferrovias do que em qualquer outra indústria na qual uma política de separação forçada tenha sido tentada. Se a competição extra introduzida pela desverticalização é de pouca valia, todavia, então parece haver pouco sentido em arriscar a perda de coordenação.

Além disso, o modelo desverticalizado potencializa a ocorrência (i) de incompatibilidade técnica, tendo em conta que as malhas ferroviárias, os sistemas de gestão e centros de controle não são padronizados; (ii) de sincronização, quando houver pouca capacidade ociosa na malha; e (iii) de incompatibilidade regulatória, nos casos de ferrovias internacionais, como notável na Europa.

Também desaconselham a desverticalização os problemas de *cherry picking*, tragédia dos comuns, microgerenciamento, temas que serão tratados com mais detalhe no capítulo 10, dedicado ao modelo de livre acesso ensaiado para o caso brasileiro. Vale ainda o registro de que atrair novos entrantes para operarem no transporte ferroviário é mais difícil na prática do que na teoria, ou pelo menos é o que sugere a experiência (Gómez-Ibáñez, 2006), e que há importantes diferenças entre ferrovias e outros tipos de infraestrutura que influem na relação custo-benefício de desverticalizar (Roland Berger Strategy Consultants, 2012, p. 11):

- Interação física permanente entre os trilhos (infraestrutura) e a roda (operador do trem), que não está presente em transporte aéreo, telecom e eletricidade.
- Forte dependência mútua e interferência de desgaste (*wear and tear*) de ativos-chave (material rodante e infraestrutura), que não ocorre com gás, água, telecom, eletricidade e transporte aéreo.
- O custo e a qualidade das operações de trem dependem da condição dos trilhos (elevadas exigências de manutenção para o material rodante, velocidade máxima etc. se os trilhos estiverem em má condição).
- O custo de manutenção da infraestrutura depende da condição e da operação do material rodante (elevado desgaste [*wear and tear*] se as rodas estiverem desalinhadas, a velocidade for alta, as freadas forem fortes etc.).
- Dependência de financiamento público para o investimento em infraestrutura e transporte ferroviário regional de passageiros na maioria dos países globalmente – isto não é verdade nos casos de gás, água, telecom e eletricidade, ou a maioria do transporte aéreo.
- Alta complexidade da gestão de tráfego, devido à competição entre diferentes tipos de tráfego pela mesma infraestrutura: características fortemente diferenciadas entre tráfego de carga e passageiros (especialmente velocidade, peso, exigências tecnológicas), que não se aplicam aos casos de gás, água, eletricidade e telecom.
- Elevado risco de segurança no caso de mau funcionamento operacional (elevado potencial de fatalidades em acidentes de trens). Não se aplica na mesma extensão nos casos de gás, água, ou telecom.

A desverticalização, desse modo, se apresenta como medida mais eficiente em outras indústrias de rede, como telecomunicações, energia elétrica e gás, do que no transporte ferroviário. A concorrência intramodal (*no* serviço) que a desverticalização em tese possibilitaria em geral não se justifica nas ferrovias, onde terá aplicabilidade recomendada bem restrita, condicionada à existência de excesso de capacidade de tráfego livre e tarifas remuneratórias pelo uso da infraestrutura, de modo que o incumbente siga incentivado a manter a boa conservação da via, ampliar sua capacidade para atender à demanda e promover sua constante inovação tecnológica.

Em suma, diante do ônus imposto pela perda de coordenação e do incremento dos custos de transação, a desverticalização só faz sentido se a concorrência no transporte for capaz de gerar um ganho de eficiência em outras dimensões grande o suficiente para compensar as perdas daí resultantes. Ou se essa de fato buscar outros objetivos. Assim, é importante manter em mente que o motivo por que se quer estimular a competição não é pela competição em si – a competição não é um objetivo em si mesma –, mas para que essa aumente a eficiência. A questão, portanto, não é se a desverticalização eleva a competição, mas se ela gera ganhos de eficiência em um setor que já está submetido à forte pressão competitiva de outros modais.

4.2.4. A concorrência no modelo de desregulação: *no* serviço e *entre* serviços

A alternativa de radical desregulação (quase) total depende da existência prévia de um mercado ferroviário privado. Sem a assimetria de regimes jurídicos e econômicos, seja pela presença de empresas públicas e privadas, seja pela desintegração vertical das atividades, faz-se então possível reduzir a intensidade da regulação incidente sobre os agentes privados regulados, em fomento à competição entre operadores de malhas distintas, sempre com a concomitância cumulativa da concorrência intermodal.

Por essa razão, a opção pela desregulação do setor ferroviário se deu de forma mais localizada no mundo, quando comparada aos outros grandes modelos alternativos apresentados. Foi adotada nos Estados Unidos e no Canadá, onde operavam empresas privadas, e também pela Nova Zelândia que, em um lance mais ousado, privatizou e desregulou suas ferrovias de uma só tacada (ver capítulo 6).

Nas experiências norte-americana e canadense, a desregulação tomou vez quando ficou constatado que o declínio do mercado ferroviário se devia, justamente, à regulação setorial. Temos aqui, aparentemente, uma típica hipótese na qual a regulação, empunhada como ferramenta adequada para corrigir uma falha de mercado ou de governo, equilibrando o subsistema jurídico e econômico ferroviário em proteção equidistante aos interesses enredados, encerrou por impor, ela própria, uma falha – falha da regulação, ao modo como conceituada por Sunstein (1993) –, produzindo consequências sistêmicas indesejáveis, como menor concorrência, menor liberdade empresarial, maiores valores cobrados dos consumidores, menor qualidade dos serviços etc.

A desregulação veio dar conta desse contexto. No caso americano – seguido de perto pelo Canadá, respeitadas algumas peculiaridades –, havia o triplo enfoque de reduzir a intervenção heterônoma do regulador (Interstate Commerce Comission – ICC, posteriormente designada Surface Transportation Board – STB): (i) na fixação das tarifas que poderiam ser cobradas; (ii) na obrigatoriedade de aprovação prévia de fusões; e (iii) na obrigatoriedade de aprovação para o abandono de linhas. A atuação da ICC em matéria tarifária, por exemplo, passou a ser restrita aos casos nos quais o usuário fosse cativo e, cumulativamente, os valores tarifários excedessem 180% dos custos variáveis da ferrovia. Ainda assim, a ICC precisaria avaliar a razoabilidade do retorno dos investimentos da ferrovia como um todo. A medida limitou tremendamente a intervenção regulatória, restrita aos casos de abuso de posição monopolista, liberando a contratação diretamente privada de tarifas entre ferrovias e usuários. Com o aumento da competição entre as ferrovias, diversas fusões aconteceram, resultando na consolidação das malhas em quatro ferrovias de transporte de carga, as quais foram condicionadas ao dever de observarem pequenas hipóteses de direito de acesso em suas malhas (ver capítulo 6).

Como se verá no capítulo 6, a desregulação foi bem-sucedida nesses casos, pois a concorrência à qual as ferrovias foram submetidas, seja ela intramodal indireta, ou intermodal, se mostrou bastante alta. O modelo, no entanto, não é livre de críticas. A principal delas pode ser reconduzida ao fato de a desregulação beneficiar mais os usuários de grande porte, detentores de fortes mecanismos de barganha e retaliação ante um abuso do monopolista, caso seu uso se faça necessário, do que pequenos usuários que, para diminuir essa posição de desalinho em relação às ferrovias, dependeriam ou de negociações coletivas, por meio de cooperativas e associações, ou da proteção de reguladores (Gómez-Ibáñez, 2006).

4.2.5. Conclusão sobre concorrência e modelos de exploração das ferrovias

Privatização, separação horizontal, desverticalização e desregulação terão suas razões de ser tanto quanto se mostrem compatíveis às realidades nas quais se pretenda implantá-las. Isso faz com que concordemos com o balanço conclusivo feito por De Rus (2006, p. 189):

> Ainda é muito cedo para se chegar a uma conclusão definitiva sobre qual é o melhor método de reforma, e podemos muito bem achar que a melhor política depende do tipo de país ou do serviço ferroviário envolvido. No

entanto, a experiência adquirida até aqui com a reforma ferroviária parece favorecer a introdução da concorrência com a integração vertical, e não através da desverticalização.

A desverticalização funcionou melhor na diminuição dos custos de subsídios para as autorizações de serviços de passageiros oferecidos competitivamente. Entretanto, a desverticalização tem sido menos bem-sucedida em promover a concorrência por meio do livre acesso, e a questão de saber se podemos evitar sérios problemas de coordenação entre a infraestrutura e as operações de transporte ainda não foi resolvida. Alguns dos problemas vivenciados são indubitavelmente devidos a uma implementação deficiente ou incompetente, mas também é impressionante como a implementação parece ser complexa – e a complexidade convida a problemas.

Concorrência com a manutenção da integração vertical tem sido muito bem-sucedida na melhoria do desempenho ferroviário, embora não sem problemas. No caso das concessões, a grande questão é se podemos criar um sistema regulatório que possa lidar de forma justa com a perspectiva de que o contrato de concessão possa precisar ser renegociado. No caso da desregulação, a questão é se os êxitos alcançados no transporte de cargas podem ser replicados para serviços mais complexos, como o de passageiros ou o de cargas e passageiros.

A evidência empírica parece sustentar essa conclusão, não sendo capaz de derivar resultados consistentes sobre o impacto da separação vertical, pelo menos em termos puros e simples do desempenho ferroviário. Vários estudos resenhados em Drew e Nash (2011) e Roland Berger Strategy Consultants (2012), por exemplo, apontam nessa direção. Assim, as características e circunstâncias de cada país e a forma como o sistema ferroviário é administrado parecem ser variáveis que influenciam de forma significativa o impacto dessas reformas. Na mesma linha, a desverticalização funciona melhor quando há capacidade ociosa no uso da malha ferroviária e ocasiona mais problemas no caso oposto.

O objetivo aqui foi mais introduzir conceitos, deixando-se a análise da experiência internacional para os capítulos 6 e 7, quando também se examinará com mais detalhe a evidência empírica sobre o impacto dessas alternativas de reforma. Não obstante, trazendo essa discussão para a realidade brasileira, os pontos acima já parecem suficientes para indicar que é preferível que por aqui a regulação e a concorrência viabilizem o compartilhamento da infraestrutura, valendo-se do tráfego mútuo, do direito de passagem e da regulação tarifária, nos estritos casos que dela necessitam, do que o sistema ser fragmentado em dois blocos distintos, convidando a se desenvolver, entre essas duas etapas desintegradas, uma falta de coordenação capaz de gerar prejuízos ao sistema como um todo. Essa falta de atratividade da separação vertical no Brasil será tratada com mais detalhe no capítulo 10.

4.3. Precificação no setor ferroviário[86]

Um aspecto distintivo da tecnologia ferroviária é a presença de significativas economias de densidade de tráfego e de elevados custos afundados, por conta dos elevados investimentos em infraestrutura necessários para viabilizar as operações do setor. A presença de economias de densidade faz com que as ferrovias sejam muito competitivas, em termos de custo, em corredores de transporte com tráfego intenso. Nos Estados Unidos, por exemplo, o transporte ferroviário de carga é, em média, 63% mais eficiente que o rodoviário (World Bank, 2011).

As ferrovias são particularmente competitivas em trechos de fluxo intenso no transporte de cargas pesadas, como minérios, carvão e produtos agrícolas. Elas também são mais eficientes energeticamente, menos caras de construir que outros modais equivalentes e mais sustentáveis ambientalmente, em termos de seu impacto sobre o solo, o ar e a água (World Bank, 2011). O mesmo vale para o transporte de grande número de passageiros em corredores específicos, como ocorre nas regiões metropolitanas, onde a questão ambiental se torna mais importante por as ferrovias evitarem grandes congestionamentos. Por outro lado, o setor é pouco econômico quando o volume de tráfego é baixo, um dos motivos porque ramais secundários frequentemente são antieconômicos (De Rus, 2006).

É importante deixar clara a diferença entre economias de escala e de densidade, o que muitas vezes não ocorre na literatura sobre custos ferroviários, como observa Castro (2002, p. 262):

> A primeira categoria, economia de escala, é representada por uma curva de custo médio de longo prazo que é declinante com o tamanho da empresa. A segunda, economia de densidade, ocorre quando os custos unitários decrescem com o volume produzido, mantendo-se a extensão e a distribuição das linhas. O ponto fundamental dessa distinção advém do fato de serem as economias de densidade o elemento crítico para a determinação das políticas de tarifação e investimento.

Associado à presença de economias de densidade encontra-se outro fator que complica a precificação dos serviços ferroviários: o alto peso de custos que não podem ser atribuídos a um serviço particular. Ainda nas palavras de Castro (2002, p. 263):

---

[86]Esta seção é parcialmente baseada em World Bank (2011).

Esses custos, que não são atribuíveis a um serviço ou pacote de serviços, especificamente, refletem tanto "custos comuns" como "custos conjuntos". Qualificam-se como "custos comuns" aqueles que se devem a dois ou mais serviços produzidos em proporções variáveis, ou seja, que não guardam proporções prefixadas por imposições técnicas – tal como ocorre no refino de petróleo, por exemplo. Na ferrovia, o custo de um terminal representa um "custo comum" quando este é usado para diferentes serviços em proporções variáveis. Ou, ainda, os custos da via entre dois pontos são comuns a todos os fluxos que trafegam entre esses pontos. Por outro lado, os "custos conjuntos" (*joint*) se devem a serviços que são ofertados em proporções obrigatoriamente fixas: o movimento de retorno é o exemplo clássico em ferrovia.[87]

Os custos comuns em uma ferrovia estão em geral associados com a infraestrutura e o *overhead* corporativo. Os custos da infraestrutura ferroviária, por sua vez, incluem os custos de capital e manutenção de trilhos, túneis, pontes, sistemas de sinalização, comunicação e eletrificação e das estações, pátios e terminais diversos. Esses custos são essencialmente fixos e respondem por 70% ou mais dos custos totais, exceto para as rotas com grande volume. Os custos operacionais em ferrovias, por seu turno, incluem: (i) gastos com diesel ou energia elétrica; (ii) a depreciação ou despesa com *leasing* da locomotiva; (iii) a manutenção da locomotiva; (iv) a tripulação do trem, inclusive equipe de atendimento em trens de passageiros; (v) a depreciação ou as despesas de *leasing* com vagões; (vi) a manutenção de vagões; (vii) as despesas com o terminal de operações; e (viii) as despesas comerciais (emissão de bilhetes, contratação de transporte de carga etc.) (World Bank, 2011).

A precificação em uma ferrovia em geral é ditada por três elementos principais: custos, competição e regulação. Uma série de medidas de custo é utilizada para informar a formação de tarifas, refletindo como o custo total das ferrovias aumenta se aquele serviço é feito, ou como ele diminui se o serviço deixa de ser feito. O quadro 4.1 descreve três dessas medidas e as formas como são usadas.

O grande peso dos custos não atribuíveis faz com que medidas mais diretas de custos não sirvam para determinar tarifas e leva a que as tarifas tenham de ser mais altas do que os custos marginais, evitáveis ou incrementais. Isso em geral é feito por meio de alguma variante dos preços de Ramsey, vistos no capítulo 3, o que significa aplicar um *markup* sobre os custos, sendo esse *markup* mais alto para serviços me-

---

[87] Os custos conjuntos são em geral associados à operação de trens e ocorrem, por exemplo, quando é possível usar um vagão de carga na ida e na volta, pois então custos com a locomotiva, o vagão e a tripulação são comuns às duas viagens.

nos elásticos em relação aos preços.[88] Esse é o método que maximiza o bem-estar coletivo e o transporte realizado pela ferrovia, dada a restrição de que a empresa não tenha prejuízo. O World Bank (2011, p. 41) assim coloca esse princípio:

> Princípios básicos de precificação eficiente dos serviços de transporte de carga são bem estabelecidos e têm sido usados por gestores ferroviários competentes desde o século XIX. A tarifa fixada deve ser a mais alta que o mercado aceita, levando em conta os preços cobrados por concorrentes atuais ou potenciais, exceto sob condições especiais, tais como a necessidade de desenvolver um novo serviço. A tarifa precisa ao menos cobrir um piso igual ao custo varável de longo prazo de realizar um tráfego específico por um determinado período antecipado.

A regulação é outro fator que naturalmente irá influir na determinação das tarifas, quando, obviamente, as tarifas forem reguladas, o que não é sempre o caso. A regulação em geral opera estabelecendo tetos para as tarifas, mas também pode se dar por meio de subsídios que cubram os custos comuns e permitam a ferrovias que igualem os custos marginais de provisão do serviço ou alguma variante com o mesmo espírito.

No Brasil, a fixação de tarifas à época da privatização seguiu basicamente a estrutura herdada da RFFSA, que as diferenciava em função da distância, do tipo de produto, e da região geográfica da malha (Durço, 2011). Para cada trajeto a regulação fixou um teto e um piso tarifário, este objetivando impedir a prática de preços de transferência entre a ferrovia e seus controladores. Não há clareza na literatura sobre o grau em que essa estrutura tarifária seguia o princípio geral de Ramsey, considerando o elevado grau de interferência política na gestão da RFFSA e Fepasa.[89] Para usuários cativos, a tarifa deve ser negociada diretamente e, em caso de não convergência, fixada pelo regulador. Registre-se também que os contratos de concessão não estabeleceram que os ganhos de produtividade alcançados pelos concessionários deveriam se refletir em reduções do valor real das tarifas (Durço, 2011).

Um ponto central para a discussão neste livro é se, e como, as reformas regulatórias interferem nas práticas de precificação ferroviária. Em tese, pelo menos, reformas que seguem as alternativas de desregulamentação e privatização vão facilitar e

---

[88]Isso significa cobrar *markups* mais elevados de produtores de minérios e carvão do que no transporte de contêineres.

[89]Como analisado no capítulo 9, em 2012 a ANTT promoveu uma ampla reforma da nossa estrutura de tarifas ferroviárias, arbitrando métodos de distribuição de custos não alocáveis. No capítulo 9 também discutimos as regras de reajuste e revisão então fixadas para a revisão desses pisos e tetos tarifários ao longo do tempo.

estimular a adoção de tarifas que sigam o princípio de Ramsey. A separação horizontal, por sua vez, restringe o mercado das empresas de ferrovia, em geral geograficamente, o que em teoria limita a sua capacidade, ainda que não o seu incentivo, a seguir esse princípio. Já a desverticalização tem um impacto muito significativo na forma de precificação dos serviços ferroviários. Vejamos porquê.

Quadro 4.1:
Limites dos custos de transporte ferroviário e seus principais usos

Conceito do custo	Descrição do custo	Usos
Custo variável de longo prazo (evitável ou incremental)	Custos que poderiam ser evitados no longo prazo se um serviço específico ou tráfego existente fosse interrompido; ou custos incrementais que seriam incorridos se um novo serviço ou tráfego específico fosse adicionado a operações existentes. Inclui os custos de todo o capital, material e recursos humanos que poderiam ser poupados ou incrementos de recursos que seriam incorridos, permitindo um período razoável para o ajuste de recursos.	O custo variável de longo prazo é para um serviço ou tráfego individual o limite-chave do desempenho financeiro, o qual, quando comparado à arrecadação, indica se e quanto o serviço ou tráfego está atuando como uma contribuição financeira positiva de longo prazo para o setor ferroviário. Componentes individuais de custo variável de longo prazo indicam à gestão comercial onde eficiências operacionais podem ser buscadas para reduzir o custo daquele serviço ou tráfego, assim, aprimorando sua contribuição financeira de longo prazo. Quando o mais eficiente custo variável de longo prazo é alcançado, é o preço mínimo normal a ser aplicado a um serviço ou tráfego.
Custo variável de curto prazo (evitável ou incremental)	Custos que poderiam ser evitados no curto prazo se um serviço específico ou tráfego existente fosse interrompido; ou custos incrementais que seriam incorridos se um novo serviço ou tráfego específico fosse adicionado a operações existentes. Custos variáveis de curto prazo incluem apenas custos que variam no curto prazo com o nível de tráfego, tipicamente os custos de combustível/energia e materiais.	Em circunstâncias limitadas e específicas, pode ser usado como preço mínimo para um serviço ou tráfego que estiver disponível para as ferrovias apenas para um curto período de tempo, tipicamente um que teria pouco ou nenhum impacto no capital ferroviário ou recursos de mão de obra. Aviso: o custo variável de curto prazo não deve ser usado para planejamento normal de negócios ou decisões de preços; isso acarreta acréscimo de tráfego a preços que prejudicam a rentabilidade a longo prazo, e sustenta a miopia da gestão institucionalizada.
Custos totalmente alocados (ou totalmente distribuídos)	Custos evitáveis ou incrementais de longo prazo de um serviço específico ou tráfego existente, acrescidos de uma participação desses custos conjuntos e comuns, tal que a soma dos custos atribuídos a cada serviço corresponde aos custos totais do transporte ferroviário.	Útil em situações de precificação compensatória, como negociações sobre os serviços de transporte de passageiros (regulação PSO), para indicar o *markup* médio requerido a ser adicionado aos custos variáveis de longo prazo a fim de garantir que o serviço ou tráfego contribua para custos conjuntos e comuns do transporte ferroviário.

Fonte: World Bank (2011).

Com a separação vertical, a operação de transporte ferroviário passa a ser feita de modo competitivo, entre (i) operadores, (ii) operadores e usuários que podem usar seu próprio material rodante e (iii) operadores com os transportadores de outros modais. A tendência e a expectativa são que o resultado sejam tarifas competitivas, sem qualquer espaço para subsídios cruzados entre serviços – produtos e trajetos.

O espaço para discriminação continua presente, porém, na gestão da infraestrutura e, em tese, poderia ser usado para levantar recursos que financiassem custos não alocáveis. Algumas das Diretivas da Comissão Europeia que avançaram o processo de separação vertical na região explicitamente aludem à possibilidade de os gestores de infraestrutura operarem com *markups* sobre os custos marginais na cobrança de tarifas de acesso.

Porém, na prática isso não é fácil. Primeiro, pois o operador de infraestrutura está agora mais distante do mercado, lidando com os transportadores e não seus clientes, e tem menos informação disponível para realizar o tipo de discriminação prescrita nos preços de Ramsey. Segundo, porque é difícil justificar diferenças nas tarifas de acesso à infraestrutura com base em critérios que não afetam a relação entre o gestor da infraestrutura e o transportador ferroviário, como o tipo de carga.

Por outro lado, ao distribuir os custos não alocáveis entre todos os transportadores por algum critério arbitrário que não a elasticidade de demanda final, esbarra-se no problema de que nem todos os transportadores têm igual condição de repassar essas tarifas de acesso a seus clientes finais, em função da concorrência intermodal. Isso significa que ou se limita o uso do transporte ferroviário aos segmentos em que este é mais competitivo, acarretando sacrifícios em termos de economias de escala, densidade e escopo não exploradas, ou há que se subsidiar a infraestrutura, com o setor público cobrindo parte dos seus custos.

Dessa forma, ao dificultar a aplicação do princípio de Ramsey na fixação das tarifas, a separação vertical dificulta a recuperação dos custos fixos e a maximização do uso da infraestrutura (economias de densidade) no setor ferroviário. Kessides e WIllig (1995, p. 268) endossam essa conclusão ainda que chegando a ela de forma um pouco distinta:

> A cobrança de tarifas eficientes para cobrir os custos de reposição fica mais difícil no caso da separação vertical. Onde economias de escala estão presentes, a tarifação eficiente para financiar os custos de reposição exige que os despachos de diferentes bens em diferentes pares origemdestino tenham tarifas com diferentes relações com os custos marginais. Se for o caso de que um operador de trens pode facilmente fugir da discriminação de preços por uma entidade de infraestrutura – de forma que não é possível ter diferentes tarifas cobradas pela entidade de infraestrutura pelo uso de uma instalação por diferentes usuários (*shippers*) com diferentes *commodities* – então será difícil, se não impossível, re-

embolsar os custos das empresas de infraestrutura por meio de tarifas de Ramsey. No extremo, uma entidade de infraestrutura regulada cobrando de operadores concorrentes uma tarifa igual por cada tonelada ou cada t/milha de carga que utiliza cada uma das instalações está, na essência, recriando um sistema no qual as tarifas são fixadas de acordo com custos totalmente alocados.

Assim, as tarifas de acesso praticadas nos países com separação vertical em geral não seguem o princípio dos preços de Ramsey, variando consideravelmente de um caso para outro, em especial com relação ao grau em que elas recuperam os custos da infraestrutura e em que isso é deixado para o governo. Na avaliação de World Bank (2011), a Europa tem o sistema mais desenvolvido. Os sistemas de tarifa, aí incluídas as tarifas de acesso à infraestrutura, são atribuição nacional e variam por país, mas alguns elementos de precificação comuns são: (i) o grau de utilização da capacidade instalada, auferido com base no uso dos trechos; (ii) o desgaste dos trilhos, como refletido na quantidade de carga bruta transportada, incluindo a tara de locomotivas e vagões; e (iii) outros serviços fornecidos pela empresa de infraestrutura, como energia elétrica ou assistência em caso de problemas. As tarifas em geral variam com o tipo de trem e o tipo de rota, usualmente como reflexo de custos e considerações de mercado que são difíceis de parametrizar.

Na Alemanha, as tarifas de acesso cobradas de trens de carga e de passageiros são publicadas no Diário Oficial e na internet, são definidas para uma lista detalhada de trajetos de trem e instalações, como estações e pátios, e a proposta do governo é que as receitas cubram uma elevada proporção dos custos de infraestrutura. As tarifas seguem uma metodologia básica sobre a qual são aplicados "fatores de preço" especiais, como o grau de congestionamento do trecho e a tara bruta do trem (World Bank, 2011).

Na Suécia e na Austrália, o subsídio público é explícito e cobre a maior parte dos custos fixos de infraestrutura. O subsídio público dado à infraestrutura ferroviária na Suécia visa compensar subsídios similares dados à infraestrutura rodoviária e incentivar o transporte ferroviário, que é ambientalmente mais sustentável e mais seguro que o rodoviário. O financiamento público na Austrália, da mesma forma, implicitamente encoraja a Australian Rail Tract Corporation (ARTC) a fixar tarifas de acesso de forma a tornar o transporte ferroviário competitivo com o rodoviário.

O caso australiano é ilustrativo. A ARTC, operadora da infraestrutura ferroviária na maior parte da Austrália (ver capítulo 6), trabalha com uma tarifa cujo piso é o custo incremental de prover o serviço (quadro 4.1), aí incluída parte do custo de *overheads*, mas não a remuneração do capital fixo. Por outro lado, o teto tarifário é dado pelo custo econômico total de prover o serviço, incluindo a alocação de *overheads* e o custo de capital (depreciação e retorno sobre o capital investido). As tarifas refletem a distância percorrida, a tara bruta do trem, a velocidade do trem e a reserva do trajeto, que deve ser paga independentemente do uso (World Bank, 2011).

A maioria das tarifas também reflete de perto as condições de mercado, levando em conta quanto os operadores de trem podem pagar sem perder sua competitividade, principalmente para o transporte rodoviário. Assim, o valor do frete cobrado pelos transportadores rodoviários em rotas concorrentes é um fator fundamental considerado pela ARTC na fixação da maioria das tarifas. As tarifas de acesso cobrem as despesas correntes da ARTC e geram um excedente para financiar renovações e outras obras. O governo é quem banca os principais investimentos e melhorias na infraestrutura ferroviária australiana.

4.4. Observações finais

Antes de fechar o capítulo, duas observações finais. A primeira é notar que o setor ferroviário é um dos modais regulados de forma mais abrangente pelo poder público (quadro 4.2). Essas regulações transcendem a discussão da seção anterior sobre as tarifas, de transporte ou acesso, conforme o caso, para incluir a entrada e saída do mercado, aí incluída a obrigação de manter certos trechos e serviços em operação, mesmo quando isso deixar de ser justificado economicamente; regras de operação e segurança; regras contábeis; disponibilização de informações operacionais e financeiras etc.

Quadro 4.2:
Principais áreas de regulação ferroviária

1. Econômica	Pode incluir entrada de indústria, padrões de serviço, precificação dos serviços ferroviários, e/ou acesso à infraestrutura.
2. Segurança	Inclui processos para a proteção dos passageiros, empregados e comunidades; e investigação de conformidade e incidentes.
3. Meio ambiente	Inclui o impacto do transporte ferroviário nas comunidades de corredores ferroviários e impactos mais amplos, como emissões de carbono.
4. Técnica	Inclui normas técnicas e regulamentos para garantir uma infraestrutura ferroviária e rede de serviços integrada, segura e ecologicamente correta.

Fonte: World Bank (2011).

Essas regulações, e as próprias características da tecnologia ferroviária, fazem com que o transporte ferroviário seja bem mais seguro e ambientalmente sustentável que o rodoviário. Uma questão que se coloca, porém, é o grau em que, na ausência de compensações, como na Suécia e na Austrália, essas regulações estão comprometendo a competitividade das empresas de ferrovia:

> Modais concorrentes de transporte, como o rodoviário, em geral acarretam custos de segurança (acidentes) e ambientais bem mais altos que o ferroviário. As regulações do setor ferroviário não deveriam ser tão rigorosas a ponto de atrapalhar a capacidade de as ferrovias competirem, pois isso tenderia a encorajar os usuários a selecionarem outros modais, deteriorando as condições de segurança e meio ambiente no setor de transporte como um todo (World Bank, 2011, p. 131).

Uma segunda observação é notar que a opção pela competição intramodal em certo grau pressupõe que o material rodante pode transitar com facilidade entre as diversas regiões do país, o que entre outras coisas ajudará a criar um mercado relativamente profundo de *leasing* de equipamentos. Acontece que nem sempre isso ocorre. Um problema que pode se interpor é a diferença de bitolas em regiões diferentes do país (box 4.1). O Brasil sofre com esse problema, mas a Austrália também tem um histórico parecido, enquanto na Europa uma dificuldade para a integração regional foi a diferença de bitolas em Portugal e na Espanha.

BOX 4.1
ENTENDENDO AS BITOLAS

Muitos países, como é o caso do Brasil, têm diferentes bitolas em partes distintas de sua malha ferroviária. Da mesma forma, países diferentes recorrem a bitolas distintas para suas ferrovias. Deveriam todas as ferrovias ser construídas com a mesma bitola? Qual a melhor?

A verdade é que não há uma bitola ideal. A escolha de uma bitola ou outra reflete tanto objetivos diferentes como acontecimentos históricos – por exemplo, a participação de empresas estrangeiras nas primeiras ferrovias, empresas essas que recorriam à bitola a que estavam acostumadas a trabalhar nos seus países de origem.

Em várias dimensões, uma bitola mais estreita tem vantagens: em especial, elas são mais baratas, pois têm custo de construção mais baixo, exigindo menor movimentação de terras, menos lastro, a construção de túneis mais estreitos, e dormentes mais estreitos e baratos. Por outro lado, bitolas mais largas são melhores para ferrovias que transportam cargas pesadas, como minério de ferro, dando mais estabilidade, menor estresse nos trilhos e uma vida útil mais longa para a malha.

Tipo comum de bitola	Medida métrica	% das ferrovias mundiais	Exemplos de países usando
Padrão	1,435	57%	EUA, Canadá, Europa, China
CIS/russa*	1,525	18%	Rússia, Ucrânia, Cazaquistão
Cabo	1,067	9%	África do Sul, Indonésia, Japão
Métrica	1,000	8%	Brasil, Índia, Argentina
Indiana	1,676	6%	Índia, Paquistão, Argentina, Chile
Ibérica	1,668	1%	Portugal, Espanha
Irlandesa	1,600	1%	Irlanda, Austrália, Brasil

*Bitolas de 1,520 mm também são comumente usadas em países da CIS e Finlândia.

Fonte: World Bank (2011, p. 23).

5

As concessões verticais de transporte ferroviário no Brasil

5.1. Introdução

Os contratos de concessão de serviços públicos são tributários de uma lógica própria. Razão pela qual, a boa compreensão das concessões verticais de transporte ferroviário em vigor no Brasil passa, antes, pela assimilação das características inerentes a esse formato de parceria entre os setores público e privado.

Desse modo, no item seguinte faremos um apanhado dos contornos mais gerais que singularizam as concessões de serviços públicos, ainda que sem a pretensão de esgotá-los. A partir desse apanhado, será então possível apresentar como as concessões de ferrovias em operação no país disciplinam os temas nodais das concessões de serviços públicos no plano contratual. A importância da abordagem sob esse viés contratual é de extrema relevância, já que, por a agência reguladora só ter sido criada após a delegação da prestação dos serviços públicos a concessionárias privadas, boa parte da regulação do mercado ferroviário imediatamente após a desestatização foi feita dentro dos próprios contratos de concessão. Deu-se no setor, portanto, o emprego da técnica designada pela literatura especializada como regulação por contratos.[90]

5.2. A lógica especial das concessões de serviços públicos

O contrato de concessão de serviços públicos não é um contrato administrativo comum. Precedido por um procedimento licitatório na modalidade de concorrência – ou leilão, caso se trate de hipótese de desestatização, como autoriza o art. 2º, §4º, da Lei nº 9.491/1997 –, trata-se de um ajuste partidário de lógica

---
[90] Sobre o tema, confira-se: Collins, 1999; e Gonçalves, 2013.

própria, que precisa ser considerada para o enfrentamento de qualquer questão relacionada ao tema.

O contrato de concessão se afigura como uma relação jurídica complexa (por envolver uma plêiade de obrigações e de agentes). Essa relação deve observância a uma lógica de sistema,[91] da qual decorre um dever de solidariedade entre as partes a ele relacionadas (Amar, 2001, p. 225-226). De fato, por meio de relações jurídicas interligadas (o contrato de concessão, os contratos privados celebrados pelos concessionários com outros prestadores de serviços, os contratos celebrados com os usuários etc.), a concessão transfere ao concessionário um plexo de posições jurídicas (econômicas e regulamentares) para o exercício de uma atividade que veicula um interesse público contratualizado.

Essa atividade é primordialmente remunerada mediante o pagamento de tarifas pelos usuários, em alinhamento à política tarifária prefixada pelo concedente, voltada a definir uma diretriz remuneratória compatível ao financiamento do serviço delegado (art. 175, III, da CRFB, e 9º, da Lei nº 8.987/1995). Razão pela qual, a concessão, a um só tempo, exprime um caráter constitutivo, criando a figura de concessionário de serviço público, conferindo à sociedade empresária o correspondente direito subjetivo a tanto, e um caráter translativo, na medida em que a posição do concessionário decorre de uma posição jurídica da administração concedente (Gonçalves, 1999, p. 117-120).

Isso, contudo, não significa dizer que, ao fazer essa delegação, o poder público concedente se abstenha de levar a efeito posturas comissivas favoráveis à adequada prestação do serviço. Muito ao contrário. O pacto concessório cria vínculos bilaterais (e sinalagmáticos) entre poder concedente e concessionária, a fim de que sejam alcançados objetivos comuns. Daí Marques Neto (2015) referir-se à multipolaridade das concessões, e Moreira (2010, p. 281) formular que

---

[91] A ideia de sistema já foi reconhecida, em algumas oportunidades, pela jurisprudência pátria, a exemplo das hipóteses de cobrança de tarifa mínima, no setor de saneamento, como se extrai do seguinte julgado do Superior Tribunal de Justiça (STJ): "Nesse regime, a tarifa mínima, a um tempo, favorece os usuários mais pobres, que podem consumir expressivo volume de água a preços menores, e garante a viabilidade econômico-financeira do sistema, pelo ingresso indiscriminado dessa receita prefixada, independentemente de o consumo ter, ou não, atingido o limite autorizado" (Resp 20741/DF). E de sobretarifa, no setor de energia elétrica, como foi reconhecido pelo STF: "Este acréscimo não descaracteriza a tarifa como tal, tratando-se de um mecanismo que permite a continuidade da prestação do serviço, com a captação de recursos que têm como destinatários os fornecedores/concessionários do serviço. Implementação, em momento de escassez da oferta de serviço, de política tarifária, por meio de regras com força de lei, conforme previsto no art. 175, III, da Constituição Federal". ADC 9/DF. Min. Rel. Néri da Silveira. Min. Rel. p/ Acórdão: Min. Ellen Gracie. Tribunal Pleno. Julgado em: 13/12/2001. Publicação no DJ em: 23/4/2004.

um contrato de concessão de serviços públicos veicula um verdadeiro *"Projeto Concessionário"*, já que *"no âmbito do pacto concessório, são estabelecidos vínculos primários (entre concedente e concessionário); secundários (entre estes e os destinatários diretos da utilidade pública); e reflexos (para com terceiros detentores de posições jurídicas subjetivas em face da concessionária)"*. Tudo isso tendo em vista os diversos interesses dispostos na arena pública, de forma interpenetrada, entre o público e o privado (Cassese, 2001, p. 649).

A relação de serviço público, desse modo, se estende para além do concedente e da concessionária. Trata-se de relação jurídica complexa, que envolve a participação dos usuários e, muitas vezes, de entes reguladores, criando uma multiplicidade de direitos e deveres para todos os que se inserem nesse sistema organizacional. Em se tratando de serviços públicos, como é o caso dos serviços de transporte ferroviário, a relação já vinha sendo reconhecida como trilateral,[92] eis que existe um conjunto de direitos e obrigações que alcançam não apenas as partes que celebram o contrato, mas também o conjunto dos usuários. Com o advento da regulação como instrumento de normatização técnica de preservação da atualidade do contrato de longo prazo (*a nova noção de pacta sunt servanda*), porém, evoluiu-se para um modelo de relação quadrangular da concessão – leia-se: concedente, concessionária, usuário e agência reguladora/ente fiscalizador (Ariño Ortiz, 1999, p. 591).

Além disso, como as concessões de serviços públicos são contratos de investimento,[93] elas não colocam as partes contratuais em posições necessariamente antagônicas. Nessas relações contratuais, os interesses do poder concedente e do concessionário são, em geral, distintos, mas convergentes. E, a depender da modelagem da concessão, até mais que isso: os próprios interesses econômicos, por si só, podem mesmo convergir também. Se não vejamos.

De um lado, o poder público visa oferecer uma utilidade pública, por meio de uma relação contratual, a um maior número de destinatários; de outro, o agente privado busca desenvolver uma atividade empresarial vocacionada à obtenção do lucro – atividade esta que pressupõe que o serviço delegado seja prestado, e, se pos-

---

[92]Cesar A. Guimarães Pereira aborda a natureza dessa relação jurídica: "A relação é trilateral porquanto tais vínculos são indissociáveis: a relação entre o usuário e o concessionário apenas faz sentido se integrada à relação entre o concessionário e o poder concedente ou entre este e o usuário" (Pereira, 2006, p. 80).

[93]Os contratos de investimentos diferem dos contratos de despesa. Nos primeiros, a administração pública recebe investimentos dos particulares – por exemplo, os contratos de concessão e de PPPs; nos segundos, a administração despende recurso, como ocorre nos contratos de empreitada tradicionais.

sível, expandido. E isso porque, em concessões remuneradas por tarifas, à medida que há o incremento do número de utentes, maior será a receita do concessionário. Daí por que se está de pleno acordo com Marques Neto (2015), para quem "*o objeto da concessão apresenta, a um só tempo, um interesse público, correspondente à finalidade justificadora da delegação de uma atribuição sua, e um interesse privado. Embora movidos por finalidades distintas, concedente e concessionário convergem para atingir um objetivo comum: realizar um cometimento público*".

Essa noção cooperativa (Justen Filho, 1997, p. 294) faz com que, por ocasião da modelagem dos contratos de concessão, sejam estabelecidas obrigações, *ex ante*, tanto para o poder concedente, como para o concessionário (art. 29 e 31 da Lei nº 8.987/1995). Mas isso não significa dizer que, no bojo desta relação contratual, não possam ser avençadas outras obrigações para as partes em prol da adequada prestação do serviço público delegado. Trata-se de possibilidade decorrente de uma imbricação de dois conceitos basilares atrelados a tal espécie de avença: o do "incremento dos custos de transação" e o da "incompletude" (ou "mutabilidade") dos contratos de concessão.

De acordo com Williamson (1981, p. 552), os "custos de transação" nos negócios jurídicos têm lugar porque os agentes econômicos não adquirem bens, tão somente, por conta dos custos de produção, mas porque a todos eles estão agregados os custos de negociação, que são aqueles necessários à formação e à manutenção dos ajustes. Estes custos podem se materializar na fase pré-contratual, ou depois de sua celebração. Na fase pré-contratual, os custos de transação podem ser exemplificados: (i) pela redação do contrato; (ii) pelas negociações para obtenção de melhores condições e obrigações contratuais; e (iii) pelo estabelecimento de garantias para se mitigar os riscos da ocorrência de fatos supervenientes. Já os custos na fase pós-contratual, por sua vez, terão lugar, por exemplo: (i) na fiscalização do contrato; (ii) na manutenção das condições originalmente acordadas; e (iii) na sua renegociação pela ocorrência de fatos supervenientes.

Todavia, nos "projetos concessionários", às partes é impossível estabelecer, de início, todas as obrigações que serão necessárias à adequada prestação dos serviços públicos durante a vigência contratual. Isto porque, como observa Garcia (2014), os contratos de concessão são "incompletos, porque realisticamente impossibilitados de regular todos os aspectos da relação contratual, o que os torna naturalmente inacabados e com lacunas, que reclamarão uma tecnologia contratual capaz de resolver a infinidade de contingências que poderão surgir durante a sua execução".

Nesse quadrante, costuma-se afirmar que os contratos de longo prazo tendem a ser mais incompletos, e por isso é recomendável que prevejam formas de resolver contingências imprevistas. Daí por que acerta Moreira (2010) quando observa que "em tempos pós-modernos, nada mais adequado do que afirmar que a segurança advém da certeza da mudança". Nos contratos de concessão, essa lógica fica ainda mais evidente, na medida em que se configuram como ajustes de longo prazo, sujeitos aos mais diversos tipos de riscos e de incertezas, de modo que, por muitas vezes, a atualização e, portanto, busca de maior completude perante questões concretas, acontece por meio de uma atuação regulatória da administração pública que, devendo encontrar limites nas balizas fixadas no ajuste, exerce sobre ele uma dupla função, integrativa e atualizadora.

Essa "incompletude" dos contratos de concessão está ligada ao princípio da atualidade, consagrado no art. 6º, §2º, da Lei nº 8.987/1995. Nos termos do referido dispositivo, o dever de atualidade deve ser compreendido pela: (i) utilização de técnicas modernas no que diz respeito aos equipamentos e às suas instalações; (ii) conservação dos direitos já adquiridos pelo concessionário; (iii) melhoria da qualidade dos serviços, durante a vigência do ajuste; e (iv) sua expansão para as pessoas ainda não beneficiadas pelo serviço. Diante disso, é possível se afirmar que as concessões se configuram como contratos relacionais. Nessa qualidade, há uma incomensurabilidade da equivalência de suas trocas projetadas para o futuro, vez que, em razão de "se tratarem de negócios jurídicos que se protraem no tempo, não se sabe, exatamente, o que as partes obterão ao término da relação contratual" (Macedo, 2006, p. 131),

Esse conjunto de peculiaridades faz com que a lógica econômica dos ajustes concessionários seja totalmente distinta da dos contratos regidos pela Lei nº 8.666/1993, portanto. No mais, não custa lembrar que, para além da diferenciação entre o sistema de contratos de despesa, regidos primordialmente pela Lei nº 8.666/1993, e o sistema de contratos de investimento, como as concessões de serviços públicos, o regime jurídico de direito público, por sua vez, cada vez menos é considerado como um todo monolítico e incidente, de forma plana e abrangente, sobre todos os serviços públicos igualmente. A rigor, é tanto mais adequado reconhecer a complexidade dos fatos, e das peculiaridades setoriais, de modo a se falar em regimes jurídicos específicos (Schirato, 2012), como aqui se vem de investigar na sequência, enfocando como os temas centrais ao segmento ferroviário são tratados nos módulos concessórios vigentes.

Esse regime jurídico de direito público setorialmente especializado não deve, ao cabo, ser confundido com o regime jurídico privado das atividades concessionárias. Diferente do que se possa imaginar em uma primeira passada de vista, a maior parte da atividade dos concessionários de serviços públicos acontece dentro do regime de direito privado. E isso tem uma razão originária: a própria escolha organizatória por delegar o serviço público a um particular tem que ver com a gestão privada que ele empregará para o provimento dos cometimentos públicos pretendidos. Daí falar-se em um direito essencial do concessionário à intangibilidade de sua gestão privada, quanto à qual tem ampla liberdade de decidir (Gonçalves, 1999, p. 262).

Assim é que os contratos privados celebrados entre o concessionário e terceiros alheios à concessão não se submetem ao regime jurídico-administrativo, na medida em que têm por objeto a faculdade que foi atribuída ao concessionário para explorar atividades economicamente adjetas ao pacto concessório, devendo atenção ao disciplinado no art. 25 da Lei nº 8.987/1995. Nada obstante, não se pode desconsiderar que esses contratos são celebrados no bojo de um sistema, bem como que, na parte que toca ao exercício finalístico do serviço público em si, a concessionária deve obediência ao regime jurídico de direito público.

5.3. As concessões verticais de transporte ferroviário de cargas

Os contratos de concessão de ferrovias em vigor no Brasil são fruto do contexto detalhado anteriormente. Tributários que são das lógicas concorrencial e concessionária das quais tratamos, temos para nós que entender sua evolução até o atual estado da arte, revelando as principais questões postas diante de si, equacionadas ou por equacionar, e seus desafios futuros, é um exercício intimamente ligado à análise desses projetos concessionários em espécie.

Não sendo nosso objetivo esgotar a interpretação desses contratos, cláusula a cláusula – até por que a tarefa seria ilimitada, na medida em que a compreensão desses ajustes deve ser sempre dinâmica e, portanto, diretamente influenciada pelos fatos contextualmente informados a cada tempo, de acordo com a realidade que lhes seja subjacente –, por outro lado, no entanto, consideramos que tomar o trato de temas centrais por esses ajustes, e os concomitantes arrendamentos de bens da RFFSA, contribui significativamente para a melhor compreensão do setor ferroviário brasileiro. Dito isso, passamos aos pontos em espécie.

5.3.1. Os papéis de concedente e regulador

Precedidos por processos licitatórios de leilão, segundo o critério da maior outorga, e destinando a repartição dos valores recebidos em torno de 95% à RFFSA, e 5% à União, os contratos de concessão das ferrovias fixaram no polo concedente a União, por intermédio do Ministério dos Transportes, sagrando concessionárias os consórcios formados dentro das regras descritas anteriormente, e fazendo seus acionistas figurarem como intervenientes. Também à

União foram conferidas as funções relacionadas à fiscalização do contrato, o que não nos parece de todo aconselhável. Isso tendo em vista a necessidade do exercício equidistante da função regulatória, por entidade integrante da administração pública, mas insulada para bem exercer tal função, permitindo um distanciamento do papel mais político, de definição das diretrizes de política pública, essas sim, melhor adequadas quando alocadas aos entes federados e seus ministérios, sob hierarquia direta.

Em ilustração, veja-se que, para além dessa confusão de papéis conferidos ao concedente no contrato de concessão, o Regulamento de Transporte Ferroviário (RTF), instituído pelo Decreto nº 1.832/1996, também fixa cumprir ao Ministério dos Transportes supervisionar e fiscalizar as administrações ferroviárias (art. 4º), baixar normas de segurança (art. 5º) e dirimir conflitos envolvendo questões de tráfego mútuo ou direito de passagem impassíveis de solução negocial entre duas concessionárias (art. 6º, §2º).

A falta de um regulador independente preexistente, dotado de autonomia técnica, financeira e administrativa, bem como de um arcabouço jurídico de antemão delimitado, por meio de mecanismos estáveis,[94] colaborando para manter as regras do jogo e, desse modo, para a segurança jurídica do setor, revelam uma falha estrutural que acometeu a maior parte dos setores de infraestrutura, inclusive o ferroviário: a falta de um sequenciamento adequado, no qual a privatização fosse antecedida por uma reforma regulatória setorial.

Os problemas de sequenciamento refletiram a importância dos objetivos fiscais como motivação para a privatização, tanto em nível estadual como federal; o fato de que diferentes agências estavam encarregadas da privatização e da reforma regulatória; e a resistência à mudança por parte dos *insiders* (funcionários, políticos, clientes, fornecedores etc.) nos vários setores. Na verdade, quando o ajuste fiscal e a desvalorização cambial deram bases mais sólidas à política econômica, no início de 1999, a prioridade atribuída à privatização diminuiu consideravelmente, fazendo com que o processo de reforma também perdesse a força, especialmente no setor elétrico.

---

[94] Registre-se a crítica de Félix e Cavalcante Filho (2016, p. 13) que, em linha com nossas argumentações desenvolvidas acerca do Decreto nº 8.129/2013 adiante, a propósito do modelo de livre acesso – retomada no capítulo 10 –, entendem que parcela da insegurança jurídica pendente sobre o segmento ferroviário se deve ao fato de boa parte de seu arcabouço jurídico estar assentado sobre o Decreto nº 1.832/1996, ato unilateral que, para os autores, seria formalmente inconstitucional, em violação à reserva legal do art. 175, da Constituição. De todo modo, a esse ponto de vista temperamos que parte das disposições previstas no RTF se encontram consagradas nos contratos de concessão, por força da opção de um modelo de regulação contratual. Razão pela qual, formalmente inconstitucional ou não, o decreto seguirá sendo oponível às partes nesses pontos contratados.

A privatização e a reforma regulatória conseguiram aumentar a produtividade e o investimento em todos os setores de infraestrutura, mas a partir de níveis baixos e com os investimentos se concentrando na recuperação e modernização das instalações existentes. A única exceção foi a do setor de telecomunicações, no qual a capacidade de oferta aumentou a taxas elevadas. Quatro características da reforma regulatória nas telecomunicações, atuando em conjunto, parecem ter sido cruciais para produzir esse resultado: a) o reajuste nas tarifas, que acabou com os subsídios cruzados e elevou as tarifas de telecomunicações aos níveis internacionais; b) o correto sequenciamento da reforma; c) a ampla e crescente ênfase na competição, de acordo com um cronograma publicamente anunciado; e d) o acesso ao financiamento a taxas condizentes com o retorno oferecido pelos projetos de investimento no setor. Outras características específicas do setor de telecomunicações, não relacionadas à reforma regulatória, também foram essenciais para estimular o investimento: o rápido progresso técnico, a crescente diversidade de produtos, o grande potencial de crescimento do mercado e a coordenação intergovernamental relativamente simples no processo de privatização.

Nos outros setores de infraestrutura, como é o caso do ferroviário, a reforma não foi tão bem-sucedida em provocar uma expansão igualmente expressiva na capacidade produtiva, fazendo-se necessária a adoção de medidas complementares de reforma em cada setor. O sequenciamento inadequado da reforma foi um problema grave no setor de transportes, já que as agências reguladoras foram criadas somente em 2001, quando as privatizações/concessões do setor já tinham sido concluídas. Isso resultou na adoção de uma regulação econômica não intervencionista até 2001, o que pode não ter sido a melhor alternativa, dada a complexidade do setor, em função da necessidade de simultaneamente estimular a competição e garantir a conexão intra e intersetorial, um problema agravado pela estrutura de propriedade resultante do processo de privatização, fragmentada e, em geral, verticalmente integrada (Pinheiro, 2005b).

Em paralelo aos contratos de concessão, como dito, foram celebrados contratos de arrendamento de bens operacionais entre as concessionárias e a RFFSA, passando tais contratados a constituírem parte integrante das concessões, e atraindo a necessidade de interface com a RFFSA para diversas questões envolvidas na concessão, primordialmente no que toca aos bens integrantes do rol de ativos operacionais, como veremos adiante. Com o advento da Lei nº 10.233/2001, e a extinção da RFFSA, na forma da Lei nº 11.483/2007, a União, por intermédio da ANTT e do DNIT, passou a figurar como arrendadora quando da celebração dos termos aditivos a esses ajustes.

5.3.2. Objeto concedido

O objeto das concessões celebradas no setor, além de, por obviedade, importar na delegação da prestação dos serviços de transporte ferroviário na malha determinada, que era anteriormente detida pela RFFSA, comporta ainda o exercício de atividades conectadas a essa atividade central de transporte, bem como define o modo como isso deverá ser feito.

A bem saber, como serve de exemplo a cláusula 1ª, do Contrato da Ferroban (malha paulista), o direito de concessão de serviço público naquela malha, precedido de execução de obra pública, alberga ainda, a critério da concessionária, construir e explorar o prolongamento da via permanente daquela malha até o Porto de Santos, mediante a submissão de projeto específico à aprovação da concedente. Além disso, prevê que dois trechos, inoperantes quando da celebração do contrato, seriam automaticamente excluídos caso a concessionária não manifestasse interesse em restabelecer sua operação no prazo de oito meses.

A disposição tem a ver com a disciplina constante do RTF, quando esse expressamente condiciona a "desativação ou erradicação de trechos ferroviários integrantes do Subsistema Ferroviário Federal, comprovadamente antieconômicos e verificado o atendimento da demanda por outra modalidade de transporte" à "prévia e expressa autorização do Poder Executivo federal" (art. 3º). A mesma sorte segue a "aberturas [sic] ao tráfego de qualquer trecho ferroviário", dependente que será da "prévia e expressa autorização do poder concedente" (§1º). A lógica só se altera minimamente no caso da construção e uso de desvios e ramais particulares, hipótese na qual a concessionária, ela própria, poderá autorizar sua realização, mediante prévio conhecimento do concedente (§2º).

Para o cumprimento do contrato, foi vedado à concessionária o exercício de quaisquer outras atividades de natureza empresarial, exigindo-se dela a assunção dos específicos propósitos de explorar o transporte ferroviário de carga, bem como atividades "associadas à prestação do serviço público, seu objeto social, ou projetos associados, desde que sejam contabilizadas em separado em contas específicas, sempre com prévia autorização da concedente, tais como: a) utilização da faixa de domínio para instalação de linhas afetas a sistemas de transmissão de dados, voz, texto, imagem e similares; b) exploração comercial, inclusive para propaganda, de espaços disponíveis nos imóveis operacionais; c) prestação de serviços de consultoria técnica; d) instalação e exploração de terminais intermodais; e e) exploração de projetos imobiliários com aproveitamento de imóveis operacionais" (cláusula 1ª, parágrafo 5º).

Nesse ponto, e ainda que antecipando parte do tema da remuneração dos concessionários, que tratamos adiante, é interessante notar que, conferindo certa concretude ao art. 11 da Lei nº 8.987/1995, o parágrafo 6º da cláusula 1ª fixa regra específica de repartição de receitas decorrentes dessas atividades autorizadas, como se vê:

> Parágrafo 6º – A CONCEDENTE poderá, em cada caso, fixar um valor a ser pago pela CONCESSIONÁRIA, entre 3% (três por cento) e 10% (dez por cento) da receita líquida de atividade autorizada, nos termos do Parágrafo Quinto desta Cláusula, distribuído da seguinte forma: 5% (cinco por cento) para a UNIÃO e 95% (noventa e cinco por cento) para a RFFSA. O valor a ser pago será fixado pela CONCEDENTE, em cada caso, em função da natureza e da rentabilidade da atividade.

No entanto, se, por um lado, o dispositivo se apresenta consideravelmente avançado para o momento em que foi concebido, mormente quando se leva em conta que a literatura especializada por muito tempo divergiu a respeito sobre que parcela do valor auferido pela concessionária com atividades acessórias à concessão deveria reverter à modicidade tarifária, havendo hipóteses nas quais o ponto foi equacionado por normatização regulatória – caso das rodovias, com a Resolução ANTT nº 2.552/2008 –, enquanto em outras mereceu tratamento contratual específico, é curioso também que a destinação dos recursos recebidos com essas atividades sejam destinados à União e à RFFSA, nas mesmas proporções percentuais da outorga, e não à modicidade tarifária do sistema regulado. Daí porque, aparentemente, tem-se aqui, não a partilha das receitas extras com destino à modicidade tarifária, como dispõe o art. 11 da Lei nº 8.987/1995, mas uma destinação assemelhada ao que seria uma espécie de sobreoutorga diferida no tempo.

Por fim, é de se notar que o caráter de exclusividade da exploração e do desenvolvimento do transporte ferroviário de carga pela concessionária na faixa de domínio de sua malha não pode servir a impedir a travessia da faixa de domínio por outras vias, respeitadas as normas legais e as condições de operação da concessão (cláusula 18ª), recobrando-se aqui os impasses analisados no subitem 2.3.2.

5.3.3. Bens arrendados e parâmetros de sua utilização

Outro tema que cabe analisar é o regime dos bens das concessionárias de serviços públicos, especialmente diante de sua função dentro do ciclo de prestação do serviço, tendo em conta a adequação e a continuidade do serviço público concedido. Há aqui três categorias: os originariamente pertencentes ao domínio público (como é o caso das faixas de domínio, ao modo legalmente determinado), os adquiridos pela concessionária no curso da concessão, por necessários à prestação do serviço (como novas locomotivas, por exemplo), e aqueles que, distintamente, integram o acervo patrimonial privado da concessionária. Esse enquadramento classificatório é que ditará o regime jurídico dos bens das concessionárias, bem como sua reversibilidade, uma vez alcançado o termo contratual (Marques Neto, 2010, p. 182).

No caso do setor ferroviário, o fato de o modelo delegatório ter conjugado a celebração de um contrato de concessão com a União com um contrato paralelo, mas a este expressamente vinculado, de arrendamento dos bens operacionais da RFFSA para a concessionária gestora da malha na qual se encontravam tipicamente em operação, por si só já revela a importância que o conjunto de bens empregados na prestação dos serviços de transporte ferroviário de carga apresenta. Esse papel de destaque ganha relevo sob vários aspectos, sendo de se destacar a gestão e o limite ao emprego desses bens na prestação dos serviços, ou em destinações diversas, os efeitos patrimoniais de sua destinação para os envolvidos e, por fim, na etapa extintiva do projeto concessionário, qualquer que seja a forma, quanto à reversibilidade, amortização e indenização envolvendo esses bens e sua titularidade.

A boa gestão e operação da atividade ferroviária mediante a utilização dos bens da RFFSA arrendados depende, a um só tempo, de um inventário confiável dos bens arrendados à concessionária, de boa conservação e modernização, por parte da concessionária, e de fiscalização de seu emprego, por parte da RFFSA. Atento a isso, o arrendamento de bens operacionais, aqui exemplificado no contrato celebrado entre a Rede e a MRS Logística em 1996, prevê, em sua cláusula 1ª, §5º, que "a arrendatária poderá efetuar, às suas custas, transformações, remodelações, reconstruções e modernizações do material rodante arrendado", com a ressalva de que "quaisquer alterações que impliquem modificações do projeto original e características de seus conjuntos principais, limitando seu desempenho, deverão ser previamente autorizadas pela RFFSA".

Como o arrendamento é vinculado à concessão, e expressamente considerado *intuitu personae*, sua cessão ou transferência a terceiro é proibida sem que haja prévia autorização (cláusula 1ª, §3º). O ponto é excepcionado pela possibilidade de transferência do material rodante entre concessionárias, em caráter provisório, desde que previamente autorizada pela RFFSA (cláusula 5ª, D).

Devido também a essa vinculação entre a concessão e o arrendamento, o regime de prazo e prorrogação da concessão, em todo caso, estejamos tratando de prorrogação premial, prorrogação antecipada, ou mesmo para fins de reequilíbrio – a que voltaremos adiante – será escravo do procedimento e das mudanças que venham a ser experimentadas pela concessão nesse quesito (cláusula 2ª). Do mesmo modo acontece com o término do arrendamento, ocasião na qual todos os bens arrendados passarão à posse da operadora de transporte ferroviário indicada pela RFFSA (cláusula 7ª).

O valor de outorga proposto pelo consórcio vencedor do processo licitatório, como visto, é, em aproximadamente 95% (no caso da concessão da MRS Logística), dirigido ao pagamento do arrendamento dos bens operacionais da Rede (cláusula 3ª), valor que não muda com a eventual devolução de bens da RFFSA que venham a ser desvinculados da prestação do serviço (§5º).

Fixados esses contornos iniciais acerca do regime jurídico dos bens arrendados e afetados à atividade concessionária, podemos agora tratar do que, seguramente, é a questão mais delicada envolvendo o tema, da qual são resultantes litígios judiciais e regulatórios travados entre concedente e concessionários: qual a extensão do que pode ser feito, pelas concessionárias, com os bens desvinculados da prestação do serviço concedido, incluídos nesse grupo aqueles sucateados? As cláusulas pertinentes do arrendamento ajudam a compreender a divergência de visões.

De acordo com a cláusula 4ª, V, a concessionária deve devolver à RFFSA qualquer bem arrendado que venha a ser desvinculado da prestação do serviço concedido ao longo do prazo da concessão, sucateado ou não, excetuada a sucata da superestrutura da via permanente das linhas em operação. Por superestrutura da via permanente, leia-se: a parte do conjunto de camadas e elementos que viabilizam a passagem dos trens, assim considerados o sublastro, o lastro, os trilhos, as fixações e os dormentes (os três últimos, conjuntamente referidos como grades da via). Além disso, no caso de destruição de algum dos bens arrendados, deverá a concessionária substituí-lo por outro nas mesmas condições de conservação, mantida sua condição de bem arrendado, ou ressarcir a RFFSA, no valor do bem antes da destruição, compreendida como perda, em virtude de acidente ou negligência na conservação, que torne a recuperação do bem economicamente justificável (cláusula 4ª, XII).

Ora bem, ao menos dois problemas concretos se puseram a partir daí: o primeiro diz respeito à venda de bens por concessionária que entendeu se tratarem de sucatas, fazendo reverter os recursos desses bens em seu benefício, ou em investimentos na rede. O segundo, relacionado à disponibilização de pátios, pelas concessionárias, para a guarda de bens da RFFSA tidos por inservíveis à operação, gerando verdadeiros cemitérios logísticos com milhares de trens em deterioração avançada, dificultando a integração de cidades, gerando problemas ambientais, propiciando a proliferação de doenças, o comércio e uso de drogas ilegais e a prática de atos criminosos nesses locais.

A questão da venda de bens sucateados segue em desdobramentos judiciais e regulatórios. Quanto aos cemitérios logísticos, encontra-se em realização, pelo DNIT e terceiros por ele contratados, há mais de uma década, a inventariação desse universo de bens, sem que se tenha gerado até aqui um relatório conclusivo acerca de sua quantidade, perfil, estado de conservação e valor de avaliação, de modo a definir seus destinos.

São temas importantes de se equacionar na medida em que, no fim do dia, uma vez extinto o contrato de concessão, os bens de propriedade da RFFSA revertem ao poder público, de modo a serem empregados na prestação direta do serviço, ou novamente repassados ao operador logístico que venha a assumir os transportes ferroviários de carga na malha respectiva. No mais, a ocasião de extinção e reversão dos bens poderá ainda vir a ensejar a indenização da concessionária, em caso de existência de bens pendentes de amortização, como pode ocorrer com aqueles comprados pela concessionária no final do contrato, afetados à prestação dos serviços, conforme registro contábil e avaliação técnica e financeira a ser realizada pela União.[95]

Os imbróglios envolvendo os bens em comento vêm agora encontrar um novo equacionamento, a partir da disciplina inicialmente introduzida pela Medida Provisória nº 752/2016, convertida na Lei nº 13.448/2017, que deverá resultar na alteração dos contratos de concessão vertical em vigor no país, como analisamos no subitem 5.4.1 adiante.

5.3.4. Regime temporal

O prazo dos módulos concessórios, por sua vez, não encontra limite legal predefinido. E, cremos, nem deveria ser diferente. É que a variável do prazo tem a ver com a viabilidade econômica do empreendimento, de modo a considerar, quando for o caso, tanto a amortização dos custos afundados (*sunk costs*) invertidos, de forma inaugural, em grandes empreendimentos *greenfield* (sem estrutura prévia), quanto todos os demais investimentos a serem realizados pelo concessionário, os riscos por ele assumidos, as despesas incorridas e o justo lucro que move seu interesse em se associar, na forma de uma parceria concessionária, com o Estado. Perante tal arranjo de coisas, temos para nós que a variável prazo, e seu regime de prorrogação, obedecidos alguns parâmetros gerais fixados na Lei nº 8.987/1995, reconduzem a uma decisão econômica casuisti-

---

[95]A disciplina contratual do tema pode ser verificada, por exemplo, na cláusula 18 do contrato de concessão celebrado entre a União e a Ferroban (malha paulista).

camente fundamentada (Freitas e Ribeiro, 2016). A história ferroviária assim o ilustra, aliás, oferecendo exemplos de vínculos concessionários com duração de até 90 anos, como vinha de ser expressamente permitido já pelo Decreto-lei nº 641/1852, abordado de forma mais detalhada no capítulo 1.

Nesse arranjo de coisas é que a Lei nº 8.987/1995, cumprindo a função de lei geral das concessões, interessantemente nada dispôs sobre o limite do prazo de duração dos contratos de concessão de serviços públicos, e nem tampouco sobre o limite do número de prorrogações.[96] Apenas previu que: (i) o prazo deve ser determinado;[97] (ii) deve estar previsto em edital (art. 18) e contrato (art. 23); assim como (iii) as condições de prorrogação também devem estar contratualmente previstas (art. 23). Especificamente sobre este último ponto, temos que, em geral, são três as espécies de prorrogação das quais se poderá cuidar: (i) premial, como a prevista nos contratos referidos; (ii) extensão de prazo contratual, para fins de reequilíbrio, tratada no subitem 5.3.7; ou (iii) uma antecipação do prazo contratual ainda não incorporado ao patrimônio jurídico da concessionária, também denominada por prorrogação antecipada, mediante contrapartida.

Trazendo essa lógica para as concessões das ferrovias, temos que, de acordo com as cláusulas 2 e 3 dos contratos celebrados entre a União e, por exemplo, a Companhia Vale do Rio Doce (Estrada de Ferro Vitória Minas), a Ferroban (malha paulista) e a MRS Logística (malha sudeste), o prazo estabelecido para o desenvolvimento desses projetos concessionários foi de 30 anos. Nessa janela de tempo, portanto, todos os direitos estabelecidos dentro do quadro de exclusivo, transmitidos às concessionárias, poderiam ser explorados somente por elas.

Durante esse primeiro bloco temporal contratualmente fixado, o serviço público de transporte ferroviário terá de ser prestado em acordo às condições de adequação igualmente estabelecidas em contrato, e demais normas legais e regulatórias de incidência sobre o ajuste que conformem o ponto, de modo a cobrir as despesas na prestação dos serviços, amortizar os investimentos realizados, aprimorar e expandir os serviços aos usuários, bem como remunerar a concessionária.

A vigência contratual, no entanto, não necessariamente se esgotará com o fim dos 30 anos. Completa o regime jurídico temporal dessas concessões a previsão dos contornos de sua prorrogabilidade, segundo os quais, havendo interesse ma-

---

[96]Para um aprofundamento sobre o regime jurídico do prazo nas concessões, e espécies de sua prorrogação, confira-se: Freitas e Ribeiro (2016a); Torgal (2011); Guimarães (2016); Canto e Guzela (2016).

[97]Disposição que integra o próprio conceito legal de concessão de serviço público, conforme o art. 2º, II.

nifesto de ambas as partes, e atendidos os requisitos e condições procedimentais que estabelece,[98] o contrato poderá ser prorrogado até o limite máximo total de 30 anos, a exclusivo critério da concedente, que definirá as condições técnico-administrativas e econômico-financeiras necessárias à prorrogação. Trata-se aqui, portanto, da denominada prorrogação premial (Freitas e Ribeiro, 2016a).

Ademais, o "exclusivo critério da concedente" aqui previsto não quer significar uma discricionariedade absoluta em seu favor, ausente de justificativa, ou mesmo substrato jurídico concreto, para além de fórmulas vazias entoadas por expressões como "a bem do interesse público", entre outras. A decisão por prorrogar, ou realizar nova licitação, sempre importará em ônus argumentativo à administração pública, de modo a fundamentar a decisão que venha a tomar como sendo a melhor para a boa manutenção do sistema de serviço público ferroviário em específico. Nesse sentido, se a melhor proposta, consubstanciada no melhor padrão do serviço, consistir no que vem sendo executado pelo concessionário, seria antípoda aos objetivos públicos que se busca interditar a extensão de seu prazo. Em termos diretos: não seria minimante razoável "licitar por licitar", ponto de vista segundo o qual também é justificada a possibilidade de prorrogação contratualmente prevista.

Por fim, perceba-se que a prorrogação contratual para a fruição de um novo bloco contratual não quer significar que essa seja a única espécie de prorrogação temporal passível de ocorrer nas concessões ferroviárias, razão pela qual cada hipótese de alteração desse prazo deve ser tratada de forma distinta, a depender da modelagem necessária para viabilizar a exploração da infraestrutura pública, ostentando regimes jurídicos próprios, os quais deverão acompanhar suas lógicas econômico-financeiras. Razão pela qual agora nos dedicamos à prorrogação antecipada dessas concessões, mediante contrapartida.

5.3.4.1. A hipótese superveniente de prorrogação antecipada mediante contrapartida

A *antecipação do prazo contratual mediante contrapartida*, ou prorrogação antecipada, por sua vez, terá lugar nas hipóteses que, por razões econômicas, o poder concedente, ao invés de esperar o termo do contrato de concessão, incentiva que o concessionário realize investimentos não previstos nas suas obrigações contratuais originárias, mediante a contrapartida de ampliação da vigência do prazo da concessão. A referida modalidade encontra ao menos dois exemplos

---

[98]Prazo para a concessionária manifestar o interesse na prorrogação, prazo para a concedente decidir a respeito, não reincidência em condenação administrativa ou judicial por abuso de poder econômico, e ter mantido a prestação de serviço adequado ao longo da execução contratual.

recentes em outros setores da infraestrutura nacional: no art. 1º, §1º, inciso III, da Lei nº 12.783/2013 (lei de renovação das concessões de geração, transmissão e distribuição de energia elétrica) e no artigo 57, da Lei nº 12.815/2013 (novo marco regulatório do setor portuário).

A prorrogação antecipada do contrato, nesse sentido, é ferramenta à disposição do gestor público para que, avaliando a qualidade e os resultados entregues pelo concessionário no âmbito do projeto em específico, possa optar pela renovação do contrato por um bloco de prazo juridicamente previsto, mas que ainda não integra o patrimônio jurídico do parceiro privado, em troca da assunção de novos investimentos que não componham sua cesta original de obrigações. Ganha com a manutenção de um serviço a contento, e a incorporação imediata de novos investimentos, em infraestrutura pública, que teriam de ser adiados até o final da vigência contratual, sem o aporte de recursos públicos (subsídios), ou tampouco aumento tarifário. Tudo isso, em troca da transformação de expectativa de prazo, em prazo. Ou seja: da monetização de expectativa em certeza.

Por sua vez, o parceiro privado pode investir em um ativo que já opera e conhece, estendendo sua estratégia de atuação, ao invés de buscar novos projetos para investir, quanto aos quais teria de enfrentar as incertezas que o desconhecido naturalmente traz. Ganha em segurança jurídica, redução de risco em seu investimento, agilidade de negócio e incremento de sua operação.

De todo modo, a propósito da prorrogação antecipada, poder-se-ia perguntar: e a licitação? Não seria devida? Nunca é demais lembrar: a licitação não é um fim em si. Tem o propósito de, instrumentalmente, justamente alcançar, depois de todo o procedimento administrativo, sujeito a inúmeras intempéries, o que já pode estar sendo efetivado pelo concessionário da vez (um bom padrão de serviço), a quem a previsão contratual de um novo bloco temporal ainda pode socorrer, à luz de uma decisão administrativa mais, ou menos discricionária, segundo a conformação legal conferida.

Mais uma vez, também nesta hipótese a prorrogação está ligada à estrutura econômica da concessão, mediante o manejo na variável prazo, em contrapartida às novas obrigações regulamentares de investimentos assumidas pelo concessionário em decorrência de um interesse público superveniente. Diante desta sistemática, tal modalidade de extensão do prazo dos contratos de concessão: (i) predica de autorização legislativa, que materialize o interesse público subjacente à antecipação dos investimentos, em razão do princípio da legalidade administrativa; (ii) dispensa previsão anterior no edital, posto que se trata de faculdade atribuída, por lei, ao poder concedente ante ao novo cenário de fato que se apresenta; e (iii) deve ser compatível ao período necessário para que o concessionário venha a amortizar os novos investimentos realizados.

5.3.4.1.1. A prorrogação antecipada de concessões ferroviárias segundo a Portaria MT nº 399/2015 e a Resolução ANTT nº 4.975/2015

De suma importância para a injeção de investimentos no setor ferroviário, de modo a fortalecer a integração logística multimodal e ampliar a capacidade de escoamento das cargas movimentadas em terminais portuários, destinatários de recentes investimentos privados, seja por meio de arrendatários, seja por meio de terminais privados, a prorrogação antecipada das concessões em vigor no setor ferroviário recebeu, no primeiro momento, um tratamento unicamente infralegal. Foram editadas a seu respeito a Portaria MT nº 399/2015 e a Resolução ANTT nº 4.975/2015.

A ausência de uma previsão legislativa expressa a propósito da prorrogação antecipada no setor fez com que essas normas infralegais colhessem fundamento em disposições normativas abertas. De sua parte, a portaria embasa-se: (i) na competência do MT para formular, coordenar e supervisionar políticas nacionais, participar do planejamento estratégico e da aprovação dos planos de outorgas (art. 27, XXII, alíneas a e b, §8º, I, II e III, da Lei nº 10.683/2003); (ii) na elaboração da segunda etapa do Programa de Investimentos em Logística (PIL); e (iii) na busca por um serviço público adequado, na forma do art. 6º, §2º, como aquele que satisfaz as "condições de regularidade, continuidade, eficiência, segurança, atualidade, generalidade, cortesia na sua prestação e modicidade das tarifas". Ao passo que a Resolução, escorando-se na própria portaria, justifica sua edição para "estabelecer os procedimentos e diretrizes para a repactuação dos contratos de concessão de ferrovias no caso de pedido de prorrogação de prazo, formulados por concessionárias, em cumprimento ao art. 50 da Lei nº 10.233", dotado de plasticidade igualmente aberta, diga-se de passagem.

A partir daí, a Portaria MT nº 399/2015 estabelece como diretrizes para a ANTT prorrogar os contratos de concessão de ferrovias, em decorrência de novos investimentos: (i) ampliar a capacidade de transporte, quando necessário, aumentar a segurança do transporte ferroviário e melhorar a qualidade da infraestrutura e a eficiência na operação; (ii) adequar os contratos de concessão às boas práticas de regulação; (iii) ampliar o compartilhamento de infraestrutura ferroviária e de recursos operacionais entre as concessionárias, autorizatárias e transportadores de carga própria, fomentando a concorrência setorial (art. 1º e §1º).

Por outro lado, para que os contratos em vigor sejam antecipadamente prorrogados, é preciso que: (i) tenham previsão expressa de prorrogação (§2º); e (ii) o concessionário apresente à ANTT plano de negócios contemplando os investimentos estabelecidos pela agência para atingir os parâmetros de serviço adequado definidos (§3º).

Fica facultado que a prorrogação amplie o contrato até seu prazo máximo, para garantia dos investimentos necessários ao atendimento da demanda e das condições técnico-administrativas e econômico-financeiras, conforme determinações definidas pela ANTT (art. 3º), sendo que, nos casos em que o prazo máximo exceda ao necessário para fazer frente às novas obrigações assumidas, "poderá ser previsto o pagamento de valor remanescente pelo concessionário, em parcela única, ou no prazo do contrato de concessão prorrogado, a critério da ANTT, de modo a preservar o equilíbrio econômico-financeiro do contrato de concessão" (§1º), ou obrigação futura de investimentos, passíveis de dedução "do valor remanescente ainda não pago pelo concessionário" (§2º).

A ANTT deverá apresentar ao MT a "síntese das obras e melhoramentos previstos para os trechos a serem licitados, agregados por tipo" e "os parâmetros de desempenho a serem observados pelo concessionário" (art. 4º, da Portaria MT nº 399/2015 e art. 3º, III e VI, da Portaria MT nº 106/2013), e a prorrogação deverá ser "submetida ao processo de participação e controle social" (art. 5º).

Com base nessa sistemática, a ANTT editou a Resolução nº 4.975/2015. Nela, fixou que: (i) a prorrogação antecipada seria instrumentalizada por termo aditivo (art. 2º); (ii) seria encaminhado, às concessionárias requerentes, termo de referência indicando as condições para elaboração de seu plano de negócio, contendo: (a) "metas e indicadores, e a indicação de investimentos que visem minimizar conflitos entre a ferrovia e as cidades", a serem construídos conforme metodologia que descreve; (b) "as obrigações referentes à exploração da infraestrutura de transporte ferroviário e à prestação do serviço de transporte ferroviário"; (c) as diretrizes para o cálculo do valor de outorga, no caso de aplicação do excedente previsto na Portaria MT nº 399/2015; (d) "diretrizes para elaboração de estudos técnicos por parte das concessionárias, necessários à elaboração do fluxo de caixa para avaliação do equilíbrio econômico-financeiro do contrato, em função da repactuação dos contratos de concessão de ferrovias no caso de pedido de prorrogação de prazo" (art. 3º).

Para além disso, a Resolução da ANTT define o procedimento a ser observado nas tratativas da prorrogação antecipada das concessões (art. 4º), e prevê, na hipótese de a concessionária não concordar com os termos da repactuação, ou não se manifestar no prazo indicado, a possibilidade de a ANTT "alterar unilateralmente o contrato para determinar a realização de investimentos, garantida a recomposição do equilíbrio econômico-financeiro, que se dará por meio de fluxo de caixa marginal." (art. 5º).

Feita a síntese das características conferidas à prorrogação antecipada das concessões ferroviárias, nos moldes da Portaria MT nº 399/2015 e da Resolução ANTT nº 4.975/2015, passamos às considerações sobre esse arranjo de coisas.

Uma primeira consideração, de caráter mais geral, diz respeito à parcial perda da chance de, encarando o manejo dos instrumentos de direito administrativo como uma caixa de ferramentas (Ribeiro, 2017), assimilar a recente experiência do setor portuário, a fim de aprimorá-la de forma incremental nas ferrovias, mitigando os riscos de questionamentos de igual teor, inclusive pelo Tribunal de Contas da União, e o atraso na implantação da medida.

Com efeito, o caso da prorrogação antecipada de arrendamentos portuários (subconcessões de serviço público) foi analisado por mais de dois anos pelo Tribunal de Contas da União, ao cabo dos quais restaram fixados alguns parâmetros que, junto ao arcabouço legal utilizado, fornecem bom ponto de partida para outros setores.

Nos portos, uma das finalidades da Lei nº 12.815/13, imbuída do estímulo à expansão dos investimentos do setor privado e do aumento da movimentação de cargas, com redução dos custos e eliminação de barreiras à entrada, ampliando a infraestrutura, é disciplinar a prorrogação antecipada de arrendamentos. Razão pela qual o art. 57 da lei é expresso nesse sentido, fornecendo base sólida para a elaboração da Portaria SEP nº 349/2014 e da Resolução Antaq nº 3.220/2014, que assim vieram a fazê-lo. De acordo com a previsão legal, para que a prorrogação antecipada possa ocorrer é preciso observar quatro requisitos objetivos: (i) o ajuste deve estar vigente; (ii) deve ter sido firmado sob a Lei nº 8.630/93; (iii) deve ter previsão de prorrogação ainda não realizada; e (iv) o plano de investimento elaborado pelo arrendatário deve ser submetido à avaliação do poder público.

O tema, como dissemos, foi submetido ao controle do TCU, que se manifestou a propósito pelo Acórdão nº 2.220/2015. Na ocasião, deu-se a validação do modelo, fixando-se parâmetros de aprimoramento a respeito da elaboração do Estudo de Viabilidade Técnica, Econômica e Ambiental (EVTEA) pelo arrendatário, e do método de sua análise pelo poder público, da adoção de um termo de referência ambiental e, por fim, determinando-se a realização de contabilidade separada dos novos investimentos.[99]

Ora bem. Foi tortuoso. Demorou. Mas a validação do experimento chegou com a decisão do TCU. O experimentalismo se mostrou bem-sucedido, viabilizando centenas de prorrogações antecipadas e destravando investimentos vultosos, e abriu caminho para servir de plataforma para movimentos semelhantes em outros setores, como o ferroviário, incrementando o modelo. Descendo a considerações mais específicas do caso ferroviário, à luz da Portaria MT e da

---

[99] O tema foi novamente abordado pelo plenário do TCU no Acórdão nº 989/2017, detalhando procedimentos a serem adotados, em continuidade e aperfeiçoamento ao que havia sido decidido em 2015.

Resolução da ANTT, veremos que algumas fragilidades poderiam ter sido evitadas, se utilizada a plataforma de modelo do setor portuário. A começar pela baixa densidade normativa do modelo ferroviário.

Como se viu, diante da ausência de inovação legislativa fixando as finalidades a serem atingidas no setor, e a disciplina legal da prorrogação antecipada como um dos instrumentos a seu serviço, a Portaria MT nº 399/2015 e a Resolução ANTT nº 4.975/2015 tiveram de recorrer a disposições legais genéricas e ao PIL – um programa de investimentos sem base legal, ancorado em *power points* (Sundfeld e Jurksaitis, 2015).

Além disso, poderiam ter sido observadas as recomendações feitas pelo TCU no Acórdão nº 2.220/2015, de modo a evitar questionamentos, no sentido de que o plano de negócios da concessionária ser a base de análise pode provocar uma assimetria informacional entre ela e a ANTT; e (ii) os índices de *performance* a serem exigidos não podem ser a média da própria concessionária, como houve caso nos portos.

Por fim, a questão do prazo máximo como ponto de partida, podendo gerar uma espécie de sobreoutorga, se investimentos não forem suficientes, ou a possibilidade de exigência futura de novos investimentos, corre o risco de desvirtuar a lógica da prorrogação antecipada. Afinal, se o objetivo é antecipar investimentos, como falar em sobreoutorga? A prorrogação, em verdade, deveria se dar pelo prazo compatível com a amortização dos novos investimentos e a percepção do justo lucro contratado. Até porque, como tratado acima, nada impediria que nova prorrogação viesse a ser celebrada no futuro, pelo prazo remanescente não antecipado em virtude dos novos investimentos.

A iniciativa sobre as prorrogações antecipadas no setor ferroviário, portanto, é valiosa e fundamental. Mas o modelo desenhado pela a Portaria MT nº 399/2015 e a Resolução ANTT nº 4.975/2015, devido às fragilidades apontadas, teria de enfrentar riscos e incertezas capazes de embaralhar o mecanismo, ou até mesmo inviabilizá-lo, seja por desinteresse das concessionárias – ante os riscos envolvidos, assimilando o suporte jurídico como insuficiente para a realização de altos investimentos de contrapartida –, controle legislativo, de contas ou judicial.

Tanto é verdade que a Portaria MT nº 399/2015 e, por consequência, a Resolução ANTT nº 4.975/2015, vieram a ser alvo de uma proposta de sustação, por meio do projeto de Decreto Legislativo nº 332/16, devido aos argumentos de: (i) quebra da legalidade; (ii) concessão de autonomia excessiva à ANTT; (iii) violação à Lei nº 8.987/1995 e à Lei nº 9.074/1995, que tiveram o setor ferroviário excluído, por veto, do art. 1º; (iv) desconsideração do atendimento de metas nos contratos vigentes; (v) existência de mais de 10 anos até o término no do primeiro bloco contratual; e (v) tentativa de utilizar a prorrogação para realizar uma repactuação dos contratos de concessão, violando o pactuado e a necessidade de precedência licitatória.

Foi em bom momento, portanto, que a MP nº 752/2016, convertida na Lei nº 13.448/2017, desceu aos termos necessários para balizar as prorrogações antecipadas de contratos de parceria entre o público e o privado, de modo a evitar que, ante a falta de parâmetros, o controle dessas medidas acabasse por dificultá-las, como se viu acontecer no caso da prorrogação antecipada dos arrendamentos portuários. É preciso, pois, analisar a nova sistemática legal, o que faremos no subitem 5.4.2 adiante.

5.3.5. Investimentos e qualidade do serviço: metas de produção e de segurança

De acordo com a modelagem definida para as concessões ferroviárias, o incremento da movimentação de cargas, e a melhoria das condições de segurança do transporte sobre trilhos, passariam a ser promovidos por investimentos dos concessionários nas malhas concedidas. Esses investimentos não foram tabelados, e com razão de ser. Em contrário, firme na liberdade e capacidade empresarial das entidades privadas, e na aposta de que o regime jurídico de direito privado incidente sobre as atividades da concessionária favoreceria a esses propósitos, o modelo adotado estabeleceu metas objetivas de qualidade do serviço, subdivididas em metas de prestação e metas de segurança. Afastou-se, assim, dos custos e riscos de microgerenciar os recursos voltados a esse propósito, mas se manteve em posição de cobrar, e aplicar as punições cabíveis, no caso de eventual não atingimento das metas pactuadas.

Pires e Piccinini (1999, p. 254) registram essa opção consciente do modelo ferroviário:

> Já no caso das ferrovias, os contratos de concessão definem regras para a avaliação da qualidade dos serviços no que se refere à prestação e à segurança dos transportes, estabelecendo, respectivamente, níveis mínimos anuais de produção e taxas anuais de redução do índice representativo da frequência de ocorrência de acidentes. Além disso, os contratos estipulam planos trienais de investimentos, com detalhamento dos projetos, de seus custos e de seu programa de implantação. As concessionárias são passíveis de multas se não cumprirem as metas contratuais, embora isso não tenha ocorrido ao não atingirem as metas estabelecidas para serem cumpridas até o primeiro aniversário dos contratos celebrados com as concessionárias das ferrovias privatizadas.

Nesse sentido, a cláusula 5ª de alguns dos contratos celebrados foi segmentada em prestação do serviço (5.1) e segurança do serviço (5.2). Há, no entanto, diferença de conteúdo entre eles, sendo notável a evolução que se teve das primeiras concessões assinadas para as últimas, quando já se fazia possível contar com a experiência pretérita. O contrato da MRS, por exemplo, assinado em 1996, de início falava em metas de prestação de serviço (produção) quantificadas em bilhões de tonelada por quilômetros úteis para todos os cinco primeiros anos. Daí em diante, novas metas anuais de produção passariam a ser objeto de pactuação entre concedente e concessionário, com base em estudos de projeção de demanda, tomando por alvo o quinquênio seguinte. Não havia previsão do que fazer em caso de quebra de produção, ou modificação estrutural da demanda.

Já no caso da Ferroban[100] (atual malha paulista da Rumo Logística), cujo contrato foi celebrado em dezembro de 1998, previa-se uma carência no primeiro ano; produção maior ou igual à dos 12 meses anteriores à celebração do contrato, no segundo ano; e, no terceiro ano, 10% acima da meta do segundo ano. O planejamento quinquenal segue a mesma lógica do pacto da MRS. Além disso, no entanto, nas hipóteses de quebra de produção, por fatores conjunturais fora do controle da concessionária, ou modificação estrutural da demanda, essas metas poderão ser ajustadas.

Da mesma forma se dá com as metas de segurança, quantificadas nos contratos em reduções percentuais progressivas de índice base de referência, definido para cada concessão pelo número de acidentes por milhão de trens/quilômetro. O tema das metas, e mecanismos assemelhados, viria depois a ser objeto de regulação pela ANTT, na forma de suas Resoluções nº 288/2003 e 3.696/2011, dedicadas às metas, por trecho, de produção e de segurança.

5.3.6. A repartição de riscos

Os contratos, em geral, se apresentam como sede mais adequada para dispor sobre a distribuição de riscos entre os contratantes. Por estarem mais próximos dos fatos que motivam sua celebração, são capazes de refletir melhor a realidade e a vontade das partes do que previsões legais, muitas vezes longamente distantes no tempo e da realidade que pretendiam originalmente disciplinar. Com concessionário e concedente não haveria de ser diferente.

No entanto, quando os contratos de concessão ferroviária foram celebrados, a literatura especializada pouco havia amadurecido sobre o tema da repartição de riscos nas concessões de serviços públicos comuns. A Lei nº 8.987/1995 era

---

[100]Tomaremos o contrato da Ferroban (malha paulista) de exemplo com maior frequência, por ter sido o último a ser celebrado e, assim, presumidamente, trazer consigo a experiência da prática acumulada na celebração dos ajustes que o antecederam.

ainda extremamente recente e pouco testada, e trazia consigo a formulação de que o concessionário de serviços públicos prestava os serviços, precedidos da execução de obra pública ou não, por sua conta e risco (art. 2º, incisos II e III).

O cenário era, então, de uma leitura do dispositivo que considerava que não era importante identificar e eventualmente distribuir os riscos. Isso era feito implícita e automaticamente de forma que todos os riscos relacionados ao objeto concedido, com a concessão, eram transferidos ao concessionário privado, sem uma análise de se essa era a melhor combinação de risco-retorno para a concessão, exceto, claro, aqueles que a própria lei ressalva, em especial os resultantes de fatos do príncipe (o poder concedente), ou os decorrentes da definição de obrigações contratuais entre concedente e concessionário.

Tanto é certo concluir neste sentido sobre a exceção prevista na Lei nº 8.987 e nas próprias cláusulas exorbitantes que a lei faculta à administração pública, que os próprios contratos de concessão, como vimos, preveem não só mecanismos de reequilíbrio econômico-financeiro do contrato, como também outras situações que, uma vez concretizadas, não ensejariam que suas consequências viessem a ser suportadas pelo concessionário, sem que pudessem repercutir ao reequilíbrio do contrato. Uma delas já foi vista por nós acima: em matéria de metas de investimento, a mudança estrutural e a quebra de produção alheios à responsabilidade do concessionário servem de justificativa à revisão de metas.

Da mesma forma se passa no caso de mudança operacional de caráter permanente, que altere o quadro básico de fatores considerado para a formação do índice base de referência de acidentes, no que toca às metas de sua redução (cláusula 5ª, §4º, do contrato da Ferroban – atual malha paulista da Rumo Logística). Nesse mesmo sentido, a cláusula 8.2 do referido contrato, dedicada a seu mecanismo de revisão, expressamente prevê que "as tarifas de referência poderão ser revistas, para mais ou para menos, caso ocorra alteração de custos/despesas, decorrente de fator(es) fora do controle da concessionária, de caráter permanente, que modifique o equilíbrio do contrato de concessão".

Com o amadurecimento das concessões de serviços públicos em geral a partir do regime estabelecido na década de 1990, seguido da lógica das concessões especiais (parcerias público–privadas) normatizadas no ano de 2004, a percepção da relevância dos riscos para o modelo concessionário, e sua repartição entre as partes, foi paulatinamente despontando em importância. Tornou-se lugar comum dedicar esforços iniciais em uma alocação de riscos mais eficiente no momento de concepção do projeto concessionário. A razão de assim ser é clara: a formulação da proposta econômica pelos interessados na concessão, seja qual for seu critério de seleção (maior outorga, menor tarifa etc.) precifica os riscos que poderão incidir sobre a prestação do objeto contratado. Daí porque a dúvida quanto à titularidade de determinado risco faz com que o particular tenha de considerá-lo como seu.

Obviamente, estamos falando aqui de algo bem diferente de, *ex post*, uma vez o contrato já realizado, por um preço que refletiu a alocação de riscos aí contida, rediscutir se essa era ou não a melhor alocação de risco pela lógica econômica. Nem no sentido de que o concessionário queira depois transferir ao poder concedente o custo de algum evento ruim, nem de que este queria expropriar o concessionário no caso de riscos bons, como um aumento de demanda ou queda de custos maior do que se previa à época da celebração do contrato. E menos ainda nos inspira aqui qualquer restrição a que seja à Lei nº 8.987/1995 (art. 2º, II) que complete os contratos já existentes em relação a riscos não ali especificados.

Como essa temática é especialmente importante para novas concessões, as únicas que podem incorporar a dinâmica da distribuição de riscos em sua gênese, cuidaremos do tema no capítulo 10, por ocasião da análise da repartição de riscos embutida no modelo de separação vertical que fora proposto no Brasil.

5.3.7. Sistema remuneratório e equilíbrio econômico-financeiro

As concessionárias são remuneradas por tarifas diretamente pagas pelos usuários, com ou sem subsídio legalmente autorizado, na forma do art. 17 da Lei nº 8.987/1995. A esses ingressos são acrescidas as receitas extraordinárias (alternativas, complementares, acessórias ou de projetos associados), que também devem favorecer a modicidade tarifária em alguma medida (art. 11 e 18, VI, da Lei nº 8.987/1995).[101] Daí por que o financiamento dos projetos concessionários engloba a remuneração dos custos incorridos na prestação do serviço, bem como a rentabilidade do módulo concessório, que pode observar uma miríade de métodos de cálculo internos à concessão, dos quais são exemplo, entre outros, *rate of return*, *cost plus*, *price cap*, como instrumentos a ela exteriores, entre os quais os subsídios e as receitas extraordinárias antes referidas.

Disso decorre que o equilíbrio econômico-financeiro das concessões não é composto por uma singela operação envolvendo encargos e receitas – a exemplo do que ocorre nos tradicionais contratos regidos pela Lei nº 8.666/1993, nos quais o adimplemento contratual cessa com a entrega da coisa ou a prestação do serviço, contrapartida pelo pagamento do preço correspondente. Nem, tam-

---

[101]Em aprofundamento ao tema das receitas extraordinárias, confira-se Freitas (2015) e Schwind (2010).

pouco, poderá ser albergado pelos conceitos de "áleas ordinárias" e "extraordinárias", que devem ser manejados em face de eventos externos ao contrato e ao exercício de prerrogativas típicas de direito público.

Com efeito, desde os momentos seminais do direito administrativo se busca preservar a estrutura econômica dos ajustes concessionários. A começar pelo multicitado caso Compagnie Générale Française des Tramways,[102] cunhado pelo Conselho de Estado Francês em 1910, ocasião na qual o comissário de governo Léon Blum proferiu voto consagrando o entendimento de que "é da essência de todo contrato de concessão procurar realizar, na medida do possível, uma igualdade entre as vantagens que são acordadas ao concessionário e as cargas a ele impostas".

A isso aderem as considerações de que a concessão de serviços públicos envolve um plexo de variáveis, tais como o fluxo de caixa projetado, as variações de receitas, e o custo de investimento do capital, as quais devem observância à base objetiva desta avença, em atendimento ao disposto no art. 10 da Lei nº 8.987/1995. Isto porque, como bem observado por Moreira (2010, p. 402), "*a dinamicidade da equação econômico-financeira dos contratos de concessão está a exigir soluções igualmente ativas: ágeis na detecção de suas peculiaridades, adaptáveis às mudanças de métodos e instituidoras de perspectivas de contratos de longo prazo junto à estabilidade da (re)composição*".

Por conta dessas peculiaridades, nos contratos de longo prazo a equação econômico-financeira é distinta da dos tradicionais contratos administrativos, "*dita estática e referenciada apenas ao momento inicial do contrato*" (Aragão, 2013).

Essa dinamicidade tem lugar na medida em que, por se tratar de contratos de longo prazo, são inúmeras as circunstâncias que podem alterar a proposta econômica apresentada pelo concessionário, por ocasião do procedimento licitatório. Dessa maneira, a lógica econômica de uma concessão de serviços públicos é uma lógica futura, ao passo que os simples contratos administrativos, regidos pela Lei nº 8.666/1993, são tributários de uma lógica econômica pretérita, quer dizer: o valor contratado é ajustado no tempo apenas em função de índices de correção monetária e reajuste financeiro.

Isso leva a que o equilíbrio econômico-financeiro das concessões só reste preservado quando mantidas as bases econômicas que orientaram a contratação do concessionário, isto é, o valor econômico de sua proposta apresentada na licitação, nos termos do art. 9º, *caput*, da Lei nº 8.987/1995. Trata-se de tarefa complexa, seja pelo conjunto de escopos dessa avença, seja pela sua dependência de

---

[102]Disponível em: <http://www.conseil-etat.fr/Decisions-Avis-Publications/Decisions/Les-decisions-les-plus-importantes-du-Conseil-d-Etat/10-janvier-1902-Compagnie-nouvelle-du-gaz-de-Deville-les-Rouen>.

receitas tarifárias – as quais são atreladas aos princípios da modicidade tarifária e da continuidade dos serviços públicos (art. 6, §2º, da Lei nº 8.987/1995).

A equação econômico-financeira das concessões de serviços públicos pressupõe que o concessionário deverá ser remunerado pelos investimentos realizados (com capital próprio ou de terceiro) para a implantação de determinada infraestrutura, sobretudo em projetos *greenfield*, como na construção de novas ferrovias e seus ramais. É dizer, enquanto na empreitada tradicional, o contratado é remunerado concomitantemente com a execução dos serviços – de acordo com os custos unitários por ele apresentados –, no contrato de concessão, diversamente, o concessionário terá de antecipar recursos para, depois de construída a infraestrutura, ser remunerado pelos utentes do serviço.

Nesse sentido, advertem Marques Neto e Loureiro (2014, p. 141) em tais contratos, "a obrigação de despender recursos sem perceber a remuneração equivalente de imediato transforma os custos e despesas do concessionário em investimentos, que pressupõem a necessidade de antecipar recursos cuja contrapartida não caracteriza propriamente uma remuneração, mas, sim, a amortização". Posteriormente, concluem este ponto, ao afirmarem: "tanto pior que, usualmente, a antecipação de recursos é feita não com o caixa da empresa, mas mediante financiamentos, próprios ou de terceiros, que acarretam custos de capital inerentes a qualquer operação de crédito".

Desse modo, não há que se falar em formas estanques e predefinidas para a recomposição do equilíbrio econômico-financeiro das concessões. Há, em verdade, o dever de observância da seguinte procedimentalização: (i) em primeiro lugar, deve se identificar o fato exógeno ao contrato que alterou a sua economia; (ii) depois, será necessária a perquirição sobre a qual das partes o risco do advento desse evento foi atribuído; e (iii) por derradeiro, será realizada a escolha – pautada pelo postulado da proporcionalidade – da compensação econômica que será devida à parte atingida pela produção de evento que está alocado à responsabilidade da outra parte.

Dita sistemática é, geralmente, amparada no emprego da Taxa Interna de Retorno (TIR), ou do Fluxo de Caixa Marginal, de modo a trazer os números envolvidos no projeto ao momento presente, o que de todo diferencia a recomposição, nas concessões de serviços públicos, daquela levada a efeito nos tradicionais contratos de despesa, recompostos que são por mecanismos de incidência estática e em ambiente controlado, ante a um conjunto de fatos já dispostos (passados).

Daí porque o resultado do reequilíbrio econômico-financeiro dos contratos de concessão poderá resultar no manejo de uma das variáveis econômicas que compõem a equação original, razão pela qual poderá importar, por exemplo, no pagamento em espécie da diferença de desequilíbrio apurada, no aumento ou redução tarifária, na redução de encargos ou exigência de novos investimentos, ou mesmo em uma extensão do prazo do projeto concessionário.

Sobre esta última hipótese, em aprofundamento, temos que ela terá lugar para recompor os efeitos provados de evento imprevisível e de consequências incalculáveis *a priori* (albergados pela Teoria da Imprevisão) que, no bojo da matriz de riscos contratuais, foi alocada ao poder concedente. Trata-se, como se sabe, de medida que visa restabelecer o reequilíbrio econômico-financeiro dos contratos administrativos, especialmente adequada para as hipóteses em que outras formas de recomposição não sejam possíveis, a exemplo do incremento do valor da tarifa e da redução dos encargos do concessionário.[103]

Dentro dessa lógica, a extensão do prazo contratual: (i) prescinde de autorização legal específica, ou de previsão editalícia, em razão da garantia constitucional da manutenção do equilíbrio econômico-financeiro, constante do artigo 37, inciso XXI, *in fine*, da CRFB; e (ii) está totalmente desvinculada do prazo limite previsto para eventual *prorrogação contratual*, pois que será estipulada pelo período de tempo necessário para que tal contrato seja reequilibrado, sob o prisma dos pesos econômicos que tal evento provocou no fluxo de caixa do concessionário.

Tomados esses argumentos em consideração, de acordo com o projeto concessionário originalmente celebrado com a Ferroban (malha paulista), restou definido na cláusula 7ª que a principal remuneração do concessionário advirá da cobrança "pelo transporte ferroviário de uma unidade de carga da estação de origem à estação de destino", reconhecidamente suficiente à adequada prestação do serviço, bem como à manutenção do equilíbrio econômico-financeiro da concessão (§3º). No mais, como permite deduzir o §1º da mesma cláusula, tratamos aqui de tarifa teto (*price cap*), submetida à aprovação dos "limites máximos das tarifas de referência homologadas pela concedente", na forma de tabela anexa, mas também limitada, no piso, pelos custos variáveis de longo prazo. O concessionário poderá, portanto, contratar com o usuário livremente dentro desses limites mínimo e máximo (art. 17, do Decreto nº 1.832/1996).

"As operações acessórias necessárias à prestação do serviço, tais como carga, descarga, transbordo, guarda de produto, serão remuneradas pela cobrança ao usuário de taxas adicionais, estabelecidas pela concessionária, que não constituirão fonte de receita alternativas" (§2º), aparentemente importando dizer que, para os fins desse contrato, sobre tais valores não incidirão os percentuais fixados pela cláusula 1ª, §5º, para as atividades empresarias ali descritas, e por nós abordadas no subitem 5.3.2 acima, o que pode gerar conflitos interpretativos

---

[103]Nesse sentido, confira-se Justen Filho (2003, p. 406); e Blanchet (2000, p. 125).

em face do que dispõe o art. 11, parágrafo único, da Lei nº 8.987/1995, quando assevera que o resultado de outras fontes provenientes de receitas alternativas, complementares, acessórias ou de projetos associados, com ou sem exclusividade, serão obrigatoriamente consideradas para a aferição do inicial equilíbrio econômico-financeiro do contrato.

Noutro giro, em atenção a uma das principais hipóteses que potencialmente demandam intervenção regulatória no setor ferroviário, o § 4º, da cláusula 7ª, consagra que, não havendo acordo quanto ao valor da tarifa em contrato voluntário a ser celebrado entre a concessionária e usuário dependente[104] da malha, "o usuário poderá solicitar à concedente a fixação de tarifa específica, que leve em consideração os custos operacionais envolvidos". Essa tutela, que originalmente competia ao concedente, veio a ser delegada à ANTT. A agência reguladora, além de atuar de forma judicativa, fixando tarifas específicas nesses casos, avançou sobre o tema do usuário dependente em conjunto com outras questões nodais ao setor, por meio da reforma regulatória de 2011, à qual nos dedicaremos especificamente no capítulo 9.

Voltando à abordagem contratual para a previsão de mecanismos dedicados ao reequilíbrio econômico-financeiro do contrato, como possibilita o art. 9º, da Lei nº 8.987/1995, temos que a cláusula 8ª previu as hipóteses de reajuste e revisão tarifária. Dedicando-se à restauração do equilíbrio econômico-financeiro especificamente em razão da alteração do poder aquisitivo da moeda, o reajustamento prevê a incidência do "IGP-DI, da Fundação Getulio Vargas e, no caso de sua extinção, pelo índice que a concedente indicar para o reajuste das tarifas" (cláusula 8.1). Em geral, a indicação aponta para o índice que venha a substituí-lo na hipótese.

Sem prejuízo do reajustamento, a revisão, prevista na cláusula 8.2, toma lugar ante a ocorrência de "alteração de custos/despesas, decorrente de fator(es) fora do controle da concessionária de caráter permanente, que modifique o equilíbrio econômico-financeiro deste contrato, mediante proposta, fundamentada da concessionária ou determinação, igualmente justificada, da concedente, a qualquer tempo". Trata-se de um procedimento administrativo específico por meio do qual se irá apurar, como expusemos anteriormente, os fatores impactantes sobre a prestação do serviço, de modo a definir se daí decorrem motivos, ou não, para reequilibrar o contrato, mediante revisão, bem como definindo-se o melhor modo de fazê-lo, considerando os interesses envolvidos no microssistema do serviço público de transporte ferroviário de cargas em dada malha ferroviária.

---

[104]Como veio a dispor a Resolução ANTT nº 3.694/2011, é de se ter como usuário dependente "a pessoa jurídica que considere a prestação de serviço de transporte ferroviário de cargas indispensável à viabilidade de seu negócio" (art. 27).

Trata-se de modelo diferente do que se tornou costume perceber nas concessões de serviços públicos posteriores – a partir do caso das rodovias –, nas quais se passou a prever não apenas hipótese de revisão extraordinária, decorrente de evento imprevisível, mas também uma revisão ordinária, geralmente quinquenal, de modo a reequilibrar o contrato periodicamente, cobrindo custos operacionais e visando ao resultado financeiro da concessionária, ao modo como contratado, a fim de assim assegurar a atração de recursos para realizar os investimentos necessários.

Por fim, vale a pena rememorar, como tratamos no item 5.3.2 acima, que também outras fontes provenientes de receitas alternativas, complementares, acessórias ou de projetos associados, com ou sem exclusividade, na forma prevista pelo art. 11 da Lei nº 8.987/1995, devem integrar o processo de reequilíbrio econômico financeiro em favor da modicidade tarifária, mas sempre na estrita medida percentualmente fixada para tanto, sob pena de, em assim não sendo, desincentivar o parceiro privado a empreender atividades ancilares que agreguem valor ao projeto concessionário.

5.3.8. Regime jurídico da extinção

Os contornos especiais dos contratos de concessão de serviços públicos são completados pelas hipóteses próprias de extinção do vínculo concessionário. Para além do advento do termo contratual, da rescisão (obrigatoriamente obtida em juízo, no caso de seu impulso partir da concessionária – art. 39 da Lei nº 8.987/1995) e da falência da concessionária, concessões de serviços públicos podem ser igualmente extintas por encampação, caducidade ou anulação (art. 35 da Lei nº 8.987/1995), sempre mantida a continuidade do serviço público.

Seja qual for a forma extintiva, de efeito geral tem-se que os bens reversíveis (aqueles originariamente pertencentes ao concedente), direitos e privilégios transferidos ao concessionário, retornam ao poder concedente,[105-106] uma vez mais encarregado de, diretamente, ou mediante novo vínculo delegatório, prover, sem hiato interruptivo, o cometimento público em questão aos seus usuários.

---

[105]Exatamente no sentido que dispõe a cláusula 16 do contrato de concessão da Ferroban (malha paulista), por exemplo.

[106]Como boa parte dos bens empregados na prestação do serviço público de transporte ferroviário de cargas pertence à RFFSA, restando sob a posse dos concessionários mediante contrato de arrendamento, surge a peculiaridade de que, com o encerramento da concessão, essa porção de bens deveria retornar à RFFSA, não tivesse ela sido extinta pela Lei nº 11.483/2007, que expressamente transferiu ao DNIT a propriedade dos bens móveis e imóveis operacionais da Rede (art. 8º, I).

Nesse conjunto de bens também se inserem aqueles adquiridos pela concessionária no curso da concessão, em estreita necessidade à prestação do serviço. Estes, no entanto, não serão revertidos ao concedente. Por pertencerem à concessionária, tecnicamente, serão em verdade transferidos a ela, caracterizando a mudança de propriedade, o que poderá demandar a necessidade de indenização, à concessionária, na proporção das parcelas carentes de amortização ou depreciação, se for o caso. De mais a mais, portanto, os bens próprios da concessionária não se inserem nesse cesto de bens, direitos e privilégios repassados ao concedente, salvo se vierem a ser efetivamente adquiridos pelo concedente, sob pena de seu enriquecimento sem causa (Gonçalves, 1999, p. 330-333).[107]

A partir daí começam, então, as peculiaridades da extinção por:

I. encampação, ocasionando a retomada do serviço pelo poder concedente durante o prazo da concessão, por fundamentado motivo de interesse público, mediante lei autorizativa específica e após prévio pagamento da indenização (art. 37 da Lei nº 8.987/1995);

II. por caducidade, perceptível em casos de inexecução total ou parcial do pacto concessório pelo concessionário, seja por deficiência operacional, técnica, econômica ou fiscal não sanadas, ou pelo descumprimento de disposições contratuais, como legalmente delimitado, sempre mediante prévio contraditório e ampla defesa oportunizados em processo administrativo específico, que também albergará o cálculo da indenização devida, mas não prévia, havendo de ser declarada por decreto (art. 38 da Lei nº 8.987/1995).

A justa indenização incidente nessas hipóteses deve compreender tanto a amortização das instalações afetas à concessão, bem como os "benefícios deixados de receber durante anuidades que restavam até completar o prazo da concessão" (Gonçalves, 1999, p. 357). Abrange, portanto, o reembolso de investimentos não amortizados, assim como o pagamento do lucro cessante, considerada a retirada do direito à exploração do projeto concessionário pelo prazo originalmente pactuado.

Essas considerações são concretizadas, no caso das concessões de ferrovias, em dispositivos contratuais ao modo do constante na cláusula 15 do Contrato

---

[107]Fazemos o mesmo registro de Gonçalves (1999, p. 333): em que pese restringirmos o entendimento de que a reversão, propriamente dita, diz respeito apenas aos bens originariamente de propriedade do concedente, é comum haver referências à reversibilidade dos bens também em um sentido global.

concessionário da Ferroban (malha paulista), aqui novamente tomado de forma ilustrativa. Prevendo como fatos extintivos da concessão o término do prazo contratual, a encampação, a caducidade, a rescisão, a anulação ou a falência ou extinção da concessionária, a cláusula desce então a replicar, em seus parágrafos, os conceitos legalmente definidos para fazer constar a ocorrência de uma dessas hipóteses extintivas.

De específico, estende a ocorrência de caducidade na hipótese de inadimplemento financeiro do contrato de arrendamento (§2º); a necessidade de precedência, para a anulação do pacto concessório, de decisão em processo administrativo ou judicial neste sentido, "com apuração dos débitos e indenizações recíprocas que forem devidas, sua compensação e liquidação do saldo" (§4º); a manutenção da vinculação dos bens operacionais "à prestação do serviço concedido, sem prejuízo dos direitos da RFFSA, a qual agirá de comum acordo com a concedente visando a continuidade da prestação do serviço" (§7º), o que implicará que, na licitação para nova concessão, seja também "feita a licitação do arrendamento dos bens operacionais vinculados à prestação do serviço e que não sejam de propriedade da concedente" (§8º).

5.4. O Programa de Parcerias de Investimento (PPI) e os impactos das Leis nº 13.334/2016 e 13.448/2017 nas concessões ferroviárias

A Medida Provisória nº 727, de 12/5/2016, convertida na Lei nº 13.334/2016, criou o Programa de Parcerias de Investimentos (PPI). Orientado por três vetores fundamentais, o programa enfoca na: i) intensificação de parcerias entre os setores público e privado; ii) especialmente por meio de empreendimentos de infraestrutura; e iii) mediante a adoção de medidas desestatizantes (privatização).

Os meios jurídicos de parceria não se limitam a concessões de serviços públicos e PPPs. Têm escopo mais amplo, alcançando negócios público-privados de uma forma mais geral, que adotem estrutura jurídica semelhante em função de seu caráter estratégico e de sua complexidade, especificidade, volume de investimentos, longo prazo, riscos ou incertezas envolvidos.

Há uma virada clara de entendimento, em prol da busca por estabilidade e segurança jurídica, sob a diretriz da mínima intervenção regulatória possível e do fortalecimento de agências reguladoras, de modo a atrair investimentos e viabilizar o desenvolvimento nacional, a criação de empregos e outros. Essa mudança, no entanto, é dependente de uma pauta positiva do Congresso Nacional para rever o caráter regulatório mais intervencionista que vinha sendo adotado até então nos setores de infraestrutura, o que foi feito, por exemplo, com a edição da Lei nº 13.448/2017, resultante da conversão da MP nº 752/2016, da qual trataremos em seguida.

Outros dois pontos fortes do programa estão na busca por maior articulação entre os órgãos competentes, e no reposicionamento da atuação do BNDES nesses setores, por meio da autorização para que constitua e participe do Fundo de Apoio à Estruturação de Parcerias (FAEP).

No que toca à necessidade de articulação, tem-se o que se segue: como as competências relativas a esses tipos de projetos são muito imbricadas, articular-se, em torno de um propósito único e bem definido será fundamental para que as iniciativas compreendidas no PPI deem certo. Daí ser louvável que os órgãos, entidades e autoridades estatais, inclusive as autônomas e independentes, da União, dos estados, do Distrito Federal e dos municípios, com competências de cujo exercício dependa a viabilização de empreendimento do PPI, tenham o dever de atuar, em conjunto e com eficiência, para que sejam concluídos, de maneira uniforme, econômica e em prazo compatível com o caráter prioritário nacional do empreendimento, todos os processos e atos administrativos necessários à sua estruturação, liberação e execução.

Noutro giro, como dito, a disciplina do PPI dedica, ainda, especial atenção à estruturação de projetos, um ponto frágil do cenário atual da infraestrutura brasileira, que acaba fazendo com que muitas alterações ocorram já na fase de execução, aumentando custos e relegando a fase de implantação da infraestrutura ao imprevisível. Diante disso, intensificar a forma de manejar as possibilidades que, legalmente já existem, para realizar procedimentos preliminares, a fim de subsidiar a celebração da parceria subsequente, é medida providencial. Daí porque merece destaque a autorização para a criação do Fundo de Apoio à Estruturação de Parcerias (FAEP), com a finalidade de prestação onerosa, por meio de contrato, de serviços técnicos profissionais especializados para a estruturação de parcerias de investimentos e de medidas de desestatização.

Trata-se de solução que pretende fomentar um mercado independente de projetos, mitigando a prática de procedimentos de manifestação de interesse nos quais os principais interessados proviam, eles próprios, com auxílio de consultorias especializadas, os estudos econômicos técnicos e jurídicos que futuramente embasariam a seleção do parceiro privado. Para tanto, o "FAEP poderá ser contratado diretamente por órgãos e entidades da administração pública para prestar serviços técnicos profissionais especializados visando à estruturação de contratos de parceria e de medidas de desestatização" (art. 15), por sua vez podendo contratar, para a execução desses serviços técnicos, "o suporte técnico de pessoas naturais ou jurídicas especializadas, cabendo aos agentes públicos gestores do Fundo, com o apoio da SPPI, a coordenação geral dos trabalhos e a articulação com os demais órgãos e entidades envolvidos" (art. 16).

A Empresa de Projetos e Logística (EPL), criada em 2012, passa a ser vinculada à Secretaria Executiva do PPI, como órgão de apoio ao Conselho do PPI, o que poderá permitir maior contribuição de seu corpo técnico na importante e carente fase de estruturação de projetos.

A Lei nº 13.334/2016 encerra dispondo pela sua aplicabilidade, no que couber, aos empreendimentos empresariais privados nos quais, em regime de autorização administrativa, concorram ou convivam, em setor de titularidade estatal ou de serviço público, com empreendimentos públicos a cargo de entidades estatais ou de terceiros contratados por meio de parceiras. Quer dizer: em setores nos quais haja uma assimetria regulatória, e com isso mais de uma espécie de habilitação e regime jurídico de atuação de particulares em parceria com o poder público.

Afasta-se a dúvida eventual de que apenas serviços de titularidade pública poderiam se encaixar na sistemática anteriormente descrita, abrindo-se ótimas possibilidades para empreendedores privados habilitados mediante autorização. Para ilustrar em um exemplo, tudo indica que, feitas as adaptações necessárias acerca daquilo que for cabível para o caso, terminais portuários privados, que são empreendidos por agentes privados, mediante autorização, deverão ser pautados e beneficiados pela mesma lógica da lei, quanto a arrendamentos portuários, que são tidos como subconcessões de serviços públicos.

Se não resolve tudo, e nem tampouco poderia, o PPI tem o mérito inaugural de inverter o sinal. Apontando diretrizes para solucionar problemas crônicos, e amplamente realçados nos últimos anos, vale de corretor para redirecionar a lógica de esforços do poder público, as parcerias com agentes privados e o ambiente regulatório e negocial brasileiro.

Em certo sentido, é também esse o espírito da Lei nº 13.448/2017, agora editada, que é dedicada a estabelecer diretrizes gerais para a prorrogação e a relicitação dos contratos de parceria nos setores ferroviário, rodoviário e aeroportuário. Seu foco central está em tratar desses temas naqueles empreendimentos prévia e especificamente qualificados para tanto pelo PPI, na forma da Lei nº 13.334/2016.

Resultante da conversão da MP nº 752/2016, a Lei nº 13.448/2017 objetiva, segundo a exposição de motivos da MP,

> reparar problemas e desafios históricos em importantes setores de infraestrutura, buscando viabilizar a realização imediata de novos investimentos em projetos de parceria e sanear contratos de concessão vigentes para os quais a continuidade da exploração do serviço pelos respectivos concessionários tem se mostrado inviável.

Pretende alcançar tais objetivos disciplinando

> as hipóteses de prorrogação de contratos de parceria para promover investimentos prementes, não previstos nos contratos de concessão em vigor e, por outro, modernizar tais contratos com a inclusão de novas cláusulas de desempenho, metas objetivas para os parceiros privados e punições mais eficazes em caso do seu descumprimento. Além disso, a medida define procedimentos para a relicitação de contratos de parceria que não estejam sendo devidamente cumpridos ou cujos parceiros demonstrarem ausência de capacidade de cumprir com as obrigações assumidas contratualmente.

Especificamente sobre o campo ferroviário, explica que as prorrogações no setor

> deverão ser norteadas pela adoção de obrigações de disponibilização de capacidade mínima de transporte para terceiros, de forma a se garantir o acesso à infraestrutura ferroviária e aos respectivos recursos operacionais, mediante compartilhamento, e por parâmetros de qualidade dos serviços, com os respectivos planos de investimentos, a serem pactuados entre as partes.

Durante o trâmite da MP, outras medidas relacionadas ao segmento das ferrovias foram incluídas ao texto legal, emendando-o, como o equacionamento da questão dos bens inservíveis, muitos deles arrendados aos concessionários, e posicionados na faixa de domínio e em pátios de manobra, mas que não podem ser removidos desses locais por serem bens da União. Nesse sentido, explica o voto do deputado Sérgio Souza, relator do projeto de lei de conversão da MP na Câmara dos Deputados:

> Inicialmente, constatamos que algumas medidas, como a resolução do problema dos bens inservíveis nas ferrovias, não se limitavam às concessões que seriam prorrogadas antecipadamente, dado que comprometem o sistema ferroviário como um todo (p. 32) (...).

Assim, não raras vezes os órgãos de controle demandam que tais bens sejam licitados, mas como não têm qualquer valor, as concorrências são vazias. Daí a impossibilidade de remoção desses ativos imprestáveis que ampliam a escassez de espaço, uma evidente fonte de ineficiência. Ademais, tais ativos podem gerar externalidades negativas, como focos de água parada para o desenvolvimento do *Aedes aegypti*. Ou seja, tornam-se também um grave problema de saúde pública, podendo aumentar a incidência de doenças como a dengue, zika e chikungunya. Com as medidas constantes da Lei nº 13.448/2017, como a previsão do emprego da arbitragem para a solução de conflitos, espera o legislador solucionar alguns significativos entraves do setor ferroviário. Razão pela qual vale a pena aprofundarmos a disciplina dos temas mais ligados às ferrovias, o que fazemos em seguida.

5.4.1. A disciplina dos bens relacionados arrendados a partir da Lei nº 13.448/2017

A disciplina incidente sobre os bens relacionados aos arrendamentos celebrados entre concessionárias de ferrovias e a RFFSA é colocada a partir do art. 25, da Lei nº 13.448/2017, que amplia significativamente o escopo da lei quanto ao setor ferroviário, facilitando a atualização dos contratos de concessão em vigência no setor. Autorizando o órgão ou a entidade competente "a promover alterações nos contratos de parceria no setor ferroviário a fim de solucionar questões operacionais e logísticas, inclusive por meio de prorrogações ou relicitações do todo ou de parte dos empreendimentos contratados" (*caput*), fixa o artigo que isso poderá ser feito, sempre de comum acordo com os concessionários, para todo o sistema, ainda que mediante "medidas diferenciadas por contrato ou trecho ferroviário que considerem a reconfiguração de malhas, admitida a previsão de investimentos pelos contratados em malha própria ou naquelas de interesse da administração pública" (§1º).

Entre as medidas possíveis, e desde que mantido o equilíbrio econômico-financeiro dos ajustes, constam: "a incorporação do todo ou de partes resultantes da cisão de outros contratos de parceria; a desafetação de bens vinculados à prestação dos serviços e a extinção dos respectivos serviços relacionados àqueles bens; a utilização de trechos desincorporados para a prestação de serviços de transporte de curta distância por terceiros; e o desmembramento de parte da faixa de domínio para entes federados que pretendam implantar o transporte ferroviário de passageiros" (§2º e incisos).

Adotando uma lógica de sistema, e entrevendo a possibilidade de alterações contratuais, inclusive no tocante à malha operada, o poder concedente fica, portanto, autorizado a negociar a desafetação de bens. Uma vez sem destinação específica, tais bens poderão ou receber nova afetação, ou serem alienados.

Corrobora esse conjunto de dados o fato de que, "nos termos e prazos definidos em ato do Poder Executivo, as partes promoverão a extinção dos contratos de arrendamento de bens vinculados aos contratos de parceria no setor ferroviário, preservando-se as obrigações financeiras pagas e a pagar dos contratos de arrendamento extintos na equação econômico-financeira dos contratos de parceria" (§3º).

Feito isso, "os bens operacionais e não operacionais relacionados aos contratos de arrendamento extintos serão transferidos de forma não onerosa ao contratado e integrarão o contrato de parceria adaptado, com exceção dos bens imóveis, que serão objeto de cessão de uso ao contratado" (§4º). Daí, caberá ao contratado "gerir, substituir, dispor ou desfazer-se dos bens móveis operacionais e não operacionais já transferidos ou que venham a integrar os contratos de parceria nos termos do §3º, observadas as condições relativas à capacidade de transporte e à qualidade dos serviços pactuadas contratualmente" (§5º), para o que se afasta a competência do DNIT fixada no art. 82, *caput*, inciso XVII, e §4º, da Lei nº 10.233/2001, como prevê o §7º.

Providenciadas as alterações contratuais cabíveis, e feita a transferência mencionada, ocorrerá uma expressiva ampliação da ingerência dos concessionários sobre os bens móveis operacionais e não operacionais, compreendida em sua gestão, substituição, disposição ou mero desfazimento. É nesse ponto, portanto, que se encontra fixado o caminho para solucionar o problema dos cemitérios logísticos, e da incerteza que paira sobre a gestão dos bens arrendados, sucateados ou não, na forma dos contratos de concessão em vigor, ocasionando a transformação de bens em recursos para novos investimentos operacionais nas malhas ferroviárias, de modo a incrementar sua capacidade.

Disciplina semelhante passa a abarcar os bens móveis inservíveis do DNIT, arrendados ou não, localizados na faixa de domínio da ferrovia objeto do contrato de parceria, que poderão vir a ser alienados ou postos em disposição pelos contratados, à luz de regulamentação a ser feita pelo poder público (art. 26).

Ora bem, como não poderia deixar de ser, isso, no entanto, não deve vir sem a proporcional contrapartida, como mero benefício injustificado aos concessionários privados, sob pena de desequilíbrio econômico-financeiro, uma vez lembrado que a garantia de manutenção do equilíbrio econômico-financeiro constitui via de mão dupla, que encerra a proteção ao projeto concessionário como um todo, o que tanto pode importar no reequilíbrio em favor do concessionário, quanto em favor do concedente.

Daí porque, além do montante de novos investimentos, a ser calibrado em troca do benefício da prorrogação antecipada do segundo bloco contratual do módulo concessionário, também encontra-se previsto que "ao final da vigência dos contratos de parceria, todos os bens móveis e imóveis necessários à execução dos serviços contratados e vinculados à disponibilização de capacidade, nos volumes e nas condições pactuadas entre as partes, serão revertidos à União, respeitado o equilíbrio econômico-financeiro do contrato, cabendo indenização no caso da parcela não amortizada do investimento" (art. 25, §6º).

Trata-se, pois, de hipótese de reversibilidade global, nela compreendidos não só os bens originariamente do concedente (efetivamente a ele revertidos), como também os bens posteriormente adquiridos pela concessionária para a execução dos serviços (cuja propriedade será transferida ao concedente ao término da concessão), ressalvando-se apenas a indenização dos investimentos não amortizados, sob pena de enriquecimento sem causa da administração pública.

Esse apanhado de comandos a propósito dos bens engajados na prestação dos serviços ferroviários, e daqueles sob a atual gestão do DNIT, dispostos nas faixas de domínio das malhas, pode produzir o bom efeito de, ao conferir maior uniformidade na disciplina desse acervo patrimonial, e privilegiar a transformação do produto de sua eventual alienação em novos investimentos, mitigar a insegurança jurídica e resolver impasses de décadas, contribuindo para o aumento de capacidade das ferrovias. Isso deverá acontecer, no entanto, na esteira de um procedimento de prorrogação antecipada dos contratos de concessão, mediante a assunção de contrapartidas traduzidas em obrigações e investimentos inicialmente não atribuídos aos concessionários, como agora viremos a tratar.

5.4.2. A prorrogação antecipada de concessões ferroviárias segundo o Programa de Parcerias de Investimento (PPI)

Cuidamos dos contornos teóricos envolvendo a hipótese superveniente de prorrogação antecipada das concessões ferroviárias no subitem 5.3.4 acima. Aproveitando a ocasião para tratar da primeira aproximação do arcabouço jurídico infra legal ao tema no setor ferroviário, descemos ainda aos traços que dada hipótese assumira pelas lentes da Portaria MT nº 399/2015 e da Resolução ANTT nº 4.975/2015.

Diante das fragilidades e críticas anotadas a respeito daquele primeiro quadro legal, foi em boa hora que a Lei nº 13.448/2017 alçou a disciplina do tema para o plano legislativo ordinário, conferindo maior estabilidade para um assunto tão sensível. Daí porque começamos a análise do regime jurídico conferido à prorrogação antecipada pela Lei nº 13.448/2017 destacando sua melhor adequação aos objetivos pretendidos, senão apenas, mas já pelo simples fato de se tratar de lei ordinária.[108]

Nesse cenário, conforme argumentado antes, a prorrogação antecipada ora abordada não se confunde, nem tampouco impede, a prorrogação para fins de

---

[108]Restringindo seu alcance aos empreendimentos qualificados pelo PPI, nos setores acima mencionados, a Lei nº 13.448/2017 busca aproveitar o momento da relicitação, ou da prorrogação antecipada, para adotar "nos contratos prorrogados ou relicitados as melhores práticas regulatórias, incorporando novas tecnologias e serviços e, conforme o caso, novos investimentos" (art. 3º). Como mencionamos, tratam-se de boas ocasiões para modernizar esses ajustes, muitos deles vigentes há mais de um par de décadas.

reequilíbrio contratual das concessões. Como vimos, são espécies distintas e não excludentes de prorrogação contratual, como vem confirmar o art. 24, §2º, ao fixar que não são alcançados pelas disposições da Lei nº 13.448/2017 "os procedimentos de extensão do prazo contratual para fins de reequilíbrio econômico-financeiro, definida como a alteração do prazo de vigência do contrato de parceria destinada a compensar eventuais desequilíbrios econômico-financeiros sobre o ajuste, quando cabível, conforme regras contratuais, editalícias ou regulamentares".

Na forma legalmente conceituada, a prorrogação contratual é a

> alteração do prazo de vigência do contrato de parceria, expressamente admitida no respectivo edital ou no instrumento contratual original, realizada a critério do órgão ou da entidade competente e de comum acordo com o contratado, em razão do término da vigência do ajuste (art. 4º, I).

Ao passo que a prorrogação antecipada consiste na

> alteração do prazo de vigência do contrato de parceria, quando expressamente admitida a prorrogação contratual no respectivo edital ou no instrumento contratual original, realizada a critério do órgão ou da entidade competente e de comum acordo com o contratado, produzindo efeitos antes do término da vigência do ajuste (art. 4º, II).

Sob a ótica do concessionário, como vimos, trata-se de antecipar o momento de certeza do direito à fruição do bloco de prazo contratual remanescente do contrato, concretizando o ingresso efetivo desse período de exploração da atividade em seu patrimônio jurídico.

Podendo ocorrer por provocação do parceiro privado ou do parceiro público, a prorrogação antecipada se sujeita à discricionariedade do órgão ou entidade competente (art. 5º, §1º). Ainda que a lei não desça a detalhes, é bom que se diga, não temos aqui uma discricionariedade absoluta, passível de se transfigurar em uma arbitrariedade, como seria notável no caso de duas concessões ferroviárias pleitearem a prorrogação antecipada, estando em situação de fato equivalente, respeitadas as devidas peculiaridades, mas apenas uma delas recebesse do concedente o deferimento para tanto, sem razões justificadoras do discrimine. Daí porque, se não há vinculação, também não há discricionariedade total no ponto, o que levará à necessidade de uma gradação dessa disposição legal, caso a caso.

Formalizados com antecedência mínima de 24 meses do término do contrato originalmente firmado (§2º), "desde que já não tenham sido prorrogados anteriormente, os contratos de parceria poderão ser prorrogados uma única vez, por período igual ou inferior ao prazo de prorrogação originalmente fixado ou admitido no contrato" (§3º). Sobre o ponto, escapa qual seja o fundamento econômico que limite a ocorrência de prorrogação contratual a uma única vez, como previsto na hipótese, tendo em vista o caráter eminentemente econômico que o regime temporal de um projeto concessionário apresenta. Sob esse viés, em tese não importaria a quantidade de vezes pelas quais o contrato é prorrogado, mas o respeito a seu prazo máximo. Entender diferente poderia retirar a possibilidade de que, em momento futuro, tenha-se ainda à mão a possibilidade de uma nova prorrogação antecipada pelo prazo residual. Há, aqui, uma preocupação de caráter intergeracional, e de modernização dos contratos concessionários, portanto.

O universo dos projetos concessionários ferroviários nos quais poderá se dar a prorrogação antecipada não é amplo e irrestrito. Deve observância aos requisitos dispostos no art. 6º, podendo ocorrer "apenas nos contratos de parceria cujo prazo de vigência, à época da manifestação da parte interessada, encontrar-se entre 50 e 90% do prazo originalmente estipulado" (§1º), e desde que o serviço de transporte ferroviário tenha sido realizado adequadamente, assim caracterizado pelo atendimento de um dos conjuntos de condições alternativos, quais sejam: "cumprimento, no período antecedente de cinco anos, contado da data da proposta de antecipação da prorrogação, das metas de produção e de segurança definidas no contrato, por três anos ou das metas de segurança definidas no contrato, por quatro anos" (§2º, II). Com esse arranjo, evita-se a prorrogação antecipada de ajustes com vigência embrionária, ao passo em que se impede o manejo da prorrogação antecipada naquelas hipóteses em que o serviço não vem sendo prestado a contento, o que por si só seria contrário à lógica da prorrogação por novo bloco contratual, fosse ela regular ou antecipada.

A prorrogação antecipada resultará na celebração de um termo aditivo aos pactos concessórios, dotados de "cronograma dos investimentos obrigatórios previstos", e de "mecanismos que desestimulem eventuais inexecuções ou atrasos das suas obrigações, como o desconto anual de reequilíbrio e o pagamento de adicional de outorga" (art. 7º). A esse respeito, a fixação do cronograma de investimentos é boa medida, capaz de permitir um melhor acompanhamento, passo a passo, da execução contratual, pelo concessionário, em acordo ao estabelecido.

Acrescida da adoção de mecanismos como o desconto anual de reequilíbrio, experimentado por ocasião da 3ª rodada de concessões rodoviárias, que poderá vir a importar na redução do valor da tarifa teto permitida aos concessionários, caso não façam os investimentos nos prazos contratados, bem como o pagamento de adicional de outorga, poderá configurar bom arranjo de incentivos a desestimular o descumprimento das obrigações de investimentos pelos concessionários.

Alinhando-se ao entendimento manifestado pelo Tribunal de Contas da União no já mencionado Acórdão nº 2.220/2015, cumprirá ao órgão ou à entidade competente, "realizar estudo técnico prévio que fundamente a vantagem das prorrogações do contrato de parceria em relação à realização de nova licitação para o empreendimento" (art. 8º). Tal estudo deverá contemplar: "o programa dos novos investimentos, quando previstos; as estimativas dos custos e das despesas operacionais; as estimativas de demanda; a modelagem econômico-financeira; as diretrizes ambientais, quando exigíveis, observado o cronograma de investimentos; as considerações sobre as principais questões jurídicas e regulatórias existentes; os valores devidos ao poder público pelas prorrogações, quando for o caso" (§1º).

Esse quadro geral permitirá bem fundamentar a decisão entre licitar ou prorrogar, evitando formulações vazias, como a bem do interesse público e outras do gênero, seja esta uma prorrogação de prazo regular, ou antecipada, carecendo também de uma avaliação "prévia e favorável do órgão ou da entidade competente acerca da capacidade de o contratado garantir a continuidade e a adequação dos serviços" (§2º).

O regime jurídico da prorrogação antecipada no setor ferroviário é ainda complementado por algumas orientações gerais, sintetizadas pela adoção, "quando couber, de obrigações de realização de investimento para aumento de capacidade instalada de forma a reduzir o nível de saturação do trecho ferroviário, assegurado o reequilíbrio econômico-financeiro do contrato; de parâmetros de qualidade dos serviços, com os respectivos planos de investimentos, a serem pactuados entre as partes; e pela garantia contratual de capacidade mínima de transporte a terceiros outorgados pela ANTT, compatível com a demanda projetada, mediante acesso à infraestrutura ferroviária e aos respectivos recursos operacionais do concessionário, garantida a remuneração pela capacidade contratada" (art. 9º, incisos).

A esse respeito: tais níveis de capacidade de transporte deverão ser fixados anualmente, sob acompanhamento do órgão ou entidade competente (§1º); os "planos de investimentos pactuados poderão prever intervenções obrigatórias pelo contratado, compatíveis com os níveis de capacidade ajustados" (§2º), bem como poderão ser revistos para fazer frente aos níveis de capacidade contratados, mediante a anuência prévia do órgão ou da entidade competente (§3º); e o nível de saturação da malha será determinado ao contratado pelo poder concedente (§4º).

A calibragem das exigências a serem feitas dependerá de mecanismos capazes de reduzir a assimetria informacional tipicamente existente entre regulado e regulador acerca do nível de capacidade e utilização da malha. Para isso serve a atual declaração de rede, por exemplo, que permite uma adequada compreensão da operação em concreto, de forma a se estabelecerem níveis de serviço factíveis, e também se relaciona com a questão da capacidade da malha e do nível de garantia de acesso à infraestrutura ferroviária por terceiros, do qual trataremos mais detidamente no capítulo 10.

Daqui em diante, há uma saudável procedimentalização do passo a passo a ser seguido nas prorrogações regular e antecipada, o que poderá mitigar o risco de paralisações inoportunas. São exemplos as que têm sido notadas, com frequência crescente, por impulso do TCU, resultando em atrasos de projetos, repercutindo na desatualização de estudos, que muitas vezes vão, com o tempo, se descolando das condições informativas de mercado, o que pode vir a ser determinante para o sucesso ou insucesso das medidas pretendidas.

Daí porque as prorrogações, regulares e antecipadas, deverão ser submetidas à consulta pública, por meio de ampla divulgação, pelo menos em conjunto com os estudos que as embasam, a identificação do objeto, a motivação para a prorrogação e as condições propostas, entre outras informações relevantes, fixando-se o prazo mínimo de 45 dias para recebimento de sugestões (art. 10). Ato seguinte, tais estudos e documentos serão encaminhados ao TCU, junto ao termo aditivo de prorrogação contratual (art. 11).

Seguindo esses contornos, a ocasião da prorrogação antecipada das concessões ferroviárias é também uma ótima oportunidade para a modernização dos ajustes em vigor no país. Tratando-se de concessões de serviços públicos, e por isso partidárias de lógicas especiais, como abordamos no início deste capítulo, não haverá margem para se argumentar pelas limitações quantitativas dos contratos administrativos gerais de desembolso. Se já era de se entender nesse sentido, por todo o escopo argumentativo aqui apresentado, o art. 22 torna o ponto sem espaço para dúvidas, na medida em que explicitamente anota que "as alterações dos contratos de parceria decorrentes da modernização, adequação, aprimoramento ou ampliação dos serviços não estão condicionadas aos limites fixados nos §§ 1º e 2º do art. 65 da Lei nº 8.666, de 21 de junho de 1993".

Ao cabo, é de se ver que a eventual recomposição do equilíbrio econômico e financeiro dos contratos de parceria poderá se dar por fluxo de caixa marginal (art. 24), ou seja, parametrizado em fórmula especificamente reservada para esse novo conjunto de investimentos, sob diretrizes do Poder Executivo. Daí decorre, por exemplo, que "os contratos de parceria do setor ferroviário poderão abranger a construção de novos trechos ou ramais ferroviários, com a extensão necessária para atender polos geradores de carga, mediante requerimento do concessionário e anuência do poder concedente" (art. 27). Isso desde que seja apresentado "estudo que demonstre a viabilidade técnico-econômico-financeira do projeto" (§1º), bem como a inexequibilidade econômica de exploração segregada do novo trecho, por contrato de parceria (§2º), desde já afastando-se o direito de o concessionário ser indenizado pelos novos trechos ou ramais ferroviários no término do contrato (§3º).

Com essas medidas, parte dos novos investimentos exigidos poderá ser dirigida à extensão de malhas ferroviárias concedidas, mediante a construção de ramais ou trechos, até terminais portuários, ou novas zonas de fronteira agrícola ou mineral, por exemplo. Poderá ser um bom mecanismo de fortalecimento do sistema ferroviário e de integração logística.

5.4.3. Medidas complementares previstas na Lei nº 13.448/2017: acordos substitutivos para conversão de haveres em investimentos, subconcessão, regime temporal de projetos associados ou acessórios e arbitragem

A disciplina legal, encabeçada pelas providências destinadas a modernizar os contratos de concessão das ferrovias mediante o equacionamento das questões envolvendo os bens relacionados, e novos investimentos a serem realizados antecipadamente, traz ainda algumas disposições complementares que podem ser de grande valia para se alcançarem os objetivos desses projetos.

Com efeito, acompanhando uma tendência de outros setores regulados, o art. 30 autoriza a União e os entes da administração pública federal indireta "a compensar haveres e deveres de natureza não tributária, incluindo multas, com os respectivos contratados, no âmbito dos contratos nos setores rodoviário e ferroviário", salvo se já inscritos em dívida ativa (§1º), para novos investimentos a serem feitos "diretamente pelos respectivos concessionários e subconcessionários, em malha própria ou naquelas de interesse da administração pública" (§2º), excetuada a "parcela dos investimentos correspondente aos valores compensados (...) para fins de reequilíbrio econômico-financeiro do contrato e indenização" (§3º), sempre informada por estudo técnico do órgão competente "que fundamente a inclusão dos novos investimentos ou serviços a serem considerados, podendo se valer para tanto de estudos técnicos realizados pelo respectivo parceiro contratado" (§4º).

Situada no âmbito dos acordos substitutivos, a conversão de penalidades administrativas apresenta uma gama de vantagens, tendo em conta os incentivos em jogo. Como já pudemos desenvolver (Ribeiro, 2017, p. 147-151), é cabível que a administração pública, por meio de uma manifestação imperativa que lhe é típica, aplique sanções aos administrados devido ao descumprimento de obrigações legais, regulatórias ou contratuais.

Como as sanções não encontram fim em si mesmas, esse poder sancionador tem a função de transparecer um arranjo de incentivos negativos, por meio da sinalização de penalidades em caso de descumprimento de comandos previamente estabelecidos. Exatamente como se passa no caso da regulação ferroviária. Até aí, nada errado a respeito. Afinal, a previsão potencial de sanção é uma das ferramentas possíveis para incentivar condutas consistentes com finalidades preestabelecidas. Segundo sua lógica, espera-se que alguém não incorra em determinada conduta, sob pena de ser punido por isso.

Para funcionar bem, no entanto, esse arranjo de incentivos precisa ser analisado sob uma perspectiva contextual. Acontece que como o arranjo institucional brasileiro afirma a inafastabilidade da tutela jurisdicional, não é raro que os efeitos da sanção administrativa, como meio para manter seu destinatário alinhado a certo objetivo de interesse público, se esvaiam diante de sua revisão pelo Poder Judiciário. É que o arranjo institucional conformado pela não definitividade da decisão administrativa, somada à morosidade da prestação jurisdicional, faz com que aplicar sanções dificilmente efetive a finalidade de interesse público esperada.

A esse respeito, levantamento realizado pelo TCU entre os anos de 2008 e 2011, para avaliar o resultado da arrecadação de multas aplicadas por 17 órgãos e entidades de regulação e fiscalização da administração pública federal, concluiu que das mais de 997 mil multas aplicadas nos quatro anos, que somaram aproximadamente R$ 29 bilhões, foi possível arrecadar apenas R$ 1,7 bilhão. Uma proporção de 5,7%.[109]

Sem os recursos provenientes dessas penalidades: (i) os incentivos gerados pelo arranjo jurídico não conseguem cumprir sua função de melhorar a qualidade das atividades reguladas, finalidade última da sanção; (ii) é possível que os agentes regulados que cumprem suas obrigações e, portanto, não foram penalizados, sejam colocados em posição concorrencial de desvantagem em relação àqueles que não cumpriram as obrigações, e nem tampouco arcaram com as correspondentes penalidades daí decorrentes; e (iii) a própria atividade fiscalizatória das agências e demais entidades de fiscalização fica comprometida, diante da carência de recursos para seu custeio. Em síntese: instala-se um ciclo vicioso e ineficiente, que desperdiça recursos, pode distorcer o mercado, e não produz resultados práticos satisfatórios.

Diante dessas razões institucionais e pragmáticas, o campo de exercício de poder sancionador por entidades públicas também recebe os influxos do movimento de mudança de paradigmas do direito administrativo, que faz com que a imperatividade da ação administrativa ceda espaço a uma atuação mais consensual,

---

[109] Disponível em: <www.tcu.gov.br>. Acesso em: 15/5/2017.

concertada entre o público e o privado, quando comprovadamente se revele mais eficiente para cumprir as finalidades pretendidas. Nesse contexto, uma ferramenta de direito administrativo que dependendo do caso pode apresentar vantagens comparativas em relação à aplicação da sanção pura e simples, e pode melhorar os resultados práticos pretendidos, são os chamados acordos substitutivos.

Os acordos substitutivos são instrumentos de composição celebrados em lugar da aplicação de uma sanção para, prospectivamente, suprirem a falta cometida por outros meios consensuais que não o cumprimento de uma pena, o que pode se dar mediante, por exemplo, a exigência de novos investimentos relacionados com o motivo da infração praticada.[110] Trata-se de ferramenta disponibilizada a essas entidades por meio da do art. 5º, IV e §6º, da Lei nº 7.347/1985, bem como, por vezes, em diversas disposições setoriais específicas, como agora vem prever o art. 30 da Lei nº 13.448/2017.

Com isso, substitui-se o arranjo de incentivos negativos, característico das sanções, que se voltam à origem do conflito no passado, por um arranjo de incentivos positivos e apontado ao futuro, já que o agente regulado também tem interesse em investir em sua atividade para aprimorá-la, evitar novos descumprimentos e, possivelmente, obter maior lucro.[111]

Assim, em que pesem esses acordos substitutivos já serem utilizados atualmente, a adoção dessa ferramenta pode ser significativamente intensificada, já que diante do sistema de incentivos postos pelo arranjo institucional atual, ela tende a produzir resultados práticos muito mais benéficos para o interesse público perseguido em concreto, do que a aplicação imperativa de sanções que se

---

[110] Sobre o tema, cf.: Moreira Neto, 2003; Marques Neto e Cymbalista, 2010; Sundfeld e Câmara, 2011; e Palma, 2015.

[111] Souto (2004b, p. 196-197) discorre a esse respeito no âmbito da regulação: "A partir de uma decisão regulatória, a agência reguladora, sopesando custos e benefícios, fixa um entendimento acerca do que deve ser a correta conduta ou o resultado eficiente, não apenas das partes conflitantes, mas de todo o segmento regulado. Portanto a decisão regulatória judicante é voltada para o futuro e não para o passado; ela é voltada para todo o segmento regulado e não apenas para aquelas partes em conflito e, assim, deve ponderar sobre o impacto que aquela decisão vai gerar não só sobre as partes, mas sobre todo o segmento regulado. Em função dessa ponderação é que a decisão regulatória pode optar por substituir uma eventual penalização de uma das partes, pela utilização de mecanismos que atendam ao princípio da proporcionalidade, buscando outras técnicas que, não necessariamente, a mais grave, de sanção (de multa, intervenção ou liquidação judicial ou extrajudicial), mas pela via de acordos substitutivos (Termos de Compromisso e Termos de Ajuste de Conduta, por exemplo). Sempre existe a possibilidade da sanção, fruto da regulação, ser substituída por uma medida que, na ponderação de custos e benefícios, na visão prospectiva que deve ter o regulador (voltado para o futuro impacto da decisão no mercado e não para o passado, da origem do conflito) vai representar a tradução técnica da melhor solução para o mercado e não apenas para o conflito".

revelam inefetivas. Tudo isso mediante um acompanhamento contínuo do bom funcionamento desse arranjo de incentivos.

Desse modo, a autoridade competente deverá, diante de um caso concreto: (i) apontar o objetivo a ser alcançado por meio da reprimenda ao ato infracional; (ii) identificar as ferramentas por meio das quais esse objetivo pode ser alcançado, estando entre elas a aplicação de sanção, ou a celebração de um acordo substitutivo; (iii) determinar as prováveis consequências de cada alternativa, ao modo como exemplificado anteriormente; e (iv) escolher a alternativa que provavelmente alcançará o objetivo com a maior certeza, na maior medida, ou com o mínimo de esforço.

Além da previsão expressa facultando a celebração de acordos substitutivos, consta do art. 33 a possibilidade de os concessionários subconcederem "a manutenção e a operação de trechos ferroviários aos entes federados interessados, desde que haja anuência do poder concedente, conforme regulamento". Com o potencial de otimizar o uso da malha, sem desviar os investimentos do concessionário de seu objetivo principal, ou mesmo impor ao sistema ferroviário um peso extra de custeio, e se aproximando da lógica cooperativa de nosso federalismo, como notável no já abordado convênio de delegação, o mecanismo tem o potencial de permitir a exploração regional ou local de trechos ferroviários pelos demais entes federados, servindo como meio de fomento ao turismo, ou mesmo ao transporte ferroviário em distância reduzida.

Outra medida que se alinha à modernização dos módulos concessórios ferroviários diz com a possibilidade de, "quando se mostrar necessário à viabilidade dos projetos associados ou empreendimentos acessórios" admitir-se que "a exploração de tais projetos ou empreendimentos ocorra por prazo superior à vigência dos respectivos contratos de parceria" (art. 34), sempre mediante a avaliação do órgão competente quanto à pertinência da adoção da medida, vedando-se a "antecipação das receitas oriundas dos projetos associados ou dos empreendimentos acessórios relativamente ao período que extrapolar o prazo do contrato de parceria" (parágrafo único). A previsão espelha medida experimentada no âmbito do setor aeroportuário, quando diversos projetos associados à concessão, primordialmente de caráter imobiliário, mostraram-se inviáveis dentro do prazo contratual. Daí porque permitir esse descolamento de prazos pode viabilizar novos negócios que catapultem a eficiência econômica do projeto concessionário e, com ela, contribuam para a modicidade tarifária em prol dos usuários.

Em conclusão, importa notar que o art. 31 da lei possibilita tanto que as controvérsias surgidas em decorrência das concessões ferroviárias, após decisão definitiva da autoridade competente, no que se refere aos direitos patrimoniais disponíveis, sejam submetidas à arbitragem ou a outros mecanismos alternativos de solução de controvérsias (*caput*), quanto que os contratos sem cláusula arbitral, inclusive aqueles em vigor, sejam aditados a fim de prevê-la (§1º). Detalhando questões procedimentais que costumam surgir nesse contexto, "as custas e despesas relativas ao procedimento arbitral, quando instaurado, serão antecipadas pelo parceiro privado, e, quando for o caso, serão restituídas conforme posterior deliberação final em instância arbitral" (§2º) e a arbitragem será realizada no Brasil e em língua portuguesa (§3º).

Ainda maior importância deve ser conferida ao §4º do art. 30, por descer à definição do que seriam direitos patrimoniais disponíveis, seguindo uma tendência saudável, que pode ser notada nos contratos das concessões de telecomunicações, por exemplo, enfrentando um dos principais gargalos preliminares para a instauração de procedimentos arbitrais. Para essa finalidade, portanto, são considerados direitos patrimoniais disponíveis: as questões relacionadas à recomposição do equilíbrio econômico-financeiro dos contratos; o cálculo de indenizações decorrentes de extinção ou de transferência do contrato de concessão; e o inadimplemento de obrigações contratuais por qualquer das partes. Caberá, em complemento, a ato do Poder Executivo regulamentar o credenciamento de câmaras arbitrais para esses propósitos (§5º).

5.5. Conclusão

Diante da falta de um sequenciamento adequado no processo de desestatização do setor ferroviário, ausente um marco regulatório robusto e bem acabado, e uma agência reguladora preestabelecida, coube aos pactos concessórios regularem a prestação do serviço de transporte ferroviário de cargas.

Concebidos em meados da década de 90, esses contratos de investimento, regidos por uma lógica própria, que havia ganhado disciplina legal recente, pelos contornos da Lei nº 8.987/1995, fizeram incorporar previsões e mecanismos centrais para a compreensão do funcionamento do segmento, como se fez possível notar neste capítulo, a partir das nuances condizentes: (i) aos papéis de concedente e regulador; (ii) ao escopo do objeto concedido; (iii) aos bens arrendados, e respectivos parâmetros de sua utilização; (iv) ao regime temporal, incluindo as espécies de prorrogação; (v) às metas de produção e segurança; (vi) à repartição de riscos; (vii) ao sistema remuneratório e equilíbrio econômico-financeiro; e (viii) ao regime jurídico da extinção.

Mesmo tendo importado numa significativa virada de quadro para o setor ferroviário, que antes do processo desestatizante experimentava uma trajetória de acelerado declínio nos investimentos e na qualidade dos serviços de transporte, e com a privatização da malha ferroviária entrou em uma fase de retomada do crescimento, vendo chegar grandes investimentos e aumento dos volumes de carga transportados, os contratos de concessão passaram a perceber os efeitos de suas limitações, e o choque, com cada vez maior frequência, da regulação heterônoma da ANTT.

Refletindo o contexto no qual foram cunhados, e tendo em vista a adoção da técnica inicial de regulação por contratos, algumas das previsões contratuais foram, em certa medida, quedando datadas, demandando soluções que apenas modelos concessórios mais atuais poderiam oferecer. A necessidade de modernizar esses projetos concessionários, em prol da melhoria do sistema concedido como um todo, e dos agentes nele atuantes, fez com que se tornasse uma questão de tempo alterar os ajustes, de maneira a permitir uma melhor configuração dos seus arranjos de incentivos e resultados daí decorrentes.

Tomando lugar nesse contexto, o Programa de Parcerias de Investimento (PPI) e as medidas normativas que vão aos poucos lhe conferindo concretude, deposita na hipótese superveniente de prorrogação antecipada o caminho para equacionar imbróglios pendentes quanto aos bens relacionados aos arrendamentos celebrados entre as concessionárias e a RFFSA, e também fomentar novos investimentos na rede nacional de transporte ferroviário, equipando os ajustes concessionários com um aparato mais adequado para atingir as finalidades pretendidas, de melhoria dos serviços, atração de investimentos, expansão da capacidade e desenvolvimento da infraestrutura logística nacional.

Ainda assim, a regulação setorial interagente com esses pactos concessórios exibe enorme importância para a manutenção equilibrada dos interesses postos em jogo no plano ferroviário. Razão pela qual dedicamos os próximos capítulos à temática regulatória, investigando os pontos mais sensíveis ao caso das ferrovias, cotejando os desafios enfrentados e as medidas adotadas no Brasil com o que diversas experiências internacionais têm a contribuir a respeito.

6

A reforma regulatória nas ferrovias: a experiência internacional

6.1. Introdução

Historicamente, o setor ferroviário foi implantado em todos os países com base em unidades verticalmente integradas, que simultaneamente geriam a infraestrutura e operavam os trens, com o acesso à malha por outras ferrovias sendo raro ou inexistente. No seu primeiro século de existência, as ferrovias enfrentaram uma competição apenas moderada, mas estiveram sujeitas a intensa regulação estatal, que foi aumentando com o tempo.

Ainda na primeira metade do século XX, porém, a competição intermodal aumentou muito, tanto para cargas como passageiros, com as ferrovias perdendo participação na matriz de transporte e vendo sua situação financeira deteriorar. Na década de 1940, os governos, especialmente na Europa e em países emergentes, reagiram a esse quadro reestruturando o setor, consolidando e estatizando as ferrovias, na expectativa de que a maior escala e as injeções de capital detivessem a decadência do setor. Entre os países em desenvolvimento também pesou nesse movimento o crescente nacionalismo econômico (Gómez-Ibáñez, 2006).

Essas reformas funcionaram durante algum tempo, mas com o tempo a competitividade e a situação financeira das empresas ferroviárias voltou a se deteriorar, em muitos casos significativamente. Alguns dos principais fatores que contribuíram para isso foram (Gómez-Ibáñez, 2006; de Rus, 2006; World Bank, 2011):

- a propriedade estatal vinha acompanhada de monopólios legais e subsídios públicos que enfraqueciam os incentivos de gestores e funcionários para buscar formas mais eficientes de operar e de responder às necessidades dos usuários;
- a minuciosa regulação tornou-se um empecilho à capacidade de adaptação, à exploração de economias de escopo e à inovação;

- seja via propriedade estatal ou regulação, o setor público passou a impor às empresas uma série de ações antieconômicas, como manter quadros de pessoal muito inchados e operar trechos que davam prejuízo;
- especialmente em países emergentes, as tarifas ferroviárias eram frequentemente mantidas em baixo patamar para controlar a inflação ou atender a pressões políticas;
- avanços tecnológicos elevaram a competitividade dos outros modais de transporte, como automóveis, ônibus, caminhões, dutos e o transporte aéreo;
- mudanças tecnológicas também levaram ao desenvolvimento de produtos mais leves, como plástico e alumínio, elevando a competitividade dos modais rodoviário e aéreo;
- o aumento da renda fez os passageiros preferirem meios de transporte mais rápidos e convenientes;
- os governos investiram pesadamente em rodovias, mas cobraram dos motoristas pedágios bem inferiores ao custo, ou mesmo nada, dessa forma aumentando a competitividade do modal rodoviário.

O resultado foi um setor ferroviário em decadência, provendo serviços de baixa qualidade e que geravam elevados déficits, os quais precisavam ser cobertos pelo governo, dessa forma comprometendo as contas públicas. A má situação financeira das empresas, por sua vez, comprometia o nível de investimento e manutenção, reforçando os resultados negativos, inclusive o número de acidentes.

Esse quadro levou os governos a adotar reformas que reduzissem os prejuízos das ferrovias e os subsídios públicos que elas recebiam, ao mesmo tempo que detinham o seu declínio, dando-lhes mais competitividade frente a outros modais de transporte. Como visto no capítulo 4, a resposta veio na forma de medidas para reduzir o papel do Estado, como proprietário e/ou regulador, e dar mais voz ao mercado, o que em geral envolvia uma combinação de três alternativas de reforma:

I. privatização, precedida ou não de separação horizontal;
II. desregulamentação;
III. separação vertical.

O Japão e a América Latina focaram suas reformas ferroviárias em uma combinação de separação horizontal e privatização, mas sem alterar a estrutura verticalmente integrada das empresas. Na maior parte dos casos também se separou o transporte de carga do de passageiros. A privatização em geral veio associada à exigência de que as ferrovias permitissem que competidores acessassem suas malhas, principalmente para permitir uma operação nacionalmente integrada, mas também para haver alguma competição intramodal.

A ideia básica por trás dessa alternativa foi a de que o setor privado teria mais capacidade e incentivos para tornar as empresas ferroviárias eficientes e competitivas e que, por meio de leilões competitivos, o setor público poderia se apropriar dos ganhos daí resultantes. A separação horizontal, por sua vez, evitaria o surgimento de empresas grandes demais para controlar e facilitaria a regulação por meio da comparação entre concessionárias. A privatização foi acompanhada de uma significativa redução da regulação, mas essa não ficou tão limitada como em países como os EUA e o Canadá.

A desregulamentação foi especialmente importante na América do Norte, notadamente no caso do transporte de cargas – o transporte de passageiros, por sua vez, passou para as mãos do setor público. Assim, o foco nos EUA e no Canadá recaiu em dar quase total liberdade às empresas ferroviárias, quase sempre privadas, para competir entre si e com outros modais, podendo fixar suas tarifas, decidir que serviços prover e entrar em contratos de variados formatos, muitas vezes confidenciais. A inspiração para essa reforma foi a de que a intervenção estatal estava comprometendo a competitividade das empresas ferroviárias e que a competição intermodal, mas também locacional, era tão forte que a regulação se tornara quase desnecessária. Como ilustra o quadro 6.1, a desregulamentação na América do Norte foi bem mais radical que na maioria das outras grandes economias.

Quadro 6.1
Grau de desregulamentação em grandes economias

Órgão/entidade governamental...	Define regulamento de segurança	Define/controla as tarifas de acesso aos trilhos	Planeja e supervisiona projetos de infraestrutura	Define tarifas de serviços para passageiro e transportador	Controla e possui líder de mercado
EUA	X				
Canadá	X	(X) apenas em certas situações	X		
Japão	X	X	(X) em conjunto com empresas do setor privado	(X) aprova preços	
Rússia	X	X	X	(X) não em nível de vagão de carga	X
China	X	X	X	X	X

Fonte: Roland Berger Strategy Consultants (2012).

Por fim, começando no final dos anos 1980 e avançando nas décadas seguintes, os países da União Europeia e a Austrália privilegiaram um modelo de reforma que focou na promoção da competição intramodal. Para isso promoveram a separação vertical entre a gestão da infraestrutura e a operação dos trens, facilitando a entrada de novos operadores nas diversas malhas. O desafio principal foi e permanece sendo garantir condições e tarifa de acesso à malha que ao mesmo tempo estimulem a competição e permitam levantar recursos para manter e expandir a infraestrutura.

De forma geral, no setor de cargas as reformas foram bem-sucedidas em elevar a eficiência das empresas e reverter, ou pelo menos estancar, a perda de participação do transporte ferroviário. Os resultados foram menos positivos no transporte de passageiros, ainda que nos países da Europa e no Japão o setor ferroviário continue tendo uma participação relevante também nesse segmento. Por outro lado, também houve exemplos de fracasso parcial, como no Reino Unido e na Nova Zelândia, que depois de privatizar a infraestrutura ferroviária tiveram de reestatizar as empresas que ficaram dela encarregadas. Há também o caso da China, que depois de experimentar com a desverticalização resolveu voltar ao modelo tradicional de empresa verticalmente integrada.

O objetivo deste capítulo é descrever algumas dessas experiências nacionais de reforma ferroviária, exceto pelo caso europeu, que será tratado no capítulo 7. Porém, antes de passar às experiências individuais nas próximas seções, cabe registrar que, a despeito da variedade e riqueza das experiências de reforma, o modelo dominante no transporte ferroviário global continua sendo o de uma empresa estatal vertical e horizontalmente integrada, tanto no segmento de cargas (63% das t.km) como no de passageiros (90%) (World Bank, 2011). Além disso, apenas cerca de 2% do tráfego ferroviário no mundo se dá em ferrovias verticalmente separadas (World Bank, 2011; Roland Berger Strategy Consultants, 2012). Por fim, a rivalidade intermodal continua sendo a principal forma de competição afetando o setor ferroviário, ainda que a competição intramodal também já esteja presente em cerca de 30 países (World Bank, 2011).

6.2. As reformas nos EUA

6.2.1. Antecedentes

A construção do sistema ferroviário norte-americano começou na primeira metade do século XIX, sendo liderada por cidades portuárias no leste do país. Baltimore, Charleston e Boston foram especialmente importantes no desenvolvimento inicial do setor: as três cidades buscavam estender seus mercados para o interior e não tinham como fazê-lo através de canais fluviais, principal meio de transporte utilizado na época.

Dessa forma, em sua maioria, as primeiras ferrovias estadunidenses não foram construídas para alimentar os canais – embora eventualmente tenham cumprido esse papel –, e sim como uma alternativa ao transporte hidroviário. Por causa disso, o modal demorou um pouco mais a deslanchar nos estados em que havia sistemas públicos de canais fluviais, que requereram investimentos vultosos e em torno dos quais poderosos grupos de interesse já haviam se articulado.

Na Pensilvânia e em Nova Iorque, por exemplo, foram aprovadas restrições diretas, na forma de cobrança de tarifas, às ferrovias que competiam com os canais fluviais. Entretanto, a maior eficiência e a redução de riscos (como acidentes e interrupções causadas pelo excesso, ou falta, de água nos rios) proporcionada pelo transporte ferroviário contribuíram para impulsionar sua ascensão. Assim, não obstante a resistência inicial, ambos os estados logo ganharam protagonismo na implementação de ferrovias.

O crescimento do transporte ferroviário nos Estados Unidos impressiona: se, em 1830, a malha estava começando a ser construída, em 1840 já haviam sido implantados cerca de 5 mil km de ferrovias, extensão que em 1850 ultrapassou 14 mil km (figura 6.1).[112] Os anos 1850 testemunharam outro significativo avanço das ferrovias nos Estados Unidos, onde passou a vigorar o Railroad Land Grand Act, de 1850, estimulando a expansão da construção de ferrovias para o Oeste norte-americano, por meio da cessão parcial de terras, mediante a assunção da contrapartida de transportar bens do governo a baixo custo, bem como mantida a propriedade de trechos pelo governo, para que depois fossem destinadas à venda, em momento de maior valorização. Essa política durou até 1871. Além disso, nesse período tiveram início a consolidação das pequenas ferrovias (predominantes, até então) em empresas maiores e a integração dos ramais existentes, principalmente no Nordeste e no Centro-Oeste. Em 1860, as ferrovias norte-americanas totalizavam quase 50 mil km de extensão, mas ainda não formavam um sistema coeso.

---

[112] O avanço na produção de equipamentos também impressiona. De início, a maior parte das locomotivas que operavam nas ferrovias norte-americanas era importada da Inglaterra, mas logo foram estabelecidas empresas locais com tal fim.

Figura 6.1

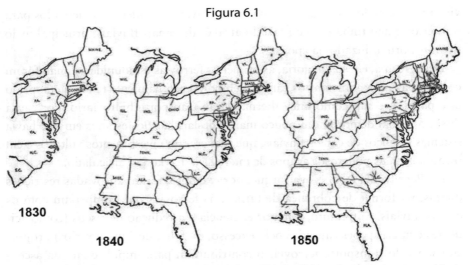

"Os estágios iniciais do desenvolvimento das ferrovias nos Estados Unidos são mostrados nessa série de mapas. Entre 1830-1840, a extensão total das linhas ferroviárias cresceu de 37 km para mais de 4,5 mil km, e durante os dez anos posteriores quase 10 mil km foram abertos, fazendo com que a malha ferroviária norte-americana atingisse 15 mil km em 1850. Nesse ano, uma viagem de Boston ou Nova York a Chicago era feita por trem e barco ou por carruagem – e levava muitos dias. Era possível viajar de Boston a Wilmington, na Carolina do Norte, por via férrea, trocando muitas vezes de trem e percorrendo curtas rotas de barca. Durante os primeiros vinte anos de desenvolvimento das ferrovias mostrados nos mapas, a população dos Estados Unidos quase dobrou." (Tradução nossa).

Fonte: Association of American Railroads (1951).

A Guerra Civil, deflagrada em 1861, freou o ritmo de expansão das ferrovias, mas por outro lado acelerou a integração das malhas e o estabelecimento de uma verdadeira rede ferroviária nacional. Em especial, ela fez com que a padronização de tecnologias e a conexão de linhas se tornassem objetivos de primeira ordem, devido à necessidade de transportar tropas e mantimentos por longas distâncias. A desvantagem representada pela menor interligação das ferrovias do sul do país tornou a questão ainda mais evidente. A guerra também trouxe um caráter simbólico à integração do país.

A expansão da rede foi retomada com o processo de reconstrução iniciado no final dos anos 1860 e ao longo da década de 1870. Esse período foi marcado pelo desenvolvimento da rede existente no sul do país e pela inauguração da primeira ferrovia transcontinental, que ligou a costa atlântica à do Pacífico e cuja construção começara durante a guerra (figura 6.2).

No final do século XIX, a expansão da malha se intensificou vertiginosamente (figura 6.3). Em 1880, o sistema ferroviário chegou a todos os estados americanos, registrando extensão em torno de 145 mil km. Em 1890, a malha ferroviária ultrapassou os 250 mil km e, no final da década, os 300 mil km (Hallberg, 2009 e Association of American Railroads, 1951).

Box 6.1
Financiamento no alvorecer do setor ferroviário nos Estados Unidos

A participação do Estado foi imprescindível para fomentar o desenvolvimento do setor ferroviário nos Estados Unidos. Governos estaduais, locais e municipais financiaram a implantação de ferrovias pelo setor privado, concederam isenções tributárias às empresas do ramo, bem como flexibilizaram as obrigações que recaíam sobre elas, além de construírem eles mesmos algumas linhas.

O governo federal também adotou uma política de incentivos fiscais, além de ter preparado projetos e estudos de várias das primeiras ferrovias do país – lembrando que engenheiros eram mão de obra escassa no início do século XIX nos EUA. Contudo, sua principal contribuição foi a doação de terras (no sul e no oeste do país, principalmente) para a implementação de grandes linhas, feitas a partir de 1850, e, nas décadas subsequentes, para a construção das ferrovias transcontinentais.

Por outro lado, muitas das primeiras ferrovias de pequeno porte implantadas no país contaram com o capital de comerciantes, pequenos industriais e fazendeiros no entorno das rotas propostas, interessados no florescimento de suas atividades e na valorização de suas terras. O financiamento privado foi impulsionado também pela competição entre as cidades portuárias do leste do país e pela necessidade de escoar o carvão da Pensilvânia. Grandes industriais e proprietários de terras carboníferas investiram em ferrovias de maior porte em Massachusetts e nas *anthracite railroads*, como ficaram conhecidas as ferrovias utilizadas para o transporte do carvão originário da Pensilvânia.

Ademais, havia investidores simplesmente interessados no retorno financeiro de suas aplicações. Esse tipo de investimento ganhou força a partir de 1850, com a construção das linhas em direção ao Oeste dos Estados Unidos, e contou com recursos externos, principalmente ingleses. Nesse período, consolidou-se o modelo de financiamento privado que vigeu nas décadas seguintes: emissões de ações e títulos ferroviários que eram comercializados por instituições financeiras.

As ferrovias assumiram o papel de uma das espinhas dorsais da economia norte-americana e tiveram papel preponderante nas duas crises financeiras ocorridas na segunda metade do século XIX (em 1857 e 1873), devido à forte especulação no setor.

Regulação das ferrovias

Figura 6.2

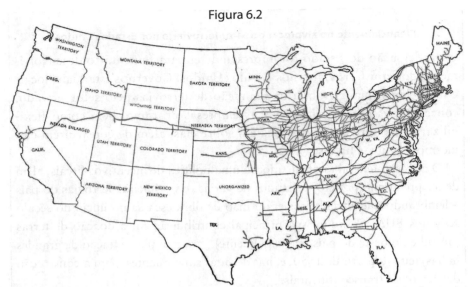

1870 – "Embora a Guerra Civil tenha rompido o desenvolvimento das ferrovias, muitos projetos foram retomados ou iniciados logo após o encerramento do conflito. A malha ferroviária cresceu de quase 50 mil km em 1860 para mais de 85 mil km em 1870. Um incrível avanço na década foi a construção da primeira ferrovia para o Oceano Pacífico, tornando possível pela primeira vez a viagem através do país por trilhos. O crescimento das ferrovias em Mississipi foram notáveis nesse período." (Tradução nossa).

Fonte: Association of American Railroads (1951).

Figura 6.3

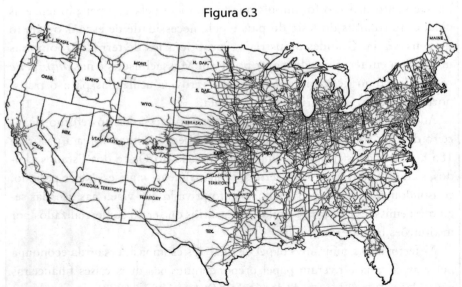

1890 – "O período de 1880 a 1890 registrou uma forte expansão. Mais de 112 mil km de novas linhas foram abertos durante a década, expandindo o total de linhas para mais de 260 mil km. Em 1890, muitas linhas se estendiam para o Pacífico. Em trinta anos, de 1860 a 1890, a malha ferroviária da região a oeste do rio Mississipi aumentou de 3,5 mil km para mais de 115 mil km, e a população da área quadruplicou seu tamanho." (Tradução nossa).

Fonte: Association of American Railroads (1951).

A reforma regulatória nas ferrovias: a experiência internacional

No decorrer do processo de implantação das ferrovias nos EUA, alguns estados criaram comissões para regular o setor e passaram leis delimitando a forma de atuação das empresas ferroviárias (em especial, a fixação de um teto para o preço dos serviços prestados). Em nível federal, porém, o governo só passou a regular o setor em 1887, com a aprovação do Interstate Commerce Act e a decorrente criação da Interstate Commerce Commission (ICC), a primeira agência reguladora federal independente dos EUA.

Inicialmente, o mandato da ICC consistia em regular as tarifas cobradas no transporte ferroviário, de modo a impedir práticas consideradas predatórias, como a discriminação via preços preferenciais, tendo em vista que naquela época as ferrovias praticamente monopolizavam o transporte de cargas e passageiros. Ao longo dos anos, o poder da ICC aumentou, refletindo a crescente onda de regulação estatal no começo do século XX, sempre com o objetivo principal de prevenir abusos de poder de mercado, em princípio sem descuidar da sustentabilidade econômica do sistema (Laurits R. Christensen Associates, 2009).

O sistema ferroviário norte-americano continuou a se expandir até o início do século XX, quando atingiu extensão de cerca de 400 mil km (aproximadamente 250 mil milhas), estabilizando-se subsequentemente (gráfico 6.1). Já então, muitas empresas enfrentavam dificuldades financeiras, devido aos custos crescentes com salários e impostos e à impossibilidade de repassá-los às tarifas, reguladas pela ICC.

Gráfico 6.1
Malha ferroviária dos EUA: 1830-1920 (em milhas)

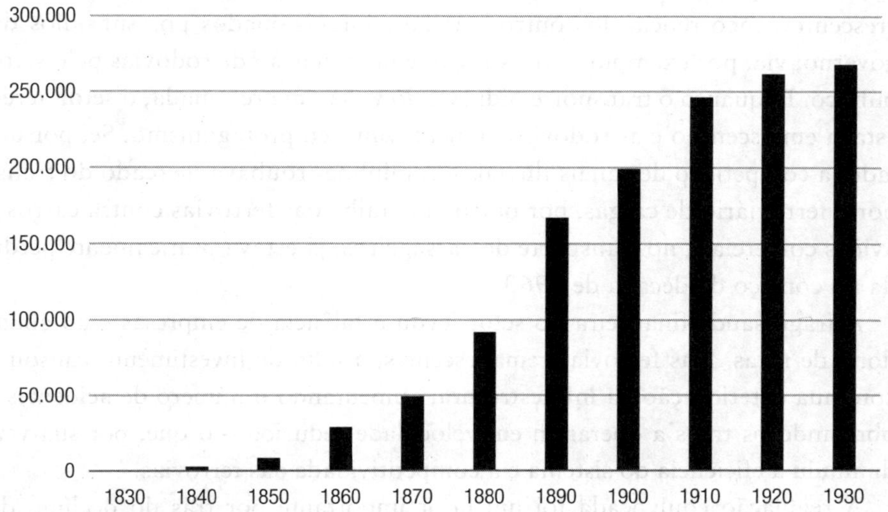

Fonte: National Bureau of Economic Research, Miles of Railroad Built for United States.

Foi nesse contexto que ocorreu o *boom* de carregamentos ferroviários em função da Primeira Guerra Mundial, tendo a Europa como destino final. A necessidade de transportar um grande volume de pessoas e mercadorias congestionou o sistema, evidenciando suas mazelas. Ante o caos vivenciado pelo setor, o governo decidiu nacionalizar temporariamente as ferrovias. Para atender à demanda durante a guerra, a competição intramodal foi eliminada e os cronogramas de operação das ferrovias foram unificados.

Em 1920, o controle das ferrovias retornou ao setor privado, ao mesmo tempo em que a ICC recebeu maiores responsabilidades, como o controle à entrada de novas firmas e sobre a construção e o abandono de linhas. O desequilíbrio financeiro crônico das empresas ferroviárias se agravou com a Grande Depressão de 1929. As receitas no setor caíram pela metade de 1928 a 1933, levando diversas companhias à falência. Como resultado, várias linhas foram extintas.

A Segunda Guerra Mundial deu novo impulso ao sistema ferroviário americano, que, dessa feita, respondeu à altura. As ferrovias haviam passado por uma razoável modernização no período entre guerras, com melhorias na sinalização e aumentos de capacidade. Contudo, a disponibilidade de recursos era um fator limitante. Na década de 1950, em circunstâncias um pouco mais favoráveis, o setor experimentou avanços tecnológicos importantes. Foi nesse período que as locomotivas a vapor foram substituídas pelas movidas a diesel, por exemplo.

Não obstante, os problemas financeiros persistiram. Em parte, as complicações em que as ferrovias estavam envolvidas no pós-guerra decorriam da crescente concorrência dos outros modais, impulsionados por subsídios do governo; via, por exemplo, a construção e manutenção de rodovias pelo setor público. Enquanto o transporte hidroviário vivia uma retomada, o setor aéreo estava em ascensão e as rodovias aumentavam seu protagonismo. Se, por um lado, a competição de canais fluviais e caminhões roubava mercado do transporte ferroviário de cargas, por outro, a batalha das ferrovias contra carros e aviões comerciais, no transporte de passageiros, já estava praticamente perdida no começo da década de 1960.

A frágil saúde financeira do setor levou à falência de empresas e ao abandono de rotas. Nas ferrovias remanescentes, a falta de investimento causou a contínua deterioração da infraestrutura, aumentando o número de acidentes e obrigando os trens a operarem em velocidade reduzida – o que, por sua vez, diminuiu a eficiência do sistema e a competitividade das ferrovias.

A regulação equivocada foi um fator importante por trás do declínio do setor ferroviário. A ICC demorou a se adequar à nova realidade das ferrovias, que saíram de um quase-monopólio para um regime de forte competição intermodal. A fixação das tarifas prescindia de estudos técnicos sobre a demanda, os custos incorridos pelas empresas e os incentivos econômicos embutidos. Em alguns casos, o regulador impediu e/ou retardou inovações importantes (Association of American Railroads, 2015a).

A regulação tarifária contribuiu para a deterioração financeira das ferrovias de três formas complementares (Winston, 2006). Primeiro, as tarifas eram fixadas pela ICC proporcionalmente ao valor dos produtos transportados: eram baixas para produtos de baixo valor específico e altas para os produtos mais valiosos. Isso fez com que as ferrovias se tornassem incapazes de concorrer com o transporte rodoviário na movimentação de produtos manufaturados de alto valor. Segundo, as ferrovias eram proibidas de fazer contratos de longo prazo, os quais eram necessários para viabilizar investimentos que poderiam ter reduzido custos e tarifas, beneficiando as duas partes. Terceiro, a ICC usava nos anos 1970 taxas de retorno de 2% a 3% para o cálculo das tarifas, abaixo do custo de capital da época, o que reduzia a capacidade das ferrovias de levantar recursos para investir.

A proibição pela ICC de que as empresas abandonassem trechos antieconômicos também contribuiu para piorar a sua situação financeira. O resultado foi a queda de participação das ferrovias no transporte intermunicipal de cargas, de 70% no pós Segunda Grande Guerra para 37% em 1975. A baixa lucratividade das ferrovias levou muitas delas a fecharem e os reguladores a concluírem que a regulação do setor o impedia de concorrer com outros modais.

6.2.2. Staggers Act

O setor ferroviário norte-americano adentrou os anos 1970 em situação desastrosa. Por conta do reajuste das tarifas abaixo da inflação, a taxa de retorno dos investimentos feitos pelas empresas caiu a níveis muito baixos. As más condições das ferrovias as levaram a perder tráfego e parcela de mercado para outros modais de transporte. A situação se repetia em todo o território americano: empresas que juntas administravam mais de 20% da malha ferroviária do país foram à bancarrota (Association of American Railroads, 2015a,c). Buscando equacionar o problema, o governo promoveu uma reforma no setor, desregulamentando-o.

Logo no início da década foi promulgado o Rail Passenger Service Act (1970), sendo criada a Amtrak (National Railroad Passenger Corporation), empresa estatal que começou a operar em 1971 e assumiu o particularmente deficitário transporte de passageiros, pelo qual é responsável até hoje. O setor privado passou a administrar apenas o transporte de cargas, mais viável economicamente. Em troca, as empresas detentoras da infraestrutura de trilhos se comprometeram a garantir livre acesso aos trens da Amtrak, que é dona de apenas 500 milhas de rede, concentradas no eixo Washington-Boston (Gómez-Ibáñez, 2003).

O ímpeto reformista da década de 1970 culminou com a aprovação, em 1980, do Staggers Act, que levou a uma profunda desregulamentação do setor, o que fez com que os contratos feitos pelas empresas ferroviárias ficassem sujeitos a uma regulação substancialmente mais branda:

- As tarifas ferroviárias passaram a ser ditadas pelo mercado. Ainda que o poder das empresas de fixar tarifas não seja ilimitado, podendo o regulador interferir quando achar que o usuário é cativo, não havendo competição efetiva, o regulador precisaria antes verificar se (i) as tarifas superam 180% dos custos variáveis da ferrovia e (ii) a ferrovia está obtendo uma taxa de retorno razoável sobre seus investimentos como um todo. Na prática, o recurso ao regulador foi muito raro, até porque as tarifas ferroviárias viriam a cair fortemente nas décadas seguintes.
- As rotas passaram a ser definidas pelas próprias empresas – o que levou ao abandono de linhas menos lucrativas.
- O acesso aos trilhos de outras empresas não é comum, mas quando ocorre é negociado comercialmente entre as partes e não inclui a autorização para o visitante receber ou entregar cargas na malha visitada. Raramente surge a necessidade de o regulador interferir nessa negociação.[113]

A nova legislação entrou em vigor em 1981, na esteira da desregulamentação do setor aéreo (Airline Deregulation Act), aprovada em 1979, e juntamente à desregulamentação do transporte rodoviário de carga (Motor Carrier Act), também aprovada em 1980. O foco comum às três reformas foi promover a competição intra e intersetorial, dando mais autonomia para as empresas decidirem que preços cobrar pelos serviços prestados e onde e como operar. Com esse objetivo, se reduziu significativamente a intervenção do Estado nesses setores e se reconheceu explicitamente a necessidade de as empresas obterem receitas suficientes para manterem suas operações.

---

[113]Segundo Roland Berger Strategy Consultants (2012), mesmo nesses casos o ônus da prova é alto e o número de casos dessa natureza não passou de dois nos três decênios seguintes ao Staggers Act. É fato, porém, que o acordo entre as ferrovias pode ocorrer para prevenir a interferência do STB.

Embora uma grande reorganização do sistema ferroviário já estivesse em curso, o Staggers Act aprofundou a desregulamentação, sendo consensual a avaliação de que ele foi o grande responsável pelo sucesso das reformas nos 35 anos seguintes: o transporte ferroviário de cargas nos Estados Unidos é, atualmente, considerado o melhor do mundo. Alguns dos efeitos positivos do Staggers Act no sistema ferroviário norte-americano podem ser visualizados no gráfico 6.2.

Adicionalmente, a qualidade do transporte ferroviário, medida pela velocidade dos trens, satisfação dos usuários, pontualidade e nível de segurança, melhorou consideravelmente (Winston, 2006; Roland Berger Strategy Consultants, 2012). Por exemplo, o número de acidentes com trens a cada um milhão de milhas, que era superior a 11, em 1980, caiu para menos de dois em 2014 – uma redução de mais de 80% (gráfico 6.3).

Gráfico 6.2
Desempenho do transporte ferroviário de carga nos EUA desde o *Staggers Act* (1981 = 100)

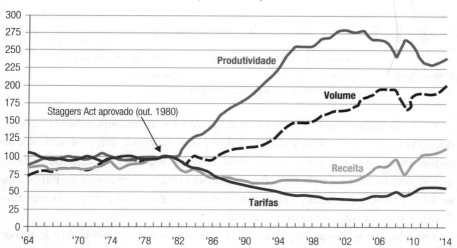

"Tarifas" são medidas pela receita reajustada pela inflação por tonelada-milha. "Volume" é medido em tonelada milha. "Produtividade" é medida pela receita em tonelada-milha por custo operacional em dólar (constante). O declínio recente na produtividade está relacionado principalmente ao efeito do aumento no preço dos combustíveis no seu cálculo.

Fonte: Association of American Railroads, 2015c.

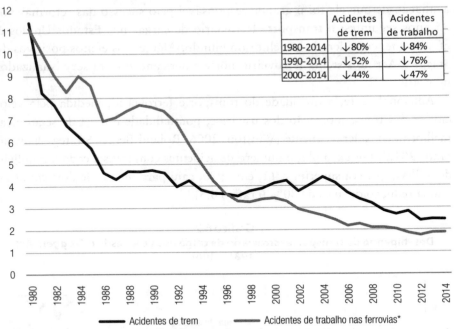

Gráfico 6.3
Taxas de acidentes e lesões nas ferrovias diminuíram

*Lesões e mortes a cada 100 empregados equivalentes por milhão de milhas de trem.
Fonte: Federal Railroad Administration, 2017.

O efeito inicial mais visível do Staggers Act foi a intensificação da consolidação pela qual o setor já vinha passando, com empresas em piores condições sendo absorvidas por outras mais sólidas. Após algumas rodadas de fusões e aquisições, facilitadas pela nova legislação, as principais ferrovias do país – quase 40 em 1980 – passaram a ser controladas por apenas sete empresas nos anos 2000, estrutura que se mantém até hoje.

Posteriormente, novas empresas, criadas após a desregulamentação, adquiriram algumas das rotas abandonadas, em especial as linhas regionais e mais curtas. Com efeito, a proporção da malha detida por pequenos operadores vem aumentando desde a década de 1980, quando, se muito, chegava a 10% (Drew, 1999; Furtado, 2013). O surgimento de novas firmas gerou postos de trabalho, ajudando a compensar a extinção de empregos durante o processo de consolidação.[114]

---

[114] Várias dessas ferrovias menores são bastante competitivas, operando com trabalhadores não sindicalizados e tarifas baixas, com malhas construídas a partir da aquisição de linhas abandonadas pelas grandes ferrovias (Winston, 2006).

A desregulamentação levou a uma alta dos investimentos: de 1980 a 2014, as firmas responsáveis pelo transporte de cargas alocaram US$ 575 bilhões de fundos próprios no setor. Ao mesmo tempo, o volume transportado pelas ferrovias aumentou significativamente, com destaque para as cargas de carvão e o transporte multimodal. Ambos favoreciam o transporte em grandes quantidades, de modo que a tecnologia se adaptou às novas – e maiores – dimensões dos carregamentos.

A consolidação do setor, o abandono de linhas economicamente inviáveis e o aumento do volume transportado se combinaram para elevar fortemente a densidade de tráfego nas redes ferroviárias. Para Eakin *et al.* (2010), esse foi o principal mecanismo por trás do enorme salto na produtividade do setor, que mais do que dobrou desde 1980. Os ganhos de produtividade se refletiram em menores custos para as empresas, que passaram a oferecer seus serviços de transporte a preços mais acessíveis. Com efeito, as tarifas cobradas caíram 43%, em termos reais, de 1980 a 2014 (Association of American Railroads, 2015 a,c).[115] Ainda assim, como os custos caíram ainda mais, as empresas foram capazes de recuperar sua rentabilidade.

Diversos fatores contribuíram para essa redução de custos, sendo que Winston (2006) destaca dois deles. Primeiro, a eliminação de milhares de milhas de trechos antieconômicos e duplicados. Segundo, a possibilidade legal de as ferrovias negociarem confidencialmente as tarifas com seus clientes, a tal ponto que atualmente mais da metade do transporte de carga é feita por meio de tarifas acertadas dessa forma.[116] Os contratos permitiram às empresas moldar seus serviços às necessidades dos clientes, com investimentos em ativos específicos, mais produtivos,[117] com as duas partes dividindo os ganhos de eficiência daí resultantes.[118]

As transformações trazidas pela reforma regulatória do setor foram bem-sucedidas em elevar a competitividade intermodal das ferrovias, cuja partici-

---

[115]Ellig (2002, *apud* Winston, 2006) estimou que pelo menos um terço da queda de tarifas nesse período pode ser atribuído ao Staggers Act.

[116]Antes da desregulamentação, o regulador proibia a realização de contratos sigilosos, por receio que eles servissem para beneficiar os grandes usuários e discriminar negativamente os pequenos (Gómez-Ibáñez, 2006).

[117]Por exemplo, com o uso de vagões especiais, investimentos em instalações especializadas e compra de vagões pelos clientes. Com isso, a proporção de vagões próprios das empresas ferroviárias de Classe I caiu de 66% em 1981 para menos do que 28% em 2015 (Thompson, 2016).

[118]Por exemplo, clientes que contratam cargas de ida e volta pagam tarifas mais baixas, ao ajudar a cobrir custos conjuntos, o mesmo acontecendo com os que contratam volumes mais elevados de carga, ajudando a explorar economias de densidade. Naturalmente, grandes usuários estão mais aptos a se beneficiar desses descontos, mas os pequenos também auferiram ganhos, por meio de intermediários que consolidavam cargas (Winston, 2016).

pação no transporte de cargas aumentou consistentemente por mais de dois decênios.[119] Ainda que o transporte rodoviário seja, desde os anos 1980, o modal mais importante no país, as ferrovias estão em segundo lugar e transportam cerca de 30% das cargas que circulam pelos Estados Unidos (gráfico 6.4). A participação modal de ambos aumentou no mesmo ritmo até o início dos anos 2000, quando o crescimento do transporte ferroviário se acelerou, atingindo um pico em 2006/2007. Contudo, tal desempenho foi logo interrompido pela crise de 2008/2009.

Viscusi, Vernon e Harrinton Jr. (1995) argumentam que a Teoria Econômica da Regulação explica as idas e vindas da regulação do setor ferroviário americano. De acordo com eles, o motivo por que o setor foi originalmente regulado, ainda no século XIX, e por que a regulação sobreviveu por tanto tempo, é que a regulação deu às empresas lucros acima do normal. A desregulamentação, por sua vez, é consistente com o fato de que nos anos 1970 essa mesma regulação estava penalizando as empresas. A pergunta que fica, segundo os autores, é por que a regulação levou tanto tempo para desaparecer, considerando que desde meados dos anos 1950 ela se tornara disfuncional.

de Rus (2006) faz uma avaliação menos "interesseira" da evolução da regulação de ferrovias de forma geral, ainda que alguns de seus pontos também sejam consistentes com a Teoria Econômica da Regulação. Ele argumenta que a regulação das ferrovias também foi originalmente motivada pelo receio de que o exercício do poder de monopólio pudesse limitar a expansão das ferrovias, que no século XIX foram um instrumento fundamental de integração nacional e redução dos custos de transporte.

---

[119]De fato, durante alguns anos se avaliou que, após décadas de perda de participação de mercado, as ferrovias teriam se estabilizado no posto de principais responsáveis pelo transporte de cargas no país, com uma participação modal de aproximadamente 40% (Association of American Railroads, 2015a,c; Roland Berger Strategy Consultants, 2012). Uma revisão recente na metodologia de mensuração dos carregamentos feitos por caminhões, realizada pelo Departamento de Transportes dos Estados Unidos, revelou que as ferrovias não detinham de fato a liderança, ainda que a melhoria da competitividade ferroviária seja clara.

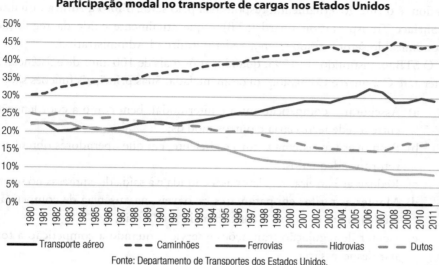

Gráfico 6.4
Participação modal no transporte de cargas nos Etados Unidos

Fonte: Departamento de Transportes dos Estados Unidos.

Qualquer que tenha sido a motivação original, porém, o fato é que com o tempo a forte regulação estatal levou a decisões de preços e investimento que contribuíram significativamente para o acentuado declínio do setor. A prática de subsídios cruzados, por exemplo, tornava outros modais mais competitivos exatamente nas rotas mais lucrativas. A proibição de fechar linhas de carga ou passageiros que davam prejuízo levou as empresas a acumularem perdas crescentes.

Como observa de Rus (2006), ainda que esses problemas tenham sido detectados bem antes da onda global de desregulamentação do setor, eles não foram imediatamente corrigidos. Contribuíram para isso a pressão das localidades e setores econômicos mais dependentes das ferrovias e os gestores e trabalhadores das empresas, que temiam que a reforma levasse ao fechamento de linhas e a redução de quadros. Além disso, em vários casos as empresas recebiam subsídios públicos em troca da "obrigação de prestarem serviço público", fornecendo serviços não lucrativos, mas socialmente valiosos. Para a administração da empresa provavelmente fazia mais sentido lutar por mais subsídios do que pressionar os funcionários a reduzir custos.

6.2.3. Características atuais do sistema

Hoje, a malha ferroviária americana tem aproximadamente 225 mil quilômetros de extensão, nos quais circulam trens de mais de 570 empresas. A estrutura de funcionamento do sistema ferroviário norte-americano está resumida no esquema apresentado na figura 6.4. O Department of Transportation (similar ao

Ministério dos Transportes, no Brasil), em especial a Federal Railroad Administration, é o ente governamental responsável pelo setor. Tanto a Amtrak quanto o Surface Transportation Board (STB) – que atualmente cuida da regulação econômica do setor – respondem à Federal Railroad Administration.

O STB foi instituído em 1995, quando, após mais de 100 anos de existência, a Interstate Commerce Comission foi desmantelada. Suas principais funções são:

a) Assegurar a competição intra e intermodal, bem como a coordenação entre a rede ferroviária e outros modais;
b) Promover um sistema seguro e eficiente, em que operadores obtenham retornos adequados;
c) Reduzir as barreiras regulatórias à entrada e à saída de empresas no setor;
d) Manter as tarifas em patamares razoáveis, na ausência de competição efetiva, além de coibir a concorrência predatória;
e) Isentar de regulação transações e serviços quando a competição a tornar desnecessária.

Figura 6.4
Estrutura do sistema ferroviário dos Estados Unidos

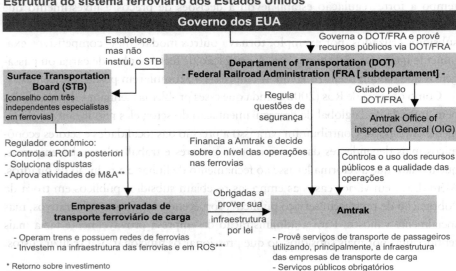

Fonte: Roland Berger Strategy Consultants, 2012.

Em determinadas circunstâncias, o STB tem mandato para intervir mais diretamente. Por exemplo, para exigir que operadores tenham o direito de circular em infraestruturas pertencentes a terceiros, na ocorrência de fusões ou gargalos, de forma a garantir ao usuário que ele continuará a ter acesso a mais de uma empresa ferroviária; para reduzir tarifas e cobrar melhorias no serviço, quando houver queixa e for comprovada dominância de mercado; e para controlar a saída e a venda de empresas do setor, em situações limitadas.

Como mencionado acima, o sistema ferroviário americano se divide entre o transporte de passageiros, controlado basicamente pela estatal Amtrak, e o de cargas, realizado por empresas privadas (figura 6.4). No que segue, focamos no transporte de cargas. Porém, no box 6.2 resumimos alguns fatos sobre o segmento de passageiros.

O transporte ferroviário de cargas nos Estados Unidos é feito de forma verticalmente integrada – ou seja, é o detentor da infraestrutura de trilhos quem opera os trens. No geral, as empresas não são obrigadas a prover acesso à sua malha, mas são livres para fazer acordos voluntários. Frequentemente, duas empresas interessadas na infraestrutura uma da outra entram em acordos bilaterais (Roland Berger Strategy Consultants, 2012). Estima-se que um terço de todos os carregamentos norte-americanos viaje pela malha de mais de uma empresa. Algumas empresas também compartilham parte de sua frota (Association of American Railroads, 2015).

Box 6.2
Transporte ferroviário de passageiros nos Estados Unidos

Nos Estados Unidos, a estatal Amtrak é a responsável pelo transporte ferroviário de passageiros. A Amtrak foi criada nos anos 1970 para retirar das empresas privadas a responsabilidade de prover um serviço economicamente inviável e, após três décadas de gestão governamental, o transporte de passageiros segue bastante deficitário. Contudo, essa situação não é específica do sistema norte-americano, sendo bastante comum também em outros países. A manutenção desse tipo de serviço se justifica por seu alto grau de essencialidade e pelas externalidades (efeitos indiretos sobre terceiros) positivas associadas ao transporte de passageiros sobre trilhos.

Parte dos problemas da Amtrak está associada ao fato de seus trens circularem majoritariamente em trilhos pertencentes às empresas que transportam cargas. Assim, o planejamento (e os custos) do transporte de passageiros fica sujeito ao do de cargas. Ao contrário do que ocorre na rede em geral, os trens da Amtrak têm acesso garantido a trilhos de terceiros. A não ser em casos extraordinários, os acordos que especificam as condições de acesso são negociados livremente entre a estatal e o provedor da infraestrutura.

O mercado é amplamente dominado por sete empresas, denominadas Class I, todas elas privadas.[120] O STB classifica como tal as empresas cujas receitas operacionais ultrapassam US$ 250 milhões por três anos consecutivos. Na prática, esse valor de corte ficou em US$ 467 milhões em 2013 (Association of American Railroads, 2015b). De acordo com a tabela 6.1, as empresas Class I detêm 69% da malha ferroviária, empregam 90% dos trabalhadores e auferem 94% da receita do setor. Essas empresas reportam informações financeiras e operacionais detalhadas para o STB.

Tabela 6.1
Perfil das empresas ferroviárias nos Estados Unidos

	Número	Malha (km)	Empregados	Receitas (U$ bilhões)
Class I	7	153.313	163.464	67,6
Regional + Local	567	69.545	17.800	4
Total	574	222.858	181.264	71,6

Fonte: Federal Railroad Administration, 2014.

O perfil das demais empresas varia bastante, indo desde pequenas firmas que lidam com alguns poucos carregamentos por mês a operadores que atuam em vários estados, de tamanho próximo ao das empresas Class I. Em muitos casos, as 21 ferrovias regionais, todas privadas, e as 546 ferrovias locais (*short lines*), majoritariamente operadas e constituídas por investidores privados, alimentam o tráfego das Class I, assim como recebem carregamentos destas para realizar a entrega final.

Da forma que o mercado norte-americano de transporte de cargas está estruturado, as empresas ferroviárias enfrentam concorrência intra e intermodal. O grau de competição é forte nas principais rotas e as operadoras diferenciam produtos e concorrem em fatores de qualidade, como pontualidade.

Entre si próprias, as ferrovias competem de três formas: lado a lado, quando existe mais de uma linha integrada que realiza o transporte entre origem e destino paralelamente; de ponta a ponta, circunstância semelhante à anterior, quando o trajeto não coincide inteiramente, mas há competição entre trechos de uma jornada multimodal – modalidade que vem ganhando importância nos Estados Unidos e no mundo; e nos mesmos trilhos, entre diferentes operadores, quando o detentor da infraestrutura provê acesso a outras empresas que

---

[120]BNSF Railway, CSX Transportation, Grand Trunk Corporation (quase toda a operação da Canadian National Railway nos Estados Unidos), Kansas City Southern Railway, Norfolk Southern Combined Railroad Subsidiaries, Soo Line Corporation (Canadian Pacific Railway nos Estados Unidos) e Union Pacific Railroad.

realizam serviços de transporte de carga (OECD, 2013; Roland Berger Strategy Consultants, 2012). Adicionalmente, existe a concorrência com outros meios de transporte, como hidrovias e, principalmente, rodovias.

O principal desafio corrente do setor é manter o padrão atingido ao longo dos últimos 30 anos e acompanhar o crescimento da economia norte-americana. As economias de densidade, que impulsionaram o aumento da produtividade das ferrovias nos anos que sucederam a implantação do Staggers Act, já foram largamente aproveitadas. A produtividade do setor tem subido em ritmo mais lento e espera-se que passe a crescer mais em linha com a da economia como um todo, pressionando os custos. De fato, desde 2004 a tendência de queda nas tarifas cobradas pelo serviço de transporte de cargas se reverteu, puxada pela elevação das taxas referentes aos carregamentos de carvão (gráfico 6.5).

Os carregamentos multimodais – que combinam diferentes meios de transporte e ocorrem, em geral, com contêineres – têm ganho proeminência no setor ferroviário. Em 2014, esse tipo de transporte foi responsável por 22% das receitas das ferrovias Class I, mais do que qualquer outro grupo de *commodities*, inclusive o carvão (Association of American Railroads, 2015d). Será preciso investir um volume de recursos não desprezível em expansão da capacidade e inovação para atender à demanda futura. Estima-se que o investimento em infraestrutura e equipamentos feito pelas principais empresas ferroviárias norte-americanas em 2015 tenha ficado próximo de US$ 30 bilhões (Association of American Railroads, 2015d).

Gráfico 6.5
Índices de tarifas reais do transporte ferroviário de cargas 1985-2007

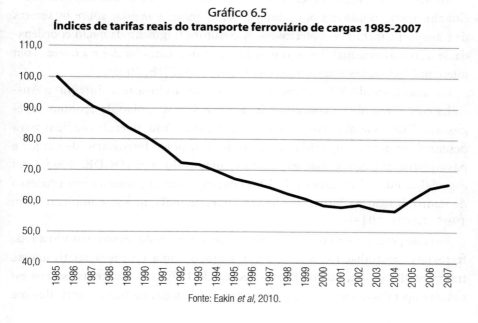

Fonte: Eakin *et al*, 2010.

6.3. Austrália

A Austrália tem uma malha ferroviária com cerca de 37 mil quilômetros, que responde por cerca de um quarto da carga transportada no país, com forte concentração em minério de ferro e carvão. É, portanto, uma realidade muito próxima à brasileira, inclusive em sua origem. O modelo regulatório prevalecente é, porém, bastante diferente.

Depois de registrar uma evolução histórica não muito distinta daquela da maioria dos países, mais recentemente o setor ferroviário australiano passou a se destacar pela significância e pioneirismo das reformas implantadas a partir da década de 1990, que elegeram como prioridade estabelecer um elevado nível de competição intramodal. O instrumento utilizado para isso foi a imposição do livre acesso (*open access*) à infraestrutura ferroviária, sem, porém, maiores considerações sobre a desverticalização e/ou a privatização das empresas do setor.

As ferrovias iniciaram suas operações na Austrália na década de 1850 e seu desenvolvimento desde então foi bastante influenciado pela estrutura política do país. Em especial, cada colônia australiana desenvolveu sua própria ferrovia estatal para atender aos seus objetivos individuais, criando um sistema fragmentado. Basicamente, as linhas eram centradas na capital do estado e no principal porto e tinham o intuito de dar suporte aos exportadores e ao desenvolvimento regional.

Mesmo após a federalização, em 1901, os estados permaneceram constitucionalmente responsáveis por administrar, financiar e legislar sobre os setores de transporte, incluindo as ferrovias. A estrutura fragmentada e não coordenada de ferrovias estaduais levou o país a ter três diferentes bitolas e a operar com diferentes legislações e ambientes institucionais (OCDE, 2005).

Durante o século XX, vários governos nacionais buscaram integrar a Austrália como uma única comunidade, em vez de uma união de economias regionais. Com esse objetivo, o governo federal adotou diversas medidas para desenvolver uma companhia nacional de transporte ferroviário de cargas e passageiros que conectasse as maiores cidades do país (OCDE, 2005). Em especial, ainda na década de 1930 o governo federal começou um processo de padronização da bitola das linhas interestaduais, que se completaria em 1995 (DIRD, 2015b).

Em que pesem esses esforços, já na segunda metade do século passado a rede ferroviária australiana continuava apresentando uma estrutura relativamente fragmentada. Assim, no começo da década de 1970, seis empresas estatais estaduais operavam serviços de passageiros e de cargas de forma verticalmente integrada. As empresas tinham operações interestaduais,[121] intraestaduais, metropolitanas e/ou urbanas. Havia também uma empresa federal, a Commonwealth Railway, operando duas linhas interestaduais de longa distância e que também funcionava verticalmente integrada. Segundo OCDE (2013), três estados – Queensland, Austrália Ocidental e Tasmânia – continuavam tendo trechos com bitola estreita e um, Victoria, bitola larga.

Assim como no resto do mundo, em meados do século passado as empresas ferroviárias australianas exibiam um excesso de funcionários e baixa produtividade. Isso era facilitado por elas usufruírem de monopólios legais no transporte de cargas: por exemplo, algumas *commodities* só podiam ser transportadas por meio de trens e estavam sujeitas a tarifas controladas pelo governo e pelos estados (World Bank, 2011).

E, como no Canadá e nos EUA, durante a década de 1970 aumentaram as pressões para a desregulamentação do transporte de cargas. No governo do primeiro-ministro Gough Whitlam (1972-75), foi criada a Australian National Railways (AN), que assumiu as operações da Commonwealth Railway e das companhias ferroviárias dos estados Austrália Meridional e Tasmânia, que eram as companhias financeiramente mais frágeis e mais endividadas. Durante a década de 1980, todos os estados, exceto Queensland, separaram as operações de transporte de cargas e de passageiros. Alguns separaram as operações internamente e outros separaram em diferentes organizações.

Porém, foi na década de 1990 que o sistema ferroviário australiano sofreu reformas mais radicais. Entre os motivos, Owens (2004) cita:

- A pressão orçamentária exercida pelos déficits, os subsídios e os investimentos das empresas ferroviárias: todas as operadoras estatais estavam registrando perdas e a maior parte investia menos que o necessário em material rodante e infraestrutura (OCDE, 2013);
- O aumento da competição intermodal, principalmente após a revogação do monopólio das ferrovias no transporte de algumas *commodities*; e
- A introdução de uma política de competitividade nacional (ver abaixo).

A reforma ferroviária começou pelo transporte de cargas de longa distância. Os estados estavam mais preocupados com o transporte dentro de seus territórios, de forma que os serviços de longa distância, além de deficitários, eram de

---

[121]Incluímos na categoria "interestaduais" as operações das empresas estaduais dentro do território do estado que se conectam com linhas de igual natureza de outros estados, na divisa estadual, e objetivam conectar localidades em dois estados diferentes.

péssima qualidade. Para tornar esses serviços mais eficientes, o governo criou a National Rail Corporation (NRC), em 1991, que passou a responder por todos os serviços de transporte de carga entre estados e cujas operações começaram em 1993. A companhia pagava às empresas estaduais tarifas de acesso à sua infraestrutura. Com o início da operação da NRC, as operações da AN diminuíram bastante, ainda que essa continuasse responsável pela manutenção dos trilhos, pelo controle do tráfego e pelos serviços ferroviários de dois estados.

Também no começo da década de 1990, o governo lançou um amplo programa de competitividade nacional que abrangia diversos setores. O programa se baseou no relatório Hilmer, de 1993, que foi depois formalizado no Competition Principles Agreement (CPA), de 1995. O ponto central de ambos era elevar a competição e o mecanismo a ser utilizado em todos os setores estruturados em torno de redes era o livre acesso (*open access*) a elas, inclusive no caso das ferrovias (Gómez-Ibáñez, 2006).

O relatório previa para o setor ferroviário a separação vertical das empresas: uma parte, considerada "monopólio natural", ficaria responsável pelo que havia "debaixo dos trilhos"; e outra parte, potencialmente sujeita à competição, responsável pela parte "acima dos trilhos". Além disso, o relatório previa medidas para facilitar o acesso de terceiros à rede ferroviária; a aplicação de princípios neutros para a comercialização; e a criação de instituições regulatórias para a precificação e supervisão do acesso aos trilhos.

Já em 1995, os estados e o governo federal separaram as empresas ferroviárias em provedores de infraestrutura e operadores de trens, o que possibilitou a terceiros o acesso aos trilhos, desde que operando os próprios trens. Além disso, o governo federal e os estados, exceto por Queensland, começaram a vender os operadores de trens de cargas. A NCR, empresa responsável pela operação de serviços interestaduais de carga, foi vendida à iniciativa privada e renomeada Pacific National. Em 2002, todos os operadores de carga estatais, exceto o de Queensland, já haviam sido privatizados.

Em 1997, o governo vendeu o que restava da operação da AN -- os serviços de passageiros e de carga nos dois estados em que operava -- e transferiu a propriedade dos trilhos para a Australian Rail Track Corporation (ARTC), uma nova agência federal cuja operação começou em 1998 e que, segundo World Bank (2011), é um elemento central na reforma australiana. A ARTC tem quatro objetivos principais:

- Prover acesso às linhas ferroviárias interestaduais, por meio de acordos com os detentores da infraestrutura, incluindo empresas estaduais;

- Administrar a manutenção e construção das linhas, assim como planejar a operação nas linhas que possui ou administra (tabela de horários, rota e acompanhamento do trem);
- Aprimorar a infraestrutura interestadual através de melhor gestão dos ativos e de um programa de investimento; e
- Promover a eficiência operacional por meio da padronização de práticas e padrões operacionais.

World Bank (2011) avalia que houve avanços consideráveis no primeiro objetivo, chamado princípio do *one-stop-shop*. Inicialmente, a ARTC administrava as linhas interestaduais federais, mas ao longo do tempo também obteve o direito de administrar as linhas pertencentes a alguns estados. Por exemplo, ainda em 1998 obteve por concessão a administração das linhas pertencentes ao estado de Victoria. Atualmente, ARTC é responsável pela administração da maior parte das linhas estaduais utilizadas em ligações interestaduais em cinco estados e pela linha de exportação de carvão do Hunter Valley.

World Bank (2011) também destaca o progresso em relação ao segundo e ao quarto objetivos. Porém, no terceiro objetivo, relativo ao aumento do investimento, o avanço se deu em passos lentos. As linhas recebidas da AN estavam em boas condições e não precisaram de grandes investimentos, mas aquelas recebidas de Victoria estavam em péssimas condições e as linhas de Nova Gales do Sul não haviam sido construídas à altura do padrão das linhas principais e estavam há tempos deteriorando. Além disso, a linha do Hunter Valley estava próxima do limite de capacidade e necessitava ser expandida.

A ARTC opera com resultado operacional positivo, o que permite algum investimento em obras, mas não há espaço financeiro para modernizar todas as linhas que opera, especialmente as linhas de Nova Gales do Sul. O governo federal reagiu financiando diretamente a modernização das linhas, especialmente a recebida de Nova Gales do Sul. Porém, isso fez com que a ARTC deixasse de ser apenas gestora e mantenedora de uma rede compacta para se tornar uma organização responsável por massivos investimentos em sua própria linha, além de ter de administrar as linhas rurais de Nova Gales do Sul. A ARTC também absorveu vários funcionários desse estado, passando de menos de cem para cerca de mil funcionários.

Os procedimentos para acesso aos trilhos definidos pela ARTC foram aprovados pela Australian Competition and Consumer Commission (ACCC). O objetivo é que o acesso seja não discriminatório, com o preço definido por meio de um modelo de arbitragem negociada em que o requerente e o ofertante do acesso procuram chegar a um acordo quanto ao preço e os termos não monetários. Há também princípios, como preços limite para as tarifas que podem ser cobradas. Como a maior parte da rede da ARTC possui apenas trilho único, que é utilizado por diferentes empresas, a agência precisa definir qual trem terá a prioridade para passar. Consequentemente, para evitar contestação de favorecer uma empresa em detrimento de outra, ela estabeleceu princípios formais para a gestão da rede. Além disso, a ARTC é responsável por investigar e definir de qual parte é a culpa por acidentes.

World Bank (2011) analisa a *performance* da ARTC desde sua criação. Até 2003, quase a totalidade das receitas era proveniente de tarifas de acesso. Depois de 2004, após assumir as linhas de Nova Gales do Sul, houve um grande aumento de receita. A maior parte continua vindo de tarifas de acesso, mas uma parcela significativa passou a vir de contratos de manutenção dos trilhos.[122] Da mesma forma, os investimentos crescem constantemente, sendo a maior parte financiada por aumentos de capital e transferências governamentais. A ARTC publica dois grupos de indicadores de desempenho, medindo, respectivamente, a qualidade do serviço e a eficiência do transporte ferroviário. Basicamente, World Bank (2011) observa que o transporte ferroviário de carga está ganhando participação de mercado em trechos longos, mas não está indo tão bem em trechos mais curtos.

Outra reforma importante no setor é o esforço do governo australiano em harmonizar as regulações e os padrões entre jurisdições. Por exemplo, em 2003, o governo estabeleceu a National Transport Commission (NTC), uma comissão responsável pelo desenvolvimento de uma regulação nacional de segurança para o setor ferroviário (OCDE, 2005). Em 2009, o Council of Australian Governments (COAG) concordou em estabelecer uma lei e um regulador de segurança ferroviária. Este último, National Rail Safety Regulator (NRSR), começou a operação em 2013, sendo o regulador para quatro estados e dependendo de legislação estadual para regular mais.[123]

Por último, vale comentar como estão as estruturas ferroviárias em cada estado australiano. Cada estado respondeu de forma diferente às propostas de reforma e, principalmente, cada um teve um ritmo próprio de adoção das reformas. Como observa Owens (2004), em 1999 a estrutura ferroviária diferia

---

[122]Por exemplo, a ARTC passou a ser responsável pelos trilhos interestaduais de Nova Gales do Sul e pela malha regional desse estado. No contrato de concessão dos trilhos regionais à ARTC, o governo estadual de NGS paga à ARTC para esta gerir e manter sua malha.

[123]Dada a estrutura federativa da Austrália, os estados ainda têm autonomia quanto à regulação ferroviária, estando a legislação sobre segurança inclusa. Para o regulador federal ter autonomia nos estados, é preciso que as assembleias estaduais aprovem leis específicas.

bastante. A autora nota que, naquele ano, alguns estados, como Queensland, eram caracterizados por ter mantido uma única empresa que oferecia serviços de passageiros e de carga, além de manter o material rodante e a infraestrutura. Já outros estados, como Victoria, permitiam uma maior participação privada, com a concessão dos serviços de passageiros e a privatização da empresa de transporte de cargas.

Em alguns estados, as reformas não foram bem-sucedidas e levaram a uma série de problemas. Por exemplo, Nova Gales do Sul teve vários acidentes que levaram a questionamentos quanto à segurança e à manutenção dos trilhos. Uma auditoria feita em 2000 concluiu que uma má coordenação entre as agências de regulação estadual levou a uma diminuição da segurança do sistema ferroviário. Consequentemente, em 2001 a agência responsável pelo acesso aos trilhos e a responsável pela manutenção foram fundidas em uma única agência que passou a se sujeitar ao ministro dos transportes de Nova Gales do Sul (Owens, 2004). Em 2004, a ARTC passou a ser responsável por toda a malha ferroviária do estado.

Box 6.3
A situação das ferrovias em cada estado australiano

O Department of Infrastructure and Regional Development (2015a) mantém uma lista atualizada da estrutura ferroviária em cada estado. Em Nova Gales do Sul, as linhas interestaduais e a linha do Hunter Valley estão concedidas à ARTC, o sistema de transporte urbano de Sydney e algumas linhas regionais de passageiros são operados por uma empresa estatal; e outras linhas regionais são operadas pela ARTC. Em Victoria, as linhas interestaduais estão cedidas à ARTC, as linhas com bitola larga são de propriedade da agência estatal, e o sistema urbano de passageiros de Melbourne é operado por uma empresa pública.

Em Queensland, as linhas interestaduais estão cedidas à ARTC, as linhas para transporte pesado e a linha para transporte de carvão estão cedidas a uma empresa privada, e as linhas regionais de carga, de passageiros e a rede urbana pertencem e são operadas por uma empresa estatal. Na Austrália Ocidental, as linhas interestaduais estão cedidas à ARTC e outras linhas estão cedidas a empresas privadas. Na Austrália Meridional e no Território do Norte, as linhas interestaduais estão cedidas à ARTC, outras linhas são operadas por uma empresa privada, e o sistema de passageiros de Adelaide é operado por uma empresa estatal. Na Tasmânia, uma empresa estatal é dona e operadora das ferrovias.

Regulação das ferrovias

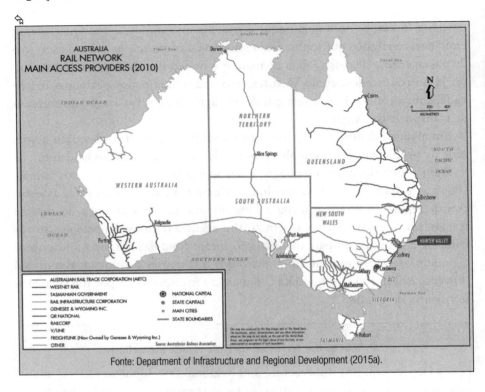

Fonte: Department of Infrastructure and Regional Development (2015a).

No todo, é importante notar que o pilar do modelo australiano é a exigência de *open access*, não a desveticalização. Assim, as empresas não são obrigadas a separar a gestão da infraestrutura e a operação de trens em empresas distintas. Na prática, prevalecem diferentes estruturas corporativas (Gómez-Ibáñez, 2006): a malha ferroviária nacional interestadual e a malha intraestadual em Nova Gales do Sul são mantidas por empresas estatais que apenas gerem a infraestrutura. Nos demais estados o transporte intraestadual é provido por empresas verticalmente integradas, ainda que em alguns casos haja uma separação gerencial entre infraestrutura e transporte para garantir a neutralidade no acesso dado a outros operadores de trens. A maioria dessas empresas verticalmente integradas é privada.

O governo não interfere na fixação das tarifas de transporte ferroviário, em função da competição existente entre operadores de trens e entre modais. Contudo, as tarifas de acesso à infraestrutura estão sujeitas à aprovação dos reguladores, tanto em nível federal como estadual (World Bank, 2011).

6.4. Japão

O caso japonês merece algum destaque por seu pioneirismo e por combinar elementos dos três tipos de reforma ferroviária que se tornariam populares a partir dos anos 1990: separação horizontal, privatização e alguns elementos de desverticalização. Além disso, ele é uma espécie de espelho do caso americano, no sentido de que o foco do setor é o transporte de passageiros, enquanto o transporte de carga é uma atividade de menor importância.

O sistema ferroviário japonês começou a ser implantado no início do século XIX, contando com financiamento e suporte tecnológico inglês. O governo investiu consideravelmente no sistema, transformando-o no principal modal de transporte nacional. A Japan National Railways (JNR) foi estabelecida como uma empresa estatal em 1949 e, por um tempo, foi lucrativa e dominou o setor de transportes. Porém, a empresa sentiu a pressão competitiva de outros modais, perdendo participação de mercado, além de ter seus custos elevados pelo fardo da construção de novas linhas. Consequentemente, a empresa experimentou déficits anuais a partir de 1964, acumulando uma elevada dívida (OCDE, 2005; Roland Berger, 2012).

Mizutani (2004) e Kurosaki (2016) listam vários fatores, além da competição imposta por outros modais, que colocaram a JNR em crise:

- A interferência política na administração da companhia; por exemplo, via pressão política para a construção de linhas não lucrativas;
- A relação viciosa com os sindicatos, que levou, por exemplo, à concessão de benefícios extremamente generosos e custosos. Isso decorreu em parte de os executivos da empresa terem autonomia muito limitada, com o orçamento, a gestão de pessoal e os salários sendo fixados diretamente pelo governo ou pelo Parlamento;
- A regulação muito rígida. Em especial, a regulação impedia a empresa de expandir seus negócios em atividades não relacionadas ao transporte ferroviário;
- A complicada estrutura organizacional da empresa, cujo tamanho dificultava o controle das suas atividades pelos gestores da empresa. Além disso, a administração era centralizada e não levava em conta fatores locais na definição de taxas e horários, havia demasiadas subdivisões ineficientes, e os administradores e empregados não pareciam preocupados em reagir à crescente competição.

Essencialmente, portanto, os problemas com a JNR derivavam do seu tamanho e, principalmente, do fato de ser uma empresa estatal. Em abril de 1987, de forma pioneira em termos internacionais, a JNR passou por uma profunda reestruturação. A rede ferroviária foi dividida em seis regiões e a JNR foi dividida em sete companhias: uma companhia nacional de transporte de cargas e seis empresas regionais de transporte de passageiros – uma para cada uma das ilhas menores e três para a ilha principal, estas também separadas regionalmente.[124] A ideia era de que a separação horizontal permitiria que o governo regulasse as empresas comparando o seu desempenho, gerando entre elas uma competição por comparação (*yardstick competition*).

Inicialmente, o governo manteve a propriedade de todas as ações das companhias criadas, mas depois as empresas de transporte de passageiros da ilha principal foram privatizadas, processo concluído em 2002. O governo manteve 100% do controle acionário das outras quatro empresas, que são controladas por uma agência estatal independente (Roland Berger, 2012). A infraestrutura da rede Shinkansen – a rede de alta velocidade – ainda permaneceu um tempo como propriedade de uma agência governamental, mas em 1991 acabou vendida para três companhias privadas que operam na ilha principal.

Os principais empecilhos à implantação da reforma foram os passivos de longo prazo -- em 1987 a JNR devia 37,1 trilhões de ienes, ou 10,2% do PIB japonês naquele ano – e o excedente de funcionários – em abril de 1986, a JNR empregava 277 mil funcionários, dos quais cerca de um terço (93 mil) excedentes. Uma parte da dívida foi abatida durante a década de 1990, com capital levantado a partir da venda de participação acionária das companhias regionais e com a alienação de terrenos não usados nas operações. Porém, outra parte, correspondente a 37% do total, não foi abatida e acabou absorvida pelo governo federal, em 1998. Quanto ao excedente de mão de obra, o governo promulgou uma lei especial em que requisitava a cooperação de vários setores nacionais para empregar parte do excedente. As novas empresas mantiveram 203 mil funcionários, enquanto o restante mudou de emprego ou foi aposentado (Kurosaki, 2016).

Mesmo sendo privadas e listadas em bolsa, as três principais companhias de transporte de passageiros ainda sofrem bastante influência estatal. Assim, embora elas atuem com bastante liberdade nas áreas de manutenção e operação, os investimentos são planejados conjuntamente com o governo. Além disso, as tarifas cobradas também precisam ser aprovadas pelo Ministério da Terra, Infraestrutura, Transporte e Turismo, que é o responsável por regular o setor (Roland Berger, 2012).

Uma característica que distingue a reforma da JNR é a infraestrutura ser detida pelas empresas de transporte de passageiros: isto é, a privatização se deu sem

---

[124] Especificamente sobre as companhias de passageiros, três operam na ilha principal e três em outras ilhas.

que houvesse qualquer movimento no sentido da separação vertical de infraestrutura e operação de trens.[125] As empresas de transporte de passageiros operam, primordialmente, nas suas próprias linhas, que têm pouca sobreposição, de forma que não há praticamente nenhuma competição intramodal. O acesso de uma companhia às linhas que não lhe pertencem deve ser aprovado pela operadora proprietária e as tarifas de acesso precisam ser aprovadas pelo ministério competente. Consequentemente, a maior fonte de competição é a intermodal.

O único elemento de separação vertical se deu no caso do transporte ferroviário de cargas, que é relativamente menos importante no Japão. Assim, a empresa ferroviária de cargas foi liberada de ser a mantedora da infraestrutura, com o intuito de diminuir seu custo operacional. Com o mesmo intuito, o custo que ela deve pagar para acessar a infraestrutura foi definido em níveis bem baixos (Kurosaki, 2016). Seu acesso à infraestrutura é garantido e as tarifas cobradas são baseadas em diversos indicadores, como tipo de carga, quantidade, percurso etc. Porém, a empresa de transporte de cargas enfrenta elevada competição intermodal (cabotagem e rodovias) e responde por apenas 4,2% da carga transportada no Japão (Roland Berger, 2012). Em especial, a necessidade de operar em espaços vazios das operadoras de passageiros, a inflexibilidade da infraestrutura, as distâncias relativamente curtas e a competitividade do transporte de cabotagem limitam a capacidade de a empresa expandir sua parcela de mercado.

De forma geral, a reforma foi bem-sucedida, com aumento do tráfego e as empresas resultantes da separação horizontal da JNR se tornando lucrativas ou, pelo menos, menos deficitárias (Kurosaki, 2016). Na época da reforma, acreditava-se que as três companhias de passageiros da ilha principal e a companhia de cargas seriam lucrativas, o que realmente se concretizou. Porém, duvidava-se que as outras três companhias das ilhas menores seriam lucrativas. Não obstante, a companhia da ilha Kyushu se mostrou lucrativa, principalmente com o aumento de receitas a partir de outros serviços. Já as outras duas continuam a receber dinheiro de um fundo nacional (Roland Berger, 2012).[126]

---

[125] Kurosaki (2016) argumenta que a manutenção da integração vertical foi importante não apenas para facilitar a eficiente operação ferroviária, mas também para permitir investimentos coordenados no sistema ferroviário e a promoção de negócios relacionados.

[126] O ganho de lucratividade não veio apenas das operações ferroviárias. As seis empresas regionais possuem duas fontes de receitas que não são ligadas a transportes: negócios imobiliários, como venda e aluguel de imóveis residenciais e comerciais; e varejo, como lojas de departamentos, de conveniência e supermercados nas proximidades e dentro das estações. As empresas também oferecem hotéis e suporte a negócios (Song e Shoji, 2016).

Com a reforma, as empresas regionais de passageiros puderam focar nos seus mercados específicos e oferecer os serviços apropriados para cada região. Com o fim do subsídio cruzado que o transporte de passageiros pagava para o transporte de cargas, foi possível para as empresas aumentar o investimento e melhorar os serviços. Com isso, o volume de passageiros transportados, que havia caído 6% na década antes da reforma, aumentou 27% na década seguinte à reforma. No mercado de cargas, a reforma reverteu o processo de queda do tráfego (tonelada/km) que vinha acontecendo desde os anos 1970, conseguindo estabilizá-lo. Roland Berger (2012) observa, não obstante, que a busca por eficiência acabou sacrificando a segurança, fazendo com que houvesse vários acidentes em 2005, o que levou a um novo ciclo de investimento em novas tecnologias para aprimorar a segurança.

6.5. México

Os casos do México e da Argentina, esta analisada a seguir, são interessantes por terem seguido modelos bastante semelhantes ao do Brasil, mas com algumas diferenças importantes. Em especial, nos dois casos o principal pilar do processo de reforma ferroviária foi a separação horizontal da empresa e a posterior privatização das partes, mantendo-se nos diversos casos a integração vertical herdada da antiga estatal. Paralelamente, promoveu-se significativa desregulamentação.

As ferrovias tiveram grande expansão no México durante o governo de Porfirio Díaz. Em 1876, a malha ferroviária tinha apenas 691 quilômetros. Já em 1911, ela atingiu 24.717 quilômetros (Hardy, 1934). Nessa data, metade da malha estava sob controle do governo. Entre 1929 e 1937, após a revolução mexicana, todo o restante das ferrovias foi nacionalizado (Perkins, 2016). O sistema foi posteriormente dividido em cinco ferrovias regionais.

Em 1987, o governo juntou suas cinco ferrovias regionais em uma única empresa, a Ferrocarriles Nacionales de México (FNM). Desde sua criação, a empresa sofreu de baixo investimento, baixa produtividade e altos déficits. Segundo Kogan (2006), apenas 40% da rede era de boa qualidade, o número de funcionários era bem maior do que o necessário para o funcionamento da empresa e as receitas com transporte de passageiros e de cargas eram insuficientes para cobrir os custos de operação, que eram subsidiados pelo governo.

Em 1991, a FNM registrou um déficit operacional de US$ 552 milhões, montante que representava 37% do orçamento operacional da companhia. O transporte ferroviário vinha em uma trajetória de perda contínua de participação de mercado para o modal rodoviário, muito explicada pela baixa qualidade dos serviços, o valor das tarifas, os trilhos mal mantidos e a falta de equipamento.

O governo estimava que necessitaria US$ 2 bilhões para modernizar as ferrovias (Villa e Sacristán-Roy, 2013).

O governo iniciou as reformas no setor em 1995, modificando a constituição e as leis que regulavam as ferrovias. Junto com as reformas legais, o governo separou a FNM horizontalmente em várias companhias verticalmente integradas. O novo sistema incluía (i) uma companhia para cada um dos três troncos principais regionais, com conexões com as ferrovias americanas e os principais portos dos dois lados do país; (ii) uma outra que herdou a malha em torno da Cidade do México e servia de ferrovia terminal das linhas tronco na sua conexão com a capital do país; e (iii) companhias para algumas linhas classificadas como de pequena extensão. As companhias que detinham os troncos regionais e que também detinham o equipamento necessário para operá-los eram empresas estatais e, no processo de concessão, parte do seu controle acionário foi vendida à iniciativa privada por meio de leilão (Villa e Sacristán-Roy, 2013).

A reestruturação do setor ferroviário mexicano foi pensada de forma a incentivar a competição intramodal, impedindo que as empresas exercessem poder de mercado. O governo, ao dividir a rede da FNM, atentou para que pelo menos duas concessionárias dos troncos principais tivessem acesso a portos no Oceano Pacífico, que pelo menos duas tivessem acesso a portos no Oceano Atlântico e que pelo menos duas tivessem contato com ferrovias americanas. Cada tronco foi concedido a uma empresa privada diferente. A ferrovia terminal na região da Cidade do México passou a ser propriedade das três concessionárias e do governo federal, cada um com 25% das ações. As concessionárias foram obrigadas a conceder acesso umas às outras nos pontos mais importantes da infraestrutura, nesses casos sendo cobradas taxas de acesso para cobrir custos fixos e variáveis. As empresas podem negociar livremente as tarifas de acesso, mas em caso de impasse o governo pode intervir (Kogan, 2006). Outras linhas pequenas também foram concedidas, assim como algumas linhas de passageiros.

No esquema de concessão, o governo continuou dono da infraestrutura e concede onerosamente seu uso para a concessionária por um período renovável de 50 anos no caso das linhas tronco. Duas linhas pequenas tiveram concessão de 30 anos e para as linhas de passageiros o prazo de concessão foi de 25 a 30 anos, também renováveis por igual período. A seleção das concessionárias se deu por meio de um leilão competitivo, sendo que em alguns casos a concessão de linhas de passageiros poderia ser entregue a autoridades locais, ao invés de por meio de leilões.

O governo criou uma agência reguladora, a Dirección General de Tarifas, Transporte Ferroviario y Multimodal, para fiscalizar o cumprimento das normas técnicas e de qualidade e também para arbitrar conflitos entre as concessionárias (Kogan, 2006). As concessionárias são livres para fixar as tarifas, porém devem registrá-las na Secretaría de Comunicaciones y Transportes, que pode intervir se avaliar que não existe competição (Villa e Sacristán-Roy, 2013).

Outros aspectos da concessão de ferrovias no México merecem menção. Primeiro, o governo mexicano absorveu todo passivo da FNM, permitindo às concessionárias começarem suas operações sem dívidas. O governo também negociou com os sindicatos e os manteve informados durante todo o processo. Segundo, o dinheiro recebido das concessionárias foi alocado a um fundo que é usado para pagar os aposentados. Esse dinheiro também foi usado para encerrar o contrato de todos os funcionários, o que permitiu às concessionárias contratarem quem desejassem sem passivos prévios. Por último, o governo fez uma grande auditoria para identificar possíveis riscos ambientais. As concessionárias são responsáveis apenas pelos riscos pós concessão, sendo os riscos anteriores de responsabilidade do governo (Villa e Sacristán-Roy, 2013).

A reforma nas ferrovias mexicanas foi em geral bem-sucedida, com a eficiência das ferrovias aumentando após a privatização. Segundo Villa e Sacristán-Roy (2013), o número de toneladas e de toneladas.milhas cresceu a uma taxa anualizada de 4,1% e 4,7%, respectivamente, desde a privatização. O aumento do transporte de cargas é explicado pelo crescimento da economia mexicana, pela expansão do comércio devido ao Nafta e pela melhora da qualidade dos serviços. Também ajuda que a tarifa média de transporte de carga cobrada no México é, junto com a americana e a canadense, a mais baixa do mundo (Perkins, 2016). Além disso, ela caiu 20% desde o início da concessão. Kogan (2006) chama a atenção, porém, para a redução do tráfego de passageiros para algo próximo de zero, sendo que grande parte das linhas de passageiros foi abandonada.

Para o governo, a privatização trouxe um grande alívio fiscal, com os subsídios ao setor ferroviário caindo de US$ 400 milhões ao ano para algo entre 10% e 20% desse valor. Os investimentos também subiram após a privatização, ultrapassando US$ 9 bilhões, sendo dois terços investimentos privados e um terço governamental. Ao mesmo tempo, o número de funcionários tem caído consistentemente: de 1997 a 2010, houve uma redução média anual de 6,7%, sendo que a diminuição do quadro de pessoal foi bastante concentrada nos primeiros anos, em especial entre 1996 e 1999, quando despencou de 45.550 para 17.500.

Em 2010, duas concessionárias de troncos ferroviários se fundiram. O órgão antitruste mexicano aprovou a fusão após o estabelecimento de direitos e de taxas de acesso às linhas da nova empresa (Villa e Sacristán-Roy, 2013). Mas Perkins (2016) observa que o direito de acesso a trilhos de concorrentes nunca foi efetivamente implementado, devido a contestações judiciais. Consequentemente, em 2013 surgiu no Senado mexicano uma discussão sobre conceder acesso aberto à toda rede. As discussões caminharam para a implementação de uma agência reguladora em 2016 com capacidade de definir as condições do uso da malha dos concorrentes.

6.6. Argentina

De meados do século XIX, quando a primeira ferrovia argentina foi construída, até meados do século XX, o sistema ferroviário argentino experimentou uma forte expansão. Primordialmente de propriedade privada, ele era então operado por nove companhias, cinco inglesas, três francesas e uma de capital argentino. Porém, com a Primeira Guerra Mundial e, principalmente, com a crise de 1929, o modelo agroexportador argentino foi colocado em xeque, com significativa desaceleração no ritmo de expansão do sistema ferroviário.

Gradativamente o Estado passou a ter um papel mais ativo na expansão da malha, que atingiu seu pico na década de 1940, quando chegou a um total de 43.000 quilômetros (Müller e Aragonés, 2013). Porém, no pós Segunda Guerra Mundial as ferrovias já não se mostravam lucrativas o suficiente para atraírem investidores privados e, em 1948, o presidente Juan Perón nacionalizou todo o sistema ferroviário, constando as ferrovias de propriedade de companhias inglesas como uma contrapartida do perdão das dívidas que a Inglaterra acumulou durante a guerra. A nova companhia ferroviária estatal foi chamada de Ferrocarriles Argentinos (FA).

Müller e Aragonés (2013) observam que os primeiros 25 anos da operação estatal foram caracterizados por investimentos e modernização da linha, principalmente entre os anos de 1960 a 1975. Porém, no período posterior, o sistema ferroviário entrou em declínio, devido principalmente ao aumento da competição com o transporte rodoviário e ao baixo investimento. Também não ajudou o fato de os administradores da companhia serem guiados mais por interesses políticos do que por objetivos comerciais, o que levou à manutenção de serviços pouco rentáveis, a um número de funcionários bem superior ao necessário para operar o sistema e a tarifas artificialmente abaixo do custo (Kogan, 2006). Com isso a empresa passou a apresentar déficits, chegando a uma situação insustentável a qual, em conjunto com a crise da dívida externa, obrigaram o governo a tomar providências a respeito do setor ferroviário no final da década de 1980.

O presidente Carlos Menem optou por privatizar a FA através de um processo iniciado em 1989, com a aprovação da Ley de Reforma del Estado, e concluído em 1993. O governo dividiu a empresa de acordo com a natureza dos serviços – transporte de cargas, transporte de passageiros entre cidades e transporte de passageiros urbano. Em cada serviço, foram oferecidas concessões verticalmente integradas por meio de leilões competitivos. No bloco de transporte de cargas, o governo identificou seis concessões potencialmente lucrativas, que foram oferecidas por um prazo de 30 anos, com a possibilidade de extensão por mais 10 anos. Das seis linhas ofertadas, cinco foram concedidas e uma foi dada aos empregados (por meio de um sindicato).

O transporte entre cidades não era viável para ser concedido e as linhas foram transferidas para as províncias, que poderiam operá-las, concedê-las ou abandoná-las. Algumas províncias passaram a operar os serviços de passageiros, porém, em grande medida, os serviços continuaram insatisfatórios e, ao final, a maior parte deles foi descontinuada (Kogan, 2006).

O transporte urbano de passageiros foi dividido em sete concessões, uma para cada linha de trem urbano que atendia Buenos Aires. O metrô de Buenos Aires foi incluído em uma das concessões. Cada concessão duraria por 10 anos, sendo que a que incluía o metrô duraria 20 anos, e elas poderiam ser renovadas pelo mesmo período de tempo. Os contratos de concessão estipulavam tarifas máximas e mínimas e as concessões foram ganhas pelas empresas que demandaram o menor subsídio (Kogan, 2006). As empresas deveriam prover um nível mínimo de operação.

Müller e Aragonés (2013) observam que o governo não definiu propósitos ou objetivos para o sistema ferroviário após a privatização, que foi, basicamente, uma maneira do governo se livrar do fardo fiscal.[127] As empresas estavam livres para definirem o espaço que teriam no mercado. Muitas descumpriram o plano de investimentos que haviam apresentado e várias linhas foram abandonadas. Kogan (2006) também chama a atenção para o fato de os contratos terem sido mal desenhados. No serviço de fretes, o crescimento da demanda projetado nos contratos foi mais otimista do que o observado, o que, em conjunto com a guerra de preços com os caminhoneiros, diminuiu a rentabilidade das ferrovias. Como resultado, as concessionárias diminuíram o pagamento de taxas governamentais e o nível de investimento.

Já no transporte urbano de passageiros, o crescimento na demanda foi maior que o projetado. A necessidade de novos investimentos e a não lucratividade dos contratos, mesmo na tarifa máxima especificada, levou as concessionárias a demandar mais subsídios do governo (ou permissão para aumentar as tarifas acima do limite permitido).

O governo planejou incialmente criar uma agência reguladora para supervisionar o setor de fretes e outra para supervisionar o metrô de Buenos Aires, deixando o setor de transporte de passageiros para ser supervisionado pelas pro-

---

[127] Kogan (2006) estima que o governo tenha economizado algo entre US$ 500 milhões e US$ 1,5 bilhão ao ano no período imediatamente após a privatização.

víncias competentes. Porém, as funções das agências foram alteradas diversas vezes durante a década de 1990 e muitas foram desfiguradas (Kogan, 2006).

O modelo argentino serviu de inspiração para a privatização brasileira das ferrovias, que ocorreu alguns anos depois e envolveu uma situação bastante semelhante – um monopólio público ineficiente e gerador de grande prejuízo fiscal. Não por acaso, os dois modelos têm vários elementos em comum, como a separação horizontal com critérios geográficos, mas mantendo a integração vertical das operações. Também na Argentina, a opção pelo livre acesso foi considerada e abandonada por ser julgada uma opção inferior.

No meio da década de 1990 ficou aparente que os contratos não eram mais realistas. Ao invés de encerrar o contrato e refazer as licitações, em 1997 o governo decidiu renegociá-los. A renegociação só foi finalizada em 1999, já sobre um novo governo eleito. Foram acordados novos investimentos que seriam financiados pela concessionária e recuperados por meio de uma tarifa mais alta. A renegociação foi altamente impopular e, com a deterioração econômica dos anos 2000, o governo parou de pagar os subsídios por conta dos seus problemas orçamentários.

O calote argentino em 2000 obrigou o governo a renegociar novamente os contratos, mas depois interrompeu as negociações devido ao congelamento dos depósitos bancários e à desvalorização do peso. Em 2005, as concessionárias continuavam operando sem um contrato funcional e, devido ao aumento da incerteza, com a qualidade do serviço declinando (Kogan, 2006). Nas linhas atendendo Buenos Aires, as tarifas foram congeladas como forma de controlar preços e os subsídios chegaram a representar 80% das receitas das concessionárias.

Analisando os resultados da privatização, Müller e Aragonés (2013) observam que as concessionárias conseguiram melhorar seus indicadores de desempenho e de produtividade, mas foram incapazes de alcançar uma sustentabilidade de longo prazo. Mudanças operacionais simples, como a adoção de comunicação por rádio entre os comboios, permitiram fechar várias estações intermediárias não lucrativas e aumentar a velocidade média. As concessionárias reduziram o número de funcionários empregados no sistema ferroviário drasticamente – de 94.216, em 1989, para 15.739, em 1998.

As ferrovias também aumentaram o número de toneladas transportadas, o número de toneladas.milhas e a distância média. Esse aumento ocorreu, principalmente, no transporte de *commodities*. Porém, mesmo com o aumento da demanda, as ferrovias perderam fatia de mercado para o transporte via caminhões. O aumento da demanda e da eficiência permitiram às concessionárias obter superávit operacional, porém esses eram insuficientes para sustentar os custos de novos investimentos. Segundo Müller e Aragonés (2013), apenas 63% da malha privatizada continuava em operação em 2010.

Com o aprofundamento da crise argentina nos anos 2000, a qualidade dos serviços continuou deteriorando. Em 2008, a presidente Cristina Kirchner criou uma empresa estatal, a Operadora Ferroviaria Sociedad del Estado (SOFSE), para operar as linhas de transporte de passageiros entre cidades, que vinham em rápida deterioração. Durante os anos que se seguiram, o governo revogou vários contratos de concessão e passou a operação para a SOFSE. Algumas linhas abandonadas foram reativadas e passaram também a ser operadas pela SOFSE.

Também em 2008, o governo criou a Administración de Infraestructuras Ferroviarias Sociedad del Estado, uma empresa estatal para gerenciar a construção e manutenção de trilhos na Argentina. Em 2012, o governo nacionalizou duas linhas de transporte de cargas, que passaram a ser operadas por uma nova companhia pública, a Belgrano Cargas y Logística. Em 2015, o governo recriou a Ferrocarriles Argentinos, que passou a ser uma *holding* controlando as três estatais criadas nos anos anteriores. Algumas linhas de transporte de carga e o metrô de Buenos Aires continuam sendo operadas por empresas privadas, mas agora a nova FA tem direito de renegociar e até revogar os contratos de concessão.

6.7. Rússia

Assim como no restante do mundo, o setor ferroviário russo necessitou de reformas significativas durante a década de 1990. Mesmo com algumas críticas internas, a necessidade e a inevitabilidade das reformas eram consenso entre os especialistas. Porém, dada a importância do setor para o funcionamento do país, as reformas foram pensadas para serem graduais, sem causar grandes flutuações na economia. Os formuladores decidiram não seguir nenhum dos dois principais modelos vigentes na época: o norte-americano, em que companhias verticalmente integradas competem entre si; ou o europeu, em que se separou a administração da infraestrutura e a operação de trens para estabelecer uma "plataforma" para competição de transportadores *on tracks*. Na Rússia, as reformas foram gradualmente adotadas sem se ter uma clara ideia de qual seria o modelo após todo o processo (Kolik, 2016). Na prática, após as reformas, o modelo russo é caracterizado por uma companhia integrada, a RZhD, que detém a infraestrutura e é a única a oferecer serviços de locomotiva. No modelo, a competição se dá entre os "operadores de vagão", *players* do mercado que detêm vagões e pagam a RZhD para transportá-los.

O setor ferroviário russo sempre teve um papel de destaque econômico e estratégico para o país, dadas suas enormes dimensões geográficas. Não surpreendentemente, seu desempenho sempre esteve atrelado aos grandes acontecimentos nacionais. Isso também ocorreu na década de 1990, com o fim da

União Soviética, quando o país mergulhou em uma forte recessão, com grande queda da produção industrial. Nesse período, o setor ferroviário sofreu grandes perdas, com o tráfego de cargas e de passageiros caindo 52% e 30%, respectivamente, entre 1990 e 1995. Consequentemente, as perdas financeiras aumentaram, os ativos de rede e material rodante se deterioraram e a produtividade teve queda significativa. Para fazer face a esses problemas, o governo russo promoveu uma grande reforma ferroviária, por meio do "Programa de reforma estrutural do setor ferroviário" (World Bank, 2011).

Dois decretos, em 1997 e 1998, estabeleceram os objetivos principais da reforma ferroviária. O primeiro decreto definiu esses objetivos como sendo aprimorar a qualidade e a segurança do setor, desenvolvê-lo economicamente, assegurar uma comunicação transparente, reduzir custos, e satisfazer a demanda por serviços de transporte. Já os objetivos definidos pelo segundo decreto eram a introdução da concorrência intramodal e a facilitação do investimento privado em material rodante.

A reforma do setor ferroviário ocorreu em três fases. Na primeira, entre 2001 e 2003, se separou a função de formulação de políticas e regulações daquela de gestão empresarial e operações – ou seja, se separaram as funções de Estado da atividade comercial. No início de 2003 entrou em vigor a Lei Federal sobre Transporte Ferroviário na Federação Russa, que dividiu o Ministério das Ferrovias na Agência Federal de Transporte Ferroviário (FRTA) e na Ferrovias Russas (RZhD). A FRTA ficou encarregada da formulação de políticas e da regulação do transporte ferroviário, promovendo reformas ferroviárias, preparando leis, licenciando atividades ferroviárias federais, aprovando novas tecnologias ferroviárias e de fabrico, e criando centros privados de testes. Já a RZhD tornou-se uma empresa estatal responsável pela infraestrutura ferroviária e por operações ferroviárias de carga e passageiros.

Na ocasião também se estabeleceu uma estrutura tarifária que visava permitir que os operadores privados atuassem no setor com uso dos seus próprios vagões. Para isso a lei de 2003 exigiu que a RZhD concedesse acesso não discriminatório à infraestrutura ferroviária para outras transportadoras e operadores. Como resposta à lei, a empresa separou as tarifas de carga em taxas de infraestrutura – por ferrovia, sinalização, comutação, despacho etc. – e taxas de serviços locomotivos de vagão. A primeira responde por cerca de 85% do total de tarifas, enquanto a segunda por 15% (World Bank, 2011). É importante ressaltar que muitos atos jurídicos novos foram adotados visando à transição do monopólio ferroviário estatal para a indústria ferroviária concorrencial.

Vale ressaltar que a RZhD separou as funções de gestão da contabilidade em cada uma de suas linhas de negócios, promovendo maior transparência para a segunda fase da reforma ferroviária. Essa, de 2003 a 2006, promoveu a separação de funções, a melhoria da base jurídica do mercado e a reestruturação societária da RZhD. O Decreto nº 585 fez da empresa uma sociedade anônima com vários acionistas, separando diversas atividades institucionais. No bojo dessas transformações a RZhD criou 63 subsidiárias, que se concentram em atender nichos de mercado. Neste novo modelo, algumas empresas foram autorizadas a vender ações para o público. Subsidiárias de propriedade conjunta da RZhD e de governos locais foram formadas para prover o serviço local de passageiros, o que permite à RZhD acesso ao apoio financeiro dos governos locais.

A terceira e última fase da reforma, de 2006 a 2010, buscou ampliar a participação do setor privado e a concorrência. Para isso, algumas filiais da RZhD foram privatizadas. A RZhD formou a Freight One e a capitalizou com 200.000 vagões, e depois formou a Freight Two, esta capitalizada com 217.000 vagões. Ambas passaram a vender ações ao público (World Bank, 2011). Em 2012, ocorreu a privatização total da Freight One e o estabelecimento da Federal Freight – anteriormente Freight Two –, que deve ser privatizada parcialmente no futuro. Nesses cinco anos, houve progressiva venda e preparação para a venda de participações em subsidiárias da RZhD – por exemplo, a Freight One – e na própria RZhD (Murray, 2015).

As reformas levaram a uma importante mudança estrutural do setor ferroviário russo:

- O princípio de acesso não discriminatório teve efeito no país. Ainda que a RZhD continue sendo a única empresa a oferecer serviços de locomotiva, a nova estrutura legal e tarifária incentivou investimentos privados em vagões. Surgiram então na Rússia os chamados "operados de vagões", que rapidamente se tornaram um componente central na modelo ferroviário russo (Kolik, 2016). Já em 2009, 42,3% dos vagões eram propriedade de operadores privados independentes (World Bank, 2011).
- Os operadores surgiram, porque, ainda nos primeiros anos da reforma, o governo teve dificuldade de investir na compra de material rodante. As indústrias que transportavam através de ferrovias seus produtos foram incentivadas a começarem a usar os seus próprios vagões.
- O serviço desses operadores mostrou-se bastante lucrativo, principalmente devido a tarifas vantajosas e menores obrigações regulatórias, como não precisar registrar todos os clientes e poder escolher quais *commodities* iriam operar (Kolik, 2016).
- Como forma de tornar o mercado de "operadores de vagões" mais competitivo, a Freight One e a Freight Two foram duas operadoras criadas pela RZhD durante a terceira fase da reforma e que foram ca-

pitalizadas com vagões que pertenciam a RZhD. A primeira foi completamente privatizada e a segunda está em processo. Após a operação, a RZhD manteve apenas uma pequena frota de vagões para operações internas e para necessidades de manutenção (Kolik, 2016).
- Além disso, empresas privadas passaram a oferecer serviços especializados de passageiros, principalmente na linha São Petersburgo-Moscou.

As reformas impactaram positivamente o desempenho do setor. De 1995 a 2009, o volume de negócios no mercado de transporte de mercadorias aumentou 87%, antes de sucumbir aos efeitos da crise global de 2008, e a participação do modal ferroviário no transporte de carga aumentou de 68% para 85%. Estas melhorias foram acompanhadas por uma redução de 36% nas tarifas de carga (principalmente devido ao efeito da competição entre os operadores de "vagões"), de 17% nas tarifas de passageiros e uma melhoria de 3 pontos percentuais nas chegadas pontuais dos comboios de passageiros (World Bank, 2011).

Desde 2000, a produtividade para vagões (tonelada.vagão) melhorou em 30%, e para trilhos (quilômetros.vagão) em 32%. A produtividade do transporte ferroviário de cargas da Rússia em 2010 era cinco vezes superior à média da UE. Ademais, de 1996 até 2010, a produtividade dos funcionários do setor ferroviário russo melhorou em 267%, sendo a produtividade dos funcionários da RZhD cerca de três vezes a média da UE (World Bank, 2011, p. 398-399).

Em contrapartida, muitos problemas ainda não foram solucionados. O desempenho financeiro da RZhD, por exemplo, permanece insustentável. De acordo com as normas contábeis russas, a RZhD é rentável, mas isso não ocorre quando suas contas são organizadas segundo as normas internacionais de contabilidade. Os lucros aumentaram nos serviços de frete, mas as perdas com os serviços de passageiros também subiram, principalmente nos trens de longa distância e suburbanos. Os investimentos são insuficientes para cobrir a depreciação dos ativos. De 2004 a 2008, a porcentagem de locomotivas com vida útil expirada cresceu de 11% para 18%. Além disso, pouco foi investido na revisão de trilhos, exceto nas principais rotas, que são mais rentáveis (World Bank, 2011, p. 397-398).

Por ser um monopólio, a RZhD não tem incentivo em diminuir a tarifa cobrada pelo serviço, nem em aumentar a qualidade do serviço. O custo do modal ferroviário vem crescendo acima de outros modais como, por exemplo, do custo do rodoviário. Índices de produtividade que não dependem dos "operadores de vagões", como a velocidade do comboio, têm se mantido baixos. Um objetivo de uma próxima reforma no sistema ferroviário russo é estabelecer competição no serviço de locomotivas, sendo que diversos "operadores de vagões" já possuem estrutura que os permitem oferecer esse serviço (Kolik, 2016).

6.8. China[128]

A China é um dos países com maior volume de transporte ferroviário de cargas e passageiros, realizado por empresas estatais que operam verticalmente integradas. Não obstante, o país não ficou imune à onda reformista no setor nos anos 1990 e, a partir de 1998, experimentou a separação vertical no transporte ferroviário em algumas regiões piloto. O resultado prático, porém, foi ruim nas regiões piloto em que a mudança foi implantada e a China reverteu o processo com a reintegração quatro anos depois.

Em 1998, o MOR (Ministry of Railway) propôs dividir o setor entre um operador de infraestrutura, 5-7 transportadores ferroviários de passageiros, 2-3 transportadores de carga e 2-3 ferrovias especializadas (*e.g.* transporte da cadeia de frio). Algumas ferrovias de passageiros (Zhengzhou, Kunming and Nanchang Passenger Railway) foram selecionadas como pilotos, e infraestrutura e operações de trens de passageiros foram separadas e gerenciadas como entidades independentes.

Vários problemas ocorreram na esteira dessa reestruturação, tais como (Roland Berger Strategy Consultants, 2012):

- Custo e eficiência/duplicação de funções: depois da separação, o número de funcionários aumentou porque várias posições foram duplicadas, elevando o custo de *overhead* agregado. Por exemplo: na fixação de horários, as ferrovias de passageiros criaram seus próprios departamentos, depois submetendo seus cronogramas ao departamento regional de horários do MOR, que já tinha um departamento semelhante instalado. O departamento regional de horários do MOR coordenava os horários de todas as ferrovias. O mesmo ocorreu em alguns departamentos administrativos, como os de controle de segurança, segurança pública e sindicatos.
- Não se observaram ganhos significativos de eficiência ou receita para compensar esses aumentos de despesas. A Ferrovia de Passageiros de Zhengzhou registrava um equilíbrio de contas (*breakeven*) antes de 2000, mas sofreu perdas anuais de RMB 70 milhões depois da separação (2001/2002).
- Eficiência agregada e conflitos de interesse – venda de passagens: os operadores ferroviários tiveram de pagar tarifas de acesso à infraestrutura baseadas no número de passageiros. Este número era medido de

---

[128]Esta seção é essencialmente baseada em Roland Berger Strategy Consultants (2012).

acordo com a venda de bilhetes nas estações. Para reduzir as tarifas de acesso à infraestrutura, os passageiros foram estimulados pelas ferrovias a comprar os bilhetes nos trens, em vez de nas estações. Não havia um sistema integrador que corrigisse esse desenvolvimento.

- Motivação dos empregados: os funcionários do operador de infraestrutura se sentiram discriminados, pelo fato de os empregados dos transportadores de passageiros em geral serem mais bem pagos. Alguns funcionários nas áreas de segurança nas estações e de cruzamento de linhas entraram em greve, colocando a segurança do sistema em risco. Outra vez, não havia um mecanismo central para corrigir esses efeitos adversos.

O resultado final foi que a gestão de infraestrutura e a operação de trens foram reintegradas em 2002. O setor foi eventualmente aberto para investidores privados, mas o mecanismo preferencial para isso é a realização de *joint ventures* que também são verticalmente integradas. Em geral elas são voltadas para o transporte de carga.

6.9. Nova Zelândia

A experiência neozelandesa, por sua vez, seguiu rumos diferentes. Em 1993, as ferrovias do país foram arrendadas a uma companhia privada por 80 anos. Segundo Thompson, Budin e Estache (2001), esse repasse da operação à iniciativa privada se fez mediante a venda de ações para investidores estratégicos, precedido de um processo competitivo. Essa companhia operou com bons resultados ao longo da década de 1990, sob uma atuação regulatória pouco intensa, já que não era a intenção do poder público estruturar uma grande burocracia, tendo em conta a pequena dimensão do país. A regulação de todas as utilidade públicas privatizadas era à época exercida por uma única Comissão (Competition Comission). Em caso de emprego abusivo de posição dominante, o papel corretivo cabia ao Poder Judiciário.

As ferrovias enfrentavam ampla competição de caminhões e cabotagem, pelo que a competição intermodal se encarregava de manter as tarifas ferroviárias competitivas. Porém, o modelo não se mostrou sustentável. Enfrentando dificuldades financeiras já nos anos 2000, inclusive por força da grande concorrência intermodal, e diante da ameaça de devolução de malhas e descontinuação do transporte de passageiros, o governo neozelandês recomprou a ferrovia em 2004, mantendo a operação privada dos trens, mas controlando e subsidiando publicamente a infraestrutura (Gómez-Ibáñez, 2006, p. 13).

7

A reforma regulatória na Europa

7.1. Introdução

Como discutido no capítulo anterior, os últimos três decênios testemunharam profundas transformações nos setores ferroviários dos EUA, da Europa e em várias outras regiões, da Austrália à América Latina, passando pelo Japão e a África (Gómez-Ibáñez e de Rus, 2006; Bouf e Leveque, 2006). Ainda que o foco das reformas tenha variado de um caso para outro, na maioria delas os objetivos incluíam interromper o declínio do transporte ferroviário, especialmente no caso de cargas, e reduzir ou eliminar os elevados subsídios públicos dirigidos ao setor.

A forma como os países buscaram atingir esses objetivos também variou, mas em geral envolveu incrementar a participação do setor privado no setor, inclusive via privatizações; dar mais transparência à concessão de subsídios, inclusive via leilões; e eliminar regulações que vinham tolhendo a capacidade de o setor competir com outros modais. O foco, em termos do tipo de transporte, recaiu em geral em capacitar as ferrovias para competir com os outros modais no transporte de cargas. Porém, no Japão, o foco das reformas foi o transporte de passageiros. Na Europa a atenção também tem se dirigido mais recentemente para o transporte de passageiros.

Na América Latina e no Japão, o principal instrumento utilizado nesse processo de reforma foi a separação horizontal das empresas ferroviárias e sua posterior privatização, acompanhada de razoável desregulamentação, incluindo maior liberdade para fixar tarifas e decidir sobre que trechos manter em atividade. Nos EUA, onde as ferrovias já eram privadas, o foco maior recaiu sobre a desregulamentação. O Canadá teve uma experiência semelhante.

O caso mais dramático de reforma nesse período foi o da Europa. Aqui se soma às motivações encontradas nos demais países a preocupação em unificar o mercado europeu, por motivos político-estratégicos, mas também porque a competitividade do transporte ferroviário de carga é maior em grandes distâncias e essa oportunidade só pode ser aproveitada se eliminadas as barreiras fronteiriças dentro da União Europeia. Também aparece mais claramente no caso europeu uma preocupação em limitar os impactos ambientais negativos do transporte rodoviário, recorrendo-se ao transporte ferroviário por esse ser ambientalmente mais limpo.

Até o final dos anos 1980, os reguladores europeus, como na maior parte do mundo, entendiam serem as ferrovias um monopólio natural, que como tal deveriam ser tratadas. A preocupação maior, em adição à cobrança de tarifas razoáveis e aos cuidados com a segurança, era minimizar os subsídios públicos concedidos às empresas ferroviárias, que, de resto, funcionavam de forma autônoma operacional e financeiramente. Quando os governos impunham obrigações de serviço público (PSO, Public Service Obligations), com tarifas muito baixas ou a provisão de serviços não comercialmente viáveis, eles deveriam compensar a ferrovia financeiramente. O objetivo era garantir a transparência e que a empresa funcionasse como qualquer outra entidade comercial (Nash, 2016).

Porém, primeiro na Suécia, em 1988, e depois em nível regional, a partir de 1991, a Europa embarcou em uma profunda reestruturação do seu sistema ferroviário. A reforma ferroviária na Europa praticamente não envolveu a privatização ou a separação horizontal das empresas ferroviárias, com a exceção do Reino Unido, mas despertou mais atenção dos analistas, pois ela promoveu mais fortemente a separação vertical entre a gestão da infraestrutura ferroviária e a operação em si do transporte. Com isso, abriu-se, teoricamente, um espaço para a competição intramodal no transporte ferroviário, com a adoção gradual do regime de *open access*. Atualmente, a legislação europeia exige o *open access* quase integral no transporte de carga e passageiros. Também se adotou a "competição pelos trilhos", isto é, a competição para a realização de PSOs, o que em geral envolve o transporte subsidiado de passageiros. Ao mesmo tempo em que se instalava a competição, porém, novas questões se colocaram quanto à regulação do gestor de infraestrutura, incluindo a difícil questão das tarifas de acesso e da garantia de não discriminação, notadamente nos casos em que a separação se deu por *unbundling*.

A separação entre a gestão da infraestrutura e a operação do transporte não ocorreu exclusivamente na Europa. Nos EUA, como se viu, a Amtrak, empresa estatal federal que opera no transporte de passageiros, passou a ter acesso à infraestrutura ferroviária das empresas privadas de transporte de carga. De modo semelhante, ainda que reverso, o Japão, ao dividir horizontalmente a Japan National Railway, criou uma empresa independente encarregada do transporte de carga, que utiliza a malha ferroviária das empresas de transporte de passageiros (Fumio, 2016). Ainda mais semelhante ao caso europeu são as reformas promovidas na Austrália, que também separaram as duas atividades.

Porém, o interesse despertado pelo caso europeu decorre do ingrediente adicional de ser um processo em vários estágios, que tem se defrontado com realidades nacionais distintas, o que levou a formas variadas de promover essa separação.

Neste capítulo analisamos esse processo de reforma regulatória na Europa. O capítulo está estruturado em três seções principais. A primeira apresenta as diretivas da Comissão Europeia e os quatro Railway Packages aprovados pelo Parlamento Europeu, entre 1991 e 2016, que fixaram as bases da reforma. A segunda seção examina a experiência individual de alguns países europeus que se destacam pelo seu papel no processo de reformas e pelo peso na economia da região. Por fim, analisamos em que medida as reformas foram capazes de promover a competição no setor ferroviário europeu e em que grau isso gerou ganhos em termos de aumento da eficiência.

7.2. A reforma nas normativas europeias

Quando as ferrovias surgiram na Inglaterra, no começo do século XIX, em meio à primeira fase da Revolução Industrial, o transporte sobre trilhos já existia há algum tempo. Entretanto, a criação das locomotivas a vapor pelos ingleses abriu um enorme campo para esse meio de transporte. Com efeito, da década de 1820 ao início da Primeira Guerra Mundial, a Europa foi palco de uma grande expansão do setor ferroviário em diversos países.

A iniciativa privada foi de grande importância na gênese do setor na Inglaterra. Além disso, empresas britânicas de locomotivas tiveram papel relevante no desenvolvimento do setor em vários países, como Estados Unidos e Países Baixos. No continente europeu, as ferrovias foram introduzidas posteriormente, como propulsoras da industrialização, e a partir do estímulo do Estado. Ainda que, mais recentemente, o projeto de integração regional europeu tenha passado a incluir diretrizes para o setor ferroviário, durante décadas as ferrovias operaram de maneira independente em cada país. Assim, a evolução do setor na região seguiu particularidades nacionais.

A separação entre a infraestrutura e o serviço de transporte esteve na origem dos sistemas ferroviários em diversos países europeus, como França e Países Baixos. Considerava-se que as ferrovias, assim como as estradas e as vias marítimas e fluviais, poderiam ser utilizadas por diversos transportadores. A legislação inicial sobre o setor se concentrava nas tarifas a serem pagas pelo uso da malha, de modo a evitar a adoção de práticas monopolistas pelo detentor da infraestrutura, onde este era um ente privado, como na Prússia e no Reino Unido. A fiscalização era branda, pois esperava-se que a concorrência entre as empresas operadoras de transporte equilibrasse o mercado – especialmente tendo em vista a existência de ganhos de escala na exploração da malha. No entanto, na prática, a competição pelo uso da infraestrutura era restrita, seja pela demanda limitada, seja pelo conluio entre as empresas.

Com o passar dos anos, o setor ferroviário europeu passou por importantes transformações, com as diversas empresas existentes em cada país se fundindo e sendo absorvidas pelos governos. Embora em alguns locais isso tenha acontecido ainda no século XIX, como na Prússia e na Bélgica, na maioria dos países essas mudanças estiveram relacionadas aos problemas financeiros enfrentados pelas ferrovias devido à necessidade de reparar os danos da Primeira Guerra Mundial, à crise da Grande Depressão e à ascensão do transporte rodoviário.

Desse modo, durante décadas, as ferrovias europeias foram controladas por monopólios estatais que operavam com déficits subsidiados pelos Estados (Nash e Rivera-Trujillo, 2004). Parte da justificativa para se adotar tal estrutura de mercado residia em escolhas político-sociais. Contudo, essa opção também estava ancorada na teoria econômica, segundo a qual as ferrovias são um monopólio natural e o transporte ferroviário, em particular de passageiros, gera externalidades positivas.[129]

Com o fim da Segunda Guerra Mundial, as ferrovias foram reavivadas com os esforços de reconstrução da Europa. Essa recuperação foi impulsionada pelo desenvolvimento de novas tecnologias, como a eletrificação das linhas e, mais tarde, os trens de alta velocidade. Não obstante, os problemas no setor persistiram: a fragilidade financeira das empresas do setor foi agravada por políticas em favor do transporte rodoviário e a participação das ferrovias no transporte de passageiros e de cargas caiu continuamente. De fato, entre 1970 e 2000 a parcela do transporte de passageiros feito por ferrovia caiu de 10% para 6% (passageiro.km), enquanto no transporte de carga, como mostra o gráfico 7.1, a queda foi de 20% para algo próximo de 8% (t.km) (Nash, 2006).

---

[129] As ferrovias contribuem para a redução dos congestionamentos e são consideradas uma alternativa benéfica em comparação com outros meios mais poluentes, como caminhões e carros.

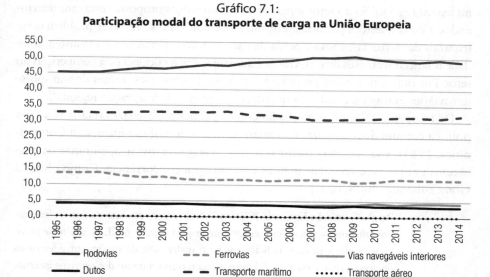

Gráfico 7.1:
Participação modal do transporte de carga na União Europeia

Fonte: Comissão Europeia, 2003 e 2015.
Nota: Uma mudança na metodologia de cálculo do transporte marítimo explica, em parte, a quebra na série observada em 1995.

Foi no período pós Segunda Guerra, também, que o projeto de integrar e padronizar as linhas no continente começou a ser gestado, em meio à criação da Comunidade Econômica Europeia, em 1957, que trouxe consigo a ideia de estabelecer um mercado comum na região (Anastasiadou, 2004). Entretanto, por muitos anos a construção de um arcabouço institucional de regulação regional do setor ferroviário evoluiu de maneira tímida. Inicialmente, as recomendações se centraram na necessidade de apurar a contabilidade das empresas ferroviárias – de forma geral, muito dependentes de subsídios governamentais – e estabelecer metas e obrigações economicamente viáveis (Council of the European Communities, 1969 e 1970, por exemplo).[130] Assim, até o final do século XX coexistiram na Europa redes nacionais verticalmente integradas e reguladas autonomamente por cada país.

Na segunda metade dos anos 1980 e começo dos anos 1990, a Comissão das Comunidades Europeias (atual Comissão Europeia) deu início a uma ampla reforma

---

[130] Por conta da estrutura de mercado que prevaleceu no setor ferroviário dos países europeus durante a maior parte do século XX, de um monopólio estatal verticalmente integrado, cujos déficits eram cobertos pelo governo, algumas questões relativas à gestão econômica dessas empresas ficaram incubadas. Em especial, não se tinha clareza sobre os custos da administração da infraestrutura – que requer inversões substanciais, cujos retornos não apenas não são imediatos, como também, muitas vezes, são insuficientes para remunerar integralmente os investimentos feitos – e de certas obrigações sociais impostas às ferrovias, como a manutenção de linhas com pouca demanda.

no marco regulatório do setor ferroviário. As mudanças propostas estavam relacionadas a duas questões paralelas. Por um lado, objetivou-se resolver problemas estruturais das ferrovias, como a perda de participação no mercado e a insustentabilidade financeira, através de medidas que aumentassem a eficiência e a competição no setor. Por outro, buscou-se promover a articulação entre os sistemas de transporte ferroviários europeus, dando continuidade aos planos de integração regional.

De fato, em 1985, a Comissão lançou as primeiras diretrizes relativas a uma política comum de transporte na região (Commission of the European Communities, 1985), visando, no que diz respeito ao setor ferroviário, eliminar os obstáculos para o livre acesso às malhas e estimular a concorrência. Como observa Gómez-Ibáñez (2006, p. 5):

> Para a Comissão Europeia (CE), melhorar os serviços internacionais integrados (*through services*) era igualmente importante.[131] A CE há muito se preocupava que atrasos e ineficiências na transferência de vagões entre ferrovias nacionais reduziam a qualidade e inibiam o crescimento dos serviços internacionais de longa distância no continente. Ela esperava que o serviço integrado operado por um único operador ferroviário fosse significativamente melhor.

As discussões relativas à separação entre a gestão da infraestrutura e a operação do transporte ferroviário na União Europeia começaram ainda no final dos anos 1980. A ideia era conscientizar os governos da importância da solidez financeira das empresas ferroviárias estatais, estimulando essas empresas a ter uma gestão mais comercialmente orientada, bem como impedir práticas discriminatórias contra concorrentes.

Em 1991 foi aprovada a Diretiva 440, que preconizava a separação contábil entre as atividades de gestão da infraestrutura e a operação dos trens, assim como a transparência na cobrança de tarifas de acesso. Além disso, foram estabelecidos direitos de acesso às malhas para consórcios internacionais de transportadores de cargas ou passageiros e para qualquer ferrovia transportando contêineres internacionalmente, com o intuito de incentivar a competitividade do modal ferroviário nessa atividade.[132] A Diretiva também exigia da incumbente que tratasse as

---

[131] O conceito de *through service* ou *through train* envolve a troca no operador ferroviário da linha em uma determinada fronteira em um serviço com operação regular.

[132] Até então, o transporte internacional de carga por trens era algo não trivial. Cada empresa ferroviária obedecia a seus próprios padrões técnicos, tipos de sinalização e eletrificação etc. Assim, a maioria dos trens precisava trocar de maquinistas quando cruzavam a fronteira. Com isso, o transporte ferroviário internacional dependia de acordos entre países vizinhos, que passavam o transporte entre si na fronteira entre eles. Além disso, ele não era prioritário nas decisões de investimento, que eram mais focadas no mercado doméstico, o que limitava a capacidade e a qualidade da infraestrutura dirigida ao tráfego internacional (Nash, 2006).

concorrentes de forma não discriminatória, em termos de tarifas, da qualidade de acesso à infraestrutura e da alocação de horários e caminhos.

Em 1995, entraram em vigor as diretivas 18 e 19, tratando do licenciamento de operadores de transporte internacional, da alocação da capacidade da infraestrutura e da cobrança de tarifas pelo seu uso, que não deveriam superar o necessário para cobrir os custos. Em 1996, a Comissão deu os primeiros passos na direção de uniformizar o sistema ferroviário europeu, promulgando a Diretiva 48, que versava sobre a interoperabilidade na rede de trens de alta velocidade.

Observa-se, portanto, um esforço de realizar o *unbundling* entre a gestão da infraestrutura e a operação dos trens, mantendo-se a empresa incumbente verticalmente integrada, mas obrigando-a a dar acesso à sua malha a outros operadores ferroviários interessados no transporte internacional de cargas.[133]

Na prática, o progresso com essa forma de introduzir a competição entre empresas ferroviárias pelo transporte internacional foi bastante tímido. Apenas a Alemanha e os Países Baixos avançaram significativamente na separação de suas empresas nacionais, além da Suécia e do Reino Unido, cujas reformas precedem as medidas adotadas pela Comissão. Em outros países, com destaque para França e Espanha, praticamente nada de relevante ocorreu. Também a entrada de novos participantes no mercado doméstico foi modesta e apenas dois consórcios chegaram a recorrer às oportunidades de acesso internacional criadas pela Comissão (Gómez-Ibáñez, 2003).

À época, prevaleceu o diagnóstico de que isso se deveu ao baixo incentivo das empresas incumbentes em facilitar o acesso de outras prestadoras do serviço de transporte às malhas. Frente a essa situação, somada à persistente crise no setor, a Comissão das Comunidades Europeias propôs uma série de novas medidas, aprofundando a reforma iniciada uma década antes. Nos anos seguintes, já neste século, foram adotados quatro Pacotes Ferroviários (Railway Packages), consistindo de um conjunto de diretivas e, em alguns casos, regulações.

O primeiro Pacote Ferroviário, adotado em 2001, criou as bases para o modelo regulatório atualmente vigente. Seu foco foi o fomento da competição no transporte ferroviário de cargas. O pacote não exigiu a desverticalização das empresas do setor, mas manteve a recomendação de separar contabilmente o gestor da infraestrutura do operador de transporte incumbente. Além disso,

---

[133] Como já apontado, essa situação coloca desafios regulatórios não triviais. A presença de um incumbente verticalmente integrado, frequentemente uma estatal, significa que um novo operador ferroviário que deseje entrar nesse mercado terá de dividir suas informações comerciais com o incumbente para negociar custo e forma de acesso à malha. Isso dá uma vantagem adicional ao incumbente, que já parte de uma melhor situação e muitas vezes ainda se beneficia de subsídios governamentais (Nash, 2006).

também preconizou a separação contábil entre o transporte de passageiros e de cargas (separação horizontal). Foi definido o escopo da relação entre governos e administradores da malha, bem como entre estes e os operadores ferroviários.

Em particular, o pacote estendeu o acesso às malhas ferroviárias a todos os transportadores internacionais e estabeleceu que a concessão de licenças, a alocação dos direitos de passagem e a cobrança de tarifas de acesso não poderiam ser feitas por uma empresa que também fosse operadora de transporte (*i.e.*, fosse verticalmente integrada) e determinou a criação de órgãos reguladores independentes para supervisionar tais atividades e fixar as regras com base nas quais as tarifas de acesso deveriam ser calculadas. Por fim, ele avançou na harmonização técnica e operacional da rede convencional de ferrovias europeias. Vale notar, porém, que a maior parte dos países não cumpriu com as determinações contidas no primeiro pacote até o fim do período de adequação por ele fixado.

O segundo Pacote Ferroviário, lançado em 2004, consolidou o modelo proposto em 2001 por meio da uniformização de especificações técnicas e metas de segurança, além da abertura completa do mercado de transporte de cargas, internacional e doméstico, à competição, regra que passou a valer em 2007. Ou seja, permanecia o foco no *unbundling* das atividades de gestão de infraestrutura e operação de transporte, mas ampliava-se bastante a abertura para que outros operadores acessassem a infraestrutura da incumbente.

O pacote também criou a European Railway Agency (ERA), que passou a ser responsável por promover a segurança e a interoperabilidade no sistema ferroviário europeu. Adicionalmente, estabeleceu-se que os países deveriam criar órgãos independentes e permanentes com a finalidade de investigar eventuais acidentes (e incidentes) e avançou-se na promoção da interoperabilidade do material rodante entre diferentes países.

O terceiro Pacote Ferroviário, aprovado em 2007, tratou basicamente do transporte de passageiros. Ele estabeleceu requerimentos para a formulação de Public Service Contracts (PSCs) – contratos firmados entre governos e operadores de transporte para a execução de Public Service Obligations (PSOs) –, bem como padrões mínimos de qualidade a serem respeitados no segmento de passageiros. O foco, no caso, era dar mais transparência à concessão de subsídios ao transporte ferroviário de passageiros pelo setor público (ver box 7.1).

O pacote também instituiu o livre acesso à infraestrutura para prestadores de serviços internacionais de passageiros, cuja implementação deveria ser concluída até 2010, incluindo, em alguns casos, a cabotagem (transporte dentro de um mesmo país). Finalmente, buscou-se regulamentar e harmonizar a certificação de maquinistas.

> **Box 7.1**
> **Transporte ferroviário de passageiros na Europa**
>
> Em contraste com o que acontece nos Estados Unidos da América (EUA), onde as ferrovias têm seu foco orientado para o mercado de fretes, o setor ferroviário dos países europeus é voltado para o transporte de passageiros. Existem diferentes razões para isso, que vão desde questões culturais, passando por especificidades geográficas (as distâncias relativamente longas entre as cidades estadunidenses tornam os aviões mais atraentes do que os trens), até o ambiente regulatório e o estímulo a inovações tecnológicas.
>
> Se, no passado, a revolução rodoviária fez com que as ferrovias perdessem o posto de principal meio de transporte de passageiros, atualmente o setor aeroviário apresenta-se como um forte concorrente. Assim, os aviões – com tarifas mais baixas e menores tempos de viagem do que os trens – passaram a ocupar o segundo lugar no mercado interurbano de passageiros nos EUA. Na União Europeia, por outro lado, as ferrovias continuam a suceder os modais rodoviários como a forma mais popular de transporte de passageiros (Nash e Trujillo, 2004). Com efeito, o transporte de passageiros é responsável por mais da metade do tráfego ferroviário na União Europeia (OCDE, 2014).
>
> O transporte de passageiros é um serviço usualmente deficitário, que se justifica por seu alto grau de essencialidade e pelas externalidades positivas que gera, especialmente na modalidade local. Desse modo, frequentemente o transporte doméstico de passageiros na Europa não é provido sob princípios comerciais, mas sim sob Public Service Contracts (PSCs): contratos em que o Estado concede o direito (muitas vezes exclusivo) de exploração do serviço a um operador, compensando-o financeiramente pela execução de Public Service Obligations (PSOs).
>
> Embora a Comissão Europeia recomende que nesses casos sejam realizadas licitações, Dehousse e Marsicola (2015) observam que 42% do mercado de transporte de passageiros é operado por delegações diretas de PSCs, feitas em regime de "exceção". Essa situação contribui para que o transportador incumbente tenha posição dominante no segmento de passageiros em 16 de 25 países membros. Além disso, ainda há pouca transparência no estabelecimento de PSCs. Por exemplo, é comum que as PSOs estejam vagamente definidas, bem como sua abrangência geográfica.
>
> O terceiro e o quarto Pacote Ferroviário buscaram justamente aumentar a concorrência no transporte de passageiros, visando alcançar o objetivo central de estabelecer um espaço ferroviário europeu único.

Diante da baixa adesão dos países membros ao primeiro Pacote Ferroviário, a Comissão Europeia expediu, em 2012, a Diretiva 34, uma versão editada e revisada das recomendações feitas em 2001. Essa diretiva teve como objetivo explícito criar um espaço ferroviário europeu único. Além dos pontos já abordados em sua primeira edição (competição e transparência nas condições de acesso ao mercado), a diretiva definiu regras de acesso a serviços ligados à atividade ferroviária – por exemplo, estações, armazéns e oficinas de manutenção – e reforçou o poder dos órgãos reguladores nacionais, que passaram a ter de cooperar em questões internacionais.

Passados mais de dez anos da adoção do primeiro pacote, era possível constatar que o sistema ferroviário europeu se mantinha bastante fragmentado, com diferenças relevantes entre os países quanto ao grau de separação vertical e de abertura a outros operadores (Nash, 2006). O mesmo se aplicava à possibilidade de apelar a um regulador independente sobre questões de acesso à malha. E enquanto alguns países haviam avançado muito em termos de passar a conceder subsídios para o transporte de passageiros por meio de leilões abertos e competitivos, outros estavam longe disso. Nash (2006, p. 31) assim resumiu a situação:

> In summary, then, current European legislation leaves room for a great variety of approaches to railway reform. It does not (and under European law cannot) require privatization of any part of the rail industry. Nor does it at present require separation of rail infrastructure and operations into separate organizations, although the requirement that – in the absence of this – key functions such as path allocation and the setting of charges be undertaken by a separate body – has led many countries to conclude that complete vertical separation is the simplest way to comply.

Como mostra a figura 7.1, a diferenciação principal se dá entre países que adotaram alguma forma de *unbundling* da gestão da infraestrutura e da operação de transporte, mas mantendo as duas atividades integradas em alguma forma corporativa, e aqueles países que de fato avançaram até o estágio de separação vertical das duas atividades.

Em seis países – por exemplo, na Irlanda, na Lituânia e em Luxemburgo – ainda subsistiam sistemas integrados.[134] Em oito países a gestão da infraestru-

---

[134] A figura 7.1 contém informações sobre 28 países europeus. Destes, 26 pertencem à União Europeia; não estão contemplados Malta e Chipre, por não possuírem rede ferroviária. Além disso, foram incluídas a Noruega e a Suíça. Cabe ressaltar que essa classificação por grau de separação no setor ferroviário não coincide inteiramente com a adotada pelo estudo citado (Boston Consulting Group, 2012), assim como por outros mencionados a seguir no texto (van de Velde *et al.*, 2012; Drew e Nash, 2011). Todavia, as diferenças – algumas em função de mudanças de modelo (como no caso da França), outras por questões de entendimento – não são substanciais.

tura e as operações de transporte da empresa incumbente foram separadas em duas empresas, mas ambas eram subsidiárias de uma empresa *holding* criada exclusivamente com esse fim. Os exemplos mais notáveis de países que adotaram esse arranjo são a Alemanha – principal mercado de fretes ferroviários da Europa –, a Itália e, mais recentemente, a França.[135] Nos outros 13 países, como o Reino Unido e a Suécia, houve a separação vertical total entre infraestrutura e operação de trens. Todavia, na prática, mesmo entre países com modelos similares, os sistemas ferroviários funcionam de formas diferentes.

Figura 7.1

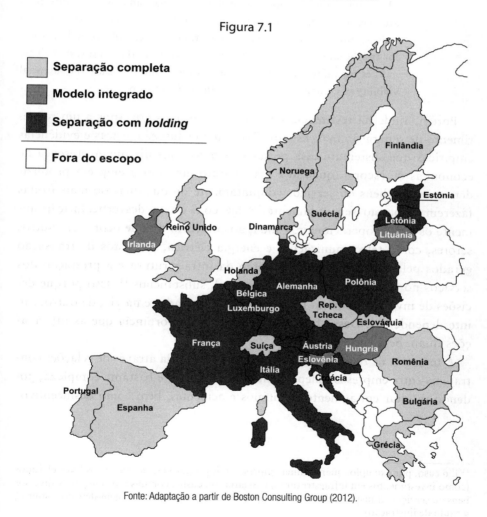

Fonte: Adaptação a partir de Boston Consulting Group (2012).

---

[135] As empresas desses países argumentam que esse formato aumenta a eficiência do planejamento de investimentos e do uso da capacidade ferroviária (Nash, 2016).

Concomitantemente, a Comissão Europeia, assim como representantes de algumas nações, entende que a existência de estruturas verticalmente integradas abre espaço para que ocorram práticas discriminatórias e quer impedir a adoção de subsídios cruzados no setor, ou seja, vedar o repasse de recursos governamentais concedidos, originalmente, aos gestores da infraestrutura para operadores de transporte. Como posto pela Community of European Railway and Infrastructure Companies (2011):

> The main ultimate objectives of these packages and previous directives are to require member states to establish rules which allow open access to railway infrastructure and fair competition between railway undertakings for freight and international passenger services, in the context of a single market for railways in the European Union, and to ensure the financial viability of companies operating in the rail sector (p. 15).

Porém, ainda há resistência por parte de diversos governos a um requerimento de separação mais estrito. Existem conclusões teóricas e evidências empíricas que sustentam essa posição. A teoria nos diz que a presença de economias de escopo (quando é mais barato uma única empresa produzir determinados bens ou serviços conjuntamente do que duas ou mais firmas fazerem o mesmo separadamente)[136] faz com que a desverticalização aumente os custos operacionais. Ainda, ao contrário do que ocorre em outros setores, como telecomunicações e energia elétrica, os custos de transação gerados pela separação entre a gestão da infraestrutura e a prestação dos serviços no setor ferroviário são, em geral, substanciais.[137] Isso porque decisões de investimentos em locomotivas, de um lado, e na via, de outro, são interdependentes. Dessa forma, é de extrema importância que as informações fluam bem entre as partes.

A tentativa de reproduzir uma estrutura integrada através de relações contratuais entre empresas independentes, por sua vez, é bastante complexa, podendo resultar em aumento de litígios e acidentes, bem como desincentivos

---

[136] É o caso, por exemplo, quando uma empresa multiproduto incide em custos fixos elevados (como investimentos em infraestrutura ferroviária) ou custos comuns à produção de diversos bens ou serviços (transporte de diferentes tipos de carga e entre pares origem-destino distintos, a título de ilustração).

[137] Entre outros, a situação das ferrovias é diferente porque a provisão do serviço ao consumidor final gera maior desgaste na via em que o produto é transportado, impactando significativamente sua qualidade.

ao investimento.[138] Para impedir que tais efeitos sejam verificados, recorre-se à regulação. Contudo, a natureza da intervenção necessária requer a mobilização de um volume considerável de recursos – financeiros, humanos etc. – e tampouco é tarefa trivial. Com efeito, os órgãos reguladores e as autoridades de concorrência têm sido cada vez mais ativos na tentativa de aprimorar os mecanismos de incentivos presentes na relação entre gestores da infraestrutura e operadores de transporte (Finger, 2015).

Adicionalmente, a abertura do mercado para diversos transportadores transforma a infraestrutura ferroviária em um recurso comum (bens cujo uso é livre, mas alvo de disputa entre os agentes econômicos). Assim, a malha, bem como estações e pátios de manobra, torna-se suscetível a um problema conhecido na literatura econômica como "tragédia dos comuns": quando vários usuários, agindo de forma independente e racional, esgotam um recurso limitado e de uso compartilhado, ainda que não seja do interesse de ninguém que isso aconteça (ver capítulo 10).

Assim, ao mesmo tempo em que permanecia o imperativo de integrar a região, constava-se haver pouco entusiasmo com o novo modelo e um progresso apenas parcial na sua implementação em algumas jurisdições. Por conta disso – e porque o setor não atingiu os resultados esperados em termos de concorrência e participação modal –, o Parlamento Europeu passou a analisar um quarto Pacote Ferroviário, que foi parcialmente adotado em meados de 2016 e aprovado em forma final em dezembro desse ano (Dehousse e Marsicola, 2015; European Parliament, 2016).

Inicialmente proposto pela Comissão Europeia em 2013, o pacote contém seis medidas principais, três referentes ao chamado pilar técnico e as demais ao pilar de mercado. O pilar técnico foca em acelerar e baratear o processo de aprovação de quesitos de segurança, com a transferência da responsabilidade por essa análise dos órgãos nacionais para a ERA e a ampliação do seu papel no desenvolvimento e implantação do European Rail Traffic Management System (ERTMS). Basicamente, isso significa centralizar na ERA a responsabilidade pelos sistemas de sinalização e o processo de aprovação e certificação de segurança dos equipamentos e operadores ferroviários de transporte em toda a União Europeia. Adicionalmente, ainda em junho de 2016, a ERA foi rebatizada com o nome de European Union Agency for Railways.

---

[138] A incompletude dos contratos no setor ferroviário tende a ser maior do que em outros setores, pois menos da relação entre as partes é passível de ser monitorada por terceiros. Por exemplo: é difícil aferir, na prática, quanto do desgaste nos trilhos se deve à manutenção inadequada do material rodante, e vice-versa, em um acidente.

O pilar de mercado do quarto pacote foi aprovado em dezembro de 2016. Seu elemento principal é a determinação para que países abram seus mercados domésticos de transporte ferroviário de passageiros até o final de 2019. Além disso, ele torna obrigatório que até dezembro de 2023 a alocação das Public Service Obligations (PSOs) seja feita por leilão aberto para a grande maioria dos serviços ferroviários.[139] O objetivo é a criação de uma Área Ferroviária Europeia unificada.

Dehousse e Marsicola (2015) chamam a atenção para o fato de que esse pacote também estabelece critérios mais rígidos de separação entre gestores da infraestrutura e operadores de transporte. Inicialmente se propôs um modelo em que de forma alguma seria aceita a presença de uma empresa verticalmente integrada no setor. Ou seja, os países teriam de caminhar do *unbundling* para a separação vertical das atividades de gestão de infraestrutura e operação de transporte. Contudo, essa proposta enfrentou forte resistência de alguns países membros e, após negociações, foram introduzidas exceções que flexibilizaram a exigência de separação: por exemplo, a permissão para a permanência de *holdings* responsáveis por empresas que atuem tanto na gestão da malha quanto na prestação de serviços de transporte.

Não obstante, a manutenção das estruturas verticalizadas previstas no quarto pacote – como acontece atualmente na Alemanha, Áustria, França e Itália – deverá atender a certas condições que assegurem a independência do gestor da infraestrutura, em especial na tomada de decisões. Adicionalmente, o quarto pacote visa fortalecer a articulação entre os gestores da malha nos diferentes países e implantar um sistema único de sinalização e controle do tráfego ferroviário na União Europeia.

7.3. As experiências nacionais de reforma

Ainda que, mais recentemente, o projeto de integração regional europeu tenha passado a incluir diretrizes para o setor ferroviário, durante décadas as ferrovias operaram de maneira independente em cada país. Assim, a evolução do setor na região seguiu particularidades nacionais. A seguir, se apresentam um breve histórico e a situação corrente do sistema ferroviário da Suécia, do Reino Unido, da Alemanha, da França, da Itália e da Espanha.

---

[139] Ficam de fora os contratos com valor anual inferior a € 7,5 milhões ou que envolvam movimentações inferiores a meio milhão de trem-km. O pacote provê, porém, que nesses contratos deverão ser exigidos compromissos mínimos de pontualidade, frequência, capacidade de transporte e qualidade do material rodante.

7.3.1. A reforma ferroviária na Suécia

A Suécia foi o primeiro país europeu a reformar seu setor ferroviário, com a quebra da Statens Jarvagar (SJ) e a separação vertical, de um lado, da propriedade, manutenção e gestão da infraestrutura, entregue à Banverket, e, de outro, da operação de transporte ferroviário, que permaneceu com a SJ. Isso ocorreu em 1988, três anos antes da primeira diretiva europeia com objetivo semelhante.

A reforma foi precipitada pelos resultados ruins registrados pela SJ, que vinham fazendo com que os subsídios públicos, introduzidos originalmente no início dos anos 1960, crescessem continuamente ao longo dos anos. Em 1985 o governo tentara equacionar o problema por meio de uma ampla reestruturação financeira da empresa, mas a medida se mostrou insuficiente para reverter esse desempenho. Além disso, crescia a frustração dos políticos e gestores públicos por não conseguirem entender os motivos por trás desse péssimo desempenho. O governo decidiu então recorrer a uma transformação mais radical, numa tentativa de reduzir o déficit elevado e recorrente por meio de uma reestruturação organizacional. Esta veio como parte de uma ampla reforma legal, ditada pela Lei de Política de Transporte aprovada naquele ano, que tinha três objetivos principais (Nilsson, 2002):

- Igualar as condições de funcionamento dos transportes ferroviário e rodoviário, com a separação organizacional das atividades de infraestrutura e transporte.
- Assegurar a manutenção dos subsídios públicos às ferrovias, por ser este um modal de transporte mais seguro (menos acidentes) e ambientalmente mais sustentável.
- Viabilizar subsídios para linhas secundárias, com baixa densidade de tráfego, transferindo a responsabilidade por essas linhas (e os subsídios) para as autoridades de transporte locais.

Assim, Nilsson (2002) observa que o principal objetivo da reforma de 1988 não era introduzir a competição por meio da separação vertical, mas sim proteger as ferrovias, vistas como uma indústria decadente, e manter os subsídios públicos tão baixos e transparentes quanto possível. O interesse na separação vertical das ferrovias também derivava do desejo de igualar as condições de acesso à infraestrutura encontradas por operadores ferroviários, rodoviários, portuários etc., condições essas que deveriam refletir o custo social de cada modal, incluindo acidentes e poluição ambiental, de forma que passageiros e usuários do transporte de carga fossem incentivados a tomar decisões socialmente orientadas entre esses meios de transporte (Gómez-Ibáñez, 2006). A mesma lógica se aplicava à concessão de subsídios aos diferentes modais, que dessa forma ficavam mais transparentes.

Ao longo dos anos seguintes, outras reformas liberalizantes foram sendo introduzidas, de modo que o setor ferroviário sueco passou a operar com a seguinte estrutura (Alexanderson, 2013):

- A Trafikverket, que é uma autoridade multimodal de transporte, é a principal gestora da infraestrutura ferroviária (80%).
- Há uma separação horizontal entre o transporte de cargas e passageiros, nos dois casos com grande predominância de empresas controladas pelo Estado: a SJ AB opera no transporte de passageiros; a Green Cargo AB, no transporte de carga; a Jernhusen AB, na gestão das estações ferroviárias e de outros ativos imobiliários; a Infranord AB, na construção e manutenção de infraestrutura ferroviária.[140]
- Os serviços regionais de transporte de passageiros estão sob a responsabilidade das 21 agências regionais de transporte, que são controladas pelas autoridades locais. Essa transferência de responsabilidade se deu em 1988, em troca da garantia de um subsídio anual dado pelo governo nacional.
- A maioria do transporte regional e parte do transporte de longa distância de passageiros depende de subsídios públicos, que são concedidos com base em leilões de que participam operadores públicos e privados (estes, a partir da primeira metade da década de 1990). Nesses casos, a autoridade responsável em geral provê o material rodante necessário à operação. De fato, o operador privado na prática tem um controle limitado da operação, pois além de a autoridade regional ser dona do material rodante, é ela também quem fixa as tarifas e cuida das receitas.
- No transporte de carga e no transporte comercial de passageiros prevalece o *open access*. Esse sistema foi introduzido para carga em 1996 e para passageiros, gradualmente, em 2009-2011.

Após a reforma de 1988, tanto a Banverket como a SJ continuaram funcionando como empresas estatais e se beneficiando de subsídios públicos. Em especial, os elevados subsídios direcionados à Banverket permitiram que ela cobrasse tarifas de uso da infraestrutura abaixo do custo, de forma que todos os operadores de trans-

---

[140]Note-se que, apesar de controladas pelo Estado, elas operam legalmente como corporações, com a SJ tendo sido transformada em corporação em 2001.

porte recebem subsídios (de Rus, 2006). A grande novidade foi a permissão para que operadores privados realizassem o transporte ferroviário de carga e passageiros, ainda que sob condições relativamente limitadas (Gómes-Ibáñez, 2003).

As condições especiais e os subsídios de que gozava a SJ fizeram com que, de início, a entrada de novos operadores fosse muito limitada. Porém, outras reformas adotadas em anos seguintes, em especial a determinação de que os subsídios ao transporte de passageiros deveriam ser concedidos em leilões competitivos, fizeram com que esse quadro mudasse. Já em 1989 ocorreu o primeiro leilão competitivo, que resultou na contratação de uma empresa privada e um contrato de concessão de quatro anos. Esse foi o primeiro caso em que houve uma "competição pelos trilhos".

Nos anos seguintes, de forma geral, a reforma ferroviária sueca foi gerando impactos positivos, ainda que esses tenham demorado a aparecer (Alexanderson, 2013). O impacto foi maior e ocorreu mais cedo no caso do transporte de passageiros, com o total de passageiros.km aumentando quase 80% entre meados dos anos 1990 e o início da década de 2010. O custo unitário do transporte regional de passageiros também caiu. Isso se deveu em parte à crescente participação de outros operadores que não a SJ a partir de início do século XXI, que fez com que, em 2013, a participação desses novos entrantes já superasse um terço do total (passageiro.km) (Alexanderson, 2013).

O volume de carga transportada (t.km) ficou praticamente estável até cerca de 2002, mas aumentou em torno de 20% nessa década, estabilizando-se em seguida. A participação de outras empresas no transporte de carga também subiu, mas nesse caso a participação estatal (SJ e Green Cargo) permanece mais elevada. Em especial, a partir do início dos anos 1990, diversos pequenos transportadores de carga se estabeleceram nesse mercado. Muitos desses operadores eram, e continuam sendo, subcontratados da SJ em partes periféricas da malha (Nilsson, 2002). Esse desenvolvimento levou à completa desregulamentação dos serviços de carga. Desde julho de 1996, qualquer um capaz de operar trens de carga pode entrar nesse mercado.

Alexanderson (2013) também reporta um forte aumento do investimento em infraestrutura (entre duas a três vezes em termos reais), melhoras na qualidade do transporte de passageiros, maior especialização e foco na redução de custos, redução na necessidade de subsídios e introdução de inovações, inclusive nos esquemas de precificação dos serviços.

Ainda de acordo com Alexanderson (2013), os principais problemas resultantes da reforma regulatória sueca foram:

- Grande necessidade de coordenação e cooperação entre os diferentes atores operando no setor. Assim, ainda que a Banverket e a SJ tivessem o mesmo proprietário, a coordenação entre elas não se mostrou fácil na prática, particularmente com relação a que investimentos realizar: a SJ defendia que deveria ser ela a determinar como a infraestrutura deveria ser melhorada e quando, enquanto a Banverket acabava realizando os projetos de acordo com orientações políticas, com pouca preocupação sobre se isso era o ideal do ponto de vista de maiores receitas com tarifas de acesso (Thompson, 1997).

- Restrições de capacidade e necessidade de melhorar o processo de alocação de trajetos às diversas empresas.
- Problemas com a competição entre serviços subsidiados, escolhidos por leilão, e os serviços operados com base comercial.
- Insuficiente manutenção preventiva da infraestrutura.
- Comportamento predatório de certas empresas nos leilões de concessão.

A infraestrutura ferroviária sueca continua dependente de subsídios públicos, dos governos nacional e regional, tanto para novos investimentos como para a gestão e manutenção da malha existente. O mesmo ocorre com o transporte de passageiros, especialmente aquele de caráter local e regional. Esses subsídios aumentaram consideravelmente após a reforma, subindo de cerca de 3 bilhões de coroas em 1987 para o triplo disso em 1999, em preços constantes de 2001 (Nilsson, 2002).[141] O transporte de carga, porém, é financiado integralmente pelas tarifas cobradas dos usuários, exceto pelos subsídios indiretos embutidos nas tarifas de acesso à infraestrutura.

7.3.2. Reforma no sistema ferroviário no Reino Unido

Como mencionado no capítulo 1, o sistema ferroviário britânico evoluiu a partir de ferrovias privadas, construídas no começo do século XIX para atender às necessidades locais ou interligar canais aquaviários, sendo posteriormente integradas em uma rede nacional. A inauguração das linhas Stockon-Darlington, em 1825, e Manchester-Liverpool, em 1830, marcou o começo de uma nova era no transporte na Europa. Foi na Manchester-Liverpool que o transporte de passageiros ganhou destaque pela primeira vez – dando início a uma tradição que caracteriza o setor ferroviário não apenas britânico, mas também europeu, até os dias de hoje.[142]

---

[141] A grande maioria desses subsídios foi direcionada a novos investimentos na malha de trilhos.
[142] Inicialmente, as ferrovias haviam sido pensadas para o transporte de cargas.

A reforma regulatória na Europa

Houve expressiva expansão da malha ferroviária entre 1830 e 1850, período em que as ferrovias se consolidaram como transporte de massa. Em 1850, havia mais de 10 mil km de ferrovias no Reino Unido, extensão superior à existente nos demais países europeus. A construção e operação dessas ferrovias foram amplamente lideradas pelo setor privado. Como existia uma quantidade expressiva de empresas, a maioria de pequeno porte, e linhas duplicadas, predominava a percepção de concorrência no setor, reforçada pela competição com canais e estradas.

Contudo, logo surgiram indícios de poder de monopólio. Ademais, o setor passou a ter grande peso na economia britânica, ao contrário do que ocorrera quando do seu surgimento, no início do século. Isso tornou a regulação das empresas ferroviárias um tema relevante para o poder público, que se mantivera relativamente afastado até então.

Em 1854, foi aprovado o primeiro Railway and Canal Traffic Act. Esse ato normativo representa um marco na regulação do setor ferroviário britânico, visto que determinou o arcabouço legal ao qual as ferrovias passaram a ter de se enquadrar. As empresas foram designadas prestadoras de serviço público e estipularam-se deveres para os operadores das linhas, como a pontualidade, a responsabilidade por qualquer dano a passageiros ou cargas e a cobrança de tarifas de maneira não discriminatória para todos os usuários e passageiros.

Ao longo dos anos ocorreram várias fusões e aquisições entre as empresas ferroviárias britânicas, que promoveram uma concentração no setor: em 1870, das mais de 100 firmas, oito detinham mais de 80% da malha (Fremdling, 2002). Ainda assim, havia bastante concorrência no setor, em especial pela existência de linhas paralelas. Porém, isso mudaria após a Primeira Guerra Mundial. Durante a guerra, o sistema ferroviário foi operado pelo governo em regime de exceção. Essa experiência deixou como lição a existência de vantagens em se ter um setor mais concentrado, seja pela maior capacidade de planejamento, seja pela menor concorrência. Por conta disso, após o fim da guerra se optou por retornar as ferrovias ao setor privado, mas por alterar radicalmente a estrutura do sistema. Assim, o Railway Act de 1921 deu origem às Big Four, quatro grandes empresas ferroviárias verticalizadas que atuavam em regiões geográficas distintas.

Concomitantemente, a regulação do setor tornou-se mais ativa. As Big Four foram obrigadas a oferecer determinados serviços que logo se revelaram inviáveis economicamente. Ademais, numa tentativa de trazer os serviços de carga ao patamar pré-guerra, o governo passou a regular as tarifas. Ao mesmo tempo, o transporte rodoviário – subsidiado pelo governo – se apresentou como uma atraente alternativa às ferrovias à época, agravando a já complicada situação financeira dos operadores.

Na Segunda Guerra Mundial, as empresas ferroviárias se uniram e operaram conjuntamente, incorrendo em grandes prejuízos. Por razões práticas e políticas, a ideia da estatização ganhou força. No ano de 1948, todas as empresas do setor foram nacionalizadas através do Transport Act de 1947. Fundou-se a British Railways (BR), a ser controlada pela British Transport Commission (BTC), subordinada à Secretaria de Transporte.

A despeito das tímidas mudanças operacionais – por exemplo, a malha foi dividida em regiões administrativas que replicavam as áreas de atuação das empresas –, a empresa se tornou inicialmente rentável com o aumento na demanda pelos serviços. Porém, a despeito de sucessivos avanços tecnológicos, o declínio no transporte de passageiros tornou a receita insuficiente para cobrir os custos operacionais e os investimentos feitos no setor, o que levou a uma grave crise.

Na década de 1960, para sanar os problemas financeiros da BR, foram fechadas diversas estações e linhas, numa política que ficou conhecida como Beeching Cuts. O transporte de cargas foi particularmente afetado, com o desvio de carregamentos de carvão e ferro para rodovias. Mesmo com o impulso no transporte de passageiros, em função da introdução das linhas de alta velocidade nos anos 1970 e 1980, as dificuldades no setor persistiram. Em 1982, o sistema foi desmembrado em diversas empresas menores (ainda estatais) que administravam diferentes linhas de maneira independente. Em particular, se separou horizontalmente a administração das linhas de passageiros e de carga.

Em 1993, foi aprovado o Railways Act, marcando o início do processo de reforma e privatização da BR. Mais do que no caso sueco, a reforma regulatória no Reino Unido priorizava a competição, em um grande número de dimensões: por clientes no transporte de carga e de passageiros, por concessões, no mercado de trabalho, por serviços de engenharia etc. (Glaister, 2006, p. 49).

A BR foi dividida em cerca de 70 empresas, com grande separação de atividades, tanto vertical como horizontalmente (Gómes-Ibáñez, 2003). Em especial, a infraestrutura (trilhos, pátios e estações) foi separada da prestação de serviços de transporte. E tanto a infraestrutura – vendida para a Railtrack – quanto a operação do transporte de cargas passaram a ser de propriedade e responsabilidade de empresas privadas.

A Railtrack ficou responsável pela gestão da infraestrutura, o que incluía operar o sistema centralizado com todos os movimentos coordenados de trens no país, cuidar do sistema de sinalização, e planejar os investimentos em infraestrutura e a segurança do sistema (Glaister, 2006).

No transporte de carga foram criadas duas empresas, ambas privatizadas, sendo que uma se especializou no transporte de contêineres e outra no de cargas a granel. Elas tinham livre acesso à malha, em havendo capacidade. Essas empresas não eram elegíveis a subsídios públicos, mas se beneficiavam da regra de que a tarifa que a Railtrack lhes cobrava cobria apenas os custos variáveis, tendo elas pouquíssima responsabilidade pelos custos fixos (Gómes-Ibáñez, 2003).

O transporte de passageiros foi dividido em 25 concessões,[143] outorgadas com base em leilões, de forma a minimizar o subsídio público concedido a esse serviço, condicionado à manutenção pelos concessionários das tarifas e dos serviços anteriormente providos pela BR.[144] Além disso, os operadores de infraestrutura e transporte passaram a contratar atividades de engenharia, construção e manutenção e alugar trens de outras três empresas, estas também formadas a partir da divisão e privatização da BR.[145]

Observa-se, portanto, uma profunda reforma na governança do sistema ferroviário britânico, que passa de uma estrutura hierarquizada, com uma clara linha de comando e controle, para uma governança de mercado, em que basicamente todos os bens e serviços eram contratados no mercado, com grande especialização dos fornecedores e muito pouco sendo produzido internamente nas empresas. Não por outra razão, a reforma foi precedida de um enorme esforço dos advogados britânicos em conceber uma longa e sofisticada rede de contratos entre as 70 empresas originadas da BR.

No transporte de carga, as empresas resultantes da quebra da BR passaram, com o tempo, a sofrer a competição de outros transportadores. No todo, Glaister (2006) faz uma avaliação positiva da competição entre transportadoras ferroviárias de carga, apontando que foram introduzidas inovações relevantes e que, se não houve maior expansão no volume de carga transportado, isso refletiu mais a vantagem comparativa dos caminhões nas rotas relativamente curtas existentes no Reino Unido.

O mesmo não ocorreu no transporte de passageiros. A ideia original nas 25 concessões de transporte de passageiros era que também nesse caso o acesso por outros transportadores às malhas utilizadas por cada concessionária fosse

---

[143]Essa divisão respeitava basicamente a estrutura interna adotada então pela British Rail, o que levou a um certo grau de especialização em termos tipos de serviço (local, regional etc.) e corredores de transporte (Nash, 2016). As concessionárias passaram a ser conhecidas como TOCs, *train-operating companies*.

[144]A grande maioria das concessões dava prejuízos, daí a necessidade dos subsídios.

[145]Essas empresas, conhecidas como ROSCOs (*rolling stock companies*), foram privatizadas com a propriedade de cerca de 11 mil vagões de passageiros e locomotivas. Dessa forma o governo esperava aumentar o interesse pelas concessões de transporte de passageiros, na medida em que as novas concessionárias não precisariam possuir material rodante (Gómes-Ibáñez, 2003).

livre, de forma a estimular a competição. Logo, porém, o governo mudou de ideia (Glaister, 2006). Primeiro, porque surgiram dúvidas sobre a viabilidade técnica dessa política. Segundo, porque, ao limitar a competição nesses trajetos, o regulador valorizou as concessões, ajudando a intensificar a disputa por elas, a qual foi vencida por 13 empresas, com destaque para as empresas de ônibus. Isso reduziu a necessidade de subsídios.[146]

A privatização e a experiência pioneira de separação vertical no Reino Unido foram amplamente estudadas, até porque foi o único caso de completa privatização do sistema ferroviário.[147] Além disso, foi uma experiência que resultou em vários problemas, gerando um intenso debate sobre se o modelo é intrinsecamente problemático ou se as falhas decorreram da forma como foi implementado.

Inicialmente, os resultados da reforma do setor ferroviário inglês foram alvissareiros (CER, 2011; Pittman, 2005; Drew, 1999). A tendência declinante do transporte de cargas e, principalmente, de passageiros foi revertida. Segundo a OCDE (2013), após a separação vertical e a realização das concessões, o tráfego de passageiros no Reino Unido cresceu a uma velocidade maior do que nos principais países da União Europeia. Foram realizados investimentos significativos na modernização dos equipamentos, os atrasos se tornaram menos frequentes e a taxa de acidentes diminuiu. Além disso, o governo conseguiu manter os subsídios dados sob controle.

Contudo, após alguns anos, o ritmo das melhorias começou a desacelerar. Em particular, devido à grande elevação na demanda pelo transporte de passageiros não ter sido acompanhada por investimentos suficientes na manutenção da infraestrutura e na construção de capacidade adicional, o sistema passou a enfrentar problemas. O congestionamento da rede resultou em uma série de acidentes, culminando, no ano 2000, no famoso descarrilamento em Hatfield, que evidenciou as mazelas do setor.

Os resultados também mostram que, de forma geral, os concessionários de transporte de passageiros não conseguiram reduzir custos como previsto, o que exigiu um aumento dos subsídios dados pelo governo. Em 2001, começou a ficar evidente que várias TOCs estavam em situação financeira precária e só sobreviviam à custa de um aumento dos subsídios públicos, que no ano fiscal de 2001/2002 ficaram bem acima do especificado nos

---

[146]Para limitar a competição nesses trajetos "o governo anunciou uma política de 'moderação' da competição entre trens (...) (com) (...) um conjunto horrivelmente complicado de regras" que permitiram às TOCs proteger os seus negócios mais interessantes (Glaister, 2006, p. 57).
[147]Para uma exposição abrangente e compreensiva, ver McNulty (2011).

contratos de concessão. Até julho de 2003, nove dessas concessões tinham quebrado e só se mantiveram em funcionamento por meio de um arranjo em que operavam as linhas para o governo na base de um esquema de *cost-plus* (Glaister, 2006). Em relação à infraestrutura, observou-se um aumento do número de trilhos quebrados, muito provavelmente fruto do forte aumento do tráfego, visto que o volume de investimento realizado pela Railtrack era superior ao feito antes pela BR.

Existe algum consenso de que a extrema fragmentação do sistema desalinhou incentivos e aumentou os custos de transação (van de Velde, 2012; Yvrande-Billon e Ménard, 2005; e Bartle, 2004; Nash, 2016). Ademais, certas medidas poderiam ter amenizado determinadas consequências negativas experimentadas alguns anos depois da reforma. Em especial, a falta de um ente regulador capaz de coordenar e articular o sistema parece ter sido um ponto nevrálgico para a desintegração do modelo que se tentou implantar. Outras ações, como a terceirização dos serviços de manutenção, revelaram-se equivocadas por terem contribuído para o aumento do número de acidentes.

Em especial, há um certo consenso de que os problemas de coordenação que discutimos no capítulo 4 tiveram seu exemplo mais marcante no Reino Unido. Isso se deveu, em grande medida, ao fato de que foi lá também a primeira experiência de separação vertical em que a demanda por infraestrutura excedeu significativamente a capacidade do sistema (Gómez-Ibáñez, 2006). Para Glaister (2006, p. 66), além disso, se subestimou a extrema complexidade existente nas atividades de uma grande ferrovia – que utiliza ativos pesados de vários tipos, com longa vida útil e que podem ter forte impacto sobre a segurança, todos esses ativos funcionando juntos de forma interdependente.

Um dos maiores problemas foi o esquema de tarifas de acesso imposto pelos reguladores. As receitas da Railtrack se originavam no pagamento de tarifas de acesso às estações e principalmente às malhas ferroviárias. Em especial, as tarifas deveriam cobrir os custos de manutenção, de eventuais reabilitações e do capital investido, dando um retorno que permitisse remunerar o capital próprio e a dívida da empresa. A ideia era que essa tarifa cobrisse os custos da empresa, mas também estimulasse o uso eficiente da malha, além de estimular a oferta de novos serviços, dada a visão de que havia capacidade ociosa na rede. Assim, se recorreu a tarifas bipartidas, com um componente fixo elevado e outro variável relativamente baixo, o que deveria estimular o uso da via.

Para determinar as partes fixa e variável da tarifa, recorreu-se, em 1993, a um estudo contábil da estrutura de custos da Railtrack (Gómes-Ibáñez, 2003). O estudo concluiu que 91% dos custos da empresa eram fixos, não variando com o volume de tráfego. Do restante, 6% eram gastos com a eletricidade empregada pelos trens e 3% resultado do desgaste dos trilhos com a passagem do material rodante. Com isso, o regulador fixou a tarifa de acesso cobrada pela Railtrack de forma que 91% do pagamento se desse na forma de uma tarifa fixa anual, 6% fosse uma tarifa variável proporcional ao volume de t.km carregadas por locomotivas elétricas, e 3% uma tarifa variável com o número de veículos. km operados por cada empresa.

O sistema de tarifas também previa punições e bônus para a Railtrack e as TOCs, pensados de forma a estimular o bom uso da malha e a pontualidade no serviço. Quem causava atrasos era penalizado: a Railtrack, se ela não disponibilizasse a malha como contratado; as TOCs, se fossem elas a gerar o atraso e/ou a indisponibilidade da malha.

Como a manutenção da infraestrutura e a responsabilidade por eventuais atrasos recaía sobre a Railtrack, havia um incentivo para que os operadores dos trens sobreutilizassem a malha, visando aumentar seus lucros. Além disso, porque o custo marginal de usar a rede, solicitando passagem para novas frequências, era baixo, em geral compensava para as TOCs elevar a oferta de viagens, colocando mais trens em operação. De fato, as tarifas de acesso foram pensadas de forma a estimular novos serviços. As TOCs reagiram a esse incentivo e colocaram muito mais trens em operação, até o ponto em que o sistema ficou congestionado, prejudicando a qualidade do serviço (Glaister, 2006).

Também no transporte de carga, as baixas tarifas de acesso estimularam o aumento do transporte de cargas pesadas, levando a um custo de desgaste dos trilhos significativamente acima do inicialmente previsto. E, da mesma forma que no caso de passageiros, as tarifas não estimulavam um uso eficiente da rede, nem eram suficientes para cobrir os custos de sua ampliação.

A Railtrack tampouco tinha incentivos a investir, visto que a qualidade das vias não afetava diretamente suas receitas (até porque dependia, também, da operação dos transportadores) e as obras provocariam atrasos e multas. Além disso, a baixa receita marginal auferida pela empresa com novas linhas desencorajava a empresa a disponibilizar mais capacidade, pois isso elevava o risco de congestionamentos e, por conseguinte, multas, e, menos ainda, a estimulava a investir para ampliar a capacidade da malha.

O regulador em geral se alinhou com as TOCs, ordenando que a rede fosse disponibilizada para novas linhas, o que ajudou a malha a rapidamente ficar congestionada. O regulador foi menos decisivo, porém, em relação à realização de novos investimentos na rede. Apesar do crescente congestionamento, Railtrack, TOCs e regulador não conseguiam convergir sobre como eliminar os gargalos da rede, discordando sobre onde e quando investir e, principalmente, sobre quem deveria financiar esse investimento: logo ficou claro que, sem a alocação de subsídios públicos, a maioria dos projetos necessários para expandir e melhorar a rede eram inviáveis. Por outro lado, a não expansão da rede em vários casos mudou a lógica financeira das concessões, que contavam com essas expansões para elevar o fluxo de passageiros e suas receitas (Glaister, 2006).

Glaister (2006) também observa que, com o tempo, a competição pelos contratos de concessão no transporte de passageiros se intensificou, conforme as novas regras e as empresas foram amadurecendo. Por outro lado, o autor observa que as empresas entraram nesses leilões com metas muito ambiciosas de redução de custos, em especial do quadro de pessoal. O fracasso em atingir essas metas alterou a lógica dos contratos do ponto de vista das concessionárias, que reagiram reduzindo a qualidade do serviço prestado, provocando a ira dos usuários.

Yvrande-Billon e Ménard (2005) interpretam o fracasso da reforma do setor ferroviário britânico à luz das características de especificidade de ativos e subotimalidade de uma relação não hierárquica entre o gestor de infraestrutura e o transportador. Como observam os autores (2005, p. 690):

> De forma a lidar com o desalinhamento resultante das restrições impostas a elas, as partes das transações adotaram uma estratégia orientada para a redução da especificidade dos ativos envolvidos. Mudanças substanciais na concepção e construção de material rodante foram introduzidas, todas sistematicamente direcionadas à padronização. Ao fazê-lo, as partes claramente buscavam reduzir a sua dependência mútua, contornando o problema gerado pelo modo de organização que lhes foi imposto. As empresas de *leasing* de material rodante lideraram esse movimento. Sendo os principais investidores em equipamentos, elas estavam mais expostas aos riscos resultantes da combinação de contratos de curta duração e (equipamentos) com baixa capacidade de aproveitamento em outras atividades (*redeployability*).

Como concluem os autores (p. 696),

> A experiência britânica de reforma das ferrovias ilustra que, se o grau de especificidade dos ativos tem um impacto direto sobre a escolha de uma estrutura de governança, como substanciado por tantos testes na economia dos custos de transação, a escolha de um arranjo organizacional influencia reciprocamente a natureza e características dos investimentos realizados.

O ponto de ruptura se deu no acidente ocorrido em Hatfield, onde quatro pessoas morreram. A causa do acidente foi identificada como sendo um trilho com problemas, que já havia sido identificado antes, mas o qual não havia sido substituído. Ainda que o mais grave, esse não foi o primeiro acidente de trem após a privatização. Glaister (2006, p. 70) observa que o acidente mostrou que, no novo sistema ferroviário, ninguém era responsável por gerenciar um dos aspectos mais críticos da ferrovia, a interface entre o trilho e a roda do trem, e que o problema identificado no trilho foi em grande medida atribuível a mudanças nos perfis das rodas. Além disso, também a coordenação com a contratação dos serviços de engenharia falhou, com a Railtrack sofrendo uma deterioração na qualidade dos seus serviços internos de engenharia.

Os limites de velocidade impostos e as obras de substituição de trilhos realizadas após o acidente em Hatfield, embora necessários, levaram, em última instância, ao colapso financeiro da Railtrack. Dessa forma, em 2002, a Railtrack foi substituída pela Network Rail, uma empresa privada sem fins lucrativos. Manteve-se, todavia, a separação entre a gestão da malha e a operação dos trens – feita por empresas privadas independentes. Contudo, a receita da Network Rail continuou a depender de aportes governamentais, seja diretamente, seja através de subsídios às tarifas cobradas dos operadores de transporte pelo uso da infraestrutura, em especial porque a mudança teve um impacto negativo sobre a eficiência da empresa, observando-se uma alta significativa de custos (McNulty, 2011). Em 2014, reconhecendo o peso do governo não apenas no financiamento, como também na gestão da Network Rail, a empresa passou a ser um órgão da administração central.

O governo também tentou corrigir os incentivos perversos identificados no regime de tarifas de acesso, adotando outro bem mais sofisticado, que distingue centenas de tipos de veículos e que busca refletir o desgaste que cada um deles provoca nos trilhos, em função das características do material rodante. Também há um sistema que penaliza o responsável por atrasos, seja a Network Rail, sejam os operadores ferroviários (Nash, 2016). Não obstante, o diagnóstico é que a tarifa bipartida praticada pelo governo continua não alinhando os incentivos das TOCs e do gestor da infraestrutura quanto ao uso e à expansão da infraestrutura.

Para Glaister (2006, p. 78), porém, o fracasso da reforma regulatória britânica, pelo menos como originalmente pensada, não se deve a problemas intrínsecos do modelo adotado, mas à interferência política, especialmente após a troca de governo em 1997. Porém, a principal crítica do autor é quanto à intolerância do governo com as críticas ao modelo, que o levaram a resgatar empresas que haviam quebrado. Suas intervenções nas TOCs e na Railtrack acabaram por destruir a essência do modelo competitivo. No todo, o autor conclui:

> That being said, rail privatization on the British model can be made to work in a stable and fairly predictable way on three crucial provisos. First, the legal system must be sufficiently competent, robust and respected to put in

place the necessary contractual arrangements. (....) Second, it must be possible to specify an appropriate performance regime that will provide the incentives to induce the required behavior. This is open to question: there are both analytical questions (for example, what are the right financial penalties to use?) and legal questions (for example can they be successfully drafted into contracts that are enforceable in practice?). Finally, once created, these arrangements must be left alone to mature, without the fatally damaging consequences of interventions by government or others that undermine the incentives carefully designed into the 'fragmented' structure. [148]

7.3.3. Sistema ferroviário na Alemanha

Na Alemanha, o desenvolvimento inicial do setor ferroviário ocorreu durante a vigência do Reino da Prússia. Porém, outras regiões da hoje Alemanha adotaram políticas distintas em relação às ferrovias – alguns governos optaram por construir suas próprias ferrovias, enquanto, em outras localidades, a iniciativa privada dominou a expansão do setor (Fremdling, 2002). Depois da unificação do país, no final do século XIX, quase todo o sistema ferroviário foi nacionalizado, restando poucas linhas operadas pelo setor privado.

A reforma das ferrovias alemãs começou após a reunificação, em 1990, tendo o objetivo de aumentar a eficiência ferroviária, levando a uma maior participação modal no tráfego de passageiros e cargas no país e reduzindo a pressão financeira que os déficits do setor representavam para o governo (Schilling e Bunge, 2013). As medidas que vieram a ser adotadas começaram a ser elaboradas na Comissão Governamental de Transportes Ferroviários, criada ainda em 1989. Entre 1993 e 1994, foram promulgadas seis leis nacionais que passaram a estruturar o setor. Essas leis estavam em linha com a Diretiva 440 da Comissão das Comunidades Europeias, de 1991, que recomendava a separação contábil entre a gestão da infraestrutura e a operação de transportes, bem como a transparência na cobrança de tarifas de acesso às malhas.

Um ponto central dessa primeira etapa da reforma alemã foi a unificação das duas ferrovias estatais: Deutsche Reichsbahn (oriunda da Alemanha Oriental) e Deutsche Bundesbahn (advinda da Alemanha Ocidental). Elas foram transformadas em uma empresa de capital aberto em que o Estado é o único acionista, a Deutsche Bahn AG (DB-AG). Segundo Daychoum e Sampaio (2017), o que

---

[148] Esta última uma condição que, o próprio autor reconhece, é muito difícil de ser satisfeita na prática.

ocorreu na Alemanha ficou conhecido como "privatização formal": apesar da titularidade do controle permanecer estatal, a empresa passou a ser regida por normas do direito privado. Consequentemente, a empresa passou a seguir a contabilidade, a gestão e a racionalidade privada. Essa transformação foi vista como uma forma de blindar a gestão empresarial de influências políticas.

Em 1999 e seguindo determinações da legislação de sua criação, a DB-AG foi dividida, incialmente em cinco divisões independentes, que passaram a ser subsidiárias da *holding*: infraestrutura (DB Netz), transporte de cargas, transporte de passageiros de longa distância, transporte local e regional de passageiros e estações de passageiros. A DB Netz ficou responsável não apenas pelo planejamento, desenvolvimento e manutenção da infraestrutura, mas também por estabelecer o valor das tarifas cobradas, negociadas com os usuários. Contudo, investimentos em infraestrutura continuam a ser financiados pelo Estado. Vale comentar que a estrutura organizacional da *holding* sofreu alterações durante os anos.

Para se adequar ao segundo Pacote Ferroviário europeu de 2004, a Alemanha necessitou realizar novas alterações na sua legislação interna. A Lei Geral de Ferrovias (LGF) foi alterada para intensificar a ideia de livre acesso à rede ferroviária e evitar a discriminação por meio da cobrança de tarifas de acesso. Para isso, aumentou-se a possibilidade de intervenção da autoridade reguladora. Também com esse objetivo, foi editado o regulamento de utilização da infraestrutura em 2005. Daychoum e Sampaio (2017) notam que foi nessa etapa da reforma que a desverticalização foi implementada efetivamente no setor ferroviário alemão. A legislação aprovada passou a determinar a separação vertical das empresas. Foram declaradas nulas as previsões contratuais que buscassem mimetizar situações de integração vertical, o que levou ao ajuste ou à rescisão dos contratos existentes entre prestação de serviços e operação da infraestrutura. Também foi nessa etapa que as decisões quanto ao cronograma, alocação e desenho da malha ferroviária passaram a ser responsabilidade exclusiva do gestor da infraestrutura, e não mais do seu detentor (Daychoum e Sampaio, 2017).

Boa parte da Europa levou mais tempo para abrir o setor, impondo maiores limitações ao acesso para transportadores internacionais (Community of European Railway and Infrastructure Companies, 2011). De fato, o sistema ferroviário alemão é considerado um dos mais abertos da União Europeia. Cabe notar, no entanto, que a maioria das competidoras da DB-AG não são transportadoras de médio ou pequeno porte, mas sim subsidiárias de operadoras ferroviárias estatais de outros países ou grandes empresas privadas, como a Veolia.

Atualmente, a regulação é feita pela Federal Network Agency (Bundesnetzagentur – BNA), vinculada ao Ministério Federal de Economia e Tecnologia, que monitora a concorrência no setor ferroviário alemão e garante o acesso não discriminatório à infraestrutura. Essa entidade divide suas funções com a Federal Railway Authority (Eisenbahnbundesamt – EBA), autoridade responsável pela supervisão do sistema e pela concessão de licenças para transportadores.

Entre os desafios futuros, destaca-se, no segmento de cargas, a persistência da questão sobre como enfrentar a competição do transporte rodoviário. Por outro lado, o advento de linhas de alta velocidade abriu uma oportunidade no transporte de longa distância de passageiros. No entanto, esse mercado ainda não foi liberalizado em diversos países europeus. No cerne das discussões sobre o setor ferroviário nos países da União Europeia – e de extrema relevância para a Alemanha –, está a adequação do modelo de *holding* como forma de separação entre o serviço de transportes e a gestão da infraestrutura.[149]

Por esses motivos, a Alemanha começou em 2007 uma terceira etapa de reformas, que continua em discussão, e que consiste basicamente na "privatização material", ou o que no capítulo 10 chamamos de desverticalização societária. Como apontado por Daychoum e Sampaio (2017), essas reformas são mais políticas do que legais, já que essas últimas já foram implementadas. O Ministério dos Transportes elaborou um relatório que analisava os possíveis modelos que podem ser adotados para concluir o processo de privatização da empresa. Para cada modelo, foram apresentadas projeções de desempenho e de participação de mercado tanto da DB, quanto das concorrentes. Foram analisados: o modelo de separação, mais benéfico para as concorrentes, mas com possíveis riscos de abandono de trechos pouco competitivos; o modelo integrado, menos benéfico às concorrentes e à competição; dois modelos intermediários, chamados de modelos de propriedades; e o modelo de *holding* de participação financeira.

7.3.4. Sistema ferroviário na França

A primeira ferrovia importante construída em solo francês começou a transportar cargas nos anos 1820 e passageiros na década seguinte. O governo francês desejava ele mesmo construir um sistema ferroviário moderno, mas, devido a limitações financeiras, optou por recorrer ao capital privado. Foi aprovada, as-

---

[149] Assim como outros países europeus, houve na Alemanha um processo antitruste envolvendo o setor ferroviário. Daychoum e Sampaio (2017) analisam o caso em que a DB-AG e uma de suas subsidiárias, a DB Energie, responderam por praticarem uma política de preços anticompetitiva sobre a corrente de tração.

sim, a Lei das Ferrovias de 1842, que estabeleceu uma espécie de parceria entre os setores público e privado, determinando ser dever do Estado oferecer a infraestrutura básica enquanto as empresas privadas financiariam a infraestrutura complementar (trilhos e trens) e operariam as ferrovias (Fremdling, 2002).

Mais adiante, no ano de 1937, foi criada a Société Nationale des Chemins de Fer Français (SNCF), uma empresa pública que passou a controlar a operação de cinco linhas regionais privadas (que foram estatizadas) e de duas já estatais. A motivação não foi, contudo, evitar a formação de monopólios, mas de salvar o setor, que havia sido fortemente afetado pela Grande Depressão dos anos 1930 (Fremdling, 2002).

Respeitando a Diretiva 440 da Comissão das Comunidades Europeias, de 1991 – que preconizava a separação entre a gestão da infraestrutura e a operação de transporte –, em 1997 a França criou a Réseau Ferré de France (RFF), empresa estatal formada para comandar as atividades relacionadas à infraestrutura, separada da operadora SNCF.[150] Esta deveria pagar à RFF tarifas pelo acesso à infraestrutura, enquanto, na direção oposta, a RFF pegava à SNCF por esta manter e gerenciar a infraestrutura em nome da RFF.

O transporte de cargas e de passageiros internacionais foi aberto à concorrência em 2006 e 2009, respectivamente. Antes disso, em 2004, as tarifas de acesso foram fortemente aumentadas, segundo Quinet (2006, p. 94), para afugentar possíveis concorrentes da SNCF. As tarifas de acesso cobrem quatro tipos de serviços: a reserva de pátios, o acesso aos trilhos e às estações e o desgaste dos trilhos. As tarifas de acesso às estações e de reserva de pátio variam com o tipo de trilho, se para alta velocidade ou normal. Esta última também é diferente se for horário de pico ou não. As outras duas tarifas variam com o volume de t.km transportados, sendo que a cobrada pelo desgaste dos trilhos também varia conforme o trem seja de carga ou de passageiros.

Com a reforma e a introdução de competição no sistema ferroviário francês, foi estabelecida uma autoridade reguladora independente – a Autorité de Régulation des Activités Ferroviaires (ARAF) em 2010. Previamente, a regulação era feita pelo Ministério de Transportes. A autonomia da ARAF, no entanto, ficou limitada pela atuação do governo, que, além de subsidiar a infraestrutura, controla as taxas de

---

[150]Quinet (2006) chama a atenção para que, por alguma estranha razão, a elevada dívida da RFF, formada por cerca de dois terços da dívida antes no balanço da SNCF, não aparecia na contabilidade nacional como dívida pública para fins do Acordo de Maastricht. Isso tornou a solução de estabelecer a empresa mais interessante do ponto de vista do governo.

acesso, deixando o ente regulador apenas com um papel consultivo nesse campo (Community of European Railway and Infrastructure Companies, 2011).

A separação entre a gestão da infraestrutura e a prestação dos serviços de transporte não ficou bem definida, gerando uma série de distorções no sistema e chamando a atenção para a necessidade de fortalecer a ARAF. Em parte devido a questões trabalhistas, a transferência de recursos humanos e conhecimento técnico para a RFF foi falha. Muitas tarefas que deveriam ter sido atribuídas à RFF, incluindo a de concessão de traçados, ficaram com a SNCF (inicialmente, em sua divisão SNCF Infra), por esta já ter maior experiência e estrutura para lidar com tais atribuições. Contudo, esse aparato institucional abriu espaço para a adoção de práticas anticompetitivas por parte da SNCF, visto que a empresa tinha acesso a informações confidenciais sobre suas competidoras, passíveis de serem usadas para beneficiar seus próprios interesses comerciais como operadora (OCDE, 2013).

Além disso, ainda havia conexões estreitas entre as duas empresas. De fato, a criação da RFF se deu com uma condição nada usual, de que esta deveria obrigatoriamente contratar os serviços de manutenção da infraestrutura da SNCF (Community of European Railway and Infrastructure Companies, 2011). Na avaliação de Quinet (2006, p. 102), feita em meados da década passada, as perspectivas de que a competição viesse a se instalar nas ferrovias francesas não eram brilhantes:

> As of 2005, no independent train operator had challenged SNCF and in France, perhaps more than in other countries, a potential competitor faces many obstacles: licenses, path allocation procedures, technical capability requirements for staff, technical standards. The small size and limited expertise of the RFF also implies that SNCF will retain some power over the timetables of its future competitors. If competition occurs, moreover, SNCF may be shielded from its full effects through the complex and untransparent system of subsidies RFF and SNCF now enjoy or some other form of government intervention.

De fato, em 2012, a SNCF foi multada em € 60,9 milhões devido ao abuso de sua posição dominante. A SNCF também enfrentou problemas legais após ter criado a Gares & Connexions para administrar as estações de passageiros da rede ferroviária francesa. A Autorité de la Concurrence (órgão nacional de defesa da concorrência) concluiu que a entidade não era suficientemente independente da SNCF e recomendou a separação das empresas.

Diante desse quadro, em 2015, a França reformou novamente seu sistema ferroviário: a RFF, a SNCF Infra e a Direction de la Circulation Ferroviaire

(DCF) foram fundidas,[151] formando uma nova estatal responsável pela infraestrutura, a SNCF Réseua. Enquanto isso, a antiga operadora, SNCF, foi rebatizada de SNCF Mobilités. Ambas são subsidiárias da SNCF. Ou seja, depois de uma experiência de separação vertical que não chegou a se concretizar na prática, a França migrou para um modelo de *holding*.

No todo, ainda que respeitando as novas regras impostas pela Comissão Europeia desde a Diretiva 440, a França foi um dos países que mais buscou trabalhar no limite em termos do mínimo que era possível fazer. Três fatores principais explicam esse comportamento (Quinet, 2006). O primeiro é que quando a reforma teve início, a SNCF recebia, para padrões europeus, poucos subsídios via orçamento público – a maioria era formada por subsídios indiretos, canalizados via a elevada dívida da empresa.

O segundo foi a resistência do *establishment* ferroviário francês à separação vertical da SNCF, entre outras coisas pela preocupação com os problemas que poderiam advir do fim da estreita coordenação entre a gestão da infraestrutura e a operação do transporte ferroviários. O terceiro fator foi um acordo com os sindicatos dos trabalhadores do setor, que limitou as formas como o setor poderia ser reestruturado: assim, a RFF foi criada com apenas cerca de 500 funcionários, com a maioria das decisões sendo implementadas pela divisão de infraestrutura da SNCF, que permaneceu essencialmente intacta, agradando os sindicatos.

7.3.5. Sistema ferroviário na Itália

Na primeira metade do século XIX, as ferrovias italianas ainda não eram interconectadas e cada região adotava seu modelo para o setor – em algumas, havia maior controle estatal, enquanto, em outras, a iniciativa privada era prevalente e operava sem grandes restrições. Depois da unificação da Itália, em 1861, o governo tomou a frente e iniciou um plano de construção de um sistema ferroviário. As ferrovias foram agrupadas por região e entregues para serem administradas por três empresas privadas. A infraestrutura e as estações ficaram sob propriedade do Estado, enquanto os trens foram vendidos para as empresas (Maggi, 2001).

Devido às dificuldades financeiras enfrentadas pelas empresas, em 1905 – cedo em comparação com boa parte dos países europeus –, toda a rede ferroviária italiana foi nacionalizada e criou-se a Ferrovie dello Stato (FS). A FS só ganharia autonomia do Ministério dos Transportes em 1985, tornando-se uma

---

[151] A DCF era responsável pelo planejamento e pela gestão operacional do tráfego de trens, tendo sido separada da SNCF Infra em 2010.

empresa (estatal) de capital aberto em 1992 (Community of European Railway and Infrastructure Companies, 2011).

A Itália começou a implantar reformas no setor quase dez anos depois da Diretiva 440, de 1991, que recomendava que os países separassem a gestão da infraestrutura da operação de transportes. A FS foi transformada numa *holding* e foram criadas duas empresas subsidiárias: a Rete Ferroviaria Italiana Spa (RFI), detentora da infraestrutura, e a Trenitalia, responsável pela prestação de serviços de transporte (OCDE, 2013).

Junto com a reestruturação da FS, o governo perseguiu ativamente a abertura do setor à competição, indo além do preconizado pela Comissão Europeia à época. O transporte internacional de cargas foi aberto para concorrência em 2003 e o doméstico em 2007. O de transporte internacional e cabotagem de passageiros, em 2010. Não obstante, a Trenitalia ainda concentra uma fatia substancial do mercado, tanto no segmento de cargas quanto no de passageiros. O exemplo de liberalização mais bem-sucedido se deu no segmento de trens de alta velocidade.

A Itália perseguiu um modelo de concorrência para o setor ferroviário em que diferentes prestadores do serviço de transporte competem no segmento de cargas e de média e longa distância para passageiros. A ideia era que o transporte regional e local de passageiros fosse concedido a operadores num processo competitivo; contudo, não foram obtidos avanços significativos nessa frente.

A concessão de serviços de transporte na Itália é feita diretamente ou através de licitações. Devido à sua posição privilegiada, a Trenitalia obteve uma série de concessões diretas. Nos casos em que houve a licitação, de modo que novas operadoras tiveram a oportunidade de entrar no mercado, as condições enfrentadas por concorrentes e a incumbente foram desiguais, em particular devido à assimetria informacional existente entre elas (Community of European Railway and Infrastructure Companies, 2011). Com efeito, o fato de a RFI e a Trenitalia terem permanecido sob a mesma *holding* estatal, e de terem mantido significativo controle do mercado, é criticado por dar margem a práticas discriminatórias. Casos dessa natureza já foram alvo de questionamento pela Autoridade Italiana de Competição.

A OCDE (2013) destaca outras questões decorrentes do arranjo institucional italiano. A primeira diz respeito ao modelo regulatório do setor ferroviário. Algumas tarefas – como o gerenciamento da rede e a concessão de licenças de acesso – ficaram sob comando da RFI, ao invés de irem para o Ministério da Infraestrutura e Transporte (encarregado da regulação). Isso dá controle significativo à RFI, possivelmente distorcendo a competição a favor da incumbente, a Trenitalia. Há propostas para introduzir uma nova autoridade regulatória independente no setor de transportes, fortalecendo o monitoramento da atuação das empresas.

A segunda tem relação com a má identificação de Public Service Obligations no transporte doméstico de passageiros. Para que se possa elaborar contratos de concessão que garantam um nível de investimento e eficiência adequados no setor, é importante entender quais serviços estão associados a PSO e quais são rentáveis.

A competição com outros modais ainda é um desafio a ser endereçado, em especial do transporte rodoviário de cargas, que tem pressionado os preços para níveis muitas vezes insustentáveis para as empresas ferroviárias (Community of European Railway and Infrastructure Companies, 2011).

7.3.6. Reforma ferroviária na Espanha

A primeira ferrovia no território espanhol foi inaugurada em 1848, sendo vista como símbolo da chegada do progresso – um instrumento para acelerar a atrasada industrialização espanhola e uma forma de ligar as várias regiões do país. Os primeiros agentes de expansão da malha ferroviária foram investidores privados estrangeiros e, posteriormente, investidores nacionais, tendo o governo participado principalmente através de incentivos financeiros.

Com a destruição causada pela Primeira Guerra Mundial e pela Guerra Civil Espanhola, o governo espanhol se viu na necessidade de modificar o modelo ferroviário vigente. Em 1941, foi criada uma empresa estatal verticalmente integrada, a Renfe (Red Nacional de Ferrocarriles), sob controle direto do Ministério dos Transportes e cujos objetivos eram primordialmente sociais, em vez de comerciais. A Renfe absorveu a maior parte dos operadores privados que existiam no país. A nova regulamentação ferroviária, aprovada em 1947, estabelecia as ferrovias como o principal meio de transporte do país e instituía um imposto sobre caminhões para financiá-las (Campos, 2006). Uma série de barreiras à entrada reforçou o papel da Renfe como única operadora de longa distância.

Porém, nas décadas seguintes, as ferrovias perderam participação para outros modais de transporte, principalmente o rodoviário, e a Renfe sofreu um declínio financeiro. O governo espanhol começou, ainda em meados da década de 1980, a reformar a estrutura do seu sistema ferroviário. Muitas reformas adotadas nesse período se alinhavam com as recomendações que a União Europeia viria a fazer nas décadas seguintes.

Para sanar o declínio financeiro da Renfe, na década de 1980, o governo reduziu o número de funcionários, fechou linhas não rentáveis, modificou as políticas de precificação de tarifas e serviços para responderem mais à demanda e transformou a Renfe em uma companhia pública autônoma com um novo objetivo explícito: buscar o equilíbrio financeiro. Com esse objetivo, a Renfe e o governo assinaram, em 1984, um primeiro contrato de gestão (Primer-Contrato-Programa: 1984-1986), com bons resultados: fechamento de 6,4% da malha total, redução de 28% na força de trabalho da empresa e alta significativa da produtividade (Campos, 2006).

Em 1987, para aumentar a competitividade do setor ferroviário frente aos outros modais, o governo fez uma nova rodada de reformas, por meio de uma nova lei, intitulada Ley de Ordenacción del Transporte Terrestre (LOTT). A LOTT revogou a preferência modal por transporte ferroviário e, para aumentar a eficiência e a competição dentro do setor ferroviário, permitiu, pela primeira vez em 40 anos, a construção de novas ferrovias por investidores privados. Nesse mesmo ano, a Renfe e o governo assinaram um novo contrato de gestão.

Em 1989, o governo fez a primeira reestruturação da companhia, dividindo-a em diversas unidades descentralizadas de gestão (UGD) que tinham de seguir estratégias e objetivos financeiros definidos pelo governo e pela Renfe. As UGDs se distribuíam em três categorias: operadores de transporte de passageiros e cargas; operadores de serviços, como a manutenção de trilhos; e operadores de infraestrutura. A ideia da reorganização era incentivar a eficiência e diminuir a necessidade de auxílio financeiro pelo governo (Campos, 2006).

O governo espanhol fez, em 1994, uma nova reorganização da Renfe, em resposta à Diretiva 440, que concluiu a transformação da empresa de uma agência do governo centralizada e verticalmente integrada em uma firma que, embora ainda estatal, era descentralizada em unidades de negócios operando com critério comercial. A reforma de 1994 separou as UGDs em unidades autônomas de negócios, com contabilidade e objetivos separados. Os serviços ferroviários foram divididos em seis principais unidades de negócios: de longa distância, regional, suburbano, AVE (alta velocidade), carga geral, e contêineres intermodais. As atividades de infraestrutura e as de material circulante foram agrupadas em várias unidades de negócios especializadas, incluindo estações, manutenção, reparos, sinalização e informática. A Renfe ganhou autonomia para definir suas tarifas livremente, porém aumentos de preços ainda necessitavam da aprovação do Ministério do Transporte.

Em 1997, ainda em reação à Diretiva 440 de 1991 da União Europeia, o governo espanhol criou o GIF (Gestor de Infraestruturas Ferroviárias), um órgão público responsável por desenvolver e manter todas as novas infraestruturas ferroviárias (Campos, 2006). O GIF também era responsável pela gestão da infraestrutura existente e dos sistemas de sinalização. Seus serviços eram financiados por tarifas de acesso às vias pagas pelos operadores ferroviários, permitindo uma separação formal do seu orçamento e do seu balanço dos da Renfe, em conformidade com as regulações da Comissão Europeia.

Os resultados das reformas variaram de acordo com as unidades de negócios (Campos, 2006). Os transportes suburbano, regional e em trens de alta velocidade aumentaram o tráfego consideravelmente, contrastando com o declínio do transporte tradicional de passageiros de longa distância. O transporte de cargas combinado com outros modais aumentou no período, em contraste com a estagnação do transporte tradicional de cargas.

As unidades com a pior *performance* eram as que recebiam os maiores subsídios estatais e as que apresentavam maior capacidade ociosa, principalmente devido à regulação estatal. Porém, analisando o setor como um todo, o montante de subsídios de PSOs (Public Service Obligations) recebidos caiu consideravelmente, assim como a necessidade total de financiamento: em euros constantes de 2003, de € 5,3 bilhões em 1980 para € 1,3 bilhão em 2003. Enquanto isso, as receitas comerciais subiram de 34% para 56% das receitas totais. Houve uma melhora financeira oriunda, principalmente, de uma diminuição nos custos.

Mesmo com todas as reformas feitas nas décadas de 1980 e 1990, a Renfe continuou a dominar a provisão de serviços ferroviários. Em 2002, a Renfe respondia por 92% do total de passageiros.quilômetro transportados por trem naquele ano, com outras empresas estatais, as de operação local e a Feve, esta responsável pelas linhas de bitola estreita, respondendo pelo resto. No caso da carga, a Renfe tinha uma parcela de mercado de 95%, com a Feve tendo outros 4% (Campos, 2006).

Em 2003, o governo espanhol resolveu adotar as mais novas recomendações da Comissão Europeia, como forma de estabelecer a competição privada. A nova lei para o setor ferroviário, a LSF (Ley del Sector Ferroviario), promoveu a liberalização do mercado de transporte ferroviário de mercadorias no final de 2005 e introduziu três mudanças fundamentais na regulação do setor.

A primeira foi estabelecer uma separação clara entre a Renfe e o gestor da infraestrutura. A lei criou duas novas empresas estatais independentes, a Renfe-Operadora e o Adif (Administrador de Infraestructuras Ferroviarias). A Renfe-Operadora surgiu a partir das unidades de operação e manutenção da Renfe. A nova empresa assumiu os ativos e os trabalhadores, porém a maior parte da dívida foi transferida para o governo. Assim como os outros provedores de serviços, a Renfe-Operadora teve de obter licença para operar e teve de pagar para acessar a infraestrutura do gestor de infraestrutura.

O Adif passou a ser o gestor da infraestrutura – o responsável por desenvolver e manter a rede tradicional e as linhas de alta velocidade, assim como as estações e os terminais. Ele também passou a ser a responsável pela outorga de licenças às empresas que desejam operar em suas linhas. O Adif assumiu a infraestrutura e a mão de obra do GIF e também passou a ser encarregado de construir novas linhas. Essas puderam, pela primeira vez, ser concedidas à iniciativa privada – em 1987, já haviam sido aprovados operadores privados, porém eles tinham de operar em linhas de construção privada. O Adif reporta ao Ministério do Desenvolvimento e é financiado por subsídios estatais, tarifas de acesso à infraestrutura pagas pelos operadores e outras taxas pagas pelos consumidores.

Outra grande mudança que a LSF introduziu foram as taxas para a utilização da infraestrutura ferroviária e das estações. As tarifas têm o objetivo de recuperar os custos do Adif e incluem cinco componentes: acesso, reserva de capacidade, tráfego, estações e pátios. A tarifa de acesso é um pagamento a ser feito por todos os operadores licenciados para acessarem a infraestrutura. As tarifas de reserva de capacidade e a de circulação dependem da quantidade de quilômetros utilizada e variam de acordo com o tipo de serviço e de trem, o horário do dia e as características dos trilhos. A tarifa de tráfego varia de acordo com o valor econômico de seus serviços, como medido pelo indicador de assentos-quilômetros (Campos, 2006).

A última grande mudança da LSF foi criar um comitê de regulação ferroviária (Comité de Regulación Ferroviaria) para supervisionar o funcionamento do setor e para garantir o tratamento igualitário de todos os operadores. O comitê também é responsável por resolver disputas que aparecem entre a Adif e os operadores e por garantir que o acesso é provido sem discriminação.

Porém, o número de operadores privados entrantes foi pequeno e esses ocupam pequena parcela do mercado. A OCDE (2013) identificou que barreiras administrativas ainda dificultavam a obtenção da licença e que a Renfe ainda possuía privilégios legais. A OCDE (2013) também apontou a diferença de bitola entre a Península Ibérica e o resto da Europa como um impedimento à entrada de novos operadores na Espanha. A Renfe possui uma clara vantagem, por já ter o material rodante e a infraestrutura de manutenção para operar com essa bitola. Como solução, a OCDE sugere o *leasing* do equipamento da Renfe para as outras operadoras.

Vale comentar que, desde 1980, o investimento em infraestrutura ferroviária é uma prioridade do governo espanhol. Antes da criação do GIF, a Renfe era o maior investidor de infraestrutura e o maior mantedor das linhas existentes. O governo investiu na modernização dos trilhos, das estações, do sistema de sinalização e do material rodante. Quando o GIF surgiu, ele assumiu a responsabilidade do investimento em infraestrutura e se comprometeu a fazer a maior expansão do sistema ferroviário dos últimos 50 anos. O GIF e o Ministério dos Transportes investiram quase € 12 bilhões em ferrovias no período como resposta espanhola à política da União Europeia de modernização e integração (Campos, 2006).

Essa onda de investimento foi importante para a expansão das linhas de alta velocidade (AVE), política que continua até os anos recentes. A primeira linha do AVE foi construída na Espanha entre 1987 e 1993, a linha Madri-Sevilha, com suas operações tendo começado em abril de 1992. Em 2015, as linhas de alta velocidade tinham 3.143 quilometros de extensão e atenderam 33 milhões de passageiros no ano (Adif, 2017a). Em 2013, foi inaugurada a conexão direta por linha de alta velocidade com a França (Adif, 2017b). Esse foi um passo importante para a integração europeia, já que, por problemas de bitola, o sistema ferroviário espanhol nunca foi conectado com o do restante da Europa. Espanha e Portugal adotam a chamada bitola ibérica – 1,668 mm –, enquanto a França adota o sistema internacional – 1,435 mm. Porém, há controvérsias envolvendo a expansão das linhas de AVE. Em junho de 2011, a Renfe anunciou a suspensão da linha entre Toledo e Cuenca/Albacete, porque o número de passageiros não cobria o custo diário de operação (El País, 2011). Os investimentos totais na rota foram de € 3,5 bilhões.

Nos últimos anos, as reformas continuaram ocorrendo. Em 2014, o Adif foi dividido em duas agências: Adif, responsável pela gestão das linhas convencionais, e o Adif Alta Velocidade, responsável pela administração das linhas de alta velocidade. O objetivo da separação foi atender normativas contábeis europeias (*El País*, 2013a). O governo havia anunciado que liberaria o transporte de passageiros nas mobilidades de transporte de longas distâncias e transporte de alta velocidade em 2014, mobilidades que ainda eram monopólios da Renfe. Para dar suporte à liberalização do transporte de passageiros, o governo transformou a Renfe-Operadora em uma *holding* com quatro subsidiárias: Renfe Passageiros, Renfe Mercadorias, Renfe Fabricação e Manutenção e Renfe Aluguel de Material (*El País*, 2013b). Porém, logo em seguida o governo anunciou que só liberaria a atuação privada no transporte no corredor entre Madri e Levante (*El Mundo*, 2014). O primeiro trem alternativo à Renfe estava previsto para circular em 2015. No entanto, a liberação foi postergada.

Tudo parece indicar que a Espanha só liberará completamente o seu transporte de passageiros na data acordada com a União Europeia, ou seja, 2020. Para isso, o governo anunciou no final de 2016 que o Adif e a Renfe voltariam a se unir em uma só empresa. Para as autoridades, a separação não está funcionando, pois o Adif está altamente endividado e depende excessivamente das tarifas cobradas da Renfe (*El País*, 2016). O governo acredita que, com a liberalização total do transporte ferroviário, a situação se agravará. Na estrutura de *holding*, as contabilidades das empresas continuariam separadas. A dificuldade da relação entre as duas empresas está sendo amplamente discutida, ainda mais depois que o órgão de defesa da concorrência espanhol aplicou a maior multa da sua história à Renfe – € 65 milhões – por limitar a competição no transporte ferroviário de mercadoria (*El País*, 2017).

7.4. Impactos da reforma regulatória europeia

Não há um consenso com relação ao sinal ou à dimensão do impacto da reforma do setor ferroviário na União Europeia sobre o desempenho do setor, nem, portanto, quanto ao modelo institucional mais adequado para as ferrovias europeias. Inicialmente, os trabalhos chegaram a resultados bastante ambíguos. Mais recentemente, com a maturação das reformas e o aprimoramento das técnicas de análise utilizadas, os estudos têm convergido para duas conclusões: por um lado, que a separação entre a gestão da infraestrutura e a prestação de serviços de transporte gera custos adicionais; por outro, que reformas horizontais (como a divisão entre os serviços de carga e passageiros, ou a abertura do mercado para novos operadores de transporte), para muitas das quais a desverticalização é precondição, têm sido bem-sucedidas em aumentar a competição no setor.

Isso sugere, portanto, que a resposta à questão de se a desverticalização gerou benefícios líquidos é essencialmente empírica. Em especial, como o aumento da concorrência não é um fim em si mesmo, mas sim um meio para elevar a eficiência, a questão central parece ser se as reformas foram capazes de gerar suficiente competição adicional de forma a aumentar a eficiência no setor o bastante para mais do que compensar a elevação de custos gerada pela separação vertical. A seguir, apresentamos breves resumos de alguns dos estudos que endereçam esses pontos e reforçam as conclusões acima.

O primeiro conjunto de estudos se baseia em análises econométricas, em geral usando microdados. Lijesen *et al.* (2005) analisam o caso das ferrovias holandesas, não encontrando evidência de que essas apresentassem economias de escopo entre a gestão da infraestrutura e a operação de transporte. Porém, Growitsch e Wetzel (2009), analisando o desempenho das ferrovias de 27 países na Europa entre 2000 e 2004, com foco na existência de economias resultantes da integração vertical da operação da infraestrutura e do transporte, concluíram que, na maioria das empresas ferroviárias europeias, essas economias de escopo estavam presentes e eram significativas.

Drew e Nash (2011) resenham determinados estudos para a Europa, alguns aqui citados, que em geral apontam para perdas com a separação vertical das ferrovias. De acordo com Drew e Nash (2011), Rivera-Trujillo (2004) concluiu que a competição aumentou a eficiência das ferrovias, mas que a separação vertical reduziu a eficiência.

Wetzel (2008) utiliza um painel de 31 empresas de 22 países europeus, com dados para 1990-2005, para estimar uma função de produção por meio da qual compara a produtividade das empresas ao longo do tempo. O autor não encontrou efeitos significativos da separação vertical sobre a eficiência técnica. O trabalho também conclui que melhorias tecnológicas foram o principal impulsionador do crescimento da produtividade, seguidas de ganhos na eficiência técnica e, em menor medida, pela exploração das economias de escala.

Merkert et al. (2010) também concluem que a separação vertical não teve impacto significativo sobre a eficiência técnica, mas teve um efeito negativo sobre a eficiência alocativa, e que a separação vertical não é determinante importante das diferenças de eficiência entre as ferrovias de países distintos.

Cantos et al. (2011) estimam o nível de eficiência do sistema ferroviário de 23 nações europeias no período 2001-2008 e estudam seus determinantes. Os resultados encontrados apontam que países onde a reforma se restringiu à adoção da separação entre a gestão da malha e a prestação do serviço de transporte não apresentam níveis de eficiência significativamente diferentes daqueles em que estruturas integradas prevaleceram. Os autores sugerem que, para que possa ter efeitos positivos, a desverticalização precisa ser acompanhada de um pacote mais amplo de reformas, de nível horizontal. Em suma, o estudo indica que a separação vertical, por si só, não gera ganhos significativos de eficiência.

Nash et al. (2011) comparam os sistemas ferroviários da Alemanha, Suécia e Reino Unido e concluem que o primeiro, que funciona com um sistema verticalmente integrado, por meio de uma *holding*, parece operar com o menor nível de subsídios e as tarifas mais baixas entre os três, apontando que isso "levanta dúvidas sobre os benefícios de pressionar pela separação excessiva da indústria".

Merkert et al. (2012) calculam os custos de transação entre as empresas prestadoras de serviços de transporte e aquelas responsáveis por gerir a infraestrutura ferroviária na Alemanha, no Reino Unido e na Suécia. Os autores concluem que, embora a separação vertical aumente os custos de transação, estes são pouco significativos (representam cerca de 2%-3% dos custos totais). Portanto, benefícios modestos obtidos, por exemplo, através do aumento da concorrência seriam suficientes para superá-los. Não obstante, são apontadas outras possíveis desvantagens do modelo desverticalizado, como o impacto negativo sobre os processos de tomada de decisão, em particular aqueles relativos a investimentos.

Mizutani e Uranishi (2012) avaliam os efeitos da separação vertical e horizontal sobre os custos incorridos pelo setor ferroviário. Os autores usam dados de 23 países europeus e do leste asiáticos membros da OCDE entre 1994 e 2007. Os resultados mostram que, enquanto a separação do transporte de passageiros do de carga reduz custos, os efeitos da desverticalização variam de acordo com a densidade de tráfego de trens: em níveis menores de densidade, a tendência é de redução de custos; já quando a densidade é alta, a separação vertical tende a aumentar os custos.

Van de Velde *et al.* (2012) atualizam a análise de Mizutani e Uranishi (2012) até 2010, quando possível, expandindo a amostra para 26 países – inclusive o Reino Unido, que estava fora do estudo anterior – e aprimorando a metodologia empregada. Os resultados são semelhantes aos encontrados por Mizutani e Uranishi (2012), sendo que, em níveis médios de densidade, os efeitos da separação vertical sobre os custos são pouco relevantes. Os autores argumentam que é intuitivo os problemas de coordenação serem maiores em malhas com alta densidade de tráfego. Já a explicação para a redução de custos quando a densidade é baixa é menos trivial e pode residir na maior transparência contábil e em mudanças organizacionais nas empresas.

Ainda segundo o estudo de van de Velde *et al.* (2012), os potenciais benefícios da desverticalização são tão menores quanto maior a proporção do transporte de cargas na receita. Ou seja, para um dado nível de densidade de tráfego, o transporte de cargas parece sofrer mais com problemas de coordenação, o que é, até certo ponto, natural, dado que, em muitos países europeus, há apenas um operador de transporte de passageiros por rota. Os autores também encontraram evidências de que o modelo de *holding* é ligeiramente menos custoso do que o integrado e de que a separação entre o transporte de cargas e de passageiros reduziu custos.

Em termos de participação modal, os resultados de van de Velde *et al.* (2012) não sustentam a ideia de que sistemas verticalmente separados desempenham melhor do que os que funcionam segundo um modelo de *holding*. Na realidade, outros fatores além do arranjo institucional parecem ter mais importância na determinação do peso do setor ferroviário em cada país. Para ilustrar, enquanto na Suécia (onde a rede é desverticalizada) e na Letônia (em que subsiste um modelo de *holding*), a proporção do transporte de cargas realizado por ferrovias ultrapassa 60%, em Portugal, Espanha (países em que foi implantada a separação vertical) e Luxemburgo (onde o sistema é integrado), essa porcentagem é inferior a 5%. Ou seja, há grande variabilidade na participação modal das nações europeias, mesmo entre aquelas que adotaram modelos semelhantes (van de Velde *et al.*, 2012).

No tocante ao nível de abertura e de competição no segmento de cargas, van de Velde *et al.* (2012) não encontram evidências de que a participação de novos operadores de transporte seja superior ou tenha crescido mais em países onde o grau de separação do setor é maior. Ademais, os autores não verificaram indícios de que um nível mais elevado de concorrência acabe por reduzir os custos.[152] Esses achados vão contra o principal argumento em defesa da separação estrita, em detrimento do modelo de *holding*. Em suma, van de Velde *et al.* concluem:

> Nós entendemos que nossa evidência sugere que estruturas diferentes funcionam melhor em circunstâncias diferentes, possivelmente incluindo mesmo o caso de diferentes partes de um mesmo país onde as características de tráfego variem (....). Por exemplo, o modelo de uma empresa *holding* parece funcionar melhor onde o tráfego é relativamente denso e inclui uma proporção relativamente alta de transporte de carga. A separação vertical parece funcionar melhor quando o tráfego é menos denso, com uma maior proporção de transporte de passageiros (p. 40).

Finalmente, alguns estudos comparam o desempenho das ferrovias europeias e estadunidenses, ressaltando, além das diferenças no modelo institucional e regulatório escolhido, as disparidades estruturais existentes entre as regiões, como a competitividade de outros modais (enquanto, nos EUA, as ferrovias conectam a costa Leste e Oeste do país, na Europa, há mais portos), as distâncias percorridas (maiores no novo do que no velho continente), a composição dos fretes (em particular, a menor importância do carvão nos carregamentos europeus, relativamente aos norte-americanos) e o fato de que a coordenação e a harmonização são naturalmente mais complexas na Europa, onde há um conjunto de países, cada qual com sua herança cultural e histórica, do que nos Estados Unidos. Esse último ponto faz com que seja mais difícil usufruir das economias de escala inerentes ao transporte ferroviário na União Europeia.

Vassalo e Fagan (2007) comparam a participação das ferrovias no transporte de carga na Europa Ocidental e nos EUA em 2000 (8% e 38%, respectivamente) e procuram discernir quanto da diferença observada pode ser atribuída a fatores estruturais (como os mencionados acima), de um lado, e políticas adotadas para o setor, de outro. Os autores concluem que 83% da disparidade no peso das ferrovias no mercado de fretes entre as duas regiões é natural. Os 17% restantes é que estariam associados a questões como a prioridade dada aos serviços de passageiros e a falta de competição entre os operadores de transporte na Europa.

Furtado (2013) atualiza o estudo de Vassalo e Fagan (2007) para 2009, incluindo dados para a Europa Oriental e Ocidental e aprimorando as estimativas sobre o transporte rodoviário de cargas nos EUA, antes subestimado. O autor verifica que

---

[152] Entretanto, van de Velde *et al.* (2012) fazem uma ressalva ao fato de que a medida de concorrência no segmento de cargas utilizada por eles no modelo econométrico – uma variável binária que assume o valor de zero ou um – não incorpora diferenças na intensidade da competição, podendo gerar algum tipo de viés nos resultados.

quase toda a disparidade na participação modal entre as regiões (10% na primeira e 35% na segunda) pode ser explicada por diferenças estruturais. Quase metade do diferencial observado pode ser atribuído às maiores distâncias percorridas nos EUA. A competitividade de outros modais e a importância do carvão na composição dos fretes respondem, cada uma, por cerca de ¼ da diferença observada.

Furtado (2013) também encontra diferenças de produtividade notáveis: apesar de as receitas operacionais (por tonelada-milha) das ferrovias europeias serem o dobro das estadunidenses, suas despesas operacionais são quatro vezes maiores. Em parte, os custos mais altos do sistema ferroviário europeu estão associados ao fato de que os trens e os carregamentos são muito menores na Europa, de modo que é preciso um número maior de viagens para transportar a mesma quantidade de carga. Contudo, aumentar o tamanho dos trens exige investimentos substanciais tanto na frota, quanto na infraestrutura.

Nos EUA, as mudanças tecnológicas que permitiram um incremento na produtividade das ferrovias se seguiram à reforma feita na década de 1980, que promoveu a desregulamentação do setor. Na Europa, não apenas levou-se mais tempo para implantar medidas que revertessem o quadro desfavorável do transporte ferroviário, como a direção escolhida foi outra: o modelo institucional adotado exige um amplo aparato regulatório.

Outros estudos apresentam evidências mais descritivas. Assim, por exemplo, dados da Comissão Europeia (2014) mostram que entre 1995 e 2011 a proporção de fretes feitos por ferrovias aumentou mais fortemente nos Países Baixos, na Dinamarca e no Reino Unido, que adotaram uma estrutura desverticalizada. Ao mesmo tempo, Irlanda e Luxemburgo, onde o sistema ainda é integrado, registraram as maiores perdas. Entretanto, há dois pontos que merecem destaque. Em primeiro lugar, o fato de que também houve crescimento na participação do transporte ferroviário no segmento de cargas em países que adotaram um modelo de *holding*, ainda que em menor magnitude. Em segundo, o desempenho das nações que separaram a gestão da infraestrutura da prestação de serviços de transporte ferroviário foi bastante heterogêneo; na maioria delas, inclusive, as ferrovias perderam peso no mercado de fretes. De maneira geral, a participação do transporte ferroviário no segmento de cargas subiu mais nos países do norte e caiu naqueles do sul e da Europa Oriental (exceto nos Estados Bálticos).

Além disso, ainda conforme a Comissão Europeia (2014), os cinco países onde os transportadores que concorrem com o incumbente detêm a maior fatia de mercado separaram a gestão da infraestrutura da prestação do serviço de transporte de forma mais estrita: nos Países Baixos, a parcela de mercado dos entrantes é de 36%; na Bulgária, de 37%; na Suécia, de 40%; e no Reino Unido e na Romênia, de 54%, ou seja, o principal operador detém menos da metade do mercado (gráfico 7.2).

Regulação das ferrovias

Gráfico 7.2:
Parcela de mercado dos operadores de transporte exceto o incumbente (tkm, 2012)

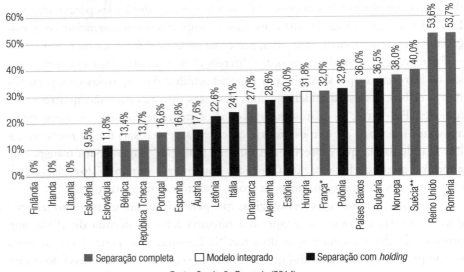

Fonte: Comissão Europeia (2014).
Nota: *Inclui a *VFLI*, subsidiária da incumbente. **Dados de 2010.

Da mesma forma, entre as quatro nações com o menor contingente de novos transportadores de cargas, três – Irlanda, Lituânia e Eslovênia – ainda possuem sistemas integrados, sendo que, nos dois primeiros, nenhum operador entrou no mercado. Não obstante, também se observa uma baixa participação de entrantes em alguns países onde o setor foi desverticalizado, em especial na Finlândia. Países que adotaram um modelo de *holding* encontram-se em posição intermediária em termos de inserção de novos transportadores de cargas. Na média da região, os novos entrantes detêm 28% do mercado de fretes.

No tocante ao número de licenças emitidas para novos operadores de transporte de cargas e reportadas pela ERA,[153] as informações provenientes da Comissão Europeia (2014) não permitem inferir que uma maior separação entre a gestão da infraestrutura e a prestação do serviço de transporte gere mais concorrência no setor ferroviário, conforme mostra o gráfico 7.3. A Alemanha continua a ser o país onde se emite o maior número de licenças, 359, cerca de três vezes mais do que na Polônia (111), que vem em seguida – ambos adotaram o modelo de *holding*. Todavia, apenas 29% (105) das licenças alemãs destinam-se exclusivamente ao transporte de cargas. Entre os países com o menor número

---

[153] As licenças também podem ser reportadas pelas autoridades nacionais. Contudo, não estão disponíveis informações sobre o licenciamento para o transporte de cargas separadamente por tais entes.

A reforma regulatória na Europa

de licenças reportadas pela ERA, encontram-se alguns cujo sistema ferroviário ainda é integrado (Irlanda e Luxemburgo), bem como outros que o desverticalizaram completamente (Finlândia e Grécia, por exemplo).[154]

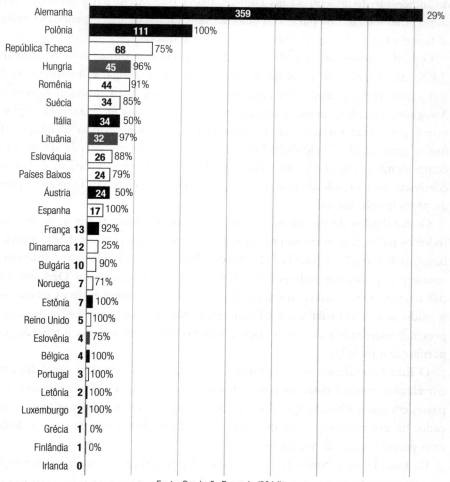

Gráfico 7.3:
Novas licenças para transporte de cargas reportadas pela ERA (2012)

País	Número	Porcentagem
Alemanha	359	29%
Polônia	111	100%
República Tcheca	68	75%
Hungria	45	96%
Romênia	44	91%
Suécia	34	85%
Itália	34	50%
Lituânia	32	97%
Eslováquia	26	88%
Países Baixos	24	79%
Áustria	24	50%
Espanha	17	100%
França	13	92%
Dinamarca	12	25%
Bulgária	10	90%
Noruega	7	71%
Estônia	7	100%
Reino Unido	5	100%
Eslovênia	4	75%
Bélgica	4	100%
Portugal	3	100%
Letônia	2	100%
Luxemburgo	2	100%
Grécia	1	0%
Finlândia	1	0%
Irlanda	0	

Fonte: Comissão Europeia (2014).
Nota: O número absoluto equivalente à soma das licenças emitidas somente para o transporte de cargas com aquelas emitidas tanto para o transporte de cargas, quanto para o de passageiros. A porcentagem corresponde à proporção de licenças apenas para o transporte de cargas no total.

---

[154] É importante ter em mente, porém, que a emissão de uma licença não significa que o transportador efetivamente entrou em operação. Ademais, outras questões além do nível de separação podem influenciar a intensidade da competição no setor ferroviário, como a estrutura regulatória.

A parcela de mercado dos entrantes e o número de licenças emitidas para transportadores são indicadores que fornecem uma ideia do grau de abertura dos sistemas ferroviários dos países europeus. Entretanto, a métrica mais abrangente para o nível de liberalização do setor é, certamente, o *Rail Liberalization Index*, já calculado para os anos de 2002, 2004, 2007 e 2011. Para a construção do índice são feitas entrevistas com os atores que fazem parte do setor, bem como coletados dados para o cálculo de indicadores de desempenho. O índice abrange a União Europeia mais a Noruega e a Suíça.

O *Rail Liberalization Index* é subdividido em três dimensões. A primeira (LEX) diz respeito ao nível de adaptação do sistema legal e institucional de certo país às recomendações presentes nas diretivas da Comissão Europeia. A segunda (Access) mensura até que ponto os governos efetivamente implantaram a reforma no setor ferroviário prevista em sua própria legislação. O índice geral (LIB) é calculado através de uma média ponderada desses dois componentes. A terceira dimensão (COM) busca capturar a dinâmica da concorrência no mercado de transporte ferroviário e o progresso feito em termos de participação modal.

Os resultados da última edição do *Rail Liberalization Index* apontam que todos os países têm avançado na abertura do setor ferroviário, embora de forma bastante heterogênea (tabela 7.1). Suécia, Reino Unido e Alemanha lideram o *ranking* de países nos índices LIB, LEX e Access. Na dimensão COM, entre as três nações mencionadas, apenas o Reino Unido se mantém entre os primeiros, seguido pelos Países Baixos e a Dinamarca. Nas últimas posições, destaca-se a presença majoritária de países onde ainda prevalece um sistema integrado, em particular a Irlanda.

O *Rail Liberalization Index* também aponta que, de maneira geral, há uma correlação positiva entre os resultados dos índices LIB e COM. Ou seja, nos países em que a liberalização do setor ferroviário está num patamar mais avançado, há um número maior de novos operadores de transporte e estes detêm uma parcela maior do mercado.

De fato, Drew e Nash (2011) ressaltam haver indícios de maior competição no segmento de cargas nos países que separaram a gestão da infraestrutura da operação de transporte:[155] a fatia de mercado dos operadores não incumbentes neles é um pouco maior do que nas nações que mantiveram seus sistemas fer-

---

[155] Vale ressaltar que, além de outras diferenças menores de classificação, os autores consideram o modelo de *holding*, assim como o integrado, como "não separado".

roviários integrados, enquanto o Índice Herfindahl-Hirschman (IHH)[156] – apresentado na tabela 7.2 – é ligeiramente menor.

A concorrência no mercado de fretes também parece ser maior nos países da Europa Central e Oriental do que nos que se localizam a oeste do continente. Por outro lado, ao analisar a evolução do tráfego ferroviário de cargas (tonelada por quilômetro – tkm) na União Europeia, os autores observaram que o desempenho dos países com sistemas verticalmente integrados foi superior ao daqueles que promoveram a separação.

Tabela 7.1:
Rail Liberalization Index, 2002-2011

	2002	2004	2007	2011
Áustria	430	579	788	806
Bélgica	395	461	649	753
Bulgária			652	718
República Checa		549	738	738
Dinamarca	720	693	788	825
Estônia		257	691	729
Finlândia	410	542	636	672
França	340	305	574	612
Alemanha	760	728	826	842
Grécia	210	162	559	592
Hungria		366	637	658
Irlanda	295	149	333	467
Itália	560	688	676	737
Letônia		516	650	587
Lituânia		222	684	592
Luxemburgo	280	467	581	585
Países Baixos	720	695	809	817
Polônia		549	739	737
Portugal	380	668	707	737
Romênia			722	726

---

[156] O IHH é um índice que mensura o grau de concentração num mercado. Definido como a soma dos quadrados das fatias de mercado de cada empresa, o IHH varia de 0 (indicando a presença de uma grande quantidade de pequenas empresas) a 1 (apontando para a existência de uma única firma monopolista).

	2002	2004	2007	2011
República Eslovaca		458	700	738
Eslovênia		326	665	672
Espanha	195	148	630	583
Suécia	760	729	825	872
Reino Unido	805	781	827	865
Noruega	390	589	698	729
Suíça	650	677	757	741

Empty cells: Data not available.
Note: The Overall Index includes four levels: "Advanced" > 800 points; "On Schedule" 600 to 800 points; "Delayed" 300 to 600 points; "Pending Departure" < 300 points.
Fonte: IBM, Global Business Services, *Rail Liberalisation Index*, 2011.

Tabela 7.2
IHH no setor ferroviário dos países da UE

Modelo integrado*	0,8	Separação completa	0,72
UE 15	0,87	UE 15 + Noruega	0,77
Alemanha	0,61	Espanha	0,9
Áustria	0,74	Finlândia	1
Bélgica	0,88	França	0,81
Grécia	1	Noruega	0,62
Irlanda	1	Portugal	1
Luxemburgo	1	Reino Unido	0,31
UE 11	0,74	UE 11	0,55
Eslovênia	1	Bulgária	0,75
Estônia	0,39	Romênia	0,35
Hungria	0,73		
Letônia	0,82		
Lituânia	1		
Polônia	0,47		

Fonte: Drew e Nash (2011).
Nota: *Inclui separação com *holding*.

Dados mais recentes sobre o tráfego de cargas (tkm) nas ferrovias europeias por modelo institucional (segundo a classificação adotada neste texto) confirmam a tendência geral detectada por Drew e Nash (2011), como mos-

A reforma regulatória na Europa

tra o gráfico 7.4. Porém, um padrão regional não verificado anteriormente emergiu: o movimento observado no agregado se deveu ao ocorrido nos 11 países do centro e do sul europeu,[157] onde, quanto menor o grau de separação da gestão da infraestrutura da operação de transporte, maior foi o crescimento do tráfego nas ferrovias. Já nos 15 países da Europa Ocidental,[158] a evolução das tkm transportadas foi similar entre os que adotaram o modelo de separação completo ou com *holding* para o setor ferroviário. Contudo, nas nações que mantiveram suas ferrovias verticalmente integradas, o tráfego caiu substancialmente, ao contrário do que aconteceu no restante do grupo (painel 7.1).

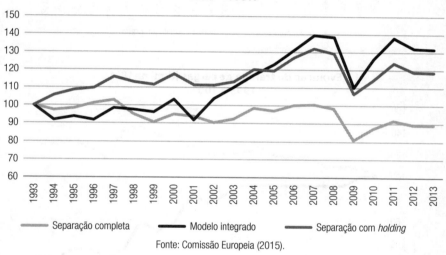

Gráfico 7.4:
Evolução do tréfego de cargas (tkm) na UE
1993 = 100%

Fonte: Comissão Europeia (2015).

---

[157]Bulgária, Croácia, Eslováquia, Eslovênia, Estônia, Hungria, Letônia, Lituânia, Polônia, Romênia e República Checa. Lembrando que Chipre e Malta não estão sendo considerados porque não possuem sistema ferroviário.
[158]Alemanha, Áustria, Bélgica, Dinamarca, Espanha, Finlândia, França, Grécia, Irlanda, Itália, Luxemburgo, Países Baixos, Portugal, Reino Unido e Suécia.

Painel 7.1:
Evolução do tréfego de cargas (tkm) na UE 11
1993 = 100%

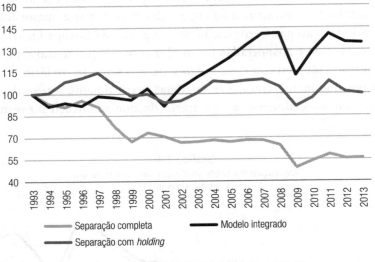

Evolução do tráfego de cargas (tkm) na UE 15
1993 = 100%

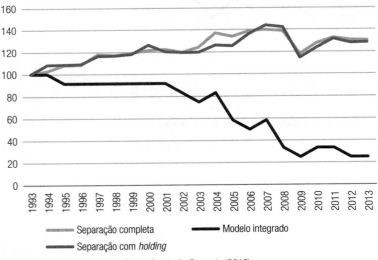

Fonte: Comissão Europeia (2015).

Nesse sentido, segundo a Community of European Railway and Infrastructure Companies (2011), há evidências de que o tráfego ferroviário cresceu mais rápido em países que reformaram o setor cedo e de forma abrangente – como Alemanha, Reino Unido e Suécia. Outra condição verificada nos casos em que a reestruturação do setor foi bem-sucedida foi a manutenção de níveis adequados de investimento e de um grau saudável de concorrência com outros modais. No entanto, onde a reforma foi realizada de maneira isolada, como tem ocorrido especialmente na Europa Central e Oriental, a liberalização foi acompanhada pela redução no tráfego ferroviário e na participação modal.

> **Box 7.2**
> **Particularidades do transporte ferroviário na Europa Central e Oriental**
>
> Embora seja usual olhar para o setor ferroviário na União Europeia de forma agregada, existem diferenças substanciais entre a realidade da Europa Ocidental e a da Central e Oriental. Nos países que pertencem à primeira, o transporte de passageiros é responsável por mais de 60% do tráfego ferroviário; já naqueles localizados no centro-leste europeu, essa proporção cai para somente cerca de 25% (OCDE, 2014).
>
> Nos países da Europa Central e Oriental, o declínio da participação modal das ferrovias no transporte de cargas ocorreu somente no início da década de 1990, em meio à profunda reforma econômica vivenciada na região, mas foi muito mais abrupto e severo.
>
> Segundo a OCDE (2014), as tarifas de acesso à infraestrutura no centro-leste europeu costumam ser altas para o transporte de cargas, mas baixas no segmento de passageiros. É provável que os países da região estejam incorrendo em perdas nos serviços de passageiros e transferindo os custos ligados à infraestrutura para o segmento de cargas, limitando a competitividade dos últimos para apoiar os primeiros.
>
> Caso não sejam adotadas medidas para contrarrestar uma tendência que vem sendo reforçada por práticas que geram distorções, é possível que a participação modal das ferrovias no transporte de cargas em tais países caia para o nível da Europa Ocidental em pouco tempo.

Outro indicador que complementa a análise do desempenho do setor ferroviário europeu é o valor da tarifa cobrada pelo acesso à infraestrutura. Como mostra o gráfico 7.5, em 2014, a tarifa média para trens com carga de mil toneladas ficou entre 1,60 e 3,40 euros por trem-km, exceto nos Estados Bálticos (em que o tráfego está intimamente ligado ao russo) e na Irlanda. Nas redes de países localizados na periferia da Europa, ou naquelas muito pequenas – onde cruzar fronteiras pode se tornar uma questão –, as tarifas tendem a ser muito baixas ou, como é o caso na Irlanda, bastante elevadas.

A tarifa média de acesso para o transporte de cargas vem caindo continuamente na Europa: entre 2008 e 2014, registrou-se uma queda de 28%. Mais do que isso: as tarifas de acesso de cada país parecem estar convergindo para uma média europeia,[159] o que vai no sentido da formação de um espaço ferroviário europeu único, com não apenas tarifas mais baixas, mas também padronizadas.

Gráfico 7.5:
Tarifas de acesso para mil toneladas brutas de carga (euro/trem-km, 2014)

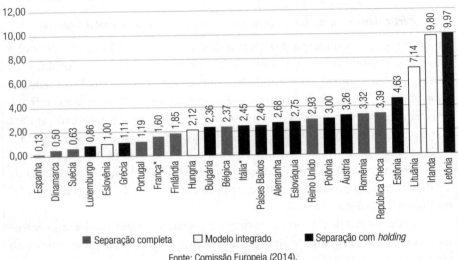

Fonte: Comissão Europeia (2014).
Notas: *Dados de 2013.

Numa tentativa de ir além das medidas de competitividade no setor, o Boston Consulting Group (2012) construiu um índice que mensura o desempenho dos sistemas ferroviários europeus, o *Railway Performance Index* (RPI). O RPI parte de oito indicadores, que são ajustados de maneira a apresentar uma nota que varia de 0 a 10 e agrupados em três dimensões: intensidade de uso, qualidade do serviço e segurança.[160] O índice geral é calculado como a média das notas obtidas em cada um desses componentes. Por construção (e devido à menor disponibilidade de informações sobre o transporte de cargas), o índice reflete mais o desempenho das ferrovias no segmento de passageiros do que no mercado de fretes.

Os resultados da edição do RPI são apresentados no gráfico 7.6 (Boston Consulting Group, 2015). Os países foram divididos em três grupos segundo

---

[159] O desvio padrão – que é uma medida de dispersão dos valores da média – das tarifas na Europa caiu de 2,26 para 1.
[160] Fazem parte da primeira: o volume de passageiros e de mercadorias transportados; da segunda: a pontualidade dos trens regionais e de longa distância, a porcentagem de trens de alta velocidade e a tarifa média por passageiro; e, da terceira: o número de acidentes e fatalidades.

seu desempenho. Em 2015, Suíça, Suécia, Dinamarca, França, Finlândia e Alemanha obtiveram as maiores notas, de pelo menos 6. Áustria, Reino Unido, República Checa, Países Baixos, Luxemburgo, Espanha, Itália, Bélgica e Noruega ficaram em posição intermediária, com um RPI igual ou superior a 4,5, mas inferior a 6. Por fim, na Eslovênia, na Irlanda, na Lituânia, na Hungria, na Letônia, na Eslováquia, na Romênia, em Portugal e na Bulgária, grupo com o desempenho mais fraco, o índice ficou abaixo de 4,5.

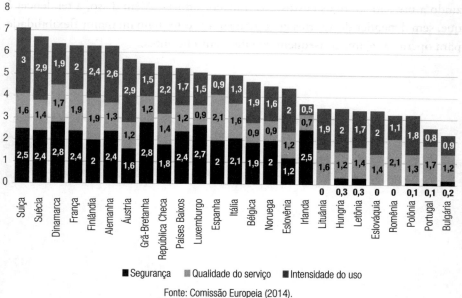

Gráfico 7.6:
Desempenho dos países no RPI

Fonte: Comissão Europeia (2014).
Nota: Dinamarca não foi incluída no RPI de 2012.

De maneira geral, o *ranking* de países se manteve estável entre 2012 e 2015. Os indicadores relativos à segurança são os que apresentam maior variação, ajudando a explicar as diferenças observadas no RPI agregado. A maior parte das nações com desempenho intermediário obteve uma nota relativamente ruim no componente referente à intensidade de uso, que, por sua vez, deriva dos resultados obtidos no segmento de cargas. Quase todos os países que formam o grupo com o RPI mais baixo deixam a desejar no quesito segurança.

Na edição de 2012, buscou-se entender os determinantes do desempenho do sistema ferroviário nos diferentes países. A análise indica que a relação entre o RPI e o grau de liberalização do mercado (medido pelo *Rail Liberalization In-*

dex), bem como o modelo institucional adotado, é fraca. A principal conclusão do estudo é que o desempenho no RPI está associado ao nível de gasto público no setor. O RPI de 2015 procura examinar mais detidamente esse ponto. As evidências indicam que países que alocam uma proporção mais alta de subsídios aos gestores da infraestrutura (em detrimento dos transportadores) obtêm um retorno maior por cada unidade monetária gasta.

Os autores argumentam que os ganhos podem advir da maior transparência na concessão de subsídios (que tende a ser menor quando há maior dispersão, visto que os prestadores do serviço de transporte são vários) e do fato de que os detentores da infraestrutura podem cobrar tarifas de acesso mais baixas, reduzindo a pressão sobre os custos dos transportadores. Além disso, a tendência é que, sem depender de aportes governamentais, estes tenham maior flexibilidade para operar e sejam, consequentemente, mais eficientes.

8

A reforma regulatória brasileira de 2011

8.1. Introdução

A onda internacional de reformas na regulação ferroviária, por natural, não deixou o Brasil de fora. Como no resto da América Latina (Kogan, 2006), nos anos 1990 ela envolveu a separação horizontal do monopólio estatal, a privatização das novas concessionárias regionais e a adoção de uma regulação bem mais leve que nas décadas anteriores.

Foram diversos os avanços obtidos com a desestatização, com destaque para o aumento do nível de investimentos no setor, do volume de carga transportado, e do incremento da segurança no transporte ferroviário. Ainda assim, o governo sinalizava descontentamento com diversos aspectos do funcionamento do setor, apontando, entre outras coisas, para a necessidade de expandir a malha e ampliar o transporte em trechos subutilizados.[161]

Para fazer frente a esse diagnóstico, já no século XXI, o país ensaiou o embarque em uma nova rodada de reformas regulatórias do setor ferroviário. Iniciada em 2011, por meio das Resoluções ANTT nº 3.694, 3.695 e 3.696, essa reforma se propôs a alterar significativamente o modelo regulatório até então vigente no setor ferroviário, calcado na Lei nº 10.233/2001, no Decreto nº 1.832/1996, e nos contratos de concessão.

As três resoluções buscam facilitar a entrada no setor de novos transportadores ferroviários de carga, intrinsecamente sujeitos a regulações mais brandas que os concessionários;[162] estabelecer um novo regime de metas e controles para o setor,

---

[161] A seção 7 do primeiro capítulo discute mais detalhadamente os problemas identificados por concessionárias, usuários e autoridades no início deste século.
[162] Esse tipo de regulação assimétrica se configurava por não estarem os novos transportadores sujeitos à obrigação de serviço universal ou metas de produção e segurança.

com um grau bem maior de minúcia, que acarreta novas obrigações para as concessionárias; e sinalizar com mudanças para as regras tarifárias e de uso da malha.

As resoluções fazem isso se voltando à implantação do *unbundling* e do *open access* nas malhas concedidas, visando abrir acesso para outros usuários transportarem suas cargas, bem como pretendendo facilitar a interconexão das malhas entre si, por meio do fortalecimento de mecanismos de compartilhamento da infraestrutura. Ao mesmo tempo em que as resoluções cuidam da tutela regulatória de categorias especiais de usuários, como os cativos – usuários dependentes – e os investidores, elas buscam garantir o atendimento a usuários proprietários de material rodante, induzindo as concessionárias verticais a disponibilizarem capacidade ociosa de trechos a outras concessionárias, para a realização do direito de passagem ou tráfego mútuo, ou a usuários ou a Operadores de Transporte Multimodal (OTMs).

O princípio central implícito nessas alterações é que a desagregação das atividades de gestão da infraestrutura e de transporte e o acesso à malha por outros transportadores ferroviários de carga vão aumentar a competição intramodal e, com isso, derrubar as tarifas. No caso, a ideia por trás do *unbundling* da gestão da infraestrutura e da operação de transporte é, mantida a integração vertical das concessionárias, abrir suas malhas a outros transportadores, em condições iguais às que a concessionária dá a si mesma – por exemplo, em termos de custos de acesso, qualidade do serviço, disponibilidade etc. O recurso a esse tipo de desagregação vertical, diga-se de passagem, é um tema recorrente em setores como telecomunicações e eletricidade, também nesse caso com o objetivo de buscar introduzir mais competição nos segmentos em que esta é possível (no caso, a atividade de transporte). Em si, e isoladamente, esse é um objetivo meritório.

Esses objetivos são perseguidos pelo estabelecimento de três regulamentos: Regulamento dos Usuários dos Serviços de Transporte Ferroviário de Cargas (Reduf, Resolução nº 3.694/2011); Regulamento das Operações de Direito de Passagem e Tráfego Mútuo (Resolução nº 3.695/2011); e Regulamento para Pactuar as Metas de Produção por Trecho e as Metas de Segurança (Resolução nº 3.696/2011).

Este capítulo descreve essas resoluções em termos do novo ambiente competitivo que elas procuraram criar. Ele está estruturado em sete seções, incluindo esta curta introdução. As seções 2 e 3 retomam os temas do monopólio natural e compartilhamento de infraestrutura, e do *unbundling*, situando a reforma implantada e suas premissas. As seções 4, 5 e 6 cuidam, respectivamente, das Resoluções ANTT nº 3.694, 3.695 e 3.696, e dos regulamentos por elas instituídos, abrindo subseções para temas específicos como os da tutela regulatória dos usuários dependentes, dos usuários investidores, e da participação dos usuários no processo regulatório. O capítulo é então encerrado com uma breve conclusão apresentada na seção 7.

8.2. Monopólio natural e compartilhamento de infraestrutura

Como visto no capítulo 3, as ferrovias são quase sempre um monopólio natural. Nelas, se fazem presentes economias de escala e de escopo, levando a uma situação em que sai mais barato fornecer os serviços de transporte ferroviário de carga por meio de uma única malha, com características de bem não disputável, impassível de duplicação. Ou seja, essa opção resulta em custos menores para o sistema do serviço público como um todo, o que em um quadro de feroz competição intermodal pode ser crítico para torná-lo sustentável.

O monopólio natural pode ser a melhor solução sob a ótica dos custos e da viabilidade econômica, mas, havendo apenas um fornecedor – o concessionário –, a ausência de concorrência, em tese, é também um problema, por conferir ao concessionário o poder de formar preços e influenciar o funcionamento desse mercado em benefício próprio, aumentando suas margens de lucro. No caso de uma ferrovia, isso poderia envolver bloquear o ingresso de novos entrantes, impedir o escoamento da produção de usuários cativos, exclusivamente dependentes do modal ferroviário, comprimir a quantidade e a qualidade dos serviços, e tudo mais que possa lhe favorecer em detrimento de quem seja. A situação ganha contornos especialmente delicados, e ares de possível conflito de interesses, quando novos usuários dos serviços públicos de transporte de cargas forem, no fim da cadeia setorial, competidores de acionistas das concessionárias de ferrovias, que dela também se valham para transportar suas próprias cargas.[163] A regulação entra em cena, então, para evitar ou remediar os conflitos decorrentes desse arranjo de coisas, alinhando condutas individuais a objetivos coletivos.

Assumido o papel de *facility* da infraestrutura ferroviária, surge a necessidade de uma regulação específica, revelando o ponto de toque que aproxima a lógica do monopólio natural e da teoria das *essential facilities*, brevemente ensaiada no capítulo 2, e a que agora retomamos.

Originada em 1912, com a decisão da Suprema Corte norte-americana em *United States v. Terminal Railroad Association*, 224 U.S. 383 (1912), a *Essential Faci-*

---

[163]Conta a história que John Davison Rockefeller, o megaempresário americano do século XIX, em conjunto a outros produtores de petróleo, teria constituído a Companhia de Melhoramentos do Sul para controlar os valores de frete então cobrados, favorecendo seus acionistas com descontos acima de 50%, comparados aos preços praticados para o transporte de produtos de concorrentes (Segall, 2001).

lities Doctrine surgiu justamente para endereçar uma questão ferroviária. No caso de impulso, um grupo de ferrovias, que controlava todas as pontes ferroviárias e pontos de mudança de malha para dentro e para fora de St. Louis, impedia que as empresas ferroviárias concorrentes oferecessem transporte para esse destino, ou por meio dele. A Suprema Corte considerou que a prática restringia, ilegalmente, o comércio, dando início ao que viria a ser o compartilhamento de infraestrutura.

Na síntese de Nester (2006, p. 226), o compartilhamento de infraestrutura há de ser visto como "o instituto jurídico segundo o qual se assegura a determinados agentes econômicos, mediante o pagamento de um preço justo, o exercício do direito de acesso às infraestruturas e redes já estabelecidas (assim como a determinados insumos e bens), que são indispensáveis para o desenvolvimento da sua atividade econômica, cuja duplicação é inviável, e que se encontram na posse de outros agentes (normalmente em regime de monopólio natural), seus potenciais concorrentes". Daí porque "a esse direito de acesso corresponde uma obrigação específica do detentor da infraestrutura de ceder o acesso ao terceiro, em termos não discriminatórios e razoáveis, a fim de viabilizar os objetivos e políticas de concorrência preconizados pelo Estado".

Justamente por estar inserido nesse cenário geral da infraestrutura, dependente de redes físicas não duplicáveis, o setor ferroviário é um caso em que pode ser necessária a aplicação da obrigação de "compartilhamento das redes de serviços públicos" (derivada da *essential facilities doctrine*), por meio da qual o detentor de uma instalação essencial (materializada em um monopólio natural) é compelido a viabilizar o acesso de terceiros utentes (desde que tecnicamente possível), mediante uma remuneração razoável.

De acordo com a OCDE (2008, p. 170), "o fator-chave é buscar um equilíbrio entre preservar as economias de escala e escopo inerentes à rede e infraestrutura, e introduzir um grau de pressão de mercado e abertura à concorrência que tornarão possível otimizar o serviço fornecido usando essa infraestrutura". É a essas premissas que, em tese, pelo menos, se alinham as medidas propostas pela ANTT com a reforma regulatória de 2011, implicando certo nível de *unbundling* nas concessões verticais.

Antes de avançar com a discussão da reforma, porém, é importante salientar que "pode" ser necessária não é a mesma coisa que "é sempre" ou "é quase sempre" necessária e que, como diz o ditado, muitas vezes "o diabo mora nos detalhes". Assim, Kessides e WIllig (1995b, p. 28), ainda que defendendo que a regulação proveja um espaço para solução de disputas em relação ao acesso a essas *essential facilities*, no caso de comportamento anticompetitivo, também notam que em princípio não há razão para esse acesso ser negado, desde que feito em condições que façam sentido para as duas partes; em especial, que a tarifa de acesso compense o custo de oportunidade do concessionário visitado:

> Em suma, um operador integrado que possua um "gargalo", *i.e.*, uma instalação sem a qual o reclamante não pode oferecer seus serviços ao cliente em condições razoáveis, não deveria excluir o reclamante se recusando a fazer um acordo que compense integralmente seus custos, incluindo seu custo de oportunidade. Por exemplo, se o outro concessionário, ou um operador (independente), desejar participar de um movimento de carga que represente um novo negócio para o concessionário integrado, então se espera que este negocie de boa-fé e não exclua a outra entidade se um acordo for possível que pelo menos cubra o custo incremental do concessionário integrado. Se um outro concessionário buscar transportar alguma carga parte do caminho que o concessionário integrado iria ele mesmo transportar, então se espera que o concessionário integrado aceitasse um acordo que lhe rendesse uma receita suficientemente acima do custo incremental de forma que ele (no todo) obtivesse uma receita maior do que se fosse ele mesmo a fazer o transporte.

8.3. O *unbundling* das concessões verticais e a reforma regulatória de 2011

O *unbundling*, conceito desenvolvido em mais detalhes no capítulo 3, é uma forma de buscar instituir a concorrência em setores de infraestrutura, sem impedir que uma empresa, em geral a incumbente, continue operando verticalmente integrada; isto é, respondendo tanto pelas atividades em que há um monopólio natural quanto por aquelas passíveis de competição. Nesse caso, a empresa detentora da infraestrutura monopolística passa a ser obrigada a também fornecer os serviços monopolizados a outras empresas, compartilhando o acesso à infraestrutura indispensável à existência dessas atividades competitivas. Não se tem aqui, portanto, separação vertical propriamente dita, não havendo a efetiva quebra das etapas da cadeia econômica setorial, que isolasse os segmentos e seus agentes.

O foco da regulação do monopolista natural de infraestrutura deve ser duplo: (i) garantir que a tarifa cobrada gere eficiência alocativa e que o monopolista se esforce para ser produtivamente eficiente, desde que a ele seja garantido não trabalhar com prejuízo; e (ii) regular condições não discriminatórias, e adequadas, do ponto de vista técnico e tarifário, de acesso aos serviços de monopólio. Isso porque a empresa que controla a etapa de monopólio também compete com as outras empresas na atividade competitiva, e a regulação precisa assegurar que haja uma competição efetiva e não distorcida na etapa em que essa é possível.

Para tanto, o regulador deverá buscar um ponto ótimo entre o lucro obtido pela concessionária do monopólio natural, quando provê o acesso para si própria, e o lucro percebido ao vender esse acesso aos seus concorrentes, de modo que a prática nem sirva de obstáculo a tais atividades, nem tampouco comprometa a manutenção e a viabilidade econômica do monopólio natural. É preciso, pois, não exceder na instituição de regras para forçar o acesso à infraestrutura, já que, presume-se, na maioria das situações será de interesse do próprio concessionário da infraestrutura prover esse acesso, gerando mais retorno a partir do ativo administrado.

Trata-se, em suma, de tema importante e complexo, do qual se encarregou a reforma regulatória brasileira de 2011, tutelando categorias específicas de usuários, acesso às redes concessionadas e metas de produção e de segurança que também levam esses fatores em consideração.

8.4. O Regulamento dos Usuários dos Serviços de Transporte Ferroviário de Cargas (Reduf, Resolução ANTT nº 3.694/2011)

Instituído pela Resolução ANTT nº 3.694/2011, o Regulamento dos Usuários dos Serviços de Transporte Ferroviário de Cargas (Reduf) encontra-se estruturado entre direitos e deveres dos usuários (art. 1º a 7º), responsabilidade e qualidade do serviço prestado (art. 8º a 21), contratos de transporte e tarifas (art. 22 a 26), grupos especiais de usuários (art. 27 a 44), participação no processo regulatório e proteção do usuário (art. 45 a 56), infrações e penalidades (art. 57 a 59) e disposições finais e transitórias (art. 60 a 62). Não sendo nosso propósito esgotar os temas tratados, nesta e nas resoluções seguintes que medeiam a reforma regulatória de 2011, passamos aos temas mais relevantes.

O Reduf tem início fixando alguns conceitos importantes para a compreensão da reforma. Dentre eles, destacam-se a noção de capacidade instalada, como "capacidade de transporte possível em um trecho ferroviário, expressa pela quantidade de trens que poderão circular, nos dois sentidos, em um período de 24 horas" (art. 2º, II); capacidade ociosa, enquanto "capacidade de transporte definida pela diferença entre a capacidade instalada e a capacidade vinculada, devendo-se considerar os volumes de transporte realizados por Operadores Ferroviários Independentes – OFI" (art. 2º, III, conforme redação alterada pela Resolução nº 4.348/2014); e capacidade vinculada, consistente na "quantidade de trens que poderão circular em um trecho ferroviário, nos dois sentidos, em um período de 24 horas, definida em função da meta de produção pactuada entre a concessionária e a Agência Nacional de Transportes Terrestres – ANTT, incluindo a utilização de reserva técnica" (art. 2º, IV). São conceitos importantes para compreender, adiante, o funcionamento do *unbundling* proposto pela reforma.

Além disso, o art. 2º, V, define a cláusula de *take or pay*, tipicamente utilizada em contratos de transporte ferroviário de cargas, como o "dispositivo contratual que estabelece ao usuário a obrigação de pagamento à concessionária pela disponibilização de determinada capacidade de transporte de cargas, independente de sua efetiva utilização, e a obrigatoriedade de ressarcimento, a favor do usuário, em caso de indisponibilidade da prestação do serviço por parte da concessionária". A expansão da malha deve ser tida como a "construção de linhas férreas, pátios, estações, oficinas, retificações de traçados, sistemas de sinalização, telecomunicações, gerenciamento, controle e demais instalações para a melhoria ou expansão da oferta dos serviços da malha ferroviária objeto dos contratos de concessão" (art. 2º, VIII). As operações acessórias são "aquelas complementares à realização do transporte ferroviário de cargas, tais como carregamento, descarregamento, manobra e armazenagem" (art. 2º, XIII). E "toda pessoa física ou jurídica que contrate a prestação de serviços de transporte ferroviário" (art. 2º, XV) é considerada usuária desse serviço público.

As atividades relacionadas ao transporte ferroviário são divididas entre o serviço público de prestação exclusiva pelas concessionárias, compreendendo licenciamento, condução e abastecimento (art. 4º, *caput*), e as operações acessórias antes referidas, que podem ser contratadas com a concessionária, ou com terceiros (art. 3º, §1º), como os OTMs (art. 44).[164]

A essa altura tem início a configuração dos moldes do *unbundling* proposto para as ferrovias pela reforma, na medida em que o art. 3º, §2º, determina à concessionária que, nos domínios de sua malha, garanta "aos usuários e aos Operadores de Transporte Multimodal (OTMs) as mesmas condições de preço de abastecimento que detém para as suas composições". Trata-se do dever de franquear acesso não discriminatório à infraestrutura monopolística natural sob sua gestão, visando afastar o emprego dessa *facility* em prejuízo à competitividade nas atividades nas quais se revele possível.

---

[164] A atividade dos Operadores de Transporte Multimodal (OTM) é disciplinada pela Lei nº 9.611/1998, compreendido o transporte multimodal de cargas como "aquele que, regido por um único contrato, utiliza duas ou mais modalidades de transporte, desde a origem até o destino, e é executado sob a responsabilidade única de um Operador de Transporte Multimodal" (art. 2º). Além do transporte em si, o transporte multimodal de cargas, que pode ser exercido por transportador ou não transportador (art. 5º, parágrafo único), pode contemplar "os serviços de coleta, unitização, desunitização, movimentação, armazenagem e entrega de carga ao destinatário, bem como a realização dos serviços correlatos que forem contratados entre a origem e o destino, inclusive os de consolidação e desconsolidação documental de cargas" (art. 3º). De acordo com levantamento da ANTT, que regula o OTM por meio da Resolução nº 794/2004, no ano de 2016 o número de OTMs no país beirava os 500.

A prestação do serviço exclusivo contratado pelo usuário, ou pelo OTM, no entanto, dependerá dos limites da capacidade da malha ferroviária "indicados pela concessionária na Declaração de Rede de que trata o Regulamento das Operações de Direito de Passagem e Tráfego Mútuo do Subsistema Ferroviário Federal" (art. 4º, §2º), mediante o pagamento de tarifa estabelecida nos termos do art. 12 da Resolução ANTT nº 3.695/2011 (art. 4º, §3º).

Tratada pelo art. 5º da Resolução ANTT nº 3.695/2011, a Declaração de Rede, que deve ser apresentada anualmente à agência pela concessionária, informa as características técnicas (como bitola, sistemas de sinalização e comunicação, limites de carregamento, comprimento útil e distância dos pátios de cruzamento e padrões operacionais) e os parâmetros de capacidade (instalada e ociosa) da malha ferroviária. Destacando a função regulatória da ANTT em prol do "acesso dos usuários à fruição do serviço público de transporte ferroviário de cargas" (art. 5º, parágrafo único), o Reduf elenca seus direitos (art. 6º),[165] assim como seus deveres (art. 7º).[166]

Delimitada a responsabilidade da concessionária na prestação do serviço de transporte e pelas operações acessórias a seu cargo, incidente desde o recebimento da carga à sua efetiva entrega (art. 8º e seguintes), e a responsabilidade do expedidor em prestar declarações exigidas pela concessionária e atender às condições para a efetivação do transporte (art. 15 e seguintes), o art. 18 se dedica a densificar as condições de qualidade do serviço adequado, conferindo maior nível de concretude às diretrizes gerais constantes do art. 6º, §1º, da Lei nº 8.987/1995. Como esses termos passam a servir de parâmetro de qualidade do serviço prestado, isso torna possível um maior nível de fiscalização da agência, de reivindicação dos usuários e de defesa da concessionária, se demandada a esse respeito.

Dentre os requisitos de qualidade do serviço, para o que informa a questão do *unbundling*, merecem destaque a generalidade, como "preservação da liberdade de acesso dos usuários aos serviços de transporte ferroviário de cargas e

---

[165] São estes o direito de receberem serviço adequado, utilizar o serviço com liberdade de escolha, transferir a terceiros a capacidade de transporte contratada e não utilizada, mediante anuência da concessionária, investir na malha ferroviária ou em material rodante que será utilizado para ampliação da capacidade instalada, recorrer à ANTT para garantir o exercício de seus direitos, e não terem os serviços de transporte interrompidos ou reduzidos sob nenhum pretexto, excluídos aqueles de comprovada força maior, entre outros.

[166] Incluem-se entre esses deveres pagar os valores referentes aos serviços e às operações contratadas, promover a retirada da carga ao término do transporte ou do período de armazenagem ou estadia, denunciar à ANTT as irregularidades e os ilícitos relativos à prestação do serviço e contribuir para a manutenção do material rodante e da malha ferroviária utilizados nos termos do contrato firmado com a concessionária.

operações acessórias necessárias à execução daquele" (art. 18, V), bem como a modicidade tarifária, configurada na "cobrança de tarifas que observem o equilíbrio entre custos da prestação do serviço de transporte e benefícios oferecidos aos usuários" (art. 18, VIII).

Abordadas as informações essenciais que devem ser fornecidas pela concessionária aos usuários (art. 21), os art. 22 e 23 regulam o contrato de transporte, fixando suas cláusulas essenciais e dispondo que sua não formalização no contrato não exime a concessionária de observar os direitos dos usuários. Com o reforço do nítido viés de se tratar de um contrato regulado, diz o art. 23, §3º, que "na impossibilidade de acordo entre o usuário e a concessionária, caberá à ANTT arbitrar as questões apresentadas de maneira a garantir a realização do transporte".

Desfechando o tema do contrato de transporte em si, o Reduf dedica os art. 24 a 26 à questão tarifária, tema do qual trataremos de maneira aprofundada no capítulo 9 a seguir, dedicado à reforma tarifária de 2012. De todo modo, já na reforma de 2011 consta que, por obedientes à lógica de preço teto, "as tarifas referentes à prestação do serviço de transporte ferroviário de cargas serão estabelecidas por meio de negociação entre as partes, respeitado o limite máximo fixado pela ANTT" (art. 24), excepcionados os casos de "transporte de cargas de características excepcionais", nos quais a "tarifa de transporte específica poderá ser negociada entre a concessionária e o usuário" (art. 25); entenda-se, sem dever de observância ao teto tarifário. As operações acessórias, por sua vez, são remuneradas por meio de tarifas acessórias (art. 26).

Apresentado esse primeiro terço do Regulamento dos Usuários dos Serviços de Transporte Ferroviário de Cargas, toma início o tratamento regulatório dos grupos especiais de usuários, tema central para a reforma de 2011 e suas pretensões de ver instalados mecanismos de *unbundling* no setor ferroviário brasileiro. Razão pela qual cuidaremos do ponto em subitem específico.

8.4.1. Usuário dependente: a tutela regulatória do cliente cativo

A primeira categoria de usuário especial regulada pelo Reduf é a de usuário dependente. A nomenclatura é empregada para identificar aqueles usuários do transporte ferroviário que, excepcionalmente, não têm à sua disposição solução logística alternativa para o escoamento de sua produção. Como esses usuários assumem a posição de clientes cativos da infraestrutura ferroviária, tema abordado nos capítulos 3 e 4, isso os coloca em situação de dependência perante a concessionária, o que pode demandar tutela regulatória diante do caso concreto.

Considerando sua importância, o tema, que antes era tratado pela ANTT na Resolução nº 350/2003, é abordado pelo Reduf de forma procedimentalizada, cuidando da declaração de dependência, do procedimento regulatório subsequente, das obrigações dos usuários dependentes e das hipóteses de perda dessa condição.

A disciplina tem início pela declaração de dependência que "o usuário ou a pessoa jurídica que considere a prestação de serviço de transporte ferroviário indispensável à viabilidade de seu negócio, apresentará à ANTT", "especificando o fluxo a ser transportado por um período mínimo de cinco anos" (art. 27, com redação alterada pela Resolução nº 4.792/2015).

A partir da análise da declaração de dependência, a ANTT terá o prazo de 30 dias úteis para emitir "ato declaratório com validade de 180 dias, habilitando o requerente a negociar seu fluxo de transporte desejado junto à concessionária". Ato seguinte, a "concessionária deverá encaminhar cópia do contrato de transporte à ANTT, em até 30 dias após a sua formalização, nos moldes descritos no art. 23, acrescido de cláusula *take or pay*, e com vigência suficiente para atender ao fluxo informado no art. 27, respeitado o prazo mínimo de cinco anos" (art. 28, com redação alterada pela Resolução nº 4.792/2015).

Formalizado o contrato de transporte com a concessionária, a ANTT expedirá o título que confere o registro de usuário dependente, por meio de ato normativo, ou após decisão administrativa, conforme o caso (art. 29).

O primeiro momento de intervenção regulatória no tema, portanto, é o da análise do contrato regulado de transporte celebrado entre a concessionária e o usuário, seguido da titulação do cliente cativo da ferrovia como usuário dependente pela ANTT. Não obstante, a atuação regulatória se aprofunda no caso de impossibilidade de acordo entre o requerente e a concessionária quanto à formalização do contrato de transporte, hipótese na qual caberá à ANTT, por meio de processo administrativo, "arbitrar as questões não resolvidas pelas partes, inclusive com definição de tarifas e de cláusula *take or pay*" (art. 30, *caput*).

Nesse caso, desde a abertura do processo administrativo será assegurado ao usuário o fluxo de transporte, pela tarifa estabelecida pela concessionária, de modo que a "diferença entre a tarifa estabelecida pela concessionária e a arbitrada pela ANTT será deduzida dos valores a serem pagos pelo usuário dependente para os fluxos futuros" (art. 30, §§1º e 2º). No processo de arbitramento tarifário, obediente ao prazo máximo de 180 dias, poderá a ANTT "exigir a apresentação de estudos às partes para subsidiar sua análise" (art. 30, §3º).

O fluxo a ser transportado, inicialmente apresentado pelo usuário para um período mínimo de cinco anos, poderá ser anualmente ajustado para o ano seguinte, em quantidade a transportar e na cláusula de *take or pay*, com antecedência de até seis meses, respeitado no ajuste o limite máximo de dez por cento, para mais ou para menos, do valor contratado para aquele ano (art. 30, §§4º e 5º). Dito fluxo deverá ser atendido de forma adequada e suficiente pela concessionária, "não podendo ser interrompido ou reduzido unilateralmente pela concessionária, salvo com anuência prévia da ANTT, comunicada por escrito a ambas as partes" (art. 37).

A dificuldade em torno da questão do usuário dependente poderá estar na falta de capacidade ociosa da malha que seja suficiente para atender à sua demanda de transporte. Nessa situação limite, o interesse do usuário dependente em receber a prestação do serviço público colidiria com os interesses da concessionária de transportar carga própria, e com os interesses de outros usuários que tenham contrato de transporte em vigor para o trecho.

A hipótese, potencial geradora de conflito, se abre para três soluções, que podem demandar: (i) a atuação regulatória judicativa da ANTT, de modo a arbitrar "de ofício ou mediante solicitação do interessado, a partilha de capacidade instalada quando a demanda dos usuários dependentes superar a oferta de serviço" (art. 35); (ii) a assunção, pelo usuário dependente, da condição de usuário investidor, investindo diretamente na ampliação da capacidade de transporte da via, de modo a comportar sua demanda, como veremos adiante (art. 38 a 43); ou (iii) a realização de investimentos suplementares pelas concessionárias, para superar eventuais estrangulamentos existentes, desde que, para isso, seja corrigida a tarifa praticada, que deverá ser suficiente para amortizar tais investimentos.

No caso de renovação do contrato, o usuário deverá, até seis meses antes do término do transporte do fluxo contratado, "comunicar à concessionária a previsão da quantidade a ser transportada para o próximo período de, no mínimo, cinco anos" (art. 31). Entre seus deveres, constam ainda o de informar à ANTT "os dados mensais contendo as quantidades efetivamente transportadas nos fluxos correspondentes ao seu registro; pagar pela quantidade comunicada à concessionária"; e "manter atualizados os dados dos seus representantes legais perante a ANTT" (art. 32).

A condição de usuário dependente é perdida quando do descumprimento de suas obrigações, mediante "processo administrativo instaurado pela ANTT, garantido o contraditório e a ampla defesa" (art. 33), impedindo-se o usuário "de solicitar novo registro para o mesmo fluxo pelo período de um ano contado da decisão final administrativa" (art. 34).

Nesses termos, portanto, os clientes cativos, que poderiam enfrentar uma barreira à fruição dos serviços de transporte ferroviário de cargas por monopolista naturais, têm a seu alcance a tutela regulatória da ANTT e, no caso de apuração de práticas anticompetitivas, a tutela do Cade (art. 59), para corrigir eventuais desvios ou excessos praticados pelos concessionários das malhas, especialmente sob a ótica do acesso ao serviço, com qualidade adequada, mediante o pagamento de tarifas módicas.

8.4.2. Usuário investidor: a construção antecipada da infraestrutura por empreendedores privados

Não raro, empreendedores privados encontram, na dependência de infraestrutura comum de responsabilidade de concessionárias de serviço público, ou mesmo empresas estatais, obstáculo à primeira vista intransponível para superarem a fase de implantação de seus empreendimentos, de modo a avançarem rumo à operação. É comum que o cronograma de investimentos privados, muito mais acelerado, não se mostre compatível com o plano de expansão da malha infraestrutural de suporte à prestação de um serviço público, ou às prioridades contratadas em uma concessão previamente existente, e que, portanto, não contava com a necessidade nova que agora surge a partir do empreendimento privado. São tempos muito diferentes, o público e o privado. Mas, para o segundo se realizar, é preciso influenciar o primeiro.

Com os olhos nisto é que, em mais de um setor regulado de infraestrutura, o marco regulatório pertinente contempla a possibilidade de o empreendedor privado, futuro usuário necessário da infraestrutura de rede nele compreendida, antecipar a construção dessa infraestrutura, adotando medidas que aumentem sua capacidade, tornando-a adequada a suportar a sua própria demanda.

Como se trata de infraestrutura construída para a prestação de um serviço público, essa infraestrutura é transferida a quem detém o título habilitante para o exercício da atividade (por vínculo contratual, no caso concessionário, ou legal, no caso de empresa estatal). Em contrapartida, o empreendedor privado que construiu a infraestrutura se reembolsa dos investimentos feitos na forma de descontos nas tarifas por ele devidas como contrapartida à utilização da infraestrutura, ou segundo outro formato, nos moldes acordados entre as partes. Vejamos o exemplo do setor elétrico.

O setor de energia elétrica compreende quatro atividades distintas, porém interligadas: geração, que pode ser realizada por concessionário, produtor independente (PIE) e autoprodutor (respectivamente previstos nos art. 4º, §5º, I, 11 e 5º, III, todos da Lei nº 9.074/1995); transmissão, desenvolvida por concessionários e autorizatários (art. 17 e 14, respectivamente, da Lei nº 9.074/1995); distribuição, realizada por concessionários (art. 4º, §3º, da Lei nº 9.074/1995);

e comercialização, exercida por agentes econômicos comercializadores (art. 26, II, da Lei nº 9.427/1996).

Todas essas atividades eram comumente exercidas por uma mesma sociedade, até que o ordenamento jurídico setorial foi reformado com vistas à introdução da competição. Para tanto, ditas sociedades foram verticalmente separadas, impedindo-se que um mesmo agente econômico atuasse nas quatro etapas da cadeia de suprimento de energia elétrica. Tal diretriz regulatória fomentou o surgimento de um regime jurídico próprio a cada uma dessas atividades, sendo de nosso especial interesse, aqui, os segmentos de transmissão e distribuição, eis que relacionados com a antecipação de construção de infraestrutura de rede de energia elétrica.

A transmissão consiste no transporte da energia elétrica do sistema produtor para as unidades de distribuição, razão pela qual é considerada como o eixo central de estabilidade do sistema elétrico. Trata-se, pois, de uma atividade que, por se configurar como um monopólio natural, e estar diretamente relacionada ao abastecimento energético nacional, recebe do ordenamento jurídico a natureza de serviço público – conforme dispõe o art. 21, XXII, "b", c/c artigo 175, todos da CRFB –, submetendo-se a intensos influxos regulatórios. Significa dizer que, tendo em vista a qualidade de serviço público federal, o concessionário de transmissão de energia elétrica está vinculado à obrigatoriedade da prestação de um serviço público adequado. Cuida-se de um regime que encontra paralelismo básico com o do serviço público ferroviário, portanto.

Contextualizado o tema, imagine-se que um terminal portuário privado estivesse sendo implantado em local sem acesso à rede de transmissão de energia elétrica gerida por um concessionário de serviço público, sob regime jurídico estrito e previamente delineado. No caso, o terminal privado pretenderia, tão somente, antecipar a construção da infraestrutura necessária para o suporte de uma rede de energia elétrica, interligando a subestação necessária e mais próxima à rede operada pela concessionária de distribuição de energia elétrica local, futuramente vindo a integrar a rede operada por essa mesma concessionária distribuidora de energia elétrica.

Não se trataria, portanto, nem de iniciativa do concessionário operador da rede de energia elétrica, nem do concessionário que viria a distribuir dita energia naquela região. Tratar-se-ia, isso sim, de uma iniciativa do empreendedor para viabilizar a efetivação do empreendimento que desenvolve em localidade não alcançada pela rede de transmissão e, consequentemente, pelo sistema de distribuição. A iniciativa encontraria sustento, ainda, no objetivo maior de incrementar a universalização do fornecimento de energia elétrica no país, conforme as metas fixadas pela Aneel para as concessionárias distribuidoras de energia. Daí porque Santiago Junior (2010, p. 54) registra a prática setorial segundo a qual o empreendedor antecipa a construção da infraestrutura de rede de energia elétrica diretamente, para poder se tornar consumidor em um segundo momento:

> Ora, a rede de transmissão de eletricidade é aquela de tensão igual ou superior a 230 kV pertencente à Rede Básica do Sistema Interconectado Nacional. Por exclusão, quase todo o resto pertence à rede de distribuição. Exceto o uso exclusivo de geradores ou aquelas construídas por particulares a título de antecipação de rede de distribuição (...).

É em atenção a essa mesma lógica que o Reduf introduz a figura do usuário investidor no grupo de usuários especiais do serviço público de transporte ferroviário de cargas.[167] Como as concessionárias do serviço público de transporte ferroviário de cargas são responsáveis pela construção, manutenção, operação e expansão da malha ferroviária, concentrando essas atividades e, muitas vezes, detendo parte significativa da carga transportada, é possível que haja a mesma espécie de descasamento entre seus cronogramas e o interesse dos usuários do serviço público mencionada no caso do setor elétrico. Por essa razão, um usuário com demanda acima da capacidade ociosa da malha poderia ter sua atividade econômica comprometida. Daí porque os art. 38 a 43 do Reduf tutelam a

---

[167] Outro exemplo ao qual se pode recorrer é o do setor portuário. Com a edição do Decreto nº 9.048/2017, em complemento à regulamentação da Lei nº 12.815/2013, o setor passou a contar com alguns mecanismos aproximados ao da construção antecipada de infraestrutura ora tratados, conforme seus artigos 42-A, 42-B e 42-C que, respectivamente, facultaram: (i) ao poder concedente autorizar os arrendamentos portuários a fazerem "investimentos, fora da área arrendada, na infraestrutura comum do porto organizado, desde que haja anuência da administração do porto", ensejando "recomposição do equilíbrio econômico-financeiro do contrato do proponente"; (ii) à administração do porto organizado "negociar a antecipação de receitas de tarifas junto aos usuários para fins de realização de investimentos imediatos na infraestrutura custeada pela tarifa, respeitado o equilíbrio das contas da administração portuária", sendo certo que tal valor antecipado pelos usuários "poderá ser pago, conforme definido previamente pelas partes: I – à administração do porto; ou II – diretamente à empresa encarregada pela execução das obras de infraestrutura, na forma estabelecida no contrato, após a autorização da administração do porto específica para cada pagamento", remanescendo sempre a realização da contratação "pela administração do porto"; e (iii) também à administração do porto, "negociar a antecipação de receitas a título de valor de arrendamento para fins de realização de investimentos imediatos na infraestrutura comum do porto, respeitado o equilíbrio das contas da administração portuária". Também nesse caso "a contratação será realizada pela administração do porto". A partir desse quadro, portanto, o que se vê é que o Decreto nº 9.048/2017 incorpora o mecanismo da construção antecipada da infraestrutura ao setor portuário, ainda que: (i) adotando uma lógica invertida da praticada em outros segmentos, quando ao invés de permitirem o aporte privado de recursos, e de meios para fazê-los, fazem justo o contrário, conferindo essa função à administração do porto, ainda que sujeita aos influxos de regime mais rígido de direito público; e (ii) restringindo indevidamente a quem pode fazê-lo, quando não estende essa faculdade aos terminais privados, ainda que não haja fundamento que assim justifique.

figura do usuário investidor, permitindo ao usuário investir na malha, mediante a negociação de contrapartida financeira com a concessionária, bastante à amortização desses investimentos.

De acordo com a sistemática vigente, o "usuário, visando ao transporte de carga própria, poderá investir na concessão do serviço público de transporte ferroviário de cargas por meio de aquisição de material rodante ou realização de obras em programas ou projetos de expansão ou recuperação da malha ferroviária existente podendo negociar, com a concessionária, mecanismo de compensação financeira" (art. 38, *caput*). No entanto, esses investimentos, que não se confundem com aqueles de responsabilidade das concessionárias, na forma do pacto concessório (art. 38, §2º), deverão "atender a cronograma que não comprometa a prestação do serviço público de transporte ferroviário de cargas, bem como o cumprimento das metas pactuadas pela concessionária com a ANTT e dos contratos de transporte já celebrados com os demais usuários do sistema" (art. 38, §4º). Além disso, dependerão de prévia autorização da ANTT, "para verificação da adequação ao interesse público e ao contrato de concessão, no âmbito das outorgas estabelecidas" (art. 38, §1º).

Desse modo, o usuário investidor não realiza, por liberalidade sua, os investimentos que quiser na malha. Há um juízo de pertinência e possibilidade que depende da atuação da agência. Aliás, o usuário investidor sequer é responsável "pela aprovação dos projetos e pela execução das obras e programas ou projetos de ampliação", função que é da concessionária, "mesmo quando o custo do investimento for suportado pelo usuário" (art. 38, §5º). Não havendo manifestação do concessionário em resposta ao pleito do usuário em 180 dias, caberá à ANTT, mediante requerimento, arbitrar a matéria de modo a assegurar os investimentos a serem feitos (art. 40).

Sob a ótica do regime patrimonial dos bens decorrentes de expansão ou recuperação da malha custeados pelos investimentos do usuário, salvo em caso de material rodante, tem-se que serão incorporados ao patrimônio da concessionária, "não sendo devida ao usuário investidor, qualquer indenização, por parte da União, quando da reversão prevista no contrato de concessão" (art. 38, §3º).

A disciplina segue em frente, detalhando o procedimento a ser observado, as cláusulas que deverão constar do contrato privado a ser celebrado entre o usuário investidor e a concessionária, bem como as obrigações da concessionária. Daí já se pode concluir que qualquer relação jurídica travada entre o usuário investidor, ainda que indiretamente relacionada à construção de trecho de uma malha ferroviária, não estará submetida ao arcabouço legislativo-regulatório de direito público. Pelo contrário. Os negócios jurídicos relacionados ao caso serão regidos pelo direito privado (art. 25, §2º, da Lei nº 8.987/1995), conforme dissemos no capítulo 5, no âmbito da autonomia da vontade das partes, e de uma relação contratual equilibrada, de natureza negocial, ainda que atenta aos contornos regulatórios delimitados no Reduf (art. 41 e 42), acrescendo-se a ela as obrigações das concessionárias previstas no art. 43.

Nesse quadrante, o emprego do mecanismo pode ser vantajoso ao empreendedor privado e aos demais usuários, que passam a ter a infraestrutura imprescindível ao bom exercício de suas atividades; à entidade federativa titular dos bens e do serviço, por incrementar seu acervo patrimonial de bens e infraestrutura de suporte ao serviço; e ao concessionário da ferrovia, potencialmente aumentando sua receita tarifária com novos utentes, em prol da universalização e da atualidade, reduzindo o custo marginal de sua atividade e ampliando o lucro. No mais, como os investimentos se passam fora do regime de direito público mais rígido, confere-se maior velocidade e flexibilidade, potencialmente capazes de prover resultados mais satisfatórios e céleres.

8.4.3. Participação dos usuários no processo regulatório, infrações e penalidades

O Reduf é arrematado pelo tratamento da participação dos usuários no processo regulatório, as infrações e penalidades envolvidas nos casos, e algumas disposições finais (art. 45 a 62).

A participação dos usuários no processo regulatório é instrumento de grande importância para legitimar a atuação da autoridade reguladora, permitindo que sejam tomadas decisões imbuídas de considerações feitas por todos os interessados atuantes no caso regulado. Estes podem representar perante a ANTT de forma individual ou coletiva (art. 45). O principal veículo de seus pleitos passa pela formulação de reclamações à concessionária (art. 46) ou à ANTT, que deverá instaurar procedimento administrativo para apurar os fatos relatados, podendo culminar na sugestão da ANTT, às partes, de instauração de procedimento de resolução de conflitos (art. 47 a 49).

Os interesses dos usuários poderão ainda merecer provimentos cautelares que façam cessar práticas lesivas aos seus direitos, reestabeleçam a prestação de serviço de transporte, aloquem outros meios para garantir que a carga chegue ao destino contratado, em caso de dano iminente ao usuário, e reponham ou ressarçam, a critério do usuário, carga perdida durante o transporte. Isso, claro, mediante o preenchimento dos requisitos processuais típicos desse tipo de medida, a fim de resguardar os interesses dos usuários de perecimento (art. 50 a 54).

O procedimento específico de resolução de conflitos será instaurado e conduzido por comissão composta por três servidores da ANTT, momento a partir do qual não poderá uma das partes isoladamente desistir do mesmo até sua conclusão, na medida em que o abandono unilateral sujeitará a parte à solução proposta pela parte contrária. A ressalva fica por conta de eventual acordo mútuo (art. 55 e 56).

Correlacionando-se com os critérios orientadores do *unbundling* ferroviário, são consideradas infrações ao dever legal de prestação de serviço adequado aos usuários: a discriminação injustificada; a prática de tarifas acima do limite definido pela ANTT; a omissão de informações essenciais; a cobrança de custos não pactuados previamente; o exercício abusivo do controle da infraestrutura; a recusa injustificada de prestação do serviço; o acordo, com os concorrentes, de preços e condições da prestação do serviço; o abandono da carga, ou a submissão a condições depreciativas; a interrupção, sem franquear meios ao usuário para buscar sua carga ou viabilizar a continuidade do transporte; a venda casada, caracterizada pela subordinação de fornecimento do serviço de transporte ferroviário de cargas à aquisição de operações acessórias; a retenção de cargas, ou sua não entrega em local e prazo determinados; a venda de serviço abaixo do preço de custo, com intenção de prejudicar concorrentes; a utilização de via permanente, material rodante ou instalações sem conservação adequada; e a utilização de práticas comerciais abusivas baseadas no domínio econômico (art. 57).

Essas condutas infracionais acabam, portanto, conferindo os parâmetros a serem observados pelo concessionário do serviço público no provimento de transporte ferroviário de cargas aos usuários, tendo em vista que poderão resultar em penalidades de advertência, multa, e até mesmo caducidade, modalidade extintiva da concessão, abordada no capítulo 5 (art. 58).

A disciplina regulatória dos usuários dos serviços de transporte ferroviário de cargas é encerrada dedicando-se a providências relacionadas à informação da existência de capacidade ociosa, ou não, pela concessionária aos OTMs (art. 60), à manutenção dos registros de usuário dependente concedidos na vigência da Resolução nº 350/2003, mediante adequação de sua condição aos novos termos (art. 60-A, acrescentado pela Resolução nº 4.792/2015) e mediante negociação de contratos de transporte com as concessionárias, que poderá vir a ser arbitrada pela ANTT, inclusive com a definição de tarifas e cláusulas de *take or pay*, se necessário (art. 60-B, acrescentado pela Resolução nº 4.792/2015, alterado pela Resolução nº 5.189/2016).

No que mais couber, ao Reduf será subsidiariamente aplicável o disposto no Regulamento das Operações de Direito de Passagem e Tráfego Mútuo (art. 62).

8.5. O Regulamento das Operações de Direito de Passagem e Tráfego Mútuo (Resolução ANTT nº 3.695/2011)

Junto com a publicação do Reduf foi editada a Resolução ANTT nº 3.695/2011. Revogando as Resoluções ANTT nº 430/2004 e 895/2005, a Resolução nº 3.695/2011 instituiu o Regulamento das Operações de Direito de Passagem e Tráfego Mútuo, organizado em disposições gerais (art. 1º a 4º), declaração de rede (art. 5º), contratos operacionais específicos (art. 6º a 8º), investimentos para expansão da capacidade (art. 9º a 11), tarifas de direito de passagem e tráfego mútuo (art. 12), transporte de produtos perigosos (art. 13), solução de conflitos (art. 14 a 17), e disposições finais (art. 18 a 22).

Enquanto o Reduf se dedica primordialmente à implantação do *unbundling* nas ferrovias, mediante o amparo de grupos especiais de usuários, o tratamento do direito de passagem e do tráfego mútuo conferido pela Resolução nº 3.695/2011 guarda relação direta com o compartilhamento da infraestrutura ferroviária, visando à integração operacional do Subsistema Ferroviário Nacional (art. 1º).

Como as concessões ferroviárias brasileiras da década de 1990, por fatores históricos, econômicos e jurídicos dos quais já cuidamos no capítulo 1, foram concebidas por segmentos regionais, e não corredores integrados, há ferrovias que se cingem às pontas de escoamento externo da carga transportada – principalmente, por meio de portos –, enquanto outras se encontram, por assim dizer, encravadas no território nacional, em áreas produtoras, mas sem acesso a esses canais finais de exportação.

A questão cresce em importância se lembrado que o transporte ferroviário encontra seu nicho de mercado mais promissor, tendo em vista as vantagens competitivas que apresenta, quando a distância percorrida é considerada longa – por assim dizer, acima de 500 km. Nesse casos, para o bom funcionamento do sistema ferroviário, por vezes será preciso viabilizar que uma carga carregada na malha de uma concessionária alcance seu destino final em ponto situado na malha de outra.

Com isso, desenha-se o cenário no qual a parte essencial da infraestrutura de uma concessionária, cedente (ou visitada), precisará ser utilizada para se completar o transporte iniciado ou finalizado em outra concessionária, requerente (ou visitante). Nesse quadro, como lembra Ribeiro (2005), abrem-se dois caminhos: caso exista uma interdependência, ou seja, caso a necessidade de utilização da malha da outra concessionária se revele uma via de mão dupla, demonstrando certo equilíbrio relacional entre as concessionárias, haverá bom espaço para que a livre negociação viabilize a celebração de contratos destinados ao compartilhamento da infraestrutura. Por outro lado, caso apenas uma das concessionárias precise da outra para viabilizar a prestação de seus serviços de transporte, daí poderá decorrer uma relação com certo paralelo de dependência.

Da mesma forma como ocorre em relação aos usuários que se encontram nessa posição de dependência, também a relação entre concessionária dominante e concessionária "dependente" poderá ensejar a tutela regulatória destinada a equilibrar essa relação, evitando o emprego abusivo do monopólio natural, notável na cobrança de preços fora de mercado, na exigência de condições técnicas incompatíveis, entre outras hipóteses. Por outro lado, também aqui haverá o dever regulatório da agência de garantir que o acesso à infraestrutura seja provido adequadamente do ponto de vista remuneratório, mediante o pagamento de tarifas, pela disponibilidade de capacidade (sob a lógica do *take or pay*, portanto), que cubram o custo de uso da via, seu desgaste, os investimentos que possam se mostrar necessários, bem como o justo lucro da concessionária cedente, evitando que a proteção à concessionária "dependente" "se constitua em privilégio injustificado" (Ribeiro, 2005). O foco regulatório estará em definir as condições mínimas que equacionem as considerações apontadas, seja na atuação normativa da agência, seja na sua atuação judicativa, solucionando conflitos.

O endereçamento desses temas ocorre por meio do exercício de competência específica da ANTT, a quem cabe, na forma do art. 25, V, da Lei nº 10.233/2001, "regular e coordenar a atuação dos concessionários, assegurando neutralidade com relação aos interesses dos usuários, orientando e disciplinando o tráfego mútuo e o direito de passagem de trens de passageiros e cargas e arbitrando as questões não resolvidas pelas partes". Exatamente como se propôs fazer por meio da Resolução nº 3.695/2011.

Mantendo a lógica constante do art. 6º do Decreto nº 1.832/1996, o art. 3º da resolução prevê que o compartilhamento da infraestrutura deve operar preferivelmente em tráfego mútuo ou, no caso de sua impossibilidade – que poderá ser caracterizada "quando houver desacordo comercial entre as partes ou quando as características operacionais inerentes ao tráfego mútuo comprometam o atendimento eficiente da necessidade de transporte do usuário" (§2º) – , mediante a permissão do direito de passagem a outros operadores. Em ambos os casos, a instrumentalização desses mecanismos se faz por meio de Contratos Operacionais Específicos (COEs), observadas as determinações dos art. 6º a 8º.

Segundo a definição regulatória, o tráfego mútuo consiste na "operação em que uma concessionária compartilha com outra concessionária, mediante pagamento, via permanente e recursos operacionais para prosseguir ou encerrar a prestação de serviço público de transporte ferroviário de cargas" (art. 2º, IX). Aqui, o transporte na malha da concessionária visitada (cedente) é feito por ela própria, e não pela concessionária visitante (requerente).

Por sua vez, o direito de passagem é definido como a "operação em que uma concessionária, para deslocar a carga de um ponto a outro da malha ferroviária federal, utiliza, mediante pagamento, via permanente e sistema de licenciamento de trens da concessionária[168] em cuja malha dar-se-á parte da prestação de serviço" (art. 2º, VI). Diferente do que ocorre no caso do tráfego mútuo, no exercício do direito de passagem é a concessionária visitante (requerente) quem realiza o transporte, inclusive na malha da concessionária visitada (cedente).

A lógica que informa os mecanismos de compartilhamento de infraestrutura destinados a interconectar malhas ferroviárias difere daquela presente nos modelos de *unbundling* e de separação vertical do segmento ferroviário, no qual terceiros, que não as concessionárias, poderiam iniciar ou concluir o transporte de cargas em quaisquer pontos da malha ferroviária nacional. No modelo vertical, ainda quando dotado de instrumentos de *unbundling* e de compartilhamento de infraestrutura, a regra segue sendo a exclusividade na prestação do serviço público, dentro da malha concedida, pela concessionária que recebeu a delegação do plexo de direitos e deveres para tanto. Portanto, nesse arranjo nem mesmo o compartilhamento entre concessionárias é permitido, nos casos em que o início e o encerramento da prestação do serviço ocorra na malha da concessionária cedente (visitada) (art. 3º, §3º). Até porque, a rigor, de compartilhamento não se trataria, mas de simples uso direto de infraestrutura estranha àquela concessionada ao requerente (visitante).

Para afastar eventual atuação bloqueadora da concessionária cedente, o que poderia resultar em abuso de sua posição de dominância em concreto, são definidos como requisitos "indispensáveis ao exercício do direito de passagem pela requerente, a disponibilidade de material rodante, de locomotivas equipadas com dispositivos eletrônicos embarcados compatíveis com os sistemas de sinalização e comunicação da cedente, e de equipagem que atendam às exigências técnico-operacionais mínimas estabelecidas pela cedente para a operação no trecho ferroviário pretendido, de acordo com as especificações do(s) trecho(s) constantes da Declaração de Rede e as normas técnicas vigentes" (art. 4º). Além disso, "a cedente deverá, mediante remuneração a ser paga pela requerente, fornecer qualificação técnica necessária à habilitação da equipagem da requerente para operação nos trechos ferroviários compartilhados" (art. 4º, parágrafo único).

---

[168] Os sistemas de licenciamento de trens abrangem sistemas específicos, mas que, interconectados, confiram segurança e eficiência à gestão operacional da ferrovia. São exemplos os sistemas integrantes de telecomunicações, de controle centralizado (dedicado às operações de despacho dos trens e a algumas medidas de segurança), de sinalização, e de controle de bordo (voltado a suportar os maquinistas durante o transporte).

Há, no entanto, dificuldades em operacionalizar a interconexão das malhas ferroviárias com base em tráfego mútuo e direito de passagem, por força de uma das típicas falhas de mercado que enseja a atuação regulatória: a assimetria informacional. Como o arranjo concessionário das ferrovias contempla a exclusividade na prestação do serviço público, e a existência de capacidade ociosa é um pressuposto ao tráfego mútuo e ao direito de passagem, para a agência intervir no tema quando necessário será preciso conhecer a real capacidade e uso efetivo da malha em questão, tendo em vista que poderia ocorrer tanto de não haver capacidade ociosa no trecho, quanto de a concessionária a ser visitada, por razões de interesse próprio, informar a saturação da via ou não prover informações fidedignas.

No intuito de contornar esse possível empecilho, todas as concessionárias têm de apresentar à ANTT, anualmente, no modelo fornecido pela agência, a Declaração de Rede, contendo, entre outros elementos, informações sobre os trechos ferroviários, sistemas de licenciamento, inventário de capacidade (instalada e ociosa), limites de carregamento da via permanente e das obras de arte especiais, dados sobre pátios e cruzamentos e padrões operacionais exigíveis para o cálculo de capacidade (art. 5º). Tais declarações, fiscalizadas pela ANTT (§2º), são depois disponibilizadas pela agência (§3º).

Ainda assim, a medida não é indene de questionamentos. Pompermayer, Campos Neto e Sousa (2012) abordam o tema:

> Os principais questionamentos relativos à efetividade das regras de interconexão recaem sobre o fato de só se permitir a interconexão se existir capacidade ociosa no trecho em questão suficiente para absorver este volume de tráfego adicional. Dois problemas ocorrem: i) os principais trechos onde há demanda para acesso de uma ferrovia na malha de outra são os de acesso aos portos, onde a capacidade de tráfego já foi atingida e há indefinição sobre qual entidade deve realizar os investimentos para ampliação desta capacidade, quando viável técnica e economicamente; e ii) há considerável assimetria de informações quanto à real capacidade de circulação de trens nestes trechos, pois os parâmetros operacionais para cálculo desta capacidade são definidos pela ferrovia "visitada". Além dos parâmetros operacionais, a própria metodologia de cálculo é discutida entre os operadores, não havendo consenso. Por fim, ainda existe a possibilidade de a ferrovia visitada impor restrições técnicas e de segurança para impedir a operação da ferrovia visitante em sua malha.

Em um paralelo com o que se passa no caso dos usuários investidores, para suprir a eventual falta de capacidade da malha, a concessionária visitante ou a concessionária visitada poderão realizar investimentos de expansão da capacidade (art. 9º). Se realizados pela visitada, o COE poderá prever cláusula de *take or pay* e deverá considerar "prazos e taxas de retorno compatíveis à recuperação dos investimentos realizados, respeitado o prazo final da concessão" (§1º). Por outro lado, se os investimentos forem realizados pela visitante (requerente), "esta terá direito à reserva de uso da capacidade ociosa gerada", e a capacidade ociosa decorrente de seus investimentos, mas por ela não utilizada, poderá ser negociada pela visitada com terceiros "desde que o valor da capacidade negociada seja deduzido da Base de Remuneração aplicável ao trecho ferroviário objeto do COE, de modo a prover à requerente desconto na tarifa de direito de passagem ou tráfego mútuo", tendo como base o histórico da Declaração de Rede (§2º).

Em todo caso, a responsabilidade pela aprovação técnica do projeto, bem como pela execução das obras, será sempre da cedente (§3º), igualmente responsável pela "operação e manutenção de trecho ferroviário objeto de investimento de expansão de capacidade realizado pela requerente" (art. 11).

Os bens reversíveis decorrentes de investimentos de expansão de capacidade serão incorporados ao patrimônio da concessionária cedente, sendo passíveis de indenização pelo Poder concedente, com a extinção da concessão, se tiverem sido suportados pela cedente (art. 10, §1º). Se suportados pela requerente, não haverá de se falar em indenização da requerente, já que o retorno de seu investimento deverá estar atrelado à utilização da infraestrutura ferroviária nos termos do COE (§2º). Excepcionalmente, poderá a ANTT, mediante pedido da requerente, em caso de manifesto interesse público, assegurar que o prazo de vigência do COE seja respeitado ainda que extinta a concessão da cedente (§3º).

Estabelecidas por meio de negociação entre as partes, as tarifas referentes à operação em direito de passagem ou tráfego mútuo são compostas pelas parcelas de custo operacional e remuneração de capital. A primeira compreendendo custos fixos e variáveis, bem como os custos de arrendamento, se existentes e necessários à prestação do serviço. Já a parcela de remuneração do capital será calculada como uma alíquota sobre uma base de remuneração, anualmente estabelecida pela ANTT para cada concessionária, acrescida dos tributos incidentes sobre o resultado. A "base de remuneração será composta pelo capital empregado necessário à prestação do serviço público de transporte ferroviário, de acordo com as condições estabelecidas no contrato de concessão e legislação aplicável e, para efeito de sua apuração, serão considerados os efeitos da depreciação e da perda de poder aquisitivo da moeda" (art. 12).

A potencial existência de interesses contrapostos entre a concessionária cedente e a requerente poderá ensejar conflitos que demandem o arbitramento administrativo da ANTT. Isso ocorrerá, por exemplo, na impossibilidade de acordo: comercial para o compartilhamento de infraestrutura e/ou de recursos operacionais; quanto ao valor dos investimentos de expansão de capacidade ou da tarifa de direito de passagem ou tráfego mútuo; quanto à comercialização, pela cedente, da capacidade ociosa decorrente de investimentos suportados pela requerente e não utilizada por ela; quando as exigências técnico-operacionais da cedente sejam consideradas abusivas pela requerente; ou quanto aos cronogramas de execução das obras de investimento para expansão da capacidade (art. 14).

No arbitramento em concreto, a ANTT proporá entendimento entre as partes objetivando a solução do conflito. Persistindo o conflito, tomarão lugar os procedimentos de resolução de conflito estabelecidos no Reduf (art. 17).

A disciplina regulatória do compartilhamento da infraestrutura ferroviária se encerra prevendo o dever de a concessionária manter registros das operações de tráfego mútuo e direito de passagem (art. 19), e como deverá ocorrer a adequação dos contratos operacionais específicos existentes (art. 20). Entre outras disposições finais transitórias, o Regulamento das Operações de Direito de Passagem e Tráfego Mútuo se liga ao Regulamento para Pactuar as Metas de Produção por Trecho e as Metas de Segurança ao prever, no art. 18, que o cálculo e a apuração de índices de acidentes e de meta de produção de transporte nas modalidades de direito de passagem e tráfego mútuo, definidos concessão por concessão, seguirão o disposto no regulamento de metas de produção e segurança, ao qual agora nos dedicamos.

8.6. O Regulamento para Pactuar as Metas de Produção por Trecho e as Metas de Segurança (Resolução ANTT nº 3.696/2011)

A reforma regulatória de 2011 contou ainda com a edição concomitante da Resolução ANTT nº 3.696/2011, voltada a instituir um Regulamento para Pactuar as Metas de Produção por Trecho e as Metas de Segurança para as concessionárias de serviço público de transporte ferroviário de cargas. O regulamento é composto de disposições gerais (art. 1º e 2º), procedimentos para pactuar as metas de produção por trecho e as metas de segurança (art. 3º a 5º), regime das metas pactuadas (art. 6º a 11), processo de apuração do cumprimento das metas (art. 12 a 16) e disposições finais (art. 17 a 19).

Designadas as metas de produção por trecho pelo "valor mínimo de produção de transporte, medido em toneladas, quilômetro útil (TKU), a ser pactuado entre a ANTT e as concessionárias, em cada trecho da malha ferroviária" (art. 2º, IV), e as metas de segurança pela "quantidade máxima de ocorrências de acidentes, ponderado por milhão de trem x quilômetro – trem x km, admitido em cada concessão" (art. 2º, V), a principal inovação deste regulamento é que as metas de produção e segurança passaram a ser pactuadas por trecho, em vez de para toda a malha, como ocorria até sua edição. O principal motivo para essa alteração foi a possibilidade de assim se determinar a capacidade ociosa disponível em cada trecho.

Nesse sentido, a Resolução nº 3.696/2011 estipula os procedimentos para a pactuação quinquenal das metas de produção e segurança por trecho. O intuito seria, em princípio, o de aumentar a produtividade e reduzir o número de acidentes, ainda que não seja claro porque isso ocorreria, na medida em que a resolução de fato reduz a flexibilidade da concessionária para otimizar o uso da sua malha.

O processo é iniciado pelas concessionárias, mediante proposta de pactuação de metas informadas por estudos de mercado, plano de negócios contendo os fluxos de transporte previstos, inventário de capacidade, padrões operacionais dos trechos e cadastro das estações operacionais (art. 3º). O procedimento poderá ser submetido à participação social (art. 4º) – em geral, mediante audiências públicas – e deverá obediência aos valores referenciais e índices constantes do art. 5º.

Uma vez negociadas entre as concessionárias e a ANTT, as metas passam a ser vinculativas para o ano seguinte ao de sua apresentação, e indicativas para os anos subsequentes, passíveis de ajustes anuais, mediante proposta das concessionárias, desde que as metas já pactuadas de produção sejam definidas como limite mínimo e as metas de segurança como limite máximo (art. 6º e 7º).

Como as metas de produção pactuadas para os trechos servirão de base para a definição da capacidade vinculada,[169] quantificando-se também os contratos de direito de passagem, de tráfego mútuo, de usuários ou de OTM, encontra-se aqui o principal ponto de interligação da Resolução nº 3.696 com as Resoluções nº 3.694 e 3.695, todas de 2011, na medida em que os diferentes tipos de usuário e o OTM poderão demandar o acesso ao transporte ferroviário, ou as concessionárias poderão requerer o compartilhamento da infraestrutura, de acordo com a capacidade ociosa existente, que deverá ser obrigatoriamente disponibilizada, ou de acordo com os investimentos que venham a fazer, observados os limites mínimos apontados pelas metas de produção, e máximo, informativo das metas de segurança (art. 8º a 11).

O cumprimento das metas será apurado anualmente pela ANTT (art. 12), considerando os volumes de produção, a ocorrência de acidentes e seus limites de tolerância (art. 13), tomando-se por atendidas as metas de produção quando estas tiverem sido alcançadas em 90% ou mais dos trechos (art. 14), e justificado seu não atendimento se acolhidas as justificativas da concessionária, pela

---

[169] "Capacidade vinculada: quantidade de trens que poderão circular em um trecho ferroviário, nos dois sentidos, em um período de 24 horas, definida em função da meta de produção pactuada entre a concessionária e a ANTT, incluindo a utilização de reserva técnica" (art. 2º, II), da Resolução nº 3.696/2011.

ANTT, demonstrando a ocorrência de situações extraordinárias, como a quebra de produção por fatores alheios ao controle da concessionária, modificação estrutural da demanda ou caso de força maior (art. 16), ao modo como já constava nos contratos de concessão.

As medidas apresentadas pela Resolução nº 3.696/2011, portanto, auxiliam a ANTT a conhecer melhor os fluxos de produção e o diagnóstico de segurança por trechos ferroviários, em alguma medida reduzindo a assimetria informacional. O problema é que, ao seccionar as ferrovias em trechos, exigindo diversas providências para cada qual, essa microrregulação implica um microgerenciamento de custosa operacionalização pelo concessionário e pela ANTT, que enfrentará grandes dificuldades de processar tantas informações em tempo hábil, além de incorrer no risco de perda da perspectiva do funcionamento da malha concedida como um todo. Não é demais lembrar: o serviço público de transporte ferroviário de cargas concedido funciona como um sistema, e não em tiras, razão pela qual depende de coordenação para seu sucesso.

É interessante atentar que não se trata apenas de alterar detalhes da regulação setorial, mas sim de migrar para uma nova filosofia regulatória. Os regimes regulatórios, como se sabe, podem ser, grosso modo, de dois tipos: contratual ou discricionário (Gómez-Ibáñez, 2006). Na regulação contratual, a concessão é outorgada após um leilão competitivo em que um contrato estabelece metas amplas e o papel do regulador é apenas fiscalizar o cumprimento dessas metas e se, e quando for o caso, impor multas e outras sanções. No segundo caso, a agência reguladora tem bastante latitude para influir na forma de operação da concessão, acompanhando de perto variados aspectos da atuação da concessionária. Em especial, a agência influi em diversos aspectos da relação entre a concessionária e seus clientes.

O regime contratual prevaleceu no Brasil desde a privatização das ferrovias, em meados dos anos 1990, mas a reforma regulatória de 2011 alterou esse modelo em favor de uma regulação mais discricionária, como também se verá na discussão do próximo capítulo. De forma geral, essa é uma tendência quando se opta por adotar formas de desagregação ou separação vertical das atividades ferroviárias.

8.7. Conclusão

No seu conjunto, portanto, as três resoluções desagregam os serviços de transporte e de infraestrutura, até então realizados de forma integrada pelas concessionárias, e fortalecem os mecanismos de compartilhamento da infraestrutura ferroviária, onde essa estiver sendo utilizada abaixo de sua capacidade plena. Também abrem a possibilidade para que os usuários e outras concessionárias induzam investimentos na rede de terceiros. Por fim, alocam o ônus de justificar a recusa em compartilhar ou expandir a infraestrutura à concessionária titular da malha.

Pompermayer *et al.* (2012) avaliam positivamente as alterações promovidas pela ANTT com essas três resoluções:

> Quanto às atualizações nos marcos regulatórios, (...) [c]onsideramos esta nova regulamentação como um avanço significativo no estímulo aos investimentos, atração de novos *players* e introdução de mecanismos que viabilizam maior concorrência no setor ferroviário brasileiro.

Nossa avaliação sobre o novo modelo introduzido por essas resoluções é menos favorável do que a de Pompermayer *et al.* (2012). De forma muito sintética, nossa divergência principal é não achar que a separação ou desagregação vertical é a melhor forma de lidar com eventuais problemas de falta de concorrência. Primeiro, e principalmente, porque os problemas que as reformas introduzem são maiores do que os que ela visa resolver. Segundo, pois há instrumentos alternativos, com recurso ao sistema de defesa da concorrência, que podem ajudar a lidar com essa questão com efeitos colaterais mais brandos.

Por fim, não nos custa lembrar, como abordado nos capítulos 1 e 4, e retomado adiante no capítulo 10, não ser possível perder de vista que o modelo verticalmente integrado prevalecente desde a privatização, assegurando a captura exclusiva da carga dentro de cada malha, foi uma opção consciente do poder concedente, por lhe parecer então a melhor solução para promover o desenvolvimento do setor, adotando-se um arranjo regulatório que em vários sentidos mantinha a organização produtiva utilizada pela RFFSA, com a percepção de que os problemas que esta e o setor enfrentavam se deviam mais a questões de incentivos, recursos e gestão do que à estrutura operacional integrada, de resto bastante comum em outros países. Isso pesou também na decisão de não adotar um modelo de acesso aberto (*open access*).

Não obstante, a reforma de 2011 viria ainda a ser aprofundada por uma revisão tarifária, levada a efeito em 2012, por nós tratada no capítulo 9, e secundada, anos depois, pelo ensaio da implantação de um engenhoso modelo de desverticalização total, que não chegou a se concretizar, e será por nós abordado no capítulo 10.

9

A revisão tarifária de 2012

9.1. Introdução

Em setembro de 2012, por meio das Resoluções nº 3.888 a 3.897, a ANTT promoveu uma ampla revisão das tarifas de referência utilizadas como tetos na cobrança por serviços de transporte de carga pelas empresas ferroviárias brasileiras. As novas tarifas eram definidas por unidade de peso, volume, contêiner etc., e eram multipartidas, com uma parte fixa e outra variável, sendo esta última uma função da distância transportada, com valores marginais decrescentes para intervalos maiores de distância. As tarifas variavam por tipo de carga.

Essas tarifas substituíram as vigentes desde a celebração dos contratos de concessão, em meados dos anos 1990. A motivação inicial para a decisão de fazer essa substituição partiu da Controladoria Geral da União (CGU) que, em auditoria reportada no relatório 255.393, de 2011, admoestou a ANTT por esta não ter realizado revisões tarifárias. Segundo a CGU, estas deveriam ocorrer a cada cinco anos, recomendando então à agência desenvolver um Sistema de Custos Ferroviários que servisse de base à realização dessas revisões e fixar novas tarifas para as concessionárias.

Em janeiro de 2012, a Agência Nacional de Transportes Terrestres (ANTT) submeteu à consulta pública proposta de "Metodologia e Revisão das Tabelas Tarifárias das Concessionárias de Serviço Público de Transporte Ferroviário de Cargas", com a finalidade de obter dos interessados "subsídios e informações adicionais para o aprimoramento do ato regulamentar, a ser expedido pela ANTT". Essa foi a metodologia que deu origem aos valores fixados pelas Resoluções nº 3.888 a 3.897 da ANTT.

A consulta tratava de duas iniciativas complementares. Primeiro, propunha uma metodologia geral, a ser utilizada daí em diante nas revisões quinquenais das tarifas praticadas no transporte ferroviário. Segundo, submetia novas tabelas tarifárias, obtidas a partir da aplicação pela agência da metodologia proposta aos resultados operacionais e financeiros das concessionárias.

A indústria criticou fortemente a proposta da ANTT, com base em argumentos de caráter jurídico e econômico (ANTF, 2012). Os primeiros eram voltados para o que foi visto como uma interpretação equivocada da cláusula 8.2, que essencialmente daria ao poder concedente liberdade para alterar arbitrariamente as tarifas ferroviárias, desrespeitando o equilíbrio econômico-financeiro do contrato. As críticas de caráter econômico eram focadas na metodologia em si e na sua aplicação, em termos dos valores contábeis e operacionais utilizados como *proxies* das variáveis econômicas.

Tanto a revisão feita pela ANTT como as críticas da indústria ajudam a ilustrar na prática vários conceitos vistos anteriormente. Nosso objetivo neste capítulo é aprofundar a discussão desses conceitos. Não é nossa intenção, porém, advogar a favor de um ou de outro lado da disputa.[170] O capítulo está estruturado em quatro seções, incluindo esta breve introdução. A próxima seção apresenta a metodologia proposta pela ANTT, aproveitando para apresentar alguns novos conceitos. A seção 3 sintetiza as críticas de natureza jurídica à revisão tarifária feita pela ANTT. A seção 4 analisa as críticas econômicas à metodologia da ANTT e à sua aplicação.

9.2. Metodologia e tetos tarifários propostos pela ANTT

Para fazer a revisão tarifária, a ANTT (2011) partiu da visão de que, de acordo com os contratos de concessão, caberia a ela o papel de rever as tarifas, alterando-as "para mais ou para menos, de acordo com as modificações na estrutura de custos e de mercado da concessionária, no estímulo à eficiência e na modicidade de tarifas" (p. 6) e de que "a revisão tarifária pressupõe o cálculo das receitas necessárias à cobertura dos custos tributários, operacionais, bem como a remuneração adequada do capital empregado" (p. 1-2).

Para isso, a ANTT buscou identificar e medir esses custos em um determinado ano e depois obter tarifas que permitissem cobrir esses custos, dado o volume de transporte realizado nesse mesmo ano. Em outras palavras, as tarifas foram definidas de forma que, caso elas tivessem sido cobradas no transporte do volume e tipo de carga efetivamente realizado, a concessionária teria obtido uma receita que cobriria exatamente os seus custos, incluindo o custo de capital.

A metodologia individualiza quatro tipos de custos: o fixo, o variável, o tributário (impostos incidentes sobre as vendas) e o de capital, este definido pela ANTT

---

[170]Registre-se, não obstante, que um dos autores atuou junto a empresas do setor na discussão administrativa e judicial sobre a aplicação da metodologia aqui discutida.

como a "remuneração justa e adequada sobre investimentos realizados pelas concessionárias". Os três primeiros compreendem o que a ANTT (2011) denominou de custos ferroviários. Estes foram obtidos diretamente da Demonstração do Resultado do Exercício (DRE) de 2009 das concessionárias. Também se incluem nos custos os impostos incidentes sobre as tarifas (PIS e Cofins), mas não o ICMS.[171]

Porém, o mesmo não foi possível com relação ao custo de capital, que teve de ser calculado. Como é praxe, a ANTT calculou o custo de capital como o produto de dois elementos. O primeiro é o chamado custo médio ponderado de capital (WACC, ou *weighted average cost of capital*, na sigla em inglês).[172] Esse custo foi então multiplicado pelo segundo elemento, a base de capital a ser remunerada, ou simplesmente base de remuneração, que reflete os "investimentos realizados pelas concessionárias".

Na ausência de informações que a agência considerasse confiáveis e de qualidade para todas as concessionárias, os cálculos foram feitos com base nos dados de seis concessionárias, sendo as demais equiparadas às concessionárias de referência com características mais próximas. Da mesma forma, no cálculo das tarifas por produto, foram considerados apenas aqueles "produtos que tiveram movimentação em 2010 de pelo menos 10 trens por ano, ou de aproximadamente 60.000 tu/ano no caso de carga geral e 100.000 tu/ano para granéis minerais". Os produtos restantes foram agrupados na classificação "Demais produtos".

A ANTT desenvolveu essa metodologia em parceria com a Universidade Federal de Santa Catarina (UFSC). A Nota Técnica nº 142 da Sucar/Sureg descreve a metodologia. Para fins de exposição, essa metodologia pode ser dividida em etapas, começando pelo cálculo do custo de capital e chegando até as tarifas, passando em um estágio intermediário pela alocação dos diversos itens de custos, inclusive custos comuns, a cada par trecho-produto, de acordo com a proporção de operações realizadas para cada um desses pares. A seguir descreveremos cada uma das etapas dessa metodologia.

A figura 9.1 provê uma descrição esquemática da metodologia. Ela começa com o levantamento e distribuição dos custos em categorias, que a UFSC chama de *drivers financeiros*, o mesmo ocorrendo com os indicadores operacionais, batizados de *drivers operacionais*. Em seguida se alocam os custos entre os diversos pares trecho-produto e são obtidas "tarifas calculadas" para cada

---

[171]Como colocado no Relatório da UFSC, "a parcela do ICMS não está considerada no cálculo, uma vez que sua alíquota varia conforme a legislação de cada estado e não é incluída nas tabelas tarifárias aprovadas pela ANTT" (ANTT, 2011, Anexo 1).
[172]Como se verá a seguir, ele é assim chamado por ser uma média entre o custo de capital próprio e o de capital de terceiros (dívida).

Regulação das ferrovias

trecho e produto. Essas são as duas primeiras etapas da metodologia. Nas etapas seguintes, 3 a 6, estas desenvolvidas diretamente pela ANTT, essas "tarifas calculadas" são "filtradas" e depois utilizadas para a elaboração de tarifas multipartidas para cada produto e concessionária.[173]

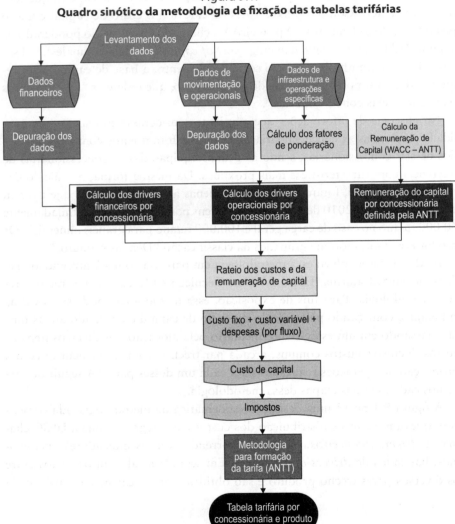

Figura 9.1:
Quadro sinótico da metodologia de fixação das tabelas tarifárias

Fonte: ANTT, Nota Técnica nº 142/Sucar/Sureg, de 26/12/2011.

---

[173] Ver o capítulo 3 para uma discussão de tarifas multipartidas.

Etapa 1: Custo de capital

Para calcular o WACC, como é usual, a ANTT utilizou o *Capital Asset Pricing Model* (CAPM). De forma resumida, o WACC é uma média ponderada entre o custo do capital próprio (isto é, dos acionistas) e o custo do capital de terceiros (bancos, investidores em debêntures e outros papéis de renda fixa), sendo este corrigido pelo fato de que o gasto com juros sobre a dívida é abatido do lucro para fins do cálculo do imposto de renda e da Contribuição Social sobre o Lucro Líquido. Expresso de forma algébrica, o WACC é calculado usando a seguinte relação:

$$WACC = R^{CP} * \frac{CP}{CP+CT} + (1-t) * R^{CT} * \frac{CT}{CP+CT}$$

Onde,
R^{CP} é o custo de capital próprio,
R^{CT} é o custo de capital de terceiros,
CP é o valor do capital próprio,
CT é o valor do capital de terceiros, e
t é a alíquota dos tributos sobre a renda.

Nessa expressão, $\frac{CP}{CP+CT}$ e $\frac{CT}{CP+CT}$ são os pesos do capital próprio e do capital de terceiros, respectivamente, pesos esses que refletem quanto de capital próprio e de terceiros a firma utiliza para se financiar. O custo de capital de terceiros (R^{CT}) entra na expressão multiplicado por $(1-t)$, pois as despesas com juros são deduzidas do lucro para fins de cálculo dos impostos incidentes sobre este. Os custos de capital de terceiros e de capital próprio, por sua vez, são calculados por meio das seguintes expressões:

$$R^{CT} = R^F + R^{BR} + R^C$$

$$R^{CP} = R^F + \beta_A * ERP + R^{BR}$$

$$\beta_A = \beta_D * (1 + (1-t) * \frac{CT}{CP})$$

Onde,
R^F é a taxa livre de risco, tipicamente considerada a taxa de juros paga pelo Tesouro americano.
R^{BR} é o prêmio de risco Brasil, que pode ser medido pelo Credit Default Swap (CDS) ou por medidas de risco país calculadas diretamente, por exemplo, pelo banco JP Morgan.
R^C é o prêmio de risco de crédito da concessionária, uma função do *rating*, que reflete a probabilidade de que ela fique inadimplente com seus credores.

ERP é o *equity risk premium*, ou prêmio de risco de mercado (acionário), que reflete o fato de que investir em ações é mais arriscado do que emprestar para empresas: primeiro, pois o credor tem preferência em relação ao acionista caso a empresa venha a falir; segundo, porque o acionista não tem prazo para receber seu dinheiro de volta, ao contrário do credor; e, terceiro, porque o valor das ações é mais volátil, de forma que o acionista corre mais risco de ter de vender por um preço baixo se decidir desinvestir.

β_D e β_A são os betas desalavancado e alavancado, respectivamente. β_D reflete a covariância entre o retorno dado pelas ações da concessionária e o de um portfólio bem diversificado de ações, em geral tomado como o próprio mercado acionário. Em particular, se a ação da concessionária for mais volátil que o mercado, $\beta_D > 1$, ao passo que, se for menos volátil, $\beta_D < 1$. β_A "corrige" esse valor para o grau de alavancagem da empresa, considerando que, do ponto de vista do acionista, um maior endividamento aumenta o risco de que não haja pagamento de dividendos e que ele não receba nada se a empresa falir.

Para calcular o custo de capital próprio (R^{CP}) e do capital de terceiros (R^{CT}), a ANTT recorreu às seguintes estimativas:

- Para medir a taxa livre de risco (R^F), a ANTT utilizou o valor médio da taxa paga pelo Tesouro americano em títulos de 30 anos nos 15 anos anteriores (5,39%), dela descontando a inflação americana no período (2,50%).
- O prêmio de risco Brasil (R^{BR}) foi considerado como sendo a média quinquenal do valor do EMBI+BR calculado pelo banco JP Morgan (2,84%).
- O prêmio de risco de crédito (R^C) foi calculado para cada concessionária pelo BNDES. No exemplo citado no Anexo 2 da nota técnica da ANTT (2011), utilizou-se um valor de 3,57% para R^C.
- O prêmio de risco de mercado (ERP) foi obtido a partir dos retornos médios anuais do S&P 500 (um índice abrangente das ações das 500 maiores empresas listadas na Bolsa de Nova York) nos 15 anos anteriores. No exemplo do Anexo 2, utiliza-se um valor de 1,54% para ERP (box 9.1).
- Como as concessionárias brasileiras, exceto pela ALL, não têm ações negociadas em bolsa, a ANTT utilizou como valor do beta desalavancado (β_D) o valor médio desse parâmetro para seis empresas ferroviárias americanas e canadenses listadas em bolsa, estimado como 0,8.
- Utilizando a estrutura de capital – proporção de capital próprio e de terceiros – a ANTT chegou ao beta alavancado de cada empresa (β_A).

A revisão tarifária de 2012

> **Box 9.1**
> **Prêmio de risco de mercado**
>
> O Anexo 2 da descrição metodológica feita em ANTT (2011) assim se refere ao prêmio de risco de mercado (ERP):
>
> > Para o cálculo da taxa de risco de mercado (Rm), é utilizado como retorno médio do mercado de referência o retorno obtido a partir da média aritmética simples dos retornos anuais diários dos últimos 15 anos da série histórica do índice S&P500.
>
> Observe-se que, para obter o prêmio de risco de mercado (ERP), é preciso subtrair a taxa livre de risco do retorno no mercado acionário. Como diz o nome, o ERP é um "prêmio", um valor a mais que os investidores exigem para correr o risco de entrar no mercado acionário.

Um ponto central na metodologia utilizada pela ANTT é que ela não usou a efetiva estrutura de capital de cada concessionária. De acordo com a agência (ANTT, 2011, Anexo 2, p. 8):

> A estrutura de capital das concessionárias de ferrovia foi avaliada com base nos dados extraídos dos demonstrativos financeiros e patrimoniais do exercício findo em 2009 (....) A avaliação indicou que os demonstrativos dos exercícios exibem, quando comparados entre si, falta de uniformidade e de conformidade nos valores apresentados pelas concessionárias, prejudicando a aplicação da metodologia do WACC para o cálculo da remuneração do capital empregado.

Assim, no "cálculo da taxa de retorno é considerada uma Estrutura de Capital Ideal, variável ao longo da concessão, onde a relação capital de terceiros *versus* capital próprio (*debt/equity*) é emulada de maneira a permitir o crescimento da participação do capital próprio dos 25% iniciais de forma progressiva até que ao final do exercício esse atinja 100% de participação". Ou seja, essa "Estrutura de Capital Ideal" assume que, no início da concessão, 25% do capital empregado seria capital próprio e que essa proporção aumentaria 2,5 pontos percentuais ao ano durante os 30 anos de concessão.

> **Box 9.2**
> **Estrutura ótima ou ideal de capital**
>
> Cabe uma observação sobre o uso pela ANTT do adjetivo "ideal" para classificar a estrutura de capital arbitrada pela agência para as concessionárias. Em finanças, define-se a estrutura ótima de capital como sendo aquela em que o capital próprio e o de terceiros são combinados de forma a maximizar o valor da empresa. Quando o *cash flow* operacional da empresa não varia com o grau de alavancagem, a estrutura ótima de capital e, portanto, a maximização do valor da firma ocorrem quando se minimiza o custo de capital médio ponderado da empresa (WACC).
>
> É fácil observar na tabela 9.1 que, dadas as hipóteses e estimativas com que trabalhou a ANTT, a estrutura ótima de capital é aquela que maximiza a participação do capital de terceiros no capital empregado (última linha da tabela 9.1). Isso vale qualquer que seja o período de concessão transcorrido.
>
> Esse resultado faz pouco sentido econômico: no mundo real, o risco de crédito e, portanto, o custo de capital de terceiros deveriam aumentar com o grau de alavancagem. Isto porque uma empresa muito alavancada que sofrer um prejuízo não muito grande irá à falência, pois o pequeno capital próprio será logo consumido pelo prejuízo. Assim, é menos arriscado emprestar para uma empresa pouco alavancada do que para outra muito alavancada, tudo o mais constante. Porém, esse fato não é levado em conta na metodologia da ANTT, com o risco de crédito sendo invariante com o grau de alavancagem, o que gera o estranho resultado mostrado na tabela.
>
> **Tabela 9.1:**
> **Custo de capital médio ponderado e a alavancagem da concessionária**
>
> | % capital terceiros | CT/CP | Beta alavancado | Custo capital próprio* | Custo de capital de terceiros* | WACC* |
> |---|---|---|---|---|---|
> | 5% | 5% | 0,8 | 6,87% | 5,16% | 6,78% |
> | 10% | 11% | 0,9 | 6,91% | 5,16% | 6,74% |
> | 20% | 25% | 0,9 | 7,03% | 5,16% | 6,65% |
> | 30% | 43% | 1,0 | 7,17% | 5,16% | 6,57% |
> | 40% | 67% | 1,2 | 7,36% | 5,16% | 6,48% |
> | 50% | 100% | 1,3 | 7,64% | 5,16% | 6,40% |
> | 60% | 150% | 1,6 | 8,04% | 5,16% | 6,31% |
> | 70% | 233% | 2,0 | 8,72% | 5,16% | 6,23% |
> | 80% | 400% | 2,9 | 10,07% | 5,16% | 6,14% |
> | 90% | 900% | 5,6 | 14,14% | 5,16% | 6,06% |
> | 95% | 1900% | 10,8 | 22,27% | 5,16% | 6,01% |
>
> *Taxas reais; isto é, descontada a inflação.

Os custos de capital médios ponderados (WACCs) para as concessionárias obtidos pela ANTT (2011, p. 25) ficaram no intervalo entre 6,20% e 6,43%. Cabe observar que essas são taxas reais de remuneração, não incorporando, portanto, a inflação. Depreende-se que a lógica por trás disso seja que a inflação venha a ser capturada pelo fato de a base de remuneração sobre a qual essas taxas são aplicadas ser atualizada anualmente pela inflação – pelo IGP-DI, índice de inflação a ser utilizado segundo previsão contratual.

Registre-se, adicionalmente, que, quando 2009 começou, o mercado financeiro esperava para o ano uma variação do IGP-DI de 5,5% e uma taxa Selic de 12,33%, segundo dados coletados pelo Banco Central. Isso se traduz na expectativa de que uma aplicação financeira em uma Letra Financeira do Tesouro (LFT) gerasse uma remuneração real de 6,47%, portanto, mais que os WACCs calculados pela ANTT.

Na metodologia desenvolvida pela ANTT, a base de remuneração do capital empregado – isto é, o valor do capital a ser remunerado – foi estimada como a soma do patrimônio líquido, inclusive os Adiantamentos para Futuro Aumento de Capital, com a dívida líquida, ambos obtidos dos balanços anuais de 2009. A ANTT deduziu dessa base ativos considerados alheios às atividades operacionais e de gestão da concessionária.

Por fim, o custo de capital anual da concessionária foi calculado fazendo o produto do custo de capital médio ponderado (WACC) pela base de remuneração do capital empregado.

Etapa 2: Custos unitários

A etapa seguinte da metologia consiste em calcular o custo unitário, por quilômetro e tonelada de mercadoria, em cada fluxo ferroviário. "Entende-se por fluxo a origem e o destino final de determinada carga" (ANTT, 2011, Anexo 2, p. 27). Ou seja, um "fluxo" é determinado pela combinação do trajeto percorrido e da carga transportada.

Para calcular esses custos unitários por fluxo, a metodologia avança em dois passos. Primeiro, se itemizam os diversos custos e despesas da concessionária. Em seguida, se distribuem esses custos entre os fluxos, inclusive o custo de capital, tendo como pesos a participação de cada fluxo nas operações da concessionária, utilizando-se para tal um conjunto de sete indicadores operacionais. Ou, como colocado no próprio documento: "A essência do método consiste, portanto, em alocar os gastos proporcionalmente ao esforço de produção associado" (ANTT, 2011, Anexo 1, p. 72). Para entender isso vale considerar o seguinte trecho extraído de ANTT (2011, Anexo 1, p. 63-64), que também ajuda na identificação dos indicadores operacionais:

A análise dos custos variáveis ferroviários considerou as seguintes funções: distância percorrida; tipo de vagão utilizado; densidade da mercadoria transportada; características da malha percorrida (características geográficas, construtivas e a situação atual da via); a localização de onde é necessário trazer os vagões vazios a serem utilizados no transporte (distância percorrida pelo vagão até o posicionamento ideal dentro do pátio do terminal) e também a quantidade de vezes que os vagões param em desvios ou em pátios para realocação de formação; características físico-mecânicas das locomotivas, estimando, assim, o impacto da via sobre a relação consumo das mesmas.

O Anexo 9.1 descreve com mais detalhe a metodologia utilizada para distribuir os custos por fluxo. Sua essência consiste em ratear os custos totais entre fluxos e mercadorias proporcionalmente ao esforço de produção/movimentação associado (dados operacionais). A partir dos custos totais alocados a cada fluxo é então calculado um custo unitário, isto é, por tonelada de carga, para cada carga específica, e por quilômetro, neste caso a partir da quilometragem de cada par origem-destino que caracteriza o fluxo. Isso gera "tarifas calculadas" que são depois utilizadas para determinar uma relação paramétrica entre tarifas por tonelada e distância do fluxo.

Etapa 3: Filtragem e parcela fixa da tarifa multipartida

A etapa seguinte consiste em determinar a parcela fixa das tarifas multipartidas. Para isso, para cada produto (carga) se faz um gráfico relacionando o custo total por tonelada útil, inclusive remuneração do capital, do fluxo (eixo vertical) com a extensão, em quilômetros, de cada fluxo (eixo horizontal), como mostra a figura 9.2A. Em seguida, os dados são "filtrados"– isto é, algumas observações mais fora do padrão são eliminadas da amostra.[174] Em seguida, é estimada uma relação linear entre o custo por tonelada e a extensão do fluxo, em que a parte fixa da tarifa é determinada pelo intercepto da regressão. As figuras 9.2A e 9.2B ilustram esse procedimento. No exemplo, um efeito do filtro é reduzir a parcela fixa da tarifa de R$ 5,841/t para R$ 3,992/t.

---

[174] Na descrição da metodologia não se explica como é feita essa "filtragem", nem em que critérios ela se baseia.

A revisão tarifária de 2012

Figura 9.2A:
Regressão para obtenção da parcela fixa da tabela tarifária antes do uso do filtro
(custos unitários/t x quilometragem)

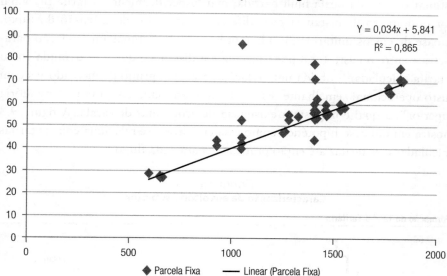

Figura 9.2B:
Regressão para obtenção da parcela fixa da tabela tarifária após o uso do filtro
(custos unitários/t x quilometragem)

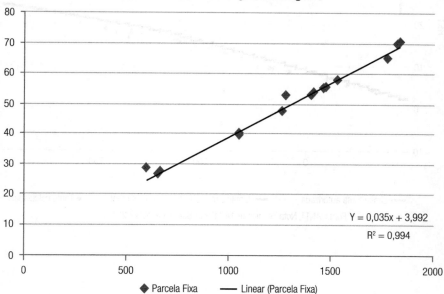

Fonte: ANTT, Nota Técnica nº 142/Sucar/Sureg, de 26/12/2011.

Etapa 4: Cálculo do componente variável da tarifa multipartida

Nesta etapa, se utilizam os valores dos custos unitários após a filtragem para estimar o resto da tarifa multipartida; mais especificamente, a tarifa marginal por quilômetro de distância para diferentes intervalos de extensão do fluxo. A base de custos unitários filtrada é utilizada para estimar uma relação paramétrica entre o custo total por tonelada e a distância, que será definida como a tarifa calculada. É obtida uma relação para cada grupo de mercadorias com custo operacional semelhante. Essa relação é estimada como uma "envoltória superior", à qual é imposta a existência de economias de escala. A figura 9.3 mostra em um caso hipotético como essa envoltória se relaciona com as tarifas calculadas e as tarifas até então praticadas para cada fluxo.

Figura 9.3:
Caracterização da envoltória superior

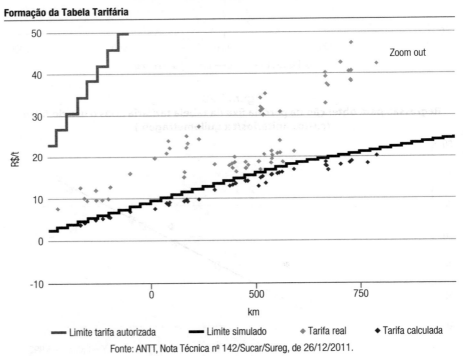

Fonte: ANTT, Nota Técnica nº 142/Sucar/Sureg, de 26/12/2011.

Etapa 5: Fator de ajuste
Esta etapa consiste em obter um "fator de ajuste", que, somado à unidade, é aplicado na tarifa multipartida obtida na etapa anterior, para elevá-la verticalmente. A ideia é estabelecer uma folga que permita acomodar a provisão de serviços que tendem a ter custo mais caro, como o transporte de pequenos volumes de carga e contratos de curto prazo. Esse ajuste foi definido como sendo igual ao coeficiente de variação do custo unitário (custo por tonelada.quilômetro) de cada concessionária; isto é, a razão entre o desvio padrão e a média desse custo unitário para os diferentes fluxos. Ou seja, concessionárias com tarifas relativamente mais heterogêneas teriam fator de ajuste mais elevado. Esses fatores de ajuste variam bastante de uma concessionária para outra (tabela 9.2).

Obtido esse fator de ajuste, a envoltória que estabelece o teto tarifário fica sendo o custo total unitário parametrizado multiplicado por um mais a razão entre o desvio padrão e o valor médio das tarifas praticadas. Na construção dos fatores de ajuste e na definição dos produtos a terem regras tarifárias paramétricas especificadas nas novas tabelas tarifárias usou-se a movimentação de cargas em 2010. A adição do fator de ajuste eleva a envoltória (figura 9.4).

Tabela 9.2:
Resumo dos fatores de ajuste do teto tarifário

Concessionária	Carga geral	*Heavy haul*
MRS	42%	35%
EFVM	51%	66%
EFC	5%	17%
ALL MS	46%	
FCA	37%	32%
FTC		46%

Fonte: ANTT.

Regulação das ferrovias

Figura 9.4:
Envoltória superior com fator de ajuste

Formação da Tabela Tarifária

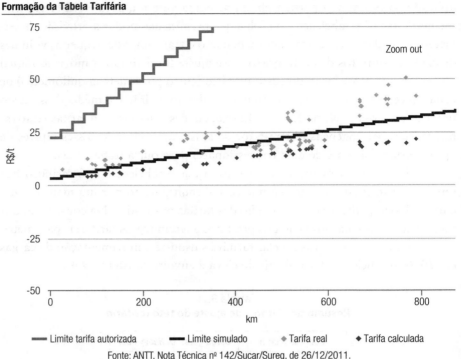

Fonte: ANTT, Nota Técnica nº 142/Sucar/Sureg, de 26/12/2011.

Etapa 6: Tarifa multipartida

A última etapa da metodologia consiste na transformação da curva da envoltória numa linha reta quebrada em determinados pontos (linear por partes), como ilustrado na figura 9.5, da seguinte forma:

a) Estima-se por métodos estatísticos uma relação entre a tarifa total por TU e a distância, impondo-se que essa relação seja linear por partes e côncava; isto é, crescente e linear, mas com inclinações marginais decrescentes. Cada intervalo ou parte constitui uma faixa em que a tarifa marginal por quilômetro é constante (figura 9.5). O comprimento das faixas, assim como a redução na tarifa a cada mudança de faixa de distância (na figura 9.5, a' > a" > a'" > a""), varia entre concessionárias.

b) As tarifas contêm ainda uma parcela fixa, que busca remunerar o custo fixo da concessão (na figura 9.5, o termo "b"). Esta parcela fixa foi estimada "com base na equação de regressão linear obtida para cada mercadoria", como visto na etapa 3 (ANTT, 2011, p. 28).

Figura 9.5:
Estrutura tarifária pretendida para cada carga

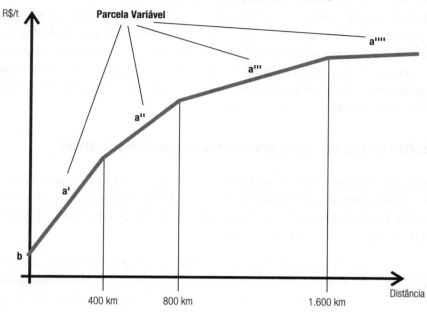

Fonte: ANTT, Nota Técnica nº 142/Sucar/Sureg, de 26/12/2011.

A tabela 9.3 apresenta a estrutura parametrizada de tetos tarifários resultante da aplicação dessa metodologia para o caso da Estrada de Ferro Carajás. As reduções entre segmentos lineares são, como se vê, muito pronunciadas: 15% da faixa 1 para 2, 12% da faixa 2 para 3, e 34% da três para quatro.

Tabela 9.3:
Tarifas máximas propostas para a Estrada de Ferro Carajás (1/7/2011)

	Parcela fixa		Parcela variável			
	Valor	Unidade	Faixa 1 0-400	Faixa 2 401-800	Faixa 3 801-1.600	Faixa 4 > 1.600	Unidade
Cobre	7,30	R$/t	0,0313	0,0266	0,0235	0,0156	R$/t.km
Ferro-gusa	11,25	R$/t	0,0482	0,041	0,0362	0,0241	R$/t.km
Gasolina	21,69	R$/mc	0,0930	0,0790	0,0697	0,0465	R$/mc.km
Manganês	5,12	R$/t	0,0219	0,0186	0,0165	0,0110	R$/t.km
Minério de ferro	5,07	R$/t	0,0217	0,0185	0,0163	0,0109	R$/t.km
Óleo diesel	21,69	R$/mc	0,0930	0,0790	0,0697	0,0465	R$/mc.km
Demais produtos	11,25	R$/t	0,0482	0,0410	0,0362	0,0241	R$/t.km

Fonte: ANTT.

A tarifa máxima para cada mercadoria será dada por: Tmáx = Pfix + Pvar x Dist , onde: Tmáx = tarifa máxima a ser cobrada pelo transporte de uma unidade de carga da estação de origem à estação de destino; Pfix = parcela fixa, em R$ por unidade de carga; Pvar = parcela variável, em R$ por unidade de carga; Dist = distância em quilômetros, da estação de origem à estação de destino. A fórmula deve ser aplicada de forma progressiva, isto é, para uma carga transportada a uma distância na faixa 4, Tmáx = Pfix + 400 x Pvar1 + 400 x Pvar2 + 800 x Pvar3 + (Dist-1.600) x Pvar4.

9.3. As críticas das concessionárias: aspectos jurídicos

Por trás da análise e das recomendações da CGU que deram origem à revisão tarifária e à constituição do Sistema de Custos Ferroviários estava a cláusula oitava (Do Reajuste e Revisão das Tarifas) dos contratos de concessão ferroviária, que prevê (conforme um dos contratos):

> 8.1 – Do Reajuste: A concedente reajustará o valor das tarifas de referência, conservada a data-base de 6 de março de 1996, na forma da lei, pela variação do IGP-DI, da Fundação Getulio Vargas, e, no caso de sua extinção, pelo índice que a concedente indicar para o reajuste das tarifas, com a finalidade de restaurar o equilíbrio econômico-financeiro, sempre que o mesmo venha a ser quebrado em razão da alteração do poder aquisitivo da moeda.
>
> 8.2 – Da Revisão: Sem prejuízo do reajuste referido em 8.1, as tarifas de referência poderão ser revistas, para mais ou para menos, caso ocorra alteração justificada de mercado e/ou custos, de caráter permanente, que modifique o equilíbrio econômico-financeiro deste contrato, por solicitação da concessionária, a qualquer tempo, ou por determinação da concedente, a cada cinco anos.

A cláusula 8.2 foi lida pela ANTT da seguinte forma (ANTT, 2011, p. 1):

> O processo de revisão tarifária das concessionárias de serviço público de transporte ferroviário de cargas é previsto nos contratos de concessão mediante duas possibilidades: i) por solicitação da concessionária, a qualquer tempo, nos casos de alteração justificada de mercado e/ou custos de caráter permanente que modifique o equilíbrio econômico-financeiro do contrato, ou ii) por determinação do poder concedente a cada cinco anos.

Como dissemos no capítulo 5, acontece que a cláusula 8ª previu apenas as hipóteses de reajuste e revisão tarifária extraordinária. Cabendo ao reajustamento manter o poder aquisitivo da moeda no tempo, por meio da incidência de índice pré-estipulado, a revisão extraordinária prevista na cláusula 8.2 toma lugar apenas em hipóteses excepcionais de "alteração de custos/despesas, decorrente de fator(es) fora do controle da concessionária de caráter permanente, que modifique o equilíbrio econômico-financeiro deste contrato, mediante proposta, fundamentada da concessionária ou determinação, igualmente justificada, da concedente, a qualquer tempo".

A revisão extraordinária tem escopo restrito, diante de circunstâncias eventuais e atípicas, portanto. Não coincide com a revisão ordinária expressamente prevista e inidividualizada em outros setores de infraestrutura, que tem o objetivo de reequilibrar o contrato periodicamente, cobrindo custos operacionais e visando ao resultado financeiro da concessionária, ao modo como contratado, a fim de assim assegurar a atração de recursos para realizar os investimentos necessários, bem como garantir a manutenção da modicidade tarifária pelo período a que se dedica.

Assim, no entendimento da ANTF (2012), a ANTT não teria feito uma leitura correta da cláusula 8.2, de forma que a revisão tarifária realizada pela agência em 2012 foi não apenas inválida, como injustificada e viciada juridicamente, motivos pelos quais ela careceu de respaldo legal ou contratual e não deveria ter sido realizada. De forma sintética, essa visão se sustenta nos seguintes argumentos.[175]

Primeiro, segundo as concessionárias, a cláusula 8.2 dos contratos de concessão prevê que a revisão tarifária deveria ocorrer apenas em circunstâncias extraordinárias; isto é, quando se verificasse um desequilíbrio econômico-financeiro do contrato. De acordo com a ANTF, porém, a ANTT reinterpretou essa cláusula para estabelecer que essa revisão deveria ocorrer de forma ordinária e periódica (a cada cinco anos). Assim, a agência teria partido da pressuposição de que lhe é facultado rever as tarifas a cada cinco anos, independentemente de identificar prévia "alteração de mercado e/ou custos" ou justificá-la. Essa posição é assim expressa pela ANTT (2011, p. 8):

> Dessa forma, em sintonia com a legislação vigente, verifica-se que praticamente todos os contratos de concessão preveem que, sem prejuízo dos reajustes previstos em contrato, as tarifas de referência poderão ser revistas para mais ou para menos, por determinação do poder concedente, a cada cinco anos.

Com isso, na visão da ANTF, a agência subverteu "o correto sentido e alcance das cláusulas contratuais de revisão tarifária, que não dão respaldo a processos *ordinários* de recomposição de preços" (p. 10, grifo no original).

---
[175]Ver também Aragão (2016) e Justen Filho (2012) para outras ponderações de natureza legal sobre a reforma tarifária realizada pela ANTT em 2012.

Segundo, os contratos de concessão estabelecem como objetivo da revisão das tarifas a recomposição do equilíbrio econômico-financeiro original do contrato, quando esse houver sido alterado de forma permanente por "alteração justificada de mercado e/ou de custos". Não obstante, a revisão tarifária adotada pela ANTT não teria, na visão da ANTF (2012), identificado qualquer "alteração justificada de mercado e/ou de custos, de caráter permanente", nem mostrado que teria havido uma modificação do equilíbrio econômico-financeiro das concessões, muito menos de cada uma delas individualmente.

Pelo contrário, a alteração realizada pela agência teria acabado "por desarticular o equilíbrio econômico-financeiro dos contratos em vigor, ao invés de zelar pela sua manutenção" (p. 10). Mais do que isso: a agência não pareceria entender que a revisão tarifária deveria manter ou restaurar o equilíbrio econômico-financeiro da concessão. O material que documenta as bases da revisão não faria, segundo a ANTF, qualquer menção a tal equilíbrio, nem se ele seria afetado pela revisão tarifária proposta. Antes, a ANTT (2011, p. 10) define um novo critério para orientar a revisão:

> [O] processo de revisão tarifária em curso busca estabelecer um novo reposicionamento tarifário, onde serão estabelecidas tarifas compatíveis com a cobertura dos custos operacionais existentes para um dado nível de qualidade do serviço e com uma remuneração justa e adequada sobre investimentos realizados pelas concessionárias.

Dessa forma, a ANTT teria criado um "verdadeiro novo contrato de concessão no que tange ao aspecto remuneratório, em substituição ao anterior" e estaria agindo oportunisticamente, expropriando os concessionários depois de estes terem realizado os investimentos necessários à recuperação da malha e do material rodante.

O ponto é muito crítico. Diferente da premissa assumida pela agência, a adoção de uma nova metodologia de cálculo, alterando ou criando critérios, em si, para definir as tarifas, além de violar, de forma superveniente, o instrumento convocatório que informou a concessão e a formação da tarifa (art. 4º e 9º, da Lei nº 8.987/1995), equivale à mais direta alteração unilateral da cláusula econômica da concessão, o que é indevido e só pode ocorrer mediante consenso (art. 58, §1º, da Lei nº 8.666/1993).

A ideia mais importante a ser aqui destacada é a de que o estatuto da concessão veicula um núcleo contratual que se pretende imune a futuras alterações, sejam estas políticas, regulatórias ou econômicas. Trata-se da denominada base objetiva do negócio jurídico, conceituada por Larenz (1956, p.

224)[176] como "o conjunto de circunstâncias e o estado geral das coisas, cuja existência ou subsistência é objetivamente necessária para que o contrato, segundo o significado das intenções de ambos os contratantes, possa subsistir como regulação dotada de sentido". Diante dessa perspectiva, qualquer alteração (exógena, endógena, unilateral ou circunstancial) a tais contratos deverá respeito "à equação econômico-financeira definida pelas condições contratuais" (Moreira, 2010, p. 390).

O referido entendimento é consagrado pelo Superior Tribunal de Justiça,[177] como se extrai do seguinte julgado: "se a prestadora de serviços deixa de ser devidamente ressarcida dos custos e despesas decorrentes de sua atividade, não há, pelo menos no contexto das economias de mercado, artifício jurídico que faça com que esses serviços permaneçam sendo fornecidos com o mesmo padrão de qualidade". Significa dizer que o desrespeito às bases econômicas do contrato de concessão ameaça, na ponta, a própria viabilidade econômica de o concessionário prestar um adequado serviço público, violando a garantia prevista no art. 10, da Lei nº 8.987/1995.

Terceiro, os contratos de concessão não preveem que a concessionária divida com os usuários quaisquer perdas ou ganhos resultantes de seus esforços para aumentar sua eficiência. As concessionárias argumentam, porém, que a metodologia utilizada pela ANTT tem como base o princípio de que as perdas ou ganhos obtidos pelas concessionárias devem ser repartidos com os usuários, de forma que sua remuneração não se afaste da que a ANTT considera adequada. Isso seria, portanto, uma "ilegal medida expropriatória, punindo a boa gestão das concessões, refletida em ganhos de eficiência" (ANTF, 2012, p. 32).

Tal repartição ordinária e periódica de ganhos e perdas careceria, também, de um fundamento legal básico: "a cláusula contratual dispondo *como* essa repartição se dará".[178] E não haveria essa cláusula exatamente porque "o contrato atribui ao concessionário todos os benefícios decorrentes da redução de custos

---

[176]A propósito desse tema, é oportuno mencionar a lição de Ennecerus *et al.*: "Por base do negócio, a esses efeitos, se há de entender as representações dos interessados, ao tempo da conclusão do contrato, sobre a existência de certas circunstâncias básicas para sua decisão, no caso de que essas representações não hajam sido conhecidas meramente, senão constituídas, por ambas as partes, em base do contrato, como, por exemplo, a igualdade de valor, em princípio, de prestação e contraprestação nos contratos bilaterais (equivalência), a permanência aproximada do preço convencionado, a possibilidade de repor a provisão das mercadorias e outras circunstâncias semelhantes" (Ennecerus, Kipp e Wolff, 1950, p. 209).
[177]STJ. Resp nº 572/070 – PR, ministro João Otavio de Noronha. Data de julgamento: 14/6/2004.
[178]Não há, para usar a terminologia de regulação, um fator X especificado nos contratos.

ou da ampliação de receita, sem qualquer repercussão necessária sobre o preço do serviço" (p. 14). Pelo contrário, o único motivo contratual para uma revisão seria "a ocorrência de eventos imprevisíveis e inevitáveis, estranhos às vontades das partes" (p. 18), que gerassem um significativo desequilíbrio na equação econômico-financeira original do contrato.

Por não haver previsão de como os eventuais ganhos seriam repartidos, o que a ANTT estaria de fato fazendo é substituir unilateralmente o regime regulatório, de teto de preço para taxa de retorno. E, nessa passagem, estaria expropriando as empresas, ao reduzir arbitrariamente sua rentabilidade, ainda que os contratos de concessão previssem que isso não poderia ser feito.

Dessa forma, a revisão tarifária estaria sendo feita como se fosse uma nova concessão: instituindo um novo modelo regulatório, com novas taxas de retorno e condições de risco, que não as da época da privatização. Isso estaria evidente na recomendação da CGU que motivou o trabalho da ANTT:

> Recomendação 002: Que ANTT utilize o Sistema de Custos Ferroviários para elaboração das novas tabelas tarifárias de referência para todas as concessionárias de transporte ferroviário de cargas e passageiros até o fim de agosto de 2011. (ANTT, 2011, p. 9).

A ANTF (2012) defende, ainda, que teria havido:

- "Violação do devido processo regulatório", por a agência não ter atuado com a devida transparência e tempestividade em relação à divulgação dos dados e premissas utilizados na elaboração da nova metodologia e no cálculo das novas tarifas.
- Desrespeito ao dever de isonomia, ao utilizar cálculos para algumas concessionárias no estabelecimento das tarifas e faixas quilométricas de outras, desconsiderando as diferenças entre elas.
- Desconsideração do fato de que os contratos de certas concessionárias sequer previam a possibilidade de revisão tarifária, enquanto, no caso da ferrovia Norte-Sul, sequer havia transcorrido o período de cinco anos desde a concessão.

9.4. As críticas das concessionárias: aspectos econômicos

As críticas de caráter econômico feitas pelas concessionárias foram de duas naturezas principais. Uma, de método, em especial referente à alteração, a meio do contrato de concessão, do método de regulação tarifária, de um regime de teto de preço para outro de taxa de retorno. Outra, de valores, por a ANTT utilizar o novo regime de regulação tarifária com base em valores equivocados, na visão da ANTF. Mais especificamente, criticou-se a reforma por (i) impor valores muito baixos para o custo do capital (WACC) das concessionárias; (ii) o mesmo em relação à base de capital a ser remunerada; (iii) ser muito restritiva na fixação do fator de ajuste; e (iv) errar no cálculo de alguns dos indicadores operacionais utilizados para rateio dos custos entre fluxos. Os dois primeiros erros seriam especialmente importantes, uma "vez que o custeio econômico do capital mobilizado pode representar algo entre 50% e 60% do custo cheio de uma concessionária" (ANTF, 2012, p. 54).

9.4.1. Método de regulação

A ANTF (2012) argumenta que, como já colocado, mais do que apenas rever as tarifas, a ANTT decidiu rever o próprio regime de regulação tarifária da concessão, passando de uma regulação por teto tarifário (*price cap*) para outro por taxa de retorno. De fato, a ANTT (2011, p. 10) apontou que o modelo de concessão até então vigente "consagrou um regime tarifário denominado regime de preços máximos (*price cap*)", enquanto o processo de revisão buscava "estabelecer um novo reposicionamento tarifário, onde serão estabelecidas tarifas compatíveis com a cobertura dos custos operacionais existentes para um dado nível de qualidade do serviço – e *com uma remuneração justa e adequada sobre investimentos realizados pelas concessionárias*" (grifo adicionado).

Há diferenças importantes entre esses dois regimes, especialmente quando, como argumentam as concessionárias, o contrato de concessão não prevê a repartição dos ganhos de produtividade entre empresas e usuários.

Em um regime de regulação por taxa de retorno, as tarifas são fixadas de forma a cobrir os custos operacionais e remunerar o capital investido pela empresa, de acordo com uma taxa de retorno estabelecida em contrato. Esse foi historicamente o método utilizado no setor de infraestrutura, com a visão de que isso atendia aos concessionários, que não corriam maiores riscos, e aos consumidores, que pagavam apenas pelo custo econômico da concessão. Com o tempo, porém, perceberam-se quatro problemas com esse regime que levaram ao seu virtual abandono.

O primeiro é que ele não dava à empresa qualquer incentivo para aumentar sua eficiência, pois ela nada ganhava com isso. Pelo contrário, reduzir custos exige esforços dos gestores, atrita a relação com fornecedores, muitas vezes desagrada os funcionários etc. E a empresa não ganhava nada com isso, pois toda a economia era repassada aos usuários. Não surpreendentemente, a tendência era as empresas se acomodarem, não se preocuparem em buscar fornecedores mais baratos, ou se recusarem a pagar salários muito acima do mercado, pois nada disso alterava o lucro dos acionistas. O resultado, claro, eram tarifas elevadas.

O segundo problema é que esse regime regulatório estimulava as empresas assim reguladas a investir em qualquer coisa que fosse computada na base de capital a ser remunerado, incluindo sedes suntuosas, jatos executivos etc. O terceiro é que ele gerava inúmeras disputas entre empresas e reguladores, inclusive sobre o que podia ou não ser computado na base de capital.

O quarto é que a empresa era obrigada a cobrar a mesma tarifa de todo mundo, independente de certos clientes serem mais lucrativos que outros. Isso gerava subsídios cruzados entre clientes, que não eram um problema para a concessionária, até o ponto em que isso começou a corroer sua competividade junto aos clientes mais lucrativos. Esse foi, em especial, o caso das ferrovias, que começaram a perder os clientes mais interessantes para o transporte rodoviário.

Esses problemas levaram os governos a preferir fazer concessões utilizando o regime regulatório de teto de preço. Nele, fixa-se um teto para a tarifa, ficando a empresa livre para cobrar tarifas mais baixas se assim desejar. Esse teto é reajustado anualmente pela inflação. Dependendo do que estabelece o contrato, esse teto pode ser revisto periodicamente – a cada cinco ou dez anos, por exemplo – para que o teto seja rebaixado de forma a que a empresa reparta parcela dos ganhos de produtividade obtidos nesse período com os usuários. Às vezes, a redução de teto é fixada antecipadamente em contrato: por exemplo, 1% a cada ano.[179]

O regime de teto de preços basicamente resolve os problemas elencados acima para a regulação por taxa de retorno: as empresas têm fortes incentivos para reduzir custos, inclusive evitando investimentos que não dão lucro; a regulação é mais transparente, não dando motivos para disputas com o regulador; e a empresa tem liberdade para diferenciar clientes, desde que respeitando o teto. Nesse regime, como argumenta a ANTF (2012, p. 38), "todos os riscos ordinários do empreendimento ocorrem por conta da concessionária, tal como numa atividade de livre exploração privada".

O grande desafio, nos dois regimes, é fixar a taxa de retorno de forma a atrair o concessionário, dando-lhe uma rentabilidade que torne a concessão interessante, considerando os riscos envolvidos. Isso é bem mais fácil no regime de regulação por taxa de retorno, pois basicamente não há riscos comerciais e a taxa de retorno é a mesma ao longo de toda a concessão.

---

[179]Há casos, também, em que o fator X na regulação por teto de preço é negativo: ou seja, o teto aumenta além da inflação ao longo do tempo. Isso aconteceu, por exemplo, no setor de água e saneamento do Reino Unido (Armstrong, Cowan e Vickers, 1994).

No regime de teto de preço, por outro lado, a rentabilidade vai variar ao longo da concessão, por conta da distribuição temporal dos investimentos, do tamanho e do momento dos ganhos de eficiência e da forma como esses serão repartidos. Além disso, os riscos são bem maiores, pois em vez de ganhos o concessionário pode incorrer em perdas. Ao fazer a concessão, portanto, o regulador precisa fixar um teto que, ao longo da concessão, e ao considerar os ganhos de eficiência, gere uma taxa de retorno esperada que seja a menor possível, mas ainda assim atraente para o concessionário, dados os riscos envolvidos. Como vimos no capítulo 3, esse não é um desafio trivial.

O problema principal, do ponto de vista das concessionárias, não seria usar um regime ou outro, mas alterar o regime no meio do período de concessão. Isso porque o regime de taxa de retorno, aplicado a partir do meio do contrato, desconsidera as perdas e riscos incorridos na primeira metade da concessão, olhando apenas a segunda metade, quando os investimentos já foram feitos e os ganhos de eficiência ocorreram. Esse ponto é assim colocado pela ANTF (2012, p. 55):

> Ter retorno sobre capital negativo nos primeiros anos de um investimento em infraestrutura não é em si incomum ou inviável do ponto de vista de atração de capitais privados. Em verdade, estes retornos simplesmente decorrem do fato de que os primeiros anos são muito pesados em investimentos e muito leves em receitas, seja porque a construção de capacidade é unitária, para atender à demanda que vai correr muitos anos à frente, seja porque os ativos ainda estão na sua fase pré-operacional. (...) Em algum momento da exploração dos ativos, entretanto, esta curva de retornos se inverte. Os investimentos em capex são relativamente baixos, e as receitas relativamente altas. (...) Obviamente, como nos primeiros anos o retorno sobre capital foi negativo, a única forma de fazer com que o retorno medido ao longo da concessão convirja para o seu custo de capital é ter um ROIC maior que o WACC nos seus anos finais.

Em suma, a ANTF defende que, dada a natureza da concessão ferroviária recebida do governo em meados dos anos 1990, as concessionárias precisaram amargar retornos inferiores ao custo de capital nos primeiros vários anos da concessão e "que, exceto por dois anos, as concessionárias coletivamente sempre tiveram prejuízo econômico, isto é, auferiram retorno sobre o capital menor que o seu custo" (p. 7). Assim, a equação econômico-financeira da concessão só se equilibraria com elas auferindo um retorno maior que o WACC nos anos restantes. Porém, a metodologia adotada pela ANTT apenas permitiria que na segunda metade da concessão elas tivessem um retorno no máximo igual ao custo de capital, o que faria com que no todo da concessão as empresas tivessem um retorno inferior ao WACC.[180]

9.4.2. Custo do capital

As concessionárias identificaram dois problemas complementares no cálculo do custo de capital utilizado no cômputo das novas tarifas. O primeiro é que a aplicação da regulação por taxa de retorno deveria ser feita com base nos valores da época da concessão, quando as empresas fizeram suas contas e decidiram virar concessionárias. De fato, um pilar desse regime é que a taxa de retorno seja a mesma ao longo de toda a concessão. Caso contrário, a empresa não terá segurança para investir.

Um exemplo ajuda a entender porquê. Suponha que, para financiar um investimento, a concessionária levante recursos no mercado emitindo debêntures de 30 anos a juros iguais à inflação mais 7% ao ano. Cinco anos depois, o mercado está negociando títulos com 25 anos de prazo e risco e liquidez semelhantes ao da concessionária a juros iguais à inflação mais 3% ao ano. Na forma que a ANTT se propõe a fazer, a taxa de retorno da concessão seria reduzida depois de cinco anos, para refletir a queda no custo de capital de terceiros (R^{CT}). Neste caso, porém, a concessionária não obteria recursos suficientes para pagar os juros incidentes sobre a sua dívida.[181]

Nesse sentido, argumenta a ANTF (2012, p. 8), a taxa de retorno que a ANTT deveria utilizar para determinar as tarifas é a taxa de remuneração "que vigia na época dos leilões de concessão, estimada pelo BNDES em cerca de 12% ao ano, em termos reais (WACC)", pois foi ela "que balizou a decisão de investimento dos concessionários, e que representou o custo de captação dos recursos empregados nas operações".

O segundo problema é que o custo de capital (WACC) calculado pela ANTT é muito baixo, seja em comparação com o vigente à época da privatização, seja ao que as concessionárias entendiam ser esse custo em 2011/2012. Na visão das concessionárias, isso se deu "em grande parte pela utilização de um parâmetro irrealístico para o prêmio de risco de mercado".

---

[180] A ANTF (2012, p. 46) aponta que esse equívoco ocorreu devido à tentativa de reproduzir para as ferrovias o modelo utilizado na regulação do setor elétrico, desconsiderando que os dois setores têm distribuição temporal muito diferente de investimentos e receitas.

[181] Ressalte-se, porém, que a lógica é outra no que tange a novos investimentos, para os quais a taxa de remuneração pode e deve refletir as condições de financiamento da época em que forem decididos.

Assim, ainda que o método utilizado pela ANTT para calcular a remuneração dos investimentos realizados seja padrão, o mesmo não seria verdade em relação à sua aplicação. Vejamos porquê.

Para estimar o prêmio de risco de mercado (ERP), a ANTT considerou a diferença entre o retorno do índice Standard and Poor's (SP 500) da Bolsa de Nova York e a taxa livre de risco, esta considerada como sendo a média aritmética dos retornos diários dos títulos de dívida de 30 anos do Tesouro americano.

A crítica no caso não foi à medida utilizada para o prêmio de risco de mercado, que é uma medida comum, mas ao período da série histórica utilizada para obter uma estimativa, que compreendeu apenas os 15 anos anteriores. Isso porque esses 15 anos foram marcados por sucessivas crises, começando com o calote russo e a quebra do Long Term Capital Management, passando pelo estouro da bolha da internet e depois a crise financeira internacional. Além disso, compreendeu apenas 15 anos, quando a literatura em geral recomenda utilizar períodos mais longos, compreendendo algumas décadas, pois isso torna as estimativas mais precisas.[182]

Ainda que a ANTF (2012) não tenha entrado em detalhes sobre esse ponto, vale registrar que, em geral, o valor usado para o prêmio de risco de mercado (ERP) no cálculo do custo de capital próprio (R^{CP}) é de fato mais alto que o utilizado no estudo da ANTT. Por exemplo, a Universidade Federal de Santa Catarina, no trabalho realizado para a ANTT, que serviu de base para a proposta de revisão tarifária, adotou um ERP de 6,6%. Em geral, as principais corretoras e fundos de investimento utilizam valores na faixa de 5% a 6% para esse prêmio. Koeller, Goedhart e Wessels (2005, p. 296) chegam a um valor semelhante, depois de examinarem vários métodos de estimação:

> Baseado em médias históricas e estimativas com olhar prospectivo (*forward-looking*), o prêmio de risco de mercado apropriado está atualmente entre 4,5 e 5,5 por cento.

Bruner, Eades, Harris e Higgins (1998) fizeram um levantamento dos prêmios de risco de mercado utilizados por 27 empresas de grande reputação, dez *leading financial advisers* e sete livros-texto de grande utilização na profissão. Os resultados são sintetizados no quadro 9.1.

---

[182] A esse respeito, ver, por exemplo, Koller, Goedhart e Wessels (2002) e Damodaran (2002).

Quadro 9.1:
O que empresas, analistas e acadêmicos usam como prêmio de risco de mercado?
(% que utiliza os métodos/valores citados)

Corporações		Financial advisers		Livros-texto	
Valor	%	Valor	%	Valor	%
Taxa fixa entre 4,0% e 4,5%	11%	Taxa fixa de 5,0%	10%		
Taxa fixa entre 5,0% e 6,0%	37%	Taxa fixa entre 7,0% e 7,4%	50%		
Média aritmética	4%	Média aritmética de longo prazo	10%	Média histórica aritmética	71%
Média geométrica	4%	Médias aritmética e geométrica de longo prazo		Média histórica geométrica	15%
Média do valor histórico e implícito	4%				
Estimativa do *financial adviser*	15%				
Prêmio sobre os juros da dívida	7%	Prêmio sobre os juros da dívida	10%		
Outros ou não reportado	18%	Outros ou não reportado	10%	Outros ou não reportado	14%

Fonte: Bruner, Eades, Harris e Higgins (1998).

Nesse tipo de análise, outra questão que também pode ser objeto de questionamento – ainda que, neste caso, as concessionárias não tenham levantado esse ponto – diz respeito ao valor do beta desalavancado (β_D). A ANTT utilizou um valor de 0,80 para esse parâmetro, obtido com base em uma amostra de seis ferrovias do Canadá e dos EUA. Uma fonte que sempre vale consultar para obter estimadores desse parâmetro (beta desalavancado, β_D) é a página de Aswath Damodaran na internet.[183] Nela, Damodaran lista valores médios de beta para vários setores, estimados para as bolsas americanas.

Para o setor de ferrovias, com uma amostra de 12 empresas, Aswath Damodaran estima um beta desalavancado para o setor de ferrovias de 1,21. Além das seis ferrovias consideradas pela ANTT – CSX Corp., Kansas City South'n, Norfolk Southern, Union Pacific, Can. National Railway, Can. Pacific Railway – Damodaran considera também outras seis – American Railcar Inds, Greenbrier Cos Inc., Genesee & Wyoming, Providence & Worcester R R, Rail America, Freightcar America Inc.

Outro parâmetro utilizado no cálculo do custo de capital que as concessionárias poderiam ter questionado, mas não o fizeram, diz respeito ao prêmio de risco Brasil (R^{BR}). Para estimar esse parâmetro, a ANTT utilizou "a média do

---

[183] http://people.stern.nyu.edu/adamodar/New_Home_Page/datafile/Betas.html.

índice EMBI+BR apurado pelo Banco JP Morgan referente ao período de referência de cinco anos, alinhando assim o risco Brasil com os prazos revisionais das tarifas do setor". Seria possível argumentar em favor de se utilizar a média de 15 anos, cobrindo todo o período transcorrido das concessões, inclusive por ser esse um estimador mais preciso. A média do prêmio de risco Brasil para os 15 anos até a revisão tarifária, de 5,42%, foi quase o dobro da observada no lustro anterior, de 2,84%.

Um último ponto que as concessionárias poderiam ter questionado diz respeito às alíquotas de imposto. A ANTT utiliza nos seus cálculos, como é normal nesse tipo de análise, a tarifa marginal oficial, de 34%. Há bons argumentos, porém, para defender que se utilize, em vez disso, a alíquota efetivamente paga pelas concessionárias. De fato, a própria ANTT (2011, Anexo 2) faz isso quando estima o beta desalavancado das ferrovias americanas. Esse ponto é reforçado pela seguinte observação de Koeller, Goedhart e Wessels (2005):

> According to research by John Graham, the statutory marginal tax rate overstates the future marginal tax rate because of rules related to tax-loss carry-forwards, tax-loss carry-backs, investment tax credits, and alternative minimum taxes (Graham, 1996a e 1996b).

Dois casos concretos em que a observação acima se aplica são o da Ferrovia Centro Atlântica e o da Estrada de Ferro Carajás, que, em função de prejuízos acumulados e incentivos dados para empresas em suas áreas de atuação, incorrem em alíquotas de imposto bem mais baixas do que os 34% utilizados pela ANTT. Observe-se que o uso de uma alíquota de imposto mais baixa implica um valor mais alto para o beta realavancado e o custo de capital (WACC).

A tabela 9.4 ilustra como o custo de capital das concessionárias se altera quando se utilizam estimativas diferentes para os diversos componentes do custo de capital, na linha das considerações acima. Como se vê, corrigindo as estimativas dos parâmetros do Capital Asset Pricing Model obtém-se um valor mais elevado do custo de capital das concessionárias (WACC) do que o que utilizado pela ANTT.

Tabela 9.4:
Sensibilidade do custo de capital aos parâmetros do CAPM

	ANTT	Correção ERP	Correção beta	Correção alíquota IR	Correção risco Brasil
% CP	57,5%	57,5%	57,5%	57,5%	57,5%
R^F	5,4%	5,4%	5,4%	5,4%	5,4%
R^{BR}	2,8%	2,8%	2,8%	2,8%	5,4%
R^C	3,6%	3,6%	3,6%	3,6%	3,6%
π_{US}	2,5%	2,5%	2,5%	2,5%	2,5%
ERP	1,5%	5,0%	5,0%	5,0%	5,0%
β_D	0,8	0,8	1,21	1,21	1,21
t	34%	34%	34%	10%	10%
R^{CP}	7,38%	11,40%	14,37%	15,42%	17,94%
$R^{CT}_{(1)}$	5,16%	5,16%	5,16%	7,92%	10,19%
WACC	6,44%	8,75%	10,46%	12,23%	14,64%

(1) Já computado o benefício fiscal.

9.4.3. Base de remuneração do capital

A remuneração do capital é calculada multiplicando-se o custo do capital pela base de remuneração do capital. A principal crítica da ANTF (2012) em relação a esta última é que a metodologia da ANTT subestima essa base e, portanto, a remuneração embutida nos novos tetos tarifários definidos pela agência.

O ponto central da ANTF gira em torno de se ter usado para medir a base a soma do patrimônio líquido e da dívida líquida, como reportado no balanço das concessionárias de referência de 2009, em vez de o valor dos investimentos realizados. A própria ANTT aponta que essa seria a maneira correta de proceder, mas justifica sua opção por ainda não contar com uma base de dados dos investimentos:

> Importa destacar que o uso dos dados dos balanços contábeis disponibilizados pelas concessionárias para o ano de 2009, a despeito do disposto no art. 7º da Resolução nº 3.543/2010, decorreu do fato de que os dados de inventário dos investimentos ainda estão sendo apurados pela ANTT junto às concessionárias, e, portanto, não estão ainda disponíveis para a revisão tarifária, ora em curso. Nas futuras revisões a base de remuneração a ser considerada deverá ser aquela apurada nos termos da referida resolução (ANTT, 2011, p. 24-25).

Em relação ao patrimônio líquido, a ANTF (2012) argumenta que, ainda que o procedimento adotado em geral gere boas *proxies* do capital investido, no caso em tela ele provoca uma subestimação da base de remuneração do capital. Isso por dois motivos. O primeiro é a natureza do setor de infraestrutura, e das concessões ferroviárias em especial, em que grandes investimentos têm de ser feitos antes que a concessão gere resultados. O outro é que as concessões foram assumidas pelos atuais investidores em situação muito precária, gerando elevados prejuízos. Nos dois casos, há uma geração de prejuízos nos primeiros anos da concessão que reduzem o patrimônio líquido e fazem com que ele subestime o total de recursos efetivamente aportados.

Vale aqui uma breve digressão sobre esses pontos. A literatura sobre a avaliação (*valuation*) alerta para os cuidados que precisam ser tomados no caso de empresas em que há forte interdependência de resultados ao longo de seu ciclo de vida, o que é o caso das empresas de infraestrutura. Esse ponto é assim colocado por Damodaran (2002):

> Life cycle earnings – As noted earlier in the chapter, it is normal for firms to lose money at certain stages in their life cycles. When valuing such firms, you cannot normalize earnings, as we did with cyclical firms or firms with temporary problems. Instead, you have to estimate the cash flows of the firm over its life cycle, and let them turn positive at the right stage of the cycle (Damodaran, 2002, p. 629).

Sobre a necessidade de grandes investimentos na primeira parte do ciclo de vida das concessões ferroviárias, cabe notar que ela foi reconhecida já na época da privatização. Assim, referindo-se à privatização da RFFSA, Raimunda Alves de Souza e Haroldo Fialho Prates, técnicos do BNDES envolvidos nessa operação, observaram: "Com essa medida o governo federal estaria estimulando a iniciativa privada a fazer investimentos num setor que, dada a escassez de recursos públicos, deteriorava-se a passos largos" (Souza e Prates, s.d., p. 2).

O tamanho do desafio em termos da necessidade de investimentos no início da concessão também pode ser avaliado a partir desta observação de Souza e Prates (s.d., p. 8):

> Embora não houvesse imposição formal de investimentos, o que se esperava – e já se observa – é que as concessionárias realizassem vultosos investimentos em recuperação, melhorias e modernizações dos ativos operacionais, tanto para atender às metas de desempenho como, principalmente, para dar rentabilidade ao negócio.

Na mesma linha, também já se avaliava à época da privatização a precária situação da RFFSA (e da Fepasa) e, portanto, o fato de que as concessionárias amargariam prejuízos nos seus primeiros anos. Sobre isso, Souza e Prates (*op. cit.*, p. 2) observam que:

> Todos sabiam, porém, que se tratava de uma missão difícil. A empresa se encontrava imersa em crise financeira crônica, precisando de grande volume de recursos para sanear suas dívidas, fazer a manutenção adequada de seus ativos operacionais e realizar investimentos indispensáveis ao atendimento da demanda de transporte. (...) Portanto, já se imaginava, desde logo, que o modelo de desestatização para a RFFSA deveria ser diferente daquele usualmente adotado pelo PND, ou seja, a alienação de ações das empresas nele incluídas.

Ainda que a ANTF não tenha tocado nesse ponto, poder-se-ia argumentar que também integrava a equação econômico-financeira da concessão a obrigação que os investidores assumiram de fazer uma oferta de ações, em condições favorecidas, aos empregados e aposentados da RFFSA e suas subsidiárias, no início da concessão (Souza e Prates, s.d.).

Por fim, a ANTF argumenta que "uma série de inconsistências na metodologia da agência precisaria ser sanada: (a) a exclusão dos empréstimos e adiantamentos de partes relacionadas, (b) a inconsistência da não inclusão de outros passivos onerosos na base, tais como adiantamentos mercantis e CRIs – Certificados de Recebíveis Imobiliários, (c) a inclusão indevida do caixa operacional mínimo como redutor da dívida bruta para se chegar à dívida líquida, que integra a base contábil e (d) a inconsistência no tratamento de AFACs" (ANTF, 2012, p. 58).

9.4.4. Fator de ajuste

A ANTF (2012) argumenta que, como calculado, o fator de ajuste dá pouca flexibilidade para variações nas tarifas, para acomodar adequadamente clientes cujo custo de servir seja mais alto, em função de diferenças de volume, garantias e duração dos contratos e especificidades das cargas, entre outros. Ademais, leva a um processo em que, após algumas revisões, essa flexibilidade vai desaparecer.

Na visão das concessionárias, não haveria justificativa para o critério adotado pela agência para fixar o valor do fator de ajuste – e, de fato, a ANTT não apresenta os motivos que a levaram a escolher o método adotado. A ANTF (2012, p. 66) defende que, se o espírito era respeitar as diferenças de custos no atendimento a clientes com características diferentes, "[o] fator de ajuste deveria ser fixado como o maior valor, entre aqueles apurados num período de

3 anos, que represente o percentual de diferença, em cada ano, entre a *maior tarifa praticada* e a *tarifa média*, medida em R$ por TU, para cada combinação produto-faixa quilométrica".

Isso evitaria que, como se dá com a forma adotada pela ANTT, clientes mais caros de atender fiquem sem ser servidos. Se isso ocorrer, de fato, o desvio padrão das tarifas irá cair na revisão seguinte e, com ele, o fator de ajuste, gerando nova rodada de "expulsão" de clientes a cada rodada e a gradual convergência do teto para a média tarifária.

9.4.5. Sobre a metodologia de rateio

A ANTF não teceu considerações sobre os critérios de rateio utilizados pela ANTT, mas cabe aqui fazer duas breves observações.

A primeira é que o tipo de rateio feito é apenas uma de inúmeras formas de como fazê-lo. Isso é especialmente relevante porque, no caso das ferrovias, os custos comuns são proporcionalmente elevados e a forma de distribuí-los tem implicações importantes para a estrutura tarifária do setor. Assim, teria sido importante avaliar a sensibilidade dos resultados a diferentes alternativas de distribuição de custos, despesas e remuneração do capital.

Por exemplo, para se ratear o valor total da remuneração do capital, que responde por metade ou mais de todos os custos, esse foi associado, em 40%, ao total de toneladas úteis e, em 60%, ao total de vagões quilômetros (VKM). Quão sensíveis são os resultados obtidos a essa distribuição?

A segunda é que a metodologia adotada aloca os gastos proporcionalmente ao esforço de produção associado. Portanto, não leva em consideração qualquer informação sobre quão elásticas são as demandas por transporte em cada fluxo em relação às tarifas. E, como vimos no capítulo 3, isso leva a resultados possivelmente piores em termos de maximização do bem-estar social. Ainda que a ANTT não pudesse adotar uma metodologia mais próxima dos preços de Ramsey, por falta de informações, seria recomendável que ela caminhasse nessa direção ao longo do tempo.

9.4.6. Outras questões

A ANTF (2012) aponta ainda para um outro conjunto de problemas com a forma como a metodologia foi adotada:

- O ano de 2009, utilizado como base para os cálculos das tarifas, foi um ano de crise, com o setor ferroviário sendo afetado. Além disso, o desempenho em um ano pode ser afetado por variáveis múltiplas, como por eventos "climáticos (quebra de safra de grãos por seca ou excesso de chuvas), por eventos não recorrentes (queda de barreiras por chuvas, greves ou operações padrão em portos e órgãos de fiscalização), além de por muitas outras causas" (ANTF, 2012, p. 53). Mais correto, na visão das concessionárias, teria sido utilizar dados para todos os anos passados da concessão.

- Utilizam-se dados de uma concessionária para fixar tarifas para outra concessionária, desconsiderando que cada uma tem peculiaridades específicas, que são deixadas de lado. Na falta de informações suficientes, o melhor teria sido que a ANTT buscasse boas informações junto a todas as concessionárias.
- As mudanças promovidas nas listas de produtos e nas faixas quilométricas, exigindo renegociações de contratos com clientes e alterando o equilíbrio econômico-financeiro da concessão.
- O cálculo da quantidade de vagões (QTV), como discutido no anexo, não mede de fato "quantas viagens um vagão faz (como o nome diz) e sim quantos vagões devem ser carregados para atendimento ao volume de cada fluxo de transporte", o que pode levar a erros de cálculo.
- No cálculo do total de toneladas brutas (TB), como descrito no Anexo 9.1, não são consideradas as taras das locomotivas utilizadas nos fluxos, enviesando os cálculos.

Ainda que a ANTF (2012) não levante este ponto, cabe apontar que a metodologia, como detalhada nos documentos da ANTT, não dá qualquer explicação sobre que critérios foram utilizados para determinar que observações são eliminadas pelos filtros.[184] Dependendo de como isso é feito, há um risco considerável de que os estimadores dos parâmetros da relação entre custo por tonelada e distância sejam enviesados. De fato, como se viu no exemplo da ANTT, a utilização do filtro pode reduzir significativamente a estimativa da parcela fixa da tarifa (figura 9.2A e 9.2B).

---

[184] A Nota Técnica da ANTT apenas observa que foram estabelecidos "alguns filtros para tratamento dos dados, tendo entre outros os seguintes critérios: a tonelada transportada (TU), distância (km) e produto médio (R$/mil TKU)".

Anexo 9.1

Metodologia para ratear os custos entre fluxos

A metodologia utilizada começa pelos indicadores operacionais, ou *drivers*, na terminologia utilizada em ANTT (2011), para distribuir os custos em um determinado período por trecho. Ao todo, são sete *drivers operacionais* (ANTT, 2011, Anexo 2, p. 27-37):

a) Tonelada útil transportada (TU): mede a quantidade total de toneladas úteis (isto é, de carga) transportadas em um determinado fluxo.
b) Tonelada bruta (TB): a tonelada bruta transportada em um determinado fluxo é dada pela soma da tonelada útil transportada (TU) com a tara do vagão, multiplicada pela quantidade de viagens realizadas (QTV).
c) Tonelada quilômetro útil (TKU): é o produto do total de toneladas úteis transportadas pelo comprimento do trecho em quilômetros.
d) Tonelada quilômetro bruta ponderada (TKBp): é uma medida de tonelada quilômetro bruta que pondera o transporte em cada trecho pelas características da via (estado de conservação e geometria, em especial a inclinação) e pelo fato de se a viagem foi feita com vagão carregado ou vazio.
e) Quantidade de viagens (QTV): é a quantidade de viagens realizadas por um vagão em um determinado fluxo. É calculada pela divisão do total de toneladas úteis transportadas pela tonelada útil média transportada por um vagão em uma viagem.[185]
f) Número de manobras por vagão (NMV): mede quantas vezes, em média, um vagão é "manobrado". O cálculo diferencia viagens em que o vagão é carregado de outras em que ele viaja vazio.
g) Vagão por quilômetro (VKM): é a distância total, em quilômetros, percorrida pelos vagões em cada fluxo.

No total, foram definidos 13 itens de custos, cada um com seu critério de distribuição, como se vê a seguir (ver também quadro 9.2):

I. Gasto anual com diesel e lubrificantes. Rebatido de Custo variável anual com tonelada quilômetro bruta poderada (CvTKBp). Foi dis-

---

[185] Os vagões foram agrupados em seis famílias: fechado, gôndola, graneleiro, plataforma, tanque e especiais.

tribuído entre os fluxos de acordo com a tonelada quilômetro bruta ponderada de cada fluxo.

II. Gastos anuais que a concessionária incorre com pessoal que trabalha na preparação e manuseio de vagões. Renomeado como Custo variável anual com número de manobras por vagão (CvNMV). Rateado entre os fluxos de acordo com o número de manobras de vagão em cada um deles.

III. Gastos anuais com enlonamento, baldeio e limpeza de vagões, incorridos para a realização de viagens. Reclassificado como Custo variável anual com quantidade de viagens (CvV). É alocado de acordo com a quantidade de viagens em cada fluxo.

IV. Custo variável com a operação de terminais. Rebatizado de Custo variável anual com tonelada útil (CvTU). Foi distribuído entre os fluxos de acordo com a tonelada útil em cada um deles.

V. Custo anual com manutenção e depreciação de locomotivas. Renomeado Custo fixo anual com tonelada quilômetro bruta ponderada (CfVKM). Distribuído de acordo com a tonelada quilômetro bruta ponderada de cada fluxo.

VI. Custo anual com manutenção e depreciação dos vagões. Reclassificado como Custo fixo anual com vagão por quilômetro (CfNMV). Rateado entre os fluxos de acordo com o número de manobras por vagão de cada um deles.

VII. Custo anual com a via incorrido pelas concessionárias, que abrange a sua manutenção e depreciação. Rebatizado de Custo fixo anual com tonelada quilômetro bruta ponderada próprio (CfTKBpProp). Distribuído de acordo com a tonelada quilômetro bruta ponderada de cada fluxo.

VIII. Gastos com manutenção de telecomunicações, sua parcela de depreciação e gastos com aluguéis de locomotivas e vagões de utilidades. Renomeado como Custo fixo anual com quantidade de viagens (CfV). Rateado de acordo com o número de viagens de cada fluxo.

IX. Gastos com outros custos de manutenção, custo de arrendamento e concessão, depreciação "de outros" e amortização. Reclassificado como Custo fixo anual com tonelada quilômetro útil (CfTKU). Distribuído entre fluxos em função da tonelada quilômetro útil transportada em cada fluxo.

X. Depreciação administrativa e "outros" custos com pessoal. Renomeado Custo fixo anual com tonelada útil (CfTU). Alocado entre os fluxos de acordo com a tonelada quilômetro útil de cada um.

XI. Gasto com pessoal que trabalha nos pátios e terminais das estações pertencentes às concessionárias. Renomeado como Custo fixo anual com número de manobras por vagão (CfNMV). Distribuído entre fluxos de acordo com o número de manobras de vagão de cada um.
XII. Despesas administrativas e comerciais. Rebatizado de Despesa anual com tonelada útil (DespTU). Alocadas de acordo com a tonelada útil transportada em cada fluxo.
XIII. Custo de capital empregado anual (CCap). 40% desse custo alocado de acordo com a tonelada útil transportada no fluxo e 60% com o correspondente total de vagão quilômetro.

Quadro 9.2:
Drivers operacionais utilizados para ratear cada custo

Drivers operacionais	Custo variável anual	Custo fixo anual	Despesa anual	Custo de capital
Tonelada quilômetro bruta ponderada (TKBp)	CvTKBp	CfTKBp		
		CfTKBpProp		
Número de manobras por vagão (NMV)	CvNMV	CfNMV		
Quantidade de viagens (QTV)	CvV	CfV		
Tonelada útil (TU)	CvTU	CfTU	DespTU	40% C Cap
Tonelada bruta (TB)				
Tonelada quilômetro útil (TKU)		CfTKU		
Vagão por quilômetro (VKM)		CfVKM		60% C Cap

Fonte: Anexo 1 de ANTT (2011).

10

A reforma regulatória de 2012 e 2013: a proposta de desverticalização das ferrovias brasileiras (*open access*) e a regulação do operador ferroviário independente

10.1. Introdução

A reforma regulatória do setor ferroviário, iniciada em 2011, por meio das Resoluções ANTT nº 3.694, 3.695 e 3.696 (capítulo 8), não satisfez o poder concedente, que seguia descontente com as concessionárias verticais. A ANTT mostrava-se sensível principalmente aos argumentos de alto valor tarifário, descontinuação de trechos da malha concedida, não realização de investimentos em novos projetos, necessidade de facilitação à interconexão das malhas entre si, e retirada de entraves ao transporte de cargas de novos usuários.

O movimento que se havia iniciado em 2011, e fora secundado por uma forte revisão tarifária em 2012, como já abordado no capítulo anterior, seguiu sendo intensificado nos anos seguintes, com o lançamento de programas públicos de concessões, agora vazadas em outros moldes. Em especial, a ANTT passou a preconizar a completa separação vertical entre infraestrutura e transporte para as novas concessões, casada com a adoção do *open access*, pelo menos para as novas expansões da malha.

O novo modelo institucional desenhado para o setor de ferrovias inseriu-se em um contexto mais amplo de mudanças da regulação em geral, pela qual o Brasil vinha passando, a partir de um rearranjo de competências entre entidades da administração pública e da elaboração de planos de governo focados no segmento logístico.[186] Esse rearranjo consistiu, basicamente, na fragmentação de competências que até então restavam concentradas nas agências reguladoras, e passaram a ser cometidas a outras entidades estatais, velhas ou novas.

---

[186] Sobre o retrato desse movimento nos setores de portos, aeroportos, ferrovias e rodovias, confira-se Ribeiro *et al.* (2015).

O que se nota, a partir desta e de outras mudanças – envolvendo a politização e baixa tecnicidade de dirigentes das agências reguladoras, bem como o exercício demasiado e intrusivo de interferência em suas decisões técnicas pelos órgãos de controle – é a manutenção da estrutura regulatória no plano formal, em contrapartida ao esvaziamento paralelo de seu espaço decisório e de influência na conformação e direção do setor regulado no plano real/material.[187]

O setor de ferrovias, e a mudança regulatória que nele se pretendeu estabelecer, é fiel exemplo do que aqui se vem de dizer, tendo tal movimento se iniciado por meio da criação da Empresa de Planejamento e Logística e da formulação do Programa de Investimentos em Logística.

Como veremos, com a edição do Decreto nº 8.875/2016, revogando o Decreto nº 8.129/2013, o novo modelo de delegação com separação vertical que havia sido proposto para o setor de ferrovias acabou afastado, pelo menos em sua inteireza. Foram sublimadas diretrizes e forma de funcionamento do modelo de separação vertical. Seu estudo, no entanto, segue sendo fonte de rica investigação crítica, tendo em vista as considerações empíricas demonstradas ao longo do livro, revelando sua inadequação para atingir os objetivos pretendidos. No mais, o estudo também é válido porque permanecem vigentes a previsão legal que permite o transporte ferroviário de cargas dissociado da titularidade da infraestrutura (art. 13, V, d, e parágrafo único, e art. 14, III, i, todos da Lei nº 10.233/2001), bem como a Resolução ANTT nº 4.348/2014, regulando a atividade do operador ferroviário independente (OFI). Vale, portanto, reconstruirmos a moldura do modelo a partir do contexto no qual sua proposta se deu.

---

[187] Vale aqui atentar para a colocação de Vitor Rhein Schirato: "Vem sendo prática muito comum no Brasil o fracionamento da competência das autoridades reguladoras em diversos órgãos e entidades públicos. Ao invés de se concentrar as atividades necessárias ao bom funcionamento do setor regulado em uma autoridade reguladora independente, é corriqueira a criação de diversos órgãos e entidades que recebem a competência de exercer parcelas dessas atividades, esvaziando as competências das autoridades reguladoras e coatando parcela considerável de suas decisões. (...) No setor de logística a situação não é nada diferente. As competências das agências setoriais (Agência Nacional de Transportes Aquaviários – Antaq e Agência Nacional de Transportes Terrestres – ANTT) vêm sendo sensivelmente fragmentadas. (...) O movimento que leva a isso é claro. O governo, com a finalidade de não demonstrar ao mercado o desmanche do sistema regulatório, cria órgãos e entidades por ele controlados e transfere a esses competências das autoridades de regulação. Já que não se pode formalmente mudar a lei que assegura autonomia às autoridades reguladoras, porque prejudicaria o ambiente de investimentos no país, faz se um *institutional by pass*, ou, em tradução aproximada, um contorno institucional para que a vontade política prevaleça sobre a vontade reguladora (independente e isenta)". (Schirato, 2013). Egon Bockmann Moreira, a seu turno, refere-se a uma captura pública dos setores econômicos, seguida por uma endorregulação por meio de empresas estatais (Moreira, 2013).

Este é o pano de fundo deste capítulo, que se estende por mais seis seções. A seção 2 discute as inovações organizacionais trazidas pela criação da Empresa de Planejamento e Logística (EPL) e o lançamento do Programa de Investimento em Logística (PIL). Na seção 3 discutimos a proposta de introduzir o modelo de *open access* no setor ferroviário brasileiro. A seção 4 examina a regulação do operador ferroviário independente, um componente crítico para o sucesso do modelo de *open access*. A seção 5 apresenta e discute uma série de problemas de natureza econômica com o modelo de *open access*. A seção 6 faz o mesmo sob a ótica jurídica. Uma última seção resume algumas conclusões importantes.

10.2. A Empresa de Planejamento e Logística (EPL) e o Programa de Investimentos em Logística (PIL)

A Empresa de Planejamento e Logística foi concebida a partir de processos legislativos conturbados.[188] Sua origem primeira remonta à MP nº 511/2010, que tinha por objeto inicial exclusivamente autorizar a União a garantir, via Banco Nacional de Desenvolvimento Econômico e Social (BNDES), o financiamento do Trem de Alta Velocidade (TAV), em favor de seu futuro concessionário. Entretanto, emendas parlamentares foram propostas durante o trâmite do processo legislativo, resultando na edição da Lei nº 12.404/2011, que veiculou a criação da Empresa de Transporte Ferroviário de Alta Velocidade S.A. (ETAV), com objeto social de "planejar e promover o desenvolvimento do transporte ferroviário de alta velocidade de forma integrada com as demais modalidades de transporte, por meio de estudos, pesquisas, administração e gestão de patrimônio, desenvolvimento tecnológico e atividades destinadas à absorção e transferência de tecnologias" (art. 3º).

A Lei nº 12.404/2011, por sua vez, foi logo alterada pela MP nº 576/2012, que modificou a denominação de ETAV para Empresa de Planejamento e Logística S.A. (EPL), bem como ampliou significativamente seu objeto social, para nele fazer constar também a "construção da infraestrutura, operação e exploração do serviço" do transporte ferroviário de alta velocidade e a prestação de "serviços na área de estudos e pesquisas destinados a subsidiar o planejamento do setor de transportes no país" (MP nº 576/2012, art. 3º, incs. I e II). Do planejamento e desenvolvimento alargou-se o passo para abarcar, também, a construção, operação e exploração da infraestrutura.

---

[188] O sintético relato das alterações legislativas que segue se beneficiou da detalhada descrição e análise despendida por Moreira (2013).

Convertida a MP nº 576/2012 na Lei nº 12.743/2012, além da ampliação de competências acima relatada, foi ainda incluído no objeto social da EPL "prestar serviços na área de estudos e pesquisas destinados a subsidiar o planejamento do setor de transportes no país", o que compreende "prestar serviços na área de projetos, estudos e pesquisas destinados a subsidiar o planejamento da logística e dos transportes no país, consideradas as infraestruturas, plataformas e os serviços pertinentes aos modos rodoviário, ferroviário, dutoviário, aquaviário e aeroviário" (art. 3º, II, da Lei nº 12.404/2012).

A EPL, portanto, passou a congregar a extensa palheta de competências de realizar os estudos para o planejamento estatal de todos esses setores listados, deslocando o eixo regulatório da infraestrutura logística nacional e potencialmente esvaziando, em muito, a atuação da Agência Nacional de Transportes Terrestres (ANTT) e da Agência Nacional de Transportes Aquaviários (Antaq).[189]

Ainda neste contexto, em 15 de agosto de 2012 foi lançado pelo governo federal o Programa de Investimentos em Logística (PIL), a fim de fomentar o desenvolvimento de um sistema de transportes moderno e eficiente por meio de parcerias estratégicas com o setor privado, promovendo-se sinergias entre as redes rodoviária e ferroviária, hidroviária, portuária e aeroportuária.

---

[189] Egon Bockmann Moreira apresenta interessantes conclusões, das quais compartilhamos: "Assim, pode-se constatar que a atual redação da Lei nº 12.404/2011 é ótimo exemplo da multiplicidade de tarefas que o Estado brasileiro contemporâneo pretende exercer, a fim de regular determinado setor econômico (e adjacências). Existe uma multidão de verbos a definir as competências da EPL, que não se limitam àquilo que o art. 173, §1º, da Constituição circunscreve como *exploração de atividade econômica*, nem, muito menos, ao que o art. 966 do Código Civil denomina de empresário ("Considera-se empresário quem exerce profissionalmente atividade econômica organizada para a produção ou a circulação de bens ou de serviços"). A EPL é muitíssimo mais do que uma empresa pública nos moldes do já ancião Decreto-lei nº 200/1967. A riqueza de alternativas previstas na redação atual da Lei nº 12.404/2011 é exemplo hiperbólico de aplicação dos art. 173 e 174 da Constituição, combinados e reciprocamente potencializados. Já a breve leitura de seu objeto social e da sua competência permite constatar que a EPL, ao mesmo tempo em que *construirá a obra* e deterá a *execução do serviço*, estabelecerá *regras para ele e para os que lhe dizem respeito* (exercitando as técnicas regulamentares de gestão e normativa). (...) Dizer que a EPL reedita a Petróleo Brasileiro S.A. – Petrobras ou a Empresa Brasileira de Correios e Telégrafos – ECT seria subestimá-la. Afinal, o objeto da regulação a ela atribuído partirá do próprio funcionamento da EPL e chegará ao planejamento de vários modais de transporte, passando pelo comportamento dos agentes econômicos (inclusive contratados e operadores de setores concorrentes, como, p. ex., a aviação civil) e fixação de parâmetros técnicos e éticos para a prestação dos respectivos serviços. *O que surgirá a partir da efetiva criação da EPL (cujo decreto de criação não havia sido editado até março de 2013) é um grande enigma regulatório. O que se passará, portanto, envolve a compreensão compartilhada de várias modalidades do direito da regulação econômica, a conviver num modelo centralizado — cuja atribuição da titularidade regulamentar não mais repousa na Presidência da República ou na diretoria colegiada de uma agência reguladora, mas sim na diretoria de uma empresa estatal*" (Moreira, 2013).

No setor ferroviário, o programa previa investimentos de R$ 99,6 bilhões em construção e/ou melhoramentos de 11 mil km de linhas férreas, e tinha como principais diretrizes ampliar, modernizar e integrar a rede ferroviária internamente, e com os outros modais de transporte, criando cadeias de suprimentos eficientes e competitivas, sem, no entanto, se descuidar da modicidade tarifária.[190]

Pôs-se em curso no país, portanto, uma ampla investida de reforma do regime jurídico de administração e gestão de sua infraestrutura logística, encontrando-se no caso específico do segmento de transporte ferroviário um de seus mais claros exemplos de mudança, na medida em que envolve a alteração do ambiente institucional por meio do lançamento do PIL e, principalmente, da criação da EPL e da consequente redistribuição de competências entre as autoridades do setor que se deu diante disso.

Longe de estarem sós, tais mudanças institucionais foram ainda acompanhadas pela pretensa mudança da modelagem jurídica que reveste a delegação do serviço público de transporte ferroviário, que não se subsume a uma tradicional concessão comum de serviços públicos, nem tampouco é veiculada pelo poder concedente como sendo uma parceria público-privada (concessão especial de serviços públicos). O engenhoso e ousado modelo de separação vertical que se tentou instituir – aqui também chamado de livre acesso (*open access*) –, veio então a ser definido nos termos que seguem.

10.3. A proposta de novo modelo concessório de livre acesso (*open access*) das ferrovias

Em 19/12/2012 foi editada a Lei nº 12.743, de modo a alterar a Lei nº 10.233/2001, para contemplar a possibilidade de prestação do serviço de transporte ferroviário de cargas dissociado da exploração da infraestrutura, como consta de seus art. 13, inciso V, d, e parágrafo único,[191] e 14, inciso III, i.[192] Fez surgir, assim, a figura do operador ferroviário independente (OFI), pessoa

---

[190]Dados extraídos de: <http://www.logisticabrasil.gov.br/ferrovias2>. Acesso em: 24/1/2014.
[191]Art. 13. Ressalvado o disposto em legislação específica, as outorgas a que se refere o inciso I do *caput* do art. 12 serão realizadas sob a forma de: V – autorização, quando se tratar de: d) transporte ferroviário de cargas não associado à exploração da infraestrutura ferroviária, por operador ferroviário independente. Parágrafo único. Considera-se, para os fins da alínea *d* do inciso V do *caput*, operador ferroviário independente a pessoa jurídica detentora de autorização para transporte ferroviário de cargas desvinculado da exploração da infraestrutura.
[192]Art. 14. Ressalvado o disposto em legislação específica, o disposto no art. 13 aplica-se conforme as seguintes diretrizes: III – depende de autorização: i) o transporte ferroviário de cargas não associado à exploração da infraestrutura, por operador ferroviário independente.

jurídica detentora de autorização para transporte ferroviário de cargas desvinculado da exploração da infraestrutura.

Tratava-se de uma tentativa de grande reestruturação na forma de investir e explorar ferrovias, em contraposição ao modelo verticalizado, vigente desde as privatizações da década de 1990. Sua formatação compreenderia separar a construção e manutenção da infraestrutura da prestação do serviço de transporte ferroviário, para possibilitar que diversos operadores atuassem na mesma malha ferroviária, competindo entre si e produzindo, com isso, presumia-se, reflexos na modicidade das tarifas.

Um fluxograma pode ajudar a visualizar melhor o complexo desenho de como funcionaria a operação do setor ferroviário no modelo *open access*:[193]

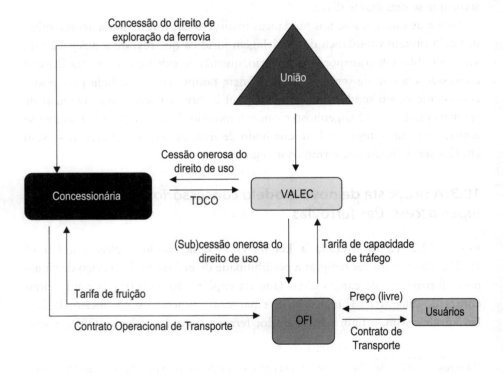

Neste arranjo:

I. a concessionária deveria construir, manter, operar e gerir a malha ferroviária, ficando, no entanto, impedida de ser sua própria usuária;

---

[193]Fluxograma obtido em: <http://www.antt.gov.br/>. Acesso em: 18/6/2014.

II. a Valec, figurando como interveniente/anuente nos novos contratos de concessão, compraria a integral capacidade operacional das concessionárias de infraestrutura, bem como a capacidade ociosa das concessionárias verticais, remunerando-as por isso, independentemente de seu uso seguinte, ou não (*take or pay*, portanto);

III. a Valec faria ofertas públicas da capacidade adquirida a Operadores Ferroviários Independentes, mediante a celebração de contratos de cessão onerosa de uso de capacidade de tráfego, contemplando o pagamento de Tarifas de Capacidade de Tráfego;

IV. os Operadores Ferroviários Independentes celebrariam contratos de transporte com os usuários finais, mediante o pagamento de preço livre; e, em paralelo,

V. os Operadores Ferroviários Independentes celebrariam contratos operacionais de transporte com as concessionárias, regulamentando as regras de acesso e utilização da infraestrutura ferroviária, mediante o pagamento de tarifa de fruição.

A modelagem remuneratória contaria, também, com a antecipação, pela Valec, de 15% do custo de todos os investimentos em bens de capital a serem realizados pela concessionária na fase pré-operacional, adiantamento a ser abatido linearmente durante os anos operacionais da remuneração ordinária, desde que o concessionário viesse a cumprir o cronograma de execução física (art. 4º, II, do Decreto nº 8.129/2013).[194] Havia, ainda, a promessa, sinalizada pelo Banco do Brasil, BNDES e Caixa Econômica Federal, de financiar até 70% dos investimentos obrigatórios previstos no plano de negócios.[195]

Segundo essas linhas gerais, a inovadora e complexa modelagem regulatória proposta para as delegações de serviço público de transporte ferroviário seria adequada para alcançar os objetivos de:

I. quebrar o monopólio das concessionárias verticais, fomentando a concorrência intramodal no setor;

---

[194]Art. 4º No exercício das atribuições estabelecidas no art. 3º, a Valec poderá: II – antecipar, em favor do concessionário, até quinze por cento dos recursos referentes aos contratos de cessão de direito de uso da capacidade de transporte da ferrovia, desde que haja previsão expressa no edital e no contrato, com as garantias e cautelas necessárias. O Decreto nº 8.129/2013 foi posteriormente revogado pelo Decreto nº 8.875/2016.

[195]Disponível em: <http://www.logisticabrasil.gov.br/instrumentos-de-apoio-financeiro>. Acesso em: 20/6/2014.

II. contornar o risco de demanda e a incerteza na receita do futuro concessionário, a fim de manter a atratividade das concessões para a iniciativa privada; e

III. conferir provimento financeiro inicial que permitiria aliviar financeiramente o concessionário durante a aplicação mais intensiva de capital na fase pré-operacional, envolvendo a aquisição de bens e a realização de obras.

A conformação dessa proposta de modelo desverticalizado de exploração do transporte ferroviário veio ainda acompanhada da regulamentação de temas correlatos, pelos Decretos nº 8.129 e 8.134, ambos de 2013, e da Resolução ANTT nº 4.348/2014, dedicada a regular a prestação do serviço de transporte ferroviário de cargas dissociado da exploração da infraestrutura ferroviária, pelo operador ferroviário independente. Os decretos serão abordados em maiores detalhes adiante, quando da análise crítica do modelo de separação vertical, segundo o ponto de vista jurídico. Por outro lado, considerando a centralidade do OFI para esse arranjo, cumpre agora percorrer sua disciplina regulatória, na forma da Resolução ANTT nº 4.348/2014.

10.4. A regulação do operador ferroviário independente (OFI)

10.4.1. O fundamento legal do OFI

Como visto, a possibilidade de habilitar pessoas jurídicas como operadores ferroviários independentes surgiu por ocasião das alterações feitas na Lei nº 10.233/2001, por meio da Lei nº 12.743/2012, para contemplar a prestação do serviço de transporte de carga não associado à exploração da infraestrutura, na forma de seus art. 13, inciso V, d, e parágrafo único, e 14, inciso III, i.

O OFI é, portanto, pessoa jurídica habilitada, mediante autorização, a realizar o transporte ferroviário de cargas desvinculado da exploração da infraestrutura. Seria ele a figura central a viabilizar, na prática, a concretização da separação vertical entre as outorgas para exploração da infraestrutura ferroviária e para a prestação de serviços de transporte ferroviário,[196] na medida em que cuidaria apenas do transporte na malha ferroviária concedida a uma concessio-

---

[196]Esta seria uma das diretrizes para a concessão da infraestrutura ferroviária, conforme o Decreto nº 8.129/2013, que instituía a política de livre acesso ao Subsistema Ferroviário Federal, dispondo sobre a atuação da Valec para o desenvolvimento dos sistemas de transporte ferroviário.

nária responsável apenas pela infraestrutura, ou mesmo de parte do transporte de cargas na malha ferroviária concedida a uma concessionária verticalizada, desde que dotada de capacidade ociosa.

10.4.2. A minuta de resolução do OFI submetida à audiência pública

A edição da Resolução ANTT nº 4.348/2014 foi precedida de duas audiências públicas por meio das quais uma minuta prévia foi submetida a comentários e contribuições. O procedimento de audiência pública, é bom que se diga, surtiu consideráveis efeitos, de modo que, no texto final da resolução, publicado em 10/6/2014, e republicado em 12/6/2014, por incorreções formais, diversas modificações importantes se fizeram notar, eliminando inconsistências da minuta prévia.

Vejamos isso com mais detalhe. A minuta de resolução, apresentada pela ANTT por meio da audiência pública nº 03/2014, com o objetivo de colher subsídios para regular a nova figura do OFI, sob o regime de autorização, veio acompanhada da Nota Técnica Conjunta nº 001/2014/Sureg/Sufer/ANTT. E isso também deve ser visto com bons olhos, já que a exposição dos fundamentos que levaram à redação da minuta de resolução permitiu a elaboração de contribuições de maior qualidade.

Em que pese a extensão da minuta, que contava com 11 capítulos, seu ponto central estava na definição do título de habilitação dos agentes econômicos a atuarem como OFIs, e das regras a eles aplicáveis. Segundo a minuta, o agente econômico interessado deveria obter, junto à ANTT, uma autorização para prestar o serviço de transporte ferroviário de cargas como OFI.

A autorização, em uma definição mais tradicional de direito administrativo, sempre foi considerada como um ato administrativo discricionário (conferido a juízo de conveniência e oportunidade da autoridade) e precário (revogável a qualquer tempo) pelo qual o poder público autorizava o solicitante a exercer certa atividade.[197] Isso, no entanto, vem mudando por meio de novas disposições legais que conferem caráter vinculante e prazo certo para a autorização, aproximando-a de um contrato. É como ocorre, por exemplo, no setor de

---

[197] Exemplo dessa visão clássica pode ser encontrado na obra de Celso Antônio Bandeira de Mello, para quem a "autorização é o ato unilateral pelo qual a administração, discricionariamente, faculta o exercício de atividade material, tendo, como regra, caráter precário" (Mello, 2012, p. 444).

telecomunicações,[198] na autorização para uso de água pela Agência Nacional de Águas (ANA) e no setor de portos, com a autorização para exploração de terminais privados.[199]

Pois bem. Na minuta de resolução, as disposições que tratavam da autorização levavam à conclusão de que se tratava de um ato administrativo vinculado. Significa dizer que, uma vez preenchidos os requisitos previamente estabelecidos pelo solicitante, tal autorização deveria ser a ele conferida. Em adição, restava ainda estabelecido um prazo de vigência de 10 anos para a autorização, prevendo a possibilidade de sucessivas prorrogações.

O caráter vinculante e o prazo certo de vigência são de extrema importância nesse caso, na medida em que conferem maior previsibilidade e segurança para a realização de investimentos, protegendo o OFI de surpresas discricionárias ou arbitrárias das autoridades. Era exatamente este o propósito da disposição, como expunha a Nota Técnica em seu parágrafo 59:

> O prazo de 10 anos foi estabelecido tendo em vista o prazo de depreciação de material rodante definido pela Receita Federal do Brasil. Ademais, ao estabelecer um prazo definido para a autorização, busca-se prover certa segurança jurídica e regulatória ao autorizatário, tendo em vista a preca-

---

[198] A respeito, Carlos Ari Sundfeld afirma que "(...) a receita reproduzida nos manuais de acordo com a qual a autorização seria um instrumento precário e discricionário para determinada atividade, não é adequada ao perfil instituído pela LGT. E a lei bem acentuou tais diferenças. A ausência de precariedade está bem marcada quando se prevê para hipótese de extinção da autorização por razões de interesse público, um prazo mínimo de cinco anos para a prestadora continuar explorando o serviço. Se houver necessidade de paralisação imediata da exploração do serviço em regime privado, a lei assegura o direito à indenização prévia da autorizatária, prevendo como mecanismo para efetivação desta medida a desapropriação. É o que dispõe o art. 14 da LGT. (...) Ao caracterizar a autorização como ato vinculado, a LGT estabeleceu uma expressa limitação da competência da autoridade responsável pela sua expedição, que, no caso, é a Anatel. A expressão 'ato administrativo vinculado' é dotada de conteúdo preciso na linguagem jurídica. E neste sentido foi empregada pela LGT. Aplicando-se o conceito de ato vinculado à competência para expedir autorizações de serviço de telecomunicações, tem-se que, para exercê-la a Anatel pode tão somente verificar o cumprimento das condições previamente fixadas na legislação por parte da empresa requerente. Atendidas as condições, surge o direito para a requerente de obter a autorização. Em nada depende, portanto, de um juízo discricionário da agência a respeito da conveniência ou oportunidade de expedir tal ato" (Sundfeld, 2004).

[199] Como observado por Diogo de Figueiredo Moreira Neto e Rafael Véras de Freitas: "Pelo exposto, é possível concluir-se esse item no sentido que as novas autorizações portuárias têm natureza jurídica de uma autorização vinculada, ato administrativo unilateral e vinculado, que disciplina o exercício de uma atividade econômica privada regulada, o qual não pode ser objeto de obrigações excessivas (típicas dos serviços públicos), sob pena do desvirtuamento da assimetria regulatória instituída para esse setor" (Moreira Neto e Freitas, 2014).

riedade do instituto da autorização frente aos investimentos necessários para atuação deste agente.

Ocorre que a minuta de resolução enfrentava um problema de incoerência estrutural. Se, de um lado, fixava a autorização como ato vinculante contendo o prazo de 10 anos, de outro, veiculava também que:

I. a ANTT poderia alterar, unilateralmente, as condições da autorização;
II. a eventual transferência, a terceiros, da titularidade da autorização de OFI, bem como do seu controle acionário direto e/ou indireto, deveria ser submetida à autorização prévia da ANTT; e
III. entre as hipóteses de extinção da autorização, constava a possibilidade de revogação, que é a extinção discricionária da autorização de OFI pela ANTT. Mais que isso: dispunha que, extinta a autorização, o poder concedente não responderia pelos danos causados ao titular da autorização, inclusive com relação aos lucros cessantes e danos emergentes.

O mesmo equívoco se via estampado na referida Nota Técnica, que em seu parágrafo 38 definia a autorização como ato administrativo precário e discricionário, podendo ser revogado pela administração pública a qualquer tempo.

Tratava-se de um grave contrassenso, que poderia comprometer o arranjo proposto, afastando os agentes econômicos potencialmente interessados em atuar na condição de OFI. Afinal, de que adiantava sinalizar que a autorização seria conferida, uma vez preenchidos certos requisitos objetivos, por um prazo de vigência de 10 anos, passível de renovações, se, por outro lado, poderia ter seus requisitos alterados, não ser passível de livre transferência, ou mesmo ser revogada a qualquer tempo, com amparo na pura conveniência da ANTT?

Essa inconsistência foi superada pelo texto publicado da Resolução ANTT nº 4.348/2014, após as contribuições realizadas em audiência pública.

10.4.3. A regulação do OFI pela Resolução ANTT nº 4.348/2014

A Resolução ANTT nº 4.348, republicada em 12/6/2014, visa regular a prestação do serviço de transporte ferroviário de cargas, não associado à exploração da infraestrutura ferroviária, pelo operador ferroviário independente (OFI). Trata-se de instrumento normativo extenso (84 artigos), não sendo nosso objetivo comentá-la exaustivamente. Dessa forma, dedicaremos interpretações aos temas centrais, na medida que interessem para a compreensão do modelo regulatório então proposto para o setor ferroviário, quais sejam: i) o título habilitante do OFI; ii) as características gerais do OFI, e de suas relações contratuais; e iii) a natureza jurídica das atividades desenvolvidas pelo OFI.

10.4.3.1. O título habilitante de autorização

Como previsto na Lei nº 10.233/2001, o título que habilitará o particular a atuar na condição de OFI será o da autorização que, nos termos do art. 2º, III, da resolução, é definida como sendo um "ato administrativo, por meio do qual a ANTT autoriza o OFI a prestar o serviço de transporte ferroviário de cargas não associado à exploração de infraestrutura ferroviária".

Dita autorização, que permitirá ao OFI prestar o serviço de transporte ferroviário de cargas entre quaisquer pontos no Subsistema Ferroviário Federal (art. 3º, §1º), assume um caráter contratualizado, na medida em que conterá os direitos e deveres da autorizada, as hipóteses de extinção da outorga e, ainda, as sanções pecuniárias a que estará sujeito o OFI (art. 3º, incisos V, VI e VI). Para obtê-la, será preciso que o particular interessado cumpra diversos requisitos previstos na resolução.

10.4.3.1.1. Os requisitos para obtenção da autorização

Os requisitos a serem cumpridos pelo interessado estão segmentados na resolução entre jurídicos, fiscais, econômico-financeiros e técnicos (art. 4º a 6º), e deverão ser mantidos ao longo da vigência da autorização. Seu caráter objetivo permite que sejam preenchidos indistintamente por qualquer particular interessado, antecipando o grau de vinculação que a autorização para OFI ostenta.

A tanto, se soma a importante previsão do art. 3º, §3º, da resolução, quando fixa que não haverá limite para o número de autorizações para o serviço de transporte ferroviário de cargas não associado à exploração de infraestrutura, salvo no caso de inviabilidade operacional.

Unidas, as características de objetividade dos requisitos exigidos e a inexistência de limitação ao número de autorizações restringem a margem decisória da ANTT quanto à outorga, ou não, da autorização para OFI. Dessa feita, só poderá a agência negar a autorização se: i) não preenchidos os requisitos, ou; ii) demonstrada, motivadamente, a inviabilidade operacional para tal. São critérios igualmente objetivos, dos quais a ANTT não poderá se distanciar.

Entre os requisitos de habilitação que precisam ser comprovados, chama a atenção o detalhamento das exigências de habilitação técnica. Esta será verificada mediante apresentação de Termo de Compromisso de Qualificação Técnica e visa garantir a habilitação do interessado do ponto de vista de sua organização e gestão; dos serviços de transporte ferroviário não associado à exploração de infraestrutura ferroviária; do pessoal técnico; do material rodante; das equipagens; e da gestão da segurança e meio ambiente (art. 13).

Atendidos todos os requisitos estabelecidos, a ANTT outorgará a autorização para a prestação do serviço de transporte ferroviário de cargas não associado à exploração de infraestrutura ferroviária, no prazo de 120 dias, contados a partir do envio completo de informações por parte do requerente (art. 8º).

Sendo os requisitos objetivos, e havendo um prazo para a expedição da autorização, a ultrapassagem deste prazo importará em um direito subjetivo do solicitante à obtenção da autorização, de modo que, não expedido o termo de autorização pela ANTT em 120 dias, poderá o solicitante socorrer-se da tutela judicial, pela via do mandado de segurança, para reivindicar a determinação de que a agência o expeça. Neste contexto, o prazo para a propositura do mandado de segurança, em face da omissão administrativa – que também é de 120 dias –, terá início quando do término do prazo conferido à ANTT para a expedição da outorga (art. 23, da Lei nº 12.016/2009).

O tema dos requisitos de habilitação para obtenção da autorização de OFI traz, ainda, outra melhora em relação à minuta posta em audiência pública. Está disposto, no art. 21, inciso II, que a ANTT poderá alterar, unilateralmente, os requisitos exigidos para *obtenção* da autorização.

A simples previsão de que os requisitos poderão ser objeto de alteração unilateral para a *obtenção* da autorização já revela um ganho, na medida em que a redação da minuta cedia muito espaço à confusão quando previa que a ANTT poderia alterar, unilateralmente, as condições da autorização. Não identificava, contudo, quais autorizações seriam atingidas por tais modificações unilaterais nas exigências, o que é relevante, haja vista que as condições de habilitação devem ser mantidas ao longo de toda a vigência da autorização.

O texto definitivo tornou possível afirmar que alterações de requisitos de habilitação não afetam autorizações em curso, de forma unilateral. Incidem, apenas, no momento da obtenção ou, ainda, da renovação das autorizações já outorgadas. Do contrário, restaria prejudicada a estabilidade da relação veiculada pelo título habilitante de autorização, na forma como buscada por seu caráter vinculante, e pela sistemática de prazos e renovações propostos. Isso, novamente, reforça o arranjo contratualizado conferido à autorização.

10.4.3.1.2. O prazo de vigência e a forma de prorrogação

Em reforço à tese de que se trata de uma autorização vinculada, fixa o art. 14 que a autorização será outorgada por prazo indeterminado, sujeita a recadastramento solicitado 12 meses antes do término do prazo de 5 anos, contado da data de publicação da autorização ou de seu recadastramento anterior, conforme o caso.

Devendo, ainda, a ANTT manifestar-se sobre o requerimento descrito no *caput* em até 6 meses antes do vencimento do prazo de 5 anos, contado da data de publicação da autorização ou do recadastramento anterior, conforme o caso.

Em regra, a existência de um prazo certo reforçaria a segurança jurídica e o caráter vinculado da autorização. No entanto, como se haverá de concluir ao final da análise conjunta dos principais contornos da autorização para OFI, a indeterminabilidade do prazo, aqui, não se há de confundir com precariedade.

Em primeiro lugar, porque sequer há, na hipótese, uma indeterminabilidade de todo. Senão vejamos. Se há um prazo de 4 anos (12 meses, antes do término do período de 5 anos) para o pleito renovatório, mais meio ano adicional, reservado à análise do pleito renovatório pela agência, ao menos este período inaugural, entre 4 anos, e 4 anos e meio, a cada renovação, já se encontra assegurado pela disposição regulatória. É dizer: não poderá, a ANTT, analisar a autorização conferida ao OFI antes do seu pleito renovatório. A indeterminabilidade da autorização não é, assim, absoluta, mas relativa.

Além de ser relativa, a suposta indeterminabilidade da autorização no caso do OFI, portanto, existe justamente com o propósito oposto: de conferir perenidade ao título habilitante. Destina-se, primordialmente, a conferir estabilidade e segurança jurídica ao OFI para que este possa investir mediante a razoável garantia de amortização dos investimentos feitos, e da percepção do justo lucro pelo exercício da atividade de transporte ferroviário.

Desse modo, novamente não haveria sentido em prever requisitos objetivos, ou mesmo a inexistência de limitação ao número de autorizações, se fosse possível extrair, da indeterminabilidade do prazo, a precariedade da autorização para OFI. A indeterminabilidade, portanto, não altera o caráter vinculado e duradouro da autorização para OFI. Antes o reforça, na medida em que visa viabilizar subsequentes renovações pautadas apenas na análise do cumprimento dos requisitos pelo OFI.

10.4.3.1.3. As hipóteses de extinção e transferência da autorização

Um ponto de sensível melhora em relação à minuta posta em audiência pública está, como antecipado, na retirada da hipótese de revogação, entre as possíveis formas de extinção da autorização.

Restou fixada a extinção da autorização em razão: de grave infração às disposições legais ou regulamentares, ou do descumprimento reiterado das penalidades impostas; falência; anulação, fundada em razões de ilegalidade; cassação, resultante da perda das condições de outorga; ou renúncia do OFI, caracterizada como ato formal unilateral, irrevogável e irretratável, pelo qual o OFI manifesta seu desinteresse pela autorização, não se constituindo como causa para desonerá-lo de suas obrigações perante terceiros, nem para aplicação de penalidade por parte do poder concedente (art. 15).

A extinção da autorização dar-se-á mediante ato administrativo, e sempre dependerá de procedimento prévio, garantido o contraditório e a ampla defesa ao autorizatário (art. 16). Na medida em que se afasta a extinção discricionária, calcada na revogação, e unilateralmente decidida sem a participação do OFI, tem-se aqui um procedimento que reforça o caráter vinculado da autorização, ao contemplar a participação do OFI na formação da vontade administrativa acerca da extinção, e, assim, o respeito aos investimentos e aos riscos assumidos pelo OFI para exercer o transporte ferroviário.

Vale destacar que, uma vez extinta a autorização pela agência, a expedição de nova autorização estará condicionada ao decurso do prazo de dois anos da decisão de extinção, desde que cumpridas as penalidades ou compromissos atribuídos ao OFI (art. 78, §2º).

No mais, havendo capacidade de tráfego adquirida pelo OFI e ainda não utilizada, esta capacidade poderá ser ofertada a outros OFIs por um período de até seis meses da data de publicação da extinção da autorização, nas mesmas condições comerciais de aquisição (art. 17). Superado este prazo, consta que a capacidade de tráfego não negociada reverterá à Valec, independente de pagamento (art. 17, parágrafo único).

Ainda que previsto expressamente, este verdadeiro perecimento do direito à capacidade de tráfego, adquirido pelo OFI, pode ser passível de questionamento por importar em enriquecimento sem causa da Valec, que, aliás, já foi inclusive remunerada pela subcessão do direito de uso ao OFI, mediante o pagamento de tarifa de capacidade de tráfego. Não haveria, dessa forma, sustento legal ao favorecimento previsto pela norma regulatória no ponto, salvo se viesse a ser adotada a modalidade contratual de *take or pay*.

Em desfecho, note-se ainda que havia, na minuta de resolução, a obrigação de submeter à autorização prévia da ANTT a transferência da titularidade da autorização a terceiros, bem como do seu controle acionário direto e/ou indireto. Essa obrigação foi retirada, levando a concluir pela liberdade de transferência da outorga, independentemente de qualquer tipo de anuência da ANTT, o que reforça a tese de que a autorização não teria porque ser conferida em caráter personalíssimo (*intuitu personae*).

Como visto, trata-se de ato vinculado, que não diferencia em razão da pessoa, mas apenas afere o cumprimento de requisitos de forma objetiva. Sendo assim, basta que o novo autorizatário, sucessor do antigo OFI, mantenha as mesmas condições exigidas pela ANTT.

Observe-se, no entanto, que a exclusão dessa disposição deveria ter sido acompanhada de outra, que, no entanto, não aconteceu. A saber, o art. 77 manteve a transferência irregular da outorga como sendo hipótese de cassação. Diante disso, a disposição do art. 77 precisa ser harmonizada com a alteração do enunciado normativo da minuta. Deve, pois, ser compreendida como a previsão de que a autorização poderá ser cassada em caso de não atendimento dos requisitos objetivos exigidos de um OFI pelo novo autorizatário. Mas não como houvesse, aí, motivo para cassar a autorização em caso de transferência sem anuência da ANTT.

10.4.3.1.4. Em suma, a lógica regente da autorização para OFI

As características fundamentais da autorização para atuar como operador ferroviário independente podem ser assim sumariadas:

I. sua obtenção depende exclusivamente do cumprimento de requisitos objetivos;

II. os requisitos objetivos são passíveis de alteração unilateral pela ANTT, mas esta alteração não afeta autorizações em curso. Apenas novos pedidos, e renovações de autorizações já outorgadas;

III. inexiste espaço decisório discricionário para a ANTT conferir ou não a autorização ao particular solicitante, excepcionada a hipótese de inviabilidade operacional;

IV. há direito à renovação periódica semiautomática (dependente apenas de protocolo prévio de pedido), revelando um período assegurado entre quatro anos e quatro anos e meio de duração da autorização. A indeterminabilidade do prazo, portanto, é relativa, e não absoluta;

V. a indeterminabilidade do prazo não revela precariedade, mas continuidade e preocupação com a amortização de investimentos e a percepção do justo lucro;

VI. inexiste hipótese de extinção discricionária do título habilitante; e

VII. a transferência da autorização não depende da anuência prévia da ANTT. Apenas do cumprimento dos requisitos objetivos indistintamente exigidos.

Dessa feita, ao molde do que se passa em outros setores regulados, a autorização para atuar na condição de OFI consiste em um ato administrativo vinculado, de caráter estável e duradouro, em privilégio à segurança jurídica necessária à manutenção das atividades de transporte ferroviário de carga, a fim de garantir o retorno dos investimentos realizados pelos OFIs.

10.4.3.2. A natureza jurídica do transporte ferroviário de cargas pelo OFI

O novo modelo regulatório proposto provocaria profundas modificações também na natureza jurídica da atividade de transporte ferroviário de cargas. O transporte ferroviário é uma atividade de competência executiva da União, quando transponha os limites de estado ou território (art. 21, XII, d, CF), e, nos demais casos, de estados ou municípios, conforme a delimitação geográfica do trecho e o interesse predominante no serviço.

No contexto das concessões verticais, nas quais o mesmo concessionário detém a infraestrutura e realiza o transporte ferroviário de cargas, esta atividade estava integrada à própria concessão, e era tida exclusivamente como um serviço público passível de prestação direta ou indireta.[200] O setor não conhecia outra forma de exercício da atividade de transporte ferroviário de carga.

Assim sendo, esse regime atraía, para o concessionário vertical, junto com toda a lógica concessionária abordada no capítulo 5, o dever de prestação de um serviço adequado, densificado na forma dos princípios dispostos no art. 6º, §1º, da Lei nº 8.987/95, descidos a termos em edital e contrato, quais sejam: regularidade, continuidade, eficiência, segurança, atualidade, generalidade, cortesia na sua prestação e modicidade das tarifas.

Todavia, no modelo de separação vertical isso mudaria. Como já ocorria nos setores de telecomunicações, energia elétrica e portos (Marques Neto, 2005), a alteração da Lei nº 10.233/2001, pela Lei nº 12.743/2012, criou a possibilidade da atividade de transporte de carga ser realizada por um novo agente econômico, o OFI, habilitado por uma autorização, e de forma independente da exploração da infraestrutura. É como se, ilustrando em um exemplo, o OFI fizesse as vezes do caminhão autorizado a transportar carga por uma rodovia concedida.

Dessa forma, criou-se uma assimetria regulatória entre quem detém a infraestrutura e quem não a detém. E esse fator de assimetria passaria então a ser o divisor de fronteiras entre os diferentes regimes jurídicos que devem reger as concessionárias verticais e os OFIs, no que toca ao transporte ferroviário de cargas. Aquelas, prestadoras de serviço público. Estes, executores de atividade econômica, sujeita a uma regulação mais branda, portanto.

A propósito, a Resolução nº 4.348/2014 deixa entrever essa mesma conclusão quando define a exploração de infraestrutura ferroviária como um serviço público prestado pelas concessionárias (art. 2º, XVII), mas, de outro lado, não se refere a serviço público ao conceituar o transporte ferroviário de cargas (art.

---

[200] Ver o art. 14, I, alíneas a e b, da Lei nº 10.233/01. Ver também Ribeiro e Silva, 2011.

2º, XXXIV). Para o OFI, isso importaria em, de um lado, não ter a infraestrutura, mas, por outro, ser independente, não ter também que suportar os deveres característicos do serviço público, e poder operar em qualquer trecho da malha ferroviária nacional, seguindo a sistemática do *open access*.

Caso fosse mantida essa forma de funcionamento, seria preciso respeitar a assimetria, tendo o cuidado de não sobrecarregar os OFIs com obrigações características dos regimes de direito público, sob pena de desnaturar a essência da autorização desenhada para os operadores, distanciando-se dos objetivos que justificariam sua inserção no novo modelo regulatório das ferrovias, bem como considerando que se tratam de agentes econômicos autorizatários que exercem atividade econômica regulada. Do contrário, obrigações excessivas poderriam provocar desinteresse nos particulares situados em posição potencial para requerer a aquisição da condição de OFI, comprometendo o avanço do modelo *open access* sob este viés.

10.4.3.3. As relações contratuais do OFI e a possibilidade de investimento na infraestrutura

10.4.3.3.1. Os contratos celebrados pelo OFI e sua remuneração

Para exercer o transporte ferroviário no modelo ensaiado, o OFI teria de celebrar contratos com a Valec, com concessionárias verticais e horizontais, e com os usuários do transporte. Cada qual remunerado segundo uma lógica própria. Diante da multiplicidade de vínculos contratuais, torna-se útil delimitá-los brevemente, na tentativa de esclarecer suas dinâmicas.

Como dito, o OFI celebraria com a Valec contrato de cessão onerosa do direito de uso de capacidade de tráfego, anteriormente adquirida pela estatal junto aos concessionários (art. 2º, XI). Essa capacidade de tráfego comercializada pela Valec seria composta tanto da capacidade ociosa das concessionárias verticais, quanto da capacidade operacional das concessionárias de infraestrutura (ver art. 2º, vários incisos).

Com efeito, há um procedimento específico para que o OFI adquira a capacidade de tráfego junto à Valec. Na forma do art. 56, a venda de capacidade de tráfego aos OFIs, mediante cobrança de tarifa de capacidade de tráfego (art. 2º, XXXI), que será estabelecida pela Valec, deverá ser precedida de oferta pública que observe critérios objetivos e isonômicos. Trata-se de burocratização diretamente decorrente da inserção da Valec em meio ao ciclo econômico do setor, que provavelmente configurava desnecessária perda de eficiência (Ribeiro, 2014).

Pois bem. Adquirido o direito de uso da capacidade de tráfego junto à Valec, o OFI estaria livre para celebrar contrato de transporte com os usuários (art. 2º, XIII), combinando o preço de forma livre, rechaçada a realização de prática prejudicial à competição, bem como o abuso do poder econômico (art. 22, XI c/c 58).[201]

Como o transporte ferroviário de cargas poderia se dar em qualquer trecho do Subsistema Ferroviário Federal, seria ainda preciso um contrato operacional de transporte, entre OFI e concessionário detentor da infraestrutura, com o fito de regulamentar as regras de acesso e utilização da infraestrutura ferroviária (art. 2º, XIV c/c art. 40), mediante o pagamento da tarifa de fruição (art. 2º, XXX c/c art. 57). Para tanto, haveria uma procedimentalização a ser seguida, de modo que os OFIs deveriam apresentar solicitação de uso da infraestrutura ferroviária à concessionária com 60 dias de antecedência da data pretendida para o início da operação de transporte, devendo o concessionário proceder à sua avaliação e responder ao pedido formulado no prazo de 30 dias (art. 19).

Em desfecho à apresentação da sistemática contratual proposta pelo modelo regulatório de separação vertical do setor ferroviário, advirta-se que o risco de demanda que seria assumido pela Valec se referia apenas à capacidade operacional das concessionárias desverticalizadas, e não aos operadores ferroviários independentes. Desta forma, seria exclusivamente do OFI o risco pela demanda dos usuários em relação à capacidade que este adquiriu da Valec.[202] O art. 17, parágrafo único, deixa claro o ponto, ao prever que o direito de uso da capacidade de tráfego adquirido pelo OFI, e não utilizado, não poderá ser negociado com terceiros, exceto no caso de extinção da autorização, conforme procedimento já descrito.

10.4.3.3.2. O exercício de atividades correlatas e a possibilidade de investimento na infraestrutura

Como a Resolução ANTT nº 4.348/2014 faz concluir, havia uma preocupação em tornar economicamente atrativa, e viável, a atividade de transporte ferroviário de carga por OFI. Assim o apontam previsões regulatórias dedicadas a fornecer os meios necessários para que os OFIs consigam financiar suas atividades, exercer atividades logísticas complementares e investir diretamente na infraestrutura.

A preocupação com o financiamento é enfrentada com a previsão de que, entre os direitos dos OFI, está o de adquirir, alienar ou oferecer em garantia o material

---

[201] A própria resolução traça alguns parâmetros para pautar a necessidade de averiguação de prática prejudicial à competição, bem como o abuso do poder econômico. Ver, em especial, o art. 58.

[202] Além desse risco, o art. 51 e seguintes da resolução denotam especial preocupação com a contratação de seguros pelo OFI, a fim de garantir-lhe reparação pecuniária suficiente para cobrir os danos materiais incorridos em bens ou mercadorias de terceiros e que lhe tenham sido entregues para transporte.

rodante e demais bens e direitos utilizados na prestação do serviço de transporte ferroviário de cargas, mediante prévia comunicação à ANTT (art. 22, VIII).

Em outro avanço que estimulava os OFIs, se comparado ao texto da minuta submetida à consulta, a resolução possibilita que o OFI desenvolva atividades relacionadas à exploração de terminais logísticos: entre outras, armazenamento, carregamento e descarregamento, processamento de cargas e despachos aduaneiros (art. 22, IX). A norma também passou a admitir que o OFI construísse estruturas de apoio na área concedida, mediante autorização da ANTT, respeitadas as regras de reversibilidade e a adoção de mecanismos de compensação financeira aplicáveis a cada caso (art. 22, XII), bem como explorasse serviços de manutenção de material rodante e equipamentos ferroviários (art. 22, XIII).

Diante da provável necessidade de o OFI utilizar-se da faixa de domínio das ferrovias concedidas para a realização destas atividades ancilares, daí poderiam surgir pontos de litígio sobre como realizar, e remunerar, esse uso, ao modo do que vimos no capítulo 2.

E, por fim, para não deixar os OFIs reféns da concessionária desinteressada em investir na malha, como poderia acontecer especialmente em período próximo ao término do contrato de concessão, a Resolução permite ainda que o OFI proponha ao MT e à ANTT investimentos na infraestrutura ferroviária, e, conforme o caso, invista nela diretamente, acordando mecanismos de compensação financeira com a concessionária (art. 22, X). A medida segue a tônica da disciplina do usuário investidor, trazida pelo art. 38 e seguintes, da Resolução ANTT nº 3.694/2011, tratada em detalhes no capítulo 8.

10.5. As fragilidades econômicas do modelo de acesso livre (*open access*)

Não obstante os objetivos, por si só sempre meritórios, de ampliar a concorrência intramodal, expandir a malha ferroviária e otimizar a exploração desse modal, em busca de uma tarifa mais módica, temos para nós que a separação vertical proposta pelo modelo *open access* não é a melhor forma de lidar com eventuais problemas de falta de concorrência. Primeiro, e principalmente, porque os problemas que as reformas introduzem são muito maiores do que os que elas visam resolver. Segundo, pois há instrumentos alternativos, com recurso ao sistema de defesa da concorrência, que podem ajudar a lidar com essa questão com efeitos colaterais muito mais brandos (Pinheiro, 2014, p. 216).

Do nosso ponto de vista, além de todas as considerações feitas nos capítulos 4, 6 e 7, há dois robustos apanhados de argumentos, um de natureza econômica e outro jurídico, que nos levam a crer nesse sentido. Esses vão desde considerações que justificaram a definição do modelo brasileiro como sendo o vertical, a partir da privatização da RFFSA na década de 1990, perpassando pela dificuldade que modelos do tipo *open access* enfrentam na experiência estrangeira, até chegar à complexidade do desenho institucional proposto, incluindo os custos de transação que impõem, suas impropriedades, fragilidades, e a difícil convivência com o modelo vertical existente.

10.5.1. Questão preliminar: a racionalidade da escolha pelo modelo vertical na década de 1990

Antes de avançar sobre as considerações econômicas acerca do modelo *open access* nos parece interessante realçar que o modelo verticalmente integrado prevalecente desde a privatização foi uma opção consciente do poder concedente, por lhe parecer então a melhor solução para promover o desenvolvimento do setor. Mais ao ponto, como discutimos no capítulo 1, o poder concedente decidiu que a privatização deveria ocorrer com a manutenção nas operações ferroviárias do mesmo modelo operacional que vigorava sob controle estatal.

A exclusividade na captura de cargas dentro de cada malha também foi um elemento importante considerado pelo poder concedente, por exemplo, quando este definiu o modelo de privatização por meio do agrupamento das 12 superintendências regionais da RFFSA em seis malhas ferroviárias "as quais representariam a melhor configuração operacional para se constituírem em unidades de negócio independentes e autossuficientes" (Souza e Prates, s.d., p. 5).

Essa lógica seguia os três seguintes passos: (a) era impossível saber o valor patrimonial das ferrovias, devido a passivos contingentes e propriedade de ativos mal definida, além de registros contábeis precários; (b) havia, porém, melhor informação sobre os fluxos de carga, o que permitiria a potenciais investidores calcular o retorno e os riscos envolvidos na operação; (c) dessa forma, se poderia privatizar o direito de transportar essa carga, para o que seria necessário ter o direito de usar a infraestrutura ferroviária. Em outras palavras, o que foi privatizado foi o direito à exclusividade na captura e transporte da carga e no controle da infraestrutura dentro de cada malha. Na ausência de exclusividade, o retorno esperado seria menor, o risco mais elevado e o valor da concessão bem mais difícil de calcular, possivelmente inviabilizando a privatização.

Da mesma forma, o poder concedente também privilegiou a relação entre malhas com base no princípio do tráfego mútuo, e não no direito de passagem, pois essa já era a regra nas relações entre RFFSA e Fepasa, inclusive inscrevendo no art. 6º do RTF (Decreto nº 1.832) que "[a]s administrações ferroviárias são obrigadas a operar em tráfego mútuo ou, no caso de sua impossibilidade, permitir o direito de passagem a outros operadores". Note-se que houve a opção por tráfego mútuo, em vez de direito de passagem, ainda que o fato de ambas serem empresas estatais, em tese, deveria tornar menos provável o surgimento de litígios do que num contexto em que os operadores são privados.

Dessa forma, adotou-se um modelo regulatório que em vários sentidos mantinha a organização produtiva utilizada pela RFFSA, com a percepção de que os problemas que esta e o setor enfrentavam se deviam mais a questões de incentivos, recursos e gestão do que à estrutura operacional integrada, de resto como ocorre com a quase totalidade da carga ferroviária transportada no mundo. Isso pesou também na decisão de não adotar um modelo de acesso aberto (*open access*).

Sobre esse ponto, cabe observar que o modelo brasileiro de privatização das ferrovias se inspirou em larga medida na experiência da Argentina, que a precedeu em alguns anos e envolveu uma situação bastante semelhante – um monopólio público ineficiente e gerador de grande prejuízo fiscal (ver capítulo 6). Não por acaso, os dois modelos têm vários elementos em comum, como a separação horizontal com critérios geográficos, mas mantendo a integração vertical das operações. Também na Argentina, a opção pelo livre acesso foi considerada e abandonada por ser julgada uma opção inferior. Rennicke e Kaulbach (1998, p. 16) assim descrevem essa parte da experiência argentina:

> A Argentina considerou adotar um sistema desverticalizado com *open access* (mas) [e]m todos os casos, a resposta do setor privado foi de que não haveria nenhum interesse em pleitear uma concessão e investir quantias substanciais de capital, quando um concorrente poderia aparecer em qualquer tempo e tentar se apropriar dos benefícios econômicos da concessão. Com base neste *feedback*, o governo argentino decidiu rapidamente que a concessão de franquias verticalmente integradas era a forma adequada, de fato a única forma eficaz (de proceder). Assim, o governo dividiu a operação de transporte de carga em seis operações verticalmente integradas, cinco das seis foram transferidas a operadores privados. Não foi permitido o acesso de terceiros a cada uma das malhas.

Um outro ponto interessante levantado por Castello Branco (2008) diz respeito à capacidade de o Brasil lidar com a questão dos acidentes se tivesse optado por adotar uma estrutura verticalmente separada. O autor aponta questões de natureza institucional e operacional (Castello Branco, 2008, p. 181)

> Do ponto de vista institucional, verifica-se que [sic] o órgão regulador necessitaria constituir um corpo de especialistas em investigação de aci-

dentes ferroviários, o que não seria tarefa fácil, diante do grau de especialização requerido aos profissionais desse corpo. Também o DNIT carece de profissionais ferroviários com esse perfil. (...)
Além da apuração da responsabilidade, seria necessário estabelecer os encargos financeiros do responsável, seja pela reparação de instalações fixas, seja pelo atraso causado ao tráfego ferroviário de outros operadores.
O destacado no parágrafo precedente será vital para a viabilidade do processo de segregação. A hipótese de um operador vir a ser responsabilizado pelos encargos financeiros mencionados anteriormente é extremamente desestimulante, tendo em vista, inclusive, os elevados prêmios para cobertura de seguros que certamente iriam viger no cenário de segregação.

Tratou-se de escolha fundamentada, portanto, pelo modelo vertical de concessão das ferrovias, em detrimento de um modelo de acesso livre. De modo que a proposta formulada a partir de 2013, de um modelo *open access*, por implantar e conviver com o modelo vertical em vigor, apresenta diversas dificuldades econômicas que nos parecem antes rechaçá-lo do que recomendá-lo. Senão vejamos.

10.5.2. Os impactos das políticas de separação vertical, *unbundling* e *open access* no setor ferroviário

No que segue, mostra-se que o compartilhamento da malha ferroviária pode ter sérias consequências negativas, podendo reduzir a eficiência técnica e alocativa na operação da infraestrutura e no transporte ferroviário de carga, dessa forma gerando uma perda líquida em termos de bem-estar social. O argumento central é que não se verificam no setor ferroviário as condições típicas de tecnologia e mercado (transacionais) que fazem da competição, via compartilhamento (*unbundling*) e *open access* (desverticalização), uma solução atrativa em setores de telecomunicações e energia elétrica e, claro, outros modais, como o aéreo e o rodoviário.

Dadas as diferentes facetas do problema, o argumento se divide em quatro partes. Primeiro vamos mostrar que a presença de economias de escopo na função de produção faz com que a separação vertical da operação, separando a exploração da infraestrutura do transporte de carga, eleve o custo operacional. Segundo, discutimos porque em uma empresa multiproduto o fim da exclusividade na provisão de transporte de carga na malha pode levar ao abandono de certos trechos, potencialmente beneficiando alguns usuários, mas prejudicando outros. Assim, é possível que, em lugar de aumentar o número de trechos sendo operados, como pretendem as reformas, estas o reduzam.

Terceiro, mostramos porque a tentativa de reproduzir a relação hierárquica entre duas unidades de uma mesma empresa ferroviária verticalizada por relações contratuais entre duas empresas independentes é ineficiente, resultando em aumento de litígios, risco de mais acidentes e desincentivo ao investimento. Por último, argumentamos que a proposta de evitar esses problemas contratuais por meio do microgerenciamento regulatório, além de ser difícil de viabilizar na prática – porque as informações não fluem com a completude que supõe o modelo adotado, nem o regulador consegue em geral suficiente quantidade de recursos, humanos e de outra natureza, para processar todas essas informações tempestivamente – reduzirá a flexibilidade operacional e decisória das concessionárias e elevará os seus custos administrativos.

10.5.2.1. Economias de escopo

Economias de escopo ocorrem quando é mais barato para uma única firma produzir um conjunto de bens ou serviços conjuntamente – por exemplo, serviços de infraestrutura e transporte de carga – do que para duas ou mais firmas produzirem essas mesmas quantidades separadamente em subconjuntos distintos desses bens e serviços (ver capítulo 3). É o caso, por exemplo, quando uma empresa multiproduto incide em custos fixos elevados ou custos comuns à produção de diversos bens ou serviços. Exatamente como se passa no setor ferroviário.

A multiplicidade de serviços produzidos pelas concessionárias pode ser percebida ao longo de dois cortes:

I. Dos serviços de infraestrutura e transporte.
II. Dos diferentes pares origem-destino e tipos de carga transportados.

As economias resultantes da produção conjunta de serviços de infraestrutura e transporte têm sido amplamente estudadas na literatura, notadamente no contexto das reformas voltadas para a desverticalização do setor na Europa (ver capítulo 7). Os seguintes fatores nos parecem os de maior peso para explicar porque essa separação vertical é ineficiente:

- Decisões conjuntas sobre investimentos em locomotivas e vagões, de um lado, e na via, de outro. Analisando essa questão no contexto das ferrovias europeias, Kvizda (2010) observa:

    A separação vertical no transporte ferroviário poderia resultar em desinformação quanto aos planos de investimento, tanto do proprietário e operador da infraestrutura ferroviária quanto dos operadores individuais dos trens, que investem em um determinado tipo e quantidade do material circulante, com base na condição e nível de desenvolvimento de infraestrutura. Há um perigo real de que em uma indústria verticalmente separada a tomada de decisões sobre os investimentos não será coordenada e, se assim for, então só com base em instrumentos administrativos de coordenação por intermédio dos órgãos estatais – com todas as desvantagens do planejamento central.

- O fluxo de informações entre o transportador e o gestor de infraestrutura é maior e melhor quando os dois são a mesma entidade. Isso permite, de um lado, o melhor planejamento de investimentos e atividades de manutenção; de outro, facilita a exploração da malha.

Assim, na prática, a integração entre a gestão da infraestrutura e o transporte de carga resulta no planejamento conjunto das duas atividades. A entrada de transportadores independentes iria separar as decisões de investimento, reduzir a disponibilidade de informações e encurtar o horizonte de planejamento, impondo restrições e, portanto, limitando a otimização no uso de recursos. No todo, a desverticalização gerará deseconomias de escopo que vão contra o objetivo de garantir a operação eficiente do setor ferroviário.

Observe-se que a situação das ferrovias é diferente da observada nos setores elétrico e de telecomunicações, na medida em que nestes há menor impacto da provisão do serviço ao consumidor final sobre a qualidade da via em que o produto é transportado. Não há, por exemplo, o mesmo desgaste na via. Ademais, no setor elétrico, a coordenação de cargas é feita por um único operador, que centraliza todas as decisões de transporte, o Operador Nacional do Sistema, justamente para evitar os problemas aqui discutidos. Assim, a separação das atividades de gestão da infraestrutura e transporte gerará maiores deseconomias de escopo no setor ferroviário do que no de eletricidade ou no de telecomunicações.[203]

A presença de ganhos de eficiência resultantes da exploração de economias de escopo entre a operação da infraestrutura e do transporte no setor ferroviário é amplamente documentada. Sem pretender fazer uma resenha exaustiva da evidência empírica a esse respeito, cabe citar alguns trabalhos mais influentes (ver também o capítulo 7):

- Ivaldi e McCullough (2008) estimam uma função de custos para as ferrovias americanas, utilizando uma função generalizada de McFadden, e

---

[203] É interessante notar, também, a tendência no setor aéreo de as grandes empresas de aviação passarem a controlar terminais, e até aeroportos inteiros, em certos casos, em um claro processo de reverticalização, que sugere que há de fato economias a extrair da realização conjugada do transporte e gestão da infraestrutura.

mostram que esta é subaditiva e que a separação vertical entre gestão da infraestrutura e operação de transporte levaria a uma perda de 20% a 40% da eficiência técnica no transporte ferroviário de carga.

- Bitzan (2003) chega a resultados semelhantes, também para o transporte de carga nas ferrovias americanas, concluindo que "as ferrovias são monopólios naturais em suas próprias malhas, sugerindo que a competição entre várias firmas na mesma malha iria resultar em custos mais altos. Estes resultados sugerem que políticas que introduzam competição nas ferrovias por meio de *open access* ou em segmentos com gargalos não iriam ser benéficas de uma perspectiva dos custos" (p. 201). O autor conclui ainda que essa perda de eficiência seria significativa.

- Cantos Sánchez (2001) estima uma função de custos translog para as ferrovias europeias e também conclui pela existência de economias de escopo na provisão verticalmente integrada de serviços de infraestrutura e transporte ferroviário de carga e que, se uma estrutura desverticalizada for imposta, "os riscos de ineficiências e perda de efeitos de coordenação entre infraestrutura e operações serão extremamente elevados".

- Growitsch e Wetzel (2009) analisam o desempenho das ferrovias europeias, com um foco na existência de economias de escopo resultantes da integração vertical da operação da infraestrutura e do transporte, concluindo que na maioria das companhias ferroviárias europeias as ditas economias de escopo estão presentes e são significativas.

10.5.2.2. O risco de cream skimming

Outro problema que tende a surgir com a livre entrada de transportadores ferroviários independentes é a possibilidade de *cream skimming*, isto é, que o novo entrante atue apenas nos segmentos mais lucrativos do mercado, deixando os piores para as concessionárias.[204] Devido à presença de economias de escopo, é possível que, em alguns casos, a entrada de um novo transportador, mesmo que beneficiando alguns usuários, termine por prejudicar outros. Como lembram Rennicke e Kaulbach (*op. cit.*),

> A experiência histórica demonstra que, quando é permitido o livre acesso à infraestrutura ferroviária existente, os novos operadores tentarão fazer o *cherry picking* dos negócios mais rentáveis, deixando para a companhia

---

[204]A este respeito, ver também a discussão em Pompermayer *et al.*, 2012.

ferroviária os usuários com menores margens, lucros mais baixos, e menos capital investido.

Para ilustrar essa possibilidade, considere a situação em que uma determinada ferrovia liga três cidades, A, B e C, localizadas em uma mesma linha. No caso, o operador fornece transporte de carga em três trechos (sem perda de generalidade, se considera apenas o transporte em uma direção): entre A e B, B e C, e A e C. Suponhamos que essa operação acarreta um custo fixo comum de R$ 30 milhões e custos variáveis, tarifas e demanda como apresentados na tabela a seguir.[205] Suponha ainda que, se um transportador resolver operar exclusivamente um dos três trechos acima, ele incorrerá nos seguintes custos apresentados nas duas últimas colunas da tabela 10.1.

Tabela 10.1:
Exemplo hipotético de economias de escopo na oferta

	Demanda (milhões TKU)	Operação integrada Custo variável (R$/TKU)	Tarifa (R$/TKU)	Operação sem integração Custo fixo (R$ milhões)	Custo variável (R$/TKU)
Trecho A-B	20	2.0	2.2	14	2.1
Trecho B-C	100	1.0	1.4	14	1.1
Trecho A-C	20	2.5	2.7	14	2.6

Fazendo-se as contas observa-se que:
I. No caso de um único operador transportando nessa linha, o custo total será R$ 220 milhões e a receita de R$ 238 milhões, ou seja, haverá lucro de R$ 18 milhões.
II. A operação em separado dos três trechos, com o mesmo nível de demanda, custará R$ 246 milhões, caracterizando a presença de economias de escopo, neste caso fruto da integração horizontal, em contraste com a integração vertical analisada anteriormente.
III. A operação apenas do trecho B-C gerará um lucro de R$ 16 milhões. Assim, é melhor realizar a operação nos três trechos do que apenas no mais lucrativo dos três.

---

[205] As tarifas dependem da elasticidade do preço da demanda, que, por sua vez, são função da renda e das preferências dos usuários locais e do custo de modais substitutos. Vamos assumir que esses são elementos dados em nossa análise.

IV. Outro operador que entrasse apenas no trecho B-C e abocanhasse metade do mercado, obteria um lucro de R$ 1 milhão. Nessa situação, porém, nem a operação isolada dos trechos A-B e A-C, nem a operação conjunta desses trechos e de mais metade do fluxo entre B e C seriam economicamente viáveis. Nesse caso, apenas a operação no trecho B-C sobreviveria e os dois outros trechos deixariam de ser atendidos por via ferroviária, trazendo uma perda de bem-estar para esses usuários.[206]

O mesmo exercício poderia ser feito considerando não três trechos, mas três produtos distintos. Isso ilustra o risco de que a prática do *cream skimming* ocorra com a entrada de transportadores independentes focados apenas em certos produtos mais rentáveis, possivelmente de forma integrada com a produção de minérios ou *commodities* agrícolas, tratando a atividade de transporte ferroviário como centro de custo. Isso poderia acarretar a inviabilidade econômica de outros usuários, definidos estes por trecho ou produto. Nada garante, portanto, que a desverticalização com *open access* não venha de fato reduzir, em vez de ampliar, a cobertura dos serviços de transporte ferroviário.

10.5.2.3. Internalidades, tragédia dos comuns e os resultados de algumas experiências internacionais

A discussão acima mostrou que uma relação vertical próxima entre o gestor da infraestrutura e o transportador ferroviário é uma solução superior à separação vertical das atividades, devido à melhor coordenação das atividades de investimento, manutenção e produção, e às economias de escopo daí resultantes. Mas será que essa integração vertical baseada numa relação hierárquica, com a integração das duas atividades sob um controlador comum, pode ser reproduzida por meio da coordenação entre duas entidades independentes, gerindo a infraestrutura e a operação de transporte separadamente, por meio de mecanismos de mercado, em especial contratos entre essas duas entidades independentes?

A resposta é não, devido à presença de custos de transação, que, à guisa de comparação, são menos relevantes em situações semelhantes nos setores de eletricidade e telecomunicações. Isto por que nesses setores é possível estabelecer contratos mais completos entre as partes, pois mais da relação entre elas é passível de ser monitorado por terceiros. Assim, outra razão porque o fim da exclusividade, com a liberdade para que outros capturem carga e utilizem as malhas das

---

[206] Observe que esse resultado independe de a entrada de mais um operador no trecho B-C gerar mais concorrência nesse trecho. A única exceção ocorreria se o aumento da competição gerasse uma queda suficientemente grande da tarifa a ponto de praticamente dobrar a demanda.

concessionárias, pode gerar uma solução inferior é a existência de internalidades negativas entre as partes, um conceito que discutimos no capítulo 3.

Daniel Spulber define internalidade, em um paralelo com o conceito de externalidade, como os custos ou benefícios de uma transação experimentados pelas partes que não estão considerados nos termos de troca estipulados para a dita transação.[207] Uma definição alternativa é que uma internalidade se refere a um conjunto de bens e serviços trocados entre as partes de uma transação econômica que não é contabilizado nos termos de troca. Ou seja, em uma transação entre duas partes, uma internalidade é um efeito provocado por uma parte e sentido pela outra que não está contemplado no contrato que sustenta essa transação.

A seguinte discussão em Spulber (1989) sobre causas para a presença de internalidades ajuda a entender a importância desse conceito para o caso em tela:

> Três tipos principais de "custos de transação" são fontes de internalidades: (i) o custo de redigir contratos contingentes em situações de incerteza, (ii) o custo de observar e monitorar as ações da outra parte quando o comportamento é imperfeitamente observável, e (iii) o custo de coletar informações e disponibilizá-las para outros quando as partes na transação possuem informações privadas. O custo de incorporar todos os resultados possíveis em uma transação leva a que se entre em contratos incompletos, no sentido de não prever compensações em possíveis cenários contingentes. O custo de observar as ações da outra parte pode levar a níveis ineficientes de atividades como a prevenção de acidentes, um problema conhecido como risco moral. Finalmente, o custo de se observar as características das partes pode levar a declarações falsas sobre preferências ou tecnologia e resultar em contratos que distingam imperfeitamente entre agentes de diferentes tipos.

O fim da exclusividade na captura de cargas e o direito de passagem podem gerar pelo menos dois tipos de internalidades negativas:

- O transporte ferroviário é feito em série, isto é, com a passagem de várias composições pelos mesmos trilhos. Um acidente ou a quebra de uma composição irá interromper todo o tráfego no trecho em que ocorrer, gerando prejuízos para os demais usuários daquele trecho. Não obstante, do ponto de vista do usuário que provocou o acidente

---

[207]Observe que os custos ou benefícios são incorridos por partes que mantêm uma relação entre si, em anteposição ao conceito de externalidade, que se refere a efeitos semelhantes sobre partes que não têm nenhuma transação direta entre si.

ou gerou a quebra, apenas o seu custo é relevante. O investimento/ esforço que ele estará disposto a fazer para prevenir eventos dessa natureza será sempre proporcional ao seu custo estimado, e, portanto, será inferior ao socialmente ótimo. O mesmo problema não se observa quando há apenas um usuário operando composições em uma malha. Em teoria, esse problema poderia ser contornado com um esquema de multas e sanções que igualasse o custo privado de interrupção de tráfego ao custo social, mas a existência dos custos de transação discutidos acima previne que esse tipo de contrato seja elaborado. Por exemplo, como saber se um acidente ou quebra de composição decorreu da falta de investimentos na manutenção da via ou do uso de composições inapropriadas ou maquinistas mal treinados? Como poderá uma terceira parte, em geral com menos acesso à informação que a concessionária e o transportador independente, dirimir um conflito daí resultante?[208]

- Um problema relacionado a esse diz respeito à distribuição de investimentos entre a via e o equipamento rodante. Numa situação de exclusividade na captura de carga e tráfego mútuo, o concessionário terá incentivos para alocar eficientemente os dois tipos de investimento. De fato, é possível elencar vários investimentos no equipamento destinados a preservar a via e vice-versa. Algo semelhante ocorre em relação ao treinamento dos maquinistas. Um transportador independente, porém, irá investir em nível subótimo na qualidade do equipamento, pois ele não será responsável por corrigir os danos causados na via, nem sofrerá em igual proporção com a sua má qualidade. Note-se que mesmo que uma das partes consiga identificar um comportamento irregular pela outra parte, dificilmente ela conseguirá que uma terceira parte imponha penalidades, devido à dificuldade de atribuir responsabilidades *ex post*: terá sido a composição que danificou o trilho ou o oposto?

Como observa Spulber (1989), a questão central é que os custos de transação e/ou a informação incompleta podem levar as partes de uma transação a não ex-

---

[208] Em suma, o trilho desgasta a roda do trem e esta desgasta o trilho. Os operadores de infraestrutura não ganham nada em manter os trilhos em boas condições. Os operadores de trem também não têm incentivos para usar equipamentos que poupem os trilhos, que não são deles. Obviamente o modelo pode penalizar esse tipo de comportamento, mas aplicar sanções é mais difícil do que parece. Mire-se o exemplo das rodovias. Lá também há desverticalização e interação entre vias e veículos. O que se observa é que as rodovias brasileiras têm vida útil menor do que a prevista, pois os caminhões trafegam com cargas acima do peso permitido. Em tese isso deveria ser punido, mas as balanças não funcionam, nem há fiscalização.

plorar inteiramente os benefícios dessa transação. Vale dizer, a presença de internalidades faz com que as partes em uma transação não se apropriem de todos os potenciais ganhos que podem ser gerados pela transação. Em particular, quando as ações de uma das partes não são diretamente observáveis, elas não são suscetíveis à negociação, nem podem ser incorporadas aos termos do contrato.

Spulber (1989) ilustra esse problema com um exemplo que, adaptado ao caso em tela, poderia ser assim descrito: o gestor de infraestrutura ferroviária contrata com o transportador ferroviário o acesso à sua malha por um preço p; o transportador decide que equipamento utilizar e como utilizá-lo no transporte de carga, resultando em um nível de desgaste da via $v(z)$, onde z é uma medida do esforço do transportador para preservar a via, sendo z e $v(z)$ definidos em unidades monetárias. Quando o transportador e o gestor da infraestrutura são a mesma entidade, pode-se esperar que seja despendido um nível ótimo de esforço z^*, dado pela condição $v'(z^*) = 1$. Quando as duas partes são entidades independentes, e como o esforço do transportador não é observável, e por isso não pode ser considerado no contrato (em especial, p não depende de z), é fácil concluir que o transportador fará um nível zero de esforço. Do ponto de vista da sociedade como um todo, a solução observada com a separação vertical das duas atividades gera uma perda líquida de $v(z^*) - v(0) - z^*$, que não é apropriada por ninguém.

A impossibilidade de estabelecer condições contratuais diferentes para companhias que imponham maior risco, até pela dificuldade de, *ex ante*, identificar que companhias são essas com base em critérios publicamente verificáveis, também gera problemas, neste caso de seleção adversa. De fato, a própria regulação do OFI descrita acima limita o espaço da ANTT para restringir a existência desses operadores desde que atendidas as exigências com relação à sua capacidade. Ou seja, a concessionária de infraestrutura terá controle limitado de que transportadores ferroviários utilizarão a sua malha.

Nessa situação, a tendência é que os agentes optem por minimizar seus investimentos e gerem uma situação semelhante à que em Teoria dos Jogos se conhece como Tragédia dos Comuns: um dilema decorrente da situação em que vários indivíduos, agindo de forma independente e racional, e unicamente em função dos seus próprios interesses, geram uma situação de esgotamento de um recurso limitado e de uso compartilhado, mesmo quando é evidente que não é do interesse de nenhuma das partes que isso aconteça.

No caso em tela, os transportadores possivelmente investirão em nível subótimo na qualidade dos equipamentos, uma vez que considerarão apenas os custos percebidos individualmente. Entretanto, estes são inferiores aos custos incorridos por todos os envolvidos, não apenas porque é o responsável pela infraestrutura quem terá de corrigir os danos causados à via, mas também porque outros usuários serão prejudicados. A consequência natural é a deterioração da qualidade das vias e equipamentos ferroviários, com a degradação da qualidade do transporte ferroviário.

Um exemplo desse tipo de resultado – internalidades e Tragédia dos Comuns – é o ocorrido no setor ferroviário do Reino Unido após se separar a gestão da infraestrutura do transporte de carga e passageiros, como discutido em detalhes no capítulo 7. Ainda que menos dramática do que no Reino Unido, a separação vertical nas ferrovias na Holanda também resultou em uma deterioração na qualidade dos serviços prestados, como descrito por Mulder, Lijesen e Driessen (2005, p. 16):

> Embora algumas das mudanças postas em prática durante o período inicial tenham sido, sem dúvida, benéficas, outras se revelaram menos benéficas no médio prazo. A confiança no funcionamento do material rodante e especialmente da infraestrutura começou a declinar devido à excessiva racionalização, resultando na falta de confiabilidade e pontualidade. Acusações mútuas entre os operadores da infraestrutura e dos trens também se tornaram frequentes na ausência de incentivos contratuais e financeiros adequados entre as partes, levando ao aprofundamento da subotimização.

Como é virtualmente impossível desenhar e garantir a execução de um contrato com suficientes salvaguardas para impedir ou compensar todas essas internalidades, na prática faz mais sentido a opção pela verticalização, arranjo institucional em que as internalidades não estão presentes e, por isso, oferece vantagens do ponto de vista da eficiência e da promoção do investimento no caso das ferrovias. Assim, não surpreende que o modelo verticalmente integrado infraestrutura–transporte seja amplamente favorecido internacionalmente.[209]

10.5.2.4. Microgerenciamento e custo administrativo

Há nas resoluções da ANTT, analisadas nos capítulos anteriores, um esforço de evitar os problemas contratuais elencados acima por meio de um aumento do uso de instrumentos administrativos que reproduzam a coordenação que

---

[209] É interessante observar que, de acordo com estudo elaborado por Bruno Beier Palermo, a comparação projetada entre o valor de mercado de uma concessionária vertical – no caso, é destacada para objeto de análise a Malha Norte da antiga ALL, hoje Rumo Logística – e seu valor dentro do marco regulatório de livre acesso, apresenta uma queda de mais de 40%. Mais grave que isso: em outros cenários projetados pelo autor, o valor de certas concessões verticais atuais, caso migradas para o regime de livre acesso, chegaria mesmo a desaconselhar a manutenção de suas atividades empresariais, o que poderia resultar em um colapso do sistema ferroviário (Palermo, 2015).

resulta naturalmente da integração vertical. Isso traz, porém, outros problemas. Um deles diz respeito à capacidade de o regulador obter e processar toda a informação necessária para isso. Outro, a redução da flexibilidade causada pela exigência de metas e controles por trecho, com a consequente perda de eficiência em um contexto em que a demanda tem um importante componente imprevisível. Nos dois casos há também uma ineficiência gerada pelo aumento do custo administrativo resultante da adoção de um modelo de microrregulação e da intensificação de relações contratuais entre gestores de infraestrutura e transportadores. Por fim, há as consequências desses problemas em termos do desincentivo ao investimento e potencial de geração de litígios.

Quando da privatização, o poder concedente fez uma opção consciente por um modelo regulatório de baixa intervenção, que desse às empresas ampla flexibilidade nas decisões operacionais e de investimento. Além da observação dos problemas gerados em outros países por uma regulação muito detalhista – EUA, antes do Staggers Act, e Argentina, nos primeiros anos após a privatização –, motivou o regulador a percepção de que há no setor de transporte ferroviário de carga uma grande sobreposição entre os objetivos das concessionárias e do regulador, este como representante dos interesses da sociedade, notadamente no que concernem às ditas decisões sobre operação e investimento.

A regulação desenvolvida em 2011-2013 buscou romper com esse modelo, caminhando em certo sentido na direção oposta ao que fizeram os EUA com o Staggers Act, ao querer fixar metas por trecho de produção, investimento e qualidade. Assim, esse microgerenciamento – e as sanções associadas ao seu descumprimento – retira flexibilidade da concessionária para adaptar-se a mudanças no ambiente em que opera e a novas informações que se tornem disponíveis com o tempo, gerando, portanto, uma perda de eficiência.

Além disso, essa microrregulação irá exigir que se dediquem recursos, nas concessionárias e no regulador, para estimar, definir e monitorar essas metas, o que também pode representar um custo relevante em organizações cuja eficiência depende da manutenção de baixos custos administrativos. Da mesma forma, essa medida cria mais pontos de potencial desacordo e, consequentemente, de geração de litígios. Como observam Rennicke e Kaulbach (1998), um dos benefícios do Staggers Act foi justamente a "eliminação de uma regulação e supervisão custosas e que consumiam muito tempo (das partes), e a promoção de um processo decisório com base em critérios de mercado".

No modelo desenvolvido em 2011-2013, as concessionárias são obrigadas a permitir o acesso para outros transportadores quando há capacidade de tráfego ociosa, definida esta como a diferença entre a capacidade total e a necessária ao atendimento da meta de produção da concessionária, por trecho. Não é óbvio, porém, qual seja a capacidade total de um trecho, pois essa depende não só da via, mas também da velocidade e tipo de equipamento utilizado, assim como da coordenação no uso dos diferentes equipamentos, de forma a manter padrões mínimos de segurança. A produção também é difícil prever, pois depende da demanda, que pode variar com os preços dos produtos e condições climáticas.

O fato de a demanda não ser uniforme no tempo, nem inteiramente previsível, significa que é ótimo do ponto de vista empresarial e social dimensionar a capacidade com base na demanda de pico e manter algum grau de capacidade "ociosa" para atender uma demanda eventualmente acima do previsto. Capacidade legitimamente ociosa – isto é, definida considerando o caráter parcialmente aleatório e sazonal, e, portanto, não inteiramente previsível da demanda, além da possibilidade de mau funcionamento de equipamento – é custo sem retorno, algo que não é razoável esperar que seja mantido por empresas privadas orientadas para a maximização do lucro. A folga existente entre a meta de produção e a capacidade total corresponde, portanto, a uma opção real de que dispõe a concessionária.

Para evitar que assimetrias informacionais limitem o compartilhamento da malha, vultuosos recursos terão de ser direcionados à geração e à análise de informações. O custo e as ineficiências assim geradas podem não ser pequenos. Assim, como mostram Rennicke e Kaulbach (1998), a partir da análise da experiência australiana, a adoção do livre acesso também tende a gerar um elevado custo administrativo, para as partes e o regulador, e uma maior incidência de litígios.

> Têm havido significativos custos adicionais para implementar o livre acesso, a maioria dos quais tem sido bancados pelas empresas ferroviárias incumbentes. Estes custos incluem os custos mais altos de organização interna, a perda da coordenação normal entre as atividades de gestão de infraestrutura e transporte ferroviário (*loss of normal internal above/below rail coordination*), e a criação de grandes e dispendiosas burocracias internas.
> Além disso, como as empresas ferroviárias existentes devem demonstrar a potenciais novos operadores que as suas próprias operações de transporte ferroviário são tratadas de modo "justo e equitativo" (pela unidade de infraestrutura), cada empresa ferroviária teve de reduzir todas as interfaces de negócio e questões que antes eram resolvidas no contexto de uma administração interna unificada passaram a ser objeto de um complexo acordo entre a unidade de operações e a unidade de infraestrutura.

Um item particularmente complexo nesse contexto é a definição da tarifa de tráfego/acesso. Rennicke e Kaulbach (1998) observam a esse respeito, no contexto americano:

Se as empresas ferroviárias forem obrigadas a oferecer acesso a transportadores independentes, elas presumivelmente demandarão e terão direito a receber uma compensação econômica total (FEC, *full economic compensation*) pelo uso das instalações e serviços prestados. A FEC não inclui apenas os custos variáveis associados com apoio operacional (agendamento de comutação, operações de pátio etc.), mas também uma parte equitativa dos custos fixos associados à aquisição, manutenção e reposição dos ativos associados ao direito de passagem (terra, dormentes, trilhos, lastro, sinalização etc.).

A FEC também poderia incluir os custos de oportunidade associados ao tráfego perdido, à contribuição para o lucro, e a outros custos desse gênero. Determinar a FEC é uma atividade não só extraordinariamente complexa, mas também sujeita à interpretação de muitas variáveis e premissas. Isso inevitavelmente produzirá disputas litigiosas entre as empresas ferroviárias e os operadores independentes, demandando uma grande burocracia voltada para a resolução de litígios.

Rennicke e Kaulbach (*op. cit.*) discutem a complexidade técnica dessa questão com base na experiência americana de uso pela Amtrak (passageiros) das vias das concessionárias e como isso levou a disputas para as quais o regulador (a ICC, Interstate Commerce Commission) concluiu que "nenhuma fórmula ou metodologia pode determinar perfeitamente o quanto os diferentes tipos de tráfego contribuem incrementalmente para os custos de manutenção dos trilhos". Em especial, Rennicke e Kaulbach concluem que, "como o acesso forçado irá quase certamente aumentar drasticamente a discordância e as disputas sobre preços e questões operacionais, é inevitável que a burocracia existente no órgão regulador tenha de ser ampliada para resolver esses litígios".

10.6. As fragilidades jurídicas do modelo de acesso livre (*open access*) brasileiro

Para além das considerações econômicas anteriormente apresentadas, que por si só já demonstram a impropriedade de se adotar um modelo de acesso livre no sistema ferroviário brasileiro, temos para nós que o referido arranjo apresentava tantas outras fragilidades jurídicas, também de difícil superação. Olhando-se por outro prisma, constata-se que também o arranjo jurídico desenhado para instrumentalizar essas finalidades não se revelava adequado.

A ausência de um novo marco legal propriamente dito, dispondo inclusive sobre como seria o cenário regulatório de convívio das concessões tuteladas pelo regime anterior e das futuras concessões (i), o emprego da técnica de desverticalização no setor para fomentar a concorrência (ii), a repartição de riscos e a aquisição integral da capacidade operacional pela Valec, seguida de ofertas públicas dirigidas pela estatal ao mercado (iii), a falta de garantias institucionalizadas da delegação e a antecipação de receitas com base em decreto e previsão contratual (iv) são todas medidas que precisam ter seus propósitos e efeitos devidamente avaliados. A esses subtemas nos dedicaremos na sequência.

De antemão, no entanto, vale registrar que o Tribunal de Contas da União se manifestou sobre o modelo *open access* proposto para as ferrovias por meio do Acórdão nº 3.697/2013. A Secretaria de Fiscalização de Desestatização – Transportes (Sefid-Transportes) elaborou relatório consideravelmente crítico ao modelo, apontando sua proximidade com uma PPP na modalidade patrocinada, considerando:

> (a) prestação de um serviço (construção e operação de uma ferrovia) pago diretamente pela administração pública (Valec) mediante contraprestação; (b) risco da demanda totalmente alocada ao poder concedente, pois a contraprestação é paga independentemente do uso da ferrovia; e (c) uso de subsídios para ser viabilizado, alcançando a cifra de R$ 17 bilhões somente para esse trecho em análise.

Destacou, ainda, que

> a implementação desse projeto [primeiro estágio do acompanhamento da outorga do trecho da EF-354, compreendido entre Lucas do Rio Verde/MT e Campinorte/GO] como concessão comum traz significativos riscos para as finanças públicas e para a austeridade fiscal, na medida em que não contempla mecanismos para quantificar e controlar os riscos financeiros que serão assumidos pelo poder público (somente para esse trecho, o subsídio estimado é de R$ 17,1 bilhões).

De toda sorte, o modelo veio depois a ser validado, na forma do voto do relator, min. Walton Alencar, que pretendeu superar os pontos levantados pela Sefid, distanciando o novo modelo proposto das críticas que reconduziam à modelagem de uma concessão patrocinada (PPP) como sendo a mais adequada. Foi então argumentado, para esse propósito, que

> a Valec não é usuária do serviço, porque o concessionário não presta serviço e nem há serviço concedido (...). A atuação da Valec é de aquisição e venda da capacidade de transporte ferroviário e é nessa condição que ela remunera o concessionário. No caso em exame, o concessionário não é remunerado pela prestação de serviço, mas pela exploração da infraestrutura ferroviária.

O modelo, a seu ver, garantiria acesso isonômico ao transporte ferroviário, por meio do livre acesso, ao segregar construção e gestão da infraestrutura e prestação do serviço de transporte. Sobre o risco, e talvez aqui esteja o ponto mais passível de debate da decisão, como se verá adiante, consignou o relator que a aquisição de toda a capacidade pela Valec conformaria apenas uma estratégia comercial do Estado empreendedor que poderia, inclusive, gerar lucros na etapa seguinte, de venda mediante competição entre os interessados a oferecer o serviço de transporte ferroviário a terceiros.

O Acórdão TCU nº 3.697/2013 foi, por fim, ementado nos seguintes termos:

1. a concessão de exploração de infraestrutura ferroviária não caracteriza nem se confunde com a concessão de serviço público, consoante a Lei nº 10.233/2001;
2. compete à Valec atuar na promoção do desenvolvimento do sistema de transporte ferroviário, nos termos do inciso VI, do art. 9º, da Lei nº 11.772/2008;
3. os Decretos nº 8.129/2013 e 8.134/2013 regulamentam a forma com que a Valec exercerá a promoção do desenvolvimento do sistema de transporte ferroviário;
4. a subconcessionária substituirá a atual concessionária, a Valec, e se subrogará todos os direitos e obrigações daquela empresa, nos limites da subconcessão, nos termos do art. 26, §2º, da Lei nº 8.987/95, tornando-se assim, a nova concessionária;
5. a compra e venda do direito de uso da capacidade de transporte das ferrovias exploradas por terceiros passou a constituir atividade ínsita ao objeto social da Valec, consoante o novo Estatuto Social estabelecido pelo Decreto nº 8.134/2013, integrando a atividade-fim da empresa;
6. os contratos de compra e venda de capacidade, firmados entre pessoas jurídicas de direito privado, ainda que regulados pelo poder público, são de natureza predominantemente negocial, regidos pelo direito privado, tal e qual os demais contratos de compra e venda e cessão de direitos de empresas públicas que desempenham atividade econômica;
7. a relação jurídica de direito público estabelecida entre o poder concedente, União, e o novo concessionário, mediante contrato de concessão de exploração de bem público, não se confunde com a relação jurídica de direito privado que se estabelecerá entre esse concessionário e a Valec em razão dos contratos comerciais de compra e venda de capacidade de transporte das ferrovias que serão firmados;
8. no modelo de concessão de exploração de infraestrutura concebido, a aquisição, por um operador central, de toda a capacidade operacional

da nova ferrovia visa a assegurar a obtenção do menor custo possível de ser obtido no mercado, tendo em vista a modicidade tarifária;
9. o modelo proposto é voltado à obtenção das menores tarifas de transporte comportadas pelo mercado, visando ao barateamento do custo de transporte das mercadorias, reduzindo o custo Brasil e atendendo aos interesses de toda a sociedade.

Pelas considerações a seguir desenvolvidas, em complemento aos argumentos econômicos anteriormente apresentados, é que nos distanciamos do entendimento afirmado no referido acórdão, reconhecendo a pertinência de diversos dos argumentos levantados pela Sefid, aos quais ainda se somam outros, como passamos a deduzir.

10.6.1. Ausência de marco legal prevendo o modelo de separação vertical e seu regime de coexistência com o modelo atual

Um ponto estrutural, e de impacto direto na confiança de investidores particulares para aderirem ao modelo de delegação que fora proposto para o setor de ferrovias, era a falta de um marco legal que o sustentasse. A saber, em nenhum momento foi submetido ao processo legislativo ordinário projeto de lei dedicado ao tema, e que dispusesse sobre essa nova e complexa modelagem proposta. Tirante a previsão de realização do transporte ferroviário dissociado da titularidade da infraestrutura, que se fez inserir na Lei nº 10.233/2001, o arranjo exposto acima tem previsão basicamente regulamentar, editalícia e contratual. E o edital e o contrato administrativo, como se sabe, são instrumentos jurídicos unilateralmente elaborados pela administração pública (Poder Executivo, leia-se).

O único normativo que, em alguma medida, interagia com o novo modelo de delegação proposto, era o Decreto nº 8.129/2013, que se dedicava a instituir a política de livre acesso ao Subsistema Ferroviário Federal e dispunha sobre a atuação da Valec para o desenvolvimento dos sistemas de transporte ferroviário.[210] Esse decreto foi editado com base na competência de organização e gestão da administração pública federal que a constituição confere ao presidente da República para regulamentar a Lei nº 11.772/2008, que cuida da reestruturação da Valec.

---

[210] O Decreto nº 8.134/2013 também trata da Valec, dispondo sobre sua estruturação para a execução das atividades de desenvolvimento dos sistemas de transporte ferroviário e aprovando seu Estatuto Social, e a Lei nº 12.872/2013, que em seu art. 2º, *caput*, autoriza "o aumento do capital social da Valec – Engenharia, Construções e Ferrovias S.A., no montante de até R$ 15.000.000.000,00 (quinze bilhões de reais), destinado a honrar compromissos assumidos com os concessionários que irão explorar os trechos ferroviários definidos em ato do ministro de Estado da Fazenda".

Não poderia sequer ser tratado, portanto, como suficiente para caracterizar um novo marco regulatório do setor ferroviário, é bom que se antecipe.[211]

Todavia, é preciso registrar que o decreto, ainda que sob o pretexto de limitadamente tratar da Valec e de outras questões de organização e gestão administrativa, pretendia-se inaugural de um marco regulatório, fixando quatro diretrizes segundo as quais as concessões de infraestrutura ferroviária seriam outorgadas:

> Art. 1º Fica instituída a política de livre acesso ao Subsistema Ferroviário Federal, voltada para o desenvolvimento do setor ferroviário e para a promoção de competição entre os operadores ferroviários. Parágrafo único. As concessões de infraestrutura ferroviária serão outorgadas conforme as seguintes diretrizes: I – separação entre as outorgas para exploração da infraestrutura ferroviária e para a prestação de serviços de transporte ferroviário; II – garantia de acesso aos usuários e operadores ferroviários a toda malha integrante do Subsistema Ferroviário Federal; III – remuneração dos custos fixos e variáveis da concessão para exploração da infraestrutura; e IV – gerenciamento da capacidade de transporte do Subsistema Ferroviário Federal pela Valec – Engenharia, Construções e Ferrovias S.A., inclusive mediante a comercialização da capacidade operacional de ferrovias, próprias ou de terceiros.

Fica mais do que clara, portanto, a intenção de desverticalizar o setor, por meio da separação das outorgas para exploração da infraestrutura ferroviária daquelas para a prestação de serviços de transporte ferroviário.

Além disso, veja-se que não havia, nem mesmo no referido decreto, qualquer menção a um necessário regime de coexistência entre a operação das concessões realizadas segundo o regime atual e aquelas que poderiam ser concedidas sob o regime proposto. Este, aliás, um fator de insegurança não só aos interessados em entrar no setor, mas principalmente àqueles que já são concessionários, e não poderiam prever o impacto da nova modelagem em seus contratos e operações. Especialmente tomando-se em consideração que, como alertado pela Confederação Nacional dos Transportes (CNT), caso as concessões verticais não vierem a ser prorrogadas, a convivência dos regimes vertical e segregado ocorreria por, ao menos, 15 anos (CNT, 2013, p. 23-24).

Pois bem. Retomando ao ponto, a observação de ser o decreto o único ato normativo sobre o novo modelo não é desimportante, na medida em que se trata de ato

---

[211]Karlin Olbertz Niebuhr vai além, entendendo por inconstitucional o Decreto nº 8.129/2013, diante da ausência de lei prevendo tal modelagem concessória (Niebuhr, 2013, p. 74). Por outro lado, Vitor Rhein Schirato entende não haver qualquer impropriedade em se delimitar um modelagem específica de concessão via decreto, mesmo que assimilando contornos típicos das parcerias público-privadas (Schirato, 2015, p. 389-393).

exclusivo do presidente da República – também um instrumento jurídico unilateral, portanto –, passível de revogação a qualquer tempo, e que não se submete ao crivo do Poder Legislativo, mais adequado para a construção de ideias que, após o debate, em alguma medida representam um consenso mínimo das maiorias ordinárias.

Dessa forma, dar início à formulação de um novo marco regulatório por decreto – e, menos ainda, pretender construí-lo exclusivamente por este mecanismo normativo – não parece ser o melhor caminho para conferir a segurança e estabilidade tão cara aos setores de infraestrutura como o de ferrovia. O consenso mínimo que a lei traduz melhor que o decreto é muito importante para esses setores, porque a estabilidade para neles investir vem da crença de que a decisão de desenvolvê-los da forma posta se trata de uma política pública de Estado, e não de governo (referente a um mandato de ocasião, portanto).[212] Como que um projeto do país. E desconsiderar isso é um erro estratégico que pode colocar em xeque o melhor dos sistemas de incentivo imaginado em tese.

Desse modo, diferente do argumentado por Vitor Rhein Schirato (2015), parece-nos que a questão não é de debate sobre a necessidade de se atender a uma suposta legalidade em sentido estrito, ou à juridicidade (leia-se, ao ordenamento jurídico, em sentido amplo). O ponto é outro, e pode ser sumarizado na pergunta: a ausência de um mínimo arcabouço legal, conferindo maior robustez e estabilidade à nova conformação proposta para as concessões ferroviárias, é suficiente para prover garantias mínimas de investimento privado nesse setor? A resposta, nos parece, é não.

Assim, e até mesmo diante da singeleza do decreto, não se tratava de mecanismo suficiente para tratar do tema e, por consequência, para prever as regras do jogo e garantir a atração e manutenção de investimentos (Ribeiro, 2013). O novo modelo de delegação do setor de ferrovias, que, como se verá adiante, não se subsume a uma concessão de serviço público comum, padecia da falta de marco legal e isso, de partida, por si só já não servia a garantir a realização dos objetivos pretendidos.

Tanto a crítica se faz verdadeira que, com o propósito de afastar o modelo de acesso livre para o setor ferroviário brasileiro, não mais que três anos depois do início de sua gestação, o presidente em exercício Michel Temer editou o Decreto

---

[212]Nas palavras de Floriano de Azevedo Marques Neto: "Políticas de Estado são aquelas definidas por lei, no processo complexo que envolve o Legislativo e o Executivo. Nelas vêm consignadas as premissas e objetivos que o Estado brasileiro, num dado momento histórico, quer ver consagrados para um dado setor da economia ou da sociedade. As políticas de Estado hão de ser marcadas por um traço de estabilidade, embora possam ser alteradas para sua adequação a um novo contexto histórico, bastando para isso a alteração no quadro legal. (...) Políticas de governo são objetivos concretos que um determinado governante eleito pretende ver impostos a um dado setor da vida econômica ou social. Dizem respeito à orientação política e governamental que se pretende imprimir a um setor. Hão de estar adstritas, obviamente, às políticas de Estado" (Marques Neto, 2009, p. 85-86).

nº 8.875/2016, revogando o Decreto nº 8.129/2013. A medida esvaziou diretrizes e forma de funcionamento do modelo de *open access* para o setor ferroviário, impedindo que, na prática, sejam feitas concessões por esse sistema. Ao menos até que sejam definidos novos contornos legais para seu funcionamento, tendo em vista que, por outro lado, segue vigente a previsão legal – esta sim, mais estável, como dito – possibilitando a realização de transporte ferroviário de cargas dissociada da titularidade da infraestrutura, bem como a Resolução ANTT nº 4.348/2014, regulando a atividade do OFI, ainda que façam pouco sentido sem um marco regulatório subjacente.

10.6.2. A desverticalização das ferrovias e suas limitações

Uma das principais medidas previstas no desenho institucional do modelo de delegação do serviço público ferroviário que foi proposto estava em desverticalizar o setor.

A desverticalização, em linhas gerais, consiste em separar as atividades que, no modelo vertical, são exercidas por um único agente econômico, para assim separar atividades competitivas das não competitivas, aplicando-lhes regimes regulatórios diferentes e dessa forma conferir transparência às informações do setor. O que se busca, em suma, é maior concorrência e eficiência, sem afetar a modicidade permitida pela escala de operação na infraestrutura, onde as economias de escala são mais significativas.

A desverticalização pode ser contábil, jurídica ou societária, sendo considerada contábil quando implica a contabilização de receitas e despesas separadas por segmento, conferindo maior transparência e evidenciando a inexistência de subsídios cruzados; jurídica, quando impede a atuação de uma mesma pessoa jurídica em mais de uma etapa do mercado, o que necessariamente acarreta a desagregação contábil; e societária, quando impede que um mesmo grupo econômico controle mais de uma fase das atividades de um mesmo setor[213] (Nester, 2006, p. 58).

---

[213] Cf. discorre Luciano Magno Albertasse Bravo: "Da desagregação decorrem duas manifestações – sobre a estrutura empresarial – dos agentes envolvidos e outra sobre a dualidade de regimes jurídicos aplicáveis sobre os segmentos competitivos e não competitivos. A primeira manifestação – sobre a estrutura empresarial – compromete os arranjos contábeis (separação contábil) ou empresariais dos agentes (separação jurídica ou societária). Assim, a desagregação a) é contábil quando implica o dever de contabilizar receitas e despesas dos diversos segmentos separadamente; b) é jurídica quando à mesma pessoa jurídica seja vetada a exploração de mais de uma fase de exploração da atividade, ou a mesma fase de um mercado relevante; e, por fim, c) é societária quando há proibição de que o mesmo grupo econômico concentre mais de uma das etapas do ciclo econômico" (Bravo, 2009, p. 523-524).

Como desverticalizar um mercado que já está em funcionamento com a participação atuante de empresas privadas é medida custosa e que envolve uma intervenção regulatória gravíssima, em geral a desverticalização está associada à privatização, por ser esta uma oportunidade única para que o Estado desenhe um sistema de delegação do serviço público desagregado.[214] De fato, a prática de desverticalizar serviços públicos em momentos privatizantes não é nova no Brasil, onde foi experimentada, por exemplo, nos setores de petróleo, energia elétrica e telecomunicações.[215]

Apesar da dificuldade de se precisar, em virtude da falta de lei disciplinando o modelo proposto, parece-nos que a desverticalização, nos moldes inicialmente ensaiados, contemplaria as modalidades contábil e, ao menos, jurídica

---

[214] É como anotam Robert Baldwin, Martin Cave e Martin Lodge: "A separação e a liberalização descrita acima leva diretamente à questão da separação. Antes da onda de privatização na Europa, desde 1980, as empresas de serviços públicos foram tipicamente verticalmente integradas. Muitas continuam desta forma – como a Royal Mail. Outras estão sob propriedade pública parcial. A privatização cria uma oportunidade para que o governo imponha uma estrutura diferente, por exemplo, criando várias empresas para venda, repartidas horizontalmente por serviço e/ou verticalmente por função. É uma oportunidade única, uma vez que a reestruturação de ativos de propriedade privada, através de medidas como a alienação compulsória, é muito mais difícil de atingir" (Baldwin, Cave e Lodge, 2012, p. 466).

[215] Cf. os exemplos trazidos por Luciano Magno Albertasse Bravo: "Vejamos como se deu a desagregação dos setores de petróleo e gás, eletricidade e telecomunicações durante o processo de desestatização no país: I – *Setor de petróleo e gás*: segundo a OECD, comumente, apenas os segmentos de transporte em alta pressão de gás e a distribuição em áreas de baixa densidade populacional não podem ser abertos à livre concorrência, por constituírem monopólios naturais. No país, a primazia estatal sobre a atividade, exercida pela Sociedade de Economia Mista Petrobras S/A, foi flexibilizada pela Emenda Constitucional nº 9/1995, que deu nova redação ao art. 177. Assim, os segmentos que compõem o setor (Lei nº 9.478/1997, art. 4º) foram abertos à iniciativa privada, que poderá exercê-la mediante concessão ou autorização em regime de livre concorrência (Lei nº 9.478/97, art. 5º). II – *Setor de eletricidade*: o modelo nacional de regulação do setor cindiu as atividades antes exercidas pelas estatais em quatro segmentos (Decreto nº 2.655/1998, art. 1º), ou seja, geração e comercialização (potencialmente competitivas); transmissão e distribuição (não competitivas). O mesmo texto legal, art. 3º, fixou também o critério de desagregação contábil a ser observado pelos agentes que atuem concomitantemente em mais de um segmento no setor. III – *Setor de telecomunicações*: segundo a OECD, a desagregação nos setores de telecomunicação, em geral, deve envolver uma ou mais das seguintes abordagens: a) separação das redes em redes menores, cada uma conectada a um grupo de pessoas, com a separação de uma prestadora em unidades que prestem apenas serviços de telefonia local; b) separação dos segmentos não competitivos (como os serviços locais, a *last mile*) dos competitivos (como é o caso dos serviços de longa distância); e c) separação dos operadores segundo a tecnologia com a qual operam (como a serviços de televisão a cabo e via satélite). No país, o legislador utilizou a expressão 'modalidade' para designar os segmentos de mercado desagregados. Desta forma, foram cindidos os serviços de telefonia fixa, os de longa distância, os de telefonia celular etc." (Bravo, 2009, p. 525-526).

do setor, não sendo possível ser assertivo quanto à separação societária. E isso provocaria mudanças.

A primeira delas, seria quanto ao perfil do próprio concessionário. Se no modelo verticalizado, como visto, o interessado primeiro em arrematar a concessão é o detentor da carga, que precisa da ferrovia para vencer a rigidez locacional, no modelo desverticalizado ele teria de ser usuário das novas vias que fossem licitadas – se, como é provável, decidisse ser um OFI – e, reflexamente, não poderia disputar a concessão.

Impedir-se-ia, com isso, a atuação direta de mineradoras e produtores do agronegócio como concessionários do serviço público das ferrovias nas quais tenham interesse em transportar sua carga, portanto.

De outro lado, como ao concessionário de infraestrutura caberiam as funções de construir, manter e gerir a infraestrutura, o perfil do potencial interessado nessas licitações passaria a ser o das empreiteiras, vocacionadas que são para esses tipos de atividade.

Em tese, essa mudança de perfil do concessionário poderia operar benefícios concorrenciais, na medida em que, não sendo mais o concessionário de infraestrutura um usuário direto da via, ele provavelmente não teria incentivos para dificultar o acesso à infraestrutura que detém a nenhum outro usuário. Justo o oposto. Fosse ele o vendedor direto da capacidade de transporte da via que lhe foi outorgada, seu incentivo seria exatamente o de ter o maior número de usuários concorrentes possíveis para, daí, cobrar melhores preços em virtude da alta procura. Os desdobramentos, no entanto, ganham em complexidade com a interposição da Valec no ciclo econômico do setor, infirmando os supostos incentivos que poderiam haver no modelo.

A compra integral da capacidade da ferrovia concedida pela Valec, ao mesmo tempo em que blinda o concessionário do risco de demanda – como será visto adiante –, cria para a Valec um monopólio da oferta no setor. Isso não seria, em absoluto, necessário. Bastaria uma regulação eficiente principalmente das variáveis de entrada e segurança/qualidade do serviço, pela ANTT, para garantir o bom funcionamento do segmento. A interposição da Valec no setor criaria um controle artificial da demanda e da oferta, na medida em que a Valec seria monopsonista, como única compradora de capacidade operacional, e monopolista, como única vendedora, criando um mercado administrado sem qualquer previsão legal no ordenamento jurídico.

Até porque, se a instituição de monopólios de direito por meio de lei já é vedada para além das hipóteses constitucionalmente previstas, que dirá por meio de decretos e arranjos contratuais.[216] A inconstitucionalidade da modelagem nesse ponto era inconteste, portanto.

A argumentação desenvolvida permite concluir que, não houvesse a interposição da Valec entre os dois segmentos criados pela desverticalização, e os mecanismos de redução de riscos fossem tratados diretamente, o modelo poderia ser mais eficiente e transparente, e menos burocrático, transmitindo maior segurança aos interessados em interagir nesse ambiente negocial. Ainda assim, não seria de implantação aconselhável, por força de todos os argumentos e dados empíricos apresentados ao longo do livro, com especial esteio nas experiências internacionais comparadas.

10.6.3. Repartição de riscos: a assunção do risco da demanda pela Valec

Uma das características mais destacadas da modelagem de livre acesso proposta estava no dever da Valec comprar integralmente a capacidade de transporte das novas ferrovias que viessem a ser concedidas, com a concessionária recebendo em troca, diretamente da Valec, o pagamento da tarifa de disponibilidade de capacidade operacional (TDCO) e, dos usuários, o pagamento da tarifa básica de fruição (TBF). Com essa medida, o poder concedente, por meio de uma empresa pública estatal, assumiria integralmente o risco de demanda pelo serviço concedido de transporte de cargas via ferrovia.

O ponto é controvertido, especialmente à luz da opção por celebrar as delegações do serviço público de transporte ferroviário por meio de concessões comuns, e traz a necessidade de alguns aportes teóricos prévios para ser destrinchado. A começar pela definição do que é risco, e de como ele se relaciona com a formatação dos contratos administrativos (Ribeiro e Freitas, 2013), ponto que brevemente antecipamos no capítulo 5.

10.6.3.1. A disciplina dos riscos nos contratos de concessão

Quando uma empresa ou indivíduo embarca em um projeto no mundo real ele baseia suas decisões em um cenário central, que por alguma razão considera

---

[216]Ressalte-se que as hipóteses de monopólio são constitucionalmente previstas em rol taxativo. Como explica Alexandre Santos de Aragão: "uma importante diferença formal dos monopólios públicos em relação a outras atividades econômicas exploradas pelo Estado é o fato de eles não poderem ser criados por lei, existindo apenas os monopólios públicos já previstos na CF. Os monopólios não têm dispositivo genérico, nem delegação do constituinte para que o legislador possa criar outros além dos já previstos na própria Constituição. Os monopólios já são estabelecidos exaustivamente na Constituição, e todos nela foram instituídos apenas em favor da União Federal (...)" (Aragão, 2012, p. 453).

o mais provável, e no risco de que o futuro não se desenrole como no cenário central. Isso pode ocorrer porque a realidade é pior que o cenário central, ou melhor. Não é diferente com uma ferrovia: pode haver uma avalanche que feche a via, mas também uma supersafra que permita vender muito mais transporte do que previsto. Em geral o ser humano não gosta de incerteza sobre o futuro e é bem mais sensível a eventos ruins do que aos bons, e por isso risco é uma coisa com conotação negativa, mas em geral os riscos tanto podem ser ruins como bons. Caso contrário, as lotéricas e os cassinos já tinham fechado há muito tempo.

A relação do tema "risco" com o contrato se deve ao fato de ser o contrato o mecanismo que, por excelência, realizará a distribuição dos riscos entre as partes.[217] Assim é que, na disciplina dos contratos, de uma maneira geral, o preço atribuído a uma prestação contratual embute o risco com o qual se terá que arcar. Isto é, precifica-se a proposta levando em consideração não só as certezas, mas também os riscos que podem afetar a futura execução do contrato. A dúvida quanto à titularidade de determinado risco faz com que o particular tenha que considerá-lo como seu. Por isso é importante o planejamento, a identificação, a distribuição e a gestão eficiente dos riscos, que deve ser feita caso a caso, amoldando-se à hipótese específica.

Tratando, em especial, dos contratos de concessão comum de serviços públicos, a Lei nº 8.987/95 dispõe que o concessionário desempenhará o serviço público concedido por sua conta e risco (art. 2º). No nosso entendimento, porém, esta provisão deve ser entendida apenas como cobrindo alguma lacuna contratual. Como as concessões de serviços públicos costumam demandar investimentos vultosos e ter longos prazos de duração, até para que seja possível viabilizar tais investimentos, o mais adequado para se assegurar a estabilidade da prestação do serviço público seria realizar um planejamento capaz de identificar os riscos potenciais, a serem exaustiva, explícita e expressamente alocados à parte melhor posicionada para lidar com cada um. Neste sentido, a lei teria um impacto residual: como qualquer lei, ela cumpre o papel de completar con-

---

[217]Maurício Portugal Ribeiro e Lucas Navarro Prado asseveram: "A distribuição de riscos é a principal função de qualquer contrato. Trata-se de antecipar e atribuir a cada uma das partes a obrigação de assumir as consequências de ocorrências futuras. Ao fazê-lo, o contrato gera incentivo para as partes adotarem, por um lado, providências para evitar ocorrências que lhes sejam gravosas (os riscos negativos) ou, pelo menos, as suas consequências – por exemplo, contratando seguros; e, por outro, estimula-as a agirem com o objetivo de realizar as situações que lhe sejam benéficas – por exemplo, no caso da parte prestadora de um serviço, a melhoria da qualidade do serviço, para aumento da demanda, e, portanto, das suas receitas operacionais" (Ribeiro e Prado, 2007, p. 117).

tratos no caso de contingências imprevistas contratualmente. Não é só a Lei das Concessões que cumpre esse papel.

Essa forma de proceder, além de aumentar a segurança jurídica da contratação, favorece a instalação de um ambiente competitivo em torno do contrato e fortalece as possibilidades do efetivo atendimento ao dever legal de modicidade tarifária. Em síntese: dota o contrato de maior aptidão para realizar os interesses públicos que lhe sejam subjacentes.

Dando um passo adiante no tratamento contratual dos riscos, as concessões especiais regidas pela Lei nº 11.079/04 – parcerias público-privadas – contam com disciplina expressa no sentido de que deverá ser feita uma repartição objetiva de riscos no contrato, inclusive para hipóteses de caso fortuito, força maior, fato do príncipe e álea econômica extraordinária (art. 4º).

Essa alocação de riscos é fator de importante economia contratual, eis que a partilha matricial e objetiva dos riscos leva em consideração a capacidade de sua gestão por cada uma das partes. Cada risco determinado, portanto, deverá ser relacionado à parte que tenha maior capacidade para evitá-lo ou, ainda, absorvê-lo no caso de sua ocorrência, da forma mais econômica possível.[218] A medida é norteada, portanto, pelo princípio constitucional da eficiência.

10.6.3.2. A repartição de riscos no arranjo proposto para o setor de ferrovias

É positivo, assim, que a lógica da repartição de riscos seja levada em consideração para a modelagem de acesso livre no setor de ferrovias. Na forma proposta, ao concessionário caberia o risco de execução do projeto (engenharia, construção), de manutenção e de gestão da infraestrutura ferroviária, ao passo que à Valec – ainda que não seja ela a concedente, mas a ANTT – caberia o risco de

---

[218] Marcos Barbosa Pinto, após formular crítica sobre o tratamento dos riscos nos contratos administrativos, faz interessante registro sobre a economia propiciada nos contratos de parceria público-privada em virtude de uma adequada partilha de riscos: "Sem dúvida, essa solução rompe com a tradição brasileira em matéria de contratos administrativos. Em geral, nossos contratos tratam de repartição de riscos de forma sumária, muitas vezes relapsa. Resolve-se a questão, normalmente, mediante aplicação do abstrato princípio da manutenção do equilíbrio econômico-financeiro do contrato, cujas diretrizes conformadoras estão fixadas em lei, mas cuja aplicação prática é feita pelo Judiciário a cada caso, com o auxílio da doutrina acadêmica. [Em nota de rodapé, na sequência]: Ficamos, a meu ver, no pior dos mundos. Sendo a lei e o contrato extremamente genéricos sobre o assunto, um imenso peso recai sobre a jurisprudência, que se vê obrigada a decidir, *ex post* e com uma óbvia deficiência de informações técnicas, qual a melhor alocação de riscos. Ao romper com esse paradigma, o Congresso Nacional reconheceu que a alocação de riscos é um dos aspectos mais importantes das PPPs. Alocar riscos para a parte que pode suportá-los a um custo mais baixo gera grandes economias, seja no setor público, seja no setor privado. No Reino Unido, por exemplo, estima-se que 60% da economia obtida com as PPPs advenha de uma eficiente alocação de riscos nos contratos" (Pinto, 2006, p. 158-159).

demanda, na medida em que a estatal teria o dever de comprar toda a capacidade da malha ferroviária, havendo ou não contratantes a subceder o uso da via na etapa seguinte do ciclo econômico setorial.

O que não é justificável, no entanto, é o modo como se propõe que isso seja feito, mediante: i) a celebração de uma concessão comum de serviço público; e, ainda, ii) com a artificial interposição da Valec em meio ao ciclo econômico do setor, transformando-a em instrumento de subsídio sem autorização legal, ao assumir integralmente o risco de demanda, pontos que vamos agora a detalhar.

10.6.3.3. A escolha da concessão de serviços públicos para repartir riscos e a interposição da Valec no ciclo econômico setorial como instrumento de subsídio sem autorização legal

Ainda que aqui se defenda, como visto, que a disciplina legal das concessões comuns permite a veiculação de repartição de riscos no contrato em concreto, fato é que são as parcerias público-privadas que ostentam uma disciplina mais avançada e inequívoca no tema, além de serem vocacionadas, por meio de sua modalidade patrocinada, para casos de parceria com o setor privado nos quais a operação da atividade delegada não seja autossustentável.

A concessão patrocinada toma lugar quando a delegação envolve, adicionalmente à tarifa cobrada dos usuários, contraprestação pecuniária do parceiro público ao parceiro privado (art. 2º). É exatamente como se passaria na hipótese do modelo ensaiado, em que a remuneração que seria paga pelo usuário ao concessionário (TBF) se voltaria apenas a compensar os custos com o desgaste da utilização da malha ferroviária, e teria caráter adicional à TDCO, esta paga diretamente pela Valec à concessionária pela compra da capacidade operacional disponibilizada.

Não sendo a Valec usuária da via, conforme arranjo visto anteriormente, restaria desqualificada a natureza da TDCO como sendo uma tarifa.[219] Tratar-se-ia, sem espaço para dúvidas, de subsídio externo à concessionária do serviço público concedido.[220]

---

[219]Segundo Aline Paola C.B.C. de Almeida, "A principal fonte de remuneração do concessionário é a tarifa, parcela que, *advinda do usuário*, tem por finalidade recuperar o capital investido, proporcionar a prestação do serviço adequado e, ainda, conferir lucro ao concessionário" (Almeida, 2009, p. 205).

[220]Conforme a classificação disposta por Vitor Rhein Schirato: "A noção de subsídio tarifário é extremamente ampla. Há subsídios internos e externos. Os internos são os que provêm do próprio sistema, sem o aporte de recursos externos, por meio do pagamento a maior por determinada classe de usuários para subsidiar a prestação a outra classe menos abastada. De outro turno, os subsídios externos são aqueles que provêm de fontes externas aos serviços, como pagamentos aportados pelo poder público, com recursos orçamentários" (Schirato, 2013).

Diante disso, o instrumento contratual eleito para o modelo até poderia ser uma concessão comum, desde que isso fosse acompanhado por uma lei autorizativa permitindo o subsídio da concessão, como determina o art. 17 da Lei nº 8.987/1995. Fazê-lo sem lei, aliás, foi inclusive objeto do veto ao art. 24, que permitia ao poder concedente garantir um nível mínimo de receita ao concessionário. As razões de veto são esclarecedoras quanto ao seu propósito, dispondo que "Garantias como essa do estabelecimento de receita bruta mínima, além de incentivarem ineficiência operacional do concessionário, representam, na realidade, um risco potencial de dispêndio com subsídio pelo poder público".

Se não havia uma lei fixando a moldura regulatória do novo modelo, a ser integrada nos níveis normativos subsequentes até o contrato, melhor destino não se seguia quanto à necessária lei autorizativa para a realização de subsídios, igualmente inexistente. Veja-se, aliás, que a própria sistemática da Lei de PPP não confere ao Poder Executivo um cheque em branco quanto ao percentual do risco de demanda que pode assumir, fixando também a necessidade de lei autorizativa específica para o caso de concessão patrocinada na qual mais de 70% da remuneração do parceiro privado seja paga pela administração pública (art. 10).

A exigência de lei autorizativa, nesses casos, não é uma formalidade desproposital. Destina-se a submeter ao processo deliberativo majoritário o debate de um tema importante e que pode impactar consideravelmente na gestão fiscal.[221]

Por fim, haveria ainda uma outra razão em favor da preferência do modelo de concessão especial patrocinada em face do de concessão comum nesse caso: o incentivo à eficiência do concessionário.

Se viesse a ser colocado em prática o modelo da forma como proposto, o único incentivo que o concessionário teria seria o de construir e manter a via em bom estado de funcionamento, pouco lhe importando se ela tem, deveras, alguma utilidade no mundo dos fatos, transportando alguma carga, ou se remanesce na mais pura ociosidade. Garantida a receita do concessionário por meio da TDCO, o risco de demanda seria integralmente transferido à Valec, deixando de ser uma questão que lhe interesse. E isso é muito ruim do ponto de vista da eficiência do modal ferroviário. Repartir riscos não é, necessariamente, alocá-los integralmente a um ou outro contratante. É, isso sim, graduar essa partilha

---

[221] Tanto é assim que a Secretaria do Tesouro Nacional editou a Portaria nº 614/2006, na qual trata das contas públicas envolvendo parcerias público-privadas, e na qual revela e estabelece claramente sua preocupação fiscal com essa questão (vide art. 4º).

objetivamente, tendo em conta as capacidades de gestão de cada parceiro e a busca pela eficiência econômica do contrato.[222]

Ainda que fosse necessário subsidiar a operação da ferrovia, também do ponto de vista da eficiência contratual melhor seria adotar-se o modelo de concessão especial patrocinada, o que permitiria desenhar um sistema de remuneração variável que levasse em consideração o nível de capacidade operacional efetivamente utilizado na malha, favorecendo o concessionário e o concedente com os ganhos de eficiência obtidos. Desse modo, a demanda não estaria totalmente garantida, e haveria incentivo à concessionária para buscar o incremento do uso da infraestrutura ferroviária.

No mais, veja-se que essa atividade, de prospecção comercial, provavelmente seria melhor realizada pelo parceiro privado do que pelo parceiro público (considerando-se o concedente, ou mesmo a Valec), por ser da essência da atuação do parceiro privado atuar em busca do lucro. Isso contribuiria, ainda – e onde fosse possível –, para a concorrência intermodal, na medida em que o parceiro privado teria interesse em prospectar clientes que se valem de outros meios logísticos, como o rodoviário.

Em síntese, se o propósito era mesmo o de fomentar o desenvolvimento de um sistema de transportes moderno e eficiente, expandindo e aumentando a capacidade da malha ferroviária nacional por meio de parcerias estratégicas com o setor privado, a adoção do modelo de concessão comum, seguido de um subsídio travestido da nomenclatura de tarifa, a ser realizado por meio de uma empresa estatal que compraria toda a capacidade do setor compunha uma engenhosidade desnecessária e ineficiente, se não para evitar: i) o debate democrático encetado pela lei autorizativa necessária; ii) o destaque do volume de subsídios repassados para o setor; iii) o controle da responsabilidade fiscal; e iv) a celebração de uma concessão especial patrocinada.

10.6.4. A falta de garantias institucionalizadas da delegação e o risco Valec

Se o compromisso da Valec de comprar toda a capacidade operacional da ferrovia concedida, por meio de sua interveniência/anuência nos contratos de concessão a serem celebrados, assumindo integralmente o risco da demanda, em

---

[222]Daí porque, propondo uma reflexão sobre o ponto, Patrícia Regina Sampaio e Mariam Tchepurnaya Daychoum indagam se, diante do interesse em reduzir o risco da demanda, não seria mais eficiente o Estado assumi-lo de uma vez, alçando a Valec à condição de gestora da malha desverticalizada, ao invés de concedê-la a um parceiro privado, o que faria cessar a necessidade de aquisição de capacidade, remanescendo apenas por fazer, mediante contratação administrativa, a obra da infraestrutura (Sampaio e Daychoum, 2014, p. 22-23).

tese funcionaria como uma garantia de receita que imunizaria os interessados em disputar as outorgas de concessão quanto a este aspecto, na prática esta poderia não vir a ser uma forma de garantia tão segura assim, devido à sua baixa sustentação institucional.

A Valec, como se sabe, é uma empresa pública federal. Assim, ainda que seja integrante da administração pública indireta, e isso a retire de um controle hierárquico direto por parte do chefe do Executivo, não a exime de se submeter a uma supervisão externa de caráter finalístico de suas atividades (tutela administrativa), financeiro (sob a ótica da gestão fiscal), orçamentário (dirigismo da estatal por meio do orçamento) e contábil (realizado pelo Tribunal de Contas da União sobre suas despesas).[223]

Como se vê, uma empresa estatal em geral se submete a múltiplos controles que concentram o poder do chefe do Executivo sobre sua atuação. E esses controles podem ainda variar de intensidade, conforme a autossuficiência econômica ou dependência da estatal. Desse modo, estatais que não auferiram lucros no exercício de suas atividades, dependendo do repasse de recursos públicos para custeio, são classificadas como estatais dependentes[224] ou subvencionadas, e recebem um dirigismo ainda mais intenso do Executivo central.

É exatamente como se passa com a Valec. De acordo com estudo elaborado pelo Ministério do Planejamento acerca do perfil das empresas estatais do país, "no grupo de empresas dependentes do Tesouro, a Valec esteve entre as maiores em valores registrados no ativo imobilizado e no patrimônio líquido. Essa mesma empresa, em conjunto com o Hospital Nossa Senhora da Conceição e com a CBTU, também estiveram entre as que registraram maior prejuízo em 2010".[225]

O severo estado de dependência da Valec faz com que o controle do chefe do Executivo sobre suas atividades seja intenso, concentrando nele o poder de dirigi-la. Ora bem, enquanto este poder fosse exercido por um entusiasta da política de governo transparecida no modelo de livre acesso, poderia até ser que a garantia de demanda por meio da Valec funcionasse. Todavia, não se pode perder de vista que nem as leis orçamentárias, nem o mandato do presidente da República, são capazes de traçar um horizonte para além de quatro anos, ao passo que os contratos de concessão vigerão por décadas, razão pela qual

---

[223]Valemo-nos da classificação apresentada por Pinto Júnior (2010, p. 91-133).
[224]Sundfeld e Souza (2006).
[225]Cf. Brasil. Ministério do Planejamento, Orçamento e Gestão. *Perfil das empresas estatais federais*, 2010/Ministério do Planejamento, Orçamento e Gestão – Brasília: MP/SE/DEST, 2011, p. 17.

a vontade pessoal do dirigente máximo da República não era o bastante para assegurar a sustentação do modelo. Como, de fato, não sustentou.

Sendo a certeza de mudança a única certeza que se tem acerca da execução de um contrato de longo prazo, um bom modelo concessório se sustenta com previsões seguras, mas maleáveis a amortecer e oferecer soluções a tais mudanças (Moreira, 2010, p. 37-46).

Não sendo capaz de superar esse obstáculo, a modelagem proposta deixava latente o risco político a que estaria exposto o concessionário, na medida em que novos governantes poderiam fazer escolhas orçamentárias diferentes, pondo em xeque o mecanismo de garantia desenhado, inclusive mediante alterações unilaterais, e a qualquer tempo, do dito mecanismo, já que encartado apenas pelo art. 3º do Decreto nº 8.129/2013, sem qualquer respaldo legal, o que efetivamente veio a ser feito, com a revogação do Decreto nº 8.129/2013 pelo Decreto nº 8.875/2016.

A esse arranjo de coisas se acostumou a denominar, midiaticamente, de risco Valec. Um risco que surge colateralmente do *design* institucional proposto e que poderia ter sido pelo emprego do modelo de concessão especial patrocinada. Isso porque, como se sabe, uma das grandes vantagens das parcerias público-privadas está justamente no sistema de garantias institucionalizadas das obrigações pecuniárias contraídas pela administração pública, podendo prever a vinculação de receitas, a instituição ou utilização de fundos especiais previstos em lei, a contratação de seguro-garantia com as companhias seguradoras que não sejam controladas pelo poder público, garantia prestada por organismos internacionais ou instituições financeiras que não sejam controladas pelo poder público, garantias prestadas por fundo garantidor ou empresa estatal criada para essa finalidade, ou outros mecanismos admitidos em lei.[226]

Logo, o compromisso da Valec de comprar toda a capacidade operacional da ferrovia concedida, por meio de sua interveniência/anuência nos contratos de concessão a serem celebrados, assumindo integralmente o risco da demanda, não era um mecanismo de garantia institucionalizado e perene; que tenha sido testado com sucesso e, ainda e principalmente, que pudesse se mostrar suficiente a confiar na manutenção durante o longo prazo de vigência da concessão.

Novamente se afiguraria mais adequado às finalidades de reduzir os riscos da delegação do serviço público de ferrovias em questão celebrar uma PPP, que tem sistemática experimentada em outros setores e internacionalmente, além de se mostrar menos suscetível à flutuação de políticas de governo por meio dos

---

[226] Art. 8º, da Lei nº 11.079/2004. Sobre o tema, cf. Miguel (2011) e Schirato (2009).

mecanismos de garantia que apresenta, entre outras características, o que é tão caro a setores de infraestrutura.

10.6.5. A antecipação de receitas sem previsão legal

Finalizando a abordagem das fragilidades jurídicas identificadas nas inovações propostas pelo modelo de livre acesso que se tenou implantar no Brasil, sem sucesso, é preciso analisar a previsão de que a Valec, conforme constava do art. 4º, do superado Decreto nº 8.129/2013, poderia antecipar, em favor do concessionário, até 15% dos recursos referentes aos contratos de cessão de direito de uso da capacidade de transporte da ferrovia, desde que houvesse previsão expressa no edital e no contrato.

O mecanismo se inspirava no art. 6º, §2º, da Lei nº 11.079/2004, tendo a ela sido incluído tão somente com a alteração legislativa realizada por meio da Lei nº 12.766/2012, prevendo a possibilidade de o contrato de PPP estabelecer o aporte de recursos em favor do parceiro privado para a realização de obras e aquisição de bens reversíveis, desde que autorizado no edital de licitação.[227]

A inovação legislativa, no âmbito das parcerias público-privadas, veio justamente para corrigir uma ineficiência econômica que se dava diante da ausência de previsão legal neste sentido. Iniciada a execução do contrato, o parceiro privado precisava acorrer com vultosos investimentos, mas não podia, por força do art. 7º da Lei de PPP, receber qualquer contraprestação pública antes de disponibilizar a fruição do serviço contratado, ao menos parcialmente. O parceiro privado, por conta disso, acabava tendo de buscar crédito no mercado, mesmo diante da disponibilidade de recursos do parceiro público para fazer frente aos custos.

A ineficiência econômica anteriormente experimentada nas parcerias público-privadas só foi superada, como se disse, por meio de alteração legislativa. E aqui está, novamente, um problema que assolava toda a estrutura do modelo de separação vertical proposto para o setor de ferrovias: a falta de previsão legal para a antecipação, pela Valec, de 15% de todos os investimentos em bem de capital a serem realizados pela concessionária na fase pré-operacional, adiantamento que

---

[227]Sobre a inserção da possibilidade de aporte na Lei de PPP, Floriano de Azevedo Marques Neto e Caio de Souza Loureiro discorrem: "Bem verdade que a introdução da figura do 'aporte' no regime contratual de PPP passou a viabilizar o pagamento no decorrer das obras. Ainda assim, como a liberação dos recursos está vinculada à execução prévia de parcelas dos investimentos, tem-se sistema sólido de controle da qualidade, sendo certo que ao não executar os investimentos previstos a concessionária perde o direito ao recebimento dos valores de aporte" (Marques Neto e Loureiro, 2013).

seria abatido linearmente durante os anos operacionais da remuneração ordinária, desde que o concessionário cumprisse o cronograma de execução física.

O ponto, portanto, novamente demonstra que, insistindo-se na delimitação de um modelo de prestação de serviços públicos de transporte ferroviário de cargas dissociado da construção e gestão da infraestrutura ferroviária, melhor seria adotar-se o modelo de concessão especial, diante da segurança que a expressa previsão legal, possibilitando a antecipação de receitas durante a fase inicial de construção da infraestrutura, conferiria aos interessados em concorrer pelo contrato. Afora, claro, todas as críticas por nós desenvolvidas que não recomendam a implantação desse modelo no caso brasileiro.

10.7. Conclusão

A decisão de reformar marcos regulatórios de infraestrutura, e a maneira pela qual isso foi tentado, deveriam levar em maior consideração a dinâmica dos setores sob reforma. Reformar um marco regulatório é ponderar entre estabilidade e mudança institucional. Sendo assim, antes de reformar um marco regulatório na íntegra, melhor seria aperfeiçoar o modelo posto, corrigindo vícios de operação – que não sejam falhas de incentivo em si – e realizando experiências regulatórias com alcance pontual, para que, uma vez testadas e confirmadas como bem-sucedidas, tenham sua abrangência incrementalmente ampliada e bem aceita. É desse modo que se favorece a longevidade e a estabilidade institucional, permitindo-se seguir um caminho mais proveitoso ao desenvolvimento sustentável desses setores por meio das parcerias de longo prazo celebradas em seu ambiente.

O *design* regulatório, dessa forma, precisa adotar os incentivos mais adequados aos fins que a reformulação do marco pretende realizar, de modo a mitigar os riscos que não podem ser adequadamente administrados pelo particular investidor. Assumida essa premissa, a análise das inovações do modelo regulatório de acesso livre ensaiado para o setor de ferrovias permite concluir que, mesmo quando fixava pontos vantajosos em tese, o arranjo acabava criando um esquema de incentivos frágil à consecução das finalidades pretendidas.

E isso devido a uma gama de motivos, econômicos e jurídicos, já que a própria aderência de um modelo desverticalizado ao setor ferroviário, diferentemente do que se passa com os setores elétrico e de telecomunicações, é economicamente questionável, como se veio de constatar a partir de diversas experiências internacionais, e de considerações quanto:

I. à existência de economias de escopo;

II. ao risco de abandono de trechos da malha, em função do fim da exclusividade na provisão de transporte de carga;
III. aos custos de transação inerentes à tentativa de reproduzir a relação hierárquica entre duas unidades de uma mesma empresa ferroviária verticalizada por relações contratuais entre duas empresas independentes, o que é ineficiente, resultando em aumento de litígios, risco de mais acidentes e desincentivo ao investimento; e
IV. à difícil viabilização de um microgerenciamento regulatório desses problemas contratuais.

O acenado modelo brasileiro de livre acesso não parece encontrar melhor sorte também sob o aspecto jurídico. Há um apanhado de argumentos que nos levam a crer nesse sentido, podendo ser sumarizados nas seguintes assertivas:

I. baixa densidade legal, deixando o modelo concessionário de livre acesso ao alvedrio do chefe do Poder Executivo, escapando ao debate democrático tipicamente legislativo;
II. ausência de previsão adequada sobre o regime de coexistência entre os modelos concessionários vertical e desverticalizado;
III. gravidade de se desverticalizar um mercado em funcionamento fora de seu momento privatizante;
IV. criação de um controle artificial da demanda e da oferta, levando a Valec a ser monopsonista e monopolista em relação à capacidade operacional, incorrendo em inconstitucionalidade;
V. celebração de uma concessão comum de serviços públicos que foge às limitações desse regime jurídico, e ainda assume notas típicas das concessões especiais (PPPs), sem respaldo jurídico;
VI. assunção integral do risco de demanda pela Valec, como instrumento de subsídio sem autorização legal em nenhum dos regimes concessionários de serviços públicos, dificultando o controle da responsabilidade fiscal;
VII. a falta de garantias institucionalizadas da manutenção do sistema, diante do severo estado de dependência da Valec, e de seu controle pelo chefe do Poder Executivo, limitando o horizonte do modelo aos prazos de mandatos políticos, portanto incompatíveis com projetos concessionários de longo prazo, como os ferroviários; e
VIII. a antecipação de receitas ao concessionário sem previsão legal autorizativa, como só veio a ser permitido, no caso das PPPs, pela Lei nº 12.766/2012.

Em que pesem tais considerações, com a manutenção em vigor da previsão legal que admite a prestação do serviço de transporte ferroviário dissociado da gestão da infraestrutura, e do regime regulatório do operador ferroviário independente (OFI), a análise desse regime ajuda a compreender significativas mudanças no setor. Desde a inserção de um característico título habilitante de autorização para a execução deste transporte ferroviário de cargas pelos OFIs, até a própria mudança de natureza jurídica da atividade que, no modelo vertical, enquanto prestada apenas pelo concessionário da infraestrutura, era tida exclusivamente como um serviço público. E, no entanto, nas hipóteses em que venha a ser prestada pelo OFI, ante um novo modelo que possa vir a ser erguido em torno da figura, assumirá a feição de uma atividade econômica regulada.

Nesse caso, a regulação do transporte ferroviário de cargas passaria a ser tributária da assimetria setorial criada pela diferenciação de regimes jurídicos a partir de seu exercício associado, ou não, à exploração da infraestrutura ferroviária.

A decisão de mudar radicalmente o modelo de regulação das ferrovias, a despeito do seu sucesso em desenvolver o setor, partiu do diagnóstico de que as concessionárias estavam apresentando margens de lucro elevadas e tinham pouco interesse em se responsabilizar pela grande expansão da malha ferroviária pretendida pelo governo para o setor ferroviário. As mudanças no modelo tarifário e o *unbundling* têm a ver mais com o primeiro ponto; a adoção do modelo desverticalizado com garantia de compra de toda capacidade com o segundo.

O modelo tem, porém, riscos óbvios, da capacidade de pagamento da Valec, que dependerá do orçamento anual, até questões de governança entre os três tipos de agentes, que tendem a investir menos que o ideal em manutenção. Esse modelo foi tentado na Inglaterra, em forma até mais simples, e depois em grande medida abandonado.

Por que faria sentido investir nos trechos escolhidos pelo governo, se a iniciativa privada não se interessou por fazê-lo, mesmo quando alguns desses trechos faziam parte das concessões existentes? Para viabilizar esses investimentos o governo concederia elevados subsídios por meio do BNDES – na forma de juros reais negativos, apesar do elevado risco de crédito, considerando o grau de alavancagem – e de receitas da Valec, com a venda do acesso à infraestrutura, inferiores ao que a empresa vai dispender na compra dessa capacidade. Qual seria o valor dos subsídios a serem concedidos? Seria esse o melhor uso desses recursos? Essas são as perguntas que deveriam ter sido enfrentadas antes de desenhar o modelo, mas não o foram.

Como se argumentou aqui, a tecnologia das ferrovias faz com que o arranjo institucional baseado na integração vertical seja mais vantajoso, por permitir economizar em custos de transação e melhor explorar as elevadas economias de escopo nas atividades de prover e utilizar a infraestrutura ferroviária. Mais especificamente, se argumentou que há um conflito entre possibilitar a utilização da infraestrutura ferroviária por mais de um transportador de carga e garantir a operação eficiente dessa infraestrutura. Na mesma linha, há também um conflito entre, de um lado, estabelecer metas por trecho e, de outro, contribuir para a modicidade tarifária, já que a microrregulação tirará graus de liberdade na busca de eficiência e implicará aumento do custo administrativo das concessionárias.

O resultado desse arranjo de coisas foi uma reforma regulatória malsucedida, que legou ao setor ferroviário um mero esboço de modelo concessionário desverticalizado, inoperante até que diversas providências jurídicas e econômicas sejam tomadas para que assuma contornos práticos, o que, pelas razões expostas, dificilmente ocorrerá.

Glossário

Abifer. Associação Brasileira da Indústria Ferroviária.
ACCC. Australian Competition and Consumer Commission.
Access. Segunda dimensão do *Rail Liberalization Index*.
Adif. Administrador de Infraestructuras Ferroviarias.
AFACs. Adiantamentos para futuro aumento de capital.
Alavancagem. Alavancagem é o montante de débito usado para financiar os ativos. Quando uma firma é dita "altamente alavancada", significa que ela tem mais dívida que ativos.
ALL. América Latina Logística.
AN. Australian National Railways.
ANA. Agência Nacional de Águas.
Antaq. Agência Nacional de Transportes Aquaviários.
ANTF. Associação Nacional dos Transportadores Ferroviários.
ANTT. Agência Nacional de Transportes Terrestres.
ANUT. Associação Nacional dos Usuários do Transporte de Cargas.
ARAF. Autorité de Régulation des Activités Ferroviaires.
ARTC. Australian Rail Track Corporation.
Ativo específico. De acordo com Azevedo (2005), "um ativo é considerado específico se uma fração relevante de seu retorno depende, para a sua realização, da continuidade de uma transação específica". Ou seja, seu aproveitamento em outra atividade é impossível ou, se realizado, implica grande perda de valor. Esse conceito incorpora a constatação de que nem sempre um determinado ativo pode ser transferido de uma atividade para outra sem que a sua produtividade seja afetada. Esse é o caso, em especial, de ativos que são desenvolvidos ou acumulados com vista a uma atividade específica, para a qual são muito produtivos, mas que perdem valor quando deslocados para outros fins. Por exemplo, um trem de alta velocidade será de pouca utilidade se utilizado em outra via

férrea que não tenha recebido o tratamento adequado para acomodá-lo. Todo o conhecimento acumulado por um funcionário sobre as pessoas e a cultura de uma empresa será perdido se ele trocar de emprego. O mesmo se aplica ao conhecimento acumulado por um fornecedor sobre as exigências técnicas e gerenciais de um grande cliente. O tamanho dessa perda vai depender de como foi criado o ativo; se ele foi desenvolvido especificamente para amoldar-se a uma determinada transação, a perda com a mudança de uso tende a ser grande.

AVE. Alta Velocidad España. Linhas de alta velocidade operadas pela RENFE na Espanha.

BNA. Bundesnetzagentur (Federal Network Agency).

BNB. Banco do Nordeste do Brasil.

BNDE. Ver BNDES.

BNDES. Banco Nacional de Desenvolvimento Econômico e Social. Antes de 1982, era chamado de Banco Nacional de Desenvolvimento Econômico (BNDE)

BR. British Railways.

BTC. British Transport Commission.

Cade. Conselho Administrativo de Defesa Econômica.

CAPM. Capital Asset Pricing Model.

CBTU. Companhia Brasileira de Trens Urbanos.

CCap. Custo de capital empregado anual. 40% desse custo alocado de acordo com a tonelada útil transportada no fluxo e 60% com o correspondente total de vagão quilômetro.

CDS. Credit Default Swap.

CE. Comissão Europeia.

CfNMV. Custo fixo anual com número de manobras por vagão: gasto com pessoal que trabalha nos pátios e terminais das estações pertencentes às concessionárias. Distribuído entre fluxos de acordo com o número de manobras de vagão de cada um.

CfTKBp. Custo fixo anual com tonelada quilômetro bruta ponderada: custo anual com manutenção e depreciação de locomotivas. Distribuído de acordo com a tonelada quilômetro bruta ponderada de cada fluxo.

CfTKBpProp. Custo fixo anual com tonelada quilômetro bruta ponderada próprio: custo anual com a via incorrido pelas concessionárias, que abrange a sua manutenção e depreciação. Distribuído de acordo com a tonelada quilômetro bruta ponderada de cada fluxo.

CfTKU. Custo fixo anual com tonelada quilômetro útil: gastos com outros custos de manutenção, custo de arrendamento e concessão, depreciação "de outros" e amortização. Distribuído entre fluxos em função da tonelada quilômetro útil transportada em cada fluxo.

CfTU. Custo fixo anual com tonelada útil: depreciação administrativa e "outros" custos com pessoal. Alocado entre os fluxos de acordo com a tonelada quilômetro útil de cada um.
CfV. Custo fixo anual com quantidade de viagens: gastos com manutenção de telecomunicações, sua parcela de depreciação e gastos com aluguéis de locomotivas e vagões de utilidades. Rateado de acordo com o número de viagens de cada fluxo.
CfVKM. Custo fixo anual com vagão por quilômetro: custo anual com manutenção e depreciação dos vagões. Rateado entre os fluxos de acordo com o número de manobras por vagão de cada um deles.
CGU. Controladoria Geral da União.
Cliente cativo. Aquele para o qual a ferrovia é o único meio de transporte disponível e em que a ferrovia não sofre qualquer ameaça direta, indireta ou potencial de competição pela sua carga.
CNT. Confederação Nacional dos Transportes.
COAG. Council of Australian Governments.
Cofer. Comissão Federal de Transportes Ferroviários.
Cofins. Contribuição para Financiamento da Seguridade Social.
COM. Terceira dimensão do *Rail Liberalization Index*.
CONIT. Conselho Nacional de Integração de Políticas de Transporte.
Corolário do Teorema de Coase. "Quando os custos de transação são suficientemente altos a ponto de impedir a negociação entre as partes, o uso eficiente de recursos irá depender de como os direitos de propriedade são alocados" (Cooter e Ullen, 2004, p. 89).
CPA. Competition Principles Agreement.
CRFB. Constituição da República Federativa do Brasil.
CRIs. Certificados de Recebíveis Imobiliários.
CSN. Companhia Siderúrgica Nacional.
Custos de transação. Em uma transação, são os custos de se informar e procurar uma contraparte, de tomar decisões e barganhar os termos da transação, e de monitorar e garantir o cumprimento dos termos negociados.
CVM. Comissão de Valores Mobiliários.
CvNMV. Custo variável anual com número de manobras por vagão: gastos anuais que a concessionária incorre com pessoal que trabalha na preparação e manuseio de vagões. Rateado entre os fluxos de acordo com o número de manobras de vagão em cada um deles.
CVRD/Vale. Companhia Vale do Rio Doce.
CvTKBp. Custo variável anual com tonelada quilômetro bruta ponderada: gasto anual com diesel e lubrificantes. Foi distribuído entre os fluxos de acordo com a tonelada quilômetro bruta ponderada de cada fluxo.

CvTU. Custo variável anual com tonelada útil: custo variável com a operação de terminais. Foi distribuído entre os fluxos de acordo com a tonelada útil em cada um deles.

CvV. Custo variável anual com quantidade de viagens: gastos anuais com enlonamento, baldeio e limpeza de vagões, incorridos para a realização de viagens. É alocado de acordo com a quantidade de viagens em cada fluxo

DB-AG. Deutsche Bahn AG.

DCF. Direction de la Circulation Ferroviaire.

Deinfra. Departamento Nacional de Infraestrutura de Transportes.

DespTU. Despesa anual com tonelada útil: despesas administrativas e comerciais. Alocadas de acordo com a tonelada útil transportada em cada fluxo.

Direito de passagem. O direito de passagem e o tráfego mútuo consistem no direito da concessionária visitante – e na obrigação do concessionário visitado – de utilizar a malha da concessionária visitada para concluir o transporte de uma determinada carga originada na sua própria malha, mediante o pagamento de uma taxa. No caso do direito de passagem, o transporte na malha visitada é feito pela concessionária visitante. Nos contratos de concessão ferroviária no Brasil, a preferência é pelo tráfego mútuo, com o direito de passagem só se consubstanciando quando aquele não for possível.

Direitos de propriedade. Direito de usar, alienar, alugar etc. ativos e a garantia de acesso a fluxo de recursos estipulado em contrato.

DNEF. Departamento Nacional de Estradas de Ferro.

DNER. Departamento Nacional de Estradas de Rodagem.

DNIT. Departamento Nacional de Infraestrutura de Transportes.

DRE. Demonstração do Resultado do Exercício.

EBA. Eisenbahnbundesamt (Federal Railway Authority).

Economias de densidade de tráfego. Estas estão presentes quando o custo médio de transporte cai conforme aumenta o volume de tráfego em um determinado corredor. Esse tipo de economia ocorre quando os custos estão concentrados em fatores fixos como, por exemplo, infraestrutura (estações, trilhos, sinalização etc,), e não em operações (material rodante, mão de obra e energia).

Economias de escala. Estas existem quando o custo total de produção de uma certa quantidade de um bem ou serviço é mais baixo se este é produzido por uma única empresa do que se ele for produzido separadamente por firmas distintas.

Economias de escopo. Estas existem quando o custo total de produção de uma certa quantidade de dois ou mais bens ou serviços é mais baixo se estes são produzidos por uma única empresa do que se eles são produzidos separadamente por firmas distintas.

Glossário

EFA. Estrada de Ferro do Amapá.
EFC. Estrada de Ferro Carajás.
Eficiência alocativa. Ocorre quando o preço de um bem ou serviço é igual ao custo marginal de produzi-lo. Essa é uma condição necessária e suficiente para maximizar o excedente total (= lucro + excedente do consumidor).
Eficiência técnica, produtiva ou X. Ocorre quando não é possível produzir a mesma quantidade de um bem ou serviço utilizando uma combinação mais barata de insumos e fatores de produção, nem é possível com uma dada quantidade de insumos e fatores de produção produzir uma quantidade maior do bem ou serviço (Cooter e Ullen, 2004, p. 16).
EFVM. Estrada de Ferro Vitória a Minas.
EMBI+BR. J.P. Morgan Emerging Markets Bond Index Plus. O índice é baseado no retorno financeiro diário de uma carteira selecionada de títulos de dívida pública emitidos pelo Brasil.
EPL. Empresa de Planejamento e Logística S.A.
ERA. European Railway Agency.
ERP. *Equity risk premium*, ou prêmio de risco de mercado (acionário). O prêmio de risco de mercado reflete o fato de que investir em ações é mais arriscado do que emprestar para empresas.
ERTMS. European Rail Traffic Management System.
ETAV. Empresa de Transporte Ferroviário de Alta Velocidade S.A.
EVTEA. Estudo de Viabilidade Técnica, Econômica e Ambiental.
Excedente do consumidor. Ganho monetário obtido pelos consumidores na aquisição de um bem por um preço menor do que o preço máximo que eles estavam dispostos a pagar.
Excedente total. Mede o valor da diferença entre o benefício auferido pelo conjunto dos consumidores no consumo de um determinado bem ou serviço e o custo de produzir esse bem ou serviço. Pode ser decomposto na soma do lucro da empresa com o excedente do consumidor.
FA. Ferrocarriles Argentinos.
FAEP. Fundo de Apoio à Estruturação de Parcerias.
FCA. Ferrovia Centro-Atlântica S.A.
FEC. *Full economic compensation*.
FEPASA. Ferrovia Paulista S.A.
FERROBAN. Ferrovia Bandeirantes S.A.
Feve. Ferrocarriles de Vía Estrecha.
FFDF. Fundo Federal de Desenvolvimento Ferroviário.
Finor. Fundo de Investimentos do Nordeste.

FND. Fundo Nacional de Desenvolvimento.
FNIF. Fundo Nacional de Investimento Ferroviário.
FNM. Ferrocarriles Nacionales de México.
FNS. Ferrovia Norte-Sul.
FNT. Ferrovia Nova Transnordestina.
FRTA. Federal Railway Transport Agency.
FS. Ferrovie dello Stato.
FTC. Ferrovia Teresa Cristina S.A.
FTL. Ferrovia Transnordestina Logística.
Fuga regulatória. Pode ser compreendida como a conduta notável no comportamento praticado pelos destinatários da ação administrativa de forma diferente daquela pretendida pelo regulador quando da formulação da ação administrativa, de modo a se esquivar, neutralizando seus efeitos e esvaziando seus objetivos.
GIF. Gestor de infraestruturas ferroviárias.
ICC. Interstate Commerce Commission.
ICMS. Imposto sobre circulação de mercadorias e serviços.
Icomi. Indústria e Comércio de Minerais.
IGP-DI. Índice Geral de Preços-Disponibilidade Interna.
IHH. Índice Herfindahl-Hirschman é um índice usado para medir concentração industrial. Ele é calculado somando o quadrado da participação de cada firma que compete em um determinado mercado.
Inconsistência dinâmica. Esse tipo de problema ocorre quando um negócio é atraente antes de feito o investimento, mas deixa de sê-lo depois, tornando a transação inviável. O problema pode ser mais bem entendido se analisado por etapas:

- Há transações muito caras ou mesmo inviáveis de realizar, a menos que baseadas em elevados investimentos em ativos específicos que, frequentemente, cabe a uma das partes fazer. Para essa parte, a transação embute um risco adicional que é a interrupção prematura da relação comercial, que levaria à perda, pelo menos parcial, do valor investido no ativo específico.
- Para se proteger, essa parte tentará prever todas as possibilidades futuras que podem afetar a sua relação comercial, definindo remédios e ações para cada contingência. Mas a condição de racionalidade limitada inviabiliza essa ação, fazendo com que subsistam lacunas contratuais.
- Neste caso, a outra parte tende a conduzir-se com oportunismo, aproveitando a ocorrência de uma situação imprevista para redefinir os termos da barganha a seu favor. Essa possibilidade será tão mais provável quanto mais fácil for para ela ab-rogar suas obrigações contratuais.

- Assim, uma vez que a parte fez o investimento, ela se torna vulnerável às demandas da outra parte para renegociar o contrato e, assim, redividir em proveito próprio o lucro, demandas feitas sob a ameaça de dissolução de toda a parceria. Sabedora disso, ela pode desistir da transação para não ter de investir no ativo específico, colocando-se como refém.

Internalidade. Spulber (1989) define internalidade como os custos ou benefícios de uma transação experimentados pelas partes em uma transação que não são considerados nos termos de troca estipulados para a dita transação. Alternativamente, pode-se definir internalidade como o conjunto de bens e serviços trocados entre as partes de uma transação econômica que não é contabilizado nos termos de troca. Ou seja, em uma transação entre duas partes, uma internalidade é um efeito provocado por uma parte e sentido pela outra que não está contemplado no contrato que sustenta essa transação.
JNR. Japan National Railways.
LEX. Primeira dimensão do *Rail Liberalization Index*.
LFT. Letra Financeira do Tesouro.
LIB. Média ponderada dos dois primeiros componentes do *Rail Liberalization Index*. Ver LEX e Access.
LOTT. Ley de Ordenacción del Transporte Terrestre.
LSF. Ley del Sector Ferroviario.
MOR. Ministry of Railway.
MRS. Operadora da antiga Malha Sudeste da Rede Ferroviária Federal.
MT. Ministério dos Transportes.
Nafta. North American Free Trade Agreement.
NMV. Número de manobras por vagão: mede quantas vezes, em média, um vagão é "manobrado". O cálculo diferencia viagens em que o vagão é carregado de outras em que ele viaja vazio.
NRC. National Rail Corporation.
NRSR. National Rail Safety Regulator.
NTC. National Transport Commission.
OCDE. Organização para a Cooperação e Desenvolvimento Econômico.
OFI. Operador ferroviário independente.
Oportunismo. É definido como uma forma forte de busca do interesse próprio, que pode passar por práticas desonestas, incluindo mentir, trapacear e roubar. Isso não significa que todo mundo se comporte assim, mas é possível que isso ocorra.
PIL. Programa de Investimentos em Logística.
PIS. Contribuição para o Programa de Integração Social.

PL. Projeto de lei.
PND. Programa Nacional de Desestatização.
PPI. Programa de Parcerias de Investimento.
PPP. Parceria público-privada.
Public Service Obligation (PSO). *Public Service Obligations* é uma obrigação imposta a uma organização por legislação ou por contrato para que essa oferte um serviço de interesse geral dentro do território da União Europeia.
Public Service Contract (PSC). Contratos em que o Estado concede o direito (muitas vezes exclusivo) de exploração do serviço a um operador, compensando-o financeiramente pela execução de *Public Service Obligations* (PSOs).
Quadro de exclusivo. Conjunto de atividades delegadas à exploração de um concessionário privado de serviço público com exclusividade.
QTV. Quantidade de viagens: é a quantidade de viagens realizadas por um vagão em um determinado fluxo. É calculada pela divisão do total de toneladas úteis transportadas pela tonelada útil média transportada por um vagão em uma viagem.
Reduf. Regulamento dos Usuários dos Serviços de Transporte Ferroviário de Cargas.
Renfe. Red Nacional de Ferrocarriles.
RFF. Réseau Ferré de France.
RFFSA. Rede Ferroviária Federal S.A.
RFI. Rete Ferroviaria Italiana Spa.
Risco moral. Na teoria econômica, risco moral é a situação em que o comportamento de um agente muda após uma transação econômica ocorrer. Por exemplo, um agente dirigirá um carro com um certo nível de cuidado se esse carro não tiver um seguro contra batidas. Após esse agente comprar um seguro, o nível de cuidado que tomará ao dirigir o carro diminuirá.
RMB. Moeda oficial da República Popular da China.
ROIC. Retorno sobre o capital investido.
RPI. Railway Performance Index.
RTF. Regulamento dos Transportes Ferroviários.
RZhD. Ferrovias Russas.
SDE. Secretaria de Direito Econômico.
Segurança jurídica. Situação em que o arranjo jurídico e as jurisprudências que embasam as decisões judiciais são estáveis e previsíveis, e não definidas por conveniência circunstancial.
Seleção adversa. Na teoria econômica, seleção adversa é a situação em que a participação de um agente em uma transação é afetada pela existência de informação assimétrica, ou seja, o fato de um dos agentes deter mais informação do que o outro.

SEST. Secretaria Especial de Controle das Estatais.
SJ. Statens Jarvagar.
SNCF. Société Nationale des Chemins de Fer Français.
SNV. Sistema Nacional de Viação.
SOFSE. Operadora Ferroviaria Sociedad del Estado.
SPPI. Secretaria-Executiva do Programa de Parcerias de Investimentos.
STB. Surface Transportation Board.
Subsídio cruzado. Ocorre no contexto de firmas multiproduto, quando um desses produtos é precificado (pela empresa ou o regulador) abaixo do seu custo médio e a perda daí decorrente é compensada com a precificação de outros bens ou serviços acima do custo médio. Viscusi, Vernon e Harrinton Jr. (1995) observam que subsídios cruzados são comuns na regulação dos setores de infraestrutura, como as ferrovias, em que o regulador fixa preços uniformes para usuários cujo atendimento implica custos muito distintos para a empresa.
Sucar. Superintendência de Serviços de Transporte de Cargas.
Sudene. Superintendência do Desenvolvimento do Nordeste.
Sureg. Superintendência de Governança Regulatória.
Take or pay. Tipo de arranjo em que a parte demandante do contrato ou adquire o produto de seu ofertante, ou paga um montante como penalidade.
TB. Toneladas brutas: a tonelada bruta transportada em um determinado fluxo é dada pela soma da tonelada útil transportada (TU) com a tara do vagão, multiplicada pela quantidade de viagens realizadas (QTV).
TBF. Tarifa Básica de Fruição.
TCU. Tribunal de Contas da União.
TDCO. Tarifa de Disponibilidade de Capacidade Operacional.
Teorema de Coase. Ronald Coase nunca enunciou o teorema que leva seu nome, de forma que há várias versões sobre como redigi-lo (ver Medema e Zerbe, s.d.). Basicamente, o que ele diz é que, em um mundo sem custos de transação, com racionalidade e informação perfeita e um mercado competitivo, em que as partes podem negociar livremente, a forma como a lei aloca os direitos de propriedade, desde que estes estejam bem definidos, é irrelevante do ponto de vista da eficiência econômica. Isso pois as partes vão sempre negociar até atingir a solução que é melhor do ponto de vista coletivo. Como observado em Pinheiro e Saddi (2005, p. 91), nesse caso a forma como os direitos são alocados importa apenas para efeitos de como a riqueza é distribuída. Para uma discussão mais longa sobre o teorema ver Cooter e Ullen (2004, p. 85-91).
TKBp. Tonelada quilômetro bruta ponderada: é uma medida de tonelada quilômetro bruta que pondera o transporte em cada trecho pelas características da

via (estado de conservação e geometria, em especial a inclinação) e pelo fato de se a viagem foi feita com vagão carregado ou vazio.

TKU. Tonelada quilômetro útil: é o produto do total de toneladas úteis transportadas pelo comprimento do trecho em quilômetros.

TLSA. Transnordestina Logística S/A.

TOCs. Train Operating Companies.

Tráfego mútuo. O direito de passagem e o tráfego mútuo consistem no direito da concessionária visitante – e na obrigação do concessionário visitado – de utilizar a malha da concessionária visitada para concluir o transporte de uma determinada carga originada na sua própria malha. No caso do tráfego mútuo, o transporte na malha visitada é feito pela concessionária visitada e o valor do frete dividido.

TU. Tonelada útil: mede a quantidade total de toneladas úteis (isto é, de carga) transportadas em um determinado fluxo.

TUF. Terminal Marítimo da Ultrafértil.

UFSC. Universidade Federal de Santa Catarina.

UGD. Unidades descentralizadas de gestão

VKM. Vagões quilômetros: é a distância total, em quilômetros, percorrida pelos vagões em cada fluxo.

VLI. Valor da Logística Integrada.

WACC. *Weighted average cost of capital.*

Referências bibliográficas

ABRUCIO, F.L. Para além da descentralização: os desafios da coordenação federativa no Brasil. In: FLEURY, S. (Org.). *Democracia, descentralização e desenvolvimento: Brasil e Espanha*. Rio de Janeiro: FGV, 2006.

ACIOLI, R.G. *Mecanismos de financiamento das ferrovias brasileiras*. Dissertação de mestrado, Coppe/UFRJ, Rio de Janeiro, 2005.

ADIF ALTA VELOCIDAD. *High-speed lines: Madrid – Zaragoza – Barcelona – French border Line*. Disponível em: <http://www.adifaltavelocidad.es/en_US/infraestructuras/lineas_de_alta_velocidad/madrid_barcelona_frontera_francesa/madrid_barcelona_frontera_francesa.shtml>. Acesso em: mar. 2017. 2017b.

_____. *Infraestructuras y estaciones: líneas de alta velocidad*. Disponível em: <http://www.adifaltavelocidad.es/en_US/infraestructuras/lineas_de_alta_velocidad/lineas_de_alta_velocidad.shtml>. Acesso em: mar. 2017. 2017a.

ALEXANDERSSON, G. *Swedish railway policy in the EU environment*. Workshop Railway organization and financing, Stockholm, 2013.

ALLAMA, J.A.M. *A terceira onda da hidrovia brasileira*. Seminário de Transporte e Desenvolvimento Hidroviário Interior. Disponível em: <www.antaq.gov.br>.

ALMEIDA, A.P.C.B.C. *As tarifas e as demais formas de remuneração dos serviços públicos*. Rio de Janeiro: Lumen Juris, 2009.

AMAR, J. *De l'usager au consommateur de service public*. Marseille: Presses Universitaires d'Aix-Marseille – Puam, 2001.

ANASTASIADOU, I. *Building Europe on the rails*. Netherlands' Organization for Scientific Research project – Transnational Infrastructures and the Rise of Contemporary Europe, Working Document n. 5, 2004.

ANTF. Manifestação sobre a Consulta Pública nº 001/2011, 2012.

ANTT. Nota Técnica n. 142/Sucar/Sureg, 2011.

_____. Resolução n 3.893, de 6 de setembro de 2012: Estrada de Ferro Carajás – EFC. Tabela de Referência, Data-base: 1/7/2011. [antt.gov] Disponível em: <http://www.antt.gov.br/backend/galeria/arquivos/resolucao_3893. pdf>. Acessado em: abr. 2017.

ARAGÃO, A.S. de. A evolução da proteção do equilíbrio econômico-financeiro nas concessões de serviços públicos e nas PPPs. *Revista de Direito Administrativo*, Rio de Janeiro, v. 263, p. 35¬66, maio/ago. 2013.

_____. *Curso de direito administrativo*. Rio de Janeiro: Forense, 2012.

_____. Revisão tarifária substitutiva da modelagem econômica licitada. In: MOREIRA, E.B. *Contratos administrativos, equilíbrio econômico-financeiro e a taxa interna de retorno*. Belo Horizonte: Ed. Fórum, 2016.

ARIDA, P. A pesquisa em direito e economia: em torno da historicidade da norma. In: ZYLBERSTAJN, D.; SZTAJN, R. (Orgs.) *Direito e economia*. Rio de Janeiro: Elsevier, 2005.

ARIÑO ORTIZ, G. *Principios del derecho público económico*. Madrid: Granada, 1999.

ARMSTRONG, M.; COWAN, S.; VICKERS, J. *Regulatory reform: economic analysis and British experience*. MIT Press, 1994.

ASSOCIATION OF AMERICAN RAILROADS (AAR). *American railroads – their growth and development*. Washington: AAR. Imagens disponíveis em: <http://www.cprr.org/Museum/RR_Development.html>. Acesso em: dez. 2015. 1951.

_____. *A short history of U.S. freight railroads*. [aar.org] Disponível em: <https://www.aar.org/BackgroundPapers/Railroad%20History%20May%202016.pdf>. Acesso em: maio 2016.

_____. *America's freight railroads under balanced regulation*. [aar.org] Disponível em: <https://www.aar.org/BackgroundPapers/Impact%20of%20the%20Staggers%20Act.pdf>. Acesso em: maio 2016.

_____. *Class I railroad statistics*. [aar.org] Disponível em: <https://www.aar.org/Documents/Railroad-Statistics.pdf>. Acesso em: maio 2016.

_____. *Rail intermodal keeps America moving*. [aar.org] Disponível em: <https://www.aar.org/BackgroundPapers/Rail%20Intermodal.pdf>. Acesso em: maio 2016.

_____. *Types of railroads*. [aar.org] Disponível em: <https://www.aar.org/todays-railroads/our-network?t=typesofrailroads>. Acesso em: dez. 2015.

AZEVEDO, P.F. de. Contratos: uma perspectiva econômica. In: ZYLBERSTAJN, D.; SZTAJN, R. (Orgs.). *Direito & economia*. Rio de Janeiro: Elsevier, 2005.

BAGATIN, A.C. *Captura das agências reguladoras independentes*. São Paulo: Saraiva, 2013.

BALDWIN, R.; CAVE, M.; LODGE, M. *Understanding regulation: theory, strategy, and practice*. New York: Oxford University Press, 2012.

BAPTISTA, J.L. O surto ferroviário e seu desenvolvimento. In: Separata dos "Anais" do Terceiro Congresso de História Nacional (VI v.), publicação do Instituto Histórico. Rio de Janeiro: Imprensa Nacional, 1942.

BAPTISTA, P.; RIBEIRO, L.C. Direito administrativo global: uma nova ótica para a regulação financeira e de investimentos. In: ROSADO, M. Direito internacional dos investimentos. Rio de Janeiro: Renovar, 2014.

BARAT, J. Evolução dos transportes no Brasil. Rio de Janeiro: Fundação Instituto Brasileiro de Geografia e Estatística, 1978.

BARBOSA, A.A.A. Do transporte por estrada de ferro. São Paulo: Revista dos Tribunais, 1955.

BARROSO, L.R. Direito constitucional brasileiro: o problema da federação. Rio de Janeiro: Forense, 1982.

BARTLE, I. Britain's railway crisis: a review of the arguments in comparative perspective. University of Bath School of Management, Centre for the Study of Regulated Industries, Occasional Paper, n. 20, 2004.

BENÉVOLO, A. Introdução à história ferroviária. Recife: Folha da Manhã, 1953.

BERCOVICI, G. Dilemas do estado federal brasileiro. Porto Alegre: Livraria do Advogado, 2004.

BERIA, P.; QUINET, E.; de RUS, G.; SCHULX, C. A comparison of rail liberalisation levels across four European countries. Artigo apresentado na 12. World Conference on Transport Research – WCTR, Jul./2010, Lisboa, Portugal. MPRA Paper n. 29142. 2010. Disponível em: <http://mpra.ub.uni-muenchen.de/29142>.

BITZAN, J.D. Railroad costs and competition: implications of introducing competition on railroad networks. Journal of Transport Economics and Policy, v. 37, n. 2, May, 2003.

BLANCHET, L.A. Concessões de serviços públicos. 2. ed. Curitiba: Juruá, 2000.

BNDES. Estudo do setor de transporte aéreo do Brasil. 2010. Disponível em: <http://www.bndes.gov.br/SiteBNDES/export/sites/default/bndes_pt/Galerias/Arquivos/empresa/pesquisa/chamada3/relatorio_consolidado.pdf>.

BONAVIDES, P. Teoria do estado. 4. ed. São Paulo: Malheiros, 2003.

BOSTON CONSULTING GROUP. The 2012 European Railway Performance Index: understanding what drives high performance. 2012.

_____. The 2015 European Railway Performance Index: exploring the link between performance and public cost. 2015.

BOUF, D.; LEVEQUE, J. Yardstick competition for transport infrastructure service. In: ECMT. Transport services: the limits of (de)regulation. Round Table 129. Paris: ECMT, 2006.

BOWER, J.L.; CHRISTENSEN, C.M. Disruptive technologies: catching the wave. *Harvard Business Review*, 1995.

BRASIL. *Perfil das empresas estatais federais, 2010*. Ministério do Planejamento, Orçamento e Gestão. Brasília: MP/SE/DEST, 2011.

BRAVO, L.M.A. Anotações sobre a desagregação de atividades desestatizadas e a aplicação de instrumentos concorrenciais nos setores regulados. In: SOUTO, M.J.V.; FARIAS, S.J.L. de; BRAVO, L.M.A. (Coord.). *Direito empresarial público III*. Rio de Janeiro: Lumen Juris, 2009.

BRESSER-PEREIRA, L.C. Da administração pública burocrática à gerencial. *Revista do Serviço Público*, n. 47, jan.-abr., 1996. Trabalho apresentado ao seminário sobre Reforma do Estado na América Latina organizado pelo Ministério da Administração Federal e Reforma do Estado e patrocinado pelo Banco Interamericano de Desenvolvimento (Brasília, maio de 1996).

BRUNER, R.; EADES, K.; HARRIS, R.; HIGGINS, R. *Best practices in estimating the cost of capital: survey and synthesis*. Financial Practice and Education, Spring/Summer, 1998.

BUCHANAN, J.M. Politics without romance: a sketch of positive public choice theory and its normative implications. In: BUCHANAN, J.M.; TOLLINSON, R.D. *The theory of public choice*. v. II. Ann Arbor: The University of Michigan Press, 1984.

CALDEIRA, J. *Mauá: empresário do império*. São Paulo: Companhia das Letras, 1995.

CAMPOS NETO, C.; PÊGO FILHO, B.; ROMMINGER, A.; FERREIRA, I., VASCONCELOS, L. *Gargalos e demandas da infraestrutura ferroviária e os investimentos do PAC: mapeamento IPEA de obras ferroviárias*. Texto para discussão n. 1.465. Brasília: Ipea, 2010.

CAMPOS, J. *La competencia en el ferrocarril: un análisis del nuevo marco institucional en Europa y en España*. Fedea, 2015.

_____. Lessons from railway reforms in Brazil and Mexico. *Transport Policy*, v. 8, n. 2, p. 85-95, 2001.

_____. Spain: the end of an era. In: GÓMEZ-IBÁÑEZ, J.A.; de RUS, G. (Eds.). *Competition in the railway industry*. Edward Elgar Publishing, p. 111, 2006.

CANOTILHO, J.J.G. *Direito constitucional*. 5. ed. Coimbra: Almedian, 1991. Apud CLÉVE, C. M. *Crédito-prêmio de IPI*: estudos e pareceres. Coimbra: Manole, 2005.

CANTO, M.D.; GUZELA, R.P. Prorrogações contratuais em contratos de concessão. In: MOREIRA, E.B. *Contratos administrativos, equilíbrio econômico-financeiro e a taxa interna de retorno: a lógica das concessões e parcerias público-privadas*. Belo Horizonte: Fórum, 2016, p. 47-60.

CANTOS SÁNCHEZ, P. Vertical relationships for the European railway industry. *Transport Policy*, v. 8, 2001.

CANTOS, P.; PASTOR, J.M.; SERRANO, L. Vertical and horizontal separation in the European railway sector and its effects on productivity. *Journal of Transport Economics and Policy*, v. 44, n. 2, 2010.

_____. Evaluating European railway deregulation using different approaches. *Transport Policy Journal*, v. 24, 2012.

CASSESE, S. L'arena pubblica: nuovi paradigmi per lo stato. *Rivista Trimestrale di Diritto Pubblico*, Milano, n. 3, 2001.

CASTELLO BRANCO, J.E.S. *A segregação da infraestrutura como elemento reestruturador do sistema ferroviário de carga no Brasil*. Rio de Janeiro: UFRJ/Coppe, p. 36-59, 2008. Disponível em: <www.pet.coppe.ufrj.br>. Acesso em: 5/1/2016.

_____; FERREIRA, R. *Tratado de estradas de ferro*. Rio de Janeiro: Reflexus, 2000.

CASTRO, B. de. *Na trilha das ferrovias*. Rio de Janeiro: Reler, 2005.

CASTRO, N. Estrutura, desempenho e perspectivas do transporte ferroviário de carga. *Pesquisa e Planejamento Econômico*, v. 32, n. 2, Ipea, 2002.

_____. Os desafios da regulação do setor de transporte no Brasil. *Revista da Administração Pública*, Rio de Janeiro, n. 34, set./out. 2000.

CAVES, D.; CHRISTENSEN, L.; SWANSON J. The Staggers Act, 30 years later. *Regulation*, v. 33, n. 4, p. 28-31, 2010. Disponível em: <http://object.cato.org/sites/cato.org/files/serials/files/regulation/2010/12/regv33n4-5.pdf>.

CHRISTENSEN, C.M. *The innovator's dilemma: when new technologies cause great firms to fail*. New York: Harperbusiness, 1997.

CNT. *O sistema ferroviário brasileiro*, 2013. Disponível em: <http://www.cnt.org.br/>.

_____. *Pesquisa de ferrovias*. 2015. Disponível em: <http://www.cnt.org.br/Pesquisa/pesquisa-cnt-ferrovias>.

COASE, R. The problem of social cost. *Journal of Law and Economics*, v. 3, 1960.

COELHO, E.J.J.; SETTI, J.B. *A E.F. Vitória a Minas e suas locomotivas desde 1904*. Rio de Janeiro: Sociedade para Pesquisa da Memória do Trem, 2000.

COIMBRA, C. *Visão histórica e análise conceitual dos transportes no Brasil*. Ministério dos Transportes, Centro de Documentação e Publicações, 1974.

COLLINS, H. *Regulating contracts*. Oxford: Oxford University Press, 1999.

COMISSÃO DAS COMUNIDADES EUROPEIAS. *Completing the internal market*. White paper para o Conselho Europeu, COM, v. 85, n. 310, 1985.

COMISSÃO EUROPEIA. *Fourth report on monitoring development of the rail market*. Relatório para o Conselho e o Parlamento Europeu, COM/2014/0353, SWD/2014/186.

COMMUNITY OF EUROPEAN RAILWAY AND INFRASTRUCTURE COMPANIES (CER). *Reforming Europe's railways learning from experience*. DVV Media Group GmbH, Eurailpress, 2011.

CONFEDERAÇÃO NACIONAL DOS TRANSPORTES – CNT. *Transporte e economia: o sistema ferroviário brasileiro*. Brasília, 2013.

CONSELHO DAS COMUNIDADES EUROPEIAS. Regulation n. 1191. 1969a.

_____. Regulation n. 1192. 1969b.

_____. Regulation n. 1107. 1970.

COOTER, R.; ULEN, T. *Law and economics*. 4. ed. Addison-Wesley, 2004.

DAMODARAN, A. *Investment valuation: tools and techniques for determining the value of any asset*. 2. ed. John Wiley & Sons, 2002.

DAYCHOUM, M.T. *Regulação e concorrência no transporte ferroviário: um estudo das experiências brasileira e alemã*. Trabalho de conclusão de curso apresentado à FGV Direito Rio como requisito parcial para obtenção do grau de bacharel em direito. Rio de Janeiro, 2013.

_____. SAMPAIO, P.R.P. *Regulação e concorrência no setor ferroviário*. Rio de Janeiro: Lumen Juris, 2017.

DE MATOS, O.N. *Café e ferrovias: a evolução ferroviária de São Paulo e o desenvolvimento da cultura cafeeira*. 4. ed. São Paulo: Pontes, 1990.

DE RUS, G. The prospects for competition. In: GÓMEZ-IBÁÑEZ, J.A.; DE RUS, G. (Coords.) *Competition in the railway industry*. Massachusetts: Edward Elgar, 2006.

DEHOUSSE, F.; MARISCOLA, B. *The EU's Fourth Railway Package: a new stop in a long regulatory journey*. Egmont – Royal Institute for International Relations, Egmont Paper, n. 76, 2015.

DEMSETZ, H. Why regulate utilities? *Journal of Law and Economics*, v. 11, Apr. 1968.

DEPARTMENT OF INFRASTRUCTURE AND REGIONAL DEVELOPMENT (DIRD). *Background: organization of Australia's railways*. 2015a. [infrastructure.gov.au] Disponível em: <https://infrastructure.gov.au/rail/trains/background/index.aspx>. Acessado em: abr. 2017.

_____. *History of rail in Australia*. 2015b. [infrastructure.gov.au] Disponível em: <https://infrastructure.gov.au/rail/trains/history.aspx>. Acessado em: abr. 2017.

DIAS, M.A. *Logística transporte e infraestrutura: armazenagem, operador logístico, gestão via TI, multimodal*. São Paulo: Atlas, 2012.

DIXIT, A. *The making of economic policy: a transaction-cost perspective.* MIT Press, 1996.

DOURADO, A.B. de F. *Aspectos socioeconômicos da expansão e decadência das ferrovias no Brasil: uma contribuição para elaboração de um cenário descritivo das ferrovias.* Tese de dissertação de mestrado, PUC, Rio de Janeiro, 1981.

DOVELL, E. *U.S. Rail infrastructure.* Backgrounder, Renewing America, Council on Foreign Relations, 2012. Disponível em: <http://www.cfr.org/infrastructure/us-rail-infrastructure/p27585>.

DREW, J. *Regulation of freight railways in North America and Europe.* Association for European Transport, 1999. Disponível em: <http://abstracts.aetransport.org/paper/index/id/863/confid/5>.

_____; NASH, C.A. *Vertical separation of railway infrastructure – does it always make sense?* Institute for Transport Studies, University of Leeds, Working Paper 594, 2011.

DRUMMOND, J.A.; PEREIRA, M. de A.P. *O Amapá nos tempos do manganês: um estudo sobre o desenvolvimento de um estado amazônico.* Rio de Janeiro: Garamond, 2007.

DURÇO, F.F. *A regulação do setor ferroviário brasileiro: monopólio natural, concorrência e risco moral.* Tese de mestrado, EESP/FGV, 2011.

EAKIN, K. et al. Railroad performance under the Staggers Act. *Regulation,* v. 33, n. 4, p. 32-38, 2010. Disponível em: <http://object.cato.org/sites/cato.org/files/serials/files/regulation/2010/12/regv33n4-6.pdf>.

EL MUNDO. *Renfe perderá este mes el monopolio de viajeros tras 73 años.* 2014. Disponível em: <http://www.elmundo.es/economia/2014/05/16/53754e0722601d08508b4588.html>. Acesso em: mar. 2017. 2014.

EL PAIS. *Renfe elimina el AVE Toledo-Albacete porque solo lleva nueve pasajeros.* 2011. Disponível em: <http://elpais.com/diario/2011/06/28/espana/1309212013_850215.html>. Acesso em: mar. 2017.

_____. *Adif se divide en dos empresas para que la deuda del AVE no vaya al déficit público.* 2013a. Disponível em: <http://economia.elpais.com/economia/2013/12/13/actualidad/1386943752_061888.html>. Acesso em: mar. 2017.

_____. *Empresas privadas competirán con Renfe en la alta velocidad a partir de 2014.* 2013b. Disponível em: <http://economia.elpais.com/economia/2013/12/03/actualidad/1386071460_258332.html>. Acesso em: mar. 2017.

_____. *Adif y Renfe volverán a unirse en una sola empresa para poder competir en la EU.* 2016. Disponível em: <http://economia.elpais.com/economia/2016/12/09/actualidad/1481284824_464924.html>. Acesso em: mar. 2017.

_____. *Multa de 65 millones a Renfe por limitar la competencia en el transporte de mercancias*. 2017. Disponível em: <http://economia.elpais.com/economia/2017/03/06/actualidad/1488785192_435495.html>. Acesso em: mar. 2017.

EL-KAREH, A.C. *Filha branca de mãe preta: a companhia da estrada de ferro D. Pedro II (1855-1865)*. Petrópolis: Vozes, 1980.

ELLIG, J. Railroad deregulation and consumer welfare. *Journal of Regulatory Economics*, v. 21, 2002.

ENNECERUS, L.; KIPP, T.; WOLFF, M. *Tratado de derecho civil*. 2. ed. Barcelona: Bosch, 1950, v. I, t. II.

EUDALY, K. et al. *The complete book of North American railroading*. Minneapolis: Voyageur Press, 2009.

EUROPEAN PARLIAMENT. *The fourth railway package: another step yowards a single European area*. 2016.

FEDERAL RAILROAD ADMINISTRATION: *Summary of Class II and Class III Railroad capital needs and funding sources*. 2014. Disponível em: <https://www.fra.dot.gov/Elib/Document/14131>.

FEIGELSON, B.; LIMA, M.R. *Desafios jurídicos na implantação de grandes projetos de mineração e infraestrutura*. Rio de Janeiro: Editório, 2013.

FÉLIX, M.K.R.; CAVALCANTE FILHO, J.T. *Marco normativo do setor ferroviário brasileiro: caminhos para superação da insegurança jurídica e regulatória*. Brasília: Núcleo de Estudos e Pesquisas/Conleg/Senado, dez. 2016. Texto para Discussão n. 218. Disponível em: <www.senado.leg.br/estudos>.

FINGER, M. Governance of competition and performance in European railways: an analysis of five cases. *Utilities Policy Journal*, v. 31, 2014.

FIRMINO, A.C.; WHRIGHT, C.L. *Financiamento do setor de transporte no Brasil*. Washington: Banco Interamericano de Desenvolvimento, 2001.

FLEURY, P. *Evolução e desempenho das ferrovias brasileiras privatizadas – 1997 a 2010*. 2012. Disponível em: <http://www.ilos.com.br/>.

FRANCO, V.G. *Parcerias público-privadas no Brasil: em busca de eficiência por meio da alocação de riscos*. Dissertação (mestrado em economia política) – Pontifícia Universidade Católica, São Paulo, 2007.

FREITAS, R.V. de. Algumas propostas para a interpretação das fontes de receitas alternativas nas concessões. *Revista de Contratos Públicos*, Belo Horizonte, v. 4, n. 6, p. 151-164, set. 2014/fev. 2015.

_____. *Expropriações regulatórias*. Belo Horizonte: Fórum, 2016a.

_____. Regime jurídico do convênio de delegação da infraestrutura portuária: monopólio natural e compartilhamento de infraestrutura. *Revista Brasileira de Direito Público*, Belo Horizonte, v. 14, n. 54, p. 9-34, jul./set. 2016b.

_____; RIBEIRO, L.C. O prazo como elemento da economia contratual das concessões: as espécies de "prorrogação". In: MOREIRA, E.B. (Coord.) *Contratos administrativos, equilíbrio econômico-financeiro e a taxa interna de retorno.* Belo Horizonte: Fórum, 2016, p. 283-301.

FREMDLING, R. *European Railways 1825-2001, an overview.* Groningen Growth and Development Centre, Research Memorandum, n. 54, 2002.

FRIEBEL, G.; IVALDI, M.; VIBES, C. *Railway (de)regulation: a European efficiency Comparison*, Social Science Research Network, 2005.

FURTADO, F. U.S. and European freight railways: the differences that matter. *Journal of the Transportation Research Forum*, v. 52, n. 2, p. 65-84, 2013.

GARCIA, F.A. A mutabilidade e incompletude na regulação por contrato e a função integrativa das agências. *Revista de Contratos Públicos*, Belo Horizonte, v. 3, n. 5, p. 59-83, mar./ago. 2014.

GLAISTER, S. Britain: competition undermined by politics. In: GÓMEZ-IBÁÑEZ, J.A.; DE RUS, G. (Coords.). *Competition in the railway industry: an international comparative analysis*, p. 49-80, 2006.

GÓMEZ-IBÁÑEZ, J.A. *Regulating infrastructure: monopoly, contracts and discretion.* Harvard University Press, 2003.

_____. An overview of the options. In: GÓMEZ-IBÁÑEZ, J.A.; DE RUS, G. (Coords.). *Competition in the railway industry.* Massachusetts: Edward Elgar, 2006.

GÓMEZ-IBÁÑEZ, J.A.; DE RUS, G. *Competition in the railway industry: an international comparative analysis.* Massachusetts: Edward Elgar, 2006.

GONÇALVES, P. *A concessão de serviços públicos.* Coimbra: Almedina, 1999.

_____. *Reflexões sobre o Estado regulador e o Estado contratante.* Coimbra: Coimbra, 2013.

GRAHAM, J. Debt and the marginal tax rate. *Journal of Financial Economics*, n. 41, 1996a.

_____. Proxies for the corporate marginal tax rate. *Journal of Financial Economics*, n. 42, 1996b.

GRAU, E.R. *A ordem econômica na Constituição de 1988.* 8. ed. São Paulo: Malheiros, 2000.

GRIMM, C.M.; WINSTON, C. Competition in the deregulated railroad industry. In: PELTZMAN, S.; WINSTON, C. (Orgs.). *Deregulation of network industries: what's next?* Washington, Brokkimgs Institution, 2000.

GROWITSCH, C.; WETZEL, H. Testing for economies of scope in European railways: an efficiency analysis. *Journal of Transport Economics and Policy*, v. 43, n. 1, 2009.

GUERRA, P.H.G. *O PAC e o setor de ferrovias: do incrementalismo à proposta de um novo paradigma*. Dissertação apresentada à Escola de Administração de Empresas de São Paulo, 2014.

GUERRA, S. *Agências reguladoras: da organização administrativa piramidal à governança em rede*. Belo Horizonte: Fórum, 2012.

GUIMARÃES, B.S. O prazo nas concessões e as normas que estipulam vigência máxima do vínculo: algumas inquietações. In: MOREIRA, E.B. *Contratos administrativos, equilíbrio econômico-financeiro e a taxa interna de retorno: a lógica das concessões e parcerias público-privadas*. Belo Horizonte: Fórum, 2016, p. 47-60.

HALLBERG, M.C. *Railroads in North America: some historical facts and an introduction to an electronic database of North American railroads and their evolution*. 2009.

HARDY, O. The revolution and the railroads of Mexico. *Pacific Historical Review*, v. 3, n. 3, p. 249-269, 1934.

IBM GLOBAL BUSINESS SERVICES. *Market opening: comparison of the rail markets of the Member States of the European Union, Switzerland and Norway*. Summary of the Study, 2011.

IPEA. *Panorama e perspectivas para o transporte aéreo no Brasil e no mundo*. Série eixos do desenvolvimento brasileiro. Comunicado nº 54. 2010. Disponível em: <www.ipea.gov.br>.

IVALDI, M.; MCCULLOUGH, G. Subadditivity tests for network separation with an application to US railroads. *Review of Network Economics*, v. 7, n. 1, mar. 2008.

JUSTEN FILHO, M. Considerações sobre a equação econômico-financeira das concessões de serviço público: a questão da TIR. In: MOREIRA, E.B. *Contratos administrativos, equilíbrio econômico-financeiro e a taxa interna de retorno*. Belo Horizonte: Ed. Fórum, 2016.

_____. *Parecer sobre os limites para inovação na revisão de tarifas ferroviárias de carga*. Mimeo, 2012.

_____. *Concessões de serviços públicos*. São Paulo: Dialética, 1997.

KEATING, D. Unbundling causes rail industry row: German rail giant argues against unbundling. *European Voice*, v. 12, 2012. Disponível em: <http://www.europeanvoice.com/>.

KESSIDES, I.; WILLIG, R.D. Competition and regulation in the railroad industry. In: FRISCHTAK, C. (Org.). *Regulatory policies and reform: a comparative perspective*. World Bank, 1995a.

_____. *Restructuring regulation of the rail industry for the public interest*. Policy Research Working Paper n. 1.506, World Bank, 1995b.

Referências bibliográficas

KOGAN, J. Latin America: competition for concessions. In: GÓMEZ-IBÁÑEZ, J.A.; DE RUS, G. (Eds.). *Competition in the railway industry*. Edward Elgar Publishing, p. 153, 2006.

KOLIK, A. Reform of the railway sector in Russia: achievements and challenges. *The Network Industries Quarterly*, v. 18, n. 4, p. 17-20, 2016.

KOLLER, T., GOEDHART, M.; WESSELS, D. *Valuation: measuring and managing the value of companies*. 4. ed. McKinsey&Co., 2005.

KRONMAN, A.T.; POSNER, R.A. *The economics of contract law*. Boston e Toronto: Little, Brown and Company, 1979.

KUROSAKI, F. Reform of the Japanese National Railways. In: KUROSAKI, F. (Ed.). Reform of the railway sector and its achievements. *Network Industries Quarterly*, v. 18, n. 4, 2016.

KVIZDA, M. *Impacts of unbundling on competitiveness of railways*. Železni ná doprava a logistika, p. 66-72, 2010.

LACERDA, S.M. O transporte ferroviário de cargas. In: *BNDES 50 anos – histórias setoriais*. Rio de Janeiro: BNDES, 2002.

LAMOUNIER, M.L. *Ferrovias e mercado de trabalho no Brasil do século XXI*. São Paulo: Editora da Universidade de São Paulo, 2012.

LANG, A.E. *As ferrovias no Brasil e avaliação econômica de projetos: uma aplicação em projetos ferroviários*. Dissertação de mestrado – Universidade de Brasília. Faculdade de Tecnologia, 2007.

LARENZ, K. Base del negocio jurídico y cumplimiento de los contratos. *Revista de Derecho Privado*, Editorial, Madri, 1956.

LAURITS, R. *A study of competition in the U.S. freight railroad industry and analysis of proposals that might enhance competition: Revised final report*. Christensen Associates, Inc. A report prepared for The Surface Transportation Board (STB), 2009.

LEVY, B.; SPILLER, P. The institutional foundations of regulatory commitment: a comparative analysis of the telecommunications regulation. *Journal of Law, Economic and Organization*, v. 10, n. 2, 1994.

LIJESEN, M.; MULDER, M.; DRIESSEN, G. *Welfare effect of vertical separation in the Dutch railways*. Artigo submetido à 4th Conference on Applied Infrastructure Research, Belin, 2005.

LIMA, P.L. de O. *Ferrovia, sociedade e cultura, 1850-1930*. Belo Horizonte: Argumentum, 2009.

LUCENO, C.S.; LAROQUE, L.F. da S. A ferrovia como agente de progresso e desenvolvimento: a inserção em ambiente mundial, brasileiro e sul-riograndense. *Revista Destaques Acadêmicos*, CCHJ/Univates, v. 3, n. 2, 2011.

MACEDO, R.P. *Contratos relacionais e defesa do consumidor*. São Paulo: Revista dos Tribunais, 2006.

MADDISON, A.; MAGGI, S. Italian railway heritage — the Tuscan nature train. *Japan Railway & Transport Review*, v. 31, 2001.

MARINHO, F.C. et al. Transporte de cargas: uma análise sobre os modais e sua aplicação na Região Sul Fluminense. *Revista ADMpg Gestão Estratégica*, Ponta Grossa, v. 6, n. 1, p. 37-45, 2013. Disponível em: <http://www.admpg.com.br/revista2013_1/Artigos/>.

MARQUES, S.A. *Privatização do sistema ferroviário brasileiro*. Texto para Discussão do Ipea, n. 434, 2011.

MARQUES NETO, F. de A. Limites à abrangência e à intensidade da regulação estatal. *Revista de Direito Público da Economia*, Belo Horizonte, v. 1, n. 1, 2003.

_____. A nova regulamentação dos serviços públicos. *Revista Eletrônica de Direito Administrativo Econômico*, Salvador: Instituto de Direito Público da Bahia, n. 1, 2005.

_____. *Agências reguladoras independentes: fundamentos e seu regime jurídico*. Reimpressão. Belo Horizonte: Fórum, 2009.

_____. *Bens públicos:* função social e exploração econômica. Belo Horizonte: Fórum, 2010.

_____. *Concessões*. Belo Horizonte: Fórum, 2015.

_____; CYMBALISTA, T.M. Os acordos substitutivos do procedimento sancionatório e da sanção. *Revista Brasileira de Direito Público*, Belo Horizonte, v. 8, n. 31, out./dez. 2010.

_____; LOUREIRO, C. de S. O regime de controle e fiscalização das parcerias público-privadas: o papel do projeto executivo. *Revista de Direito Público da Economia*, Belo Horizonte, v. 11, n. 42, p. 81-107, 2013.

_____; _____. A (re)afirmação do equilíbrio econômico-financeiro das concessões. *Revista de Direito Público da Economia*, Belo Horizonte, v. 12, n. 47, p. 125-151, jul./set. 2014.

MCNULTY, R. *Realizing the potential of GB Rail: Final Independent Report of the Rail Value for Money Study – detailed report*. Office of Rail Regulation and Department for Transport, UK, 2011.

MEDEMA, S.G.; ZERBE JR, R.O. *The Coase Theorem*. CRESP, Center for Research on Economic and Social Policy, University of Colorado at Denver, 1995. Disponível em <http://encyclo.findlaw.com/0730book.pdf>.

MEIRELLES, H.L. *Estudos e pareceres de direito público*. São Paulo: Revista dos Tribunais, v. 3, p. 275, 1981.

_____. *Direito municipal brasileiro*. São Paulo: Revista dos Tribunais, 1985.

MELLO, C.A.B. de. *Curso de direito administrativo*. 29. ed. São Paulo: Malheiros, p. 444, 2012.

MERKERT, R.; SMITH, A.; NASH, C. The measurement of transaction costs – evidence from European railways. *Journal of Transport Economics and Policy*, v. 46, n. 3, p. 349-365, 2012.

_____. Benchmarking of train operating firms – a transaction cost efficiency analysis, *Transportation Planning and Technology*, v. 33, n. 1, 2010.

MIGUEL, L.F.H. *As garantias nas parcerias público-privadas*. Belo Horizonte: Fórum, 2011.

MIZUTANI, F.; NAKAMURA, K. The Japanese experience with railway restructuring. In: ITO, T.; KRUEGER, A.O. (Eds.). *Governance, regulation, and privatization in the Asia-Pacific region*. NBER East Asia Seminar on Economics, v. 12. University of Chicago Press, p. 305-342, 2004.

_____; URANISHI, S. Does vertical separation reduce cost? An empirical analysis of the rail industry in European and East Asian OECD countries. *Journal of Regulatory Economics*, v. 43, n, 1, 2012.

MOREIRA, E.B. Anotações sobre a história do direito econômico brasileiro (Parte I: 1930-1956). *Revista de Direito Público da Economia*, Belo Horizonte, v. 2, n. 6, p. 67/96, abr./jun. 2004.

_____. *Direito das concessões de serviços públicos*. São Paulo: Malheiros, 2010.

_____. *O contrato administrativo como instrumento de governo*. Coimbra: Março, 2012.

_____. Passado, presente e futuro da regulação econômica no Brasil. *Revista de Direito Público da Economia*, Belo Horizonte, v. 11, n. 44, p. 87-118, 2013.

MOREIRA NETO, D. de F. Novos institutos consensuais da ação administrativa. *Revista de Direito Administrativo*, Rio de Janeiro, n. 231, jan./mar. 2003.

_____. *Curso de direito administrativo*. 15. ed. Rio de Janeiro: Forense, 2009.

_____; FREITAS, R.V. de. *A nova regulação portuária*. Belo Horizonte: Fórum, 2015.

MULDER, M.; LIJESEN, M.; DRIESSEN, G. *Vertical separation and competition in the Dutch rail industry: a cost-benefit analysis*. Artigo submetido à Terceira Conferência sobre Railroad Industry Structure, Competition, and Investments. Estocolmo, outubro de 2005.

MÜLLER, A.; ARAGONÉS, V. Details of a similar aspiration: privatized railroad in Argentina, deregulated railroad in the USA. *Research in Transportation Business & Management*, v. 6, p. 51-61, 2013.

MURRAY, B. *Russian Railway Reform Programme*. European Bank, 2015.

NASH, C. Passenger railway reform in the last 20 years – European experience reconsidered. *Research in Transport Economics*, v. 22, n. 1, p. 61-70, 2008.

_____. European rail policy – British experience. In: KUROSAKI, F. (Ed.). Reform of the railway sector and its achievements. *Network Industries Quarterly*, v. 18, n. 4, 2016.

_____; RIVERA-TRUJILLO, C. *Rail regulatory reform in Europe – principles and practice*. 2004. Disponível em: <https://goo.gl/evx0tq>. Acesso em: 6/11/2015.

NESTER, A.W. *Regulação e concorrência (compartilhamento de infraestruturas e redes)*. São Paulo: Dialética, 2006.

NESTOR, S.; MAHBOOBI, L. Privatization of public utilities: the OECD experience. *Privatization, Competition and Regulation*, v. 10, p. 13, 2000.

NETTO, A.L.B. *Competências legislativas dos estados-membros*. São Paulo: Revista dos Tribunais, 1999.

NIEBUHR, K.O. Concessão de infraestrutura ferroviária: comentários ao Dec. 8.129/2013. *Revista de Direito Administrativo Contemporâneo*, v. 1, n. 3. São Paulo: RT, 2013.

NILSSON, J-E. Restructuring Sweden's railways: the unintentional deregulation. *Swedish Economic Policy Review*, v. 9, 2002.

NÓBREGA, M. Contratos incompletos e infraestrutura: contratos administrativos, concessões de serviço público e PPPs. *Revista Brasileira de Direito Público*, Belo Horizonte, v. 7, n. 25, abr./jun. 2009.

OCDE. *Restructuring public utilities for competition*. 2001. Disponível em: <https://www.oecd.org/competition/sectors/19635977.pdf>.

_____. *Structural reform in the rail industry*. DAF/COMP, 2005.

_____. *Relatório sobre a reforma regulatória. Brasil: fortalecendo a governança para o crescimento*. Brasília: 2008.

_____. *Recent developments in rail transportation services*. DAF/COMP, 2013. Disponível em: <http://www.oecd.org/daf/competition/Rail-transportation-Services-2013.pdf>.

OLIVEIRA, B.M. de. *Problemas ferroviários brasileiros*. Belo Horizonte: Universidade Federal de Minas Gerais, 1978.

OLIVEIRA, E.R. O centenário da ferrovia brasileira (1954): ensaio sobre a elaboração da memória ferroviária no Brasil. *Espaço & Geografia*, v. 16, n. 2, 2013.

OLIVEIRA, R.W.C. de. *Direito dos transportes ferroviários*. Rio de Janeiro: Lumen Juris, 2005.

OTTONI, C.B. *O futuro das estradas de ferro no Brasil*. Rio de Janeiro: Typographia Nacional, 1859.

OWENS, H. Rail reform strategies: the Australian experience. In: *Governance, regulation, and privatization in the Asia-Pacific Region*. NBER East Asia Seminar on Economics, v. 12. University of Chicago Press, p. 279-304, 2004.

PALERMO, B.B. *Avaliação de concessões ferroviárias dentro do novo marco regulatório brasileiro*. Dissertação de mestrado apresentada à Escola de Pós-Graduação em Economia da Fundação Getulio Vargas. 2015.

PALMA, J.B. de. *Sanção e acordo na Administração Pública*. São Paulo: Malheiros, 2015.

PELTZMAN, S. A teoria econômica da regulação depois de uma década de desregulação. In: MATTOS, P. (Coord.). *Regulação econômica e democracia: o debate norte-americano*. São Paulo: Editora 34, 2004.

PEREIRA, C.A.G. *Usuários de serviços públicos: usuários, consumidores e os aspectos econômicos dos serviços públicos*. São Paulo: Saraiva, 2006.

_____; SCHWIND, R.W. *Direito portuário brasileiro*. São Paulo: Marcial Pons, 2015.

PEREZ, M.A. *O risco no contrato de concessão de serviço público*. Belo Horizonte: Fórum, 2006.

PERKINS, S. Regulation, competition and performance of Mexico's freight railways. *Network Industries Quarterly*, v. 18, n. 4, 2016.

PINHEIRO, A.C. *A experiência brasileira de privatização: o que vem a seguir?* BNDES. Textos para discussão, n. 87. Rio de Janeiro, 2000.

_____. Reforma regulatória na infraestrutura brasileira: em que pé estamos? In: SALGADO, L.H.; MOTTA, R.S. da. (Orgs.). *Marcos regulatórios no Brasil: o que foi feito e o que falta fazer*. Rio de Janeiro: Ipea, 2005, p. 41-90.

_____. A nova reforma regulatória do setor ferroviário. In: PINHEIRO, A.C.; FRISCHTAK, C.R. (Orgs.). *Gargalos e soluções na infraestrutura de transporte*. Rio de Janeiro: Editora FGV, 2014.

_____; GIAMBIAGI, F. Os antecedentes macroeconômicos e a estrutura institucional da privatização no Brasil. In: PINHEIRO, A.C.; FUKASAKU, K. (Orgs.). *A privatização no Brasil*. Departamento de Relações Institucionais, v. 1, p. 13-43, 2000.

_____; SADDI, J. *Direito, economia e mercados*. Rio de Janeiro: Campus e Elsevier, 2005.

PINTO, A.A. *História da viação pública de São Paulo*. 1903. Reeditada em 1977 através da Coleção Paulística, v. II, Governo de São Paulo.

PINTO, M.B. Repartição de riscos nas parcerias público-privadas. *Revista do BNDES*, v. 13, n. 25, jun. 2006.

PINTO JÚNIOR, H.Q.; MACIEL, C.S.; BICALHO, R.; QUADROS, S.R. (Coords.). *Perspectivas do investimento em infraestrutura*. Rio de Janeiro: Synergia, UFRJ, Instituto de Economia; Campinas: Unicamp, Instituto de Economia, 2010.

PINTO JÚNIOR, M.E. *Empresa estatal: função econômica e dilemas societários*. São Paulo: Atlas, 2010.

PIRES, J.C.L.; PICCININI, M. A regulação dos setores de infraestrutura no Brasil. In: GIAMBIAGI, F.; MOREIRA, M.M. (Orgs.). *A economia brasileira nos anos 90*. Rio de Janeiro: BNDES, 1999.

PITTMAN, R. Structural separation to create competition? The case of freight railways. *Review of Network Economics*, v. 4, n. 3, 2005.

POMPERMAYER, F.M.; CAMPOS NETO, C.A.S.; SOUZA, R.A.F. *Considerações sobre os marcos regulatórios do setor ferroviário – 1997-2012*. Nota Técnica n. 6, Ipea, 2012. Disponível em: <http://ipea.gov.br/agencia/images/stories/PDFs/nota_tecnica/121206_notatecnicadiset06.pdf>.

_____; _____; PEPINO DE PAULA, J.M. Hidrovias brasileiras: elevado potencial, mas por que não são implantadas? In: PINHEIRO, A.C.; FRISCHTAK, C.R. *Gargalos e soluções na infraestrutura de transportes*. Rio de Janeiro: FGV, 2014, p. 243-284.

RENNICKE, W.; KAULBACH, A. *Myths and realities of rail access and competition issues*. The Railway Assocciation of Canada, Oct. 1998.

RIBEIRO, L.C. Decreto pode não atender TCU e mercado. 2013. Disponível em: <http://www.revistaferroviaria.com.br/index.asp?InCdEditoria=1&InCdMateria=2062>.

_____. A regulação do operador ferroviário independente. *Revista de Direito Público da Economia*, Belo Horizonte, v. 12, n. 47, p. 175-201, 2014.

_____. O novo marco regulatório dos portos: entre grandes objetivos e inadequadas exigências. In: MOREIRA, E.B. *Portos e seus regimes jurídicos: a Lei n. 12.815/2013 e seus desafios*. Belo Horizonte: Fórum, 2014, p. 111-142.

_____. Reformando marcos regulatórios de infraestrutura: o novo modelo das ferrovias. In: RIBEIRO, L.C.; FEIGELSON, B.; FREITAS, R.V. de. (Coords.). *A nova regulação da infraestrutura e da mineração: portos, aeroportos, ferrovias e rodovias*. Belo Horizonte: Fórum, 2015.

_____. A instrumentalidade do direito administrativo e a regulação de novas tecnologias disruptivas. In: FREITAS, R.V. de; RIBEIRO, L.C.; FEIGELSON, B. *Regulação e novas tecnologias*. Belo Horizonte: Fórum, 2017.

_____. *O direito administrativo como caixa de ferramentas e suas estratégias*. São Paulo: Malheiros, 2017.

_____; FEIGELSON, B.; FREITAS, R.V. de. (Coords.). *A nova regulação da infraestrutura e da mineração: portos, aeroportos, ferrovias e rodovias*. Belo Horizonte: Fórum, 2015.

_____; FREITAS, R.V. de. Manutenção do ambiente negocial entre o público e o privado e desenvolvimento nacional: o impacto das modulações regulatórias nos contratos da administração e o dever de coerência administrativa. In: CORRÊA, A.R.; PINTO JÚNIOR, M.E. *Cumprimento de contratos e razão de Estado*. São Paulo: Saraiva, 2013.

_____; SILVA, L.E.L. Alteração da garantia à execução do contrato de concessão ferroviária. *Revista de Direito Público da Economia*, Belo Horizonte, v. 9, n. 36, 2011.

RIBEIRO, M.P. Aspectos jurídicos e regulatórios do compartilhamento de infraestrutura no setor ferroviário. *Revista Eletrônica de Direito Administrativo Econômico*, Salvador: Instituto de Direito Público da Bahia, n. 3, 2005. Disponível em: <http://www.direitodoestado.com.br>. Acesso em: 21/1/2014.

_____.; PRADO, L.N. *Comentários à lei de PPP – parceria público-privada: fundamentos econômico-jurídicos*. São Paulo: Malheiros, 2007.

RIVERA-TRUJILLO, C. *Measuring the productivity and efficiency of railways: an international comparison*. University of Leeds, PhD thesis, 2004.

ROLAND BERGER STRATEGY CONSULTANTS. *The optimal setup of a rail system – lessons learned from outside Europe*. 2012. Disponível em: <http://www.rolandberger.com/media/pdf/Roland_Berger_Railways_Outside_Europe_20121015.pdf>.

SALA SÃO PAULO. *Café, ferrovia e a metrópole*. São Paulo: Arquivo do Estado, Secretaria de Estado da Cultura, 2001.

SAMPAIO, P.R.; DAYCHOUM, M.T. *Regulação e concorrência no transporte ferroviário brasileiro: o novo modelo proposto para o setor*. Working Paper. Apresentado na 8. Jornada de Estudos de Regulação, Ipea. Rio de Janeiro, 2014.

_____. *Regulação e concorrência: a atuação do Cade em setores de infraestrutura*. São Paulo: Saraiva, 2013.

SANTIAGO JUNIOR, F.A. *A regulação do setor elétrico brasileiro*. Belo Horizonte: Fórum, 2010.

SANTOS, S. dos. *Transporte ferroviário: história e técnicas*. São Paulo: Cengage Learning, 2011.

SARAIVA, P.L. de O.; MAEHLER, A.E. *Transporte hidroviário: estudo de vantagens e desvantagens em relação a outros modais de transporte no sul do Brasil*. Disponível em: <www.simpoi.fgvsp.br>.

SCHILLING, A.; BUNGE, S. *20 years of German Rail Reform and Deutsche Bahn AG: achievements and challenges*. Estudo sobre o desenvolvimento do setor ferroviário alemão feito para a Deutsche Bahn AG, 2013.

SCHIRATO, V.R. A experiência e as perspectivas da regulação do setor portuário no Brasil. *Revista de Direito Público da Economia*, Belo Horizonte, v. 6, n. 23, p. 171-190, jul./set. 2008.

_____. Os sistemas de garantia nas parcerias público-privadas. *Revista de Direito Público da Economia*, Belo Horizonte, v. 7, n. 28, out./dez. 2009.

_____. *Livre iniciativa nos serviços públicos*. Belo Horizonte: Fórum, 2012.

_____. O reajuste tarifário nas concessões de serviços públicos. *A&C – Revista de Direito Administrativo e Constitucional*, Belo Horizonte, v. 13, n. 54, out./dez. 2013.

_____. A deterioração do sistema regulatório brasileiro. *Revista de Direito Público da Economia*, Belo Horizonte, v. 11, n. 44, out./dez. 2013.

_____. A Valec e as novas concessões de infraestruturas ferroviárias. In: RIBEIRO, L.C.; FEIGELSON, B.; FREITAS, R.V. de. (Coords.). *A nova regulação da infraestrutura e da mineração: portos, aeroportos, ferrovias e rodovias*. Belo Horizonte: Fórum, 2015.

SCHWIND, R.W. *O sistema nacional de viação – panorama geral e considerações acerca dos modos de exploração*. Disponível em: <www.justen.com.br>.

_____. *Remuneração do concessionário*. Belo Horizonte: Fórum, 2010.

_____. Prorrogação dos contratos de arrendamento portuário. In: SCHWIND, R.W.; PEREIRA, C.A.G. *Direito portuário brasileiro*. São Paulo: Marcial Pons, 2015.

SEGALL, G. *John D. Rockefeller: anointed with oil*. New York: Oxford University Press, 2001.

SHAPIRO, C.; WILLIG, R. *Economic rationale for the scope of privatization*. Working Paper n. 41, Department of Economics, Princeton University, 1990.

SHLEIFER, A.; BOYCKO, M.; VISHNY, R.W. A theory of privatization. *Economic Journal*, 1996.

SILVA, L.E.L.; RIBEIRO, L.C.; FREITAS, R.V. de. Mineroduto e servidão civil contratual: uma alternativa à servidão administrativa e à servidão de mina independente de manifestação prévia do poder público. In: FEIGELSON, B.; LIMA, M.R. *Desafios jurídicos na implantação de grandes projetos de mineração e infraestrutura*. Rio de Janeiro: Editório, 2013.

SIMONSEN, M.H. *30 anos de indexação*. Rio de Janeiro: FGV, 1995.

SONG, Y-J.; SHOJI, K. Effects of diversification strategies on investment in railway business: the case of private railway companies in Japan. *Research in Transportation Economics*, v. 59, p. 388-396, 2016.

SOUTO, M.J.V. *Desestatização, privatização, concessões, terceirizações e regulação*. 4. ed. Rio de Janeiro: Lumen Juris, 2001.

_____. *Direito administrativo das concessões*. Rio de Janeiro: Lumen Juris, 2004a.

_____. *Direito administrativo em debate*. Rio de Janeiro: Lumen Juris, 2004b.

_____. Formas consensuais de composição de conflitos para a exploração de ferrovias. *Revista de Direito Administrativo*, v. 253, p. 117-131, 2010.

SOUZA, R.A, de; MOREIRA, T. Reflexões sobre a concessão de serviços públicos. *Revista do BNDES*, v. 2, n. 4, dez. 1995.

SOUZA, R.A.; PRATES, H.F. O processo de desestatização da RFFSA: principais aspectos e primeiros resultados. *Revista do BNDES*, n. 8, 1997. Disponível em: <http://bit.ly/2swZuwK>.

SPULBER, D.F. *Regulation of markets*. MIT Press, 1989.

STEFANI, C.R.B. *O sistema ferroviário paulista: um estudo sobre a evolução do transporte de passageiros sobre trilhos*. Dissertação de mestrado apresentada à Faculdade de Filosofia, Letras e Ciências Humanas. Universidade de São Paulo, São Paulo, 2007.

STIGLER, G. The theory of economic regulation. *Bell Journal of Economics and Management Science*, v. 2, 1971.

SUNDFELD, C.A. Utilização remunerada do espaço público pelas concessionárias de serviço. *Revista de Direito Municipal*, jan./mar. 2003.

_____. Autorização de serviços de telecomunicações: os requisitos para sua obtenção. *Revista de Direito Administrativo e Constitucional*, v. 15, 2004.

_____. Guia jurídico das parcerias público-privadas. In: SUNDFELD, C.A. (Coord.). *Parcerias público-privadas*. São Paulo: Malheiros, 2005.

_____; CÂMARA, J.A. Acordos substitutivos nas sanções regulatórias. *Revista de Direito Público da Economia*, Belo Horizonte, v. 9, n. 34, abr./jun. 2011.

_____; JURKSAITIS, G.J. Concessão de rodovias e desenvolvimento – a inconsistência jurídica dos programas. In: RIBEIRO, L.C.; FEIGELSON, B.; FREITAS, R.V. de. (Orgs.). *A nova regulação da infraestrutura e da mineração*. Belo Horizonte: Fórum, 2015, p. 413-423.

_____; SOUZA, R.P. de. A superação da condição de empresa estatal dependente. In: SOUTO, M.J.V.; OSÓRIO, F.M. (Orgs.). *Direito administrativo – estudos em homenagem a Diogo de Figueiredo Moreira Neto*. Rio de Janeiro: Lumen Juris, 2006.

SUNSTEIN, C.S. *After the rights revolution: reconceiving the regulatory state*. Harvard University Press, 1993.

TAVARES, A.R. *Curso de direito constitucional*. São Paulo: Saraiva, 2002, p. 748.

TAYLOR, G.R. *The transportation revolution: 1815-1860. The economic history of the United States.* vol. 4, cap. 5, p. 72-103. New York: Rinehart, 1951.

TENÓRIO, D.A. *Capitalismo e ferrovias no Brasil.* 2. ed., p. 43. Curitiba: HD Livros, 1996.

THOMPSON, L.S. Institutional reform of intercity railways in the U.S. *Network Industries,* v. 18, n. 4, 2016.

_____. *The benefits of separating rail infrastructure from operations.* World Bank, 1997.

_____; BUDIN, K-J.; ESTACHE, A. *Private investment in railways: experience from South and North America, Africa and New Zealand.* European Transport Conference. 2001.

TOPIK, S. *A presença do Estado na economia política do Brasil de 1889 a 1930.* Rio de Janeiro: Record, 1987.

TORGAL, L. Prorrogação do prazo de concessões de obras públicas e de serviços públicos. *Revista de Contratos Públicos,* Lisboa, n. 1, jan./abr. 2011.

VAN DE VELDE, D. et al. *Economic effects of vertical separation in the railway sector.* Summary report, EVES-Rail, 2012. Disponível em: <http://www.cer.be/publications/brochures-studies-and-reports/eves-rail-study-economic-effects-vertical-separation>.

VASSALO, J.; FAGAN, M. Nature or nurture: why do railroads carry greater freight share in the United States than in Europe? *Transportation Journal,* v. 34, n. 2, 2007.

VILLA, J.C.; SACRISTÁN-ROY, E. Privatization of Mexican railroads: fifteen years later. *Research in Transportation Business & Management,* v. 6, p. 45-50, 2013.

WALD, A. *Pareceres: direito das concessões.* Rio de Janeiro: Ed. América Jurídica, 2004.

_____; DE MORAES, L.R.; WALD, A. de M. *O direito de parceria e a lei de concessões: análise das leis n. 8.987/95 e 9.074/95 e legislação subsequente.* Ed. Saraiva, 2000.

WETZEL, H. *Productivity growth in European railways: technological progress, efficiency change and scale effects* (No. 101). University of Lüneburg Working Paper Series in Economics, 2008.

WHITE, R. *Transcontinental railroads: compressing time and space.* Nineteenth Century Technology: History Now 10. The Gilder Lehrman Institute of American History, 2006. Disponível em: <https://www.gilderlehrman.org/history-by-era/development-west/essays/transcontinental-railroads-compressing-time-and-space>.

WIATROWSKI, C. *Railroads across North America: an illustrated history*. Minneapolis: Voyageur Press, 2007.

WILLIAMS, R.; GREIG, D.; WALLIS, I. *Results of railway privatization in Australia and New Zealand*. World Bank, 2005.

WILLIAMSON, O. Franchise bidding for natural monopolies – in general and with respect to CATV. *The Bell Journal of Economics*, v. 7, n. 1, 1976.

_____. *Economics of organization:* The Transaction Cost Approach. 1981.

_____. *The institutions and governance of economic development and reform.* Proceedings of the World Bank Annual Conference on Development Economics 1994, World Bank, 1995.

WINSTON, C. The United States: private and deregulated. In: GÓMEZ-IBÁÑEZ, J.A.; DE RUS, G. (Coords.). *Competition in the railway industry*. Massachusetts: Edward Elgar, 2006.

WOLMAR, C. *The great railroad revolution: the history of trains in America*. New York: Public Affairs, 2013.

WORLD BANK. *Railway reform: toolkit or improving rail sector performance*. 2011.

YVRANDE-BILLON, A.; MÉNARD, C. Institutional constraints and organizational changes: the case of the British rail reform. *Journal of Economic Behavior & Organization*, Elsevier, v. 56, nº 4, p. 675-699, 2005.